종교다원주의: WCC의 신앙고백

최덕성

본문과현장사이

머리말

　종교다원주의는 현대 기독교 신학의 최대의 화두이다. 종교다원주의는 정통 기독교를 향하여 타종교에 대한 관점을 바꾸라고 요구한다. 성경의 핵심 진리들, 특히 예수구원 유일 신앙을 포기하라고 압박한다. 종교적 다원성 시대가 이를 요구한다고 한다.

　이 커다란 시대 흐름의 중심에는 세계교회협의회(World Council of Churches, 이하 WCC)가 자리 잡고 있다. 이 단체는 세계 교회들의 연합과 일치를 넘어 모든 종교가 동등하며, 모두 다 구원의 길이라고 한다. 종교 간의 대화, 연대, 협동 노력으로 평화로운 사회를 이루려는 차원을 넘어 예수 밖에도 하나님의 구원이 있다고 하는 종교다원주의 신앙고백을 주저하지 않는다.

　종교다원주의의 핵심 주장은 세 가지이다. 첫째, 각 종교의 신은 한 분 하나님의 다양한 현현(顯現)이다. 신은 지상 세계에 여러 가지로 유형무형으로 등장한다. 일종의 아바타(Avatar)처럼 나타난다. 둘째, 모든 종교는 서로 다른 구원의 길이며, 다양한 구체적 삶의 자리에서 형성되고 고백된 유효한 구원의 통로이다. 그러므로 예수구원 유일 교리와 신앙을 폐기함이 옳다. 셋째, 모든 종교는 유효한 신적 진리와 계시를 지니고 있다. 모든 종교의 평등성, 동등성, 구원 유효성을 인정함이 마땅하다.

　종교다원주의자 폴 니터 교수(유니언신학교, 뉴욕)는 하나님의 구원의 은총에 제한이 없으며, 예수 밖에도 하나님의 구원이 있다고 믿는 프로테스탄트 신자들의 수가 예수구원 유일성을 신앙하는 복음주의자들보다 훨씬 더 많다고 한다(『오직 예수 이름으로만』, 변선환 역, 서울: 한국신학연구소, 1987, 164). 이 주장은 WCC 에큐메니칼 진영의 견해를 반영한다. 광범위한 설문조사나 정확한 통계에 기반을 둔 것은 아니다. 아무튼 종교다원주의가 우리 시대에 흥기하는 종교적 경향(trend)이라는 것이다.

WCC는 종교다원주의를 표방한다. 하나님의 구원하는 은총에 제한이 없다고 한다. 예수 밖에 다양한 구원의 길들이 있다고 한다. "타종교인들의 삶과 [종교] 전통 속에 성령 하나님께서 활동함을 고백하는 것은 너무나 당연하다", "구원하는 하나님의 역사는 모든 나라와 민족들 가운데 항존(恒存)한다", "타종교에도 하나님이 임재한다"고 한다.

WCC는 예수구원 유일 진리와 하나님의 특별계시의 권위를 거부한다. 예수를 그리스도—구원자로 믿어야할 당위성을 없앤다. "모든 민족에게 복음을 전하라"고 분부한 예수의 명령(마 28:19-20)을 무의미하게 만든다. 모든 인간이 죄인이며, 오직 예수의 십자가 죽음과 부활로만 죄 사함과 구원과 승리가 주어진다고 믿는 역사적 기독교 진리에 도전한다. 성경의 권위를 상대화하며, 예수께서 자신이 하나님께 이르는 유일한 길이라고 말한 것(요 14:6)조차 부정한다. 인류의 위대한 성인이 그러한 배타적이고 독선적인 말을 했을 까닭이 없다고 한다.

WCC는 기독교의 의의가 예수 그리스도의 대속사역을 거쳐 주어지는 구원과 하나님과의 연합에 있다고 말하지 않는다. 자유주의 신학 전통에 따라 윤리적으로 이상적인 지상천국을 건설하려고 한다.

세상이 직면한 여러 가지 난제 해결 활동에 매진한다. 예수 그리스도의 부활과 죄 사함과 구원의 복음을 따돌리고 이를 사실상 배제하는 '하나님의 선교'에 진력한다. 역사적 기독교 신앙을 합리성이 결여된 낡은 신념이라고 본다.

대한예수교장로회(예장) 통합교단 제106회 총회(2021)는 "WCC가 종교다원주의를 지지하지 않는다"고 공적으로 천명했다. 이 요지를 담은 『복음과 에큐메니칼 신앙: 대한예수교장로회 PCK의 뿌리와 정체성』(서울: 한국장로교출판사, 2021)을 발행하여 대량 보급했다. 예수구원 유일 진리를 믿는 정통 기독교를 향하여 "신앙의 열정을 타 종교에 대한 적대적 배타성이나 공격성으로 표현하는 것은 선교적으로 미성숙한 접근"이라고 말한다.

일부 복음주의자들은 WCC가 종교다원주의 신앙고백을 한다는 사실을 인정하지 않으려 한다. 세계교회들의 협의체가 예수 그리스도 밖에도 하나님의 구원에 이르는 다양한 길이 있다고 고백할 리 없다고 한다. 그리고 WCC에 적극 가담하여 이 단체를 복음주의 신앙으로 바꾸자고 한다.

교회가 WCC를 따라가면 죽음을 면할 수 없다. '주전자 안의 개구리'처럼 어느 순간에 비극을 맞이할 수 있다. 에이즈(AIDS) 보균자와 동침하는 것과 같은 결과에 이른다. 맑은 물의 강과 탁류의 강이 합쳐지면 탁류의 강으로 바뀐다. 한 통의 검정색 페인트에 한두 숟갈의 흰 페인트를 넣는다고 하여 통 안의 페인트 전부가 흰색으로 바뀌지 않는다. 필자는 2005년 경부터 이 사실을 여러 가지 형태로 외쳐왔다.

예수구원 유일 진리를 믿는 역사적 기독교의 정통신학과 종교다원주의를 고무시키는 자유주의 신학은 뿌리가 다르다. 양립이나 공존이 불가능하다. 신앙의 근거, 신학, 진리 이해, 구원관에 근본적인 차이가 있다. 역사적 기독교는 예수 그리스도를 유일한 구원의 길이라고 믿는다. 성경을 하나님의 계시로, 절대 권위를 가진 진리의 보고(寶庫)로 여긴다. 자유주의 신학 전통을 따르는 자들은 이를 부정한다.

WCC의 종교다원주의 신앙고백은 기독교를 위협하는 블랙스완(Black Swan)이다. 고정 관념, 기존의 지식, 일상의 관찰, 평범한 경험으로는 상상할 수 없는 비극을 가져온다. 성경적 기독교를 와해, 궤멸시킬 수 있는 위험성을 지니고 있다.

WCC에 가담하는 유럽과 북미의 주류 교회들은 심대한 쇠락과 위기를 경험하고 있다. 이 교회들의 급속한 퇴락은 세속화, 과학의 발달, 이성을 모든 판단의 권위로 삼는 시대 조류와 맞닿아 있다. 가장 중요한 요인은 자유주의 신학과 종교다원주의 사상이다.

종교다원주의는 계몽주의와 임마누엘 칸트의 인식론, 자유주의 신학, 20세기의 시대정신, 평등주의라는 이름의 평등전제주의, 그리고 힌두교 아드바이타(Advaita)—비이원성 세계관에 직결되어 있다. 교의학(성경관, 신론, 인간론, 기독론, 구원론, 성령론), 현대교회사, 선교학(엘렝틱스, 에큐메닉스), 종교학의 핵심 주제이다. 기독교사상사 전공자가 연구하고 논의하기에 적합한 분야이다.

WCC는 힌두교 아드바이타 세계관에 기초한 종교다원주의를 표방한다. 이 단체의 유급 전임 종교다원주의 신학자들이 이를 이 단체의 신앙고백으로 자리 잡게 했다. 이 책은 이 논지를 입증하는 33개의 대중적인 학술 논문—논거들로 구성되어 있다. 필자는 이 책이 기독교 신앙을 해치는 블랙스완을 경계하고, 예수구원 유일 신앙을 굳세게 고백하는데 이바지하기를 바란다.

제1부는 WCC의 초대 사무총장 비셔트 후프트와 이 단체의 전도선교국 총무 레슬리 뉴비긴의 증언을 중심으로 WCC의 종교다원주

의 신앙고백의 역사적·신학적 기반을 소개한다. 제2부는 종교다원주의를 통제하는 임마누엘 칸트의 인식론과 그것에 직결된 자유주의 신학의 사고 구도를 소개한다. 전쟁과 식민주의 시대의 종식 이후에 등장한 20세기 시대정신과 평등전제주의, 그리고 힌두교 아드바이타 세계관을 탐색한다.

제3부는 저명한 종교다원주의자들의 사상을 분석한다. 김경재 박사와 변선환 박사의 사상을 먼저 소개함은 이어지는 사상가들의 주장을 쉽게 이해하게 하는 길라잡이이기 때문이다. 제4부는 WCC의 몽학선생, 유급 전임 신학자 스탠리 사마르타와 웨슬리 아리아라자의 종교다원주의 사상을 분석한다. 이들의 사상이 WCC의 신앙고백으로 자리를 잡은 역사적 과정을 다룬다. 제5부는 종교다원주의 신앙고백을 담고 있는 WCC의 공식 문서들을 검토한다. 제6부는 종교다원주의를 환영하지 않는 필자의 복음적 개혁주의 신학의 성경적·신학적·이성적 근거들을 논한다.

이 책은 저명한 종교다원주의자들의 이론과 특히 WCC 유급 전임 신학자들의 종교다원주의 사상 소개에 상당한 지면을 할애한다. WCC 신학자들이 이해하는 종교다원주의의 실체를 독자들에게 정확히 알릴 목적이다. 독자들이 WCC의 종교다원주의 신앙고백의 신학적 토대가 무엇인가를 정확히 알리고 확인하게 할 의도이다.

논의에 등장하는 '성경'과 '성서,' '하나님'과 '하느님,' '기독교'와 '그리스도교,' '기독론'과 '그리스도론,' '기독교인'과 '그리스도인'은 동의어이다. 맥락에 따라 달리 적용한다. '몽학선생'(蒙學先生, 갈 3:24)은 고대 그리스-로마 사회에서 아이들을 교육하고 보호하고 안전한 길로 인도하는 가정교사를 지칭한다. 이 고어(古語)의 뉘앙스가 '현대어 '초등교사,' '지도자,' '후견인'보다 종교다원주의 논의에 더 적합하다.

이 책의 "복음주의"는 자유주의 신학에 상반되는 개념의 용어이다. "종교다원주의 신앙고백"은 이 책 주제에 적실(適實)한 표현이다. 교회, 교단, 선교회, 기독교 단체의 신조, 교리선언, 선교정책, 지침, 보고서, 확언, 성명, 공의회 문서, 헌장 등은 모두 신앙 원칙을 담은 신앙고백 문서이다.

고신대학교 고려신학대학원(1989-2009)과 브니엘신학교(2013-)에서 필자에게 사사한 제자들의 지지와 격려 그리고 책 집필을 성원해 준 동료 신학자들과 학문 동지들에게 감사를 표한다. 이 책 초고를 읽고 "그리스도인, 신학도, 목사가 꼭 읽어야 할 책"이라고 평가해 준 지인에게 감사를 드린다.

이 책이 하나님을 영화롭게 하고 즐거워하는 것이 인생의 첫째 목적이라고 믿는 필자의 가족에게 깊은 울림으로 남기 바란다. 태평양 건너편에서 살아가는 평화, 지혜, 한국 그리고 사랑스런 손녀 예원과 손자 치원을 생각하면 마음 깊은 곳에서 벅찬 감동이 밀려온다. 평생 학문에 몰두하느라 곁을 지켜주지 못한 미안한 마음을 전한다. 사랑은 말보다 깊고, 시간보다 길며, 침묵보다 더 많은 것을 말한다.

반세기, 찰나 같으나 오랜 시간 동안 아내의 조용한 헌신과 동행 덕분에 이 책은 세상의 빛을 볼 수 있었다. 방대한 분량의 이 학술서의 모든 글자와 문장에는 아내의 그림자가 스며들어 있다. 아름다운 서정시이자 시들지 않을 사랑의 꽃인 아내에게 이 책을 바친다.

브니엘신학교 총장실에서
저자

차례

제6부 구원의 길

제1부

길라잡이

1

에큐메니칼 운동의 미래

—비셔트 후프트의 증언 1—

1. 진솔한 고백

네덜란드인 비셔트 후프트 박사(Willem Visser't Hooft, 1900-1985)는 28년 동안 WCC의 사무총장 직을 역임했다. 예비 단계에서 10년, 출범 후 18년 동안 그 직책을 수행했다. 그는 직책상 이 단체의 역사, 신학, 정신, 가치 등 거의 모든 것을 정확히 알고 있었다.

비셔트 후프트는 1963년에 독일어와 영어로 출간한 『혼합주의와 기독교적 우주주의: 다른 이름은 없다』(*No Other Name: The Choice between Syncretism and Christian Universalism*, 1963)[1]에서 종교다원성이라는 이름으로 진행되는 WCC의 종교통합주의와 종교혼합주의 경향을 소개한다. 이 단체가 탈기독교 방향으로 치닫고 있음을 알리며 이를 걱정한다. WCC의 종교다원주의 시대를 예견, 예고한다.

네덜란드인 비셔트 후프트의 가족 명은 '헤트 후프트'이다. 그의 이름은 모국어 관습에 따라 이름 '비셔'에 이어지는 아포스톨로피(')와 소문자 't' 그리고 가족 명을 함께 묶어 발음한다. 't'는 네덜란드어 정관사 'het'의 약자이다. 그의 가족 명은 'het'를 포함한다. 이것을 곁들이지 않으면 비하하는 뉘앙스를 지니므로, 존중하여 이름과 정관사와 성을 붙여 '비셔트 후프트'라고 호칭한다.

제네바 시의 명예시민 비셔트 후프트는 "WCC와 로마가톨릭교회의 관계: 1920년부터 현재"[2]라는 상당히 긴 개요서를 저술하고 두 번째 검독을 마친 다음 날 세상을 떠났다.

비셔트 후프트는 네덜란드개혁교회 출신 기독교인이었다. 목사 장립은 제네바 개혁교회에서 받았다. 네덜란드 레이든대학교에서 기초신학 수업을 받았고, 사회복음주의에 관한 논문으로 신학박사 학위를 취득했다.[3]

네덜란드 우트리히트에서 열린 WCC 결성 준비 모임(1938)은 비셔트 후프트를 임시 사무총장으로 임명했다. 암스테르담에서 열린 WCC 창립총회(1948)는 그를 사무총장 직에 임명했다.

비셔트 후프트는 WCC 제3차 총회(뉴델리, 1961)까지 사무총장 직을 수행하고 1966년에 은퇴했다. 그 뒤에도 제네바에 거주하면서 WCC 명예회장으로 활동하고 WCC의 중요한 회의에 참석했다.

비셔트 후프트는 탁월한 상상력, 지도력, 행정력을 지닌 국제적인 인물이었다. 자신의 꿈을 실현하는 용기와 지식과 언어 능력을 갖추고 있었다. 약관 38세에 국제기구의 산파 역할을 맡아 28년 동안 WCC 에큐메니칼 운동의 주역(a pivotal figure)으로 활약했다.

비셔트 후프트의 저서, 글, 강연의 내용은 그의 지적 능력과 직책을 보아 높은 정확도를 지니고 있는 것으로 봄이 타당하다. 그가 저술한 책 가운데 특히 세 권은 주목할 만하다. 『WCC 기원과 형성』(1982)[4]은 WCC의 역사를 기술한다. 『혼합주의와 기독교적 우주주의: 다른 이름은 없다』(1963)[5]는 사무총장 직을 수행하면서 저술했다. WCC의 종교혼합주의 특징을 알리며, 만인보편구원주의를 긍정적으로 논한다. WCC가 출범 이전 단계에서부터 상렬한 종교혼합주의 성향을 지녔음을 말한다. 『에큐메니칼 운동의 미래』(1974)[6]는 WCC의 교회론적·신학적 흐름을 소개하고 종교통합주의와 종교혼합주의가 이 단체의 주 흐름이며, 대세였음을 밝힌다.

WCC의 종교통합주의와 종교혼합주의 흐름은 이 세상에 완전한 유일의 종교라는 것이 존재하지 않으며, 하나님 또는 궁극의 신적 실재에 도달하는 여러 가지 방법들이 있다는 확신에 기초해 있었다. 비셔트 후프트는 당시의 WCC가 '하나의 보편적 종교'를 만들어 세계의 모든 종교 아이디어들과 체험들을 가능한 많이 조화시켜 인류에 이바지하는 것을 사명으로 삼고 있었음을 밝힌다.

비셔트 후프트가 지적한 WCC 에큐메니칼 운동은 세 가지 신학적 특징을 지녔다. 첫째, 만인보편구원주의(Christian Universalism)이다. 나중에 종교다원주의의 신학적 기반이 된 이 사상은 복음이 담고

---

[1] Willem Visser't Hooft, *Kein anderer Name; Synkretismus oder Christlicher Universalismus?* Basel: Basileia Verlag, 1963. 비셔트 후프트, 『혼합주의와 기독교 우주주의: 다른 이름은 없다』, 임홍빈 역 (서울: 성광문화사, 1987).

[2] Willem Visser't Hooft, *WCC-Roman Catholic relations from the 1920s to the present.* Unpublished manuscript.

[3] Willem Visser't Hooft, *The Background of the Social Gospel in America* (Haarlem: H. D. Tjeenk Willink & Zoon, 1928).

[4] Willem Visser't Hooft, *The Genesis and Formation of the World Council of Churches* (Geneva: WCC Publication, 1982).

[5] Willem Visser't Hooft, *No Other Name: The Choice between Syncretism and Christian Universalism* (London: SCM, 1963).

[6] Willem Visser't Hooft, *Has the Ecumenical Movement a Future?* (Christian Journals Limited, 1974, Louisville, John Knox Press, 1976). 비셔트 후프트, 『에큐메니칼 운동의 미래』, 박상증 · 김상식 역 (서울: 대한기독교서회, 1994).

있는 독창적인 것(sui generis), 곧 만인이 화목 교리를 중심으로 궁극적으로 하나님과 올바른 관계를 회복하고, 모두 다 하나님의 구원을 받는다고 본다. 둘째, 예수 십자가의 유일회성(唯一回性)이다. 예수 그리스도는 인류 역사의 중심이다. 만인보편구원주의는 그리스도께서 인류 전체를 대속하려고 십자가에 매달려 죽은 사건에 기초해 있다. 셋째, 교회의 일치성이다. 그리스도의 교회는 하나이며 보편적인 본성을 지니고 있다.

비셔트 후프트는 이 세 가지가 기독교의 필수적 요소들이며, 상호 의존적으로 에큐메니칼 운동을 거쳐 구체적으로 WCC 안에서 다져지고 실현되고 있었다고 한다.

만인보편구원주의는 하나님의 구원을 기독교와 기독교인들에게만 제한하지 않는 신학사상이다. 예수 십자가의 유일회적 사건을 거쳐 인류 전체의 구원이 이루어진다고 한다. 하나님의 구원에 제한이 없으며, 따라서 모든 종교인이 다 하나님의 은총으로 구원을 받는다는 종교다원주의 이론의 기초이다.

비셔트 후프트는 WCC 사무총장 직 퇴임 뒤, 네덜란드에서 "베르켈바하 반 데어 스프렌켈" 강연(1972)을 했다. 공식 문서로 밝히지 못하고 공식 석상에서 말하지 못한 WCC의 드러나지 않는 측면들을 진솔하게 밝혔다. WCC에 대한 자신의 걱정, 어려운 점, 내적인 고민 등을 솔직히 털어놓았다. WCC 에큐메니칼 운동에 대한 점증하는 신랄한 비판들을 언급하고, 그것에 대한 자신의 견해와 걱정을 자세하게 증언했다. 그리고 에큐메니칼 운동의 미래를 크게 걱정했다.

아울러, WCC 에큐메니칼 운동이 겪고 있는 어려움이 무엇이며, 세계 종교들과 관련하여 WCC가 무엇을 해야 하며, 종교적 다원 세상에서 교회일치 운동이 어떤 견해를 취해야 하는가를 논의했다. 또

한 WCC의 종교 간의 대화 운동의 몇 가지 유형들을 소개하고, WCC
가 교회의 의제를 따라야 하는가 아니면 세상의 의제를 따라야 하는
가에 대한 자신의 견해를 밝혔다. 세계교회들의 협의체가 마땅히 교
회의 의제를 따랐을 법하지만, 비셔트 후프트는 이 단체가 세상의 의
제를 따라가고 있다고 지적했다. 이를 소상히 밝히고, 에큐메니칼 운
동의 미래에 대한 걱정과 고민을 털어놓았다.

2. 『에큐메니칼 운동의 미래』

비셔트 후프트는 위 강연 내용을 책으로 출간했다. 자신의 진솔한
생각, 고민, 이 단체의 미래에 대한 걱정, 두려움, 바람을 『에큐메니
칼 운동의 미래』(*Has the Ecumenical Movement a Future?*, 1974)라는
제목의 책에 담았다. 스스로 WCC가 주도하는 "에큐메니칼 운동에
미래가 있는가?"라고 묻고, 매우 걱정스럽다고 답한다.

이 책은 네 부분으로 구성되어 있다. 첫째 부분은 "에큐메니칼 역
사의 네 시기"를 다루고, WCC의 초기 역사를 소개한다.

둘째 부분은 "에큐메니칼 운동은 제도적 정체(停滯)로 어려움
을 겪고 있는가"라는 질문을 제기한다. 그리고 WCC가 제도주의
(Institutionalism)라는 희망 없는 길을 가고 있다는 비판에 답한다.
WCC가 제도주의로 고착될 위험은 적고, 단일교회를 만들어서 세계
교회들을 지배할 가능성은 높지 않은 반면, 종교혼합주의 특성이 강
하며, 점차 더 강화될 위험이 매우 크다고 한다.

비셔트 후프트에 따르면, WCC 참여자들은 제도적 형태를 가진
새로운 교회 조직을 갖는 것을 반대한다. 이 단체의 창립총회는 중
앙집권적 통치 권력을 가진 제도, 곧 지배 구조를 가진 교회를 만들

지 않겠다고 한다. WCC는 교황이 지배하는 로마가톨릭교회와 같은 프로테스탄트교회의 통합체 구성을 거절한다. 법적인 권력을 갖지 않는 '하나의 교회 건설'을 목표로 삼는다. 로마가톨릭 교황의 교회와 같은 제도적인 권력기관을 추구하지 않지만, 하나의 교회를 추구한다. 공의회(Conciliarity) 개념의 '하나의 거룩한 교회'(unam sanctam)를 모색한다. 이를 기본 특징으로 가진 '하나의 교회'를 건설하려고 한다.[7] 비셔트 후프트는 자신이 설명하는 하나의 교회, 곧 공의회적 공동체와 단일교회가 어떻게 다른가를 설명하지 않는다.

기독교계 일각에서 WCC의 공의회적 단일교회 추구를 반대하는 목소리가 있었다. 세월이 지나면 이 단체가 어느 순간에 로마가톨릭교회 같은 권력기구, 법적 기구로 바뀔 수 있다고 걱정했다. 비셔트 후프트는 이를 걱정할 필요가 없다고 한다.

셋째 부분은 "종교세계에서 에큐메니칼 증거"라는 제목 아래 WCC의 종교혼합주의와 종교통합주의 특징을 설명한다. 이 단체가 출범기부터 종교대화주의와 종교혼합주의에 열려 있었다고 지적한다. 그리고 에큐메니칼 운동이 그리스도 중심의 에큐메니즘에 머물러야 하는가, 아니면 다양한 종교들을 모두 수용하는 종교 공동체로 나아가야 하는가를 다룬다. 비셔트 후프트는 WCC가 후자의 길을 걷고 있다면서 자신은 이 흐름을 선호하지 않는다고 밝힌다.

비셔트 후프트는 에큐메니칼 운동을 주도하는 인사들이 종교통합주의를 지향한다고 지적한다. 그들이 모든 종교를 수용하는 하나의 종교공동체로 나아가야 한다는 생각을 가졌다고 한다. 특히 하버드대학교의 철학 교수 윌리엄 어네스트 호킹 박사(William Ernest Hocking, 1873-1966)가 이 유형의 발상을 가진 대표적인 인물이라고 소개한다. 비셔트 후프트는 WCC 에큐메니칼 운동이 그 방향으로 나아가면 기독교의 종결성과 예수 그리스도의 구원 유일성에 대한 전통적인 믿음을 버려야 한다는 결론에 도달한다고 지적한다.[8]

이어서 비셔트 후프트는 "WCC의 종교 간의 대화의 진정한 목적이 무엇인가?"라고 묻고, 이 단체 안에 혼재(混在)한 종교 간의 대화 유형 여섯 가지를 소개한다.

비셔트 후프트가 걱정하는 첫 네 가지 유형들은 종교통합주의와 종교혼합주의에 관련된 것이다. 그가 제시하는 WCC의 종교 간의 대화의 진정한 목적인 동시에 가장 뚜렷한 흐름은 세계종교 통합이다. 그는 보편적 단일 종교를 창설할 시간이 왔다고 보는 종교 간의 대화라는 이름의 종교통합주의를 대화의 첫 번째 유형으로 꼽는다.

비셔트 후프트에 따르면, WCC의 종교 간의 대화의 기본은 진정한 종교 혼합을 위해 모든 종교가 자기를 희생해야 한다고 하는 생각이다. WCC 종교 간의 대화운동은 세계종교 통합이 목표이며, 기독교가 세계에 공헌할 수 있다는 확신을 가지고 진행되고 있다.

비셔트 후프트가 WCC의 종교 간의 대화 유형 여섯 가지 가운데서 세계종교 통합을 첫 번째 대화 유형으로 제시하는 까닭이 있다. 기독교를 포함한 각 종교 간의 차이가 사라져야 한다고 보는 견해가 이 단체 안에 가장 강세였음을 시사한다.[9]

비셔트 후프트는 WCC의 종교 간의 대화 운동이 하나의 세계적인 통합종교를 만들어내야 한다는 생각으로, 종교 간의 대화가 종교통합주의를 지향하면서 진행되고 있다고 증언한다. 그가 걱정하는

---

[7]비셔트 후프트, 『에큐메니칼 운동의 미래』, 55.
[8]비셔트 후프트, 『에큐메니칼 운동의 미래』, 72.
[9]비셔트 후프트, 『에큐메니칼 운동의 미래』, 74.

WCC의 종교 간의 대화 운동의 목적은 종교 통합이다. 종교 간의 차이를 없애고 진정한 하나의 종교로 통합할 목적의 대화이다. 이 운동은 각 종교가 자기희생을 감수해야 한다고 말한다. 예수구원 유일성 등 기독교 고유의 교리를 포기하고 세계적 단일 종교를 만들어 낼 목적의 대화를 도모하며, 가장 지배적인 흐름이었다고 한다.[10]

비셔트 후프트가 말하는 WCC의 종교 간 대화의 목적은 대한예수교장로회(예장) 통합교단과 이 교단의 에큐메니칼 신학자 금주섭 박사, 교회사 교수 정병준 박사 등이 주장하는 것과 전혀 다르다. WCC의 종교 간의 대화 활동이 타종교 지배 영역에 사는 기독교인들의 신앙의 자유를 보장하려는 목적이라는 것은 언급조차 하지 않는다.

위 책 넷째 부분은 "에큐메니칼 운동이 교회의 의제를 따라야하는가, 세상의 의제를 따라야하는가?"라고 묻는다. 세계교회들의 연합체인 WCC가 마땅히 교회의 의제를 따라야 함에도, 세상의 의제를 따른다고 지적하면서, 이에 대한 자신의 견해를 밝힌다.

3. 어네스트 호킹

종교통합주의는 WCC가 출범하기 이전 단계의 에큐메니칼 운동에서도 강세를 보였으며, 출범 이후에도 줄곧 이 단체 안에 똬리를 틀고 있었다. 에큐메니칼 운동 안에서 가장 지배적인 이 흐름은 하버드대학교의 이상주의 철학자 호킹과 직결되어 있었다.

호킹은 WCC의 출범 이전 모임인 국제선교협의회(International Missionary Council, IMC, 1938)의 인도 마드라스 탐바람에서 열린 대회에서 기독교와 타종교들의 관계에 대한 중요한 선언을 했다. 그는 국제선교협의회 예루살렘 대회(1928)가 거론한 기독교와 타종교의 관계를 다루면서 타종교에도 깊은 종교적 경험, 계시적 반짝거림, 위대한 도덕적 성취가 있다고 했다. 하나님은 언제나 어디서나 자신을 타종교인들에게도 드러내 보여 왔다고 했다.

1910년 에딘버러에서 첫 모임을 가진 세계선교대화의 결과로 결성된 1921년의 국제선교협의회(IMC)는 1961년에 WCC에 병합되어, 현재 선교전도국(세계선교전도위원회)으로 존재하고 있다.

WCC 지도자들은 호킹의 영향을 받고 있었다. 이 단체의 출범 때부터 호킹의 종교통합주의 사상을 공유하고 있었다. WCC의 "바아르 선언문"(1990)과 제7차 총회(캔버라, 1991)의 한국인 정현경 박사의 초혼제(1991)도 종교혼합주의 신념을 반영한 것이었다. 비셔트 후프트는 종교다원주의로 귀결되는 1960년대 초의 WCC의 종교통합주의와 종교혼합주의의 강한 흐름을 지적하면서 에큐메니칼 운동과 이 단체의 미래를 몹시 걱정한다.

비셔트 후프트는 이러한 사실을 간파했으면서도 이 흐름을 중단시키는 강력한 조처를 취하지 않았다. 사람은 누구나 자기에게 녹봉을 주는 자나 자기가 주도적인 역할을 하는 집단에 대한 부정적인 평가를 주저한다. 비셔트 후프트는 WCC의 종교통합주의 특징을 조심스럽게 지적한다. 이 단체의 주류를 형성하고 있는 신념은 기독교가 자기 정체성을 버리고 타종교에서 배워 새로운 하나의 세계적 단일종교로 거듭나야 한다는 사상이었음을 밝힌다. 그의 논의는 이것을 찬탄까워하고 이를 걱정하는 선에서 그친다.

종교통합주의는 1930년대에 이미 미국 기독교계에 본격 등장했다. 자유주의 신학의 영향 아래서 일군의 아메리카 침례교도들이 외

---

[10] 비셔트 후프트, 『에큐메니칼 운동의 미래』, 65-76.

국선교를 재평가해야 한다면서 외국선교를 연구하는 연구기관을 만들었다. 미북장로교회(UPCUSA)를 포함한 7개의 미국 주요 교단들과 존 록펠러 재단의 재정 지원을 받아 연구했다. 연구 팀은 일본과 태국 등 아시아 나라들을 돌아보고 탐방한 결과를 『선교 재고: 100년 후의 평신도의 평가』(1932)[11]라는 책에 담아 출간했다.

호킹과 그의 일행은 아시아 탐방을 마치고, 관찰과 연구 결과를 담은 보고서를 출간했다. 요지는 기독교를 향하여 전통적인 신앙, 교리, 선교 관점을 포기하라는 것이었다. 각 종교가 자기종교의 진리를 포기하고 통합된 새 종교를 만들라고 했다.

호킹은 각 종교가 서로를 자극하면 가장 완전한 종교적 진리에 이르며, 모든 종교가 통합되도록 타종교에게서 서로 배우고 또 영향을 주라고 했다. 아시아 종교의 가치를 새롭게 평가하면서, 기독교 선교는 무슬림, 불자, 힌두교인을 기독교로 개종시키려 할 것이 아니라 그들에게 자신의 종교에 더 충실한 종교인이 되라고 했다.

호킹의 권유에 따르려면, 기독교는 역사적 정통신앙과 전통적 선교관을 포기해야 한다. 태국, 미얀마, 부탄 등 불교 국가에 파송된 선교사는 절간 옆에 교회당 짓지 말고, 불자에게 예수를 믿으라고 하지 않아야 한다. 기독교로 개종하라는 등, 전도를 하지 않아야 한다. 불교권의 기독교 선교는 불자들에게 부처를 더 잘 섬겨 견성성불(見性成佛)하도록 돕는 활동이어야 한다.

호킹은 예수 그리스도의 복음의 독특성, 복음전도, 케리그마—선포, 기독교 진리의 가치를 부정한다. 기독교가 추구해야 할 복음화 활동은 '사랑과 인간애에 바탕을 둔 봉사활동'이며, 선교사는 그리스도 이름으로 세계 정복을 꿈꾸는 사람이 아니라 오히려 기독교적인 삶과 생활 방식을 나타내야 하고, 전통과 단절하는 긴장을 극소화하려고 노력하는 대사(大使)여야 한다고 한다.

호킹에 따르면, 선교의 목적은 기독교 진리나 예수구원 유일 교리를 전하는 것이 아니다. 선교는 타종교 신앙인들과의 대화에서 함께 진리를 찾는 활동이다. 종교들 사이의 관계는 점차 진리를 공동으로 찾아가는 모양새를 취해야 한다. 기독교인과 타종교의 신앙인을 구분하지 않은 채 대화해야 한다.

영원한 형벌의 교리는 시대에 뒤떨어진 발상이다. 이 교리는 기독교계(자유주의 신학 진영)에서조차 외면당한다. 예수는 위대한 종교 교사이며, 신앙생활의 이상적인 모델이다. 믿음을 공개적으로 고백해야 교회의 구성원이 될 수 있다고 하는 따위의 조건은 대수롭지 않다. 종교 간의 대화는 모든 종교가 각자의 진리를 포기하고 공동으로 하나가 될 수 있는 진리를 찾는 만남이다.

호킹은 기독교 성경의 신적 권위를 인정하지 않는다. 역사적 기독교 진리를 신랄하게 비난한다. 호킹에 따르면, 중생(重生)은 정신적 영향력이다. 모든 종교, 곧 불교, 이슬람, 힌두교, 기독교는 중생을 제공하는 동일동가(同一同價)의 종교공동체이다. 어느 한 종교가 다른 종교보다 더 우월하거나 열등하지 않다. 어느 종교는 절대적인 진리를 가지고 있고 다른 어느 종교는 절대적이지 않은 진리를 가지고 있는 게 아니다. 이러한 배타적 발상은 옳지 않다.

호킹에게 기독교 선교의 목적은 성경적 진리, 유일신 하나님이 이스라엘의 역사와 선지자들과 예수 그리스도와 사도를 거쳐 계시(啓示)한 구원과 영생의 복음을 전하는 일이 아니다. 선교는 타종교 신앙

---

[11] William Ernest Hocking, *Re-Thinking Missions: A Laymen's Inquiry After One Hundred Years* (New York: Harper & Brother, 1932).

인들과의 대화에서 함께 진리를 새롭게 찾는 활동이다. 그러므로 종교인들은 동등한 위치에서 대화함이 마땅하다. 종교 간의 대화에 임하는 첫걸음은 기존의 기독교 진리를 포기하는 것이다. 대화는 새로운 통합적인 종교를 만들려는 의도로 서로에게서 배우는 활동이다.

비셔트 후프트는 이와 같은 호킹의 사상을 거듭 언급하면서, 그것이 WCC 종교 간 대화의 가장 두드러진 흐름과 견해임을 시사한다.[12]

WCC는 호킹의 아이디어를 대폭 수용하면서 출범(1948)했다. 출범 이후에도 이 단체는 호킹의 사상에 따라 대화 활동을 진행해 왔다. 호킹의 가르침은 WCC가 '타종교'라는 용어 대신 '이웃 종교,' '이웃 종교의 신앙'이라는 용어를 도입하고, 모든 종교를 동일동가의 종교공동체로 여기는 실천으로 이어졌다.

4. 별들의 전쟁

호킹의 선교 연구 보고서는 미국에서 강렬한 찬반 반응을 불러일으켰다. 복음주의 교회들은 반발했고, 자유주의 신학을 따르는 현대주의 교회는 지지했다. WCC의 회원으로 가담한 교회들, 특히 미북장로교회(UPCUSA)가 이를 환영했다.

미북장로교회는 호킹의 선교 연구 보고서 사건으로 말미암아 주목할 만한 신학논쟁을 시작했다. 폭탄을 터뜨린 사람은 소설 『대지』(*The Good Earth*, 1931)의 저자 펄 벅(Pearl Buck)이었다. 노벨문학상 수상자(1938)인 그는 중국에 파송된 미국인 선교사의 딸이었다. 상해에서 고등학교를, 미국에서 대학을 졸업하고, 미북장로교회 선교사로 다시 중국에 파송되어 남경대학교에서 영어를 가르치고 있었다.

펄 벅은 호킹의 선교 연구 보고서를 모든 기독교인이 필독해야 하고, 모든 선교부가 시행해야할 탁월한 선교 지침이라 극찬했다.
1930년대 후반의 미북장로교회를 강타한 신학 논쟁과 교회 갈등은
칼빈주의 대 현대주의, 정통신학자 대 자유주의 신학자 간의 격렬한
신학 충돌로 비화했다.

신학 충돌은 언제나 '별들의 전쟁'이다. 미북장로교회의 소수 신
학자들 사이의 신학사상의 대립은 교회 안의 정치권력과 권모술수를
동원하고 언론매체를 장악한 현대주의—자유주의 신학자들의 승리
로 끝났다. 그들이 무방비 목사들과 무관심하거나 침묵하는 다수의
칼빈주의자들 포섭에 성공한 결과였다.

교회 갈등을 주도하는 사람들은 언제나 소수이다. 다수의 목사들
은 침묵한다. 미북장로교회 안의 소수의 신학자들 사이의 신학사상
의 대립, 신학 충돌, 별들의 전쟁은 언론을 장악한 자유주의 신학 그
룹인 현대주의자들의 승리로 마무리되었다. 교회의 정치권력과 권모
술수를 동원한 측이 승리했다. 복음주의 신학자들은 무방비, 무관심
태도를 유지했다.

주목할 것은 이 신학 충돌 사건에서 자유주의 신학을 추종하는 이
른바 현대주의자들이 승리한 것은 침묵하는 다수의 칼빈주의자들을
포섭했기 때문이라는 사실이다. 신학 전쟁의 승리는 포용주의, 다원
주의, 신앙무차별주의 태도를 유지하는 중도파 사람들과 침묵하는
칼빈주의자들을 자기편으로 끌어들인 결과이다.[13]

프린스턴신학교의 자유주의 신학 교수들은 정치권력을 발휘하여

---

[12]비셔트 후프트, 『에큐메니칼 운동의 미래』, 72, 65-76.

[13]최덕성, 『에큐메니칼 운동과 다원주의』 (서울: 본문과현장사이, 2005), 352-
356.

학교를 장악했다. 기독교 핵심 5대 교리는 한낱 신학 이론에 지나지 않으며, 이 다섯 가지 근본 도리를 믿지 않는 사람도 그 교회 안에서 유급 교역자나 신학 교수로 일할 수 있다는 결정을 이끌어냈다.

미북장로교회(UPCUSA)의 별들의 전쟁은 자유주의 신학자들의 승리로 끝났고, 갈등은 잠잠해졌다. 이 교회는 WCC 출범기부터 활동한 이 단체의 핵심 회원 교회 가운데 하나이다. 1983년에 미남장로교회(PCUS)와 합하여 미합중국장로교회(PCUSA)로 개편되었다.

자유주의 신학자들의 승리로 끝난 미북장로교회의 신학 충돌과 별들의 전쟁은 교회 안에 얼마 동안 평화를 가져다주었다. 교회는 더 이상 싸우지 않았다. 극심한 긴장을 초래한 신학적 갈등은 사라졌다. 그러나 그 평화는 위장된 비극이었다. 평온과 안정과 더불어 찾아온 것은 교회의 생명력 상실이었다. 교회는 후천성면역결핍증(AIDS) 질병 보균자와 동침한 것과 같았다. 가짜 평화가 가져온 교회의 급속한 퇴락과 죽음 현상은 반세기 뒤에 완연하게 그 몰골을 드러냈다. WCC 에큐메니칼 운동을 화두로 삼아 탈기독교적인 활동을 해 온 이 교회의 신도 수는 절반 이하로 축소되었다.

미합중국장로교회(PCUSA)는 2011년에 동성연애자가 목사로 장립을 받을 수 있도록 교회법을 개정했다. 2021년에는 동성혼을 교회법으로 합법화 했다. 남자 며느리, 여자 사위를 맞이할 수 있는 제도를 완성했다. 하나님이 증오하는 것, 성경이 금하는 것을 환영하고 시행하고 있다. 이 교회는 한국의 예장 통합 교단의 자매교회이다.

맺음말: 각 종교의 잠자는 그리스도

비셔트 후프트는 당시의 WCC의 종교 간의 대화 개념 안에 '익명의 그리스도인' 이론이 포함되어 있다고 한다. 로마가톨릭교회 신학자 칼 라너(Karl Rahner)가 주창한 이론으로, 만인보편구원주의에 기초해 있다. 라너는 예수를 그리스도로 믿지 않는 모든 사람들, 각 종교의 영적 거인들을 믿고 따르는 모든 종교인을 '그리스도인'이라고 본다.

비셔트 후프트는 WCC의 종교 간 대화 운동을 주도하는 인사들이 예수 그리스도를 모르는 비기독교 종교인들도 모두 진정한 의미의 '그리스도인'이라는 생각을 지녔다고 증언한다. 타종교와 대화를 하는 것이 옳다는 견해를 가지고 접근했다고 밝힌다. 그는 WCC가 자신의 과제를 예수의 복음을 전하는 것이 아니라 각 "종교의 어둠 속에서 [잠자는] 그리스도를 깨우는 것"[14]이라고 생각했다고 한다.

비셔트 후프트는 자신이 WCC 안에 혼재해 있는 첫 네 가지 종교 간의 대화 유형을 환영하지 않는다고 하면서, WCC 에큐메니칼 운동이 그 방향으로 나아가고 있는 현실을 걱정한다. 아래에서 상론한다. 그는 이 단체가 역사적 기독교 신앙과 진리에서 이탈할 것을 예견한다. 대세를 이루는 종교통합주의와 종교혼합주의에 휩쓸리고 있는 현실을 지적하고, 미래를 크게 걱정한다.

에큐메니칼 운동의 미래에 대한 비셔트 후프트의 진단과 예견은 정확하다. 그가 지적하는 종교혼합주의와 종교통합주의는 WCC의 종교 간의 대화가 종교들 사이의 평화 유지 목적을 넘어 기독교 진리를 상대화 하는 세계종교 통합을 향한 사상이었다. WCC 에큐메니칼 운동은 일찌감치 기독교 진리를 상대적인 것으로 여기면서 탈기독교 방향을 향하여 나아가고 있었다.

---

[14] 비셔트 후프트, 『에큐메니칼 운동의 미래』, 76.

비셔트 후프트는 1960년대 초의 WCC의 종교 간의 대화 개념이 국제선교협의회(IMC)의 탐바람대회(1938)가 처음으로 수용한 종교 대화주의와 종교통합주의의 연장이었다고 증언한다. 호킹의 종교통합주의 사상을 큰 폭으로 수용한 결과였다고 한다.

WCC의 종교 간의 대화 운동은 서서히 이 단체의 다음과 같은 의미의 '종교다원주의'로 활동으로 귀착되었다.

첫째, 모든 종교는 동일동가의 종교공동체이다. 타종교에도 깊은 종교적 경험과 위대한 도덕적 성취가 있다. 하나님은 언제나 어디서나 자신을 타종교인들에게 드러내 보여 왔다. 어느 한 종교가 다른 종교보다 더 우월하거나 열등하다는 발상은 틀렸다. 특정 종교가 절대적인 진리를 가지고 있다는 주장은 터무니없다.

둘째, 종교 간의 대화의 첫걸음은 기독교를 포함한 각 종교가 고유의 진리를 포기하는 자기희생이다. 각각의 종교는 동등한 위치에서 대화를 한다. 자기 종교의 고유한 것들을 버리고 타종교에서 배우고 서로 뭉쳐 새로운 통합 종교로 거듭난다. 모든 종교들은 새로운 통합 종교 구성을 위해 자기를 희생시킨다. 종교 간의 대화는 각 종교들이 각자의 고유한 진리를 포기하고 하나의 세계적인 통합종교로 재출발할 수 있는 새로운 진리를 찾는 만남이다.

셋째, 기독교 선교의 목적은 예수 그리스도를 거쳐 계시된 하나님의 말씀인 영원한 진리, 예수구원의 도(道), 영생의 복음을 전하는 일이 아니다. 타종교 신앙인들과 대화하면서 함께 진리를 새롭게 찾는 활동이다. 1970년대에 본격화 된 WCC의 종교 간의 대화 운동의 '대화'는 새로운 통합종교를 만들기를 의미한다. 그러한 의도로 타종교에게서 서로서로 배우는 활동이다.

2

종교 간의 대화 여섯 가지 유형

—비셔트 후프트의 증언 2—

1. 기독교 진리를 버려라

WCC 출범의 동력(動力) 비셔트 후프트 박사(Willem A. Visser't Hooft, 1900-1985)는 이 단체의 초기 역사, 사상, 활동을 정확히 알고 있는 초대 사무총장이었다. 저서『혼합주의와 기독교적 우주주의: 다른 이름은 없다』(*No Other Name: The Choice Between Syncretism and Christian Universalism,* 1963)에서 WCC가 출범 이전 단계에서부터 나중에 종교다원주의로 귀착한 1960년대의 종교통합주의와 종교혼합주의를 상세히 소개한다. 이 단체가 출범 이전 단계에서부터 종교통합주의와 종교혼합주의의 특징을 지니고 있었다고 한다.

WCC의 종교통합주의와 종교혼합주의 흐름은 점차 종교다원주의 신앙고백으로 정착되었다. 이 흐름은 모든 종교가 근원적으로 '하나'라고 하는 확신에 기초해 있었다. 역사적인 종교들은 모두 하나의 원천에서 출현했다. 태양 빛이 프리즘을 통과하면 빨강, 주황, 노랑, 초록, 파랑, 남색, 보라색으로 바뀐다. 여러 가지 색깔들은 하나의 빛에서 연원(淵源)한다. 이처럼 WCC의 타종교에 대한 이해와 종교 간의 대화 운동은 이 지구상에 존재하는 종교들이 하나의 원천에서 출현했고, 단일성을 구성하고 있다고 하는 신념에 기초해 있었다.

비셔트 후프트는 WCC의 유래와 성격을 밝히면서, 이 단체의 종교 간의 대화 운동의 초점이 종교통합주의와 종교혼합주의에 있었음을 진솔하게 증언한다. 종교 간의 대화 운동의 기본 신념인 종교통합주의와 종교혼합주의 특징들은 WCC 출범 이전의 에큐메니칼 운동에 존재했고, 출범 이후에는 '하나님의 선교' 이론과 더불어 이 단체의 중추적인 실천으로 자리를 잡았다고 증언한다.

WCC 출범 이전의 에큐메니칼 운동의 큰 특징이던 종교통합주의와 종교혼합주의는 점차 이 단체의 종교다원주의 신앙고백으로 정착했다. 이러한 사상은 1971년에 신설된 이 단체의 종교대화국의 종교다원주의 활동과 더불어 1970년대와 1990년대에 본격적으로 WCC 안에 진입했다.

WCC는 출범(1948)하면서 그리스도와 삼위일체 하나님과 성경을 언급하면서 결성했다. 그러나 이 단체는 탈기독교적이거나 반기독교적인 흐름을 차단하거나 제지하는 장치를 설정하지 않았다. 구성원 신학자들이나 회원 교회들이 반기독교적인 흐름의 강세를 보여도 제재할 수 없고, 억제 또는 규제하지도 않는 구도로 출발했다.

비셔트 후프트는 WCC의 에큐메니칼 운동이 그리스도 중심의 교회들의 협의회적 교제체로 나갈 것인가, 아니면 다양한 모든 종교들을 수용하는 종교공동체로 나갈 것인가에 대한 분명한 개념이 없이 시작했다고 한다.[1] WCC는 세계교회들의 협의회로 출범했다. 그럼에도 이 단체가 교회들의 협의체의 정체성을 유지하는 방향으로 나갈 것인지, 모든 종교를 수용하는 종교공동체로 나아갈 것인지에 대한 분명한 개념이 없었다고 한다. 이것은 무슨 뜻인가?

비셔트 후프트에 따르면, 그 무렵, "모든 신학적 상황이 급변하고 있었다. ... 칼 바르트 신학의 시대조차 끝났다는 견해가 계속되었다."[2] 영국국교회의 감독 존 로빈슨(John Robinson, 1919-1983)의 『신에게 솔직히』(*Honest to God*, 1963)는 거대한 소용돌이를 확산시켰다. 신은 '외부에만 존재하는 분'이 아니라 인간 존재의 깊은 본질이자 궁극적인 실재라고 이해했다.

그래서 WCC 관련자 다수는 유신론적 신의 존재를 믿는다고 인정하는 시기가 끝났다고 생각했다. "성서 연구에서도 급진적인 변화가 일어났다. 성서 케리그마(Kerygma)의 근원적 일치에 근거해 왔던 초창기 세대의 성서신학에 대해 의구심을 갖기 시작했다."[3] WCC 에큐메니칼 운동은 기독교 핵심 교리들을 부정하는 시대정신에 직면했고, 새로운 상황에 부합하는 모종의 방향을 추구하고 있었다.

WCC는 기독교 교리의 구체적인 경계선을 설정하지 않았을 뿐 아니라 여러 가지 세계 종교들에 대한 분계선도 설정하지 않은 채로 출범했다. 신학에 대한 경계선을 두지 않았고, 타종교들에 대한 울타리를 치거나 담을 쌓지 않은 상태로 출발했다.

WCC의 종교통합주의와 종교혼합주의는 세계선교협의회(IMC)의 예루살렘 세계선교대회(1928)에서 부상했다. 비셔트 후프트는 WCC가 출범기부터 종교통합주의와 종교혼합주의 특성을 지녔던 것은 전

---

[1]Willem Adolph Visser't Hooft, *Has the Ecumenical Movement a Future?* Geneva: WCC, 1974; Nasheville, TN: John Knox Press, 1976; 비셔트 후프트, 『에큐메니칼 운동의 미래』(서울: 대한기독교서회, 1994), 66.

[2]비셔트 후프트, 27.

[3]비셔트 후프트, 27-28.

술한 하버드대학교의 철학교수 호킹의 관점이 이 단체를 장악했기 때문이라고 거듭 강조한다.[4] 호킹은 예루살렘선교대회에서 기독교를 포함한 모든 종교들이 거대한 단일 종교 안에 모여야 하며, 종교를 통합해야 한다고 역설했다. 종교 간 경계선 설정이 아니라, 세계선교대회 안에는 인간의 종교적 삶이 종교 간의 적극적인 협력과 더불어 모색 되어야 한다는 생각이 급부상했다. 인도 탐바람에서 모인 세계선교대회(1938)도 이와 동일한 선언을 했다.

WCC의 배후에는 임마누엘 칸트의 '지식의 능동성'이라는 인식론, 곧 인간 이성의 한계에 기반을 둔 상대주의와 주관주의 철학이 크게 작용했다. 이성의 시대, 계몽주의 시대, 낭만주의 시대를 거치는 동안 전통적 기독교 진리를 거부하는 자유주의 신학이 이 단체를 장악했다. 기독교 진지를 훼파(毁破)하려고 도전하는 자유주의 신학의 물결은 호킹의 종교통합주의와 함께 쓰나미처럼 WCC 에큐메니칼 운동을 덮쳤다.

이러한 상황에서 역사적인 기독교를 부정하는 현대판 자유주의 신학자들이 WCC 안에서 주도적인 역할을 했다. WCC의 방향을 포용주의, 신앙무차별주의, 다원주의로 바꾸었다. 침묵하는 기독교인들과 복음주의 교회들은 개념 없이 그들을 따랐다. 물결치는 대로 WCC 에큐메니칼 운동에 가담했다.

2. 등뼈 없는 신체

WCC를 이끄는 핵심 인물들은 종교통합주의와 종교혼합주의를 지지했다. 그 단체 안에 역사적인 기독교의 진리를 믿는 사람들이 없었던 것은 아니다. 복음주의자들은 십자가 복음이 없는 선교, 기독교 신앙의 중추 교리가 없는 WCC의 세속적 활동을 선교 그 자체로 여기는 시각을 탐탁하게 여기지 않았다.

WCC가 1960년대에 전폭적으로 수용한 '하나님의 선교' 이론은 기독교의 복음, 십자가와 부활, 예수구원 유일성 신앙을 배제한 선교운동을 지향한다. 등뼈 없는 신체와 같은 선교 활동이다. 그래서 WCC 안에 등뼈 없는 몸이 무슨 힘을 발휘할 수 있겠는가 하고 생각한 사람들도 있었다.[5]

WCC의 신학적 움직임을 탐탁하게 여기지 않은 부류의 대표적인 인물은 헨드릭 크래머 박사(Hendrik Kraemer, 1888-1965)였다. 네덜란드 신학자이며 선교학자인 그는 인도 탐바람에서 모이는 세계선교대회(IMC, 1938) 준비자들의 요청에 따라, 『비기독교 세계에서 기독교의 메시지』(*The Christian Message in a Non-Christian World*, 1938)를 저술했다. 그는 기독교 신앙과 비기독교 종교 체험을 구분하고, 기독교 신앙과 자연종교 전통 사이의 불연속성을 강조했다. 기독교와 자연종교는 다르며, 모든 종교가 동일동가라는 생각은 옳지 않다고 하면서, 기독교와 예수구원 유일성을 강조했다.[6]

예수 그리스도의 구원 유일성을 고수하는 크래머의 선교신학은 종교통합주의와 종교혼합주의가 횡행하는 세계선교대회에서 전통적 기독교를 변증하는 일련의 논거들을 제공했다. 그는 종교다원주의자들과 신학적 논쟁이 치열한 상황에서 신정통주의 신학에 바탕을 둔

---

[4]비셔트 후프트, 68, 72.

[5]비셔트 후프트, 69.

[6]Hendrik Kraemer, *Christian Message in a Non-Christian World*. Edinburgh: Edinburgh House Press, 1938.

종교신학을 제시했다.

크래머의 신학을 언급한 비셔트 후프트는 기독교의 복음을 모든 종교들을 망라하는 일반 종교와 함께 싸잡아 아우르는 것을 부적절한 시도로 여긴다. 이 복음적 견해가 자연종교를 얕잡아보거나 이웃 종교인들의 영적인 삶을 존경하지 않는 태도를 의미하는 것은 아니라고 한다.[7]

크래머는 신학교를 다닌 적이 없는 선교학자, 종교학자, 신학자이다. 역사적 기독교 진리의 중요성을 강조했지만 그의 목소리는 인도 탐바람에서 열린 세계선교대회의 종교통합주의 논의를 종결시키지 못했다.

비셔트 후프트는 크래머가 강조한 역사적 기독교와 고전적 선교관이 에큐메니칼 연못에 던진 큰 돌덩어리였다고 한다. 그 돌이 파장을 일으켰다고 한다. 비셔트 후프트는 역사적 기독교와 고전적 선교관을 큰 돌로, 그 돌이 던져진 웅덩이 또는 연못을 탈기독교적인 종교통합주의와 종교혼합주의로 설정한다.

비셔트 후프트는 국제선교협의회(IMC) 산하 예루살렘 세계선교대회와 탐바람 세계선교대회의 종교통합주의와 종교혼합주의를 갑(甲)으로 설정하고, 그곳에 던져진 역사적 기독교 신앙과 전통적 선교관을 을(乙)로 간주한다. 주객이 전도된 상황이었다는 것이다.

1961년에 WCC로 병합된 국제선교협의회의 상황은 일찌감치 주객이 전도된 상태였다. 역사적 기독교 호수에 이교적인 종교통합주의, 종교혼합주의 사상이라는 돌이 던져진 것이 아니었다. 종교통합주의와 종교혼합주의의 웅덩이에 역사적 기독교의 메시지가 던져져서 파장을 일으켰다. 그 파장은 끝내 아무런 효과를 거두지 못했다. 역사적 기독교 신앙의 목소리는 세속주의에 근거한 에큐메니칼 운동을 개혁시키지 못했고, 진리 회복에 전혀 이바지하지 못했다.

비셔트 후프트에 따르면, 역사적 기독교 진리 수호자들 덕분에 한동안 국제선교협의회와 WCC는 예수그리스도를 대화의 중심으로 여기며 종교혼합주의와 종교통합주의를 거부하는 선교신학을 얼마 동안 유지할 수 있었다. 국제선교협의회(IMC)는 1961년에 WCC에 병합되어 현재 선교전도국(세계선교전도위원회)으로 존재한다. 주목할 것은 WCC 에큐메니칼 운동은 출범 이전 단계에서도 역사적 기독교 신앙에 충실한 세계교회들의 협의체가 아니었다는 사실이다.

3. 날아들어 온 돌, 박힌 돌

WCC 안의 종교통합주의와 종교혼합주의 세력은 역사적 기독교 신앙과 전통적 개념의 선교를 맹렬히 공격했다. 자유주의 신학을 지향하는 세력은 이 단체에서 역사적 기독교 신앙을 제외시켰다. 날아들어온 돌이 박힌 돌을 배격하는 형국이었다.

탈기독교적인 모티브를 가진 종교통합주의자들과 종교혼합주의자들이 역사적 기독교 신앙을 거부하는 핵심 근거는 모든 신학적 상황이 급변하며, 신의 존재를 믿는다고 시인하는 시기가 끝났다는 것이었다. 전통적인 기독교 케리그마와 역사적 기독교 진리에 의구심을 가진다는 것이었다.[8] 무엇보다도 성경 기록을 사실로 받아들이지 않는 신념이 크게 작용했다. 유럽교회의 기독교 식민주의자들의 부역자(collaborator) 전력(前歷)도 이 과정에서 부정적으로 작용했다. 전

---

[7] 비셔트 후프트, 69.
[8] 비셔트 후프트, 27-28.

통적인 기독교를 신앙하는 자들이 유럽 국가들의 식민지 활동과 침략과 지배를 도왔고, 교회가 식민지 침략 행진의 전위대 노릇을 한 과거사도 작용했다.

제국주의 시대가 끝나고 마르크스주의의 입지가 강화되자, 유럽의 지적·종교적·문화적 우월주의에 기초한 기존의 기독교와 기독교 선교는 더 이상 호소력을 가질 수 없었다. 지식인들은 동양 문명과 아시아 종교의 영성이 서양 종교, 곧 기독교와 그것의 영성보다 더 매혹적이라고 주장했다.

식민주의에 대한 피식민지인 신학자들과 교회 지도자들의 공격은 역사적 기독교를 지향하는 사람들의 아킬레스건이었다. 정통신앙을 가진 자들의 말문을 닫게 만들었다. 부정할 수 없는 역사적 사실이기 때문이다.

호킹은 에큐메니칼 관점에서 서양 위주의 전통적 기독교 선교 개념에 의문을 던지며, 모든 거대 종교들의 통합을 주창했다. 비셔트 후프트는 초기 에큐메니칼 운동이 기독교를 서양 종교로 여기면서 기독교의 유일성과 최종성을 버리라고 했다고 지적한다. 이 무렵 WCC를 주도하는 자들은 기독교 신앙에 대한 집착이 편협한 자만을 낳는다고 생각했다고 한다.

WCC의 핵심 지도자들은 진리에 도달하는 길이 한 가지만 있는 것이 아니라 여러 가지가 있다고 생각했다. 그래서 자기중심적 배타성을 가진 기독교, 전통적 개념의 선교에 집착하지 말라고 했다. 역사적 기독교, 곧 정통 기독교와 전통적 선교를 반대했다. 그 결과로 WCC 안에서 역사적 기독교 신앙을 가진 자들과 탈기독교적 관점을 가진 자유주의 신학 전통을 추종하는 인사들 사이에 신학 충돌이 일어났다.

WCC는 '분열된 가시적 교회들의 일치'라는 구호 아래에서 교회 아젠다(agenda)를 다루는 것이 아니라 세상 아젠다에 진력했다. 세상을 향한 교회의 사명, 곧 세상사 해결에 관심을 가지고 있었을 뿐이다. 하나님의 계시 진리를 보호한다든지, 진리에 대한 변증적 사명을 감당한다든지, 예수구원의 복음을 전하고, 기독교 신앙의 순수성을 보존할 목적으로 교리와 보호 장치를 만드는 따위의 활동에는 전혀 관심을 갖지 않았다.

이처럼 1960년대의 WCC 에큐메니칼 운동은 시대 상황, 곧 기독교 핵심 교리들을 부정하는 20세기 시대정신에 부합하는 세계 종교 공동체들의 일치를 추구하고 있었다.

WCC는 회원 교회들의 신앙고백을 규제하는 기능, 장치를 가지고 있지 않았다. 그러한 까닭으로 WCC는 진리를 훼파하는 맹수들의 공격을 막아내지 못했다. 현대판 자유주의 신학에 공중 납치(hijacking)당했다. WCC는 이러한 과정을 거쳐 '하나님의 선교' 이론에 따라 종교다원주의, 세속화, 세상사 해결을 향해 힘차게 전진했다. WCC는 예수구원의 복음 중심의 선교가 있던 자리에 '하나님의 선교,' 곧 세상사 해결 과업을 대체했다.

WCC의 신학적 변질 과정을 이해하려면 기독교 사상사가 다루는 신학사, 교리사, 선교사에 대한 지식이 필요하다. WCC로 이어지는 최초의 세계선교대회는 1910년 에딘버러에서 열렸다. 선교 관련자 1,200명이 모여 세계선교 현황을 보고하고, 선교의 동향과 상황을 파악하며, 선교의 긴급성을 논의했다. 한국인 윤치호 선생도 참석하여 세 차례 연설을 했다.

윤치호의 첫 번째 연설 주제는 한국 개신교회의 놀라울 정도로 빠른 성장에 대해 언급한 "복음을 모든 비기독교 세계에 전하자"였다.

두 번째 주제는 "선교지에 있는 교회"는 유럽 기독교인들의 헌금이 그들이 직접 통제해야 한다는 거의 보편적으로 수용된 원칙에 이의를 제기하고, 자금 배분에 있어서 현지 지도자들과의 충분한 협의의 필요성을 촉구했다. 세 번째 주제는 총회 메인 홀(Synod Hall)에서 연설한 '토착 교회'가 자립적인 사역을 발전시켜야 할 필요성을 강조했다.[9]

에딘버러선교대회(1910)를 계기로 만들어진 국제선교협의회(International Missionary Council, IMC)는 1921년에 런던에서 결성되었다. 1961년에 WCC에 병합되어 현재 WCC 선교전도국으로 존속하고 있다. "WCC가 종교다원주의를 지지하지 않는다"고 주장하는 한국인 금주섭 박사가 이 기구의 총무로 10년 동안 일을 했다.

금주섭은 선교전도국 총무로서, "선교전도선언문: 함께 생명을 향하여"(2013)의 책임저자였다. 총회가 일방적으로 공표한 이 문서는 종교다원주의를 표방한다.[10] 금주섭이 속한 예장 통합 총회(2021)는 "WCC가 종교다원주의를 지지하지 않는다"고 공표했다. 이 교단은 금주섭의 사실호도의 글이 담긴 에큐메니칼위원회의 보고를 받아들였고, 그 내용을 담은 책을 대량 제작하여 보급했다.

국제선교협의회가 WCC로 병합되는 즈음, 진보계 인사들은 WCC 선교 개념에 대한 공격을 시작했다. "1961년 IMC와 WCC가 통합되던 시기에, 선교의 이유는 여러 가지 다양한 측면들의 의문과 추궁을 받았다. 더욱이 신생교회들은 협의회 안에서 서유럽의 보호를 받던 모든 흔적을 제거하고 교회 삶과 성명(statement) 안에 자기 나라의 문화적 특성을 적용시킬 가능성을 추구했다."[11]

WCC의 영향 아래서 각국의 선교지 교회들은 다방면에서 탈기독교화를 모색했다. 역사적 기독교에서 벗어날 수 있는 길을 추구했다.

정통 기독교가 서유럽의 식민주의 침략 세력과 결합되어 식민주의자들의 앞잡이, 침략 세력의 부역자(附逆者) 역할을 했기 때문이라는 것이었다. 이 흐름에는 자유주의 신학과 때마침 등장한 20세기 후반의 시대정신 그리고 평등주의 파시즘이 작동하고 있었다.

아시아와 아프리카의 진보계 에큐메니스트들은 기독교가 식민주의 첨병 역할을 한 과거사를 붙들고 늘어졌다. 이 시기에 새로운 에큐메니칼 용어인 '대화'가 모습을 드러냈다. 1968년에 웁살라에서 열린 WCC 제4차 총회는 종교 간의 대화를 "상대편을 인간으로 받아들이고 겸손한 가운데서 이루어지는 그리스도인의 접근을 의미한다"[12]고 정의했다. WCC 종교 간의 대화 논의는 1971년에 에티오피아 아디스아바바에서 본격적으로 시작되었다. WCC는 그 해에 종교대화국을 신설하고 종교다원주의자 스탠리 사마르타를 책임자 겸 유급 전임 신학자, 곧 몽학선생으로 임명했다. 아래에서 상론한다.

WCC의 선교전도국은 여러 종교들의 대표자들이 좀 더 깊은 단계에서 서로 만나는 모임을 주선하기 시작했다. 비셔트 후프트는 이 대목에서 어느 공산주의자의 말을 회상하면서 기독교가 자신을 바꾸어야만 곧 자기 종교의 핵심 교리를 포기해야만 타종교인과의 대화가

---

[9]"The World Missionary Conference Edinburgh 1910, *The Debates*" (17 June 1910), Edinburgh Research, PDF; Brian Stanley, "Edinburgh and World Christianity," *Studies in World Christianity*, 17.1 (2011), 78-92.

[10]Jooseop Keum, ed., *Together towards Life: Mission and Evangelism in Changing Landscapes*, Geneva: WCC, 2012. article 80.

[11]비셔트 후프트, 72-73.

[12]비셔트 후프트, 73.

[13]비셔트 후프트, 77.

가능하다고 했다.[13] WCC는 타종교들과의 대화가 가능한 방법은 역사적 기독교 교리와 신앙을 포기하는 것이라고 했다.

비셔트 후프트는 이와 같은 배경을 서술한 뒤, 1960년대 초에 WCC가 추구하는 종교 간의 대화 운동과 더불어 이 단체 안에 혼재(混在)해 있던 여섯 가지 '종교간의 대화'의 개념들을 설명한다.

4. 종교 간의 대화 여섯 가지 유형

1960년대에 후반에 출범한 WCC의 '종교 간의 대화'는 세계 종교인들의 만남과 공동의 연대를 모색하는 활동이 아니었다.[14] 비셔트 후프트는 "좀 더 깊은 단계의 대화"였다고 한다. 기독교의 기본 진리를 기꺼이 포기하는 만남과 대화였다는 것이다. WCC는 기존의 기독교 신념을 바꾸어야 타종교인들과 대화할 수 있다고 했다. 자기는 변하지 않으면서 타종교인의 변화만을 꾀하는 기독교인들은 입을 다물어야 한다고 했다.

비셔트 후프트는 WCC의 초기 지도자들이 추구한 '종교 간의 대화'의 진정한 목적이 무엇이었는가를 밝히려고 그 개념을 여섯 가지로 구분하여 소개한다.[15] 그가 이 여섯 가지 유형들을 소개하는 까닭은 에큐메니칼 운동의 미래에 대한 걱정 때문이다. 지배적인 첫 네 가지를 먼저 소개하고, 자신이 희망하는 것 두 가지를 그 다음에 소개한다. WCC가 질주하고 있는 첫 네 가지 대화 유형은 모두 종교통합주의와 종교혼합주의와 관련되어 있었다. 이 흐름은 점차 종교다원주의로 통합되었다.

첫 번째 모델은 종교 고르기 유형의 대화 활동이다. 모든 종교는 본질적으로 주관적인 경험의 결과라는 가정에 기초한 대화이다. 자기 몸에 걸 맞는 옷을 고르듯이 자기에게 적합한 종교를 선택할 수 있다면서, 타종교인의 통찰과 영성을 배우고, 그것들을 자기화하여 더 풍성해지려는 목적으로 하는 대화이다.[16]

사람이 문학과 예술 분야에서 자기가 선호하는 것을 고르듯이 WCC의 종교 간의 대화는 종교 분야에서 자신의 마음에 가장 와 닿는 종교를 고르는 활동이다. 타종교의 통찰과 영성으로 자신을 풍성하게 하려는 시도이다. 백화점 옷 가게에서 자기 몸에 어울리고 자기 기호에 맞는 옷을 하나 고르듯이, 종교 간의 대화는 타종교인을 만나 대화하면서 자기에게 어울리고 적합한 종교를 고르는 활동이다.

두 번째 모델은 종교의 근원이 하나라고 보는 대화이다. 모든 역사적 종교는 하나의 실재에서 파생된 부분, 곧 현현(顯現)이라는 개념에 기초한 대화이다. 이 경우, 종교 간의 대화의 목적은 참 종교, 곧 근원적인 종교를 찾는 활동이다. 종교 간의 차이나 모순은 일시적인 현상이므로 중요하지 않으며, 종교의 근원을 찾아가는 것이 중요하다는 가정 아래서 진행되는 대화이다.[17]

이 대화 모델에서 WCC의 종교 간의 대화는 아무런 거리낌 없이 모든 종교를 하나의 공통 요소로 줄여 이해하고 예배하는 것과 같은 방식으로 접근한다. 힌두교계 혼합 종교 '라마크리슈나 미션'처럼 예수, 붓다—고타마 싯다르타(Gautama Siddartha, 고타마가 가족명이다), 무함마드, 공자를 동시에 함께 섬기는 것과 같은 개념이다.

---

[14]비셔트 후프트, 73\
[15]비셔트 후프트, 74 이하.
[16]비셔트 후프트, 74.
[17]비셔트 후프트, 74-75.

비셔트 후프트는 이 설명에서 이것이 힌두교의 비이원적 세계관과 동일하다거나 이교적인 이해라는 언급을 하지 않는다. 이 사실을 알지 못한 것 같다.

세 번째 모델은 하나의 보편적인 종교를 창설할 시간이 왔다고 보는 시각으로 진행하는 종교 간의 대화이다. 비셔트 후프트는 이것에 대한 설명에서 인류가 '분열만을 야기하는 종교'를 더 이상 허용하지 않는다고 한다. 분열만을 야기하는 종교[18]란 기독교를 지칭한다.

이 모델의 대화 개념은 각 종교 간의 차이가 사라져야 한다는 전제에 기초해 있다. 진정한 종교 혼합 또는 종교 통합을 하자면, 기독교를 포함한 모든 종교가 자기를 희생해야 한다. 기존의 가치가 절대적인 진리라는 생각과 교리를 버려야 한다. 기독교는 기존의 진리를 버림으로써 세상에 공헌할 수 있다고 한다. 기독교인은 자기 종교가 절대적이거나 옳다고 하는 신념, 곧 신앙을 버림으로써 세계적인 하나의 새로운 통합종교 구성에 이바지한다. 모든 종교가 동일동가의 신앙공동체임을 보여주어 세상에 공헌하는 것이라고 한다.

WCC의 종교통합주의 모델의 이 종교 간의 대화는 기독교를 향하여 예수구원 유일 신앙을 포기하라고 요구한다. 각 종교의 역사적 교리와 신앙을 버리라고 한다. 기독교가 2천 년 동안 믿고, 고백하고, 유지하고, 계승해 온 역사적 교리와 성경적 진리를 버려야 한다는 것이다. 예수구원 유일성 신앙을 버리라는 것이다.

넷째, 만인보편구원주의 대화 모델이다. 비기독교 종교인들이 예수 그리스도를 모르지만 그들도 모두 진정한 의미의 '그리스도인'이라는 생각을 가지고 임하는 대화이다. 각 종교인들은 그리스도를 믿지 않지만 그들도 모두 진정한 의미의 그리스도인이라는 생각을 가지고 하는 대화이다. 역사적 기독교 신앙을 가진 기독교인만 아니라

힌두교인, 불자, 무슬림, 유생도 그리스도인이라는 것이다.[19]

이 유형의 대화 모델을 가진 WCC 지도자들은 타종교인들에게 억지로 '그리스도인'이라는 명찰을 붙인다. 불교의 선승, 이슬람의 이맘, 힌두교의 구루를 '익명의 그리스도인'이라고 일컫는다. 과연 그 종교인들이 자기를 향하여 "당신은 진정한 그리스도인입니다"라는 말을 환영할까?

'익명의 그리스도인' 이론과 그것에 기초한 종교 간의 대화 개념은 로마가톨릭 신학자 칼 라너 박사의 이론에서 온 것이다. 라너는 에델바이스의 고향 오스트리아의 인스부르크대학교의 로마가톨릭 신학 교수였다. 라너의 신학은 제2차 바티칸공의회의 예수 밖에도 하나님의 구원이 있다는 선언에 이바지했다.

비셔트 후프트는 라너의 사상이 로마가톨릭교회의 신학적 변화에 중요한 역할을 했다고 지적한다. 익명의 그리스도인 개념에 기초한 이 네 번째 유형의 종교 간의 대화가 WCC 안에서 가장 많은 지지를 받고 있다고 한다. 다수의 WCC 발언자들이 이를 지지했다고 증언한다. "종교의 어둠 속에서 잠자는 그리스도를 깨우는 일"[20]이 라너의 관점을 지지하는 에큐메니스트들이 생각이라고 한다.

WCC 종교대화국은 전술했듯이 "종교의 어둠 속에서 잠을 자는 그리스도를 깨우자"라는 구호와 함께 출범했다. WCC 중앙위원회는 1971년에 종교대화국을 신설했고, 종교다원주의자 스탠리 사마르타를 유급 전임 신학자, 곧 몽학선생으로 모셨다. 종교대화국은 각 종

---

[18]비셔트 후프트, 75.
[19]비셔트 후프트, 75-76.
[20]비셔트 후프트, 76.

교마다 그리스도가 있고, 그 그리스도를 추종하는 세계의 모든 종교의 신자는 다 그리스도인이라는 이론을 따라 설립되었다.[21]

다섯 번째 모델은 다원적 세상에서 할 일이 많다는 점에서 출발하는 종교 간의 대화이다. 세계의 거대한 문제들을 해결할 목적으로 기독교, 이슬람, 불교, 힌두교, 유대교, 마르크스주의자가 연대하여 함께 사회에 유익을 주는 선한 일을 하는 대화이다. 종교인들이 만나서 세계의 경제 구조를 바꾸고, 자연을 보호하고, 환경오염을 차단하고, 불의와 착취에 대항하는 연대를 형성하고, 공동의 투쟁 기준을 찾는 등 인류의 현실적 과제들을 해결할 목적으로 진행하는 대화이다.[22]

여섯 번째 모델은 상대방의 관점에서 출발함을 원칙 삼는 대화이다. 한 편의 종교인이 상대방을 자기가 원하는 목적의 희생물로 간주하지 않는 대화이다. 양편이 서로에게 경청하고, 주의 깊게 듣고, 상대방의 말을 적절하게 인지한 뒤에 자기가 하고 싶은 말을 하는 대화이다. 진정한 선교사는 종교 간의 대화에 십자군 전사처럼 임하지 않는다. 오히려 자신의 이상과 진리 체계를 희생시킬 각오를 한다.

이 모델의 종교 간의 대화자는 상대방을 동등한 인격을 가진 동료로 고려한다. 사도 바울과 사도 요한이 헬레니즘 세계에서 사람들의 이야기를 주고받은 방법과 같이, 청중의 특수한 영적 상태를 신중히 받아들인다. 종교적 틀 안에 있는 통찰력과 개념을 자신의 논리 속에 사용한다. 좋은 대화자는 말하기 전에 타종교인의 말을 듣는다. 인내심, 존경심, 상상력을 가지고 서로가 서로에게 귀를 기울인다.[23]

위 여섯 번째 모델의 '대화'는 고통을 감내하는 개념의 대화이다. 복음은 사람에게서 사람에게로 전파된다. 따라서 사람 사이에 진정한 중재자가 필요하다. 한 편이 다른 한 편을 다만 목적이나 희생물로 간주하면 대화가 불가능하다. 양편 모두 상대방을 경청할 수 있어야만 한다. 이 대화 모델은 상대방의 말을 주의 깊게 들은 뒤, 어떻게 그리스도의 이야기를 상대방이 이해할 수 있는 방법으로 말할 수 있는가를 간파한 뒤에 증거를 시작한다.

비셔트 후프트는 WCC 초기에 이 단체의 지도자들 사이에 이 여섯 가지의 대화 개념이 혼재해 있었다고 한다. 출범 초기부터 이 단체의 중심부는 종교통합주의와 종교혼합주의 유형의 '종교 간의 대화'가 '종교 다원성'이라는 이름으로 자리 잡고 있었다고 한다. 비셔트 후프트가 걱정하는 종교통합주의와 종교혼합주의는 시간이 흐르면서 종교다원주의로 귀결되었고, WCC의 신앙고백으로 서서히 자리를 잡았다.

WCC의 "토론토성명서"(1950)[24]는 회원교회와 구성원 개인이 믿고 고백하는 것을 규제하지 않는 것을 이 단체의 장점으로 앞세운다. 위 여섯 가지 유형들 가운데서 그 어떤 것을 믿어도, 어떤 개념을 취해도 무방하다고 보는 듯하다.

비셔트 후프트는 자신이 구분하는 종교 간의 대화 모델 첫 네 가지 견해에 공통적인 실수가 있다고 지적한다. 복음에 대한 믿음을 일반 종교의 특성으로 간주하는 점이라고 한다. 기독교 복음은 종교적 견해와 실천의 일련의 편협성을 유지하도록 요구한다고 한다. 기독교의 진리가 배타적인 특징을 지니고 있으며, 기독교의 복음은 종교적

---

[21]비셔트 후프트, 77.

[22]비셔트 후프트, 77-78.

[23]비셔트 후프트, 79.

[24]WCC, "The Church, the Churches and the World Council of Churches: The Ecclesiological Significance of the World Council of Churches" (1950).

견해나 종교적 실천에서 편협성을 유지하라고 요구한다. 그러므로 첫 네 가지 종교 간의 대화 모델은 교회의 선교 사명이나 복음의 본질과 상충된다고 지적한다.

비셔트 후프트는 다섯 번째와 여섯 번째 유형의 대화를 지지한다. 필자는 다섯 번째의 대화 모델을 수용하며, 여섯 번째의 대화 유형 일부로 수용한다.

비셔트 후프트의 에큐메니칼 운동의 미래에 대한 걱정에는 기독교 진리에 대한 단호한 결기가 결여되어 있다. 에큐메니칼 운동의 미래를 걱정하지만 기독교를 괴멸시키려는 블랙스완(Black Swan)의 실체를 파악하지는 못한다. 그래서 그는 결과적으로 WCC 에큐메니칼 운동의 복음적 회귀나 발전에 전혀 이바지하지 못했다. 종교통합주의, 종교혼합주의, 종교다원주의, 초혼제, 진리상대주의 등 메가톤급 쓰나미의 위험을 실효적으로 경고하지도 못했다. 이것들을 막아낼 힘을 제공하지 못했다. WCC는 복음 대신에 인간화, 샬롬(평화), 생물학적 생명 등 세상사 해결에 매진해 왔고, 그 맥락에서 종교다원주의 신앙고백을 마다하지 않으며, 종교통합운동을 용인한다.

예장 통합 제106회 총회(2021)는 WCC의 종교 간의 대화의 목적이 박해받는 지역의 기독교인들의 신앙의 자유를 보호하려는 것이라고 했다. 비셔트 후프트가 제시하는 여섯 가지 종교 간의 대화 유형 안에는 이 교단이 말하는 대화의 목적이 포함되어 있지 않다.

5. 엘렝틱스

엘렝틱스(Elentics)는 선교학 용어이다. 헬라어 '부끄럽게 하는 활동'이라는 의미의 '엘렝쿠스'에서 유래했다. '반대 논증,' '논박'을 의미한다. 비기독교 종교에 대한 기독교의 비판, 반론, 경책 방법을 연구하는 학문이다. 타종교인의 구원의 부적합성, 자연종교의 허위성을 드러내고, 기독교의 구원의 적합성, 계시 진리의 절대성을 선언하는 방법을 연구하는 학문분야이다.

엘렝틱스는 이슬람, 힌두교, 불교 신도, 토속 종교의 신도를 만날 때 비판, 꾸중, 경책, 질타하면서 "네 죄를 회개할 지어다"라는 태도로 선교를 하라고 가르치지 않는다. 예수 그리스도의 구원의 복음을 강력히 외치고, 죄를 회개해야 할 것을 알려주는 활동의 중요성을 말한다. 창조자 하나님과 구원의 중보자 예수 그리스도를 믿으라고 권한다. 엘렝틱스는 겸손하고도 조심스런 태도로 하나님을 대항하는 자연종교의 가면을 벗기고, 하나님에 대한 지식을 갖도록 하는 선교학과 종교학의 과목명이다.

신약성경은 엘렝틱스적 표현들을 많이 담고 있다. "그가 오시면, 죄와 의와 심판에 대하여 세상의 잘못을 깨우치실 것이다"(요 16:8). "죄를 짓는 사람을 모든 사람 앞에서 꾸짖어서, 나머지 사람들도 두려워하게 하십시오"(딤전 5:20). "보아라, 주님께서 수만 명이나 되는 거룩한 천사들을 거느리고 오셨으니, 이것은 모든 사람을 심판하시고, 모든 불경건한 자들이 저지른 온갖 불경건한 행실과, 또 불경건한 죄인들이 주님을 거슬러서 말한 모든 거친 말을 들추어내서, 그들을 단죄하시려는 것이다"(유 1:14-15).

성경은 기독교인들만이 아니라 비기독교인들을 포함한 모든 사람을 향한 메시지이기도 하다. 초대교회의 복음 전도자들은 엘렝틱스적 특징을 지니고 있었다. 사도들은 복음을 전하면서 예수를 믿으라고 외치고 회개하라고 설교했다. 베드로의 회개 설교를 들은 3천 명의 유대인들과 유대인 디아스포라들이 예루살렘에서 예수 이름으로 세례를 받았다.

엘렝틱스적 접근은 오늘 우리가 선교 현장에서 어떻게 복음을 전해야 하고, 어떤 태도로 타종교인을 대해야 할 것인가에 초점을 둔다. 기독교 복음을 전하는 선교사의 메시지는 엘렝틱스 방식일 수밖에 없다. 복음전도의 기본은 죄를 깨닫게 하는 복음전도 활동이다. 전하는 자가 없는데 어찌 믿을 수 있으며, 회개를 촉구하는 복음이 없는데 어떻게 이방인이 회개하고 하나님께로 돌아올 수 있겠는가? 복음 제시 부재의 전도나 그 복음을 듣는 자의 회개를 촉구하지 않는 선교는 기독교 본래의 전도와 선교의 방법이 아니다.

예수 구원의 복음 제시와 회개 없는 개종은 기독교의 개종이 아니다. 엘렝틱스 방식의 접근은 타종교에 대한 바울의 관점과 일치한다. 바울은 "이 세상은 그 지혜로 하나님을 알지 못하였습니다. 하나님의 지혜가 그렇게 되도록 한 것입니다. 하나님께서는 어리석게 들리는 설교, 곧 전도를 통하여 믿는 사람들을 구원하시기를 기뻐하신 것입니다"(고전 1:21)라고 말한다. "어리석게 들리는 설교"는 "전도의 미련한 것"으로 알려진 케리그마, 곧 복음 선포, 복음 선언이다. 기독교의 케리그마 활동은 종교 간의 대화, 기독교의 상대화, 모든 종교가 동일동가라는 태도를 허락하지 않는다.

맺음말: 선교 접촉점

바울은 그리스 세계의 종교들을 기독교와 동일동가의 종교공동체로 여기지 않았다. WCC 유형의 종교 간의 대화를 시도하지 않았다. 이방인들에게 예수 그리스도의 복음을 전하고, 회개하고 살아계신 하나님을 믿으라고 했다. 엘렉틱스적 태도로 예수구원 유일성 중심의 복음 선포 활동, 케리그마 선포 활동을 했다. 바울은 타종교를 기독교와 동일한 종교로 여기는 태도를 취하지 않았다.

엘렝틱스는 기독교 유럽의 문화우월주의와 식민주의와 맥을 같이한다. 엘렝틱스적 태도의 복음전도와 접근은 기독교를 유럽인의 종교라고 이해하는 아프리카와 아시아 사람들에게 강한 거부감을 일으킨다. 타종교인들의 거부감을 자아낸다. 아시아와 아프리카의 상당 수 사람들은 유럽 식민지 정책의 피해자들이다. 이들에게 기독교는 침략자들의 종교이며, 식민주의의 앞잡이 종교이다.

이 과오는 예수구원의 복음을 전하는 복음 전도자들에게 항상 아킬레스건이다. 복음주의 로잔운동조차 이 비극적인 과거사에 대한 반성과 회개를 표하지 않는다. WCC의 종교다원주의 수용은 20세기 중반의 시대정신의 결과, 곧 유럽인들의 아시아와 아프리카의 식민주의 활동에 대한 반성적 의미를 반영한다.

기독교인의 타종교인과의 대화는 그 자체로 복음화 활동이다. 전도의 접촉점(contact point)을 구축하는 일이다. 건실한 복음전도자는 지속적으로 타종교인을 만나 선교 접촉점을 구축한다. 타종교인에게 인간적으로 솔직하게 접근한다. 기독교 신앙을 갖게 할 목적과 의도로 대화를 한다는 것을 감추지 않는다. 선교 접촉점을 확보할 목적으로 사귀고 만나고 대화함을 숨기지 않다. 이 사실을 앞세우지는 않지만 감추지도 않는다. 대화의 파트너에게 기독교 신앙을 갖게 할 목적으로 회심, 회개, 개종, 변화를 기대하면서 그 의도로 대화한다는 것을 숨기지 않는다.

기독교 복음 전도자는 자신이 예수를 그리스도로 믿고 하나님의 자녀가 되고 구원을 받은 것처럼, 대화 파트너인 타종교인들과 만인이 예수를 그리스도로 믿고, 영접하고, 고백하고, 그의 통치를 받고,

그에게 굴복하기를 기대한다. 타종교인이 "너의 목적은 나를 예수 믿게 하는 것이냐"라고 물으면 솔직히 "그렇다"라고 답한다. 진실을 숨기지 않는다.

복음 전도자는 성령의 인도 아래서 적절한 시점에 "예수는 그리스도이다"라고 알려준다. 예수 그리스도는 하나님과 인간 사이를 화해시키는 유일한 길이다. 예수를 구원자로 믿으라. 그리하면 하나님이 그대를 자녀로 받아들인다. 예수의 구속 사역을 거쳐 구원을 받을 수 있다. 성육신과 희생적 삶과 십자가에서 자신을 제물로 바친 구속 사역을 감당한 예수를 그리스도로 믿으면 하나님의 은총의 선물인 구원을 받을 수 있다고 말해 준다.

지혜로운 복음 전도자는 타종교인에 대하여 거부감을 불러일으키는 경책이나 꾸짖음을 삼간다. 진정성과 민감성을 가지고 상냥하게 말을 건넨다. 타인을 존중하는 마음과 겸손한 태도로 마음과 마음이 만나는 대화를 한다. 기독교인이 타종교인에게서 배울 것이 무엇인가를 알아본다. 타종교의 장점을 배우기도 한다.

근원적으로 기독교인의 타종교인과의 대화는 복음을 소개하는 만남과 소통의 기회이다. 어느 경우에도 기독교와 타종교를 동일동가로 여기지 않는다. 상대방의 감정을 자극하고 상대방의 자존심을 상하게 하는 우월주의 태도를 취하지 않는다. 성령 하나님의 인도 가운데서, 어느 시점에 잘 의도된 방법으로 예수구원의 복음을 전한다. 타종교인으로 하여금 우상숭배와 사탄문화의 종교를 버리고 하나님께 회개하고 예수를 그리스도로 믿으라고 권한다.

3

만인보편구원주의

—비셔트 후프트의 증언 3—

1. 사무총장의 진단

비셔트 후프트 박사(Willem Visser't Hooft, 1900-1985)는 종교혼합주의가 초기 WCC 에큐메니칼 운동의 지배적인 세력이었다고 한다. 그는 이를 경계하면서 대안으로 만인보편구원주의(Christian Universalism)를 제시한다. 영국과 독일에서 동시에 출간한 『종교혼합주의와 기독교적 우주주의: 다른 이름은 없다』(*Kein anderer Name: Synkretismus oder Christlicher Universalismus?* 1963)[1]에서 하나님이 기독교인과 비기독교인, 선인(善人)과 악인, 의인과 죄인을 모두 다 구원한다는 만인보편구원론을 제시한다.

비셔트 후프트는 그리스도가 만민에게 자신의 생명을 주려고 이 땅에 사람으로 강림한 하나님의 아들이라고 소개하는 글로 이 논의를 시작한다. 이 신비 안에서 예수의 충만을 발견하는 것이 WCC의 종교혼합주의 흐름에 대한 기독교의 유일한 효율적 대안이라고 한다.

비셔트 후프트의 종교혼합주의 거부와 만인보편구원주의 천명은 WCC 에큐메니칼 운동의 정체성에 대한 그의 정확한 진단에서 기인

한다. 그는 WCC가 종교혼합주의 행보를 중단하고, 예수 십자가 사건의 유일회성(唯一回性)에 기초한 복음—만인보편구원주의를 수용하라고 한다.

비셔트 후프트는 자신의 주장을 뒷받침하려고 세 가지 혼합주의 관련 주제들을 논한다. 첫째, 고대와 현대의 종교혼합주의 물결과 동양의 혼합주의 그리고 혼합주의 종파들을 다룬다. 둘째, 신약성서 시대에 나타난 종교혼합주의에 대한 기독교의 저항과 투쟁을 소개한다. 셋째, 예수 십자가의 유일회성 신학이라는 이름의 만인보편구원주의를 주창한다. WCC 에큐메니칼 운동이 종교혼합주의를 떠나 그리스도 중심적 만인보편주의를 지향해야 한다고 역설한다. 비셔트 후프트는 종교혼합주의가 WCC 안에 강세(强勢)라고 지적한다.

종교혼합주의는 종교다원주의는 만인보편구원주의에 기초해 있다. 동일한 궤(軌)를 따른다. 이 세 가지는 인간이 꼭 예수를 믿어야 할 당위성을 배제하는 점에서 일치한다. 예수를 믿지 않는 자도 종국에 하나님의 구원에 이른다는 것이다. 예수 십자가의 유일회적 사건 덕분에 하나님의 구원이 모든 인류에게 주어진다고 한다.

WCC의 종교혼합주의에 대한 비셔트 후프트의 비판적 진단은 정확하다. 그러나 그것을 막으려고 그가 제시한 방책은 전혀 기독교적인 대안이 아니다. 만인보편구원주의는 예수 없이도 구원을 받을 수 있고, 또한 예수를 그리스도로 믿어야 할 까닭이 없다는 결론에 이른다. 종교통합주의, 종교혼합주의 그리고 나중에 등장한 종교다원주의는 만인보편구원주의라는 동일한 종착지에 도달한다.

비셔트 후프트는 WCC 안에 지배적인 세력을 지닌 종교혼합주의를 막아낼 목적으로 위 책을 저술했지만 그가 방책으로 제시한 만인보편구원주의는 오히려 후일의 이 단체의 종교다원주의 신앙고백의 길을 마련하고, WCC로 하여금 이를 환영하게 하는 역할을 했다. "하나님의 구원의 은총에는 제한이 없다"고 고백하고, 결국 예수를 믿어야 할 당위성을 없애 버리는 결과를 가져왔다.

2. 종교혼합주의를 거부하는 까닭

비셔트 후프트의 종교혼합주의 개념은 종교통합주의 개념을 내포한다. 그는 1960년대 초 WCC 안에 종교혼합주의가 강세임을 간파하고서 이 단체의 미래를 심히 걱정한다. 1963년에 출간한 위 책 저술 동기를 에큐메니칼 운동과 종교혼합주의가 "서로 적응하는 현실과 관련하여 명확한 입장 표명이 필요함을 느끼기 때문"[2]이라고 밝힌다. 이 책 한글판 번역자는 독일어와 영어 책명의 "다른 이름은 없다"라는 제목을 부제로 돌리고, 부제를 제목으로 삼는다. 그리고 "만인보편구원주의"를 "우주주의"[3]로 번역한다.

비셔트 후프트가 종교혼합주의를 거부하는 위 책을 저술한 까닭은 이 흐름이 기독교 본래의 정신과 불일치하며, 이로 말미암아 WCC가 위험 지경에 이르렀다고 판단했기 때문이다. "종교에 대해 지나치게

---

[1]Willem Adolph Visser't Hooft, *No Other Name: The Choice Between Syncretism and Christian Universalism* (London: SCM Press, 1963). 같은 해에 독일어 판도 출간되었다. 비셔트 후프트, 『혼합주의와 기독교적 우주주의: 다른 이름은 없다』, 임홍빈 역 (서울: 성광문화사, 1987), 3.

[2]비셔트 후프트, 3.

[3]책명을 직역하면 "다른 이름은 없다: 혼합주의와 기독교 보편구원주의 사이의 선택"이다. 역자는 감리교신학대학 출신이다. 튀빙겐대학교에서 복음주의 선교학자 피터 바이에르 교수의 권고를 받아 이 책을 번역했다. 한국교회 신자 다수가 '만인보편구원주의'를 환영하지 않는 점을 고려하여 제목의 순서를 바꾼 것같다.

[지식이] 풍부한 반면 참 종교—기독교에는 지나치게 무지한 우리 자신을 머지 않아 발견하게 될 분명한 위험이 있기 때문"[4]이라고 한다.

비셔트 후프트에 따르면, 종교통합주의자들은 하나의 보편적 세계종교를 계발(啓發)하고 있다. WCC를 향하여 보편적 세계종교 개발(開發)에 찬동하고 또 힘을 보태라고 한다. 그들은 WCC가 종교통합주의, 종교혼합주의를 수용해야 한다고 말한다. 종교통합주의자들은 모든 종교가 다 보편적 원종교(Urreligion)의 반영이라고 한다. 정도의 차이를 보여줄 뿐 궁극적으로 종교는 하나라는 전제에 매달리고 있다고 한다.[5] 비셔트 후프트는 WCC의 종교혼합주의와 종교통합주의 수용은 만연한 무신론보다 기독교에 더 도전적이며, 심각한 위험성을 지니고 있다고 한다.

비셔트 후프트는 WCC 회원 교회 가운데 모든 종교를 동일동가로 여기는 교회와 모든 종교가 똑같이 진리의 종교라고 생각하는 사람들이 적지 않다고 하면서, 이 사실이 우리를 슬프게 한다고 말한다. 종교혼합주의와 WCC 에큐메니칼 운동을 관련지어 논의한 그의 위 책의 마지막 장 "에큐메니칼 운동에 나타난 그리스도 중심 보편주의의 재발견"[6]은 WCC 안에 종교통합주의와 종교혼합주의가 기독교를 향하여 사자처럼 포효(咆哮)하고 있는 상황과 흐름의 배경을 설명한다.

비셔트 후프트가 위 책을 저술한 1960년대 초에, WCC의 종교통합주의자들은 잡다한 종교들을 뒤섞고 연결시키는 종교총괄운동, 세계종교 단일화 운동을 펼쳤다. 각 종교들을 고립에서 끌어내어 각 문화의 교류 과정에 집어넣으려 했다. 이들은 이 과정에서 종교 진리를 변형, 결합시켰다. 헤아릴 수 없을 만큼의 다양한 종교의 갈래들을 혼합시켰다.[7]

종교통합주의자들은 각 종교의 신들을 하나의 신(神)으로 통합, 통일시킨다. 이 경향은 필연적으로 모든 신들이 동일한 하나의 신의 상이한 모습이며 동일 실체라는 만신총합 유일신론에 도달한다. 비셔트 후프트는 종교통합주의자들이 이것을 "매우 흥미롭고 특별한 일"[8]이라고 치하하고 선전하며, 모든 종교는 결국 동일한 신을 예배한다고 주장한다고 알려준다.[9]

비셔트 후프트가 이러한 종교혼합주의 움직임을 거부하는 까닭은 만연한 무신론보다 기독교에 더 위험하다고 판단했기 때문이다. 그는 예수 그리스도의 십자가 사건의 유일회성에 기초한 '기독교 보편구원주의,' 곧 예수 공로 덕분에 모든 인간은 저절로 구원을 받는다는 만인보편구원론을 대안으로 제시한다. 여우를 피하려고 호랑이 굴로 들어가는 위험을 마다하지 않는다.

3. 종교혼합주의의 출현

비셔트 후프트에 따르면, 18세기 유럽에서 일어난 계몽주의는 기독교 정통 신학의 견고한 기반을 뒤흔들기 시작했다. 기독교의 독특성과 예수구원 유일성에 도전하면서 종교의 공통 인자(因子)를 찾았다. 모든 종교에서 신, 도덕성, 영원성을 발견했다. 계몽주의는 자연종교와 계시종교를 대립 구도로 몰고 갔다. 종교혼합주의의 발생은

---

[4]비셔트 후프트, 13.

[5]비셔트 후프트, 14, 16.

[6]비셔트 후프트, 138-168.

[7]비셔트 후프트, 20.

[8]비셔트 후프트, 24. '다신적 유일신론'을 의미한다. 아래에서 상론한다.

[9]비셔트 후프트, 24.

기독교 신앙과 이교(타종교)의 차이에 대한 이해 부족에서 비롯된 것이 아니다. 오히려 전혀 유사점이 없음에도 양편을 너무 값진 것으로 여겨 하나로 묶으려는 욕망에서 태동했다.[10]

'비교종교학'이나 '종교 간의 대화주의'는 타종교의 신학 용어로 기독교 신앙의 모든 것을 설명함이 가능하다고 본다. 그 결과로 유대교와 동일한 뿌리를 가진 기독교에 도전한다. 그래서 유럽의 식민지배 종식과 함께 아시아 종교들의 유럽 진입이 한창 진행되고 있다.[11]

비셔트 후프트의 종교혼합주의에 대한 비판적 논의는 WCC에 대한 그의 탄식을 담고 있다. 아시아 종교 사상에서 온 종교혼합주의가 상이한 종교들을 일치시키려 한다면서, 그 특징과 주장을 열거한다. 첫째, 모든 종교가 궁극적으로 하나이며, 또한 그 하나가 모두여야 한다. 둘째, 종교혼합은 타종교의 더 나은 점을 얻을 수 있는 유익이 있다. 셋째, 종교의 통합, 혼합, 단일화는 하나님께 영광, 백성에게 평안, 제국에 안전을 가져다준다.[12] WCC의 종교 단일화 운동은 이같은 신념에 기초하여 진행되고 있다.

비셔트 후프트는 인도계 종교혼합주의 종단 '라마크리슈나 미션' 이 모든 종교가 인류를 진리로 인도하는 길이라고 주장하는 사실을 소개한다. 이 종단은 기독교, 이슬람, 힌두교 그리고 야훼, 시바, 브라만, 알라를 묶어 하나의 종교 채널로 숭배한다. 예수 그리스도가 벵갈의 탁발승과 함께 종교 춤을 추고, 무슬림, 시크교도, 조로아스터교 신자, 불자, 유생, 성공회 신부가 갖가지 종교 깃발을 들고 함께 예배하는 상을 사원(寺院)의 상징으로 내세운다. 힌두교의 브라만, 조로아스터교의 아후라 마즈다, 불교의 고타마 싯다르타, 유대교의 야훼, 기독교의 하늘에 계신 아버지께 종교 혼합에 필요한 힘을 제공해 달라고 기도한다고 한다.

비셔트 후프트는 종교통합주의자들이 모든 종교들을 모아 오직 하나의 종교를 만들려고 하지만 실제로는 이 모든 종교들을 밀쳐내고 그 자리에 혼합종교를 들어앉히려고 한다고 지적한다. WCC 인사들이 이를 꾀함은 괄목할 만한 현상이라고 한다.[13]

비셔트 후프트는 라마크리슈나 미션이 모든 종교들의 일치와 조화를 힌두교 개념에서 얻었다고 말한다. 이 힌두교 그룹은 모든 종교가 하나의 동일한 목표로 사람을 인도하는 서로 다른 길이라고 가르치며, 무슬림, 기독교인, 불자, 힌두교도 등 각 종교를 한 종교의 여러 분파로 여기고, 보편적 종교와 함께 '세계 공동 사회화'라고 하는 위대한 꿈을 위해 하나로 뭉쳐 공동의 헌신을 하게 한다고 지적한다.[14]

라마크리슈나 미션의 교주 라마크리슈나의 종교혼합주의 사상은 마하트마 간디의 종교 사상과 맥을 같이 한다. 간디는 1928년에 다음 다섯 가지를 말했다. ① 모든 종교는 참이다. ② 모든 종교는 그 안에 어느 정도의 오류를 가지고 있다. ③ 모든 종교는 힌두교와 마찬가지로 거의 정확하다. ④ 자신의 종교의 신앙은 타종교의 그것과 동일하다. ⑤ 그러므로 개종은 불필요하며, 불가하다.[15]

간디는 "나의 노력은 타종교인의 신앙을 손상시키는 것이 아니라 자신의 신앙에 더 훌륭한 추종자가 되도록 만드는 것이다. 그래서 나는 모든 종교들을 존중한다"[16]고 말했다. 그는 신약성경에 깊은 감동

---

[10]비셔트 후프트, 30, 37.
[11]비셔트 후프트, 38.
[12]비셔트 후프트, 47.
[13]비셔트 후프트, 47.
[14]비셔트 후프트, 47, 52, 74.
[15]비셔트 후프트, 52-53.

을 받았고 그것에서 자신의 비폭력적 항거의 통찰을 얻었다. 비셔트 후프트는 그러나 간디가 예수를 왕좌에 앉히지는 않았다고 한다.

비셔트 후프트는 모든 종교가 본질적으로 하나라고 하는 종교혼합주의와 종교통합주의 운동이 역사적 종교들의 주요 교리를 하나로 묶으려 한다고 지적한다. 종교들의 조화를 이루려고 시도하지만, 그러한 노력의 결과가 기대만큼 성공적이지 않다고 말한다.[17]

이상의 논의 끝에, 비셔트 후프트는 모든 사람이 어디서나 받아들일 수 있는 종교를 창안하는 것이 어렵다면서, 다섯 가지 까닭을 열거한다. ① 각 그룹은 자기 그룹의 예언자나 창건자에게 위대성과 핵심적인 자리를 내어준다. ② 오랜 세월에 걸쳐 성숙한 종교의 본래의 성격을 버린다. ③ 전적으로 객관적 혼합주의라고 부를 수 있는 것을 창안하는 것은 불가능하다. ④ 각각의 종교의 신앙 구조는 동등하다. ⑤ 설령 모든 사람이 어디서나 받아들일 수 있는 종교를 창안한다고 해도 계속 기존의 자기 종교의 사상과 표현의 지배를 받는다.[18]

비셔트 후프트는 종교혼합주의가 실상 포괄적이지 않으며, 보편적이지도 않다고 한다.[19] 그 안에는 역사적인 기독교 신앙을 수용할 공간이 없다. 기독교가 종교다원주의를 수용하면 큰 종합을 위한 새 종교로 변신해야만 한다.[20] 여러 가지 신들을 함께 섬길 로마의 만신전과 같은 예배당이 필요하다. 잡신들에 대한 숭배를 우상숭배의 죄로 여기는 유대교인들과 기독교인들조차 참 하나님을 버리고 잡신들을 따라가야 한다고 한다.

4. 종교혼합주의의 핵심

비셔트 후프트는 WCC 안에 진입한 종교혼합주의의 핵심 주장을 다음과 같이 정리한다. ① 종교혼합주의는 힌두교의 토양에서 자랐으며, 모든 인간의 신성과 교리의 조화와 협력을 시도한다. ② 힌두교에 바탕을 둔 신지학회—뉴에이지 운동(New Age Movement)은 모든 다양한 종교들 속에 진리가 있다고 한다. ③ 페르시아 계통의 혼합주의 종교인 바하이교는 모든 종교 진리가 상대적이라고 한다. 신의 계시는 점진적으로 주어지며, 모든 종교의 기원은 신성하다고 한다. 종교들은 서로 조화될 수 있으며, 모든 종교가 하나의 동일한 진리를 반영한다고 한다. ④ 이슬람계 혼합주의 종파 수피교는 모든 종교들 안에 오직 하나의 진리만이 있다고 한다. ⑤ 일본의 혼합주의 종교운동은 하나님, 붓다, 공자 그 어느 한 분만이 아니라 그들 모두를 섬긴다. 하나의 유일한 빛이 모든 종교의 본질이라고 한다.[21]

비셔트 후프트에 따르면, 아프리카의 기독교계 독립교회들의 특성은 혼합주의이다. 기독교 신앙에서 이탈하지 않으면서 전통적 아프리카 종교 이론과 마술을 포함한다. 신지학회 지도자들이 만든 '자유가톨릭교회'는 모든 인간이 예수처럼 성육신 존재가 된다고 한다. 그리스도가 종족의 필요에 따라 종교를 만들고, 또 다시 다른 종교를 만든다고 한다.[22]

비셔트 후프트는 혼합주의 종교들의 기초, 동기, 구조가 동일하다

---

[16]비셔트 후프트, 51.

[17]비셔트 후프트, 54.

[18]비셔트 후프트, 54.

[19]비셔트 후프트, 72.

[20]비셔트 후프트, 53.

[21]비셔트 후프트, 54-57.

[22]비셔트 후프트, 59.

고 한다. 신에게로 가는 길이 많다. 신은 너무 위대하고 그 본질을 헤아릴 수 없는 분이다. 자신을 모든 사람에게 단번에 나타낼 수 없다. 그렇기 때문에 여러 종교의 신으로 나타난다. 그러므로 기독교가 하나님이 계시로 알려 준 진리를 자기의 종교만 가지고 있다고 주장함은 부당하다는 것이다.

비셔트 후프트는 이와 같은 종교혼합주의 발상이 본질적으로 역사 속에 나타난 창조자 하나님의 계시의 독특성, 기독교의 유일성을 거부한다고 올바르게 지적한다. 그는 종교혼합주의를 기독교 신앙에 대한 항거라고 한다. 기독교는 어디서 어떻게 인간이 궁극적 진리에 도달할 수 있는가를 하나님이 결정한다고 믿는다고 지적한다.[23] 종교혼합주의가 인격적 신의 계시에 토대를 둔 기독교를 배척하며, 기독교를 향한 종교혼합주의의 도전이 이처럼 심각함에도, 정작 세계 기독교와 WCC는 이를 심각하게 여기지 않는다고 한다.

비셔트 후프트는 신약성서를 혼합주의의 도전에 대한 기독교의 응전의 기록이라고 한다.[24] 베드로와 사도들과 바울은 타종교와 문화를 대면하면서도 계시종교의 특징을 유지했다. 그리스도는 완전한 하나님의 계시이다. 사도 바울은 종교혼합주의를 정죄했다. 기독교는 배타성을 유지해 왔다. 헬라 철학의 용어를 빌려 사용하면서도 예수 그리스도 중심의 하나님 나라의 복음을 고스란히 유지했다. 하나님은 한 분이며, 그리스도도 한 분이라고 한다.

비셔트 후프트에 따르면, 종교혼합주의자들은 인류의 몸과 마음이 하나라고 한다. 유일하고 지고한 하나님 아버지 밑에서 인간은 문화권마다 신에 대하여 상반된 이해를 하고 있다. 모든 시대를 거쳐 모든 문화에 성령 하나님이 역사하는 사실을 이해함이 마땅하다고 한다. 불교, 힌두교, 이슬람, 도교, 기독교의 진리는 동등하다. 모든 종교의 초점은 궁극적 실재이다.

비셔트 후프트는 종교혼합 운동이 이미 똑같은 것을 하나로 섞어 혼합시키려는 모순을 지니고 있다고 정확히 지적한다.[25]

이상의 논의 끝에, 비셔트 후프트는 문화적 우월감을 가진 유럽인의 회개의 필요성을 인정한다. 유럽 기독교는 종교와 문화를 일치시키는 잘못을 범했다.[26] 겸허한 자세와 문화 상호 간의 깊은 이해 촉구에 동의할 수 있다. 그러나 어느 경우이든 우리는 예수 그리스도 안에서 유일회적으로 하나님이 자신을 계시했다는 신앙의 중추적 확신을 흐리멍덩하게 만드는 가치에 동조할 수 없다. 복음과 타종교들과의 대결에서 복음의 핵심을 포기하는 처사를 용납할 수 없다고 한다.

비셔트 후프트는 기독교를 유럽의 문화적 표현으로 여기고, 식민지 세력 침투의 수단으로 해석함은 진리 문제에 대한 상대적이고 피상적인 접근이라고 한다. 생명의 종교를 문화적 역할을 감당하는 기능만을 가진 것으로 이해함은 오판이다. 기독교를 유럽 문화의 표현이라고 생각함은 기독교를 식민지 개념과 결부시켰던 것과 똑같은 인식 체계에 기인한 시대착오이다.[27] 기독교—교회는 유럽의 전유물이 아니다. 기독교는 세계 도처에 존재한다고 한다.

비셔트 후프트는 WCC가 무신론의 도전을 강하게 의식하면서 이슬람 세계와 연합하자는 긴급 제의를 받아들였다고 지적한다. 정치

---

[23]비셔트 후프트, 62.

[24]비셔트 후프트, 90, 102.

[25]비셔트 후프트, 114.

[26]비셔트 후프트, 115.

[27]비셔트 후프트, 115.

적 편의주의의 때문만이 아니라 세계의 장래를 생각하는 사상가들의 경고들을 진지하게 인식한 까닭이라고 한다.[28]

비셔트 후프트의 이 지적들은 그가 위 책을 저술한 목적이 무엇인가를 보여준다. 그는 종교혼합주의와 관련한 WCC의 현실과 미래를 걱정한다. 기독교가 여러 종교의 요소들로 구성되는 세계종교 통합 신앙의 한 부분이 되는 것에 동의할 수 없다고 한다. 자만 때문이 아니며, 자기중심적 태도 때문도 아니라 오직 기독교의 본질과 그 근원의 단순성 때문이라고 한다.

비셔트 후프트에 따르면, 기독교 공동체는 하나님께서 유일회적으로 자신을 계시함에 대한 인간의 응답이다. 만일 하나님께서 실제로 말씀하고 결정적 구원 행위를 주도한다면 그 분의 계시는 인간의 신비 추구나 과학적 탐구의 대상일 수 없다. 인간은 하나님의 계시에 오직 '예' 아니면 '아니오'라고 응답할 수 있을 뿐이다.[29]

비셔트 후프트는 종교혼합주의 채널로는 심오한 기독교 진리와 신의 계시를 결코 알 수 없다고 한다. 기독교는 타종교와 조화로울 수 있는 여러 종교들 가운데 하나가 아니며, 특수하고 구체적인 계시를 믿지 아니하는 종교들과 함께 할 수 없다고 한다.[30]

그는 이와 동일한 주제와 관련하여, 바울은 자신이 갈라디아 사람들에게 보낸 편지를 기억하라고 한다. 천박한 초등학문으로 돌아가서 다시 그들에게 종 노릇 하려 하느냐 하고 꾸짖는다. "그런데 전에는 여러분이 하나님을 알지 못해서, 본디 하나님이 아닌 것들에게 종 노릇을 하였지만, 지금은, 여러분이 하나님을 알 뿐만 아니라, 하나님께서 여러분을 알아주셨습니다. 그런데 어찌하여 그 무력하고 천하고 유치한 교훈으로 되돌아가서, 또다시 그것들에게 종노릇 하려고 합니까"(갈 4:8-9).

5. 로망, 구색 맞추기

비셔트 후프트는 WCC가 그리스도를 중심으로 출범했고, "주 예수 그리스도를 하나님"이라고 구체적으로 고백하는 교회들의 연합체였다고 한다. 이 단체의 목적이 시간과 공간 속에 강림한 예수 그리스도 안에 있으며, 한 분 하나님, 곧 성부 성자 성령께 영광을 돌리기 위하여 공동의 소명을 충족시키려는 목적이었다고 한다.

그러나 1960년대 초, 그는 자신이 종교혼합주의에 관한 위 책을 저술한 까닭을 말하면서, 변질한 WCC가 제자리로 돌아오기를 기대하기 때문이라고 한다. WCC 안에 강세를 보이는 종교통합주의와 종교혼합주의를 반박할 목적이라고 한다. 그가 위험을 경고하는 종교통합주의와 종교혼합주의 흐름은 1970년대에 서서히 시작하여 1980년대에는 완연히 종교다원주의로 병합되었다.

비셔트 후프트는 WCC가 종교통합주의와 종교혼합주의와 이별하고 예수 그리스도 중심의 세계 교회들의 연합체를 구성하기를 희망한다. 그러나 이 기대는 WCC 초대 사무총장의 로망(roman)에 지나지 않았다. 실현 불가능한 한낱 이상과 희망이었다. 이 사실은 그가 사무총장직을 마감할 무렵(1966)에 완연히 드러났다.

비셔트 후프트는 종교혼합주의의 도전에 대한 자신의 반응이 모든 인류를 구원하려고 성육한 유일의 구세주 예수의 구원의 복음이

---

[28]비셔트 후프트, 117.

[29]비셔트 후프트, 118.

[30]비셔트 후프트, 119.

세상 속에 파고들기를 바라는 노력의 일환이라고 한다. 그가 말하는 '유일의 구세주의 복음'은 만인보편구원주의 특성을 지니고 있다. 예수 십자가의 유일회적 신학에 기초한 만인보편구원의 '복음'은 기독교인과 비기독교인, 악인과 선인 모두 다 결국 구원을 받는다는 '기쁜 소식'이다. 비셔트 후프트의 '복음'은 성경과 역사적 기독교가 말하는 구원의 복음이 아니다.

비셔트 후프트는 종교혼합주의의 소용돌이 속에서 교회가 모름지기 그리스도 안에서 하나의 중심부만을 가져야 한다고 주장한다. 하나의 중심부만을 가진 사람은 기독교 보편주의, 곧 만인보편구원론을 믿는다고 한다. 이 점은 그 어떤 것과도 타협할 수 없고, 또한 타협하지 않아야 한다고 한다. "우리는 모든 종교들의 공통분모를 발견하는 종교 간의 대화에 참여할 수 없다. 기독교의 계시 신앙을 마치 일반적 환상의 종교 양상이나 문화적 표현 양식의 하나로 취급함은 본성을 왜곡시키는 틀 속에 짜 맞추는 격이다"[31]라고 한다.

비셔트 후프트는 종교혼합주의 신학자들이 인류의 통일을 도모한다는 구실로 기독교를 프리메이슨, 신지학—뉴에이지 운동, 바하이교 신도들에게 넘겨주고 만다고 한다. 복음에서 이탈한 교회와 신학자들이 인류 통일이라는 주제를 들먹거리면서 진리를 인본주의 철학자, 뉴에이지 운동가, 종교혼합주의자들에게 넘겨준다고 탄식한다.

비셔트 후프트에 따르면, 신약성서 전체의 메시지는 세상이 그리스도의 보편성 안에서 누릴 수 있는 풍요한 기쁨으로 채워져 있다. 그리스도는 세상을 하나님과 화목케 하려고, 그리고 만인을 구원할 목적으로 십자가에 달려 죽었다. 성서는 기독교 보편주의—만인보편구원주의를 제시한다. 성서는 이것을 '모든'과 '많은'이라는 단어로 빈번히 표현한다. 예수께서는 모든 고난 받는 당신의 교우들과 자신을 동일시했다. 이 복음은 만인에게 전해졌다. 마지막 날 모든 나라들이 주님의 영광스런 보좌 앞에 모이게 될 것이다. 그때 교회는 중앙을 차지한다. 십자가는 세계 역사의 중앙에 자리 잡고 있다. 민족과 국가 어느 것 하나도 예외 없이 하나님의 사랑의 대상이다. 하나님 보기에 고귀하지 않은 것이 없다.[32]

비셔트 후프트는 기독교인들에게 필요한 것이 있으니 타종교인들에게 용기를 주는 생활을 하는 것이라고 한다. 세계의 모든 국가들이 참으로 하나가 되도록 소원하고 바라는 타종교인 형제들의 감정을 유지함이 바람직하다. 타종교 신봉자에게 사랑으로 대해야 한다. 만약 기독교가 인간의 관심과 요구를 망각하고서 다만 근원적 중추 계시에만 몰두하면, 기독교 진리와 십자가의 참 뜻이 송두리째 뿌리 뽑혀질 수 있다고 한다.[33]

비셔트 후프트는 기독교와 타종교의 소통과 대화를 환영한다.[34] 만인보편구원을 위한 유일회적인 주 예수 그리스도를 드러내는 증언적 대화를 강조한다. 교회가 이 증언을 거부함은 존재 이유를 부인함이다. 교회는 예수 십자가의 사건의 유일회성에 근거한 보편적 복음을 전할 목적으로 존재한다. 종교 간의 대화는 이미 현존하는 세계 종교들의 어떤 영적 경험 형태에 무엇을 보탤 목적이 아니라고 한다.

비셔트 후프트는 WCC의 종교혼합주의 경향과 어네스트 호킹의 종교통합주의 주장을 반대하면서,[35] 자신은 기독교의 자기 정체성을

---

[31]비셔트 후프트, 127.

[32]비셔트 후프트, 153.

[33]비셔트 후프트, 154.

[34]비셔트 후프트, 160 이하.

포기하는 종합, 혼합, 통합에 동참할 수 없다고 한다. 타종교들과 서로 합류하여 기독교 본질을 흐리멍덩하게 바꿔 놓는 대화에 참여함은 바람직하지 않다고 한다. 교회의 존재 목적이 만인에게 예수 그리스도를 알리며, 만인이 예수를 따르도록 하는 것임에는 추호의 양보도 하지 않겠다고 한다.

환언하자면, 비셔트 후프트의 주장의 요점은 예수가 인류의 종교 상점에 필요한 구색을 맞추는데 공헌하려고 이 땅에 온 분이 아니라는 것이다. 교회의 소명은 땅 끝까지 복음을 전하는 것이다. 교회의 사명은 만인이 예수구원의 복된 소식을 듣도록 하는 것이다. 풍부한 철학 전통을 가진 그리스인이나 기독교가 은덕을 입은 유대인도 이 복음을 귀담아 들어야 한다.[36] 그럼에도 복음을 들어보지 못한 사람, 예수를 믿지 않는 모든 사람, 모든 타종교인이 궁극적으로 다 구원을 얻는다고 한다.

비셔트 후프트가 말하는 '복음'은 무엇인가? 만인보편구원주의라는 프레임에 갇힌 하나님 사랑과 예수 사랑의 이야기이다. 예수 그리스도 덕분에 기독교인, 비기독교인, 타종교인, 선인, 악인 모두 다 구원을 받는다는 만인보편구원론이라는 '기쁜 소식'이다.

비셔트 후프트는 유럽 기독교가 빈번히 타종교들을 깔보아왔고, 거만한 태도로 진리를 독점하는 것처럼 생각해 온 사실을 부인할 수 없다고 한다. 식민지 주민이나 피선교지 사람들이 기독교인들을 건방지고 편협한 마음을 가진 사람으로 여기는 것은 이해할 만하다. 그러나 종교나 역사를 파고드는 사람들은 교회가 오로지 주님을 높이려고 존재한다는 사실을 알게 된다고 한다. 따라서 이 사람들은 기독교가 자기의 종교와 문화와 같지 않다는 사실을 깨닫는다고 한다.

비셔트 후프트는 WCC의 종교혼합주의와 종교통합주의의 강세상황을 소개하고 이를 걱정하면서 예수를 선지자들 또는 각 종교의 창시자들 가운데 한 명이라고 생각함은 옳지 않다고 한다. 기독교는 인류의 종교 생활의 놀이터가 아니며, 허다한 유람 공원(公園)들 가운데 하나가 아니라고 한다.

비셔트 후프트는 상호협력과 봉사 목적의 종교 간의 만남과 대화를 환영한다. 진실한 대화는 상대 종교인의 확신을 상대화하여 상호 일치시키는 것이 아니라고 한다. 서로를 인격적으로 받아들이는 것이라고 한다.[37] 한 인격자와 깊은 관계에 들어가는 필요조건은 상대방을 자신과 일치시키거나 자신과 상대방과 일치하거나 서로 타협하는 것이 아니며, 오히려 자신이 상대방에게서 자발적으로 듣기 원하고 이해하는 것이라고 한다.

비셔트 후프트에 따르면, 기독교인이 예수 그리스도에 대하여 알고 있는 바를 상대방에게 전하지 못하는 그러한 대화란 있을 수 없다. 상대에게 기쁜 소식을 들려주는 것은 즐거움이다. 이러한 영적 여행을 거쳐 더 많은 것을 배울 수 있다. 기독교인들은 종교 간의 대화에 예수 복음에 대한 증거를 포함시켜야 한다. 복음에 대한 확신을 가진 기독교인과 힌두교인, 무슬림, 유대교도 그리고 종교혼합주의자들과의 대화가 가능하다고 한다.[38]

기독교인이 타종교인으로부터 배울 것이 전혀 없는 것은 아니다. 교회와 기독교인은 건실한 사회 건설 목적으로 타종교인과 공동 사업에 협력할 수 있다. 문화적·사회적·정치적·국제적 성격의 많은 문

---

[35]비셔트 후프트, 117.

[36]비셔트 후프트, 128, 156.

[37]비셔트 후프트, 157.

제들이 교회를 포함한 모든 기존 종교와 기구의 폭넓은 협력으로 해결될 수 있기 때문이다.

종교 간의 협력은 종교 혼합을 의미하지 않는다. 기독교와 타종교의 연대활동은 기독교인이 자신의 신앙을 상대화함을 의미하지 않는다. 이를 전제로 하는 종교인들 간의 협력과 연대 활동은 가능하고 필요하다. 인류는 종교 간의 협조가 필요한 시대에 살고 있다.

종교 간의 협력과 연대활동을 하다보면 종교혼합주의 유혹에 빠지지 않을까? 유혹을 피하는 것이 가능한가? 비셔트 후프트는 타종교 배경을 가진 사람에게 끌려가는 종교 간의 대화, 협력, 단합은 의미 없다고 한다.[39]

맺음말: 초록은 동색이다

인류 역사에 많은 포악한 군주가 등장했다. 인간 살육에 굶주린 극단의 살인자도 있었다. 집단 학살, 조직적인 살인, 봉쇄, 잔인한 전쟁을 벌인 자도 있었다. 소비에트연방의 스탈린, 벨기에의 레오폴드 2세, 일본인 히데키 도조, 독일인 히틀러는 살인자이다. 피에 굶주린 폭력배들도 적지 않았다. 에티오피아 대통령 맹기스투 하일레 마리암, 캄보디아의 공산주의 운동가 폴 포트, 오스만제국을 이끈 이스마일 엔베르 파사는 모두 수백 만 명의 인명을 앗아간 살인자들이다. 문화대혁명을 이끈 모택동은 역사상 가장 많은 인명을 앗아갔다.

만인보편구원주의에 따르면, 행악자들과 살인자들과 참혹한 전범자들도 모두 예수 십자가의 유일회적 사건으로 하나님의 구원을 받는다. 회개하지 않아도, 예수를 그리스도로 믿지 않아도, 죄 용서를 받지 않아도 하나님의 구원을 받는다.

비셔트 후프트는 예수 그리스도의 십자가의 유일회적 사건에 기초한 만인보편구원주의를 WCC 안에 강세를 보이는 종교혼합주의에 대한 대안으로 제시한다. 그가 말하는 '복음'은 예수를 믿지 않는 자들도 구원을 받는다는 '기쁜 소식'이다. 예수 그리스도가 기독교 신자, 비기독교인, 타종교인, 선인과 악인 등 만민에게 영원한 생명을 주려고 인간으로 성육하고 십자가에서 죽었다는 소식이다. 누구라도 이러한 종류의 '기쁜 소식'에 바탕을 둔 만인보편구원주의 안에서 예수의 충만을 발견할 수 있다고 한다. 비셔트 후프트는 이러한 개념의 '복음'을 종교혼합주의의 도전에 대한 WCC의 효율적인 대안으로 제시한다.

비셔트 후프트와 만인보편구원주의는 개인의 정서와 감정에 의존한다. 사랑의 하나님이 죄인들을 영원한 저주에 빠뜨려 놓고 기뻐하실 수 있겠는가 하는 인간적인 감상에 젖어 있다. 하나님은 사랑인 동시에 공의의 신이다. 하나님은 인간이 죄를 용서받고 하나님과 화해할 수 있는 길을 마련했다. 그 길은 예수 그리스도이다. 성경은 예수 그리스도를 믿는 자만이 하나님의 구원을 받을 수 있다고 명시한다. 성경은 신자의 믿음과 하나님의 구원 작정이 역설적으로 관련되어 있음을 말한다. 하나님은 예수구원의 복음을 듣고 그를 그리스도로 믿는 자를 구원한다(고전 1:21). 하나님이 영생 주기로 작정한 자가 예수를 그리스도로 믿는다(행 13:48). 하나님과 인간 사이의 중보자, 곧 화해의 길은 예수뿐이다(딤후 2:5). 우리에게 구원을 제공할

---

[38]비셔트 후프트, 157-158.
[39]비셔트 후프트, 161.

다른 이름은 없다(행 4:12). 예수는 길, 진리, 생명이다. 예수를 거치지 않고는 하나님 아버지께 이를 수 없다(요 14:6).

비셔트 후프트의 만인보편구원론은 역사적 기독교의 예수구원 유일성 진리와 충돌한다. 예수 십자가의 유일회적 사건 덕분에 만인이 구원을 받는다면 우리가 꼭 예수를 믿어야 할 까닭이 없다. 비셔트 후프트의 '예수 십자가 유일회성 신학'과 "하나님의 구원에는 제한을 둘 수 없다"는 WCC의 종교다원주의 신앙고백의 종착역은 동일하다.

비셔트 후프트는 점차 종교다원주의로 종합된 WCC의 종교통합주의와 종교혼합주의의 핵심을 세 가지로 간추려 소개한다.

첫째, 모든 긍정적 종교들은 우주적 원종교(Urreligion)의 반영이다. 정도의 차이가 있을 뿐 종교는 궁극적으로 하나이다. 각 종교가 섬기는 신들은 하나의 신의 상이한 모습이다. 동일한 실체의 서로 다른 현현이다. 신은 자신을 모든 사람에게 단번에 나타낼 수 없기에 여러 종교의 형태로 나타난다. 모든 종교는 결국 동일한 신을 예배한다.

비셔트 후프트가 열성적으로 부정하는 종교혼합주의와 그것의 결과인 종교다원주의의 기반은 사실상 힌두교의 다신적 유일신론(Polytheistic Monotheism)—만신총합 유일신론이다. 비셔트 후프트의 만인보편구원주의는 힌두교 아드바아타—이비원성 세계관과 무관한 듯하다.

둘째, 모든 종교는 동일동가이다. 각 종교는 한 종교의 여러 분파이다. 기독교, 불교, 힌두교, 이슬람, 도교 등은 동등성과 평등성을 지니고 있다. 모든 종교는 사람을 진리와 구원으로 인도하는 길이다. 하나의 동일한 목표, 같은 구원으로 인도하는 서로 다른 길이다. 인간은 유일하고 지고한 하나님에 대하여 문화권마다 상반된 이해와 표현 양식과 제의를 가지고 있다. 하나의 신은 모든 시대를 거쳐 모든 문화에서 다양한 양태로 나타난다.

셋째, 신에게 이르는 길, 구원의 길은 다양하다. 신은 위대하여 인간이 다 헤아려 알 수 있는 분이 아니다. 모든 종교 속에 진리가 있다. 각 종교는 하나의 진리의 다양한 반영이다. 모든 종교의 본질은 유일의 빛, 궁극의 실재이다. 모든 종교의 기원은 신성하다.

비셔트 후트프는 위 책을 WCC와 에큐메니칼 운동의 미래를 걱정하면서 저술했다. 서문에서 자신의 주장이 WCC 공식 견해로 채택된 것이 아니며 다만 이 단체의 중심부에서 일하는 봉사자(사무총장)의 의견이라고 밝힌다.

비셔트 후프트의 위 책은 1960년대 초에 WCC 안에 종교통합주의와 종교혼합주의가 어느 정도로 횡행하고 있었는가를 말해준다. 그는 저술 동기를 WCC가 종교혼합주의를 거부하는 분명한 태도를 가지고 있지 않은 위험한 상태이며, 이 단체가 직면한 엄중한 현실에 필요한 방향 설정에 조언하려는 의도라고 밝힌다.[40]

비셔트 후프트가 종교혼합주의를 경계하고 거부하면서, 예수 십자가의 유일회성을 강조하지만, 예수 그리스도의 십자가의 복음을 만인보편구원주의라는 프레임에 가두는 실수를 저지른다. 예수를 믿지 않는 자, 타종교인, 악인을 포함한 만인이 예수 십자가의 유일회적 사건 덕분에 종국에는 모두 다 구원을 받는다고 한다. 예수 그리스도를 믿어야 할 까닭이 없다는 결론에 이른다.

비셔트 후프트는 종교혼합주의라는 여우를 피하려다가 만인보편구원주의라는 호랑이에게로 도피한다. 그가 걱정하던 에큐메니

---

[40]비셔트 후프트, 서문, 6.

칼 운동은 호랑이보다 더 위험한 종교다원주의라는 블랙스완(Black Swan)을 만났다. WCC는 1970년대부터 종교다원주의에 사로잡혀 "하나님의 구원의 은총에는 제한이 없다"고 하는 종교다원주의 신앙고백의 조짐을 보이기 시작했다. 모든 종교의 동일성, 평등성, 구원 유효성을 강조하는 사상과 더불어 '만인보편구원주의'을 지향하고 있다.

비셔트 후프트가 강조한 그리스도의 십자가의 유일회성 개념에 근거한 만인보편구원주의는 모든 종교가 구원의 길이며 동일동가의 신앙공동체라는 WCC의 종교다원주의 신앙고백으로 귀결된다. 그가 거부하는 종교혼합주의는 만인보편구원주의 사상과 결합하여 이 단체의 탈기독교화를 도왔다.

WCC는 비셔트 후프트가 거부하고 걱정하던 방향을 향해 고스란히 줄달음쳐 왔다. 그가 경고하는 종교혼합주의 특징들은 WCC의 종교다원주의 신앙고백으로 정착했다. 종교다원주의는 WCC의 중앙위원회 의장 마다틸파람필 토마스와 WCC의 종교대화국 책임자이며 유급 전임 신학자로 각각 10년 동안 근무한 인도인 종교다원주의 신학자 스탠리 사마르타와 스리랑카인 웨슬리 아리아라자의 노력으로 WCC 입성에 성공했다.

비셔트 후프트의 종교혼합주의와 만인보편구원주의는 1970년대에 종교다원주의라는 이름의 옷으로 바꿔 입고 WCC 안에 진입하기 시작했다. 종교다원주의와 만인보편구원주의는 "초록은 동색(同色)이다"라는 속담을 떠올린다. 종교혼합주의가 WCC 안에 강세인 상황에 대한 해결책으로 비셔트 후프트가 만인보편구원주의를 대안으로 제시한 것은 고양이에게 생선을 맡긴 형국이다.

4

종교다원주의와 '하나님의 선교'

—각 종교 안의 잠자는 그리스도를 깨우라—

1. 협력작용 상승효과

WCC의 종교다원주의 신앙고백은 이 단체의 종교 간의 대화 운동과 '하나님의 선교'(missio dei)의 만남의 결과이다. 세계교회들의 연합체로 출범한 WCC는 세계종교 통합운동을 환영하며, 종교대화국 활동을 거쳐 예수 밖에도 구원이 있다고 하는 종교다원주의 신앙고백을 하고 있다. 종교 간의 대화운동과 '하나님의 선교'의 만남은 협력작용 상승효과를 일으켜 종교다원주의를 받아들이게 했다.

WCC 에큐메니칼 운동은 20세기에 등장한 새로운 유형의 기독교 흐름이다. 교회 분열 현상을 극복하고, 교회 일치를 도모하며, 공동의 사명 수행과 친교를 목표로 출발했다. 이 운동의 지도자들은 종교적 다원성 시대에 적응한다는 구실로 점차 종교다원주의를 수용했다. 각 종교들의 독특성, 평등성, 동일성, 구원유효성을 옹호하며, 상호 존중을 장려했다.

제2차 세계대전과 서유럽 기독교 국가들의 식민 통치 시대가 끝나자, 각 민족의 평등성, 자주성, 독립성을 강조하는 20세기 후반의 시대정신(Zeitgeist)이 등장했다. 인류가 종교적 다원성 시대에 진입했다는 자각은 모든 종교의 동등 가치를 인정하는 동기로 작용했다.

WCC의 본격적인 신학적 변화는 1960년대에 '하나님의 선교' 신학을 수용하면서 이루어졌다. 이 단체는 기독교 선교를 예수 그리스도의 십자가 사역을 통한 구원의 도를 전하는 활동으로 이해하지 않았다. 인간화, 인권, 정의, 평화, 생물학적 생명, 환경보호 등 세상사(世上事) 해결을 기독교 선교 그 자체로 여기고 그 활동에 매진해 왔다. 1970년대 초부터 WCC의 종교 간의 대화 활동과 종교다원주의 수용은 1960년대에 이 단체에 진입한 '하나님의 선교'의 핵심 과제로 부상했다.

WCC의 '하나님의 선교' 이론과 종교대화국이 이끈 종교 간의 대화 운동 그리고 종교다원주의 신학의 만남은 종교다원주의 신앙고백이라는 신기루(mirage)를 만들어 냈다. 종교대화국은 종교다원주의의 WCC 진입의 주 통로였다. WCC는 종교다원주의자들을 몽학선생, 유급 전임 신학자 겸 종교대화국 책임자로 '모셔서' 종교다원주의 신앙고백의 기틀을 마련했다.

그 무렵, 복음주의 교회들은 WCC 에큐메니칼 운동이 기독교의 핵심 교리를 포기하는 것을 안타까운 눈으로 바라보았다. 예수 그리스도의 구원 유일성, 기독교의 최종성, 계시종교 진리의 독특성을 포기하고 종교다원주의를 큰 폭으로 수용하는 WCC를 부정적인 눈으로 바라보았다.

WCC는 "교리는 나누고, 봉사는 하나로 잇는다," 곧 "교리는 분열시키고 봉사는 일치케 한다"(Doctrine divides, service unites)는 구호 아래, 시대정신에 부합하는 포용주의, 신앙무차별주의, 다원주의 원리를 따랐다. 역사적 기독교의 정체성을 포기했다.

기독교 교리를 시대 상황에 맞게 개편하는 WCC 움직임이 교각살우(矯角殺牛)라는 사실은 서서히 드러났다. 한국의 복음주의자들은 WCC 제10차 총회(부산, 2013)를 계기로 WCC를 거세게 반대했다. 이 복음주의적 흐름은 필자의 저술 활동 노력과 직결되어 있다.

WCC 부산총회 개최 계획이 알려졌을 때 한국기독교총연합회 관련 한국교회 지도자들이 필자에게 이 단체의 신학적 정체성을 파악하는 글을 요청했다. 필자의 『에큐메니칼 운동과 다원주의』(2005)가 널리 알려진 결과였다. 열두 가지 요점을 담은 "성명서"(2010.04.29.)는 아래와 같다.

세계교회협의회(이하 WCC)는 기독교 복음 전파에 역행하고 교회 건설 사명을 방해할 뿐 아니라 기독교 신앙의 절대성을 약화시키는 반성경적 비기독교적 단체이기에 복음적 신앙을 고백하는 한국교회는 이 단체의 한국총회 2013 개최를 반대하며 다음과 같이 그 이유를 밝히는 바이다.

첫째, WCC는 성경이 신앙과 행위의 유일한 최종적 규범이라는 것과 무오(無誤)한 하나님의 말씀이라는 사실을 인정하지 않는다.

둘째, WCC는 성경의 기본 교리를 고백하지 않는 사람들과 일치를 추구하며, 이단과 적그리스도와 자유주의 신학을 지향하는 사람들을 규제하지 않고 교회의 변증적 사명을 무시한다.

셋째, WCC는 개신교의 토대인 전통적인 구원관인 이신칭의 신앙을 약화시키거나 상대화하며 인간 해방과 혁명을 구원 행위로 본다.

넷째, WCC는 다른 종교에도 하나님의 구원 역사가 있다고 하며, 종교다원주의를 표방하여 예수 그리스도의 구원 유일성을 부정한다. 결과적으로 예수 그리스도를 믿어야 할 당위성을 포기한다.

다섯째, WCC는 성령을 정령(精靈)과 동일시하는 초혼제(招魂祭)

를 용납하고 성령을 물활론(物活論)적으로 해석하는 비기독교적 사상을 방조한다.

여섯째, WCC는 '하나님의 선교'라는 개념을 선교에 도입하여 인간화, 화해, 사회 참여 등을 선교의 지상과제로 보며, 예수 그리스도가 구원자이심을 선포하는 전도의 긴박성과 구령사업을 저해한다.

일곱째, WCC는 통전적 선교를 말하면서도 실상은 빈곤퇴치와 사회활동과 구조악 철폐 등에 치우친 선교를 하고 있다.

여덟째, WCC는 로마가톨릭교회와 일치를 추구하고 정교회를 회원으로 가입시키고, 선교 유예(moratorium)와 개종전도 금지주의를 시행하여 성경적 복음진리 전파를 방해한다.

아홉째, WCC는 마르크스주의와 해방신학과 궤를 같이 하는 좌파 성향의 용공주의 태도를 지녀왔고, 공산권 안에서 일어나는 인권 유린, 생명박탈, 신앙의 억압에 적극적으로 대처하지 않는다.

열째, WCC는 교회들의 연합체라고 하면서도 실상은 성찬 중심의 교회 단체이다. 그 결과로 그리스도 교회의 첫 번째 표지인 '하나님의 말씀'을 무시하고, 교회의 본질인 단일성, 거룩성, 보편성, 사도성을 사실상 포기한다.

열한째, WCC는 신학적 다원주의와 포용주의 그리고 신앙무차별주의(indifferentism)을 지향하며, "교리는 분열시킨다"고 하면서 기독교 교리의 중요성을 폄하하고 교회의 생명력을 쇠퇴시킨다.

열두째, WCC의 외형적 기구 일치운동은 그리스도의 교회의 본질을 왜곡시키고, 진리 안에서 일치된 신앙고백 공동체, 곧 하나의 거룩하고 보편적이며 사도적인 교회를 분열시킨다.[1]

위 성명서는 한 해 동안 전국을 휩쓴 'WCC 부산총회 철회촉구운동'과 'WCC 반대운동'을 촉발시켰다. 특히 예수 그리스도 밖에도 하나님의 구원이 있다고 하는 WCC의 종교다원주의에 대한 필자의 지적은 한국교회의 WCC에 대한 강한 저항감을 불러일으켰다. 반대자들의 현장 시위는 WCC 제10차 총회 행사장인 벡스코 주변과 행사장 마당 그리고 집회 장소에서 지속적으로 펼쳐졌다. 행사장 광장에 여러 날 장시간 등장한 "WCC가 교회를 죽인다"(WCC KILLS CHURCH)라는 형광판 글자는 참석자들의 눈길을 끌었다. 인도인 코오릴오스 주교는 "반대자들이 'WCC가 교회를 죽인다'고 표현하는 것을 보고 솔직히 충격받았다"[2]고 말했다.

  WCC 부산총회 철회촉구운동과 WCC 반대운동은 필자가 위 12가지 논점을 학문적으로 논의한 『신학충돌: 기독교와 세계교회협의회』(서울: 본문과현장사이, 2012)과 『신학충돌 II: 한국교회와 세계교회협의회』(서울: 본문과현장사이, 2013)에 힘입어 광범위하게 확산되었다. 첫 번째 책의 제1부 "세계교회협의회의 신학패러다임"은 종교다원주의, 종교대화주의, 종교혼합주의, 사회구원지상주의, 용공주의, 개종전도 금지주의, 로마가톨릭주의, 가시적 교회일치주의, 신앙고백 형식주의, 성경 불신주의를 다룬다. 제2부 "세계교회협의

---

[1]최덕성, 『WCC 무엇이 문제인가?』(서울: 총회출판국, 2010), 241-243.

[2]"WCC 선교분과의장 '종교다원주의 의혹은 오해,' 코오릴오스 주교," 『뉴스앤조이』(2013.11.08).

[3]필자의 『WCC 무엇이 문제인가?』는 위 책의 제1부 논문 10편을 요약한 것이다. 본래 『WCC 아이덴티티』(서울: 본문과현장사이, 2010)라는 제목으로 출간한 것을 이름을 바꾸어 재출간한 것이다. 그 밖에도 『에큐메니칼운동과 다원주의』(서울: 본문과현장사이, 2005); 『신학충돌 II: 한국교회와 세계교회협의회』(서울: 본문과현장사이, 2013); 『교황신드롬: 로마가톨릭교회와 세계교회협의회』(서울: 본문과현장사이, 2014); 『WCC 바로알라』(서울: 본문과현장사이, 2013) 등이 WCC의 신학을 상론한다.

회 신학과 교회의 위기"는 WCC의 순교자 개념의 위기, 로마가톨릭 교회론 스캔들, 교회일치운동의 딜레마, 교회의 퇴락, WCC에 대한 복음주의자들의 오판 등을 상론한다.[3]

2. 세계종교 에큐메니칼 운동

인도인 마리아수사이 다바모니 박사(Mariasusai Dhavamony, 1925-)는 로마 그레고리안대학교에서 종교사와 힌두교 사상을 가르치는 교수이다. 힌두교 전공자인 그는 『세계종교 에큐메니칼 신학』(2003)에서 WCC가 '세계종교 에큐메니칼 운동'을 펼치고 있다고 지적하고, 이를 심도 있게 논의한다. WCC가 종교연합체를 구성하는 단계를 넘어 세계단일종교 구성을 꿈꾸고 있다고 한다.[4]

WCC는 종교다원주의로 종합된 '세계종교 에큐메니칼 운동'을 지지해 왔다. 이 단체의 종교대화국이 이 운동을 주도했다.

WCC 초대 사무총장 비셔트 후프트는 WCC를 주도하는 인사들이 모든 종교들을 수용하는 '하나의 종교 공동체'로 나아가야 한다는 생각을 가졌다고 증언한다. 전술한 바와 같다. 이 증언은 이 단체가 세계종교 에큐메니칼 운동 펼치고 있다는 다바모니의 지적과 일치한다. 세계교회들의 협의체인 이 단체가 세계종교 에큐메니칼 운동을 펼치는 까닭은 그것이 '하나님의 선교' 신학에 부합하기 때문이다.

비셔트 후프트는 『에큐메니칼 운동의 미래』(1974) 제2장 "종교세계에서 에큐메니칼 증거"에서 WCC의 세계종교 에큐메니칼 운동의 흐름을 소개한다. '하나님의 선교'가 세계종교 통합운동(Ecumenical Ecumenism) 에 박차를 가한 역사적 배경을 설명한다.

기독교와 비기독교 종교들을 아우르는 세계종교 에큐메니칼 운동은 WCC 운동 초기부터 시작되었다.[5] 1910년에 에든버러에서 열린 세계선교대회의 목표는 "하나도 복음전도, 둘도 복음전도"였다. 복음을 알고 있는 대륙은 여전히 어둠 속에 남아 있는 나머지 대륙들에게 복음을 전해야 한다는 단순한 논리로 기독교 선교를 하고 있었다. 제1차 세계대전이 끝나자 기독교인들은 기독교에 대한 자신감을 잃었다. 다른 종교들을 기독교 복음이 정복하지 못한 영역으로 간주하는 것이 매우 어려운 상황에 이르렀다.[6]

에큐메니칼 운동 안에는 세계종교 통합운동이 진행되고 있었다. 세계적 차원의 '종교상호운동회' 설립을 위한 계획이 진행되고 있었다.[7] 종교사 연구의 선구자 루돌프 오토(Rudolf Otto, 1869-1937)가 이 운동에 이바지했다. 독일루터교회의 신학자, 철학자, 비교종교학자인 그는 '인류종교연맹'을 창설(1921)했다. 오토는 종교 간 대화조차 바람직하지 않다고 하면서, 각 종교가 함께 하는 '세계 양심 세우기 운동'의 필요성을 역설했다.

독일인 루터교회 종교 연구가 프리드리히 하일러(Friedrich Heiler, 1892-1967)는 기독교가 타종교인들을 위해 성경을 개편해야 한다고 역설했다. 구약성경을 다른 종교의 경전으로 대체해야 한다고 했다. 모든 종교가 근본적으로 하나라고 했다. 그는 각 종교가

---

[4]Mariasusai Dhavamony, *Ecumenical Theology of World Religions* (Rome: Gregorian & Biblical Press, 2003), preface, ff.

[5]Willem Visser't Hooft, *Has the Ecumenical Movement a Future?* (1974. Louisville: John Knox Press, 1976). 비셔트 후프트, 『에큐메니칼 운동의 미래』, 박상증 · 김상식 역 (서울: 대한기독교서회, 1994), 65.

[6]비셔트 후프트, 65.

[7]비셔트 후프트, 65.

함께 ‘세계양심운동’을 일으켜야 한다는 오토의 주장을 지지했다.

철강 산업가 헨리 앗킨슨(Henry Atkinson)은 앤드류 카네기가 설립한 ‘교회평화연합’(Church Peace Union)의 도움을 받아 1928년에 ‘세계종교평화협의회’(URPC)를 창설했다. 스코틀랜드 태생 미국인 앗킨슨은 에큐메니칼 운동이 어느 길로 가야 하는가의 문제에 직면했음을 지적했다. 에큐메니칼 운동은 그리스도 중심의 에큐메니즘으로 나가야 하는가, 아니면 다양한 종교를 모두 수용하는 세계종교 공동체로 나가야 하는가 하는 선택의 기로에 서 있다고 했다.

그 무렵, 에큐메니칼 운동은 "각 종교가 인간을 하나님께로 인도하는 본질적인 일을 서로 다른 방법으로 하고 있는 것이 명확하다"[8]는 합의에 이르렀다. 세계의 모든 종교가 각각 다른 방식으로 인간을 하나님께 인도하고 있다고 생각했다.

이 무렵까지도 에큐메니칼 운동은 전통적인 기독교 선교운동으로 진행되고 있었다. 이 운동은 세계종교 통합 조직체를 만드는 것을 거부했다. 그러나 WCC 안의 종교통합주의자들과 종교혼합주의자들은 전통적인 개념의 선교 활동을 방해했다. 이 과정에서 세속주의는 모든 면에서 강세를 보였고, 점차 종교다원주의로 귀착될 움직임을 강화했다. 역사적 기독교는 모든 영역에서 인간의 삶에 지배력을 가진 과학과 기술로 무장한 현대사회에 밀리고 있었다.[9]

이 즈음의 지성인들은 세계 종교들의 상호협력 문제를 제기했다. 기독교는 비교종교학의 도움을 받아 비기독교인들의 영적 삶을 깊이 통찰할 수 있었다. 전술한 하버드대학교의 호킹은 세계종교의 통합을 주창했다. 그는 WCC의 전신인 예루살렘 선교대회(IMC, 1928)에서 이 주제에 대한 탈기독교적인 답을 제시했다.

그러자 에큐메니칼 운동 지도자들 가운데 세계종교 통합을 희망하는 자들이 많아졌다. 다수의 지도자들이 기독교를 포함한 모든 종교들이 하나의 거대한 세계종교 안에 모일 수 있다는 희망을 표현했다.

그 무렵 등장한 헨드릭 크래머 박사(Hendrik Kraemer, 1888-1965)는 이 흐름에 대한 강한 거부감을 표했다. 그리스도의 복음이 일반적이고 추상적인 종교 개념과 다르다는 확신을 가지고서 세계종교 통합운동에 이의를 제기했다.[10]

몇 해 뒤, 세계종교 통합운동의 불이 에큐메니칼 운동에 점화되어 서서히 타올랐다. 호킹의 "평신도 선교 연구보고서"[11]는 기독교 선교의 급진적인 변화를 유도했다. 선배들이 유지해 오던 구원의 유일한 길은 오직 예수 그리스도라는 신념을 버리고 새로운 방향으로 전환했다. 기독교 선교의 목적의 지향점은 모든 종교의 신앙과 삶을 완전히 성숙시키는 것이라는 방향으로 바뀌었다. 기독교 선교가 타종교를 파괴하는 것이 아니라 모든 종교가 가장 완벽한 일치를 이루어 서로를 자극하는 데 그 존재 의의를 두어야 한다는 데 합의했다.

에큐메니칼 운동과 선교의 방향 전환을 반대하는 목소리도 있었다. 일본인 도요히코 가가와(Toyohiko Kagawa)는 "십자가 없는 선교"의 무의미함을 비판했다. WCC의 사무총장 비셔트 후프트도 "중추 뼈 없는 선교"(mission without backbone)라는 글로 선교의 방향 전환을 환영하지 않는다는 견해를 표했다.[12] 선교학자 헨드릭 크

---

[8]비셔트 후프트, 66-67.

[9]비셔트 후프트, 66-67.

[10]비셔트 후프트, 67.

[11]William Ernest Hocking, *Re-Thinking Missions A Laymen's Inquiry After One Hundred* Years (New York: Harper & Brother, 1932).

래머도 성서적 사실주의(Biblical Realism)를 근거로 모든 것을 망라하는 종교 체계에 기독교의 복음이 어울릴 수 없다고 하면서 WCC 선교의 탈기독교적 방향 전환을 거부했다.

3. 반성

제2차 세계대전이 끝나고 기독교 에큐메니칼 운동이 WCC로 통합, 개편되면서 위 두 가지 선교 흐름이 각각 나뉘어 발전했다. 이 때까지도 국제선교협의회(IMC)와 WCC 선교의 중심에는 상대주의와 혼합주의를 거부하는 전통적 선교가 일부 지속되고 있었다.

WCC 출범 초기에, 전통적 선교 개념과 교회 활동은 맹렬한 공격을 받았다. 식민주의 시대가 끝나자 피해자인 아시아와 아프리카의 교회들이 역사적 기독교에 대한 공격에 앞장섰다. 새롭게 획득한 자신들의 문화적 자신감, 식민시대의 마감과 더불어 등장한 각 민족의 독립성과 고유 문화 그리고 종교에 대한 자긍심을 가지고 전통적 선교 개념을 공격했다.

식민정책을 펼쳐오던 유럽은 자신의 고풍스런 종교적 신념과 문화를 과거의 식민지 국가들에 더 이상 강요할 수 없게 되었다. 이 역사적 변화는 자유주의 신학 전통의 기독교인들에게 전통적 기독교 선교 시대가 종말을 맞이했다는 신념을 인식시켰다. 예수 그리스도를 앞세워 식민지 국가들을 정복하고 지배하던 유럽인들의 야욕은 더 이상 설 곳이 없었다.

이 때 놀랍게도 아시아와 아프리카의 다수 기독교인들은 유럽인들의 식민주의 활동과 그들이 전해 준 기독교 진리를 구분하는 탁월성을 보였다. 그들은 계속하여 기독교 신앙을 유지했다.[13] 유럽과 아시아와 아프리카의 자유주의 신학 진영의 기독교인들이 전통적 기독교 진리를 구시대의 유물로 여기면서 이를 거부하는 것과 대조적이었다.

이 과정에서 드러난 유럽 기독교의 과제는 식민주의 야욕에 편승하여 부역자(附逆者) 역할을 한 과거사를 철저히 참회하는 것이었다. 그러나 유럽의 어느 기독교 집단도 진정한 참회를 했다고 보기는 어렵다. 이 무렵, 자유주의 신학 전통을 따르던 자들은 서유럽 식민 시대의 마감을 기독교 선교 시대의 종식으로 해석하고, 종교, 정치, 문화를 동일시했다. 식민주의 피해 지역의 기독교인들이 복음진리와 교회를 구분하고 있을 때, 자유주의 전통을 따르는 기독교인들은 문화와 복음, 정치와 종교를 동일시하고 있었다. 그리하여 그들은 토착적인 기독교 신학을 적극적으로 모색했다.

이 현상은 자유주의 신학 전통을 따르는 기독교인들의 일반적인 모습이었다. 이들이 주도한 WCC는 세계종교 에큐메니칼 운동을 지향하고, 종교다원주의 신앙고백을 하기에 이르렀다.

인도 외교관 카발람 파니카(Kavalam Panikkar, 1895-1963)는 『아시아와 서양의 지배』(*Asia and Western Dominance*, 1953)[14]에서 기독교 선교 시대가 끝났음을 알렸다. 기독교 선교가 끝났다고 하는 이 확신은 아시아와 아프리카뿐만이 아니라 서유럽에서조차 점점 더 큰 지지를 얻었다. 서유럽의 지적·문화적 서클들은 동양 문명의 영성에

---

[12]비셔트 후프트, 70.

[13]비셔트 후프트, 71.

[14]Kavalam Panikkar, *Asia and Western Dominance: a survey of the Vasco Da Gama epoch of Asian history, 1498-1945* (London: George Allen & Unwin Ltd., 1953).

매혹되었고, 기독교 선교가 불행하게도 각 민족의 고유한 문화적 가치를 근본적으로 부정한다고 판단했다.[15]

기독교 선교의 개념을 바꾼 더 심한 충격은 에큐메니칼 운동 안에 있었다. 역사적 기독교 선교와 복음전도자들의 선교 활동에 심한 타격을 가한 자들은 WCC의 주요 인사들과 지지자들이었다. 전술한 호킹은 모든 세계 종교들의 합병에 관한 그의 생각을 거듭 제시했다. 모든 역사적 종교들을 통합하고, 각 종교의 진리들을 합병하는 세계 단일 종교의 탄생을 가시화하려고 했다.

그 무렵, 영국인 역사가 아놀드 토인비(Arnold Toynbee, 1889-1975)는 교회가 서유럽주의 특성을 버려야 하는 정도가 아니라 기독교의 최종성과 유일성에 대한 전통적 믿음을 버림이 마땅하다고 했다. 예수구원 유일 신앙이 유럽인의 편협한 자만을 낳는다고 했다. 토인비는 고대 로마의 웅변가 신마커스(Synmmachus, c. 345-402)의 유명한 문장을 인용하여, "커다란 비밀은 한 가지 이상의 길에 의해 도달될 것이다"(Uno itinere non potest perveniri ad tam grande secretum)라고 했다. 어느 누구도 궁극적인 진리에 독점적으로 접근할 수 없다는 뜻이다.

WCC 에큐메니칼 운동이 종교 통합 국면에 도달했을 무렵, 이 단체의 그리스도의 개념은 역사적 기독교가 믿어온 것과 무관해졌다.[16]

국제선교협의회(IMC)가 WCC에 병합되던 시기(1961)에, WCC는 선교 목적에 대한 여러 가지 의문과 추궁을 받았다. 특히 아시아와 아프리카의 교회들의 핵심 지도자들은 유럽이 자기들을 보호하던 모든 유럽적 흔적을 선교협의회에서 제거하려고 했다. 교회의 삶과 자기 나라의 독특한 특성을 적용시킬 수 있는 길을 모색했다.[17]

이러한 역사적 흐름과 신학적 변질의 결과로 과거 기독교인들의 가슴을 저미게 했던 '선교'라는 단어는 WCC 에큐메니칼 운동에서 매력을 잃었다. 그리고 이 과정에서 새로운 선교적 단어인 '대화'가 모습을 드러냈다. 1968년 웁살라에서 열린 WCC 제4차 총회는 더 깊은 단계의 종교 간의 대화를 천명했다.

> 대화는 상대편을 인간으로 받아들이고 겸손함 가운데서 이루어지는 그리스도인의 접근방식을 의미한다. 세계선교전도위원회(선교전도국)는 여러 종교의 대표자들이 좀 더 깊은 단계에서 서로 만나는 모임을 주선하기 시작했다.[18]

위 총회는 복음전도와 선교의 방향을 전투적인 모드(mode)로 바꾸어 인간화, 사회변혁, 혁명 투쟁으로 교체했다. 지도자들은 책으로만 접한 힌두교와 이슬람교와 불교의 모습이 실제와 많이 다르다는 것을 깨달았다. 그래서 타종교를 긍정적으로 보고, 나아가 기독교와 마르크스주의의 대화도 가능하다고 생각했다.

비셔트 후프트는 이와 같은 WCC의 역사적 배경과 세계종교 에큐메니칼 운동과 종교 간의 대화 흐름을 설명하면서 "단호히 자기 자신을 바꾸려 노력하지 않는 그리스도인들에게 시간을 낼 수 없다고 강하게 주장한 체코 철학자이며 마르크스주의자인 밀란 마호베츠(Milan Machovec)와의 대화를 생각한다"[19]고 말한다. 기독교인들과 타종교 그리고 공산주의 이데올로기를 가진 자들과의 대화가 가능

---

[15] 비셔트 후프트, 71

[16] 비셔트 후프트, 72.

[17] 비셔트 후프트, 72-73.

[18] 비셔트 후프트, 73.

하다는 것이다. 전통적 기독교의 교리, 특히 예수구원 유일성 신앙을 폐기하는 조건에 한하여 종교 간의 대화가 가능하다는 것이다.

비셔트 후프트는 이러한 설명에 이어 WCC가 추구하는 종교 간의 대화 여섯 가지의 유형들을 소개했다. 전술한 바와 같다. 그가 소개하는 흐름의 첫 네 가지 유형은 종교혼합주의를 본질로 가진 세계종교 통합운동에 관련된 것이다. 이 특징들은 점차 WCC 종교다원주의 신앙고백으로 귀착되었다.[20]

비셔트 후프트는 자신이 걱정하는 WCC의 네 가지 대화 유형이 공통적으로 갖는 실수와 결함이 다름 아닌 복음에 대한 믿음을 일반적인 종교의 특수한 형태로 간주하는 것이라고 옳게 지적한다.[21]

비셔트 후프트는 종교 간의 대화 네 번째 유형을 설명하면서, WCC의 주 발언자들이 "종교의 어둠에서 잠자는 그리스도를 깨우는 것이 우리에게 주어진 과제이다"[22]라고 말했다고 한다. "잠자는 그리스도"는 각 종교의 영적 지도자, 영적 거인을 지칭한다.

비셔트 후프트는 WCC가 출범(1948)할 당시에 전통적 선교 개념과 종교통합주의 선교 개념이 병존했다고 한다. 신정통주의 신학자 칼 바르트와 헨드릭 크래머 등은 전통적 기독교의 선교 개념을 고수하고 있었다. 국제선교협의회(IMC)와 WCC가 병합할 때까지도 이 단체 안에는 이 두 가지 선교 개념이 병존했다. 그러나 '하나님의 선교'가 등장하여 WCC 안에 똬리를 틀고서부터 이 단체는 "기독교의 유일성에 대한 전통적 믿음을 버려야 한다는 결론에 도달했다."[23] 성경 중심의 신앙, 역사적 개념의 복음전도와 선교, 예수구원, 십자가의 도, 하나님의 은총 등은 사라지고, 그 자리에 세상사 해결 과제와 종교 간의 대화라는 이름의 종교다원주의 사상이 그 자리를 채웠다.

4. 잠자는 그리스도

종교다원주의자 스탠리 사마르타(Stanley Samartha, 1920-2001)는 1968년에 WCC의 선교전도국 부총무 직을 맡았다가 1971년에 에티오피아의 수도 아디스아바바에서 모인 WCC 중앙위원회에서 "WCC와 타종교들과 이데올로기의 사람들"(WCC, Dialogue with People of Living Faiths and Ideologies, 1971)이라는 연구 보고서를 발표했다.[24]

사마르타는 WCC의 존재 목적이 세계적인 종교 공동체를 구성하는 것이라고 했다. WCC의 중요성은 교회연합이나 교회협의체 구성이 아니라 인류의 연합에 있다고 했다. WCC가 새로운 세계종교 공동체를 만들 수 있는 유일한 길은 종교다원주의 사회를 구성하는 종교 간의 대화라고 했다.

WCC 중앙위원회는 사마르타의 보고를 환영하고서 그것을 즉각

---

[19]비셔트 후프트, 73.

[20]전술한 첫 네 가지 유형의 요점은 다음과 같다. 첫째, 모든 종교는 본질적으로 주관적인 경험의 문제라는 가정에 기초하는 대화이다. 둘째, 모든 역사적 종교들은 하나에서 파생된 부분적인 실재이며, 따라서 하나의 보편적인 종교를 창설할 시간이 왔다는 입장에서 시작하는 대화이다. 셋째, 기독교를 포함한 모든 종교가 자기 종교의 핵심 교리와 특징을 버리는 희생을 마다하지 않는 대화이다. 넷째, 각 종교마다의 고유한 그리스도들을 따르는 신자들은 모두 다 진정한 의미에서 '그리스도인'이라는 생각에 근거한 대화이다.

[21]비셔트 후프트, 76.

[22]비셔트 후프트, 76.

[23]비셔트 후프트, 72.

[24]Wesley Ariarajah, *Hindus and Christians: A Century of Protestant Ecumenical Thought*, Currents of Encounter Series (Rodopi, Amsterdam, 1991), .140 , footnote.

이 단체의 공식 입장으로 받아들였다. 중앙위원회는 사마르타의 제안에 따라 "각 종교 안에서 잠자는 그리스도를 깨우자"는 구호를 외치면서 종교대화국을 신설했다. 종교다원주의자 사마르타를 첫 번째 종교대화국 책임자와 유급 전임 신학자로 임명했다.

"각 종교 안의 잠자는 그리스도를 깨우자"라는 구호의 '그리스도'는 각 종교의 그리스도, 곧 고타마 싯다르타(붓다), 공자, 예수, 무함마드, 힌두교의 여러 영적인 거인들을 일컫는다.

비셔트 후프트는 아디스아바바 모임의 한 화자(話者)가 보편적 종교 공동체 구성에 대해 언급했다고 지적한다. 이 화자는 사마르타였다.[25] 비셔트 후프트는 그 무렵 몇몇 발언자들이 WCC 모임에서 로마가톨릭 사제이며 종교다원주의자인 칼 라너의 '익명의 그리스도인' 이론을 언급했으며, 이 발언자들이 WCC 안에서 중요한 역할을 했다고 한다. 그 결과로 WCC의 핵심 과제가 "종교의 어둠 속에서 [잠자는] 그리스도를 깨우는 것"[26]이었다고 밝힌다.

비셔트 후프트의 증언은 WCC의 종교대화국이 단순한 종교들 간의 대화 목적으로 출범한 것이 아님을 알려준다. 상호이해, 상호존중, 협동, 연대, 종교자유 보장이라는 목적이 아니었다. 종교대화국의 목적은 종교 간의 대화를 추진하는 것이 아니었다. 세계종교 통합운동을 전개하고 종교다원주의를 고착시킬 목적이었다.[27]

WCC는 칼 라너의 '익명의 그리스도인' 이론을 근간으로, "각 종교 안에서 잠자는 그리스도를 깨우자"라는 구호와 함께, 종교대화국(1971)을 신설했다. 선교전도국, 신앙직제국, 삶과봉사국을 뒤이은 기구이다. WCC는 예수구원 유일 진리를 배격하는 종교다원주의자를 종교대화국 책임자로 임명했다.

5. '하나님의 선교'

에큐메니칼 운동이 새로운 방향설정을 할 무렵, WCC는 선교전도국의 직원이었으며, 나중에 뉴욕 유니어신학교 교수로 재직한 요한네스 호켄다이크(Johannes Hoekendijk, 1912-1975)가 제시한 '하나님의 선교' 이론을 자신의 선교신학으로 수용했다. WCC는 "모든 종교가 인간을 하나님께로 인도하는 본질적인 일을 서로 다른 방법으로 행하고 있는 것이 명확하다"[28]고 했다. 비셔트 후프트가 지적한 바와 같이 지도자들은 세계의 종교들이 모두 인간을 하나님께 인도하고 있다고 생각했다. 이 신념은 이 단체의 중심 자리를 차지하고 있었다. WCC는 이 과정을 거쳐 예수구원 유일 신앙을 외면하는 선교 이론을 환영했다.

'하나님의 선교' 이론은 WCC의 신학과 선교의 방향을 확고히 바꾸었다. 세계종교 에큐메니칼 운동, 곧 세계종교 통합운동에 박차를 가했다.

'하나님의 선교'는 하나님이 예수 그리스도를 거쳐 실현하는 구원의 소식을 전하고 구원사와 세상 역사를 주도하고 주관하는 삼위일체 하나님의 역사(役事)를 알리는 활동이 아니다. WCC 선교의 초점과 관심은 예수구원의 복음에 있지 않았다. '하나님의 선교'에 있었다. 이것의 목표는 인간화, 인권, 혁명투쟁, 정의, 평화, 환경보호 등

---

[25]비셔트 후프트, 77.

[26]비셔트 후프트, 76.

[27]칼 라너의 종교다원주의 이론은 아래에서 상론한다.

[28]비셔트 후프트, 66-67.

세상사 해결이었다. '하나님의 선교'에서 가장 중요한 것은 종교 간의 대화라는 이름의 종교다원주의와 세계종교 통합이었다. WCC는 예수 십자가의 죽음과 부활 그리고 인류 구원의 영원한 복음을 밀어내고 그 자리에 세상사 해결에 초점을 둔 '하나님의 선교'를 대체했다.

호켄다이크는 세계 선교의 상식으로 통하던 유럽교회 유형의 전통적 기독교 선교 방식을 맹렬히 공박했다. 지금까지 유럽교회가 주역을 담당해 온 '교회의 선교'는 불법적이며, 불합리하다고 했다. 선교의 주체는 유럽의 교회가 아니라 하나님이라고 했다. 기독교 선교활동의 초점과 중심이 교회가 아니라 '하나님의 선교'라고 했다.

호켄다이크는 하나님이 세상을 통치하는 일(mission)을 하고 있으며, 따라서 교회가 하나님의 세상 통치와 돌봄의 일을 도와야 한다고 했다. 기독교 선교의 목적을 하나님의 세상사 해결 활동을 돕는 것이라고 했다. 그는 교회를 하나님의 일을 수행하는 도구로 정의했다.[29]

그는 하나님 아버지는 독생자를 교회가 아닌 세상을 위해 보냈다(요 3:16)고 했다. 교회보다 세상이 우선적이다. 따라서 선교의 목표와 목적은 인간화와 평화를 포함한 세상사 해결이다.[30] 하나님의 최우선 관심은 교회의 선교, 곧 예수구원의 복음전도가 아니라 세상사 해결이라고 했다.

'하나님의 선교'는 자유주의 신학의 하나님 나라 개념에 기초해 있다. 다가오는 세상, 곧 이 지상에서 인간이 건설할 윤리적 왕국에 대한 케리그마, 코이노니아, 디아코니아를 강조하면서 세상사 해결을 기독교 선교의 전부로 여겼다. '하나님의 선교'는 예수 그리스도의 구원의 복음, 십자가의 도, 예수구원 유일성 진리를 사실상 배제한다.

이 즈음에 WCC는 국제선교협의회(IMC) 시절부터 발간해 오던 선교 잡지 제목의 마지막 글자 'S'를 제거하는 사안으로 지도자들 간에 약간의 갈등을 겪었다. WCC가 사실상 예수 십자가 구원의 도리를 배제하고, 세상사 해결을 유일의 선교 과제로 여기는 사실을 확인시켜 준 해프닝이 있었다. 아래에서 상론한다.

이 무렵의 WCC의 '하나님의 선교' 이론은 세 가지 개념을 지니고 있었다.[31] 첫 번째 개념은 세상의 평화(샬롬) 추구였다. WCC가 이해한 유럽의 '교회의 선교'의 목표는 세상을 교회에 데려와서 구원하는 것이었다. WCC는 이 패러다임을 버리고 교회가 세상을 평화롭고, 행복하고, 정의롭게 만드는 하나님의 활동, 일을 돕은 것을 선교의 목표로 삼았다. WCC의 '하나님의 선교'의 목적은 오로지 세상사 해결이었다.

두 번째 개념은 인간화였다. WCC 제4차 총회(1968)는 인간화를 선교의 목표로 삼아 사람이 평화롭게 살 수 있는 정의롭고 평화로운 사회 건설을 선교의 전부로 여겼다. WCC 선교전도국의 방콕대회(1973)는 사회 구원을 "오늘의 구원"으로 천명했다. 이 단체의 인간화 개념은 마르크스주의 이론에 기초해 있었다. 1990년대에 들어서면서 동유럽의 공산주의 국가들이 해체되고, 마르크스주의가 타당하지 않은 사실이 알려지면서 인간화 활동을 기독교 선교 그 자체로 보는 WCC의 선교 이론의 한계가 드러났다.

세 번째는 생물학적 생명이었다. WCC는 인간화 선교 패러다임

---

[29]Johannes Hoekendijk, *The Church Inside Out*, Philadelphia: Westminster Press, 1966. 한글판, 요한네스 호켄다이크, 『흩어지는 교회』 (서울: 대한기독교서회, 1979), 52.

[30]Johannes Hoekendijk, *Planning for Mission. Edited by Thomas Wieser* (New York: U.S. Conference for the World Council of Churches, 1966).

[31]안승오, 『제4 선교신학』 (서울: CLC, 2016), 102-125.

이 가진 사회주의적 한계를 극복하려고 생명 돌봄을 선교의 목표로 천명했다. WCC 제10차 총회(부산, 2013)는 "생명의 하나님, 우리를 정의와 평화로 이끄소서"라는 주제로 모여 모든 생명체에 생명을 부여한 성령 하나님을 강조했다. '정의, 평화, 창조보전'(Justice, Peace, Integrity of Creation: JPIC)을 선교의 목적으로 삼았다. WCC는 한 동안 생명 패러다임의 선교에 매진할 것으로 보인다.

비셔트 후프트는 『에큐메니칼 운동의 미래』(1974)의 마지막 장에서 "에큐메니칼 운동이 교회의 의제를 따라야 하는가, 세상 의제를 따라야 하는가?"라는 제목을 붙이고 WCC 에큐메니칼 운동의 미래를 부정적으로 예측한다. 이 단체가 '하나님의 선교' 이론에 입각한 세상사 해결 의제를 따르고 그것에 매진함을 지적하면서, WCC가 교회 아젠다가 아니라 세상 아젠다에 집중하는것을 걱정한다. 그는 "에큐메니칼 운동이 세상을 제외시킨 채 단지 그 움직임을 교회 내부에 한정시켜 진행한 것은 아니다"[32]라고 지적한다. WCC의 선교 패러다임 전환에 대한 이 단체 사무총장의 격조 있는 신중한 언급이다.

비셔트 후프트는 WCC가 호켄다이크의 '하나님의 선교' 이론을 전폭적으로 수용한 까닭 두 가지를 설명한다. 첫째, 자유주의 신학 구도에 적합하기 때문이다. 둘째, 이 단체가 출범 때부터 교회 아젠다를 뒤로 하고 세상사 해결 아젠다에 관심을 쏟고 있었기 때문이다.

WCC는 1960년대 후반부터 여러 가지 세상사 해결에 집중하고 있었다. 유엔, 국가, 지방정부, 비정부기구, 비영리단체 등이 할 수 있는 동일한 세상사 해결 활동에 매진하고 있었다. 비셔트 후프트는 WCC가 "교회의 이익을 옹호하는 것이 아니라 세상의 평화가 걸린 문제 해결에 공헌하려고 했다"[33]고 지적한다.

6. '하나님의 선교'와 신칼빈주의

그리스도인이 자신이 살고 있는 세상, 사회, 정치, 문화, 경제 등의 영역에 진지한 관심을 가지는 것은 마땅하다. 하나님이 인간에 부여한 정당한 권리를 보호하고, 정의사회를 구현하고, 하나님의 창조 세계를 보전하고, 부국과 빈국 사이의 관계를 개선하는 등의 활동은 기독교인에게 주어진 임무이다. 임금 착취 금지, 인종차별 거부, 강대국의 힘 남용 억제 등 세상 문제들의 해결에 뛰어들고, 가난한 자와 억압 받는 자 편에 서고, 인권 유린에 저항하고, 자연환경과 창조세계의 생명들을 하나님의 의도에 따라 관리하는 임무 수행 활동(mission)은 칭찬할 만하다.

WCC는 '하나님의 선교'라는 구호 아래서 사회윤리, 사회복음, 사회구원을 강조하면서 사회구조의 변경, 생명의 중요성 재발견, 국제적 분쟁 해결 등 세상사 해결에 투쟁적으로 에너지를 쏟아왔다. 이 과정에서 예수 그리스도의 십자가의 도(道)가 있어야 할 자리에 인간이 건설해야 하는 이상 사회, 곧 자유주의 신학의 이상을 대체했다.

WCC의 '선교'와 '전도'는 예수 그리스도의 구원 유일성 중심의 복음 전파를 의미하지 않는다. 영혼 구원, 교회 건설, 기독교 진리 변증 등이 아니다. WCC 선교신학 구도에는 기독교의 유일성이나 예수 구원 유일성 신앙을 수용할 공간이 없다.

WCC는 복음전도와 영혼구원과 교회건설을 선교의 핵심 과제로 여기지 않는다. 자유주의 신학 개념에 부합하지 않는 '고루한 복음전

---

[32]비셔트 후프트, 76, 93.

[33]비셔트 후프트, 101.

도’에 교회의 재원과 에너지를 투여할 까닭이 없다. 교회의 복음전도와 영혼구원 활동에 동전 한 닢도 사용하지 않는다.

WCC의 ‘하나님의 선교’의 가장 우선적인 과제는 세계종교 에큐메니칼 운동과 함께 진행되는 종교 간의 대화의 핵심인 종교다원주의 활동이다. WCC는 이 활동과 세계종교 에큐메니칼 운동을 자신이 매진해야 할 핵심 선교 과제로 여긴다.

WCC는 종교통합과 종교 간의 대화라는 목적 도달에 필요한 기독교의 자기희생을 당연시한다. 자기희생이란 기독교의 핵심 진리 포기를 의미한다. WCC는 예수구원 유일 신앙을 사실상 팽개친다. 모든 종교를 동일동가로 여긴다. 예수 밖에도 하나님의 구원이 있다고 한다. 모든 종교가 궁극의 신적 실재에 도달하는 길이라고 한다.

WCC의 ‘하나님의 선교’는 기독교인의 사회적·문화적 책임과 하나님의 영역의 주권을 강조하는 ‘신칼빈주의’와 비슷한 특징을 지니고 있다. 네덜란드인 아브라함 카이퍼(Abraham Kuyper, 1837-1920)의 ‘칼빈주의 문화관’과 WCC의 ‘하나님의 선교’는 교회와 기독교인이 세상의 다양한 과제에 깊이 관여하는 공통점을 지닌다. 기독교 신앙이 세상에서 능동적인 역할을 수행해야 하는 점을 역설한다.

신칼빈주의는 복음전도와 구령의 필요성을 배제하지 않는다. 그러나 점차 WCC의 ‘하나님의 선교’를 닮아가는 경향을 보인다. 복음전도와 영혼구원에 탁월성을 보이지 않는 칼빈주의 교회와 선교단체 그리고 학생신앙운동은 ‘신학적 간음’이라는 위험에 노출되기 마련이다. ‘하나님의 선교’의 버금 무리인 공공신학, 선교적 교회(missional church), 마을목회, 윤리실천운동 따위에 기웃거리면 생명력을 상실하게 된다. 자유주의 신학과 WCC의 사회정치적 아젠다를 무비판적으로 수용하게 되고, 결국 생명력을 상실하게 된다. 인간의 윤리적 이상사회 건설에 주력하는 자유주의 신학과 복음전도에 대한 관심이 없고 전도 활동에 결실이 없는 신칼빈주의의 출발은 다르지만 도착지점은 같다.

맺음말: 자장가 소리

비셔트 후프트는 WCC의 '하나님의 선교' 신학을 지지한다. "복음을 하나님과 개인의 영혼의 문제로 축소시키는 것은 구약성서의 선지자들과 신약성서의 선지자들의 증거들을 부정하는 것"이라고 한다. "오직 개인 구원에만 집착하는 교회의 낡은 노래는 요즈음 거의 자장가가 되었다"[34]고 비아냥거린다.

비셔트 후프트는 위 책의 결론에서 "에큐메니칼 운동에 미래가 있는가라고 묻고, 어정쩡하고, 앞뒤가 불일치하며, 로망에 지나지 않는 아래의 말로 논의를 마무리한다. 그는 WCC가 '하나님의 선교' 이론 수용과 더불어 안타깝게도 예수구원의 복음을 사실상 배제하는 사실을 명확하게 말하지 않는다.

따라서 나는 에큐메니칼 운동이 교회의 일치와 인류의 일치 사이에서 하나를 선택하려는 유혹을 피하고, 대신 하나님이 세상 사람들을 세상의 빛이 되게 하기 위하여 부르셨다는 것을 완전히 깨닫게 된다면 희망적인 미래가 있다고 믿는다. 만약 에큐메니칼 운동의 진정한 존재 이유를 지속적으로 성찰하고, 그리고 복음의 중심으로부터 에큐메니칼 운동의 삶을 끌어낸다면 미래는 있게 된다는 것이다. 에큐메니칼 운동은 앞으로 나아갈 것이다. 그 때 성령은 우리를 붙잡으면서, 우리를 조정하고 하나로 묶으면서 교회들 사이에서 역사하실 것이다. 이를 통해 우리는 세상 가운데서 세상을 새롭게 하고 세상을 구원하는 사역을 감당할 수 있게 될 것이다.[35]

비셔트 후프트는 에큐메니칼 운동의 미래에 대한 긍정적 희망을 표하면서 이운동이 복음에 기초해야 미래가 있을 수 있다고 말한다. 복음의 중심부에서 에큐메니칼 운동의 삶을 이끌어야 한다고 한다. 에큐메니칼 운동의 미래에 대한 자신의 긍정적 희망을 표한다. 그리고 온통 인간화와 세상사에만 관심을 쏟는 WCC의 미래에 대한 걱정을 표방한다. 비셔트 후프트의 WCC의 에큐메니칼 운동에 대한 긍정적 희망과 부정적 걱정은 극명하게 상반된다.

비셔트 후프트는 WCC의 종교통합주의와 종교혼합주의 흐름의 위험을 간파하고서 점차 종교다원주의로 귀결된 두 흐름의 위험성을 자각한다. '하나님의 선교'와 '종교 간의 대화운동'의 만남은 종교다원주의 신앙고백을 가속화했다.

WCC는 예수구원의 복음전도를 중요하게 여기는 신학을 버리고 세상사 해결 목적의 하나님의 선교'에 진력하고 있다. 비셔트 후프트가 걱정하던 방향을 향해 줄달음치고 있다. 인간화, 인권, 평화, 해방, 경제평등 등 세상사 해결에 매진하고 있다. '거대 에큐메니즘'과 '폭넓은 에큐메니즘'이라는 이름의 세계종교 통합운동을 펼치고 있다.

기독교가 종교 통합 현장에서 실제로 이바지할 수 있는 것은 극히 제한적이다. 기독교의 역할은 혼합주의 종교 시장 진열대에 어울리는 '기독교'라는 상품 구색(具色)을 갖추어 주는 정도에 그칠 수 밖에 없다. 타종교인들의 종교적 호기심을 채워주는 정도에 그친다.

5

뉴비긴의 오판

—십자가 복음 없는 선교는 '신학적 간음'이다—

1. 상극관계

WCC 제10차 총회(부산, 2013)를 앞두고 한국의 일부 복음주의 신학자들은 한국교회를 향하여 WCC에 적극 가담하라고 권했다. WCC에 '들어가서' 이 기구를 복음적인 단체로 바꾸라고 했다.

대한예수교장로회(예장) 통합 교단 제106회 총회(2021)는 WCC가 종교다원주의를 지지하지 않는다고 선언했다. 이 선언 관계자는 현장에서 이 교단이 자신을 더 이상 '장자 교단'이라 일컫지 않겠다고 했다. 이제부터는 '어머니 교단'이라고 일컫겠다고 했다. 이 교단이 오랫동안 자부심을 가지고 사용해 온 '장자 교회'라는 괴기(怪奇)한 명칭을 과감히 버렸다.

어머니는 자녀를 품는다. 옳은 자녀, 못된 자녀, 자랑스러운 자녀를 모두 품는다. 예장 통합의 이 선언은 복음주의 신학과 자유주의 신학, 에반젤리칼 운동과 에큐메니칼 운동을 동시에 품겠다는 의미이다. 복음적 신앙을 유지하면서 WCC와 이 단체의 한국지부 격인 한국기독교교회협의회(NCCK)를 아우르겠다는 의미이다. 자신은 복음적 신앙을 지녔지만 자유주의 신학을 따르는 WCC 에큐메니칼 운동을 항구적으로 지지하겠다는 뜻이다. 어머니처럼 모두를 포용하고 품겠다는 의도이다. 이 태도는 WCC에 '들어가서' 이 기구를 복음주의 단체로 바꾸자고 하는 일부 복음주의자들의 주장과 일치한다.

레슬리 뉴비긴(Lesslie Newbigin, 1909-1998)은 복음주의 신앙을 가진 영국인 인도 선교사였다. 1959년에 국제선교협의회(IMC) 총무로 부임했고, 1961년에 이 단체와 WCC의 병합을 주도했다. 그는 복음주의자이면서도 WCC에 가담했다. 이 단체의 부사무총장으로 4년, 선교전도국 총무로 10년 동안 활동했다.

복음주의자들이 WCC 에큐메니칼 운동에 적극 가담하여 이 단체를 복음적인 기구로 바꾸는 것이 가능한가? 뉴비긴에게 물으면 단호히 '아니오'라고 할 것이다. 그가 말년에 저술한 몇 권의 책이 이를 뒷받침한다. 예수 그리스도의 구원의 복음을 배신한 WCC에 격분한 그는 은퇴 후 이 단체에 대한 분노를 담은 책들을 저술했다.

뉴비긴은 스코틀랜드 장로교회 출신이다. 영국 케임브리지대학교 퀸즈칼리지를 졸업하고, 케임브리지에 소재한 웨스트민스터칼리지(신학교)에서 신학을 수학(1933-1936)했다. 인도 선교사로 파송을 받아 인도 남부의 넓은 지역에 산재한 교회들을 규합하여 남인도교회라는 독립 교단을 출범시켰다. 그리고 이 신생 교단의 어느 지역 감독으로 활동했다.

뉴비긴은 케임브리지 퀸즈칼리지 재학 시절에 영국 학생기독운동(Student Christian Movement, SCM)에서 활동했다. 이 기간에 회심체험을 했다. 1958년에 국제선교협의회(IMC) 총무로 사역을 시작했다. 그는 이 역사적인 선교 단체를 1961년에 WCC에 조건 없는 병합을 주도했다. 이 기구는 현재 WCC 선교전도국(세계선교전도위원회)으로 존립해 오고 있다.

WCC 초대 사무총장 비셔트 후프트가 언급했듯이, WCC는 출범 때 어느 방향으로 진전할 것인가에 대한 분명한 항로를 설정하지 않았다. 목표지점이 세계적인 단일교회 건설인지, 친교인지, 복음전도인지, 선한 사마리아인 활동인지 그 목표가 분명하지 않은 상태로 출발했다. 그런데도 뉴비긴은 오랜 역사를 가진 선교협의회의 WCC 통합을 주도했고, 14년 동안 WCC의 중직을 맡아 협력했다.

뉴비긴은 "WCC의 회원이 되는 것은 우리 시대에 하나님이 열어 놓으신 연합의 길이며 이 길을 거부하는 것은 하나님의 부르심을 외면하는 것"[1]이라고 생각했다. WCC 에큐메니칼 운동이 하나님이 열어놓은 새 시대의 과제와 사명이고, 이 시대의 교회가 나아가야 할 길이라고 믿었다. 그래서 항로가 분명하지 않은 WCC에 무턱대고 가담했다. 이 단체의 에큐메니칼 운동을 지지했다. 그러나 이 단체의 신학은 1960년대 후반부터, 초기에 지녔던 것과 전혀 다른 방향으로 진행했다. 뉴비긴은 그제야 에반젤리칼과 에큐메니칼이 물과 기름과 같은 상극 관계라는 사실을 깨달았다.

> 알고 보니 양자는 구조적으로 따로 따로 놀고 서로 대립되는 관계에 있었다. 에반젤리칼과 에큐메니칼은 서로 상반되는 호칭이었고, 복음주의자의 눈에 에큐메니칼 운동은 예수님을 주님으로 고백하는 모든 사람을 하나로 모으는 운동이 아니라 기독교에 대한 하나의 위협거리로 비쳤다.[2]

---

[1] 레슬리 뉴비긴, 『교회란 무엇인가?』, 황병룡 역 (서울: 한국기독학생회출판부, 2010), 26.

뉴비긴은 WCC 에큐메니칼 운동이 기독교에 대한 위협이라는 사실을 간파했을 때 자신의 모든 것을 강탈당한 느낌을 받았다. 이 시점부터 뉴비긴은 WCC의 선교와 전도활동, 곧 십자가 없는 기독교 활동을 "신학적 간음"[3]이라고 비판했다. 그는 비로소 WCC의 민낯을 파악했다. WCC가 인권에 대한 유별난 감수성, 소수 종교와 인종 공동체의 종교적 신념 수용, 타종교인에게 예수 복음을 전하지 않아야 한다는 반기독교적 에큐메니칼 사상을 가진 종교다원주의 활동 단체임을 간파했다. 이 기구에 대한 자신의 생각과 기대가 완전한 오판이고 망상이었음을 알았다.

뉴비긴은 제네바에서 WCC의 선교전도국 책임자로 일하는 10년 동안 이 단체의 신학과 선교의 실상을 간파했다. 그가 본 것은 복음 없는 기독교의 비참함이었다. 세상사 해결 활동에 집중하는 WCC의 '하나님의 선교' 이론은 그리스도에 대한 배신이며, 비극이었다. WCC는 예수구원의 복음 선포와 전도는 제쳐두고 세상사 해결에 우선순위를 두고 있었다. 그는 WCC의 가난, 인종차별, 전쟁과 같은 사안들을 해결하는 활동에는 동의했다. 그러나 그리스도의 교회의 핵심 사명이 예수 십자가를 거쳐 주어지는 구원의 도(道) 소식 전파가 그리스도의 지상명령 수행 사명이라는 사실임에도 WCC가 그 사실에 동의하지 않았다.

뉴비긴은 WCC가 예수를 믿지 않는 사람도 궁극적으로 구원을 받는다고 하는 만인보편구원주의 사상을 따르는 것을 확인했다. 그리고 이 흐름이 예수 그리스도가 구원의 유일한 길이라는 진리를 부정하는 종교다원주의를 지향하며, 결국 교회의 선교적 사명을 약화시킬 것이 분명함을 깨달았다. 기독교를 다양한 종교 가운데 하나로 보는 경향이 팽배해지고 있음을 목도했다. WCC 안에서 점점 터를 넓혀가는 종교다원주의를 경계했다.

뉴비긴은 특히 WCC의 종교 간의 대화 운동이 기독교를 상대화하고, 예수구원의 복음의 독특성을 포기하며, 교회의 선교사명을 희석시키는 것을 안타까워했다. 뉴비긴은 종교 간의 대화를 지지했다. 그러나 예수 그리스도의 종결성과 기독교의 독특성을 희생시키는 WCC의 종교 간의 대화 운동을 거부했다.

뉴비긴은 WCC가 1960년대에 수용한 '하나님의 선교'가 지나치게 세속적이라고 생각했다. 교회의 사명을 순전히 인본주의적이고 사회적·정치적 용어로 설명할 뿐만 아니라, 하나님의 나라, 그리스도의 왕국을 이상적인 인간 사회 건설이나 정의 실현 등과 동일시하는 사실을 확인했다.

뉴비긴은 교회의 본질적인 정체성이 선교에 있다고 믿었다. 교회는 예수구원의 복음을 전하고 십자가와 부활의 기쁜 소식을 증언하려고 존재한다고 생각했다. WCC가 이 기본 소명을 배제하고 복음에 대한 명확한 초점 없이 단순한 교회들의 연합과 종교통합 그리고 사회활동에 중점을 둠에 불만을 가졌다.

뉴비긴에게 교회의 사명은 구원의 기쁜 소식을 전하고 세상을 회개시키고 그리스도의 십자가를 거쳐 사람들을 하나님과 연합시키는 것이었다. 인간화, 인권투쟁, 빈곤해결, 사회구조 변혁 등 세상사 해

---

[2] Lesslie Newbigin, *Unfinished Agenda: An Updated Autobiography* (1985), 레슬리 뉴비긴, 뉴비긴의 자서전. 『아직 끝나지 않은 길』 (서울: 도서출판 복 있는 사람, 2011), 490.

[3] 뉴비긴, 『아직 끝나지 않은 길』, 477.

결이 우선적인 선교 과제라고 생각하지 않았다.

그는 WCC의 사회정의 구현 활동과 참여를 거부하지 않았다. 그러나 세상사 해결 활동을 복음 선포와 분리하는 것을 반대했다. 가난, 인종 불평등, 전쟁과 같은 문제들을 해결하는 것이 교회의 사명의 일부여야 한다고 했다. 이러한 활동들이 그리스도를 거쳐 주어지는 하나님의 구속 사역이라는 큰 틀 안에서 이루어져야 한다고 했다.

뉴비긴은 WCC 창립총회에 참가했고, 일생의 가장 중요한 시기의 14년을 WCC 에큐메니칼 운동에 소진했다. 그가 확인한 것은 WCC의 신학과 선교는 성경이 명시하는 하나님의 뜻에 부합하지 않는다는 것이었다. 그는 복음의 변혁 능력에 중심을 둔 복음주의 신학에 충실하려고 했다. 영혼구원 목적의 복음전도와 기독교인의 사회적 책임 사이의 긴장을 이해하고 있었다.

2. 제자도를 향한 인격적 회심 초대

WCC는 '선교와 전도'를 종종 언급한다. 이 단체가 말하는 선교와 전도는 예수 십자가의 복음 전파와 예수구원의 복음전도가 아니다. 이 단체가 이해하는 '선교'는 '하나님의 선교' 활동이다. 인간화, 평화, 생물학적 생명을 포함한 세속 활동, 곧 세상사 해결운동이다. 나아가 모든 종교들을 동일동가로 보는 종교 간의 대화 활동과 세계종교 일치운동 그리고 종교다원주의 활동이다.

금주섭이 책임저자로 작성한 이 단체의 "선교전도선언서: 함께 생명을 향하여"(*Together toward Life: Mission Evangelism in Changing of Landscapes*. 2013)는 WCC의 전도 개념을 일목요연하게 정리하고 있다. 전도는 "하나님의 사랑으로 가득한 마음이 아직 하나님을 알지 못하는 사람을 위하여 흘러넘치는 것이다"(81항). "전도는 선교의 다른 차원들을 배제하지 않으면서 그리스도 안에 있는 새로운 생명과 제자도를 향한 인격적 회심으로 초대하는 일이다"(85항). 전도는 새로운 삶, 윤리적인 삶, 제자도, 세상사에 대한 책임적인 삶을 살라고 초대하는 활동이다.

위 문서는 전도에 관한 설명에서 "우리 모두는 우리 안에 있는 희망을 설명하도록 부름 받았다"고 한다. 이 희망은 다름 아닌 '하나님의 선교,' 곧 인간화, 평화, 생물학적 생명 등 세상사 해결 활동이다.

위 문서는 전도를 '종교 간의 대화'와 관련시킨다. "기독교인들은 이 땅에 있는 모든 인류가 하나님에 대한 살아있는 지식에 이를 수 있기를 소망하고 기도한다. 그러나 전도는 종교 간의 대화의 목적이 아니다. 대화는 헌신자들의 상호 만남, 기독교인과 타종교인 간의 만남이다. 그러므로 예수 그리스도의 복음을 나누는 것은 대화 안에서 정당한 자리를 갖는다"(95항).

WCC에 따르면, 기독교인이 타종교인과 대화에서 예수에 대해 이야기할 수 있다. 그러나 예수를 구원자로 믿으라고 하지 않아야 한다. WCC가 말하는 진정성이 있는 전도는 삶과 행동의 대화이다. 따라서 복음전도는 예수가 보여준 윤리적 삶을 소개하고 그것을 따라 행동하면서 대화를 진행함을 의미한다. 전도를 "예수 그리스도의 복음을 나누는 것"이라고 함은 예수의 도덕적 모범 이야기를 들려주는 활동을 의미한다.

WCC의 종교 간의 대화에서 중요한 것은 '대화의 정신'이다. 존중과 우정의 태도이다. 따라서 기독교의 전도는 불자, 무슬림, 유생, 힌두교도, 마르크스주의자를 만나 그들의 신앙과 이데올로기를 존중하고 우정 어린 태도로 이야기하는 것이다. "우리의 가장 깊은 확신을 말하는 것뿐만 아니라 다른 사람의 말을 듣고 타종교인으로부터 도전을 받고 경험을 넓히는 것이다." WCC는 나아가 전도를 타종교의 신앙 체험(경험)의 영역을 넓히는 활동으로 규정한다.

WCC의 전도는 모든 종교가 동일동가라는 전제에 기초해 있다. 전도는 타종교에 대해 우리 자신이 얼마나 관용적인가를 보여주는 활동이다. 전도는 어떤 특정 종교가 절대적일 수 없고, 기독교를 포함한 모든 종교가 상대적인 가치를 지니고 있음을 말해주는 일이다.

WCC의 선교, 전도, 종교 간의 대화의 근거는 하나님의 사랑이다. 이 단체는 하나님이 세상을 이처럼 사랑하여 독생자를 주셨음을 강조한다. 아버지 하나님은 자신이 창조한 이 세상을 위해 독생자를 보냈으며, 교회를 위해 독생자를 보낸 것이 아니라고 한다.

그리고 요한복음 3장 16절의 뒷부분은 애써 외면한다. 하나님이 세상을 사랑하여 독생자를 주신 목적은 예수 그리스도를 믿는 자마다 멸망치 않고 영생을 얻게 하려함이다.

3. 오판, 배신, 분노

뉴비긴의 가장 큰 오판은 상당한 인지도와 역사를 가진 국제선교협의회(IMC)를 1961년에 WCC에 병합시킨 것이었다. 왜 병합시켰는가? WCC는 많은 재력과 자원을 가지고 있었다. 복음전도와 선교를 성공적으로 수행할 수 있는 큰 조직이었다. 그는 두 선교 단체가 병합하면 세계복음화가 조속히 이루어질 것이라고 생각했다.

뉴비긴이 말하는 병합의 신학적 근거는 세 가지였다. 첫째, 교회는 본질적으로 하나이다. 두 개의 에큐메니칼 단체가 서로 경쟁함은 효율적이지 않다.[4] 둘째, 예수 그리스도의 복음 전도와 세계 선교활동이 시급하고 긴박하다. 두 기구의 단일화로 기독교 복음전도와 선교를 왕성하게 할 수 있다. 셋째, 장차 꼭 필요한 근본적인 변화인 교회의 구조개혁과 선교 기관의 효율적 운영이라는 큰 유익을 도모할 수 있다.[5] 두 기구가 통합하면 피선교지 교회들이 현상 유지 상태를 벗어나 복음전도와 선교에 더욱 정진하는 새로운 선교 사역과 효과적인 교회 생활이 가능하다.[6]

뉴비긴은 오랜 역사를 가지고 있으며, 많은 사람들의 관심을 불러일으키고 있는 선교 기구를 WCC에 상납하듯이 병합시켰다. 병합 뒤 얼마 있지 않아서 자신의 생각이 오판임을 깨달았다. 1960년대에 '하나님의 선교'와 더불어 진행된 WCC의 선교 개념의 전환과 행보는 뉴비긴의 기대와 희망을 물거품으로 만들었다.

WCC 선교신학은 점차 한쪽으로만 기울어졌다. 통전적(holistic) 선교와 무관해졌다. 전통적 선교를 버리고, '하나님의 선교'를 받아들였다. 인간화와 평화 등 세상사 해결에 주력하는 자유주의 신학 유형의 선교 이론의 포로가 되었다. WCC는 종교다원주의를 강화했고, 타문화 지역과 타종교인에게 예수구원의 복음전도를 하는 활동을 배제했다. 성경에 충실한 복음전도 활동을 내팽개쳤다. 예수가 유일한 그리스도이고, 그 분을 주(Lord)로 믿으면 죄를 용서받고 하나님의 자녀로 받아들여지는 진리를 따돌렸다. 예수 믿고 회개하면 하나님과 연합할 수 있다고 하는 기독교 증언을 하지 않는다.

WCC의 주도 세력은 1948년 출범 때부터 지속적으로 전통적인

---

[4] 뉴비긴, 『아직 끝나지 않은 길』, 300.
[5] 뉴비긴, 『아직 끝나지 않은 길』, 312.
[6] 뉴비긴, 『아직 끝나지 않은 길』, 404.

기독교 선교 사역을 거부해 왔다. 역사적 기독교의 복음전도와 선교를 종교적 제국주의와 식민주의 활동이라고 폄하하고 있었다.[7]

WCC의 선교 패러다임은 1960년대 중반에 급진적으로 변했다. WCC가 받아들인 '하나님의 선교' 신학은 예수구원의 십자가의 복음이 아니라, 세상사 해결을 선교 과제로 여기고 그것에 전념하게 한다. 예수구원의 복음을 전하여 사람을 회심시키고 하나님과 연합하게 하는 활동을 배제했다. 인간화와 정의구현, 인권투쟁, 평화, 성 평등, 사회 혁명, 개발 억제, 환경보호, 오염방지 등을 기독교의 선교 과제 그자체로 여겼다.

뉴비긴은 WCC가 역사적 기독교 신앙과 다른 방향으로 가고 있음을 일찌감치 간파했다. 왜 당장 '아니오', '나는 신앙이 달라서 이 단체와 같이 갈 수 없소' 하고 선언하지 않았는가? 왜 꾸역꾸역 그 단체의 부사무총장 직과 선교전도국 총무 직을 맡아 총 14년 동안이나 부역자 역할을 했는가?

뉴비긴은 WCC 안에서 복음주의 진영의 대변자 역할을 하고 싶어했다. 자신의 역할과 노력으로 기독교의 선교가 세계선교 목적으로 출발하여 존재하는 이 단체 안에 고착되리라고 기대했다. 자신이 노력하면 WCC가 복음적인 단체로 바뀔 것이라고 생각했다. WCC의 세속화와 탈기독교 활동들을 목격하면서도, 자신의 노력으로 이 단체가 복음적인 에큐메니칼 단체로 전환되리라 믿었다. 한국의 일부 복음주의 신학자들처럼 자신들이 적극 가담하면 WCC를 에반젤리칼 단체로 바꿀 수 있으며, 복음 중심의 전통적 선교의 요람으로 만들 수 있다고 생각했다.

뉴비긴은 어느 시점에 WCC에 대한 자신의 이해와 생각이 완벽한 오판이었음을 알고서 통분했다. 예수 그리스도의 구원의 복음에 대한 WCC의 배신에 분노했다. 그는 이 분노의 구체적인 까닭을 다섯 가지로 정리하여 지적한다.

첫째, WCC 안에는 종교통합을 외치는 목소리들이 높다. 하버드 대학교 어네스트 호킹 박사의 종교통합주의 선교학이 소멸되지 않은 채 설쳐대고 있었다.[8] 이 단체 안에서 복음을 구원에 이르게 하는 하나님의 능력으로 믿는 확신을 가진 자들의 목소리는 호킹의 목소리에 비해 훨씬 작았다.[9]

둘째, WCC의 선교는 예수구원의 복음을 전하는 활동이 아니다. 이 단체의 선교는 주로 교회 상호간의 원조 사업에 관여하고 있었다. WCC가 예수구원의 복음은 전하지 않고 원조 사업이나 인간화와 세상사 해결 따위에 전력투구한 것은 요한네스 호켄다이크의 '하나님의 선교'라고 하는 선교 이론 때문이었다.[10] 이러한 이유로 전통적인 개념의 선교를 지향하는 교회들은 WCC의 등장을 역사적 기독교 신앙과 기독교의 고유한 선교에 대한 하나의 위협거리로 간주했다.

셋째, WCC는 예수구원의 복음 전도를 전혀 하지 않았고, 세상이 직면한 여러 가지 사안 해결에 진력했다. 교회(유럽교회) 중심의 선교 모델을 버리고 '하나님의 선교' 모델로 전환했다. 인간화와 세상사 해결을 포함한 우리 시대의 사회, 과학, 정치 등 세속적인 영역에서 이루어지는 하나님의 사역에 초점을 모았다. 그 같은 일을 선교

7뉴비긴, 『아직 끝나지 않은 길』, 345, 352 f, 389.

8뉴비긴, 『아직 끝나지 않은 길』, 341.

9뉴비긴, 『아직 끝나지 않은 길』, 342.

10뉴비긴, 『아직 끝나지 않은 길』, 345.

11뉴비긴, 『아직 끝나지 않은 길』, 278.

그 자체로 이해했다.[11] 기독교 선교활동의 무대를 세상으로 옮겨버렸다. 예수 그리스도의 구원 진리를 전하려 하지 않았다.

넷째, WCC는 1960년대에 과거에 유지해 오던 선교와 전도의 패러다임을 버리고 '하나님의 선교' 이론을 수용했다. WCC가 말하는 '선교와 전도' 또는 '복음전도'는 역사적 기독교의 그것에 대한 개념과 같지 않다. 자유주의 신학과 마찬가지로, 전통적인 용어에 새로운 개념을 부여하여 사용한다.

WCC의 에큐메니칼 운동의 선교는 온 세상을 통치하는 하나님의 일인 세상사 해결에 참여하는 활동이다. 호켄다이크는 '하나님의 선교'에 참여하지 않고는 그리스도에 참여하는 것이 불가능하다고 외쳤다. 그의 선교 사상은 WCC를 주름잡았다. 뉴비긴은 "이 단체가 차마 이렇게 까지 변절되리라고 예측하지 못했다"[12]고 한다.

다섯째, 뉴비긴이 WCC의 배신에 분노한 결정적인 까닭은 이 단체가 복음 부재의 기독교 단체로 바뀌었기 때문이다. WCC를 주도하는 지도자들, 신학자들, 선교학자들은 '하나님의 선교' 이론에 매료되어 급기야 그것을 WCC의 유일한 선교 목적으로 삼았다. 더 이상 복음적인 선교를 하지 않았다. 자유주의 신학 전통을 따르는 다수의 WCC 지도자들은 '하나님의 선교' 이론을 환영했다.

WCC가 역사적 기독교 선교와 예수께서 명한 전도 개념을 버리고 '하나님의 선교'를 기독교 선교 그 자체로 여겨 환영한 까닭은 무엇인가? 그것이 무엇이기에 교회 지도자, 기독교 지성인, 신학자들이 이를 적극 환영했는가?

뉴비긴이 파악한 WCC의 '하나님의 선교'의 핵심은 네 가지이다. 첫째, 교회는 잃어버린 영혼에 대한 열정이나 예수의 전도하라는 명령을 따를 것이 아니라 하나님의 일(mission)을 해야 한다. '하나님의 선교'의 출발점은 세상 돌봄이며, 종착점은 세상사 해결이다. 교회는 인간화와 평화(샬롬) 등 하나님의 세상 통치 활동을 돕고 수행하는 도구이다.

둘째, 기독교 선교의 목적은 영혼 구원이 아니라 인간화와 '세상적인 평화'(worldly shalom)를 경험하는 것이다. 평화는 그리스도에 의해 시작되었고, 마지막 때에 완성된다. 교회와 기독교인은 시작과 마지막이라는 시간의 두 축 사이에 존재한다. 교회와 기독교인은 종말론적인 관점인 윤리적 지상천국, 윤리공동체 건설에 필요한 세상사 해결 활동을 하는 존재이다.

셋째, 하나님의 최우선 관심은 교회가 아니라 세상이다. 하나님 아버지는 독생자를 교회가 아닌 세상을 위해 보냈다(요 3:16). 교회보다 세상이 더 중요하다. 그러므로 '하나님-교회-세상'이 아니라 '하나님-세상-교회'라는 새로운 선교 패러다임이 필요하다. 선교는 영혼구원이나 예수구원의 복음전도보다 인간화, 평화, 환경보호 등을 포함한 세상사 해결 활동이다. 하나님의 세상 돌봄 활동을 돕는 일이다. 따라서 교회는 하나님의 일, 곧 세상사 해결을 어떻게 도울 것인가에 초점을 둠이 마땅하다.

넷째, '하나님의 선교'는 항상 세상과 인간의 역사와 연결되어 있다. 인간의 상황과 역사가 없으면 '하나님의 선교'도 존재할 수 없다. 그러므로 이 선교의 목표는 세상에서 인간화, 인권, 정의, 평등, 평화, 창조물에 대한 통합적 관리(Justice, Peace and Integrity of Creation: JPIC), 환경보호, 기후변화 대책, 공해 추방, 핵무기 억제

---

[12] 뉴비긴, 『아직 끝나지 않은 길』, 279.

등 세상사 해결 활동을 포함한다.

자유주의 신학 오리엔테이션을 가진 WCC는 하나님의 최우선 관심이 교회나 개인의 죄 사함, 영혼구원, 하나님과의 연합 등이 아니라 인간화, 평화, 생명 등을 포함한 세상사 해결이라고 본다. 따라서 선교의 목적은 하나님의 세계 통치 활동에 필요한 재원, 기술, 인력, 정보를 제공하고 선교사를 파송하여 '하나님의 선교,' 하나님의 세상사 해결 활동이다. 그 활동에 참여하는 것 그 자체가 선교이다.

4. 그리스도의 종결성

뉴비긴은 WCC가 '하나님의 선교'의 위와 같은 성격, 목표, 활동을 전폭 수용하고 이것을 선교 그 자체로 삼는 것과 관련하여, 이 단체를 예수 그리스도의 복음에 대한 '변절자'라고 공박했다.[13] 1966년에 예일대학교 신학부의 '비처 특강'에서 "그리스도의 종결성"(The Finality of Christ)이라는 제목의 강연을 했다. 훗날 케임브리지대학교에서도 같은 요지의 강의를 했다.

뉴비긴은 WCC의 배신과 변절, 그리고 신학 패러다임 이동을 공개적으로 비판했다. 자신이 WCC를 못마땅하게 여기는 까닭을 다음과 같이 소개한다. WCC가 에큐메니칼 사상이라는 것에 종교 상호 간의 차원이라는 것을 포함시켜 에큐메니즘을 혼란스럽게 만든다. 진정한 에큐메니칼 운동의 정체성은 그리스도 중심성과 종결성을 수용하는 데 달려 있다고 했다.

뉴비긴은 WCC 운동에 대담하게 가담하여 노력했으나, 아무리 이 단체를 복음주의적으로 바꾸려고 노력해도 먹혀들지 않았다. WCC 관점에서 보면 뉴비긴의 조언을 따라 신학과 방향을 바꾸는 것은 에큐메니칼 운동의 합법적인 확장이 아니라 후퇴이다. 뉴비긴은 시간이 흐를수록 이 주제를 둘러싼 논쟁이 더욱 날카롭게 변할 것이라고 예측한다.[14]

뉴비긴은 WCC가 복음적인 신학을 수용하고 역사적 기독교로 환원하기를 바랐지만, 이 단체는 그 경우 사실상 자신의 존재 의의가 없어진다고 생각했다. 따라서 복음주의자들이 WCC에 들어가서 이 단체를 복음적으로 변화시킬 수 있다고 봄은 한낱 공상이라고 말한다.

뉴비긴은 생애 말년에 쓴 자서전에서 WCC가 탈기독교 방향으로 치달으면서 '종교 간의 대화'라는 미명으로 비기독교적인 방향을 향해 나아가고 있는 것을 지적하면서 자신이 이 에큐메니칼 운동에 가담한 것을 후회한다. WCC 안에 남아서 이 단체를 복음화시키겠다고 했던 자신의 생각이 어리석었음을 고백한다. 이 단체와 함께했던 자신의 기대가 완전히 박살났다고 한다. 그는 WCC에 대한 다음과 같은 배신감을 기록하는 것으로 자서전을 마감한다.

나는 아직도 예수님의 십자가를 모든 인류 문화사에서 유일한 장소, 곧 죄와 용서 속박과 자유 갈등과 평화, 죽음과 삶 같은 궁극적인 신비들을 다루는 결정적인 장소로 바라보고 있다. 나에게는 아직도 이해하지 못하는 것과 예측할 수 없는 것과 수수께끼 같은 많은 것이 있지만 내가 아무리 비틀거리며 걷더라도 지난 50년 동안 거듭 경험했듯이 바로 그 십자가로부터 나의 위치를 확인하게 되고 그 불빛을

13뉴비긴, 『아직 끝나지 않은 길』, 390.
14뉴비긴, 『아직 끝나지 않은 길』, 452-453.
15뉴비긴, 『아직 끝나지 않은 길』, 495.

받아 발걸음을 내딛을 수 있음을 나는 알고 있다. 나는 나를 인도하는 그 별이 계속 거기에 있을 것이며, 죽음과 종말에 이를 때까지 줄곧 빛을 비추어줄 것임을 알고 있다. 그리고 그것으로 충분하다.[15]

뉴비긴은 자신의 노력으로 WCC 신학이 바뀌고 전통적 개념의 기독교 선교가 더 왕성해지리라고 믿었다. 그것은 완벽한 오판이었다. 나중에 비로소 '복음적 에큐메니칼 신학'을 가진 자신이 결과적으로 복음전도와 역사적 기독교 선교를 저해(沮害)한 사실을 알았다. 복음주의자가 WCC에 들어가서 이 단체를 복음적으로 바꿀 수 있다고 생각했던 기대가 망상임을 확인했다. 에반젤리칼과 에큐메니칼이 물과 기름과 같은 사이라는 것을 깨달았다.

뉴비긴은 자신의 오판을 인지하고서 생애 말년에 개혁주의 신학에 토대를 둔 복음전도와 선교의 중요성을 강조했다. 그의 자서전은 이러한 내용을 담은 자기 삶의 진솔한 이야기를 털어놓는다. 그리고 인생 말년에 집필한 몇 권의 저서에서 후배 선교사들과 선교학자들에게 자신이 저지른 오판과 실수를 반복하지 말라고 권한다.

뉴비긴은 우리 시대가 회의주의와 종교다원주의 시대로 진입한 사실을 직시하면서, 그리고 복음의 텃밭이었던 유럽교회가 자신감을 잃은 상태라는 것을 확인하고서 독자들에게 간곡히 복음의 사실성과 기독교의 고유한 가치에 근거한 자신감을 되찾으라고 권한다. 자신의 실패를 답습하지 말라고 한다. 에반젤리칼과 에큐메니칼은 물과 기름 같은 상극관계라고 말한다. 그의 자서전 뒷부분은 WCC와 관련한 자신의 오판과 여러 가지 실패 이야기를 담고 있다.

WCC에 '들어가서' 이 단체를 복음적으로 변화시킬 수 있을 것이라는 꿈을 꾸는 복음주의자들이 알아야 할 것이 있다. WCC의 역사

70년은 사실을 확인하기에 충분한 시간이다. 그 동안 WCC는 단 한 차례도 복음주의자들이 이 단체의 신학을 성경에 따라 개혁하도록 허락한 적이 없다. 복음주의자들이 WCC에 들어가서 이 단체를 조금이라도 복음적인 방향으로 변화시킨 전례가 없다.

뉴비긴의 오판과 실수는 예장 통합 교단과 한국의 일부 복음주의 신학자들이 저지른 것과 동일하다. 예장 통합 총회(2021)는 자신이 한국교회의 '장자 교단'이 아니라 '어머니 교단'이라고 천명하면서 에반젤리칼 진영과 에큐메니칼 진영 둘 다 끌어안겠다고 선언했다. 자신을 "복음적 에큐메니칼 신앙"과 동일시했다. 뉴비긴의 오판과 어리석음의 전철을 답습한 것이다.

WCC가 '하나님의 선교' 신학을 전폭 수용한 시점부터 이 단체의 선교는 예수구원의 복음과 그리스도의 십자가와 대속적 사역에 대한 언급을 회피했다. 역사적 기독교 선교와 전도를 거부했다. 급속한 사회 변동에 발맞추어 인권운동, 혁명운동, 환경운동 따위의 세상사 해결 과제를 예수 그리스도의 구원의 복음 자리에 대체시켰다.

기독교의 선교와 전도에 가장 중요한 것은 예수가 그리스도라고 하는 복음진리를 선포하고 전하는 일이다. 예수구원의 복음을 담은 메시지를 전하는 케리그마 활동이다. 복음적 개념의 하나님 나라 도래와 영생의 도리를 세상에 널리 전하는 것이다.

뉴비긴은 WCC의 배신에 크게 분노하고 낙심했다. 마음에 깊은 상처를 입었다. 국제선교협의회를 WCC에 병합하면서까지 자신이 이 단체에 걸었던 기대는 일장춘몽(一場春夢)으로 끝났다. WCC 안

---

[16]뉴비긴, 『아직 끝나지 않은 길』, 390.

에 남아서 이 단체를 역사적 기독교 신앙으로 회복시키고 복음적으로 변화시킬 것이라는 기대는 물거품이었다. 그래서 뉴비긴은 마음을 고쳐먹고서 WCC를 복음에 대한 '변절자'라고 공박했다.[16]

맺음말: 돌이킬 수 없는 실수

뉴비긴이 국제선교협의회(IMC)와 WCC의 병합을 주도한 것은 복음서가 말하는 영적인 생명(zoe)을 얻게 하는 선교, 곧 복음전도를 더욱 활성화할 목적이었다. 결과는 정반대였다. 뉴비긴의 오판과 실수는 변절한 선교운동, 십자가와 구원의 복음 부재의 선교와 전도 활동에 에너지를 제공했다. 결과적으로 WCC에 가담하는 주류 교회들의 생명력 상실, 퇴락, 죽음의 시점을 앞당기는 데 이바지했다. 이 단체의 탈기독교적인 방향 전환에 일조했다.

뉴비긴의 후회는 버스 지난 뒤 손 들기였다. 기회들이 지나간 뒤에 자신이 WCC에 가담한 것이 '복음적 에큐메니칼 신앙'과 진정한 기독교 복음전도와 선교를 저해한 결과를 가져왔다는 사실을 밝혔다.

뉴비긴의 실패담은 회의주의와 종교다원주의 시대로 진입한 유럽 기독교계를 향한 외침이다. 자신감을 잃은 유럽의 교회, 복음의 텃밭이던 유럽 기독교를 향하여 복음의 사실성과 기독교의 고유한 가치에 자신감을 가지라고 권한다. 유럽과 비슷한 현상을 보이는 북미와 대양 주 그리고 여러 지역의 교회들에게 동일한 메시지를 주고 있다.

뉴비긴은 선교지에서 은퇴하여 영국으로 돌아온 뒤 역선교(reverse mission)의 필요성을 주창했다. 자신을 선교사로 파견한 교회가 종교다원주의와 이교화(異敎化) 흐름에 희생된 것을 목격하고서 이를 통탄히 여겼다. 선교의 요람이던 유럽이 황량한 피선교지로 바뀐 것을 보고서 안타까워했다.

　뉴비긴은 일생 동안 젊은 시절에 학생기독운동(SCM)에서 배운 관용적인 태도로 에큐메니칼 운동을 펼쳤다. 에반젤리칼과 에큐메니칼이 동전의 양면이라고 생각했다. 그러나 에큐메니칼 현장에서 그것이 사실이 아님을 확인했다. WCC 노선을 따르는 교회의 쇠락을 보면서, 복음 없는 기독교가 블랙스완임을 간파했다.

　뉴비긴은 그리스도의 복음에 대한 WCC의 배신과 변절에 격분하여 말년에 종교다원주의, 그리스도의 종결성, 예수구원 유일성에 관한 책을 출간했다. WCC의 배신과 변절에 대한 정중한 반감과 분노를 담아냈다.

　뉴비긴은 복음주의 교회나 복음주의 교회연합 기관에 소속된 경력이 없다. 그의 실패담을 담은 자서전과 WCC의 배신에 대한 분노를 담은 몇 권의 책들은 세계복음주의협의회(WEA)와 로잔운동 등 복음적 에큐메니칼 운동의 방향설정에 필요한 교훈을 주고 있다.

　뉴비긴의 오판과 실패 경험은 교회에 주는 값진 교훈이다. WCC는 복음주의자 신앙이 들어 설 공간을 허락하지 않다는 사실과 에반젤리칼과 에큐메니칼이 동전의 양면이 아니라 상극관계임을 확인시켜 준다. 복음적 노선과 진보적 노선 두 가지 진영을 다 포용하는 것이 불가능함을 알려준다. 정통신학과 자유주의 신학은 상극이며, 역사적 기독교와 자유주의 기독교는 각각 다른 패러다임에 따라 움직이므로 일치와 조화가 불가능함을 확인시켜 준다.

　복음적 신앙과 자유주의 신학에 기초한 에큐메니칼 운동은 공존할 수 없다. 이 둘을 동시에 수용하겠다고 하는 발상은 망상이다. '슈뢰딩거의 고양이'(Schrödingers Katze)처럼 가상세계에서만 존재할 수 있을 법한 것은 현실세계에서 존재하는 것은 전혀 불가능하다. 예장 통합 교단이 '장자 교단'이라는 명칭을 내팽개치고 '어머니 교단'이라는 새 이름표를 부착하여 에큐메니칼 진영과 에반젤리칼 진영 모두를 품고 아우르겠다고 한 발상과 선언이 허구임을 알려준다.

뉴비긴의 탄식은 한밤 중 성전 문 앞에 홀로 선 선지자의 울음과 같다. WCC 안에 '들어가서' 그 거대한 흐름의 방향을 바꾸겠다는 복음주의자들이 희망은 모래 위에 집을 짓는 일과 같다. 꿈이 아니라 착각이고, 비전이 아니라 미혹된 자의 환상임을 알려준다.

손바닥으로 바람의 방향을 막을 수 없듯이, WCC의 신학을 복음의 중심으로 되돌린다는 발상은 한 번도 실현된 적이 없다. 70년에 이르는 시간 동안, WCC는 단 한 번도 그 항로를 바꾼 적이 없다. 그들의 회의장은 많았고, 문서는 두꺼웠으며, 선언은 장엄했지만, 그 중심에 예수 그리스도의 십자가가 없었다. 고난당한 하나님의 아들이 아니라, 세상의 아픔과 대화하는 인간 중심의 신학, 죄사함의 복음이 아니라 구조적 정의와 대화의 미학이 자리 잡았다.

어리석은 복음주의자는 여전히 말한다. "우리가 안으로 들어가면 바꿀 수 있다." 이 말은, 거대한 강물에 들어가면서 그 강의 물줄기를 손으로 돌릴 수 있다고 믿는 자의 무모함과 같다. 그러한 교회와 신학자는 WCC의 동역자, 부역자, 또는 공모자 이상일 수 없다.

WCC의 부역자들을 향한 뉴비긴의 회한과 탄식은 지금도 메아리친다. 십자가 없는 선교, 예수구원의 복음과 회개가 없는 기독교를 향해 외친다. "십자가에 못 박히신 하나님의 아들을 배제한 선교는 복음이 아니라 '신학적 간음'이다." 예수 없는 선교의 열심은 빛을 흉내 낸 어둠이며, 사랑을 가장한 배신이다. 진짜 복음과 선교는 언제나 예수의 피 묻은 십자가 위에 세워진다. 뉴비긴의 눈물은 지금도 그 거룩한 십자가 나무 밑에서 흐르고 있다.

6

뉴비긴의 탄식

—그리스도 배신 집단의 부역자—

1. 개혁주의 구원관

사람은 대부분 먼저 각인된 정보, 전제, 논리, 이미지 등에 따라 사물을 이해, 평가, 판단한다. 기독교인은 처음 접한 신앙과 신학의 영향을 받는다. 신학도는 신학 기초 과정에서 배운 신학체계를 평생 유지한다. 사도 바울은 "그대는 그대가 배워서 굳게 믿는 그 진리 안에 머무십시오. 그대는 그것을 누구에게서 배웠는지를 알고 있습니다"(딤후 3:14)라고 당부한다.

선교사 레슬리 뉴비긴(Lesslie Newbigin, 1909-1998)은 WCC 초기 역사와 신학 흐름을 생생하게 증언할 수 있는 인물이다. WCC 창립총회에 가담하고, WCC의 부사무총장을 4년 동안 역임했고, 이어서 선교전도국 책임자로 10년 동안 봉사했다. 그의 자서전은 자신이 경험한 WCC의 예수 그리스도와 구원의 복음에 대한 배신(背信)과 배반(背反)을 또렷이 알려준다. WCC가 하나님의 기대와 그 분에 대한 신의를 저버렸고, 신앙적·신학적으로 어긋나게 행동해 온 사실을 보여준다.

뉴비긴은 WCC 에큐메니칼 운동이 시대정신(Zeitgeist)에 충실한 나머지 그리스도를 배신했다고 탄식하고, 이를 지적하면서, 인류의 희망은 여전히 예수 그리스도의 십자가뿐임을 강조한다.

뉴비긴의 복음적 신학과 신앙의 지향성은 그가 신학생 시절에 배운 구원론 지식과 깊은 관련이 있다. 그의 '에반젤리칼 신앙'은 케임브리지의 장로교계 신학교에서 틀이 잡혔다.

뉴비긴은 학생기독운동(SCM)에서 회심을 체험했다. 이 단체는 경건, 기도, 전도, 믿음, 해외선교를 강조했지만 사회적 책임에 대한 헌신을 중요하게 여겼고, 자유주의 신학 유형의 '신앙'을 포용했다. 이 단체의 열린 신학적 태도와 포용적 특징에 불만을 가진 보수계 지도자들은 1928년에 기독학생회(IVF)를 결성하여 독립했다.

뉴비긴은 케임브리지대학교 퀸즈칼리지를 졸업하고 같은 도시의 웨스트민스터칼리지(신학교)에 입학했다. 잉글랜드 장로교회 뉴캐슬노회의 허락을 받아 목사 후보생 신분으로 신학 수업을 시작했다. 이 신학교는 잉글랜드와 웨일즈의 복음주의 부흥 운동 전통을 이어받은 개혁주의 신학을 지향하는 학교였다. 당시 이 학교는 영국 장로교회의 목회자, 선교사, 신학자 양성 기관이었다. 현재는 장로교회와 회중교회의 합병으로 출범(1972)한 영국 연합개혁교회(United Reformed Church of England)의 신학교육기관이다.

뉴비긴은 신학교에서 십자가에서 성취한 예수 그리스도의 속죄 사역의 의미와 그것의 중심성을 배우고 확신했다. 로마서 연구와 함께 하나님의 절대 주권과 은혜를 강조하는 개혁주의 구원론을 확고히 자기 것으로 삼았다. 아울러 신학 수업을 받으면서 개혁주의 신학 전통을 따르는 교회와 신학교가 대체로 전도, 기도, 경건 생활에 취약함을 알았다.

뉴비긴은 스코틀랜드국교회(장로교회) 에든버러노회에서 목사로 장립(1936)을 받았다. 그리고 아일랜드교회가 인도에 파송한 선교사의 딸 헬렌 헨드슨과 결혼했다. 두 사람은 학생기독운동의 간사로 활동하면서 사귀었다.

뉴비긴은 인도 남부의 칸치푸람 지역의 도시와 농촌에서 선교사로 활동했다. 남부 지역의 영국국교회, 영국감리교회, 스코틀랜드국교회 그리고 미회중교회가 세운 교회들을 결합하여 남인도교회(Church of South India, 1947)를 출범시켰다. 그리고 이 교회의 마두라이 지역 담당 주교(Bishop) 가운데 한 명으로 활동했다.

뉴비긴이 국제선교협의회(IMC) 총무 직을 맡고 있을 때, WCC 출범 1년 전의 준비 모임은 그에게 이 단체의 창립 자문위원으로 참석해 달라고 초대했다. 인도에서 교회 연합일치운동을 활발히 한 경력에 힘입어 그는 WCC와 깊은 인연을 가졌다.

WCC 제1차 총회(암스테르담, 1948)는 "인간의 무질서와 하나님의 설계"라는 주제로 모였다. 뉴비긴은 남인도교회의 대표자로, WCC에 가담했다. WCC 초대 사무총장 비셔트 후프트와 함께 WCC를 적극 지지하면서 왕성하게 활동했다.[1] 자신의 경험, 상식, 신학적 통찰을 따라 WCC의 이모저모를 면밀히 간파했다. 그의 자서전은 그가 관찰한 WCC의 당시 모습을 소상히 알려준다. 케임브리지대학교 졸업생다운 섬세한 관찰력을 반영한다.

뉴비긴은 WCC 중앙위원회 토론토 모임(1950)에서 "토론토성명

---

[1] Lesslie Newbigin, *Unfinished Agenda: An Updated Autobiography* (1985), 레슬리 뉴비긴, 뉴비긴의 자서전. 『아직 끝나지 않은 길』 (서울: 도서출판 복 있는 사람, 2011), 231.

서”라는 문서 작성을 주도했다.[2] 전술했듯이, 당시까지도 WCC가 단일 교회를 지향하는가 아니면 단순한 교회들의 협의체인가 하는 것이 분명하지 않았다. 뉴비긴은 연구 끝에 WCC가 로마가톨릭교회 같은 단일 교회제도를 추구하지 않으나 우남상탐(unam sanctam), 곧 하나의 거룩한 교회를 지향한다는 정의를 내렸다.[3]

뉴비긴은 WCC “토론토 성명서”(1950)가 가시적이고 실재하는 ‘하나의 교회’를 모색하는 단체임을 밝힌다고 지적한다.[4] WCC는 영국국교회, 오순절교회를 포함한 프로테스탄트교회들과 동방정교회와 로마가톨릭교회의 일치를 모색한다.[5] WCC는 니케아-콘스탄티노플신경(381)의 “우리는 하나의 거룩하고 보편적이고 사도적인 교회를 믿는다”는 신조를 받아들인다. 로마가톨릭교회와 같은 조직체가 아니라 공의회적 단일 공동체(Conciliarity)를 모색한다고 한다.[6]

2. 무너지는 선교모델

뉴비긴은 WCC에 가담한 초기부터 이 단체에 불편을 느꼈다. WCC의 모습이 자신에게 어울리지 않았다. 어색했다. 이 단체는 기독교의 기본 원리를 무시, 망각하고 있었다. 그 무렵 그는 개혁주의 신학 구원론에 입각한 전통적인 선교 개념을 가진 사람과 ‘하나님의 선교’ 이론을 수용하고 WCC의 선교 사상을 지지하는 사람들 사이에 지적인 공감대가 없었음을 회상한다.[7]

뉴비긴의 에큐메니칼 활동의 신학적 기초는 복음적 신앙이었다. 그는 두세 명이 모이는 곳에는 선교회 지부가 존재하는 것이 아니라 보편교회가 존재한다는 확신을 가지고 있었다.[8] 교회의 선교적 의무는 선교지에 특정 분야의 기술자, 의사, 교육가, 농업전문가, 사회사

업가 등을 보내는 것이 아니라 복음 전도자를 파송하는 것이라고 생각했다.

뉴비긴은 WCC가 '하나님의 선교' 이론을 받아들이면서 급속도로 변질되는 것을 보고서 안타까워했다. WCC는 선교의 초점을 복음, 복음전도, 영혼 구원이 아니라 사회, 정치, 과학 활동 등 세속 영역에 두었다.

WCC는 선교를 하나님의 세상 통치 활동을 돕는 것으로 이해하는 선교 이론을 전적으로 수용했다. 예수 그리스도의 구원의 복음을 전하는 선교론을 버리고, 세상사 해결 활동을 선교로 여기는 선교 패러다임으로 대체했다. 전통적인 구원론에 입각한 복음전도 활동을 선교 영역에서 밀어내고 그 자리에 인간화, 평화, 환경보호 등 세상사(世上事) 해결을 선교로 여기는 새로운 선교 이론을 도입했다. 앞에서 언급했듯이, 뉴비긴은 WCC가 그 정도까지 변질되리라고 생각하지 못했다.[9] 과연 사회적 불의에 도전하는 활동과 세상사 해결에 초점을 두는 선교 신학인 '하나님의 선교' 이론이 기독교적인지, 그것이 기독교의 정당한 선교인지 의문스러웠다.[10]

---

[2] 뉴비긴, 『아직도 끝나지 않은 길』, 269.

[3] "토론토 성명서"(1950), 비셔트 후프트, 『세계교회협의회 기원과 형성』, 이형기 역 (서울: 한국장로교출판사, 1993), 부록 5: "참 교회, 교회들, 그리고 세계교회협의회에 대한 성명서: 세계교회협의회의 교회론적 의미" (1950), 187-198.

[4] 뉴비긴, 『아직도 끝나지 않은 길』, 270.

[5] 뉴비긴, 『아직도 끝나지 않은 길』, 370.

[6] 레슬리 뉴비긴, 『교회란 무엇인가』 (서울: IVP, 2010).

[7] 뉴비긴, 『아직도 끝나지 않은 길』, 244.

[8] 뉴비긴, 『아직도 끝나지 않은 길』, 258.

[9] 뉴비긴, 『아직도 끝나지 않은 길』, 279.

어느 피선교지 기독교인이 뉴비긴에게 말했다. "선교지의 연약한 분야에 전문가를 보내 주는 것은 분명 필요합니다. 그러나 우리는 그가 기술자이기만을 원치 않습니다. 복음을 전하는 사람이기를 원합니다."[11] 선교지에 기술자가 아니라 전도자를, 구제 활동에 주력하는 사람이 아니라 그리스도의 몸을 세우는 사역자를 보내달라고 했다. 세상사 해결자가 아니라 예수 그리스도의 피 흘린 십자가의 죽음과 부활의 증인을 보내달라고 했다. 뉴비긴은 자신이 그의 말을 이해하기까지는 다소 시간이 걸렸다고 한다.[12]

뉴비긴이 북미에서 만난 복음주의자들은 그에게 불경건한 신학 사상과 짝지으면 위험에 처할 수 있다고 경고했다. 그들 가운데 어떤 사람은 에큐메니즘과 공산주의를 용서받을 수 없는 죄로 여겼다. WCC 에큐메니칼 활동을 살인죄와 간음죄를 짓는 것과 동일한 부류로 여겼다.[13] 이들은 WCC가 로마가톨릭교회와 친하게 지낸다는 소식에 혐오감을 드러냈다.[14]

뉴비긴은 복음주의 진영의 교회들이 여러 갈래로 나뉜 상태를 고려하면 교회의 가시적 일치를 도모하는 WCC 유형의 에큐메니칼 운동이 필요한 것은 자명하다고 생각했다.[15] 그가 기대하고 확신하는 진정한 에큐메니칼 운동의 메시지는 예수 그리스도를 하나님의 구원의 통로라고 고백하는 긍정적인 복음이었다. 아메리카 대륙에도 복음적 메시지가 지극히 중요하다고 말해 주었다.[16]

뉴비긴이 만난 다수의 젊은 성직자들은 WCC의 급속한 사회 변동 프로그램의 영향을 받아 인간화와 평화 활동을 기독교의 선교로 여겼다.[17] 그들은 '하나님의 선교'가 추구하는 세상사 해결에 매진하겠다면서 그 유형의선교 활동에 적극성을 보였다.

교회의 급선무는 무엇인가? 예수 구원의 복음 메시지를 전하는 것이 아닌가? 그리스도인이 예수 십자가와 부활의 증인 역할을 하는 전통적 개념의 선교론은 사실상 인도에서 열린 탐바람 국제선교대회(1938)에서부터 무너졌다. 기독론 중심의 선교는 저물어가고 신(神) 중심의 선교 이해가 두드러지게 대두되었다.[18] 이 경우의 '신'은 성경이 말하는 유일신 하나님이 아니다. 종교다원주의자들이 말하는 다신적 유일신, 곧 만신총합 개념의 유일신이다.

3. 로빈슨의 시대정신

초기 WCC는 여러 가지 뒤섞인 목표들과 표지들을 가지고 있었다. WCC의 어느 선교 보고서는 하나님께서 창조 세계를 다스리고, 종교를 포함한 모든 것의 주인이라고 하면서, 종교다원주의를 표방했다. "우리는 하나님께서 타종교를 믿는 사람들과 종교가 없는 자들에게 주신 지혜와 사랑과 능력에 관해서는 아는 바 없다"고 했다. 뉴비긴은 종교다원주의 사상을 담은 이 보고서가 시대정신을 반영한다고 지적한다. "예수 그리스도와 무관한 종교에 하나님의 지혜, 사랑,

---

[10] 뉴비긴, 『아직도 끝나지 않은 길』, 311, 343.
[11] 뉴비긴, 『아직도 끝나지 않은 길』, 357.
[12] 뉴비긴, 『아직도 끝나지 않은 길』, 358.
[13] 뉴비긴, 『아직도 끝나지 않은 길』, 368.
[14] 뉴비긴, 『아직도 끝나지 않은 길』, 376.
[15] 뉴비긴, 『아직도 끝나지 않은 길』, 377.
[16] 뉴비긴, 『아직도 끝나지 않은 길』, 368.
[17] 뉴비긴, 『아직도 끝나지 않은 길』, 371.
[18] 뉴비긴, 『아직도 끝나지 않은 길』, 381.

구원의 능력이 없다고 단정할 수 없다"[19]는 것이 20세기의 시대정신의 한 축이었다고 한다.

이 시대정신은 타종교인이나 예수 그리스도와 무관한 종교인들에게 하나님의 지혜, 사랑, 구원의 능력이 없다고 단정할 수 없다는 신념이다. WCC는 이것을 "하나님의 구원의 은총에 제한(limit)을 둘 수 없다"라고 고백한다. 뉴비긴이 말하는 WCC의 시대정신의 총아, 곧 중심 축은 다름 아닌 종교다원주의이다.

1960년대 에큐메니칼 진영의 시대정신은 영국국교회의 사제 존 로빈슨(John Robinson)의 급진적 자유주의 신학의 반영이었다. 로빈슨은 런던 남부지역 울위치 교구의 감독이었다. 『신에게 솔직히』(*Honest to God*, 1962)라는 책을 저술했다. 역사적 기독교 신앙에 도전하는 시대정신을 담은 이 책은 출간 직후 수십만 권이 팔렸다. 당대인들의 큰 관심을 끌었다.

로빈슨은 만인보편구원주의자(Universalist)였다. WCC 초대 사무총장 비셔트 후프트와 마찬가지로 하나님이 예수를 그리스도로 믿는 사람만이 아니라 인류 구성원 모두를 구원한다고 했다.

로빈슨은 세속신학을 강조한 급진적인 자유주의 신학자였다. 성서가 말하는 신은 신화적인 세계관과 과학 이전 시대의 우주관이 만들어낸 하나의 관념에 지나지 않는다고 했다. 신은 예수 그리스도라고 하는 역사적 인물의 깊이와 중요성을 표현하는 수단이다. 하나님은 형이상학적인 개념의 존재가 아니다. 신은 '저 밖에' 있는 타자가 아니다. 신은 인간 존재의 기반(the ground of being)이다. 우리와 신의 관계는 우리가 존재의 기반에 참여함으로써 형성된다고 했다.

"인간 존재의 기반에 참여한다"는 말은 타인을 위한 새로운 삶을 사는 것을 의미한다. 신은 초월적인 존재가 아니라 가장 가까이 있는

'너' 안에 있다. 신은 백발노인이 아니라 너와 나의 존재의 기반이다. 로빈슨의 이 사상은 폴 틸리히의 존재의 기반 개념과 불트만의 비신화화 개념을 엮은 것이다.

로빈슨의 위 책은 세속신학이라고 하는 사상의 기초이다. 그는 현대 세속화 세계에서 더 이상 전통적인 우주의 지배자라는 신 개념이 적합하지 않다고 주장했다. 그 대신, 폴 틸리히와 디트리히 본회퍼와 같은 신학자들의 사상에 기초를 둔 신에 대한 급진적인 재해석을 제안했다.

로빈슨의 세속신학은 신의 본질이 종교적 의식이나 교회가 아니라 인간관계 속에서 진정성 있게 경험된다고 했다. 신성은 종교적인 공간이 아니라 일상적인 삶과 상호작용 속에서 발견될 수 있다고 했다. 초월적 하나님을 인간 역사와 일상의 경험과 사유에 맞게 해석해야 한다고 한다.

로빈슨은 본회퍼의 비종교적 기독교 개념을 받아들여, 전통적인 종교 구조와 점점 더 멀어져 가는 세계에서도 기독교의 윤리적 메시지가 울려 퍼질 수 있다고 주장했다. 그는 세속신학이 종교적 맥락뿐만 아니라 인간의 실제 경험 속에서 의미와 진리를 찾는데 필요하다고 했다. 죄와 회개를 거치는 하나님의 은혜의 구원보다 인간화된 사랑 처럼을 강조하고, 신앙의 장소를 교회와 말씀과 성례가 아니라 세속사회의 인간관계와 윤리로 여겼다.

세속신학은 영국국교회뿐만 아니라 전체 기독교 공동체에서도 논쟁을 불러일으켰다. 정통 기독교는 성경의 가르침과 복음 교리에서

---

[19]뉴비긴, 『아직도 끝나지 않은 길』, 381.

벗어났다고 비판했고, 에큐메니칼 신학 추종자들은 기독교가 현대 세계에 적응하는 데 필요한 변화를 담아냈다면서 환영했다.

자유주의 신학자들에게 신학이란 인간학이다. 기독교는 인간 종교이다. 기독교는 신의 계시가 아니라 인간에게서 비롯된 인간의 종교이다.

뉴비긴이 말하는1960년대의 시대정신은 로빈슨의 세속신학, 자유주의 신학, 인본주의 사상에 기반을 두고 있다. 시대정신의 핵심은 상대주의와 주관주의 그리고 평등주의이다. 종교다원주의 사상은 모든 종교의 평등성, 동등성, 구원 유효성을 인정하는 신념이다.

뉴비긴은 WCC가 시대정신, 자유주의 신학, 종교다원주의를 표명하며, 인간화 활동과 사회혁명 운동을 그리스도의 구속(救贖) 사역과 동일시하고 있었다고 비판한다.[20] WCC의 선교의 목표를 로빈슨이 말하는 인간 존재의 기반에 참여하는 일로 규정한다. "너와 나 그리고 우리"의 새로운 삶을 위한 활동, 곧 평화로운 삶을 위한 세상사 해결로 설정한다.

WCC의 '하나님의 선교'는 로빈슨이 주창한 시대정신을 반영한 인본주의 선교이론이다. 이 이론의 중심에는 종교다원주의가 자리 잡고 있다. '하나님의 선교'의 극치는 타종교와의 대화라는 구실 아래 이루어지는 종교다원주의 활동이다.

뉴비긴은 로빈슨의 신학사상에 큰 충격을 받았다. 로빈슨의 위 책이 당대의 시대정신이 가져온 혼란에 더 큰 혼란을 가중시켰다고 한다. 명목상 또는 형식상의 기독교인이지만 하나님을 실재하는 분으로 믿지 않는 '불신앙의 기독교인들'의 분위기를 잘 포착했다고 한다.

뉴비긴이 더욱 충격을 받은 것은 자신의 선교 후원자들이 로빈슨의 책을 읽고서 그것이 참 진리를 담고 있고, 궁극적인 진리를 계시한다고 말하면서 적극 환영하는 현실이었다. 후원자들은 역사적 정통신학을 구태의연한 것으로 여겼다. 예수 그리스도의 구원의 기쁜 소식을 전하는 선교를 사치스러운 낭비로 여겼다. 뉴비긴은 기독교 근본 진리가 이처럼 심각한 도전을 받고 있었다고 한다.[21] 이것이 '하나님의 선교'를 수용하던 WCC의 1960년대 중후반의 모습이다.

4. 마지막 글자 'S'

뉴비긴은 조용한 복음주의자였다. 이견을 가진 자들과 충돌하지 않았다. 그러다가 선교 목적에 대한 이견으로 결국 불화를 피하지 못하고, WCC 지도자들과 조용히 대립했다. WCC 선교전도국이 발행하던 선교 잡지(*INTERNATIONAL REVIEW OF MISSIONS*)의 제목 마지막 글자 'S'가 화근이었다. WCC는 국제선교협의회(IMC)가 발행해 오던 국제선교지를 1961년 이후에도 발행했다. 어느 시점에 WCC 지도자들은 이 잡지의 편집자 뉴비긴에게 잡지 이름의 마지막 글자 'S'를 제거하라고 했다. 선교의 목표는 예수구원의 복음을 전하는 것이 아니라, 오로지 세상사 해결 활동이라는 것이었다. 전통적 기독교 선교를 배제하고, '하나님의 선교' 만을 기독교 선교로 확신하는 자들의 요구였다.

뉴비긴은 압력에 굴복하지 않았다. 예수 십자가 중심의 전통적인 복음전도를 하는 선교회들(Missions)과 선교 단체들의 활동과 가치의 중요성을 확신하고 있었다. 복음주의 선교 단체들은 예수구원의 복음

_[20]뉴비긴, 『아직도 끝나지 않은 길』, 390.
_[21]뉴비긴, 『아직도 끝나지 않은 길』, 392.

진리, 이신칭의 교리, 구원론 중심의 전도를 하고 있었다. WCC의 선교에서 전통적 기독교 선교가 배제되지 않아야 한다고 생각했다.

전통적 기독교 선교는 구원론 중심이다. 선교를 교회, 전도자, 선교사, 선교 단체의 주 임무는 예수 그리스도의 구원의 복음을 전하는 것이라고 설정한다. 비기독교인들에게 복음을 전하고, 회심하게 하고, 예수를 그리스도라고 믿고 하나님의 자녀가 되게 하는 일로 여긴다. 선교는 형식적 기독교인, 명목상의 기독교인으로 하여금 예수를 주와 그리스도로 고백하여 '예수 믿는 사람' 되게 하는 활동이다. 선교 활동의 핵심은 예수를 구원자로 믿는 믿음, 자신이 죄인임을 고백하는 회개, 죄의 용서함을 받음, 중생, 칭의를 선물로 받음, 그리고 하나님의 자녀가 되게 하는 활동이다.

WCC는 예수 십자가의 대속적 희생을 거쳐 이루어지는 구원에 역점을 두는 선교를 따돌렸다. '하나님의 선교,' 곧 세상사 해결 활동만을 기독교의 선교로 여겼다. 그래서 여러 가지 개념의 선교의 존재를 인정하는 포괄적인 의미를 담은 선교저널 이름의 마지막 글자 'S'를 제거하라고 했다.

뉴비긴은 '하나님의 선교' 지지자들의 압력에 저항했다. WCC 선교전도국 총무 직을 수행하고 있는 동안 이 선교 잡지의 명칭의 마지막 글자 'S'를 제거하지 않았다. 위 잡지 이름의 마지막 글자는 그가 WCC 본부 사역을 마치고 제네바를 떠난 뒤에 제거되었다.[22]

WCC는 위 선교 잡지를 잡지명의 마지막 글자 'S'를 제거한 상태로 지금도 발간하고 있다. 예수 그리스도의 십자가의 복음이 아니라 '하나님의 선교,' 곧 세상사 해결과 종교다원주의 활동을 기독교 선교로 여기는 관점으로 발행하고 있다.

WCC 선교전도국 총무 한국인 금주섭은 약 10년 동안(2007-

2018) 글자 'S'가 제거된 이 잡지의 편집자로 활약했을 것이 확실하다. 그는 스코틀랜드에서 선교학을 전공하고 박사학위를 취득했다. 그러한 경력자가 2021년에 "WCC는 종교다원주의를 지지하지 않는다"는 사실호도를 마다하지 않는 까닭과 의도는 무엇일까?

5. 진정한 선교

뉴비긴은 선교잡지의 글자 'S'를 제거하라는 압박을 받으면서, WCC의 '하나님의 선교'와 관련하여 무엇이 진정한 선교이고 무엇이 아닌가를 진지하게 생각했다.[23]

뉴비긴은 그 무렵 제네바에서 나이지리아의 의사 아데몰라 박사를 만났다. 아데몰라는 선교병원을 운영하며, 거액의 의료선교 프로젝트를 가동하고 있었다. WCC가 그 프로젝트를 가동하는 의료 후원금을 제공한 것으로 보인다. 아데몰라는 뉴비긴에게 "치유의 기본 요건은 병원이 아니라 기독교 회중(교회)입니다"[24]라고 말했다. 병원 건축보다 예수를 구원자라고 믿는 사람들의 모임, 예배공동체, 신앙고백 공동체, 곧 교회 건설이 우선적이라는 것이었다.

뉴비긴은 이 때도 아데몰라의 이 말이 담고 있는 함축적인 의미를 파악하는 데도 상당한 시간이 걸렸다고 한다.[25] 의료행위는 기술이고, 기독교 병원은 선교에 필요한 에너지 발전소와 같다. 그러나 아데몰라의 말은 WCC가 그 일을 선교의 전부로 여김은 난센스라는 것

---

[22]뉴비긴, 『아직도 끝나지 않은 길』, 395.

[23]뉴비긴, 『아직도 끝나지 않은 길』, 396,

[24]뉴비긴, 『아직도 끝나지 않은 길』, 400. 358쪽에서도 비슷한 언급을 한다.

이었다.[26] 아데몰라의 말 뜻은 선교의 우선 과제는 의료 기술이나 세상사 해결이 아니라 복음전도와 영혼구원 그리고 교회건설이라는 것이었다.

뉴비긴은 WCC가 확보한 많은 재원, 자원, 인력을 복음 전도의 기회로 삼고 싶었다. 그것이 1959년부터 총무로 섬기던 세계선교협의회(IMC)라는 단체를 WCC에 병합시킨 동기였다. 그는 WCC가 가진 역량을 예수 그리스도의 구원의 복음을 전하는데 사용할 수 있을 것이라고 생각했다. 그것을 영혼구원의 가능성이 높은 여러 지역에 집중 투자하기를 희망했다.[27]

뉴비긴이 총무로 일하는 WCC 선교전도국은 피선교지에 대한 기술지원과 정치 행동에는 열성적이었지만 예수구원의 복음과 십자가의 도(道)를 전하는 전도를 하지는 않았다. 이 단체에서 직접적인 복음전파와 교회설립의 열정은 찾아볼 수 없었다.[28]

뉴비긴은 이러한 상황을 보면서 역사적 기독교 선교의 목적을 재확인했다. 선교사는 전문직 기술자가 아니라 복음전도자여야 한다고 생각했다. 복음 전도자 파송이 세상사 해결보다 선교의 우선적인 과제라고 확신했다.

뉴비긴은 이와 관련하여 자신의 주변 사방에 '다른 영들'이 널려 있었다고 한다. 이른바 시대정신을 가진 자들이 진을 치고 있었다. WCC가 '다른 영'의 지배를 받고 있었다고 한다. 다른 영을 따르는 WCC는 "이 시대, 이 세상의 난제를 해결해 준다"[29]는 구호를 앞세웠다. 영국의 교회들과 선교 단체들은 자유주의 신학자 존 로빈슨의 '시대정신'을 따르고 있었다.

그 무렵 WCC는 바티칸과 공식적으로 접촉했다. 로마가톨릭교회와의 연합과 일치를 추구했다.[30] 제2차 바티칸공의회가 프로테스탄트들을 '형제'로 규정하고, 교황의 교회를 여러 교회들 가운데 하나로 인정하기로 한 것이 알려졌다. 그러자 WCC 에큐메니칼 운동의 모양새는 '로마가톨릭교회와 프로테스탄트교회의 일치'로 바뀔 것이라는 예측을 자아냈다.

그 시기에 보수계 기독교인들과 진보계 기독교인들은 '로마가톨릭교회와 프로테스탄트교회의 일치' 주제를 두고 밀고 당기는 논쟁을 벌였다. 뉴비긴은 이 긴장을 흥미진진하게 지켜보았다. 그는 국제선교협의회(IMC)를 WCC에 통합시킨 1961년 이후에 홀로 선교 영역에서 전통적 개념의 선교와 이 선교의 구심점인 교회의 중요성을 강조했다. 예수 그리스도의 구원의 복음을 전하는 역사적 선교관을 포기하지 않았다. 뉴비긴과 WCC의 충돌은 불가피했다.

6. 배신

뉴비긴은 WCC의 예수 그리스도에 대한 배신에 깊은 상처를 받았다. WCC가 세속화 사상을 받아들이고, 호켄다이크의 '하나님의 선교' 이론에 장악당하여 전통적인 기독교 선교관을 배제하기 때문이었다. 그는 WCC의 판세가 기울어진 상황에서도 전통적 개념의 교회와 복음선도야말로 하나님 나라의 살아 있는 표지라고 확신했다.

[25]뉴비긴, 『아직도 끝나지 않은 길』, 401.
[26]뉴비긴, 『아직도 끝나지 않은 길』, 403.
[27]뉴비긴, 『아직도 끝나지 않은 길』, 404.
[28]뉴비긴, 『아직도 끝나지 않은 길』, 440.
[29]뉴비긴, 『아직도 끝나지 않은 길』, 405.
[30]뉴비긴, 『아직도 끝나지 않은 길』, 408.

　　WCC 제4차 총회(웁살라, 1968)는 뉴비긴이 WCC에 걸었던 희망과 기대를 산산이 부셔버렸다. 전체 집회는 온통 경제적 불의와 인종적 불의에 대한 규탄으로 채색되어 있었다. 총회의 분위기는 식민지배에 협조한 유럽 기독교에 대한 분노로 가득 찼다. 총회는 온갖 위협을 담은 끔찍한 법을 선포했다. 어느 구석에도 예수구원의 복음 메시지는 없었다. "다만, 작은 구세군 밴드가 찬송을 연주할 때 그것의 무언(無言)의 멜로디가 [복음을] 연상시켰을 뿐이었다."[31]

　　뉴비긴은 웁살라 총회의 적반하장의 모습을 다음과 같이 생생하게 설명한다.

> 잘 훈련된 학생들이 방청석에서 밀집 대형을 이루고 있는 모습은 계속해서 험악한 분위를 고조시켰다. 이보다 더 주목을 끈 것은 피터 시거가 기독교 복음을 조롱하는 그 유명한 노래의 가사, 곧 '당신이 죽을 때는 하늘에 파이가 있을 것이네'라는 내용이 담긴 노래를 부르는 순간이었다. 모두들 입을 다문 채 반기독교적인 그 노래를 열심히 듣다가 마치 새로운 진리를 계시 받은 것처럼 박수를 치는 것이었다. 아니, 어떻게 이런 그룹이 그처럼 쉽게 세뇌당할 수 있을까 하는 궁금증이 몰려왔다.[32]

　　뉴비긴은 태국 방콕에서 "오늘날의 구원"(Salvation Today)이라는 주제로 열린 WCC 세계선교대회(1973)에 참가하고서 매우 괴로워했다.[33] 인간의 사회적 해방과 인간화로 모든 형태의 학대에서 벗어나 새로운 사회를 건설하는 것을 강조한 이 대회가 세상을 하나님의 나라와 사탄의 나라로 구분하는 것이 아니라 단순히 억압자와 피억압자로 양분했기 때문이었다. WCC 총회의 연사와 초청받은 강사들

은 대부분 자신이 약자 편이며, 피억압자 그룹에 속해 있다고 확신하고 있었다.[34]

뉴비긴은 WCC의 예수 그리스도에 대한 배신에 괴로워했다. 낙심천만이었다. 그때 그의 귀에 들린 것은 "십자군의 마음이 아니라 십자가에 못 박힌 자의 마음"이라고 외치는 일본인 고스케 고야마 씨의 말이었다. 그곳에도 신실한 믿음과 영성 그리고 진정한 복음에 대한 열망을 가진 사람이 없지 않았다.[35] 그러나 전체적으로 보아 WCC 총회에는 예수 그리스도가 없었다. 뉴비긴은 "이런 종류의 모임에 내가 참석하는 것은 이번이 마지막임에 틀림없을 것"[36]이라고 다짐했다.

뉴비긴은 두 해 뒤에 열린 WCC 제5차 총회(나이로비, 1975)에 또 참석했다. 이 총회는 부자와 빈자 사이에 충돌이 일어날 것 같은 공포감을 주었다. 적대감, 경멸, 조롱이 점차 커지고 있었다. 그 이전의 어느 총회보다 기독교 진리를 완벽하게 무시했다.[37]

뉴비긴은 나이로비에서 정신적 고통을 겪었다. 마음이 WCC에서 완전히 떠났다. 자신이 노력하면 WCC가 복음적인 단체로 바뀔 것이라고 생각하던 희망이 한낱 망상이었다는 사실을 재차 확인했다.[38]

뉴비긴은 자신이 은퇴한 뒤에 WCC가 종교다원주의로 완전히 기

---

[31]뉴비긴, 『아직도 끝나지 않은 길』, 454.
[32]뉴비긴, 『아직도 끝나지 않은 길』, 454.
[33]뉴비긴, 『아직도 끝나지 않은 길』, 453.
[34]뉴비긴, 『아직도 끝나지 않은 길』, 455.
[35]뉴비긴, 『아직도 끝나지 않은 길』, 455.
[36]뉴비긴, 『아직도 끝나지 않은 길』, 456.
[37]뉴비긴, 『아직도 끝나지 않은 길』, 456.
[38]뉴비긴, 『아직도 끝나지 않은 길』, 480-481.

울어지고, 하나님의 구원의 길이 여럿이라는 사상을 수용하는 사실에 더욱 실망했다. 타문화 선교, 타종교권에 대한 WCC의 복음적 선교가 약화되는 사실에 크게 실망했다. WCC의 신학적 변질과 그리스도에 대한 배신에 강한 유감을 가졌다. 1988년에는 교회가 전통적인 개념의 선교, 곧 예수 구원의 복음을 전하는 선교를 하지 않을 때 자기 문화의 포로가 된다고 외쳤다. 타종교인에 대한 십자가 복음전도 중심의 선교의 중요성을 강조했다.

맺음말: 부역자

WCC는 종교다원주의를 표방하는 "바아르선언문"(1990) 이후 사무총장 콘라드 레이저가 이 단체를 이끄는 동안 더욱 더 종교다원주의로 기울어졌다. 복음적 에큐메니칼 정신에서 완전히 이탈했다. 복음과 그리스도의 대속적 십자가와 사역에 대한 언급을 회피했다. 기독교 본래의 교회연합과 일치 정신과 신학적 기반에서 완전히 떠났다. WCC는 더 이상 기독교 에큐메니칼 단체라고 일컫기에 적절하지 않았다.[39]

조용한 복음주의자 뉴비긴은 자신이 노력하면 WCC가 복음주의 신학과 신앙으로 돌아올 것이라고 생각했다. 그러나 WCC는 틈을 주지 않았다. 이 단체에는 복음주의 목소리가 들어 설 공간이 없었다. 뉴비긴은 WCC 안에 '들어가서' 이 단체를 복음주의 집단으로 바꿀 수 있다는 발상이 일고의 가치도 없음을 보여주었다. 뉴비긴의 탄식은 '버스 지난 뒤 손 들기'였다.

왜 뉴비긴은 WCC의 중요한 직책을 수행하고 있는 동안에 이 단체의 배신을 고발하거나 규탄하는 목소리를 높이지 않았는가? 왜 이 단체가 종교다원주의를 수용하는데 불만을 토로하지 않았는가? 모든 종교가 다 구원의 길이라고 하는 WCC의 신학적·신앙적 변절에 불만을 토로하지 않았고, 항의하지 않았는가?

뉴비긴은 1961년부터 WCC 부사무총장으로 4년 동안 활동했고, 1964년부터 10년 동안 선교전도국 총무로 제네바에서 일했다. 1974년에 선교지 인도를 거쳐 영국으로 귀환했다. 영국에서 WCC의 그리스도에 대한 배신과 변질을 공개적으로 비난하기 시작한 것은 상당한 기간이 지난 1988년이었다.

WCC 중앙위원회는 아디스아바바 모임(1968)에서 종교 간의 대화라는 이름 아래 종교다원주의에 대한 개방적인 움직임을 시작했다. 1971년에 WCC 종교대화국을 신설하고, 종교다원주의자 스탠리 사마르타를 책임자로 임명하여 WCC의 탈기독교화 작업을 하게 했다. 복음주의자 뉴비긴은 약 3-4년 동안 사마르타와 함께 같은 건물 또는 동일 사무 캠퍼스에서 중책을 맡아 활동했다.

뉴비긴은 기독교 선교와 식민주의를 구분하고, 복음을 탐욕적인 식민정책에서 떼어놓으려고 노력했다.[40] 하나님이 결코 기독교 단체인 WCC를 버리지 않으리라고 생각했다. 그러나 전술했듯이 WCC 제4차 총회(웁살라, 1968)에 참석하고서 이 단체에 대한 기대를 사실상 포기했다. 그러나 그로부터 5-6년 동안도 제네바에서의 WCC 사역을 하고 있었다. 뉴비긴은 이 기간에도 여전히 자신의 노력으로 이 단체가 복음주의적으로 바뀔 것이라고 생각했을까?

뉴비긴은 선교지에서 은퇴한 뒤, 영국신학기관 연합체인 버밍

---

[39]뉴비긴, 『아직도 끝나지 않은 길』, 421.
[40]뉴비긴, 『아직도 끝나지 않은 길』, 494-495.

엄 셀리오크칼리지에서 에큐메닉스와 선교신학을 가르쳤다(1975-
1979). 그리고 유럽사회의 세속화와 WCC의 그리스도에 대한 배신,
신학적 변질, 탈기독화를 지적하고 이를 탄식하는 책들을 집필했다.
그의 책들은 에큐메니칼 운동만이 아니라 현실에 안주하고 행동하지
않는 '복음적 에큐메니칼 신앙'에 대한 탄식을 담고 있다.

복음적 에큐메니스트 레슬리 뉴비긴의 탄식은 우리에게 세 가지
중요한 교훈을 던져준다.

첫째, 개혁주의 구원론 중심의 신학교육의 중요성이다. 뉴비긴은
'시대정신'이라는 이름의 평등주의, 자유주의 신학, 종교다원주의 등
기독교에 대한 부정적이고 파괴적인 패러다임을 거부했다. 성경이 말
하고 역사적 기독교가 고백하는 예수구원의 도를 확고하게 믿었다.
개혁주의 신학과 로마서 중심의 구원론을 자신의 신학으로 간직했다.

둘째, WCC는 복음주의자 뉴비긴에게 이 단체의 신학과 선교 개
념을 복음적으로 바꿀 기회를 주지 않았다. WCC 안에는 복음주의자
들이 설 공간이 없다. 뉴비긴이 자신이 노력하면 WCC의 선교신학이
복음적으로 바뀔 수 있다고 생각한 것은 오판이었다. WCC가 '하나
님의 선교'라고 하는 인본주의 선교론을 버리고 정통 기독교의 선교
학을 수용할 리가 만무했다. WCC가 복음적인 단체로 바뀔 것이라고
본 그의 희망은 공허한 꿈이었다.

셋째, 복음주의자 뉴비긴은 예수 그리스도를 배신하는 집단의 부
역자(附逆者)였다.[41] 오랜 역사와 명성을 지닌 국제선교협의회(IMC)
를 WCC에 상납하듯 병합을 주도했고, 4년 동안 WCC 부사무총장,
10년 동안 선교전도국의 전임 총무로 일했다. 같은 공간 또는 동일
지역에서 WCC 몽학선생 종교다원주의자 사마르타와 함께 일했다.
그 뒤에도 이 단체의 총회와 세계전도대회에 참석하는 등 핵심 행사

의 들러리 역할을 했다.

뉴비긴은 일생 동안 한 번도 복음적 에큐메니칼 단체의 회원 또는 비회원으로 활동한 적이 없다.[42] 뉴비긴이 총무로 일한 국제선교협의회(IMC)는 복음주의 경향을 가졌지만 복음주의 에큐메니칼 단체는 아니었다.

선교신학자 이재근 박사(웨스트민스터신학대학원대학교, 선교학)는 뉴비긴을 진보계와 보수계의 양편에 속한 자로, 어느 한 편이 독점할 수 없는 인물로 칭송한다. "복음주의적 확신과 에큐메니칼 포용성을 넘나든 선교학자이며, 두 신학 진영의 상호 이질성을 대화와 조정을 거쳐 하나가 되는 마법을 보여준 선교 학자"[43]라고 칭송한다.

이재근은 레슬리 뉴비긴이 회의주의와 종교적 다원주의가 완전한 대세가 된 1960년대 이후의 탈기독교 세계(Post-Christendom)에서 자신감을 잃고 살아가는 서양 사회의 기독교인에게 복음의 사실성과 가치에 근거한 자신감을 주문했다고 한다. 그가 교회 일치와 기독교 신앙의 포괄성과 공공성이라는 에큐메니칼 운동의 유산을 몸소 익히고 구현한 인물이었다면서, 후반기에 회의주의적 탈기독교 시대를 살아가는 기독교인에게 역사적 유산에 대한 자신감을 가지라고 권면했고, 복음의 절대성과 예수 그리스도의 최종성을 강조했다고

---

[41] '부역자'는 전쟁 중 적군에게 적극 협조한 사람을 일컫는다. 자신의 국가나 민족에 대한 충성을 저버리고 자국을 배신한 자, 적과 내통하고 협력한 사람, 적대 세력에 협력한 행위자이다.

[42] Brian Stanley, *Christianity in the Twentieth Century: A World History*, (Princeton: Princeton University Press, 2018), 208-210.

[43] 이재근, "복음주의적 확신과 에큐메니칼적 포용성을 체화한 선교 신학자," 『뉴스앤조이』(2019. 7. 24).

한다. 뉴비긴은 어느 한 진영이 독점적으로 소유권을 주장할 수 없는 인물이라고 한다.

뉴비긴이 활동하던 시기의 WCC 안에는 하버드대학교 철학교수 윌리엄 어네스트 호킹 박사가 종교통합주의를 주창하면서 설쳐대고 있었다. 뉴비긴은 이를 제재하지 않았고, 가로막지도 않았다. 항거하지도 않았다. 그는 학생 시절에 기독학생운동 단체(SCM)에서 에큐메니칼과 에반젤리칼이 동전의 양면이라고 배웠다. 두 그룹 다 소중하다고 생각했다.

뉴비긴은 WCC 사역을 거치면서 에큐메니칼과 에반젤리칼이 동전의 양면이 아님을 확인했다. 세계의 복음주의 진영은 WCC의 탈기독교화에 저항하면서 빌리 그래함과 존 스토트 중심으로 1974년에 스위스 로잔에서 첫 세계 복음화 국제대회, 곧 로잔대회를 개최했다.

이재근이 무엇에 근거하여 뉴비긴이 복음주의계와 진보계 에큐메니칼 진영 양쪽에 속했으며, 복음주의적 확신과 에큐메니칼 포용성을 넘나드는 선교 신학자였다고 칭송할까? 옳은 평가로 여겨지지 않는다. 더욱이 뉴비긴을 일컬어 "두 신학 진영의 상호 이질성을 대화와 조정을 거쳐 하나가 되게 하는 마법을 보여준 선교학자"라는 평가는 이를 정당화할 근거가 없다.

뉴비긴은 예수 그리스도에 대한 배신 집단의 부역자였다. WCC의 그리스도에 대한 배신과 배반을 오래 전에 확인하고서도 선교전도국 책임자 임기를 모두 채웠다. 개인적 영달의 목적으로 적대 세력에 협력했다. 은퇴한 뒤에 느지막하게 저술한 자기반성적인 내용을 담은 책들이 이 사실을 말하고 있다.

제2부

연원(淵源)

7

시대정신과 평등전제주의

―칸트 인식론, 자유주의 신학, 식민주의의 종식―

1. 홀로코스트

20세기 후반에 등장한 종교다원주의는 새 시대의 과학기술, 교통, 정보통신 수단의 발달은 인간 삶의 거리감을 좁히고, 하나로 집약된 지구촌을 등장시켰다. 사람들의 빈번한 이동과 유동은 다문화와 다종교 현상을 가져왔다. 세계종교에 대한 풍부한 지식을 가지게 했고, 종교학을 발달시켰다.

유럽의 식민주의 활동의 종식과 더불어 아시아와 아프리카인들은 자기 민족과 문화의 관점으로 기독교 신앙을 이해했다. 피식민지 출신 신학자들은 20세기 시대정신에 따라 기독교 신학을 재정의했다. 이 시점부터 인류는 동서 냉전시대의 종말과 더불어 타문화와 타종교를 존중하는 종교다원 시대로 진입했다.

종교다원주의 출현은 네 가지 뚜렷한 배경을 지니고 있다. 첫 번째 배경은 계몽주의(Enlightenment) 흐름에 편승한 자유주의 신학이다. 계몽주의는 17세기 후반부터 18세기까지 유럽에서 전개된 지적·철학적 흐름이다. 이성(理性), 과학, 개인의 자유, 인간의 자율성을 강조한 사상적 흐름이다. 이 지적 흐름은 전통적 권위인 왕권, 교회, 신학, 미신 등을 거부해 왔다. 맹목적인 권위와 종교 교리를 비판하고, 개인의 자유와 종교적 평등을 강조했다. 비판적 사고와 합리적 탐구로 인간이 스스로를 계발하고 진보할 수 있다는 믿음을 강조했다.

임마누엘 칸트(Immanuel Kant, 1724-1804)는 계몽주의 사상의 정점(頂點))이자 철학적 정리자이다. 그는 계몽(啓蒙)을 "인간이 스스로 생각하고 판단하는 능력을 회복하는 과정"이라고 정의하면서, 이성의 자율성과 비판적 사고를 강조했다. 계몽은 자기의 이성을 사용하여 독립적으로 사고하고 판단하려는 노력을 의미한다.

자유주의 신학은 이성의 기능과 경험의 역할 그리고 역사비평적 방법으로 기독교의 성경, 교리, 신학, 신앙을 해석하는 탈기독교적 사상 흐름이다. 전통적 교리보다는 인간의 도덕적 발전, 윤리적 가르침, 예수의 인도주의 면모에 초점을 맞춘다. 기독교의 진리와 신앙을 시대의 변화에 맞게 해석하고, 개인의 내적 경험과 사회적 진보를 중시한다. 자유주의 신학은 19세기에 등장하여 20세기를 거쳐 현재도 여러 가지 형태로 역사적 기독교에 도전한다. 이것은 전술한 존 로빈슨의 급진주의 신학에서 드러난 시대정신의 핵심 요소이다. 기독교의 의의와 가치를 윤리와 이상적 윤리사회 건설이라고 보면서, 현대 기독교의 초점을 인간화, 사회정의, 평화 등 세상사 해결에 둔다.

두 번째 배경은 20세기 철학과 신학에 등장한 시대정신(Zeitgeist)이다. 이것은 확실성에 대한 의심과 새로운 의미를 탐색하면서, 인간 존재와 진리를 깊이 성찰하는 흐름이다. 두 차례의 세계대전, 과학 기술의 급격한 발전, 전통적 가치의 붕괴는 인간 존재와 진리에 대한 새로운 질문들을 제기했다. 유대인 학살을 지지한 독일 기독교의 오류와 아시아와 아프리카를 지배한 기독교 유럽 국가들의 반성은 역사적 기독교 진리에 대한 강한 회의와 거부감을 증대시켰다. 이 틈바구니에서 실존주의 철학자 장 폴 사르트르, 마르틴 하이데거 등이 인간의 자유, 고독, 부조리 속에서의 의미 탐구를 강조했다. 미셸 푸코와 자크 데리다는 기존의 진리와 권위를 해체하고 언어, 권력, 담론의 역할을 분석하는 탈구조주의를 주창했다. 루트비히 비트겐슈타인과 같은 철학자들은 언어와 논리 영역의 사유의 명확성을 추구하는 분석철학을 도입했다.

신학자 칼 바르트는 20세기 시대정신에 따라 변증법 이론을 도입하여 이른바 '위기 신학'을 주창했다. 인간 이성의 한계와 신의 초월성 그리고 계시의 중요성을 재조명했다. 과정 신학자 알프레드 화이트헤드는 신을 변화와 관계 속의 존재로 이해하는 관점을 제시했다. 남미를 중심으로 등장한 해방신학은 사회적 정의와 억압받는 자들의 해방을 신앙의 핵심 과제로 제시했다. 이 틈바구니에서 여러 가지 토착신학이 등장했다.

세 번째 배경은 평등전제주의(Egalitarian Despotism)이다. 모든 개인, 민족, 문화, 종교가 평등한 가치를 가졌다고 보는 호혜 평등 관점은 모든 종교를 동일동가로 이해한다. 이것은 평등이라는 이상을 앞세워 독특성과 자율성을 희생하는 억압이다. 평등을 추구하려고 전제적인 수단을 동원하는 정치적·사회적 체제에서 드러난다. 인간이 모든 사람이 평등하게 대우받는 사회를 만들겠다는 목표를 내세우지만, 그 과정에서 평등을 부르짖는 주체는 개인의 자유를 억압하고, 개인적 선택을 통제하며, 권력을 중앙 집중화한다. 평등이라는 이상을 강조하고 이를 정당화하려고 권위주의적 강압 조치를 취한다. 평등을 추구하는 과정에서 자유와 진리를 희생시킨다.

네 번째 배경은 만물을 비이원성(非二元性)의 눈으로 보는 세계관이다. 신과 세상(자연)과 인간을 단일체로 보는 힌두교의 아드바이타 사상이다. 이 비전은 세상 만사가 서로 연결된 단일체이며, 모든 종교가 궁극의 신적 실재의 다양한 현현이며, 따라서 동일동가라고 본다. 이 요소는 20세기 후반에 기독교계에 등장한 종교다원주의의 가장 심대한 연원(淵源)이다. 다음 장에서 별도로 상론한다.

계몽주의와 자유주의 신학의 밀착(密着)은 20세기 후반의 반성적 시대정신 그리고 평등을 앞세운 평등전제주의 사상을 강화했다. 에큐메니칼 운동을 탈기독교적인 방향으로 강화했다. WCC는 이 시대정신에 발맞추어 역사적 기독교의 예수구원 유일 신앙을 '배타주의'로 규정하고, 타종교의 관점에서 기독교를 이해하는 평등주의 태도를 견지한다. 타종교를 품는 포용주의 태도조차 배타적이라고 하여 이를 버리기도 했다. 모든 종교를 동등하게 보는 인식의 전환을 환영했다.

종교다원주의자들은 이구동성으로 모든 종교의 동등성, 평등성을 인정하고 역사적 기독교를 향하여 각 종교의 다원성, 다양성, 동일한 구원 가능성을 수용하라고 요구한다. 각 종교의 동등한 도덕적·영적·종교적 가치를 인정하라고 한다. 기독교 진리의 절대성에 대한 신념과 예수구원 유일 신앙을 버리라고 한다.

종교다원주의는 오래 전 알렉산드리아 지역에서 성행한 신플라톤주의 유출설(Emanation Theory)과 비슷한 구도를 지니고 있다. 플로티노스(Plotinus, 204-270)는 세상에 존재하는 모든 것이 궁극의 실재, 유일하고 절대적이고 변화하지 않는 제일원리, 곧 일자(一者, One)에서 유출되고 발산된다고 했다. 우주와 개별 생명체의 영혼과 생명이 일자로부터 나오고, 거기서 점차 물질(matter) 등 계급적인 하위 존재들이 생겨난다고 했다. 모든 존재가 궁극적으로 일자로 되돌아가려는 욕망을 가지고 있다고 했다. 그러나 지금까지 신플라톤주의와 종교다원주의에 관련성이 있음을 밝힌학자는 없다.

2. 칸트의 인식론과 자유주의 신학

16세기 종교개혁 이후에 일어난 유럽의 30년 전쟁은 역사적 기독교에 대한 부정적 비판을 가속화 했다. 르네상스 인문주의와 더불어 등장한 인본주의 시각은 17세기 이성의 시대와 18세기 계몽주의 시대를 거치면서 강화되었다. 자유주의 신학은 계몽주의, 특히 칸트의 인식론 철학의 동반자이다. 계몽주의와 자유주의 신학은 성서비평학과 역사적 예수 연구라는 도전적인 신학 사조를 가져왔다.

제2차 세계대전 종식과 더불어 기독교 중심주의, 유럽 중심주의, 식민주의, 정복주의, 패권주의 등이 자취를 감추었다. 그 대신 후기 식민주의, 포스트모더니즘(해체주의, 탈구조주의), 다중중심주의(Polycentrism), 종교다원주의 등이 등장했다.

이 맥락에서 WCC 에큐메니칼 운동은 자유주의 신학과 칸트의 인식론 그리고 평등전제주의에서 에너지를 공급받으면서 역사적 기독교의 진리, 신학, 신앙, 가치 체계에 도전했다. 성경을 '종이교황'이라고 비난하고, 예수구원 유일성 교리를 배격했다.

20세기 후반의 시대정신은 기독교의 핵심 사명인 선교 과제를 윤리 공동체 건설과 세상이 직면한 현안 해결 활동으로 인식했다. 교회와 선교의 초점을 그 방향으로 이동시켰다. 타문화와 타종교에 대한 상대주의적 이해를 고무시켰다. 기독교는 종교 간의 대화라는 새로운 모험의 길로 들어섰다. 이러한 풍토는 모든 종교를 동일동가로 여기는 종교다원주의 풍토를 조성했다.

인간 이성의 한계와 지식 형성의 능동성을 강조하는 칸트의 인식론은 근대 지성계를 장악하고 기독교 신앙의 패러다임 전환을 촉구했다. 구원의 길이 다양하며, 각 종교는 동일동가라고 하는 종교다원주의에 활력을 공급했다. 궁극의 신적 실재라고 일컬어지는 신과 타종교에 대한 새로운 이해를 재촉했다.

종교다원주의자들은 역사적 기독교의 예수구원 유일성 진리를 종교 간의 대화의 가장 큰 걸림돌로 여긴다. 예수 그리스도가 기독교인들을 구원하기에 충분한 분이지만 인류를 위한 유일한 그리스도, 유일의 구원의 길은 아니라고 한다. 성경을 신앙과 행위의 최종적 표준으로 여기지 않는다. 타종교들에도 각각의 성경(경전)과 그들 나름의 그리스도가 있다고 한다. 기독교인에게는 예수 그리스도가 필요하지만, 타종교인에게는 그 분이 필요치 않다고 한다.

19세기에 본격적으로 등장한 자유주의 신학은 기독교의 핵심 진리들을 거부했다. 인간이 절대적인 진리를 아는 것이 불가능하며, 만사는 상대적이고 주관적이라는 새로운 신앙 유형의 등장을 자극했다. 기독교 신앙의 초점을 윤리, 윤리실천 운동, 윤리 공동체 건설, 그리고 세상사 해결로 보는 시대를 열었다. 이 배후에는 칸트의 인식론 철학이 작동하고 있었다.

자유주의 신학 패러다임을 가진 WCC는 예수를 이상적 윤리 모델로 삼고, 인간화, 평화, 생명, 사회정의 등을 포함한 세상사 해결 활동을 선교 그 자체로 보는 '하나님의 선교'를 외치며, 그것을 기독교 선교의 지상 과제로 여겨왔다.

20세기 후반의 시대정신의 배후에는 임마누엘 칸트의 인식론이 자리 잡고 있다. 자유주의 신학에 직결된 칸트 인식론의 특징은 세 가지이다. 첫째, 현상(phenomena)과 물자체(noumena)를 구분한다. 현상은 우리의 감각과 인지 능력에 의해 형성된 사물들, 곧 우리가 경험하는 것들이다. '물자체'란 우리의 인식과 무관하게 독립적으로 존재하는 사물 그 자체를 의미한다. 둘째, 인간의 인식론적 한계를 자각하라고 한다. 우리가 사물 그 자체(ding an sich)를 직접적으로 알 수 없으며, 인간의 지식은 항상 감각과 타고난 인지 구조에 의해 중재된다고 한다. 셋째, 이성(reason)의 제한성과 도덕철학을 강조한다. 이러한 것들로 구성된 범주적 명령(categorical imperative)을 인간의 본성적인 원칙, 곧 보편적으로 적용될 수 있는 행동 명령이라고 한다.

칸트주의는 인류가 오랫동안 관심을 가져온 존재론적 질문을 인식론적 질문으로 전환시켰다. '진리란 무엇인가'에서 '진리라는 사실을 어떻게 알 수 있는가' 하는 질문으로 이동시켰다.

서양의 고전철학은 진리대응론(眞理對應論) 패러다임을 지니고 있다. 이 구도에 따르면, 진리는 ① 하나(one)이고, ② 고정적이고(fixed), ③ 불변(immutable)하다. ④ 객관적이고(objective), ⑤ 명료(perspicuous)하다. 따라서 ⑥ 진리는 영원(eternal)하다. 어제의 진리는 오늘의 진리이며 내일에도 진리이다.

칸트를 추종자들은 진리정합론(眞理整合論) 패러다임을 따른다. ① 진리는 절대적인 것이 아니다(not absolute). ② 진리는 맥락과 상황에 따라 바뀐다(contextual). 다수의 사람들이 옳다고 하는 것(conditional)이 진리이다. ③ 진리는 복수로 존재(plural)하며, ④ 고정되어 있지 않고(not fixed), 가변적이며(mutable), ⑤ 명료하지 않다(imperspicuous). ⑥ 진리는 주관적(subjective)이며, 상대적(relative)인 속성을 지니고 있다고 한다.

칸트의 인식론에 긍정적으로 반응해 온 자유주의 신학 전통은 진리정합론 유형의 진리관을 수용한다. 인간은 절대적인 진리를 알 수 없을 뿐더러 특정 종교가 진리를 독점할 수 없다고 본다. 기독교 진리만이 참이라는 생각을 어리석다고 한다.

3. 칸트의 제자들

칸트에 따르면, 인간의 지식은 유한하다. 인간의 이성은 한계를 지니고 있다. 따라서 인간은 영원하고, 불변하고, 절대적인 진리를 알 수 없다. 인간 지식은 진리정합론적 사고 과정을 거쳐 능동적으로 만들어진다. 따라서 모든 지식은 절대적이지 않으며, 상대적이고, 주관적이다. 칸트의 추종자들은 이 인식론에 따라 모든 종교가 상대적이며, 동일동가의 신앙공동체, 동등한 구원공동체라고 생각한다.

종교다원주의자들은 역사적 기독교의 진리를 절대적인 것으로 여기지 않는다. 기독교는 유일무이한 참 종교가 아니다. 예수를 믿는다는 것은 그의 윤리적 가르침에 따르고 도덕적 삶을 본받는 것 이상의 무엇이 아니다. 예수구원 유일성을 절대적인 진리라고 믿는 신앙은 속 좁은 자들의 무지와 아집이다. 우주적 하나님을 편협한 종교적 확신, 교리, 신학의 울타리 안에 가두는 것은 무례한 짓이라고 한다.

종교다원주의는 기독교 진리에 대한 상대적 이해를 타종교에 대한 포용적인 이해로 전환시킨다. 역사적 기독교를 향하여 다원성, 다양성, 개방성을 존중하라고 한다. 신이라고 하는 궁극의 신적 실재를 인간이 이해하고 그것과 관계를 맺는 방법은 다양하다고 하면서, 모든 종교가 공통적으로 지닌 도덕적 가르침을 중심으로 이루어지는 윤리적 공존을 장려한다. 공통의 윤리 원칙에 기초한 다양한 종교 공동체들 간의 공존과 협력을 지지한다.

현대 지성인들이 종교다원주의에 호감을 가지는 까닭은 이것이 다원성, 다양성, 평등성을 중요하게 여기는 시대정신에 부합한다고 생각하기 때문이다.

자유주의 신학은 칸트 인식론에 힘입어 역사적 기독교 진리에 대한 깊은 의문을 가지면서, 만사를 상대적인 눈으로 파악한다. 특정 종교가 하나님의 계시와 구원 진리를 독점할 수 없다고 한다. 모든 종교를 동일동가의 구원 공동체라고 한다. 역사적 종교들이 모두 창조자 하나님이 예배를 받는 채널이며, 각각 종교 진리의 일면을 반영하는 구원의 길이라고 한다.

20세기 중반의 역사 반성적 흐름과 시대정신이 몰고 온 변화의 길목에서, 로마가톨릭 신학자 칼 라너(Karl Rahner, 1904-1984)는 '익명의 그리스도인'(Anonymous Christian) 이론을 제시하고서 기독교로 하여금 타종교와의 대화와 각 종교의 평등성과 동등성을 받아들이도록 재촉했다. 종교적 다원성을 인정하며, 만인이 보편적으로 구원을 받는다는 이론을 제시했다. 프로테스탄트 신학자 폴 틸리히(Paul Tillich)는 실존주의의 영향을 받아 종교가 인간의 궁극적 관심에 초점을 맞추어야 한다고 했다. 종교적 상징들과 신화들을 인간의 의미 추구의 다양한 표현이라고 이해했다.

라너의 '익명의 그리스도인' 이론은 칸트의 인식론의 핵심인 인간 지식의 한계, 경험의 중심성, 도덕적 이성의 포괄성을 반영한다. 칸트 사상을 반영하여 신에 대한 인간의 이해는 경험에 의해 형성된다고 본다. 양심에 따라 도덕적으로 올바른 삶을 사는 비그리스도인들도 무의식적으로 하나님의 은총에 응답할 수 있으며, 따라서 그들이 그리스도를 믿지 않거나 알지 못하더라도 모두 구원의 여정에 참여하는 그리스도인들이라고 한다.

라너 이론의 포괄적인 구원 개념과 비그리스도인에 대한 개방적 태도는 근원적으로 칸트의 인식론에 뿌리를 두고 있다. 라너는 칸트의 인식론을 받아들이면서 하나님의 신비와 신적 은총의 초월성을 강조한다. 인간의 이성은 신을 직접적으로 이해할 수 있을 만큼 충분하지 않다고 한다. 인간 인식의 한계에 대한 그의 강조는 우리가 신의 본질이나 구원의 방식을 완전히 이해할 수 없다는 생각으로 이어진다. 따라서 라너의 '익명의 그리스도인' 이론은 사람들이 그리스도를 명시적으로 알지 못하더라도 신적 은총에 참여하고 있고, 그 구원을 받을 수 있음을 인정하는 방식으로 칸트의 사상을 반영한다.

영국장로교회 출신 종교다원주의자 존 힉(John Hick)은 칸트의 인식론과 힌두교 세계관에 기초하여 다양한 종교전통에 대한 존중과 포용적인 이해를 옹호하는 종교다원주의 이론을 구축했다. 인간 이해의 인식론적 한계, 신, 신성(deities)에 대한 다양한 관점의 유효성, 모든 종교 신념들을 존중하고 존엄하게 대우해야 할 윤리적 당위성을 강조했다. 다양한 종교들의 진리, 신념, 실천을 동등하게 여겼다. 칸트의 사상을 다소 유연하게 적용하는 준칸트주의(Quasi-Kantianism) 특징을 보이기도 했다. 아래에서 상론한다.

칸트주의는 자유주의 신학과 결합하여 종교다원주의의 흥기(興起)에 이바지했다. 첫째, 인식론적 겸손이 중요하다는 생각을 일깨웠다. 어느 종교도 신성한 것, 곧 본체적 실재에 대한 절대적인 지식을 주장할 수 없다. 각 종교는 고유의 문화적이고 인지적인 틀, 곧 현상적 해석에 의해 형성된 서로 다른 관점을 지니고 있다고 생각하게 했다.

둘째, 사물 자체에 대한 인식과 지식의 한계를 인정하게 했다. 각 종교를 각각의 문화적·인지적 틀에 의해 형성된 것으로 여기고, 각 종교 나름의 독자적인 눈으로 만물을 파악하게 했다.

셋째, 대등 관계의 공존의 중요성을 일깨웠다. 각 종교가 신, 궁극의 신적 실재에 대한 다양하고도 유효한 해석과 경험을 동일하게 제공한다고 생각하게 했다. 다양한 해석들은 서로 모순되지 않고 상호 보완적이라고 여기게 했다.

넷째, 종교적 관용에 대한 윤리적 당위성을 존중하게 했다. 칸트의 보편적 도덕률은 모든 종교가 서로의 종교적 관점을 존중하고 윤리적으로 대우해야 한다는 생각을 강화했다. 특히 칸트의 범주 명령(categorical imperative) 개념은 인간이 선천적으로 가지고 태어난 인식 개념을 따라 각 종교 전통의 존엄성과 유효성을 존중하는 행동과 태도를 장려했다.

자유주의 신학자들과 종교다원주의자들은 칸트 철학의 영향 아래서 역사적 기독교의 신론, 기독론, 구원론에 도전했다. 전통적 기독교 신앙에 대하여 지적 패러다임의 전환을 요구했다. 성경을 신화, 설화, 민담, 영웅담(saga) 모음집으로 여기면서 그것에 집착하지 말고 시대정신을 따르라고 했다. 열린 마음으로 현대성, 다원성, 다양성, 개방성을 존중하라고 했다. 예수구원 유일성 신앙을 버리고, 종교다원주의를 받아들이라고 했다.

자유주의 신학은 종교다원주의가 등장하는 20세기 중반과 오늘날까지도 왕성하게 영향을 미치는 신학 학풍으로 자리 잡고 있다. 기독교 신앙을 현대성, 특히 과학, 역사, 철학의 발전과 조화시키려는 지적운동이다. 계몽주의의 합리성, 다윈의 진화론, 근대성(modernity) 추구, 성서비평학이 제기한 도전에 대한 긍정적 반응으로 등장했다. 전통적인 기독교 교리를 현대적 지식과 감각에 맞게 재해석하려는 나머지 윤리를 제외한 정통 기독교의 거의 모든 요소를 팽개쳤다.

자유주의 신학자들은 인간의 이성과 경험의 역할을 강조한다. 신의 계시나 교회의 권위에 의존하지 않는다. 성경을 하나님의 말씀으로 보지 않고, 당대의 문화적·사회적 맥락을 반영한 역사적 문서로 간주한다. 이들은 극단적인 역사비평학을 성경에 적용한다. 성경의 초자연적 사건 기록을 '사실 기록'이 아니라고 보면서 이를 부정한다. 성경의 무오성, 예수의 동정녀 탄생과 부활의 문자적 해석 같은 전통적 교리를 거부한다. 하나님의 초월성보다 신의 내재성을 강조한다. 인간 경험을 거쳐 하나님의 존재를 이해하려고 접근한다.

자유주의 신학은 전통적인 기독교의 교리보다 예수의 윤리적 가르침과 도덕적 모범을 우선시 한다. 구원과 영원한 운명에 대한 질문보다 사회적 정의, 사랑, 윤리를 하나님 나라와 동일시하며, 이를 기독교 신앙의 본질로 본다. 지상천국, 곧 이상적인 인간 사회 건설을 지상목표로 설정한다.

자유주의 신학은 전통적 기독교의 속죄 교리, 곧 예수가 인간의 죄를 대신하여 하나님의 정의를 충족시켰다는 개념이 현대의 도덕과 정의 감각에 맞지 않는다는 이유로 거부한다. 예수를 오로지 윤리교사, 윤리적 삶의 본보기로 여긴다. 기독교를 다윈의 진화론을 포함한 과학적 발견과 조화시키려 한다. 창세기에 대한 문자적 이해를 거부하고 상징적이거나 은유적으로 읽는 방식을 선호한다. 인간 본성과 사회의 진보에 대한 낙관적 시각을 지지하며, 죄를 타고난 인간 타락과 원죄와 자범죄의 결과가 아니라 무지와 사소한 실수 등 사회적 현상으로 해석한다.

역사적 기독교는 성경을 신의 영감으로 기록된 무오한 하나님의 말씀이라고 믿는다. 자유주의 신학은 이를 인간이 저술한 책으로 여기며, 비판과 재해석이 필요하다고 한다. 복음주의 기독교가 원죄, 신의 은총, 그리스도의 속죄 희생을 통한 구원을 강조하는 반면, 자유주의 신학은 원죄 개념을 거부한다. 구원을 하나님과 인간의 화해와 연합이 아니라 개인적, 사회적 변혁으로 이해한다.

역사적 기독교는 예수의 신성, 대속적 죽음, 부활을 필수 교리로 믿는다. 그러나 자유주의 신학은 이러한 교리를 축소하거나 거부한다. 예수를 역사적 인물, 도덕 교사로만 인식한다. 기적, 신의 개입, 종말적 희망을 부정한다. 초자연주의를 거부하며, 성경의 기적 사건들을 자연주의 관점으로 이해하고, 그것들을 상징으로 본다.

복음주의는 교회가 하나님의 계시 진리를 보존하고, 신의 은총을 인간에게 매개하는 역할을 하는 것으로 여긴다. 자유주의 신학은 개인의 자율성과 현대 세계에서 교회의 윤리적 사명에 더 큰 비중을 둔다. 전자는 신을 초월적이며 인격적인 존재이며, 계시와 기적을 일으키며, 창조물과 상호작용하는 분으로 이해한다. 후자는 하나님의 내재성을 강조하며, 종종 범재신론을 지향한다. 알프레드 화이트헤드의 과정철학의 연장인 과정신학(Process Theology) 사상을 지향한다.

자유주의 신학은 역설적이게도 성경 중심의 기독교를 강화하는 동인으로 작용했다. 정통 기독교 교리를 재확인하려는 복음주의, 개혁주의 신학, 근본주의, 신정통주의의 부흥을 촉발시켰다. 다른 한편에서는 지성인들에게 20세기 시대정신을 받아들이게 하고, 예수구원 유일성이라는 배타적 교리를 종교적 독단으로 여겨 배척하게 하는 이성적 압력을 가했다.

20세기 후반의 시대정신은 타종교인이나 예수 그리스도와 무관한 종교인들에게도 하나님의 지혜, 사랑, 구원의 능력이 없다고 단정할 수 없다는 종교다원주의 신념으로 나타났다. 전술한 영국국교회의 사제 존 로빈슨의 급진적 자유주의 신학(세속주의 신학)과 만인보편 구원주의 사상의 영향력도 강력한 시대정신으로 작용했다. 로빈슨의 시대정신은 상대주의와 주관주의 그리고 평등주의에 기초한 종교다원주의 사상을 받아들이도록 지적인 압력을 가했다. 시대정신은 모든 종교의 평등성, 동등성, 구원 유효성을 인정하는 종교다원주의의 등장에 일익을 담담했다.

4. 크리스터 스탠달

유대인에 대한 나치의 홀로코스트(대학살)라는 전대미문(前代未聞)의 비극적 사건을 겪은 기독교 세계는 전쟁 후에 역사적 기독교를 위협하는 반성적 사조와 도발적인 흐름에 함몰되었다. 이 흐름은 종교다원주의의 등장에 중요한 영향을 미쳤다. 유대인 홀로코스트를 목도한 기독교계는 유대교와 기독교의 관계, 사회적 책임, 하나님의 정의 등을 논의하기 시작했다. 신의 존재와 악의 문제를 다루고, 인간의 고통, 윤리적 책임, 신앙과 신학을 역사적 맥락에서 재조명했다.

홀로코스트는 인간에게 "하나님은 인간이 고통당할 때 어디에 계시는가?" 하는 의문과 함께 유대인 사회에 하나님이 아브라함과 맺은 언약에 대한 회의를 가져왔다. 두 차례의 세계대전과 나치정권의 유대인 대학살의 참상은 기독교인들로 하여금 악, 고통, 불의를 해결하는 과제에 대한 인식을 깊게 했다. 신학자들은 전쟁, 파괴, 집단학살을 강행하는 권력을 지지한 독일 국가교회와 자유주의 신학자들의 게르만 민족주의 이념과 활동을 목격하고서 기독교에 대한 반성과 시대정신에 대한 자각을 가지기 시작했다.

하버드대학교의 신약신학 교수 크리스터 스탠달 박사(Krister Stendahl, 1921-2008)는 20세기 시대정신을 성경 해석에 적용한 선구자였다. 스탠달은 WCC 제7차 총회(캔버라, 1991)의 주 연사로 등단하여 만물이 영—정신(spirit)을 가지고 있다고 하는 물활론(Animism) 개념의 성령론을 강의했다.

스탠달은 "바울에 대한 새 관점"으로 기존 신학자들의 바울 서신서 읽기와 이해에 제동을 걸었다. 유대교와 기독교의 관계를 재평가하고, 반유대주의적 해석을 극복하려 했다. 경쟁이 아닌 상호 존중과 이해의 관점으로 관계를 재구성했다.

스탠달은 유대교를 율법주의 종교 또는 공로를 중시하는 신앙 공동체로 보는 전통적 기독교 시각을 비판했다. 바울이 유대교를 율법과 공로 중심의 종교로 이해한다고 보는 신학 관점과 이해는 그의 오해라고 단정했다. 유대교는 은혜의 종교였으며, 율법은 하나님과의 언약 관계를 유지하기 위한 표현이라고 주장했다.[1]

스탠달은 신약성경의 바울의 저작에 대한 전통적인 해석에 도전했다. 바울의 주요 관심사가 개인의 죄와 내면의 반성이 아니라 이방인들을 하나님의 언약에 포함시키는 것이라고 했다. 이러한 관점은 바울과 유대교, 초기 기독교와의 관계에 대한 학문적 이해에 중요한 영향을 미쳤다.

스탠달은 바울의 율법 비판을 유대교 자체에 대한 거부가 아니라 이방인들이 하나님과의 언약 공동체에 포함되는 것을 강조하려는 신학적 주장이라고 했다. 바울이 유대교 자체를 반대한 것이 아니라 이방인이 유대교의 율법을 지키지 않고도 하나님의 백성이 될 수 있다는 점을 강조했다고 했다. 바울이 다마스커스를 향하여 가는 길에서 겪은 사건이 유대교에서 기독교로 개종 사건이 아니라 하나님의 소명(召命) 체험이었다고 했다.

20세기 후반의 시대정신에 따른 스탠달의 바울에 대한 새 관점은

---

[1] Krister Stendahl, "The Apostle Paul and the Introspective Conscience of the West," *Harvard Theological Review*, Volume 56, Issue 3 (July 1963), 199-215.

구원론과 칭의론을 둘러싼 신학적 논의의 시발점이었다. 유대교와 초기 기독교의 관계에 대한 이해의 중요한 전환점을 제공했다.[2] 스탠달의 바울에 대한 새 관점은 급격한 변화와 공통의 인간적 가치를 강조하는 철학 사조를 몰고 왔다. 종교적 관용과 포용성에 대한 성찰을 불러일으켰다.

이 흐름은 "하나님의 구원의 은총에는 제한이 없다"는 사상을 확대시켰다. 예수 밖에도 하나님의 구원의 역사가 있다는 종교다원주의 확신을 강화했다. 기독교가 하나님의 구원과 계시 진리에 대한 독점권을 가지고 있다는 발상이 터무니없다고 생각하게 했다.

로마가톨릭교회 제2차 바티칸공의회(1962-1965)는 바티칸과 유대인과의 관계를 재정립하고, 반유대주의를 공식적으로 거부했다. 로마는 유대 민족을 '신의 뜻을 거부한 족속'이 아니라 '신앙의 형제'라고 선언했다. 유대인은 예수 그리스도 없이도 아브라함과 맺은 언약 덕분에 구원을 받는다고 확언했다.

제2차 바티칸공의회의 문서 "우리 시대: 비기독교에 대한 선언"(Nostra Aetate)은 로마가톨릭교회와 타종교들과의 관계를 긍정적으로 접근한다. 유대교, 이슬람교, 힌두교, 불교 등과의 대화를 강조하고, 예수 그리스도 밖에도 하나님의 구원이 있다고 선언한다.

5. 평등주의, 평등전제주의

20세기 후반의 시대정신의 다른 한 흐름은 평등주의 세계관 아래서 등장한 라틴아메리카의 해방신학이다. 이것은 사회적 억압과 불평등에 대한 응답으로 등장했다. 라틴아메리카 신학자들은 제2차 세계대전 이후 인간 존엄성, 인권, 평등성에 대한 목소리를 높였다. 고통당하는 사람들과 연대하면서, 하나님의 정의를 강조했다. 해방신학은 전 세계에 영향을 미쳤다.

제2차 세계대전 종전과 더불어 기독교 유럽 국가들의 아시아와 아프리카의 식민 지배 시대가 종식되자 자유와 독립을 얻은 국가의 시민들은 자기들의 고유한 문화와 종교로 복귀하려는 움직임을 보였다. 새 시대의 사조는 다양한 종교 전통을 존중하고 서로를 인정하고 상호 교류해야 할 필요성을 불러일으켰다.

자유주의 신학 진영의 기독교 공동체들은 종교의 다양성을 수용하고, 타종교들도 기독교와 동일한 도덕적 통찰력과 영적 지혜와 계시 진리를 가지고 있음을 인정했다. 20세기 시대정신이 가져온 변화는 자유주의 신학계의 지성인들을 압박하여 예수구원 유일성이라는 배타적 교리를 종교적 독단으로 여기고 배척하게 했다. 복음주의 기독교를 향하여 '오직 예수' 신앙을 버리도록 이성적인 압력을 가했다.

평등전제주의(Egalitarian Despotism)는 20세기 후반에 평등주의 텃밭에서 등장한 또 다른 유형의 시대정신이다. 곧 사회적·철학적·문화적·종교적 사조이다. 평등주의와 전제주의를 결합한 사상이다. 개인, 국가, 종교, 공동체가 동등한 가치와 권리를 가졌다고 하면서 평등에 절대적인 권위를 부여하는 단일 인식 유형이다. 동등성과 평등성을 추구한다는 미명 아래서 어느 하나의 사고가 전체를 엄격히 통제하는 중앙집권적이고 권위주의적인 사고 유형이다.

평등전제주의는 19세기에도 존재했다. 정부나 권력자는 평등

---

[2]Krister Stendahl, *Paul among Jews and Gentiles and Other Essays* (Minneapolis: Fortress Press, 1976); 크리스터 스텐달, 『유대인과 이방인 사이에 있는 바울』, 김선용·이영욱 역 (서울: 감은사, 2021).

을 구현하려고 전제적 권위와 막강한 힘으로 국민을 억압했다. 만인의 공익과 평등을 보장하려고 개인의 자유와 사상을 박탈 또는 배제하는 모순적인 권력을 행사했다. 장자크 루소(Jean-Jacques Rousseau)는 "자유로워지게 하려면 강제할 필요가 있다"고 했다. 그는 『사회계약론』(Du Contrat Social, 1762)에서 일반의지, 곧 국가 공동체를 이끌어야 할 국민 전체의 집단적 의지가 평등을 지지하면서도 중앙집권적 권력을 정당화하는 결과를 낳는다고 지적했다.

프랑스 정치사상가 알렉시 드 토크빌(Alexis de Tocqueville)은 『미국의 민주주의』(De la Democratie en Amerique, 1835)에서 민주주의가 평등을 유지하려고 전제적인 체제로 변할 가능성을 경고했다. 민주주의 사회에서 평등을 추구하려고 권력을 과도하게 중앙 집중화하여 국가가 개개인의 자유를 희생시키는 권위주의 체제로 변질될 수 있다고 했다. 평등이라는 명목 아래 전제주의 정권을 허용하는 모순적 상황을 초래할 수 있다는 것이다.

프랑스 혁명(1789-1799)을 이끈 자코뱅당(Club des Jacobins)은 사회적 평등을 구실로 반대자들을 억압하고 테러와 처형을 일삼았다. 평등사회를 만들려고 권위주의적인 공포 정치를 했다. 적대적인 세력을 억압하면 자유와 평등을 달성할 수 있다고 믿었다.

20세기 후반의 중국의 문화대혁명(1966-1976)을 주도한 모택동은 평등을 위해 약 2천만 명 이상의 지식인들을 죽였다. 박해, 고문, 자살, 굶주림, 사회적 혼란으로 말미암은 희생자들을 포함하면 피해 규모는 훨씬 더 크고 광범위하다. 공산주의 이념에 따른 문화대혁명의 궁극적인 목표는 평등사회 실현이었다. 계급 없는 사회를 만드는 것이었다. 사회적 불평등을 없애려는 목적의 문화대혁명은 전제주의 권력으로 저지른 인류 최대의 잔악한 폭력이었다.[3]

평등전제주의는 인간의 동등성과 평등성을 강조하면서 그것을 절대화하여 인간의 권리와 자유와 평등을 가로막는 막강한 힘이다. 기독교계의 평등전제주의는 그 자체를 하나님 또는 하나님의 계시와 동등한 위치에 둔다. 죄성을 지닌 인간 사색의 결과를 하나님의 계시 진리와 대등하게 여긴다. 평등주의를 구실 삼는 전제주의적 사고를 신앙과 행위의 최종 권위로 여긴다.

종교다원주의는 평등전제주의 토대에 근거하여 역사적 기독교 신앙의 핵심인 예수구원 유일성 진리를 배격한다. 평등주의에 어긋난다는 것이다. 이신칭의의 복음이 있어야 할 자리에 만인보편구원주의를 대체시킨다. 복음전도의 과제를 인간화, 평화, 생명 등 세상사 해결 활동으로 여긴다. 예수구원의 복음을 '하나님의 선교' 이론으로 바꿔치기 한다.

평등전제주의의 딜레마는 평등과 자유 사이에 있는 긴장을 해소하지 못하는 사실이다. 평등을 구실삼지만, 의도하는 정치적 목적에 도달하려고 자유, 자율성, 진리를 희생시킨다. 모든 종교, 모든 종교 진리를 동일한 것으로 여기는 사고는 참 진리와 거짓 진리의 구분을 어렵게 한다.

종교다원주의는 모든 종교의 동등성, 평등성, 구원 가능성을 절대화한다. 모든 종교를 동일동가로 보는 평등전제주의 관점을 인간, 종교, 진리에 대한 권위와 기준으로 삼는다. 다수 종교의 무가치하고 비인도적이고 악마적인 것들을 가치 있고 윤리적이고 인도주의적인 것으로 포장한다. 악마적인 것과 비악마적인 것을 동일 선상에 두면서

---

[3] 션판, 『홍위병: 잘못 태어난 마오찌둥의 아이들』, 이상원 역 (서울: 황소자리 2004).

모두 평등하다고 보는 전제주의적 모순에 빠진다. 공동선과 공동악, 정의와 불의, 자유와 억압, 진리와 비진리를 동등한 차원에 둔다. 진짜와 가짜의 차별을 금지한다. 계시종교와 자연종교를 동일시한다.

모든 인간은 하나님에게서 동일한 인간 권리와 자유를 부여받았다. 평등원칙은 고귀한 것이다. 그러나 그것을 구실삼는 평등전제주의는 역(逆)평등을 조장한다. 악인과 선인이 동등한 대우를 받는 것이 진정한 의미의 평등인가? 이른 아침부터 포도원에서 일한 사람과 해질 무렵에 일을 시작한 사람이 동일한 품삯을 받는 것이 평등인가?

인간은 모두 하나님의 형상으로 지음을 받은 평등한 존재이다. 그러나 하나님의 빛 안에 있는 자의 진리 지식과 어둠 안에 있는 자의 진리 지식이 동일하다는 것은 평등주의의 오용이다. 모든 종교가 죄를 용서받고 구원받는 길이라는 사상은 평등이 아니다. 악한 결과나 덧없는 종교심에 빠지게 하는 종교가 없지 않기 때문이다.

평등주의와 평등전제주의는 계시종교와 자연종교가 동등하다는 것을 증명하지 못한다. 진짜와 가짜를 동일한 것으로 판단하는 모순에 빠진다. 하나님의 특별계시에 기초한 종교와 인간의 죄성, 제한성과, 그리고 그것의 결과인 자연종교의 진리가 동일하다고 할 근거는 없다. 성경과 타종교의 경전의 동등성을 증명할 방법이 없다. 계시종교에 근거한 기독교와 자연종교인 타종교를 동일하게 여김은 영롱한 진주와 조개껍질을 동일한 것으로 간주하는 오류 판단이다.

광주 무등산 둘레길에서 태동한 무등신학(Theology of No-Rank)은 평등주의에 기초하여 생태계 윤리를 중요하게 여긴다. 무등(無等)은 '평등이 크게 이루어져서 평등이란 말조차 사라진 상태'를 의미한다. 등급, 계급, 구별이 없고 분리, 차별, 배제가 없는 평등한 세상, 평등한 하나님 나라를 강조한다.

무등신학은 창조세계의 다양성을 선호하는 신학 모델이다. 인간 중심의 윤리에서 벗어나서 생태 중심과 관계 중심으로 나아가는 정신 체계이다. 생태적 창조 의식과 생명 망(web of life)을 강조하는 신학과 윤리를 중요하게 여긴다.[4]

무등신학은 생태계에 대한 인간 중심적인 지배에서 벗어나 창조세계의 관계적 상호의존성을 향하는 의식 전환을 강조한다. 이것은 평등 개념이 기존 신학에 대한 보완적 기능을 가지고 있는 점에서 일면 이상적이다. 그러나 하나의 관점을 절대화하는 평등전제주의 또는 평등주의 파시즘에서 자유로울 것인지 매우 의문스럽다.

맺음말: 철학사, 오류의 역사

동서양을 막론하고, 철학의 역사는 거듭되는 오류의 역사이다(The history of philosophy is history of errors). 기존의 주장, 이론, 가정에 도전해 온 역사이다. 성경은 창조자 하나님이 지식과 지혜의 근본(잠 1:7; 9:10)이라고 알려준다. 유한성을 가진 인간의 인식 구조가 하나님의 특별계시로 인간에게 주어진 영원한 진리를 만나면 사람은 하나님께서 계시한 만큼의 진리 인식이 가능하다. 하나님께서 인간 인식 사이클에 맞추어 특별하게 계시한 진리는 근원적으로 천계(天界)에서 온 것이다. 성경은 바깥 세계에서 인간 세계 안에 주어진 특별한 진리 지식의 보고(寶庫)이다.

칸트의 인식론적 통찰은 소중한 인류의 지적 재산이다. 사물과 진리에 대한 인간 이해 능력의 한계를 인식시켜 준다. 그러나 종교다원

---

[4]박용범, 『무등신학: 자기비움과 사회봉사의 영성』 (서울: 쿰란출판사, 2023).

주의자들이 칸트주의와 자유주의 신학 전통을 따라 탈기독교적인 관점을 절대화 하고 이를 추종함은 시각장애자가 다른 시각장애자를 인도하는 것과 같다. 피터 브뤼겔(Pieter Brueghel)의 명작 "장님을 이끄는 장님"(The Blind Leading the Blind, 1568)을 연상시킨다.

힌두교의 아드바이타 사상, 불교의 연기론, 유교의 음양 사상도 종교다원주의와 관련된 흥미로운 세계관이다. 다음 장에서 상론한다. 칸트의 인간 이성의 제한성 강조는 지당한 진리이다.

그러나 하나님의 특별계시 밖에는 이 세상의 그 어느 것도 그것에 비견할 만한 가치를 지닌 것은 없다. 칸트는 신의 특별계시를 부정할 수 없다. 성경 내용과 복음주의 신앙이 옳지 않으며 신뢰할 수 없다고 말하는 것은 칸트에게 불가능한 일이다. 칸트는 전능한 초월자 하나님의 계시가 인간에게 하나의 명료하고 불변하고 영원한 진리로 주어지는 사실을 부정할 수 없다. 이 사실을 부정하는 순간, 칸트 자신이 구축한 인식론 체계에 모순이 발생한다. 인간 이성의 한계와 지식의 능동성을 이론화한 인식론을 통째로 거부하는 결과에 이른다.

칸트는 계몽주의 흐름에 따라 이성의 중요성을 강조하면서도 그것이 만사를 판단하는 심판관일 수 없음을 규명했다. 이성이나 경험은 인간이 지닌 범주적 제한성을 벗어나지 못한다. 어느 누구도 하나님이 이스라엘 민족의 역사, 선지자들, 예수 그리스도, 사도들을 거쳐 인간에게 준 특별계시의 진리를 무시하거나 부정할 지적 능력과 권위를 가지고 있지 않다. 예수 그리스도가 유일무이의 구원자이며, 하나님과 인간 사이의 유일한 중보자라고 하는 계시 진리가 틀렸다고 단정할 수 없다. 하나님의 계시 진리를 담은 성경을 신앙과 행위의 최고, 최종적 권위가 아니라고 말할 근거와 권위를 가지고 있지 않다.

베단타 아드바이타 세계관

—종교다원주의는 힌두교 유산이다—

1. 형식과 본질

인도의 지식인들은 힌두교를 다신교라기보다는 '유일신교'라고 주장한다. 인도의 3억 5천이 넘는 신들뿐만 아니라 세상의 모든 신들을 궁극적으로 절대 유일신의 다양한 나타남으로 여긴다. 각 종교의 신들이 유일신의 다양한 아바타(Avatar)와 같다고 본다. 아바타는 사용자 대신 특정 역할을 수행하는 애니메이션 캐릭터이다. 충분하지는 않지만 유일신의 다양한 현현(顯現)을 설명하기에 유용한 비유이다.

힌두교 세계관에 따르면, 모든 신은 유일신 브라만(Brahman)의 다양한 현현이다. 각 종교는 철학자들이 말하는 궁극의 신적 실재를 대변하는 여러 양상이다. 각 신은 민족, 문화, 역사적 배경에 따라 다양한 형태로 나타나는 유일신 브라만의 나타남이다.

기독교계 종교다원주의자들은 힌두교 관점을 수용하여 모든 종교가 궁극적으로 하나의 신을 섬긴다고 주장한다. 기독교, 유대교, 이슬람의 유일신론과 비슷한 유일신론을 신봉한다. 이들이 말하는 유일신은 숫자 개념의 하나(一)의 신이 아니다. 다신적 유일신을 의미한

다. 만신총합 유일신론(Polytheistic Monotheism)의 신이다.[1]

종교다원주의자들은 모든 종교가 한 분 하나님을 섬기며, 모두 동등하며, 동일한 구원에 이르는 길이라고 본다. 특정 종교가 진리와 구원을 독점할 수 없다고 한다. 종교다원주의는 역사적 기독교의 예수구원 유일 신앙을 배타적 교리로 여기며 이를 버리라고 요구한다.

20세기 중반에 등장한 기독계의 종교다원주의는 근본적으로 힌두교 베단타 철학의 아드바이타(Vedantic Advaita)—비이원성 세계관에 기초해 있다. 아드바이타는 비이원적 상관성을 강조하며, 신과 인간, 세상을 하나로 간주한다. 모든 신을 유일신의 다양한 나타남이라고 여긴다. 종교다원주의는 모든 종교의 신이 비이원적으로 하나이며, 모든 종교가 불이일원론적으로 하나라는 이해를 전제로 한다.

20세기 후반, 종교다원주의는 자유주의 신학과 평등 전제주의의 풍토 속에서 나타났다. 특히, 힌두교의 아드바이타 세계관을 가진 인도계 프로테스탄트 신학자들이 이를 WCC에 도입했다.

종교다원주의자들은 유일신 신봉자들이다. 기독교, 유대교, 이슬람이 신이 한 분임을 믿는 것과 같다. 그러나 모든 신을 총합적으로 이해하여 하나의 절대적 신이라고 믿는다. 그 유일신이 각종 다양한 신 이해로 나타난다고 본다. 그 신을 만신총합 유일신(Polytheistic Monothiesm)으로 이해한다.

힌두교는 아리안 족이 베다 시대(기원전 1,500-500)에 북 인도에 들어와 섬겼던 유일신 브라만을 믿는다. 아리안 족은 오늘날 이란 지역, 중앙 아시아와 북부 이란에 살던 민족으로 추정된다. 현재의 이란 족의 언어와 문화와 밀접한 관련이 있다.

힌두교(Hinduism)라는 명칭은 19세기 초에 등장했다. 본래의 명칭은 브라만교(Brahmanism)였다. 영국의 기독교 선교사들이 인도에 들어와 복잡한 종교 문화를 접하고서 이곳의 종교를 '힌두교'(Hinduism)라고 부르기 시작했다. '힌두'는 인디아, 인더스, 힌두스에서 유래한 단어이다. 힌두교는 편의상 단일 종교를 일컫는 용어로 굳어졌다.

힌두교에는 창시자가 없다. 교리나 경전도 통일되어 있지 않다. 이 종교는 헤아릴 수 없이 많은 신들을 섬기는 신앙 복합체이다. 인도인들은 힌두교 경전 『리그베다』(*Rigveda*, 기원전 1,500-1,200)의 가르침을 따라 절대 신과 그것의 현현인 다양한 신들을 아드바이타―비이원적 단일체로 본다. 이 경전은 인도 베다 시대의 브라만교와 그것을 계승한 힌두교의 신화, 종교, 밀교철학, 다신론, 단일신론, 유일신론, 범신론 등의 사상을 담고 있다.[2]

영국인 존 힉(John Hick, 1922-2012)과 인도계 기독교 신학자들은 자유주의 신학과 20세기 시대정신에서 에너지를 받아 아드바이타 세계관에 기초한 '신 중심주의'라는 종교다원주의 이론을 정립했다. '신 중심주의'의 '신'은 힌두교의 베단타 철학이 가진 만신총합의 신을 의미한다.

WCC의 유급 전임 신학자 스탠리 사마르타(Stanley Samartha)와 그의 후임자 웨슬리 아리아라자(Wesley Ariarajah)는 힌두교 아드바이타 세계관을 따라 기독교 유형의 종교다원주의를 정립하여 이 단체 안에 안착시켰다. WCC는 전술한 자유주의 신학과 20세기 시

---

[1]Stanley Samartha, *One Christ-Many Religions: Toward a Revised Christology,* (Orbis Books, 1991; Eugene, Oregon: WIPF & STOCK, 2015), 107 ff.

[2]힌두교의 신비와 밀교를 따르는 베단타 학파의 세 가지 경전은 우파니샤드(Upanishads), 브라마수트라(Brahmasutra), 바가바드기타(Bhagavadgita)이다.

대정신과 평등전제주의 흐름에 따라 힌두교 아드바이타 세계관 위에 구축된 종교다원주의를 표방한다.

사마르타는 힌두교 아드바이타—불이일원성 비전을 종교다원주의 사고의 틀(frame)로 설정하면서 이를 격찬한다. "다양성을 조화와 긴장으로 하나로 묶는 대 통합에 대한 아드바이타 비전은 편협한 종파적 교리가 아닐 뿐만 아니라 국가의 더 큰 삶에 광범위한 영향을 미치는 결과를 가져오는 관점이다. 물론 이것이 항상 그렇게 인식되는 것은 아니다."[3]

힌두교의 아드바이타 사상은 사물의 상관 관계를 하나로 보는 세계관이다. 하나와 여럿, 단(單)과 다(多)가 별개가 아니라 하나라고 본다. 모든 것을 하나로 포괄하는 사고방식이다. 이원론적 사물 이해, 배타적 태도, 진리의 절대적 특성을 거부한다. 관용적 특성을 지니며 다양성과 다원주의에 개방적이다.

아드바이타 사상의 사물 이해 방식은 불교의 연기론(緣起論), 신라시대 원효대사의 부일부이(不一不二) 사상, 한국 불교계 학자들의 비일비이(非一非二)와 일즉다 다즉일(一卽多 多卽一) 사상, 유교의 음양(陰陽) 사상, 한국 유생들의 일원적 이기관(一元的 理氣觀)과 비슷하다.

신의 단다(單多)의 특성은 기독교의 삼위일체 유일신론에서도 엿보인다. 만약 복음이 아시아에 먼저 전파되었으면 동양사상의 비이원적 세계관을 만나 일전(一戰)을 치렀을 수도 있다.

사고 형식과 본질은 다르다. 사고 형식은 그릇과 같다. 그릇과 그 안에 담기는 내용은 같지 않다. 사고유형이 비슷하다고 하여 본질이 동일한 것은 아니다. 인식론적 방법과 존재론적 실재는 같지 않다. 사고유형의 유사성과 본질의 동일성은 전혀 다른 사안이다.

힌두교의 아드바이타 사상에 근거하여 다신적 유일신론—만신총합 유일신론을 기독교의 삼위일체 유일신론과 동일시하는 것은 범주착각의 오류이다. 사고 구조의 유사성과 본질의 동일성은 다른 사안이기 때문이다. 사람과 개는 모두 동물이지만 동일 본질을 공유하지않는다. 사람과 개가 본질적으로 하나이며, 모두 평등성, 동등성, 동일성을 지녔다고 정의함은 심대한 오류이다.

2. 힌두교계 종교다원주의

힌두교는 브라만을 절대 신, 순수한 영적 실재, 영구불멸의 존재로 여긴다. 세계를 창조한 유일신, 지존의 신이며, 서양철학이 말하는 제일 원인(The First Cause)이라고 믿는다. 세상의 여러 종교들이 숭배하는 신들을 모두 유일신 브라만의 상이한 나타남이라고 본다. 아드바이타 사상을 핵심으로 가진 힌두교 베단타 철학은 만유의기저(基底)에 유일한 신, 브라만이 있고, 그 신과 인간이 하나라고 본다. 우주적 영(Cosmic Spirit)과 우주적 질료(Cosmic Substance)를이원화 하는 발상을 부정한다.

힌두교는 개인아(個人我, Atman)가 자신의 진정한 본성을 직관(直觀)할 때 즉각 브라만, 곧 최고아(最高我)와 완전히 동일한 존재가 된다고 믿는다. 비이원적 존재, 곧 일원적 존재가 우주의 진실한 모습

---

[3]"The advaita vision of a grand unity that holds together diversities in harmony and tension is not just a narrowly sectarian religious doctrine but a view of life, the consequences of which have a pervasive influence on the larger life of the nation, is not always recognized. Stanley Samartha, *One Christ-Many Religions: Toward a Revised Christology* (Maryknoll: Orbis Books, 1991; Eugene, OR: WIPF & STOCK, 2015), 108.

이며, 현상계의 다양성은 일원적 존재의 환영(幻影, Maya)에 지나지
않는다고 한다. 지존의 브라만과 개인아 아트만은 둘이 아니라 하나
라고 본다. 아드바이타(Advaita)는 이러한 비이원적 존재 원리를 일
컫는다.[4]

라마크리슈나(Sri Ramakrishna, 1836-1886)[5]는 힌두교 아드바
이타 세계관을 근거로, 인도인에게 익숙한 힌두교 유형의 종교다원주
의 사상을 구현했다. 다양한 영적 경험과 종교적 실천으로 주요 종교
들의 일치와 조화를 모색했다. 기독교, 불교, 힌두교, 이슬람교 등 여
러 종교들을 나름대로 이해하고서 종교 진리는 결국 각 종교의 구별
을 초월한 곳에 귀결한다고 결론지었다. 각 종교들이 본질적·내적 통
일성을 지니고 있다고 했다. 세계의 종교들을 하나의 동일한 존재와
목표에 도달하는 여러 가지 경로라고 했다.

라마크리슈나는 아드바이타 세계관을 강과 바다의 관계로 비유했
다. 모든 강은 바다로 흘러간다. 물은 경사에 따라 바다와 하나로 결
합한다. 인종, 시대, 영혼에 따라 서로 다른 물길을 만들어 나간다. 물
은 다 같은 물이다. 세상에는 많은 물길이 있듯이, 다양한 종교들이
있다. 각 종교는 자기 종교만이 참 종교라고 생각하고, 마치 자기 시
계만이 올바르게 움직이고 있다는 듯이 주장한다. 그러나 다른 사람
의 시계가 잘못 돌아가도, 태양만은 제대로 돌아가고 있다. 사람은
태양에 자신의 시계를 맞추어야 한다고 했다.[6]

라마크리슈나는 신이 구도자들에게 다양한 형태로 자신을 나타내
고 다양하게 계시한다고 하면서 이것이 마치 여러 가지 색깔을 가진
카멜레온(Chameleon)과 같다고 했다. 신은 각 종교마다 다른 특성
을 지니고 나타난다. 사람들은 자신이 카멜레온을 보는 순간의 그것
이 가진 그 색깔만을 갖고 있다고 잘못 생각한다. 신은 특정 장소에

서 얼어붙어 얼음이 되는 무한한 바다와 같다. 빗물, 샘물, 개울물, 시냇물, 강물, 바닷물, 호수 물은 모두 물이라고 하는 하나의 실재의 서로 다른 현현, 나타남, 표현이다. 다양한 종교들의 상호관계는 이와 같다. 하나의 종교가 다양한 형태로 나타난다는 것이다. 모든 종교는 하나이면서 동시에 여럿이라고 본다.

라마크리슈나는 끊임없이 하나님을 생각하는 사람은 신의 참 성품을 알 수 있다고 한다. 나무 아래에 앉아 항상 도를 닦는 사람은 카멜레온이 다양한 색깔을 가지고 있는 것처럼, 신이 사람에게 각각 다르게 보이거나 상이하게 나타나는 것을 인지한다. 사람들은 카멜레온에 대한 부분적으로만 옳은 개념을 가지지만, 눈을 뜬 선각자는 시각장애자와 달리 전체를 본다. 코끼리의 다리, 배, 귀 전체가 그 동물의 일부인 것을 안다. 사시사철 세상 전체를 조망하는 능력을 가진 자는 물이 여러 가지 유형, 곧 구름, 빗물, 안개, 강물, 바닷물로 존재함을 알 수 있다. 이와 같이 종교는 다양하지만 모든 종교를 합치면 유일신의 실체를 전체적으로 그리고 옳게 파악할 수 있다고 했다.

---

[4]Joanie Stankowitz, *Advaita Vedanta Practices: The Relationship Between Brahman And Atman* (Independently published in India, 2021); Arvind Sharma, *The Philosophy of Religion and Advaita Vedanta: A Comparative Study in Religion and Reason* (Hermeneutics: Studies in the History of Religions), (Philadelphia: Penn State University Press, 1995).

[5]산스크리어 어족에서 '스리'(Sri)는 존경스런 인물의 이름 앞에 붙이는 명칭이다. 스리랑카의 1948년 독립 당시의 국명은 '실론'(Ceylon)이었다. 1972년에 '스리랑카, 곧 '성스러운 섬' 또는 '존경받는 섬'으로 바꾸었다.

[6]변선환, "종교간의 대화 백년의 전망: 세계종교대회를 중심하여서," 『종교간 대화와 아시아신학』, 변선환 아카브 편 (천안: 한국신학연구소, 1991), 16.

3. 라마크리슈나 미션

라마크리슈나의 힌두교 사상에 근거한 아드바이타적 종교 사상은 충직한 제자 스와미 비베카난다(Sri Swami Vivekananda, 1863-1902)를 거쳐 종교다원주의 신흥 종단 '라마크리슈나 미션' 설립으로 발전했다. 비베카난다는 신흥 종단과 '라마크리슈나 수녀회'를 만들어 요가(Yoga), 아드바이타 사상, 종교혼합주의, 힌두교적 실천을 세계에 널리 알렸다.

비베카난다는 시카고에서 열린 만국박람회 기간에 모인 '세계종교대회'(Parliament of the World Religions, 1893)에 참석하여 "주(Lord)는 모든 종교 안에 있다"는 요지의 연설로 박수 갈채를 받았다.

그 무렵, 힌두교 개혁자들은 근대화라는 명분 아래 우상숭배를 금지했다. 그러자 비베카난다는 이를 반대했다. 예로부터 내려오는 힌두교 전통을 고스란히 보전하려고 했다. 모든 종교가 참 의미의 선(善)을 추구하는 종교적 보편성과 관용성을 지니고 있다고 했다.

비베카난다의 이 주장은 기독교라는 종교로 대표되는 서양문명에 대한 저항적인 경종이었다. 인도의 정신문명, 특히 베단타 아드바이타 비전이야말로 인류를 구원할 수 있는 포용적인 위대한 사상이라는 것이었다.

비베카난다는 라마크리슈나의 사상을 근거로 1897년에 '라마크리슈나 미션'을 설립했다. 아드바이타 세계관을 핵심 삼아 모든 종교의 일치와 박애적인 인류 봉사를 강조하는 종교혼합주의 종단이었다. 라마크리슈나의 가르침을 따르며, 다양한 종교들이 동일한 신을 드러내는 각양의 서로 다른 방편이라고 가르친다. 모든 종교들을 궁극적으로 일치성을 가진 동일동가의 진리공동체로 여긴다.

　　라마크리슈나 미션은 모든 종교 위인들을 동시에 예배한다. 이 종단의 사원 (寺院)은 힌두교 사원, 이슬람사원, 기독교 교회당의 특징들로 구성되어 있다. 사원 안에는 예수를 포함한 여러 종교 위인들의 상을 안치해 놓고 있다. 사원 전면에는 예수가 벵갈의 힌두교 탁발승과 함께 종교 춤을 추고 있는 형태로 묘사되어 있다. 무슬림, 시크교 교도, 조로아스터교도, 유생, 성공회 신부 등이 각자의 종교를 상징하는 '거룩한 깃발'을 들고서 예수와 벵갈의 탁발승 주위에 서 있는 것으로 그려져 있다.

　　라마크리슈나 미션의 핵심 사상은 실재가 오직 하나라는 것이다. 신과 인간과 세상 만물이 여러 가지 다른 이름을 가지고 있고, 여러 가지 형태로 나타나지만, 모두 동일한 하나의 실재의 서로 다른 표현이라고 한다. 이 종단의 경전 『라마크리슈나의 복음』은 실재가 하나라는 것을 강조하면서 아드바이타 사상을 다음과 같이 설명한다.

> 진리는 만민에게 공통적이며, 신의 것이다. 진리는 이미 유럽의 것도, 아시아의 것도 아니며, 당신의 것도, 나의 것도 아니다. 나는 모든 종교를 실천했다. 힌두교, 이슬람교, 기독교 등, 나는 인도의 여러 종파의 길을 걸었다. 모든 종교가 다른 길을 통하여 같은 신에게 향하는 것을 알았다. 모든 사람이 종교의 이름으로 싸우고 있는 것을 본다. 얼마나 웃기는 일인가! 실재는 하나이다. 그것은 여러 가지 다른 이름을 가지고 있다. 각자는 동일한 실재를 찾고 있다. 다만 기후와 기질과 이름이 다를 뿐이다.[7]

　　아드바이타 세계관에 충실한 아우로빈도 고시(Sri Aurobindo Ghosh, 1872-1950)는 인도의 또 다른 힌두교 사상가이다. 영국의 벵골 분할에 반대하고 인도의 독립(1947)을 외친 인물이다. 힌두교의 원리에 기초하여 유럽 문명을 비판하고 인도 정신의 우월성을 주창했다. 어린 시절에 부모와 함께 영국으로 건너가 오랫동안 유럽식 교육을 받았다. 귀국한 뒤에 인도 독립을 위한 정치운동에 참가했다. 투옥되기도 했다.

아우로빈도는 30세 무렵에 돌연 신의 계시를 받았다고 하면서 정치운동에서 물러나 요가 수행(修行)과 철학적 사색에 몰입했다. 베다경 『우파니샤드』의 가르침에 따라 많은 사색과 영적 체험을 했고, 그 결과를 기록으로 남겼다. 유럽 문명을 비판하고 인도의 고유한 문화와 정신을 재평가했다. 전통적인 인도 사상에서 새로운 종교적 인간상을 찾아야 한다는 말로 힌두교 영성을 선양했다.

아우로빈도는 힌두교 영성을 기반으로 인간의 마음(mind)을 체계적으로 규명한 요가 철학자이다. 베단타 철학이 절대 신, 절대 원리로 규정하는 브라만을 존재, 인식, 지복 등을 통합한 실재로 보는 전통적 견해에 제4의 원리인 초월심(supermind)을 더하여 신적인 세계가 초월적으로 형성된다고 했다.

아우로빈도는 경험적 현상세계가 물질(matter), 생명(life), 마음(mind) 등의 원리에 의해 형성되며, 그 세계는 무지가 지배하지만 허망한 것이 아니라 절대자에게 통합된다고 해석했다. 이 두 세계를 매개하는 것이 초월심이다. 절대 실재는 존재, 인식, 지복, 초월심을 거쳐 순수 존재에서 우주적 존재로 하강한다. 현상적 실재는 물질, 생명, 마음, 초월심을 거쳐 신적 실재로 상승한다고 했다. 이래에서 상론할 기독교계 종교다원주의자들의 사상은 이와 동일한 힌두교 사상에 기초해 있다,

4. 유교의 음양사상

고대 중국인의 지혜와 철학을 담은『역경』(易經, 周易, Book of Changes)은 동양 철학의 대표적 고전 작품이다. 음(陰)과 양(陽)의 상호작용으로 자연과 인간의 변화의 원리와 인간과 우주의 관계를 설명한다. 자연과 사회 그리고 인간의 변화를 예측하고 이해하는 기반을 제공한다. 이 책은 64개의 괘(卦)로 이루어져 있으며, 각 괘는 음양(陰陽)의 조합을 거쳐 만물의 변화와 반복 패턴을 설명한다. 점술서로 이용되는 이 책은 철학과 윤리, 정치와 자연을 아우르는 통찰을 제공한다.

유학은 세상 만물의 변화와 존재가 음(陰)과 양(陽)이라는 두 가지 기본 원리에 따른다고 본다. 첫째 원리는 음과 양은 둘이면서도 하나이고 하나이면서 둘이라고 보는 세계관이다. 둘째 원리는 만물이 상호작용을 거쳐 생겨나고 변화한다는 이치이다. 음양사상은 만물의 조화와 상호관계를 강조하며, 서로의 차이를 인정하고 존중하며, 절제와 중용(中庸)을 중요하게 여긴다. 모든 존재가 변화 속에서 서로 의존하고 보완하며 조화로움을 이루어야 한다고 한다. 이 사상은 종교 간의 대화와 종교다원주의 활동을 고무할 수 있는 포용적인 사고의 틀이다. 음양사상이 일치, 조화, 균형을 강조하기 때문이다.

그러나 유교 사상이 강한 영향을 미친 세계는 대립과 분열과 긴장으로 점철되어 왔다. 유교 정통주의 주자학은 조선에 들어와 당쟁과 대립과 파당의 프레임으로 작용했다. 유교를 건국 이념으로 삼은 조

---

[7] 변선환, "종교간의 대화 백년의 전망," 47, 재인용.

선 사회는 음과 양을 조화와 상호의존의 관계로 보지 않고 오히려 대립과 갈등을 자아내는 변증법적인 갈등 프레임으로 인식하면서 끝없는 배타성과 불화를 자아냈다.

음양사상 중심의 유학 오리엔테이션을 가진 조선 사대부들은 사회 질서와 정치적 갈등 상황에서 배타적인 태도를 보였다. 조선왕국은 당쟁으로 시달렸다. 정치인들은 서인과 동인으로 나뉘었고, 이후 동인이 남인과 북인으로, 서인이 노론과 소론을 구분됐다.[8]

조선왕국 후기의 한국 천주교에 대한 10차례에 걸친 대 박해는 조선왕국의 정치권력과 유교 정통주의가 결합하여 자아낸 폭력적 사건이었다. 첫 번째 사건은 신해박해(1791)였고, 마지막 사건은 병인박해(1866)였다. 처형된 조선의 천주교 신자들과 외국 선교사는 약 8천 명에 이른다. 이 박해는 가장 많은 희생자를 냈다. 수천 명이 처형되었다. 프랑스 출신 선교사 신부 아홉 명이 희생되었다.[9]

음양사상은 삶의 현장 특히 정치 영역에서 전혀 조화의 기능을 발휘하지 못했다. 음양사상에 따라 일치, 조화, 균형을 강조하는 유교, 특히 주자학이 어찌하여 실제로는 대립과 분열과 긴장을 자아냈는가? 왜 왕국을 당쟁과 파당으로 점철하게 했는가?

유교의 음양사상은 중국 역사에서도 조화와 일치가 아니라 대립, 파당, 분열에 이바지했다. 상반되는 두 가지 힘이 서로 조화를 이루며 변화와 균형을 유지한다는 개념이지만, 현실에서 이를 적용할 때는 대립과 갈등을 불러일으켰다. 음양사상이 이원론적인 반립적 사고(antithetical mode of thinking)로 작동한 결과이다.

음양사상의 이분법적인 사고는 중국의 관료 조직이나 정치적 파벌을 형성하는 데도 큰 영향을 미쳤다. 예를 들어, 명나라와 청나라 시대에는 보수적 유교 관료와 개혁적 실용 관료 간에 갈등이 빈번했다.

이들은 서로를 음과 양처럼 구분하며 상반된 가치와 목표를 추구했고, 이로 말미암아 정권 내부의 분열과 갈등이 심화되었다.

송나라 시대에 등장한 신유학—성리학은 음양사상을 더욱 체계화했지만, 그 시대의 사회는 조화와 일치는커녕 이분법적 사고와 반립적 사고를 강화하여 긴장을 초래했다. 신유학은 유교의 가르침을 절대적인 도덕 기준으로 삼았고, 사회와 개인의 변화를 억제하려는 경향을 지니고 있었다. 이를 반대하는 실용적 사고와 충돌했다.

음양사상은 중국 중심의 화이질서(華夷秩序)와 맞물려 주변국과 대립과 갈등을 조장했다. 이것을 앞세워 조화와 균형을 명분으로 삼았지만, 외부 세계를 비주류 곧 음(陰)으로 보고 중국을 중심 곧 양(陽)으로 보는 관념을 강화하여 주변국들과 대립, 긴장, 충돌을 낳았다.

음양사상에 충실한 유학파들 간의 이기론(理氣論) 논쟁도 학문적 분열을 초래했다. 주자학과 양명학을 대표하는 학파들은 음양과 이(理)와 기(氣)의 문제를 놓고 충돌했다. 이를 둘러싼 갈등은 학문적, 정치적으로 긴장과 분열을 야기했다.

조선의 유학자—성리학자들은 이기일원론(理氣一元論)과 이기이원론(理氣二元論)을 둘러싸고 논쟁을 벌였다. 이기이원론은 "이(理)와 기(氣)는 두가지 존재"라고 보는 사상이다. 율곡 이이는 이기이원론을 지지했다. 다수의 조선 유생들은 이기일원론을 지지했다. 만물

---

[8]한상윤, 『조선유교사』 (서울: 민중서관, 1954), 114.

[9]Jai-Keun Choi, "Doctrinal and Institutional Developments of Catholicism in 19th Century Korea: An Analysis based on a Comparative Study of the Great Persecutions of 1801 and 1866," Ph.D. dissertation, Harvard University Graduate School of Arts and Science, 1997.

의 본체인 '이'와 만물의 현상인 '기'가 별개로 존재하는 것이 아니라 하나로 연결되어 있다고 보았다. '이'와 '기'는 존재론적으로 상보적 (相補的)인 관계, 서로 떨어질 수 없는 불상리(不相離) 사이라고 했다. 본체의 '이'와 현상의 '기'가 별개의 존재로 분리된 것이 아니라 하나의 존재라는 것이었다. 본체의 세계와 현상의 세계를 통일시켜 하나로 파악했다. 인식 과정에서 '이'와 '기'를 개념적으로 구별할 수 있지만, 존재의 차원에서 이것들은 하나의 실재이며 분리될 수 없다고 했다. "이와 기는 혼연하여 틈이 없어서 원래 서로 떠나지 않았으니 두 가지 존재(二物)라고 할 수 없다. …이(理)의 근원도 하나일 뿐이요 기(氣)의 근원도 하나일 뿐이어서 서로 떠날 수 없으니, 이와 기는 하나이다"[10]라고 했다.

요컨대, 음양사상은 조화와 균형을 강조하는 원리임에도 사람들은 그것의 본래 정신에 역행하면서 사물을 반립적으로 바라보면서 역사 속에서 다양한 정치적·사회적 긴장과 갈등과 불화를 자아냈다.[11]

5. 원효의 화쟁사상(和諍思想)

불교 『반야심경』의 "색즉시공(色卽是空), 공즉시색(空卽是色)" 사상은 힌두교 아드바이타 사상과 비슷하다. 색즉시공의 '색'은 형태나 물질적인 존재를 의미하며, '즉'은 '곧'이라는 뜻이고, '공'은 비어있음을 뜻한다. '색즉시공'은 모든 형태나 물질적인 존재가 실제로는 비어있다는 의미이다. 이는 물질이나 형태가 영원하지 않으며, 모든 것은 변하고 사라지고 소멸되는 등 고정된 실체가 없다는 뜻이다.

한편, 공즉시색(空卽是色)은 이와 반대로 '공'이 곧 '색'이라는 뜻이다. 비어있는 것이 형태나 물질적인 존재로 나타난다는 의미이다. 공은 단순히 무(無)가 아니라, 다양한 형태와 물질로 나타날 수 있는 가능성을 내포하고 있다. '색즉시공 공즉시색'은 물질적인 존재와 비어있음이 서로 다르지 않다는 것을 의미한다. 물질은 본질적으로 비어있으며, 비어있음은 물질로 나타날 수 있다는 의미이다. 이는 만물의 상호 의존적인 관계를 설명한다. 모든 존재는 고정된 실체가 아니며, 서로 간의 연기(緣起)에 의해 존재함을 강조한다.

대한불교 조계종은 한국에서 가장 큰 불교 종단이다. 중국 선종(禪宗)의 보리달마와 그 법맥을 잇는 육조 혜능 대사의 법통을 표방하며, 전통적인 선(禪) 불교를 계승한다. 한국 조계종의 특징은 관용성이다. 여러 가지불교 전통들을 큰 폭으로 받아들인다. 삼국시대에 중국에서 우리나라에 들어온 불교 13개 종파는 우여곡절 끝에 대한불교 조계종으로 일원화되다시피 했다. 조계종은 선종의 수행법만이 아니라 여러 종파들의 수행, 경론 학습, 다양한 의례를 행한다. 여러 종파의 교리, 행법, 의례를 수용한다. 한국의 역대 불교 선사들의 서릿발 같은 배타적 특성에 비하면 조계종의 관용성, 포용성은 매우 특이하다.

한국 불교계는 여러 갈래의 불교 전통들이 우여곡절 끝에 조계종으로 대충 통합됐다. 조계종은 이를 원효(元曉, 617-686)의 화쟁사

---

[10] 배종호, 『한국유학사』 (서울: 연세대학교 출판부, 1974); 류명종, 『한국유학연구』 (서울: 이문출판사, 1988); 금장태·류동식, 『한국종교사상사—유교·기독교 편』 (서울: 연세대학교 출판부, 1986).

[11] John I. Coulde, "Anti-Buddhist Polemic in Forteenth and Fifteenth Century Korea: The Emergence of Confucian Exclusivism," Ph.D. diss. Harvard University, 1985. 필자가 하버드대학교 대학원 동아시아학과 철학박사 학위 과정에서 이 주제를 연구하려 했던 이야기는 아래의 책을 참고하라. 최덕성, 『빛나는 논문 신나는 논문쓰기』 (서울: 지식산업사, 2005), 143-149.

상(和諍思想), 곧 회통론(會通論)의 영향이라고 본다. 원효는 시각장애자들이 코끼리를 더듬는 것을 비유하면서 서로 다른 견해를 '틀린' 것이 아니라 '다르게' 이해한 것이라면서 한국 불교 갈래들의 회통(會通)의 중요성을 강조했다.

원효는 『금강삼매경론』에서 "불교 사상을 연구함에 있어 어느 일종일파(一宗一派)에 구애됨이 없이 만법(萬法)이 일불승(一佛乘)에 총섭(總攝)되어야 하는 것은 마치 대해(大海) 중에 일체 중류(衆流)가 들어가지 않음이 없는 것과 같다"[12]고 했다. 대승, 소승 등의 종단들의 상호 대립적인 교의를 융회하여 일불승(一佛乘), 곧 하나의 부처의 길, 대승불교 사상으로 귀결시키려 했다.

원효의 화쟁사상(和諍思想)은 대립적인 관계에 있는 듯이 보이는 불교의 여러 가지 법(法)이 불일불이(不一不二)의 관계에 있음을 강조했다. '화쟁'은 상반되거나 대립하는 다양한 사상의 관점을 조화롭게 통합함을 일컫는다. 원효는 공과 유, 인과 법, 진과 속 등 같고 다름, 보편과 특수, 하나와 여럿으로 나뉜 모든 대립적인 것들은 일심체(體)의 다른 양상(相) 또는 작용(用)이라고 했다. 화쟁사상은 불교 안의 특정 종파나 경전의 우위를 주장하는 종파적 입장을 배제한다. 불교 각 학파나 종단 간의 경전 해석의 다양성을 옳고 그름의 문제로 보지 않았다.

심재룡 교수(서울대, 종교학)는 원효의 화쟁사상과 한국 불교계에서 애호되어 온 통불교론(通佛敎論), 회통불교론 등이 한국불교의 고유한 것이 아니라고 주장한다. 원효나 한국 불자들의 독창적인 가르침이 아니라 불교 본래의 것이라고 한다. 불교 본래의 가르침 안에 그 사상이 존재한다고 한다.[13]

불교계의 포용성의 상징인 회통론, 화쟁사상, 불교 본래의 가르침의 기원은 무엇인가? 유문무 교수(인천대)는 불교의 회통사상이 동양 사상사 안에서 일(一)과 다(多), 현상과 본체, 무(無)와 유(有) 등 다양한 관점에서 다루어져 왔다고 한다. 개별성, 곧 특수성과 보편성은 따로 떨어진 것이 아니며, 다르면서도 다르지 않고, 같으면서도 같지 않은 비이원성, 곧 불일불이(不一不二), 비일비이(非一非二) 관계로 파악하는 동양 사상에서 비롯되었다고 한다.

불일불이, 비일비이의 특성을 보이는 원효의 사유 체계는 유(有)와 무(無), 진(眞)과 속(俗), 이상과 현실, 이(理)와 사(事), 공(空)과 색(色)을 나누어 둘로 보지 않으면서, 하나라고 고집하지도 않고, 나아가 중간적 절충도 아닌, 서로의 차이를 통해 소통됨을 보여준다고 한다.[14]

유문무에 따르면, 불교는 본래 회통적이었고 관용성을 특징으로 지니고 있었다. 『화엄경』은 하나 속에 전체가 있고 전체 속에 하나가 있고, 하나가 전체이며 전체가 하나(一中一切 多中一 一卽一切 多卽一)라는 형이상학적 세계관에서 그 통일과 조화의 정신을 단적으로 드러낸다.[15]

역사적으로 불교는 다른 종교나 이데올로기에 관대했다. 포용적이었다. 초기부터 불교는 인도 사상과의 이질적인 면을 강조하기보다 동질성에 근거하여 신념 체계를 구축했다. 불교의 포용성은 인도의 포용적인 문화의 성격에서 연유한 것이다. 유문무는 이 점에 유의할

---

[12] 심재룡, "한국불교는 회통불교인가?" 『불교평론』(2008.06.09), www.budreview.com.

[13] 심재룡, "한국불교는 회통불교인가?" 『불교평론』(2008.06.09).

[14] 유문무, "원효, 화쟁사상의 현대적 의의-소통, 통합, 그리고 평화," 『한국학논집』, 제68집 (2017), 48.

필요가 있다고 한다.

정리하자면, 원효의 화쟁사상은 불일불이(不一不二), 비일비이(非一非二) 구도를 지닌 힌두교 아드바이타 세계관을 반영한다. 불교가 본래의 가르침, 곧 포용성과 회통 사상도 힌두교의 불이일원론 세계관과 다르지 않다. 원효의 화쟁사상과 불일불이 세계관 그리고 불교의 특징인 포용성도 힌두교의 아드바이타 비전에서 온 것이다. 한국인 승려 탄허의 "일즉다 다즉일"(一卽多 多卽一)이라는 사교회통론(四敎會通論)도 힌두교가 사물을 비이원적 하나로 보는 아드바이타적 인식론 프레임에서 온 것이다.

6. 불교계 종교다원주의

탄허(呑虛, 1913-1983)는 불교계 종교다원주의자이다. 한국 불교의 학승이다. 본명은 김금탑(金錦塔)이다. 『화엄경』과 『금강경』 등을 한글로 번역했다. 불교 경전의 심오한 의미를 현대인에게 전달하는 데 이바지했다.

탄허는 불교, 유교, 도교(仙), 기독교의 교리와 사상을 융합하고 조화시키는 회통론(會通論)을 펼쳤다. 기독교계에 종교다원주의가 흥기하던 시기에 불교 중심의 종교다원주의 사상을 펼쳤다.[16]

탄허의 회통사상은 선(禪)사상, 화엄사상, 역학사상, 유학사상, 노장 사상, 기독교관, 미래학 등 다양한 스펙트럼을 가지고 있다. 불교, 유교, 도교, 기독교 사상을 모두 하나의 궁극적 진리를 설명하는 다양한 길이라고 보았다.

탄허는 아시아와 유럽 종교의 공통의 진리를 찾으려 했다. 불교 화엄사상의 핵심인 "일즉다 다즉일"(一卽多 多卽一), "하나가 곧 전체이며, 전체가 곧 하나이다"라는 워리에 기초한 이론을 펼쳤다. 모든 존재가 독립적이면서 동시에 상호 의존적인 관계라는 뜻이다. 모든 것이 개별성—독특성과 보편성—단일성(Unitarity)을 지니고 있다는 뜻이다.

"일즉다"(一即多)는 하나가 모든 것을 포함한다는 의미이다. 개별적인 하나의 존재 안에 전체의 성질과 연결성이 포함되어 있다는 뜻이다. "다즉일"(多即一)은 모든 것이 하나로 귀결된다는 의미이다. 여러 가지(多)가 실상은 하나라는 뜻이다.

"일즉다 다즉일"(一即多 多即一) 원리에 따르면, 특수성은 전체성 안에, 단일성은 보편성 안에 있다. 각각의 사물과 현상이 개별적으로 존재하지만 하나의 본질적인 근원 또는 바탕에서 비롯되었다. 예컨대, 무지개의 색깔이 각각 다르게 보일지라도, 하나의 광선에서 나온다. 모든 존재는 독립적이면서도 유기적으로 상호의존적인 방식으로 연결되어 있다는 것이다.[17]

탄허는 연기론(緣起論)과 공(空) 개념으로 유교, 도교, 기독교(서양) 철학을 새롭게 해석했다. 유교의 인(仁)을 불교의 자비와 연결시키고, 도교의 무위자연(無爲自然)을 불교의 무아(無我)와 연관 짓는다. 서양철학의 이성적 탐구나 인간 중심적 사고를 불교의 깨달음과 연결시킨다. 유교의 도덕적 이상이 불교의 자비와 윤리와 맞닿아 있으며,

---

[15]유문무, 29-60.

[16]한국인 승려 문광은 "탄허 선사의 사교 회통 사상"이라는 제목의 논문을 한국학중앙연구원에 제출하여 2007년에 박사학위를 받았다. 문광, 『탄허 선사의 사교 회통 사상』 (서울: 민족사, 2020).

[17]문광, 103-144.

도교의 인간론과 자연의 조화론이 불교의 자연 법칙과 통할 수 있다고 본다. 서양 철학의 이성적 탐구와 불교의 직관적 깨달음이 상보(相補) 관계라고 한다.[18]

탄허는 불교사상을 중심축으로 삼아 다른 종교 사상들을 조화롭게 품으려 했다. "일즉다 다즉일"(一即多 多即一) 원리에 따라 불교, 유교, 도교(仙), 기독교가 각 종교 사상의 차이를 초극(超克)하여 하나의 진정한 진리로 돌아갈 수 있다고 한다.

탄허는 나아가 각 종교의 교리적 회통만이 아니라 그것을 실천적인 삶으로 연결시킨다. 불교의 자비와 유교의 인(仁) 그리고 도교의 자연스러움의 만남과 결합을 인간이 세상에서 조화롭고 평화롭게 살아가는 방식이라고 본다. 이러한 실천적 윤리가 인간 사회의 윤리적 갈등과 문제들을 해결할 수 있는 지혜를 제공한다고 한다.

불교의 불법(佛法)과 기독교 진리의 융합은 가능한가? 동양사상과 서양사상의 병합이 가능한가? 탄허는 실존주의, 형이상학, 합리주의 등을 불교의 공(空) 사상과 비교하면서, 서양철학이 불교적 세계관과 대립하지 않고 서로 보완적인 관계일 수 있다고 결론짓는다. 개인의 고독과 존재의 본질을 탐구하는 실존주의 방식은 불교가 말하는 무상(無常)과 고(苦)의 문제와 일맥상통하다고 한다.[19]

탄허의 종교다원주의 사상인 사교회통(四敎會通) 이론은 다양한 사상의 갈등과 문화의 장벽 시대에 그것들을 뛰어넘어 인간이 보편적으로 공유할 수 있는 진리 추구를 시도한다. 종교 간의 대화와 동서양 종교철학의 화합의 가능성을 제시한다. 힌두교, 불교, 기독교, 유학 등 다양한 문화와 종교 사상이 공존하고 갈등하고 대립하는 세상에 조화와 상호이해의 중요성을 자각하게 하는 지침 이론이다.

7. 아쇼카선언문

한국불교계는 탄허의 회통사상(종교다원주의 에큐메니즘)을 환영하지 않는다. 이것을 받아들이면 고타마 싯다르타가 가르친 바른 견해, 바른 정진이 무의미하게 된다고 생각한다.

"아쇼카선언문"(2011)은 불교판 "바아르선언문"(1990)이다. 탄허의 종교다원주의 사상과 일맥상통한다.[20] 이것은 1987년에 스리랑카 콜롬보에서 열린 제4차 세계불교도대회에 모인 세계 불교 지도자들과 학자들이 작성한 것이다. 인류가 직면한 다양한 새로운 과제들, 특히 평화, 환경 보호, 인간 존엄성 등을 언급하면서, 종교 간의 관계에 대한 불교 견해를 표명한 것이다.

"아쇼카선언문"은 종교가 다른 것은 서로의 진리가 다르기 때문이 아니라 진리를 표현하는 언어와 문법이 다른 까닭이라고 한다. 자신의 종교가 인정받으려면 남의 종교를 인정해야 한다면서 연기(緣起)법의 가르침처럼 모든 존재가 서로 연관되어 있으며, 모든 종교인들은 평화와 행복이라는 같은 목적을 추구하고 있다고 한다.

모든 종교 교단들은 공통적으로 자아 절제와 생각의 청정함을 추구하며, 백성들에게 정신적인도움을 준다. 지나치게 자신의 교단을 향

---

[18]문광, 56-102.

[19]문광, 349.

[20]"아쇼카선언문"의 공식 명칭은 "종교평화 실현을 위한 불교인 선언: 21세기 아쇼카 선언"(2011)이다. '아쇼카'는 고대 인도의 위대한 불교 후원자였던 마우리아 왕조의 대왕의 이름에서 온 것이다. 이 왕은 비폭력, 자비, 불교 전파에 힘썼다고 알려진다.

한 헌신 때문에 자신의 교단만을 추켜 세우는 사람은 누구나, 그리고 다른 교단을 비난하는 사람은 누구나, 그것이 다만 자신을 더욱 심하게 해치는 일이다. 그러므로 다른 종교가 믿는 교리에 귀 기울이고 그것을 존중해야 한다. 왕은 모든 종교 교단의 사람들이 다른 교단의 훌륭한 교리에 관해 잘 알게 되기를 바란다.[21]

"아쇼카선언문" 해설집은 불교, 유교, 도교, 기독교의 교리에 근본적인 차이가 없다고 설명한다. '모든 중생에게는 불성(佛性)이 있다'는 평등주의 관점을 따라 타종교인들을 포용한다. 유일신 신봉자, 운명론자, 허무론자, 인과응보를 부정하는 자에게도 불성이 있다고 한다. 각 종교에 차이가 존재하는 것은 옳고 그름의 문제가 아니라 각자 인연의 차이일 뿐이라고 한다. 다양성은 각각 다른 인연이 만들어내는 실상이며 아름다움이라고 정의한다.

한국 불교계는 "아쇼카선언문"을 시대착오적이며 본말이 전도된 선언이라고 비판한다. 불교가 신(神)에게 갇힌 기독교를 포용함으로써, 신을 넘어서는 불교의 법에 충실한 선언문이라고 할 수 없다고 한다. 상대방을 불자(佛子)로 만들겠다는 전법(傳法)을 하지 말라는 결론에 이른다고 한다. "내 종교가 소중한 만큼 남의 종교도 인정하자"는 주장은 자칫 불교 고유의 법(진리)을 부정하는 것일 수도 있다고 한다.

어느 승려는 "아쇼카선언문"을 강경하게 거부하면서, "사교(邪敎)나 불의(不義)와 타협하지 않아야 한다. 이교도의 삿된 가르침을 인정하거나 용인한다면 이미 불교도이기를 포기한 것이나 다름없다"[22]고 말한다. 청자자 주지 서림은 깨달음의 입장에서 보면 모든 존재가 진리이며 평등하지만 바로 그 깨달음의 관점에서도 사상이나 종교의

교리가 평등한 것은 아니라고 하면서 항변한다.[23]

8. 아드바이타와 연기론

힌두교와 불교는 모두 고대 북인도에서 기원했다. 아드바이타 세계관을 담은 『리그베다』(*Rigveda*)는 기원전 1500-1200년경에 만들어졌다. 연기론(緣起論)을 담은 불교 경전 『화엄경』은 기원 후 3세기경의 작품이다. 두 경전은 모두 북인도 서부 지역에서 등장했다. 싯다르타의 출생지 룸비니와도 멀지 않은 곳이다.

힌두교와 불교 사이에는 많은 교류가 있었다. 핵심적인 교리는 같지 않으나 세계관의 틀, 사물을 보는 눈, 사고구조(frame of thought)가 비슷하다. 힌두교 아드바이타 세계관과 불교 사상의 핵심인 연기론의 사고의 틀—구조는 동일하다. 다양성과 단일성을 동시에 본질로 가지고 있고, 만물의 개별성과 전체성은 결국 결합된다고 한다. 하나이면서도 동시에 둘 또는 여럿이라는 것이다.

힌두교는 창조의 신 브라만과 그 신과 비이원적 관계를 가진 다양한 신들을 인정한다. 각종 신을 섬기는 종교 의례들을 중요하게 여긴다. 힌두교 아드바이타 사상은 신(브라만), 인간 자아(아트만), 세계가 하나라고 본다. 우주의 궁극적 실재인 브라만과 개별적인 자아

---

[21] "아쇼카선언문"(2011).

[22] 마성, "아쇼카 선언, 정법호지·파사현정 정신 퇴색," 『법보신문』 (2011.09.07), www.beopbo.com.

[23] 서림, "21세기 아쇼카 선언'을 보고," 『불교신문』 (2011.10.19), www.ibulgyo.com.

(Atman)가 비이원적으로 하나로 인식한다.

불교식 구원인 해탈은 힌두교가 말하는 신 브라만과 개별적인 인간 자아와 세계가 하나라는 데 대한 깨달음이다. 신과 인간을 포함한 세계가 통일체이며, 영원한 존재와 유한한 인간이 하나라는 사실을 깨닫는 것을 해탈, 해방(Moksha)이라고 한다.

불교 창시자는 힌두교의 신 중심 신앙과 『리그베다』의 권위에 비판적이었다. 인간이 스스로의 깨달음을 통해 해탈(解脫), 곧 몸과 마음의 고뇌와 번뇌로부터 해방될 수 있다고 보았다. 절대 신 브라만을 거쳐 주어지는 구원을 거부하고, 인간의 마음을 수양하고 명상하여 그것에서 깨달음을 얻는 것을 중요하게 여겼다.

신을 부정하는 불교의 근본 교리 가운데 하나는 무아(無我, Anatta)이다. 이것은 "영원한 자아는 존재하지 않는다"는 사상이다. 불교는 해탈을 연기(緣起)와 무아를 깨닫고 고통의 순환에서 벗어나는 것으로 본다. 개별적인 자아나 영혼이 영원한 실체가 아니라고 한다. 모든 존재에는 고정된 자아가 없다고 한다. 만물을 다섯 가지 구성 요소, 곧 오온(五蘊)으로 이루어진 연기의 산물로 본다. 만물을 끊임없이 상호 의존적으로 변하는 것으로 이해한다.

불교 『화엄경』은 다양한 불교 교리와 철학을 포괄하는 방대한 내용을 담고 있다. 여러 장에 걸쳐 여러가지 설화와 비유로 깨달음과 보살의 길을 설명한다. 『화엄경』의 핵심은 연기론(緣起論)이다. 모든 존재와 현상이 상호 의존적인 관계에 의해 발생한다는 이론이다. "이것이 있기에 저것이 있다"고 보며, 모든 것은 고정된 자아나 절대적인 실재(신) 없이 조건에 따라 생겨나고 사라진다고 이해한다. 모든 것이 공(空, 비어있음)의 상태로 존재하고 무아와 공(空)의 본성을 지니고 있음을 강조한다.

불교는 해탈—구원을 고정된 자아가 없음을 깨닫고 모든 집착과 고통에서 벗어나는 것이라고 정의한다. 해탈은 개별적 자아가 절대적 실재와 합일되는 것이 아니라, 오히려 집착과 무지에서 벗어나 무아와 공성(空性)을 깨닫는 것이라고 한다.

힌두교 철학은 모든 실재들이 하나의 불변하는 절대적 실체인 브라만으로 귀결된다고 보지만, 불교는 고정된 자아와 궁극적 실재를 부정한다. 연기를 거쳐 모든 것이 조건적으로 존재하고, 변하며, 실체가 없다고 주장한다. 힌두교와 불교는 이 점에서 불일치한다.

기독교인은 불교의 연기론의 뿌리인 무시무종(無始無終) 사상, 개인이 수행과 깨달음을 거쳐 고통과 번뇌에서 벗어나 해탈할 수 있다는 신념, 그리고 외부의 절대적 존재에 의한 구원이 아닌 자력구원이 가능한가에 대한 의문을 가진다.

아드바이타 사상과 연기론의 사물 인식의 틀(frame of vision)은 동일하다. 힌두교의 아드바이타 사상과 불교의 연기론, 비일비이(非一非二), 불일불이(不一不二) 사상은 모두 비이원적이라는 동일한 사고의 틀을 지니고 있다. 힌두교의 아드바이타 세계관은 신과 인간과 세상의 합일을 강조하며, 불교의 연기론 세계관은 인간과 세상의 모든 것의 상호관련성을 강조한다. 정통 불교 사상의 구도에는 신이 배제된다. 이러한 사고구조는 회통론, 화쟁사상, 아쇼카선언문, 포용성, 그리고 종교다원주의 사상을 향한 열린 길이다.

맺음말: 호혜평등의 이상

이상에서 살펴본 동양사상의 존재론과 인식론 그리고 사고 양식 또는 인식 구조에 대한 검토는 기독교계 종교다원주의 이해에 유익하다. 21세기의 인류가 직면한 다원적인 변화는 동서양 문화와 종교들의 호혜평등적인 이해를 깊게 만든다. 종교와 문화현상을 이해하고 해석하는 태도와 시각은 다원적이다. 오늘날 각 민족과 지역의 문화와 종교가 동등한 지위를 가진다고 하는 평등적 이상은 보편화 되어 있다. 이는 종교와 전통문화에 대해 객관적이고 냉철한 검증을 요청한다. 고유한 종교나 문화에 대한 무조건적인 우월의식은 객관성을 가질 수 없다.

20세기 기독교계 종교다원주의자들은 힌두교 문화와 아드바이타 세계관과 사고방식을 기본 배경으로 가진 신학자들이다. WCC 종교다원주의 신학자들은 힌두교 철학의 문하생들이다. 아드바이타 세계관에 기초하여 종교다원주의 신학을 체계화했다. 영국인 존 힉, 인도인 라이문도 파니카, 마다틸파람필 토마스, 스탠리 사마르타, 스리랑카인 웨슬리 아리아라자는 힌두교 아드바이타 사상과 자유주의 신학 그리고 시대정신을 따라 역사적 기독교에 도전했다. 하나님의 계시 진리를 공박했다. 그들은 힌두교의 비이원성 세계관과 20세기의 평등전제주의 정신에 따라 종교다원주의를 이론화했고, 그것을 WCC의 종교다원주의 신앙고백으로 정착시켰다.

종교적 다원성 사회에서 서로 다른 종교를 가진 자들이 대화하고 친목하고 서로의 진리에 대한 이해를 도모하는 것을 마다할 자는 없다. 그러나 종교다원주의 사상은 상호 관심과 포용력을 발휘하는 것으로 그치지 않는다. 윤리실천과 사회적 관심을 넘어선다. 기독교를 향하여 신이 계시한 진리의 핵심인 예수 그리스도를 통한 구원의 유일성을 포기하라고 요구한다. WCC의 종교 간의 대화 운동과 종교다원주의 신앙고백의 기본 연원(淵源)은 힌두교 사상이다.

종교다원주의의 주 연원은 힌두교 아드바이타 세계관이다. 따라서 종교다원주의와 아드바이타 세계관이 가진 결정적인 결함과 모순은 동일하다. 첫째, 논리성 결여가 심하다. 이원론을 배제하면서, 지존의 신 브라만과 여러 종교의 신들이 동일하며 일치성을 가졌다고 한다. 다신론과 일신론을 결합한 다신적 유일신론—만신총합 유일신론을 절대화 한다. 비이원론 세계는 환상(Maya)이며, 오직 브라만이라는 절대 신만이 실재한다는 이론은 논리적으로 성립되지 않는다. 만약 브라만이 모든 종교의 주이면, 환상과 실재의 구분이 불가능하다. 이 구도로는 인간의 투영(projection)인 각 종교의 신과 실재하는 하나님을 구분할 수 없다.

둘째, 신, 세상, 인간이 비이원적으로 존재함을 객관적으로 또는 합리적으로 증명하지 못한다. 아드바이타 세계관은 그것의 타당성에 대한 입증이나 검증이 불가능하다. 비이원적 비전은 힌두교인의 개인적 종교적, 영적 경험에 의존한다. 아드바이타적 진리는 만인에게 보편타당하게 적용 가능한 진리로 확립될 수 없다.

셋째, 비이원적 신 이해는 유대교, 기독교, 이슬람교, 조로아스트교의 유일신론만이 아니라 힌두교계의 비슈누교와 시바교의 신론과 충돌한다. 힌두교의 비인격적인 신 브라만과 기독교의 인격적 신 야훼의 양립은 불가능하다.

넷째, 아드바이타 세계관은 비현실적이고 또한 추상적이다. 이 사상은 힌두교 경전 『리그베다』의 하나인 『우파니샤드』 해석에 의존한다. 이 경전과 그것에 대한 해석은 실로 다양하며 편향적이다. 어느 누구도 비이원론적이면서 다신론적인 관점을 지지하는 종교 텍스트를 정확히 해석할 수 없다.

다섯째, 아드바이타 사상은 세계와 자아의 경계를 허물고 현실 세계와 단절하게 한다. 현상 세계를 궁극적 실재가 아닌 착각이나 환영으로 간주하게 하여 개인의 해탈과 내면적 통찰에만 집중하게 만들고 사회적 책임이나 윤리적 실천 그리고 현실 참여를 회피하게 한다. 인류의 현실 타개 노력을 올곧게 수행할 수 없게 한다.

여섯째, 모든 것은 브라만이고, 나머지는 환영이라는 관점은 절대적 실재(브라만) 외의 인간의 존재 이유나 삶의 의미를 모두 부정하는 허무주의 결과로 이어진다. 이는 일상적 삶의 목적, 사회 윤리, 역사적 발전 등 인간적 가치를 상대화하는 자세로 연결된다. 개인으로 하여금 삶의 무의미와 무력감에 함몰되게 하는 허무주의 경향을 지닌다.

일곱째, 종교 간의 구체적 교리 차이와 고유한 정체성을 희석시킨다. 종교적 진리 간의 건전한 비판적 논의를 차단한다. '모두 다 맞다,' '다 거기서 거기다,' '좋은 게 좋다'는 식의 사고를 진작시킨다. 상대주의적·혼합주의적 인식을 강화한다. 이성적·철학적·신학적 무질서와 혼란과 허무주의를 초래한다.

여덟째, 종교다원주의 사고방식을 부추긴다. 모든 종교가 유일신의 다양한 현현이며, 동일동가이며, 모두 다 같은 구원의 길이라고 생각하게 한다. 신의 계시 진리와 상반되는 비합리성에 함몰되게 한다.

힌두교의 아드바이타 세계관과 그것과 유사한 구도를 가진 불교의 연기론, 화쟁사상, 회통론, 유교의 음양론, 이기일원론 등은 모두 존재의 통합성과 비이원적인 조화를 추구하지만, 이 사상들은 난해성과 더불어 내재된 비논리성과 현실과의 괴리로 말미암아 근본적인 모순을 극복하기 어렵다. 이는 단순히 인간 인식 능력의 한계 때문이 아니라, 해당 이론들 자체가 지닌 비현실적이고 비이성적이고 허무주의적 특성에서 기인한다.

9

야훼 삼위일체 하나님

—하나님 한 분 밖에는 참 신이 없다—

기독교가 믿는 하나님은 천지만물을 창조하고 다스리는 유일한 참 신이다. 하나님은 영(靈)이다. 사람의 눈으로 볼 수 있는 분이 아니다. 전지전능(全知全能)하고 무소부재(無所不在)하다. 시작도 끝도 없다. 영원 불변의 신이다. 야훼라는 고유한 이름을 가진 유일신 하나님은 사랑과 공의의 신이다. 성부, 성자, 성령 세 위격으로 존재하지만 본질적으로는 한 분이다. 인간을 사랑하고 구원하는 살아있는 인격적인 신이다. 세상과 사람의 삶에 깊이 관여한다. 자기 백성의 기도를 듣고 응답하며, 그들과 인격적 관계를 유지한다.

하나님 한 분밖에는 참 신이 없다(신 4:35; 사 45:21-22; 46:9). 자연 종교의 신들은 실재하는 신이 아니다. 손으로 만들어진 신이나 이방 신들을 섬기는 것은 우상숭배이다.[1] 참 신은 오로지 창조자 이스라엘의 하나님밖에 없다. 야훼는 이스라엘 민족의 역사를 거쳐 그리고 선지자들과 예수와 그의 사도들에게 진리를 계시한 신이다.

종교다원주의자들은 유일신론(唯一神論) 신봉자들이다. 하나님이 한 분뿐이라고 믿는다. 그들은 '신 중심주의'와 '신 중심의 그리스도론'을 강조한다. 그들이 말하는 유일신은 숫자 개념의 하나(一)

의 신이 아니다. 각 종교의 다양한 신들의 총합(總合, Unitarity)이다. 한 분 하나님이 역사, 민족, 문화, 종교마다 다양한 형태로 현현(顯現)한다고 한다. 이들의 유일신론은 전체성, 전일성(全一性), 포괄성을 의미한다. 다신적 유일신론, 만신총합 유일신론(Polytheistic Monotheism)이다.

WCC의 종교다원주의 신학자들의 신론, 성령론, 기독론, 구원론, 선교론은 만신총합 유일신론에서 영감을 얻고 에너지를 공급받았다. 여러 종교에 등장하는 다양한 신들이 하나의 궁극적 신적 실재의 상이한 현현이라는 신론을 주창하면서 역사적 기독교에 도전한다. 정통 기독교의 유일신은 숫자 개념의 하나(一)를 지칭한다. 종교다원주의 신론을 상론하자면, 정통 기독교의 유일신 야훼 하나님, 곧 성부, 성자, 성령 세 위격(person)으로 존재하는 한 분 하나님에 대한 구체적인 지식이 필요하다.

1. 거룩한 이름 야훼

유일신 창조자 하나님은 다신론(Polytheism) 세상에 버려진 인류를 구원할 역사를 중동 지역 사막의 건조한 땅에서 시작했다. 구약성경의 무대인 팔레스타인, 이집트, 바벨론의 사람들은 다양한 신들을 섬겼다. 팔레스타인 지역 암몬사람들은 잔혹한 인신공양을 요구하는 몰렉과 바알이라는 신을 섬겼다. 가나안 사람들은 바알세불, 블레셋 사람들은 다곤, 모압인들은 그모스를 섬겼다. 솔로몬은 그모스(왕상 11:33)의 산당을 세워주었다가 비극을 맞았다. 성경에는 이집트의 주신 아몬, 태양과 창조의 신 라(Ra), 나일강의 신 하피, 풍요와 출산의 여신 헤케트, 바벨론 사람들의 신 벨, 마르둑, 느보가 등장한다.

여호수아는 이스라엘의 모든 지파의 지도자, 장로, 재판관, 공직자를 향하여 외쳤다. 조상들이 "유프라테스 강 건너에 살면서 다른 신들을 섬겼다"고 하면서, 여러 분들은 "어떤 신들을 섬길 것인지를 오늘 선택하십시오"(수24:15)라고 했다.

성경은 하나님을 천지만물을 창조한 신이라고 명시한다(창 1:1). 그 신은 이스라엘 백성에게 "다른 신들을 숭배하지 말라"고 하고, 유일신 야훼만을 섬기라고 했다. 다른 신을 섬기는 것을 악한 행위(신 31:18)로 규정하고 이를 용납하지 않았다(민 25:13). 다른 신을 섬기면 진노할 것이라고 했다(수 23:16). "다른 신들을 섬기려고 쫓아다니지 말라"(렘 35:15)고 했다.

이 본문들이 말하는 "다른 신들"은 실재하는 신인가? 많은 신들이 실재하지만 이스라엘은 야훼만을 섬기라는 것인가? 그렇지 않다. "다른 신들"은 허상(虛像)이다. 죄성을 가진 인간의 욕망과 필요, 그리고 악한 영의 유혹의 결합이다. 참 신은 창조자 하나님 밖에 없다.

이스라엘의 조상 아브라함은 기원전 1,800년경에 살았다. 고대 바빌로니아제국의 왕 함무라비와 동시대 인물이다. 창세기 18장은 그가 매우 특이한 종교적 부름—소명(召命)을 경험하고서 지금의 팔레스타인 땅으로 이동한 유목민의 부족장이었다고 알려준다.

아브라함은 신의 독특한 소명을 접하고서 "본토 친척 아비 집을 떠나"(창 12:1) 가나안 땅으로 이주했다. 기원전 20세기와 18세기 무렵의 가나안 땅은 근동 지역의 여러 족속들의 이동이 잦은 어수선한

---

[1] 한국의 무속신앙, 민간신앙에는 다양한 신들이 있다. 용왕신, 산신, 천신, 옥황상제, 용왕신, 칠성신, 성주신(城主神), 삼신(三神), 저승신(冥界神), 해신, 풍신 등이다. 일본인들은 '8백만의 신'을 숭배한다.

곳이었다. 각각의 신을 섬기는 가나안 족, 히타이트 족, 아모리 족, 브리스 족, 히위 족, 여부스 족이 살고 있었다. 이스라엘 백성들은 추수감사 예배 때 "내 조상은 떠돌아다니면서 사는 아람 사람"(신 26:5)이었다고 하나님께 아뢰었다.

창조자 하나님은 아브라함을 선택하고 불러내어 인류 구원의 길을 마련했다. 아브라함은 "본토 친척 아비 집을 떠나" 그를 인도하는 신의 음성을 따라 미지의 땅, 열려진 미래의 시간, 창조주 하나님의 인류 구원의 역사 속으로 진입했다. 아브라함을 불러낸 하나님은 언약 —계약 관계의 신이었다. 고대 사회의 신이라고 하는 것들은 일정한 지역을 주관하고 그 지역에서 희생 제물을 받았다. 그러나 아브라함을 부른 하나님은 일정 공간에 매여 있는 신이 아니었다.

어느 비평적 신학자는 아브라함과 이삭과 야곱의 하나님과 모세에게 자기를 본격적으로 나타낸 '이스라엘의 열조의 하나님' 사이에 불연속성이 존재한다고 말한다.[2] 그러나 다수의 신학자들은 전자와 후자가 동일한 신이며, 아브라함의 후손이 안정적 삶을 시작하던 시점에 이르러 자신의 이름을 구체적으로 알려주었다고 본다.

창조주 하나님의 이름은 '야훼'(YHWH)이다. 이 이름을 모세에게 처음으로 알려주었다. "나는 야훼이다. 나는 아브라함과 이삭과 야곱에게 '전능한 하나님'으로는 나타났으나, 그들에게 나의 이름을 야훼로는 알리지 않았다"(출 6:2).

이스라엘 3대 족장 아브라함, 이삭, 야곱 그리고 그들의 후손들은 기원전 13세기에 이집트에서 탈출하기 전에는 자신들이 섬기는 유일신의 고유한 이름이 무엇인지 알지 못했다. 모세 이전의 이스라엘 족장들과 그 후손들은 유일신을 믿었다. 그들은 그 신을 엘(하나님)이라고 호칭(呼稱)했다. '엘 샤다이'(El Shaddai, 전능한 하나님), '엘

엘리욘'(El Elyon, 지극히 높은 하나님), '엘 올람'(El Olam, 영생하는 하나님), '엘 로이'(El Roi, 감찰하는 하나님)이라고 불렀다.

전능하고 유일한 '엘'(하나님)은 모세 시대에 이르러 자신의 이름을 '야훼'(YHWH, 여호와)라고 밝혔다. 이 신명(神名)은 "나는 자존하는 자"(I am who I am, 출 3:14)라는 뜻이다.

아브라함과 모세는 이스라엘 민족의 신앙 유대교의 두 시원(始原)이다. 모세는 아브라함보다 약 600년 뒤에 이집트에서 출생한 히브리인이다. 미디안 광야에서 직접 나타난 신을 체험했다(출 3:1-12). 불타는 떨기나무 속의 신현(神顯) 체험을 했다. 모세의 이 체험은 이스라엘 민족의 유일신 신앙과 신관을 이해하는데 결정적으로 중요하다.

어느 날 모세가 호렙산이 멀리 보이는 광야로 나아갔을 때 특이한 현상을 목격했다. 거룩한 불꽃으로 타오르는 떨기나무 한복판에 나타난 거룩한 실재를 체험했다. 전능하고 거룩한 신 야훼의 현존을 체험한 것이다. 모세가 경험한 것은 예기치 않은 상태에서 모세와 이스라엘 공동체에게 주어진 특이하고도 강렬한 신이었다.

모세의 하나님 이해는 저급한 정령 숭배 단계에서 고차원적인 유일신론으로 발전한 것이 아니다. 그는 갑자기 호렙산 가까운 미디안 광야의 불타는 떨기나무에서 신비한 광휘에 둘러싸여 자기를 부르는 거룩한 신현 체험에 사로잡혔다. 그가 그 체험을 예견, 갈망, 기대한 것이 아니었다. 심리적 투영(projection)도 아니었다.

거룩한 신 야훼는 절대적인 주체성과 주도권을 가진 분이다. 자신이 절대적인 유일신이라는 사실을 인간에게 알려주었다. 모세가 만

---

[2]Mircea Eliade, *The Myth of the Eternal Return Cosmos and History* (Princeton: Princeton University Press, 1974), 108-110.

난 유일신은 우주의 이법(理法)이나 세상 조성의 원리가 아니다. "모세야, 모세야" 하고 이름을 구체적으로 부르고 다가온 초인격적인 하나님이다. 모세는 "이리로 가까이오지 말아라. 네가 서 있는 곳은 거룩한 땅이니, 너는 신을 벗어라"(출 3:5)라는 소리를 들었다. 절대 유일 신 앞에 선 인간 모세는 자신이 티끌이며, 윤리적으로 정결하지 못한 자임을 절감했다.

유일신을 믿는 신앙인은 자유와 임의성을 가지고 자기를 계시한 하나님을 믿는다. 모세가 경험한 유일신은 절대 자유와 권능 속에서 자기를 계시했다. 그 신과 모세의 관계는 은총의 선택, 곧 하나님의 자비와 긍휼의 속성 때문에 맺어졌다.

모세에게 나타난 하나님은 자신의 이름이 '야훼'라고 했다. 히브리어에는 모음이 없다. 거룩한 이름 네 글자(YHWH)에 모음을 붙이기에 따라 '야훼' 또는 '여호와'라고 발음할 수 있다. 다수의 현대 학자들은 '야훼'가 더 정확한 발음이라고 생각한다.

창조자 하나님 야훼는 유일신이다. 자신의 이름을 야훼로 처음 모세에게 알리면서 말했다. "너는 이스라엘 자손에게 이르기를 '야훼, 너희 조상의 하나님, 곧 아브라함의 하나님, 이삭의 하나님, 야곱의 하나님이 나를 너희에게 보내셨다' 하여라. 이것이 영원한 나의 이름이며, 이것이 바로 너희가 대대로 기억할 나의 이름이다"(출 3:15).

야훼는 갑자기 등장한 낯선 신이 아니다. 천지창조 이후부터 만물과 만인을 돌보아 온 창조주 하나님이다.

이스라엘 백성들은 참 하나님을 지칭하는 두 가지 명칭을 사용했다. 하나는 야훼이고 다른 이름은 엘로힘(Elohim)이다. 구약성경에는 야훼가 약 6,700회 나타나고, 엘로힘이 약 2,500회 나타난다. 야훼 절대 유일신의 이름이 명시적으로 등장하는 최초의 성경 본문은 출애굽기 3장 13-15절이다.

신약성경에는 야훼라는 유일신의 이름이 나타나지 않는다. 예수와 그의 제자들은 모두 유대인이다. 그들은 "야훼(YHWH)의 이름을 망령되이 함부로 부르지 말라"(출 20:7)는 명령에 따라 그 이름을 발음하는 것을 두려워했다. 히브리인들은 야훼라는 네 글자를 '아도나이'(Adonai, 主)라고 발음했다. 기원전 3세기 무렵에 헬라어로 번역된 히브리어 성경은 히브리어 아도나이를 '주'라는 의미의 헬라어 큐리오스(Kyurios)로 번역했다.

로마가톨릭교회 교황 베네딕트 16세(조셉 라칭거, 재위 2005-2013)는 전체 가톨릭교회에 교서 "주님의 말씀"(Verbum Domini, 2010)에서 '야훼'라는 이름을 발음하지 말라고 했다. 하나님의 이름을 발음을 하지 않는 유대교 전통을 존중하고, 그동안 '주님'이라고 일컬어 왔던 전례(典禮)의 일관성을 유지하며, '야훼,' '야웨,' '여호와,' '제호바,' '예호바,' '예후아' 등 발음과 억양이 나라마다 지역마다 같지 않아서 자칫 하나님의 이름을 망령되게 일컬을 수 있기 때문이라고 했다. 신성모독을 피하고, 하나님의 이름을 경외하는 정중하고도 겸손한 태도를 가지라고 했다.

2. 예언자들의 유일신 신앙

성경은 이스라엘 백성에게 유일신 야훼만을 예배하라고 하면서 "다른 신들"을 언급한다. 이는 많은 신들의 실재를 인정하고 가장 으뜸가는 신만을 예배하라는 의미가 아니다. 당시의 이방인들은 나무, 돌, 금속으로 신상을 만들었다. 생명 없는 것들을 신이라고 믿었다(사 44:9-10). 이스라엘은 오직 야훼만이 영원하고, 전능하며, 만들어지지 않았으며, 자존하는 신이라고 믿었다. "이스라엘은 들으십시오. 야훼는 우리의 하나님이시요, 주님은 오직 한 분뿐이십니다"(신 6:4).

성경은 '다른 신들'을 실재하는 신으로 여기지 않는다. 구약성경이 말하는 '다른 신들'은 다신교 사회에서 유일신을 알리는 데 필요한 대조적 배경이다. '다른 신들'을 언급함은 야훼의 절대적인 신성과 유일성을 대조 방식으로 알리려는 의도이다. 구약성경의 예언자들과 신약성경의 사도들은 다신론적 신과 유일신론의 신을 대조하는 방식으로 접근하면서 야훼의 비교할 수 없는 능력과 권위를 강조한다. 이집트에 내린 열 가지 재앙 이야기는 야훼의 권능과 다신론적 신들의 무기력함을 대조적으로 설명한다. 신이라고 일컬어지는 것들이 실상 아무 것도 아님을 드러낸다(출 12:12).

성경은 종종 천사나 영적 존재들의 권능이나 역할과 관련하여 그것들을 비유적 의미로 '신'이라고 일컫는다. "하나님이 하나님의 법정에 나오셔서, 신들을 모아들이시고 재판하셨다. 하나님께서 신들에게 말씀하셨다"(시 82:1)[3]고 한다.

예수께서는 위 시편 본문을 인용하면서, 다음과 같이 말씀했다.

너희의 율법에, "내가 너희를 신들이라고 하였다" 하는 말이 기록되어 있지 않으냐? 하나님의 말씀을 받은 사람들을 하나님께서 신이라고 하셨다. 또 성경은 폐하지 못한다. 그런데 아버지께서 거룩하게 하여 세상에 보내신 사람이, 자기를 하나님의 아들이라고 한 말을 가지고, 너희는 그가 하나님을 모독한다고 하느냐? 내가 내 아버지의 일을 하지 아니하거든, 나를 믿지 말라. 그러나 내가 그 일을 하고 있으면, 나를 믿지는 아니할지라도, 그 일은 믿어라. 그리하면 너희는, 아버지께서 내 안에 계시고 또 내가 아버지 안에 있다는 것을, 깨달아 알게 될 것이다(요 10:34-38).

이스라엘 백성은 기원전 1,250년경 이집트에서 출발하여 40여 년 동안 황량한 광야를 유랑한 뒤 마침내 약속의 땅 가나안에 진입했다. 그들은 약 200년 동안 왕을 두지 않았다. 지파 동맹시대를 거쳐 왕정시대에 이르렀다. 기원전 8세기 무렵에 활동한 예언자 아모스, 호세아, 미가는 유일신 야훼의 메시지를 받아 강력히 외쳤다.

모세가 경험한 절대 초월적 신은 하늘과 땅 위에 어떤 형상이나 개념도 그를 대신할 수 없는 인격적 하나님이다. 모세의 유일신 종교는 고대 사회에서는 이례적일 정도로 점성술이나 무당의 사술(邪術), 신접(神接)한 자들의 신탁, 복점(卜占), 자연숭배나 서물(庶物)을 숭배하는 것 등을 철저히 배격했다. 야훼는 절대 배타적 유일신이며, 역사의 주(主)일 뿐만 아니라, 시간과 공간 세계와 자연의 주인이다. 보이는 것과 보이지 않은 모든 것들의 실질적 주님이다.

야훼는 "나 밖에 다른 신은 없다"면서 자신과 고대 근동의 잡다한 가짜 신들을 구분했다. 유일신론의 신과 다신론의 신을 구분했다.

나는 야훼이다. 나 밖에 다른 이가 없다. 나 밖에 다른 신은 없다. ...
해가 뜨는 곳에서니, 해가 지는 곳에서나, 나 밖에 다른 신이 없음을

---

[3]"God presides in the great assembly; he gives judgment among the gods." 어느 학자는 이 구절의 신들을 각 나라에 배정된 천사들이나 영적 존재들로 해석한다. 이 구절을 근거로 이스라엘이 바벨론 포로기 이전에는 완전한 유일신을 믿은 것이 아니라는 견해를 제기한다(H. Keith Beebe, *The Old Testament: An Introduction to Its Literary, Historical, and Religious Traditions* (Belmont, CA: Dickenson Pub. Co., 1970), 160.

사람들이 알게 하겠다. 나는 야훼다. 나 밖에는 다른 이가 없다. 나는 빛도 만들고 어둠도 창조하며, 평안도 주고 재앙도 일으킨다. 나 야훼가 이 모든 일을 한다. 너 하늘아, 위에서부터 의를 내리되, 비처럼 쏟아지게 하여라. 너 창공아, 의를 부어 내려라. 땅아, 너는 열려서, 구원이 싹 나게 하고, 공의가 움 돋게 하여라. 나 야훼가 이 모든 것을 창조하였다(사 45:5-8).

예언자들은 이스라엘이 유일신과 특별한 관계를 갖게 된 연유가 이스라엘 민족의 혈통적 우수성이나 그 민족의 도덕적 우월성 때문이 아니었다고 밝힌다. 이스라엘의 조상은 "목이 곧고 마음과 귀에 할례를 받지 못한 사람들"(행 7:51)이었다. "그들은 거만하며 … 목이 뻣뻣하여 고집을 버리지 못하였으며, 복종하지 않았다"(느 9:29).

이스라엘 족속은 고대 근동의 강대국들 사이에서 천대받고 시달리는 민족이었다. 생존 자체를 위협받는 광야의 떨기나무 같은 연약한 무리였다. 하나님은 인류 구원을 목적으로 죄 아래에서 신음하는 연약한 인간, 불쌍한 인류를 연상케 하는 가련한 한 민족을 선택하여 구원의 역사를 출범시켰다. 하나님은 인류의 신음과 딱한 처지와 하소연을 모른 척하지 않았다.

이스라엘 예언자들의 메시지는 대부분 그들의 민족과 지도자들이 야훼가 제시한 정도(正道)에서 이탈하는 것에 대한 질타였다. 회개를 촉구하는 경고의 메시지였다. 예언자들은 이스라엘이 야훼를 '이스라엘 민족신'으로 전락시키려 할 때 사자같이 저항했다. 이스라엘의 왕족이 야훼를 왕권과 정치 체제를 보장하는 '정치적 이데올로기'로 변질시키자 이를 질책했다. 화려한 종교 의례로 야훼를 마음대로 조종하거나 가볍게 불러낼 수 있다고 생각하거나 그 하나님을 성전에 유폐시키는 종교 개념을 가차 없이 비판했다.

예언자들은 우상숭배를 금했다. 우상숭배가 상대적인 가치체계, 정치권력, 정치이념, 민족, 국가주의를 절대화하는 것일 수 있음을 알리고 경고했다. 기원전 8세기의 두 예언자 아모스와 호세아는 순수한 들사람(野人)이지만, 유일신 신앙을 잘 나타낸 예언자였다.

구약성경은 그 시대 예언자들의 메시지와 이스라엘 역사로 구성된 하나님의 구원사(救援史)와 계시사(啓示史) 기록이다. 영적 세계에 대한 다양한 묘사들과 이미지들을 등장시킨다. 야훼는 이스라엘의 예언자들과 역사 사건을 거쳐 자신을 계시했다. 거룩한 신 야훼의 신적 실체를 인간의 지성과 종교적 심성으로는 다 헤아릴 수 없었다. 예언자들은 유일신 야훼의 말씀과 뜻을 받들어 전달하는 신탁(神託)의 소명을 가졌다. 야훼의 헤아릴 수 없는 권능과 신비, 그 분의 높이와 넓이와 깊이에 대하여 경외하는 마음을 가지라고 했다.

구약성경은 야훼가 신적인 존재들과 회합하는 장면들을 소개한다. '야훼의 회의'(Council of Yahweh)는 고대 이스라엘 백성들이 유일신 하나님의 권위와 다른 영적 존재들의 관계를 어떻게 이해했는가를 짐작하게 한다.

이사야 6장은 야훼께서 보좌에 앉으시고, 주변에 '스랍'이라고 불리는 영적인 존재들이 둘러 있는 이사야의 환상 장면을 소개한다. 야훼의 절대적인 권위와 거룩함을 강조한다. 열왕기상 22장은 예언자 미가야가 본 것을 기록한다. 야훼가 보좌에 앉고 그 좌우에 하늘의 모든 군대가 둘러 서 있으며, 야훼께서 그들에게 묻는 장면이다.

욥기 1장과 2장은 야훼께서 신적 존재들의 회의를 주재하고, 영들이 인간 사건에 영향을 미칠 전략을 제안하는 환상 장면을 기록한다. '하나님의 아들들'이 야훼 앞에 모이고, 고소하는 사탄이 그들 가운데 있는 장면을 제시한다. 야훼의 절대적인 권위 아래에 있는 계층적 구조 형태를 보인다.

스가랴 3장은 대제사장 여호수아가 야훼 앞에 서고, 사탄이 그를 대적하는 장면을 묘사한다. 야훼가 하늘 법정 위에 군림하는 절대적인 권위를 가진 자로 등장한다. 다니엘서 7장은 다니엘의 묵시적 환상과 관련하여 "옛적부터 계신 분"(야훼)이 하늘의 법정에서 심판을 하고, "인자 같은 분"에게 영원한 권위를 부여하는 장면을 기록한다(단 7:14). 하나님의 심판과 우주 경영의 권위 위임을 강조한다.

'야훼의 회의'는 고대 근동 종교들 특히 가나안의 신화에 등장하는 엘과 바알 같은 신들이 다른 신들을 주재하는 신화와 비슷한 구도를 지니고 있다.[4] 그러나 야훼가 절대적이고 무한한 권위를 가진 유일한 신으로 등장하는 점은 독특하다. 이 장면에 등장하는 천상의 존재들, '하나님의 아들들' 또는 '스랍' 등은 천사와 같은 영적인 존재들이라고 봄이 타당하다.

'야훼의 회의'를 설명하는 구절들은 야훼를 최고의 신, 유일의 하나님으로 묘사한다. 영계와 우주의 모든 일에 대한 절대적 통제권을 지닌 분임을 강조한다. 회의에 가담한 영적 존재들은 야훼와 동등한 신이 아니다. 야훼에 종속된 영적 존재들이다. 신의 회의의 구성원들인 종(servant)과 사자(messenger) 등은 야훼를 수종들고 그에게 종속된 역할을 하는 존재들이다.

일부 학자들은 이 구절들이 여러 신의 존재를 인정하면서 그것들 가운데 한 신만을 섬기는 단일신론 또는 택일신론(Henotheism) 사상에서 엄격한 유일신론, 오직 한 신을 참 하나님으로 여기는 전환 과정을 보여준다고 한다.

성경의 '야훼의 회의'의 묘사들은 다신교 문화에서 야훼, 참 신, 유일신이 우주의 모든 것을 다스림을 말하는 변증 목적의 서술이다. 여기에 등장하는 영적인 존재들은 천사들이다.

위 본문들은 이스라엘이 고대 근동의 신적 존재들의 회의 이미지를 어떻게 받아들였는지, 동시에 야훼의 최고 권위를 유지하며 이를 유일신론의 틀 안에서 재해석한 사실을 보여준다. 다신론 아이디어가 아니라 궁극적으로 유일신 야훼가 최고의 신으로 군림하는 이미지를 제시한다. 신의 회의의 묘사는 야훼가 유일신이며, 그 분이 거느리는 다른 영적 존재들이 독자적으로 존재하지만 모두 야훼의 지휘와 명령 아래 있음을 보여준다.

3. 예수 그리스도와 유일신

기원후 1세기, 기독교의 시원(始原)인 예수 그리스도와 그의 제자들과 사도 바울은 모두 유대인이었다. 그들이 주도한 예수구원 복음 운동은 이스라엘 종교의 영적인 흐름 안에서 형성되었다. 기독교는 이스라엘의 종교 전통을 계승하면서도 신론과 관련하여 자신의 정체성을 분명히 했다. 예수가 시작하고 바울이 교리 체계를 구성한 기독교는 이스라엘의 야훼와 모세의 율법과 예언자들의 신앙 전통의 광맥 안에 있는 순수한 성금을 캐내고 그것이 지닌 심원한 가치를 재확인했다. 이스라엘의 유일신이 유대인만의 신이 아니라 우주 보편적 유일신이라는 사실을 확인했다.

초기 기독교 역사에 등장한 마르시온(Marcion)은 구약성경의 부

---

[4]Marylyn Ellen White, "The Council of Yahweh: Its Structure and Membership," Ph.D. dissertation, University of St. Michael's College, 2012.

정적이고 배타적인 유일신관이 예수 그리스도 안에서 자기를 계시한 사랑의 하나님과 양립할 수 없다고 생각했다. 피의 제사를 좋아하는 신, 전쟁에 능한 신, 선민 이스라엘을 편애하는 신, 보복과 질투의 신, 자기만을 섬기라고 윽박지르는 야훼 등 구약시대의 유일신관에 붙어 있는 역사적 제한성을 제거하려고 했다. 기독교회는 마르시온을 이단자로 규정했다.[5]

기독교는 이스라엘의 하나님을 믿고 그 백성들의 영적, 정신적 유산을 받아들였다. 동시에 새 포도주를 새 가죽 부대에 담으려 했다. 초대 기독교 공동체는 예수를 "율법이나 예언자의 말을 폐기하려고 온 것이 아니라 완성하러 오신 분"(마 15:17-19)으로 이해했다. 기독교를 유대교의 단순 연장으로 여기지 않았다. 유대교와 기독교를 구분했다. 유대교 속에 녹아 있는 민족주의적이고 시대착오적인 종교 이데올로기를 배제했다. 초대교회는 예수의 십자가 사건에서 유대교를 포함한 모든 기존 종교의 요구가 성취되었다고 확신했다.

예수와 바울의 유일신 신앙은 이스라엘 종교가 지켜온 유일신 신앙의 본래적인 의미와 철저하게 일치했다. 예수의 유일신 신앙관은 네 개의 복음서 속에 담겨 있다. 성경은 예수를 '그리스도,' '하나님의 아들,' '인자'(人子), '주'(主), '부활한 분' 등으로 명명한다.

예수는 참 하나님이 유일한 신이라고 했다. "이스라엘아, 들어라. 우리 하나님이신 주님은 오직 한 분이신 주님이시다"(막 12:29). 예수는 대제사장적 기도에서 자신을 '그리스도'로 일컬으면서 "영생은 곧 유일하신 참 하나님과 그가 보내신 자 예수 그리스도를 아는 것입니다"(요 17:3)라고 했다.

예수는 하나님을 '아버지'라고 친근하게 불렀다. "나를 본 사람은 아버지를 보았다"고 하고, "내가 아버지 안에 있고, 아버지가 내 안에 계신다"(요 14:9-10)라고 했다. 복음서는 예수를 완전한 사람으로 묘사한다, 어느 날 니고데모가 몰약과 침향을 섞은 것을 백 근 쯤(약 100 리트라, 72 파운드, 32.7 킬로그램) 가지고 예수께 다가갔다(요 19:39). 예수 앞에 무릎을 꿇고 "선하신 선생님, 내가 영원한 생명을 얻으려면, 무엇을 해야 합니까?" 하고 물었다. 예수는 "어찌하여 너는 나를 선하다고 하느냐? 하나님 한 분 밖에는 선한 분이 없다"(막 10:17-18)고 했다. 선한 분은 오직 하나님 한 분뿐이라고 응수했다.

종교적 거인들은 종종 자신을 신인(神人)으로 포장한다. 그러나 예수는 자기를 '사람의 아들'(人子)이라고 불렀다.

베드로와 사도들은 예수가 다윗의 혈통을 따라 오셨고, 갈릴리 지방 나사렛 동네에서 자란 유대인이라는 것을 의심하지 않았다. 동시에 그를 신적인 권능을 가진 존재로 이해했다(행 2:22). 성부와 동등한 존재(요 1:1), 하나님의 아들(마 16:16), 주와 그리스도(행 2:36), 신적인 권위와 위상을 가진 분으로 믿었다.

사도들은 하나님이 예수를 지극히 사랑하여 성령을 그에게 물 붓는 것처럼 부어주었고, 하나님이 그를 죽음에서 일으켜 만인의 구주가 되도록 높이셨다고 말했다. 하나님께서 예수로 큰 권능과 기사와 표적을 베풀어 그가 특별한 신적인 존재이며, 죽음의 권세에 매어 있을 수 없는 '의롭고 진실한 분'이라고 증언했다.

예수는 이스라엘 백성이 율법서(신 6: 4-5)를 존중하고 그것이 모세로부터 이어져 내려오는 유일신 야훼 신앙의 핵심임을 확인했다. "선생님, 율법 가운데 어느 계명이 중요합니까?"라는 질문에 다음과

---

[5]최덕성,『예루살렘과 로마: 초대교회사』(서울: 본문과현장사이, 2025), 출간 진행 중인 책에서 상론한다.

같이 답했다. "'네 마음을 다하고, 네 목숨을 다하고, 네 뜻을 다하여, 주 너의 하나님을 사랑하라' 하였으니, 이것이 가장 중요하고 으뜸가는 계명이다. 둘째 계명도 이것과 같은데, '네 이웃을 네 몸과 같이 사랑하라' 한 것이다. 이 두 계명에 온 율법과 예언서의 본뜻이 달려 있다"(마 22:36-40).

예수는 성전 정화사건(마 21:12-17)에서 유대교의 성전 중심 시대를 극복하고, 눈에 보이지 않는 "영과 진리 안에서 예배"(요 4:24)를 드리는 시대를 열었다. "하나님 아버지, 당신의 뜻이 이루어지이다. 당신의 뜻이 하늘에서처럼 땅 위에서도 이루어지이다"(마 6:9-13)라고 기도하라고 했다. 신의 뜻이 이루어지는 나라는 윤리적 차원에 고립되지 않는다. 이는 하나님의 전 우주 통치 활동을 의미한다.

4. 바울과 유일신

사도 바울이 그리스도의 특별계시를 받아 제시한 진리는 기독교 신학의 대들보이다. 바울은 예수의 신성과 인성을 역설한다. "그는 하나님의 모습을 지니셨으나(하나님의 본체이나) 하나님과 동등함을 당연하게 생각하지 않으시고, 오히려 자기를 비워서 종의 모습을 취하시고, 사람과 같이 되셨습니다. 그는 사람의 모양으로 나타나셔서, 자기를 낮추시고, 죽기까지 순종하셨으니, 곧 십자가에 죽기까지 하셨습니다"(빌 2:6-8).[6]

바울은 길리기아 다소에서 동족 유대인들과 함께 회당의 유대교 예배를 드리고 유대인 교육을 받으며 자랐다. 디아스포라들은 모세의 율법과 유대교의 종교 전통을 지키고 있었다.

바울은 헬라 문화권에서 그리스 철학을 배우고 이해했다. 젊은 시절에 예루살렘에서 유학했다. 당대의 유대교 석학 가말리엘 문하에서 엘리뜨 교육을 받았다. 유대교 전통과 율법 해석에 탁월했으며, 당대의 여러 가지 방언들을 구사했다(고전 14:18). 태생지 길리기아어, 모국어 히브리어, 예수와 제자들이 사용한 당시의 국제어 아람어, 그리고 새롭게 등장하는 국제 공용어 헬라어에 능통했다.

바울은 1세기 지중해 문화권에 살면서 유대 민족의 종교와 문화 전통 안에서 잔뼈가 굵었다. 유일신 야훼를 믿었던 바울은 유대 종교의 두 기둥인 율법 사상과 제사 종교의 전통 속에서 자랐다. 조상들이 줄곧 지켜오던 경직되고 폐쇄적인 종교가 헬레니즘 문화권 안에서 새로운 구원 역사로 전환되는 시대에 살았다. 그는 유대교적 배타성과 폐쇄성 극복이 자신의 사명이라고 확신했다.

바울은 예수의 동시대 사람이다. 예수가 살아 있는 동안에 그를 직접 만난 적이 없다. 그는 베드로를 예루살렘에서 만나 두 주간 동안 대화를 나누었다. 주로 예수의 가르침과 자기가 받은 계시가 일치하는가를 확인한 것으로 보인다. 바울은 신약성경이 등장하기 전에 살았던 예수에 대한 제1차 증인이다. 바울의 서신들은 복음서 기록 전에 쓰여진 것으로 추정된다.

유대교계 기독교인들은 하나님의 구원이 이방인에게도 주어진다

---

[6]바울의 저작으로 추정하는 히브리서는 예수의 신성을 그가 '하나님의 영광의 광채'이며, 하나님 '본체의 형상'이라고 묘사한다. "하나님께서 ... 이 마지막 날에는 아들을 통하여 우리에게 말씀하셨습니다. 하나님께서는 이 아들을 만물의 상속자로 세우셨습니다. 그를 통하여 온 세상을 지으신 것입니다. 그는 하나님의 영광의 광채시요, 하나님의 본체대로의 모습이십니다. 그는 자기의 능력 있는 말씀으로 만물을 보존하시는 분이십니다. 그는 죄를 깨끗하게 하시고서 높은 곳에 계신 존엄하신 분의 오른쪽에 앉으셨습니다"(히 1:1-3).

고 하면서도, 이방인 개종자도 모세오경과 유대교의 제사 제도를 답
습해야 한다고 생각하고 있었다. 그 시기에 바울은 율법 정신과 희생
제물을 요청하는 제사 제도의 정신과 원리가 기독교의 고유성이라고
보았다. 예수 그리스도가 십자가에서 자신을 희생 제물로 바쳐 인류
구원의 길을 열었다고 했다. 그 예수가 그리스도이며, 하나님과 인간
사이의 유일의 중보자라고 했다.

바울은 유대교 신앙의 광맥에 있는 참 진리를 지적인 형태로 제시
하여 기독교 신론을 확고히 했다. 그도 아브라함, 모세, 그리고 예언
자들과 동일한 신 이해를 유지하고 있었다. 하나님은 오직 한 분인
주인이며, 영원한 주권자이며, 초월자라고 했다.

> 정한 때가 오면, 하나님께서 주님의 나타나심을 보여 주실 것입니다.
> 하나님은 찬양 받으실 분이시요, 오직 한 분이신 통치자이시요, 만왕
> 의 왕이시요, 만주의 주이십니다. 오직 그분만이 죽지 않으시고, 사
> 람이 가까이 할 수 없는 빛 속에 계시고, 사람으로서는 본 일도 없고,
> 또 볼 수도 없는 분이십니다. 그분에게 존귀와 영원한 주권이 있기를
> 빕니다. 아멘(딤전 6:15-16).

바울이 믿는 유일신은 인간의 주관적인 자기 투영(投影)이 아니
다. 사람이 상상해 낸 신이 아니다. 바울은 신의 성품을 비유적 표현
으로 즐겨 묘사했다. 신의 성품을 신인동형동성론(神人同形同性論,
anthropomorphic) 방식으로 표현했다. 하나님의 희비애락을 묘사
하고, 그분을 손발, 눈, 입 등 은유적으로 표현했다. 바울이 '자존하신
분'으로 묘사한 절대 초월신은 헬라철학의 '부동(不動)의 동자(動者)'
가 아니다. 하나님은 만물의 창조주이며, 주체적 신이며, 초월자이

며, 동시에 세계 안에 내재하는 신이다.

바울은 아테네 시민들을 향하여 "참 하나님이 사람의 손으로 만든 신전에 거하지 않는다"고 말하면서 "모든 사람들이 하나님 안에서 살고 움직이고 존재하고 있다"(행 17:28)고 했다.

바울의 하나님에 관한 메시지는 다신론 사회의 헬라인들에게 매우 파격적이고 놀라운 것이었다. 그는 에베소서에서 "주님도 한 분이시오, 믿음도 하나요, 세례도 하나요, 하나님도 한 분이십니다. 하나님은 모든 것의 아버지시요, 모든 것 위에(above all) 계시고, 모든 것을 통하여(through all) 계시고, 모든 것 안에(in all) 계십니다"(엡 4:5-6)라고 했다. 기독교의 유일신은 신령 세계의 군주처럼 하늘 위에 좌정해 있기만 하지 않고 살아 계시고 활동하는 분이라는 것이다.

바울의 선교 지역은 그리스-로마 문화권이었다. 아테네, 에베소, 고린도 등은 다신교 사회였다. 제우스, 헤르메스(행 14:8-13) 등에 익숙한 사람들에게 아테네의 '알지 못하는 신'(행 17:23)을 언급했다. 바울이 에베소에서 아데미 여신 숭배자들에게 "손으로 만든 것은 신이 아니다"(행 19:24-35)라고 말하자 큰 소동과 충돌이 일어났다.

바울이 믿는 야훼는 헬라 철학자들이 생각하는 만물의 궁극의 실재 그 이상이었다. 초월성, 내재성, 창조성을 가진 역동적이고 역설적인 하나님이었나. 바울은 성령론을 정교하게 정립했다. 그의 성령론은 하나님의 통전성(統全性)을 나타난다. 야훼를 세상 만물을 창조하고, 성령으로 구원사를 주도하며, 인간 심령에 영적 임재자로 현존하는 하나님으로 제시한다.

모세에게 나타난 유일신은 유한한 피조물인 인간이 범접할 수 없는 광휘에 둘러싸인 거룩한 분이었다. 직접 대면이 불가능했다. 그러나 바울에게 그 하나님은 성령을 거쳐 인간과 함께 하는 분이었다.

바울은 "주님은 영이십니다. 주님의 영이 계신 곳에는 자유가 있습니다"(고후 3:17), "문자는 사람을 죽이고 영은 살립니다"(고후 3:6)라고 말했다. 바울은 하나님, 빛, 어둠, 질그릇, 우리의 마음, 하나님의 영광, 지식의 빛, 보물, 질그릇 등을 연결시키며 다음과 같이 하나님의 계시의 말씀을 기록한다.

"어둠 속에 빛이 비추어라" 하고 말씀하신 하나님께서, 우리의 마음 속을 비추셔서, 그리스도의 얼굴에 나타난 하나님의 영광을 아는 지식의 빛을 우리에게 주셨습니다. 우리는 이 보물을 질그릇에 간직하고 있습니다. 이 엄청난 능력은 하나님에게서 나는 것이지, 우리에게서 나는 것이 아닙니다(고후 4:6-7).

바울이 이해한 기독교 신학의 핵심은 예수구원의 복음과 이신칭의라는 구원 진리이다. 바울의 성령신학도 크게 돋보인다. 우리가 성령 하나님의 역사로 그 분 안에 있고, 성령 안에서 '새로운 피조물'로 거듭나는 믿음을 가졌음을 강조한다. 이것은 유대인들에 계시되지 않은 진리이다. 율법의 완성인 예수 그리스도안에서 알려진 것이다.

신약성경이 증언하는 영(Spirit)은 유일신 야훼의 현존 양태이다. 창조주 하나님은 성령이라는 존재 방식으로 피조세계에 현존하고 창조세계의 보전과 쇄신과 재창조 활동을 한다. 창조주 하나님은 유일의 절대 타자이면서 동시에 피조물 안에서 활동하는 내재하는 신이다. 인간의 몸은 성령 하나님이 거하는 최고의 성전이다.

여러분의 몸은 여러분 안에 계신 성령의 성전이라는 것을 알지 못합니까? 여러분은 성령을 하나님으로부터 받아서 모시고 있습니다.

여러분은 여러분 자신의 것이 아닙니다. 여러분은 하나님께서 값을 치르고 사들인 사람입니다. 그러므로 여러분의 몸으로 하나님을 영화롭게 하십시오(고전 6:19-20).

여러분은 하나님의 성전이며, 하나님의 성령이 여러분 안에 거하신다는 것을 알지 못합니까? 누구든지 하나님의 성전을 파괴하면, 하나님께서도 그 사람을 멸하실 것입니다. 하나님의 성전은 거룩합니다. 여러분은 하나님의 성전입니다(고전 3:16-17).

바울이 믿는 유일신 야훼는 명상, 자기 수련, 영적 깨달음, 렉시오 디비나(Lectio Divina, 거룩한 독서) 방식으로 만날 수 있는 분이 아니다. 그분은 우리에게 "지혜와 계시의 영을 주셔서 하나님을 알게 하시고, 마음의 눈을 밝혀주는"(엡 1:17-18) 분이다. 사람들에게 "강한 힘으로 역사하셔서 하나님의 능력"(엡 1:19)을 체험하게 하며, "속사람을 능력으로 강건하게 하는 신"(엡 3:16)이다. 바울의 유일신은 특정 민족이나 국가의 부족 신이 아니다. "하늘과 땅에 있는 각 족속에게 [고유한] 이름을 붙여주신 분"(엡 3:15)이며, 빛과 어둠, 행복과 불행을 모두 주관하는 절대자이다. 유일신 야훼는 성부 성자 성령이라는 위격(位格, person)을 지닌 신비한 신이다.

바울은 창조자 유일신의 사랑에 감동하여 다음과 같이 고백한다.

나는 확신합니다. 죽음도, 삶도, 천사들도, 권세자들도, 현재 일도, 장래 일도, 능력도, 높음도, 깊음도, 그밖에 어떤 피조물도, 우리를 우리 주 예수 그리스도 안에 있는 하나님의 사랑에서 끊을 수 없습니다(롬 8:38-39).

바울의 하나님은 예수께서 골고다 처형장에서 십자가에 달려 숨이 끊어지는 그 자리에서도 "아버지"라고 불렀던 그 신이다. 그 신은 놀랍고 신비한 기묘자, 전능자, 영존하는 아버지, 평강의 왕이다.

유대인 바울은 이스라엘 민족의 유일신의 맥을 확고하게 계승했다. 동시에 조상의 신앙에서는 찾아볼 수 없었던 심오한 신지식, 하나님의 진귀한 본질을 특별 계시과정에서 확인했다. 그것은 유일신 야훼 하나님이 성부, 성자, 성령 삼위일체로의 신으로 존재하는 사실이다. 삼위일체 신론은 유일신 야훼가 아브라함과 그 자손들에게 나타났음을 말한다. 삼위일체 유일신론은 하나님이 모세에게 자신의 이름 '야훼'를 알려 준 것만큼이나 놀라운 차원의 신에 대한 계시이다.

바울은 이방 신들을 참 신으로 인정하지 않았다. 창조주 하나님이 아닌 '다른 신들'과 손으로 만든 신이라는 것들을 허상이라고 했다. 유일신 신관을 확언하면서 "세상에 [신이라 일컬어지는] 우상이란 것은 아무 것도 아니고, 오직 하나님 한 분 밖에는 신이 없습니다"(고전 8:4)라고 했다. "이른바 신이라는 것들이 하늘에든 땅에든 있다고 칩시다. 그러나 하나님 한 분이 계실 뿐입니다. 만물은 그분에게서 났고, 우리는 그분을 위하여 있습니다. 그리고 한 분 주님이신 예수 그리스도가 계십니다. 만물이 그분으로 말미암아 있고, 우리도 그분으로 말미암아 있습니다"(고전 8:5-6)라고 했다.

바울은 이방 종교의 신들을 타락한 천사와 악령으로 해석한다. "우상은 무엇이고, 우상에게 바친 제물은 무엇입니까? 아무 것도 아닙니다. 이방인들이 바치는 제물은 귀신에게 바치는 것이지, 하나님께 바치는 것이 아닙니다. 여러분이 귀신과 친교를 가지는 사람이 되는 것을 나는 바라지 않습니다"(고전 10:19-20).

기독교 신학은 야훼 이외의 신들을 인간이 만들어 낸 허구와 허상,

우상, 타락한 영적 존재인 사단—마귀라고 이해한다. 이 악신들이 자연종교를 통제한다고 본다. "다른 신들"과 손으로 만들어진 우상은 신이 아니다. 신이라는 것들을 영적 어두움 상태의 인간이 만든 상상의 산물이거나, 하나님을 배역한 천사, 곧 사탄과 그것의 졸개인 기만적인 귀신과 악한 영들이다.

5. 야훼와 삼위일체 하나님

기독교는 예수와 그의 제자들과 바울 등 초기 기독교 공동체가 이해한 유일신 야훼를 '삼위일체 하나님'으로 표현해 왔다. 기독교가 믿는 야훼는 삼위일체적 유일신이다. 창조자 하나님은 성부와 성자와 성령 세 가지 위격(位格, person)을 지닌 유일신이다.

성경에는 '삼위일체'라는 용어가 등장하지 않지만, 예수의 말씀과 사도들의 구원사 활동과 메시지를 담은 복음서들과 바울의 편지들에 아버지 하나님 성부, 그리스도 성자 예수, 성령 하나님의 이름이 축복 인사에, 예배 예전(禮典)의 고백 형식에 나타난다. "너희는 가서, 모든 민족을 제자로 삼아서, 아버지와 아들과 성령의 이름으로 세례를 주라"(마 28:19). "주 예수 그리스도의 은혜와 하나님의 사랑과 성령의 사귐이 여러분 모두와 함께 하기를 빕니다"(고후 13:13).

초대 기독교 공동체는 예수의 죽음과 부활을 목격하고 성령의 강림을 체험한 이후에 자신들이 경험한 유일신의 다양한 현존 체험을 종교적 언어와 교리로 표현했다. 드디어 유일신 야훼가 삼위일체 하나님으로 존재함을 알게 되었다.

바울과 초대교회 기독교인들은 그들 심령 속에 임재하는 '거룩한 하나님의 영'의 역사로 닫혔던 눈이 열리고 지각과 마음이 열려서 유일신 하나님의 신령한 진리를 인지하고 이해했다. 그래서 거룩한 영의 역사로 심령은 더욱 강건해지고, 날마다 감사하며, 서로를 사랑하는 역사(役事)를 지속할 수 있었다. 하나님의 임재와 부활한 그리스도 영의 임재를 느꼈고, 각종 은사와 초능력을 행했다.

사도 요한은 "말씀이 육신이 되어 우리 가운데 거하셨다"(요 1:14)고 선언한다. 요한복음은 태초부터 창조주 하나님과 창조 사역에 동참한 로고스(Logos), 예수 그리스도, 성자 하나님의 구체적 성육신(成肉身) 사건을 자상히 소개한다(요 1:1-14). 초대교회는 "십자가를 짊어진 나사렛 예수가 주이며 그리스도이다"라고 믿고 고백했다. 유대인 기독교 공동체의 중심은 예수의 인성(Humanity)과 성령 안에서 이루어지는 '영 중심적 기독론'이었다. 개종자 헬라인들의 공동체는 '로고스 중심적 기독론'의 강세를 보였다. 로고스가 육을 입고 인간으로 오셨다는 것과 예수가 신적인 존재임을 강조했다.

헬라 철학의 기본 개념을 담은 로고스는 신적인 이성, 지혜, 마음, 원리를 일컫는 용어이다. 하나님의 로고스는 때가 이르자 육을 입고 인간으로 출생했다(요 1:1). 요한복음 1장은 로고스(말씀)가 예수로 성육했다고 한다. 하나님과 함께 있었고, 하나님이라고 한다. 구약성경은 로고스를 하나님의 인격적인 지혜, 마음, 이성으로 소개한다. 잠언서는 그를 천지 창조 활동에 참여한 분으로 묘사한다.

> 야훼께서 일을 시작하시던 그 태초에, 주님께서 모든 것을 지으시기 전에, 이미 주님께서는 나를 데리고 계셨다, 영원 전, 아득한 그 옛날, 땅도 생기기 전에, 나는 이미 세움을 받았다. ... 땅의 기초를 세우셨을 때에, 나는 그분 곁에서 창조의 명공(the craftsman)이 되어, 날마다 그분을 즐겁게 하여 드리고, 나 또한 그분 앞에서 늘 기뻐

하였다. 그분이 지으신 땅을 즐거워하며, 그분이 지으신 사람들을 내
기쁨으로 삼았다(잠 8:22-31).

구약성경은 성자 하나님, 곧 육을 입는 로고스에 대한 암시와 예언
들을 담고 있다. 하나님이 "우리가 우리의 형상을 따라서, 우리의 모
양대로 사람을 만들자"(창 1:26)고 말씀했다고 한다. 창세기는 하나
님, 곧 여자의 후손으로 오신 그리스도께서 사탄을 이길 것이라고 예
언한다(창 3:15). 아브라함에게 나타난 세 명의 방문객은 신적인 존
재이다(창 18:1-3).

이 사건은 삼위일체 하나님을 시사한다. 예언자 미가는 베들레헴
을 성자 하나님, 곧 예수 그리스도의 탄생지로 예고한다(미 5:2). "여
호와께서 내 주에게 말씀하시기를 네가 내 우편에 앉아라. 내가 네
원수들을 네 발판 삼을 때까지"(시 110:1)라는 이 구절의 '내 주'는
메시아, 곧 예수 그리스도의 신성을 암시한다. 예수는 이 구절을 자
신에게 적용했다(마 22:44).[7]

성령 하나님은 구약성경 시대에 왕성하게 구원사를 주도했다. 이
사실을 말하는 성경 구절들은 무수하다. 영, 하나님의 영, 지혜의 영
과 같은 표현으로 등장한다.[8] 성령은 창세 때도 일하고 계셨다. "땅
이 혼돈하고 공허하며, 어둠이 깊음 위에 있고, 하나님의 영은 물 위
에 움직이고 계셨다"(창 1:2). 천지창조의 주체는 성부, 성자, 성령이

---

[7] Gerard Van Groningen, *Messianic Revelation in the Old Testament* (Eugene, OR:
Wipf & Stock Pub, 1997); 에드먼드 클라우니, 『구약에 나타난 그리스도』 (서울: 네
비게이토, 2004); 신우철, 『구약에 나타난 그리스도』 (서울: 좋은땅, 2020).

[8] 창 1:2; 41:8; 출 31:3; 35:31; 민 24:2; 출 28:3; 신 34:9; 창 6:3; 출 35:21; 민
11:17,25,26,29; 27:18.

다(웨스트민스터신앙고백서 4:1). 천지를 창조한 "하나님의 영"은 오순절 날에 임한 그 성령이다(욥 33:4; 34:14-15; 시 104:29-30; 사 42:5). 성령 하나님은 구약 시대의 직분자들에게 특별한 임무를 부여했고, 그들에게 영으로 임했다.[9] 계시의 영은 예언자들에게 임했다. 에스겔은 여호와의 영이 주는 환상을 언급한다(겔 11:24).

창조주 야훼는 절대 유일의 신이다. 예수 부활 이후, 초대기독교는 서서히 창조주 야훼에 대한 심오한 진리, 곧 야훼의 삼위일체적 유일신이라는 본성을 알아냈다. 기독교의 삼위일체 유일신론(Trinitarian Monotheism)은 유일한 참 신 야훼가 본래부터 성부 성자 성령 3위(persons)를 본질로 가진 분이라고 믿는다. 삼위일체 신론의 모판(nursery)은 유대교이다. 그러나 유대교는 이 진리를 받아들이지 않는다.

6. 콘스탄티노플공의회(381)

삼위일체(Trinitas)라는 단어를 처음으로 사용한 사람은 3세기 신학자 터툴리안(Tertullian, 155-240)이었다. 북아프리카 카르타고 교구의 감독인 그는 삼위일체 하나님을 라틴어로 '한 본체-세 위격'(Una substantia, tres personae)이라는 용어로 표현했다.

콘스탄티노플공의회(381)는 삼위일체 신론을 기독교 교의로 정의(定義)했다. 교회가 믿어 오던 것을 교리 공식으로 확정했다. 알렉산드리아교회의 감독 아타나시우스(Athanasius, d. 373)와 갑바도기아 지방 출신의 세 명의 신학자들이 삼위일체 신론 정의에 크게 이바지했다.[10]

갑바도기아 신학자들은 '실체, 본질'(라틴어 subtantia, 헬라어

ousia, 영어 essence)이 불변하고 영원하고 나뉠 수 없고 주체직이고 단일하면서 보편적인 유일신의 신성을 표현한다고 보았다. '한 본질 세 위격'(personae, hypostasis, expressions)은 유일신이 자기를 계시한 다양한 모습, 표현, 양태, 활동, 작용 등을 의미했다.

기독교는 유일신 야훼가 이스라엘의 역사와 예언자들의 예언과 다양한 여러 가지 방법으로 자기 자신을 계시했다고 믿는다. 하나님은 출애굽과 같은 역사적 사건, 이스라엘의 제사장과 예언자들과 지혜자들에게 준 신탁(神託)만이 아니라 심지어 바빌로니아와 페르시아와 이집트의 정치 지도자들을 거쳐 다양한 자기 계시와 구원 활동을 펼쳤다. 유일신의 자기계시는 예수 그리스도의 성육신과 그의 가르침과 사도들의 활동을 거쳐, 그리고 기적들과 죽음과 부활과 승천으로 구체화가 되었다. 모든 것이 성령 하나님의 활동으로 가능해졌다.

서방기독교와 동방기독교는 모두 삼위일체 유일신론을 기본 교의로 확고히 고백한다. 삼위일체 유일신론은 하나님의 신비에 해당한다. 역사적 예수는 영원한 로고스, 곧 하나님의 마음, 신의 인격적인 지혜, 생명의 말씀, 우주를 지탱하고 있는 이법이고, 오순절 성령강림은 로고스의 현존을 느끼고 체험하게 한 사건이었다. 초대교회의 구성원들은 예수 그리스도의 말씀이 바르게 선포되고 이해되는 곳에 언제나 놀라운 성령의 역사(役事)가 동반하는 것을 체험했다. 지혜와

---

[9]민 11:17,25-26; 삿 3:10; 6:34; 14:6; 삼상 10:10; 11:6; 34:9. 성령 하나님은 옷니엘, 기드온, 삼손이 사사 역할을 감당할 때 친히 그들에게 임했다.

[10]가이사랴의 감독 바질(Basil, 329-379)과 그의 동생 닛사의 감독 그레고리(Gregory, 335-395) 그리고 나지안주스의 그레고리(Gregory of Nazianzus, 329-391)이다. 최덕성, 『예루살렘과 로마: 초대교회사』(서울: 본문과현장사이, 근간예정)을 참고하라.

생명과 이법의 원천자인 '유일의 하나님,' 진리의 말씀의 화육체인 예수 그리스도, 그리고 우리를 십자가와 하나님의 구원으로 이끄는 성령이 각각 구별되지만 분할되지 않고(no separation), 분별되지만 분리되지 않으며(no division), 혼합되지 않고(not mixed), 변화하지 않는다(not changed)는 신비한 진리를 알게 되었다.

삼위일체 유일신론은 야훼께서 성부 하나님, 성자하나님, 성령 하나님이라는 세 가지 신적 실재, 세 위격(位格)으로 존재하는 신비한 하나의 실체(one substance in three personae)임을 의미한다.

기독교의 교리와 신학은 하나님의 계시 진리와 상징에 대한 언어적 표현이다. 흑백논리와 문자적으로 이를 이해하면 오류에 빠진다. 초대교회 때부터 예수 그리스도를 둘러싼 많은 오류들이 등장했다. 삼신론, 군주론, 양태론, 아폴리나리우스주의(예수의 영혼은 하나님이고 육은 사람이라고 보는 이론), 단성론(인성이 신성에 흡수되어 예수는 신성으로 존재한다는 이론), 그리고 아리우스주의(예수를 하나님의 피조물로 보는 이론) 등이다.[11] "예수 그리스도는 하나님의 아들이다"라는 심원한 종교적 언어를 피로 맺어지는 육신적인 아버지와 아들 개념으로 받아들이거나, 팔레스타인 땅에 인간의 몸을 입고 걸어 다닌 하나님이라고 이해하는 가현설(假現說)을 주장하는 자도 있었다. 지상에서 33년 동안 살다간 예수는 지구를 방문한 신이라고 오해하는 사람도 있었다.

기독교의 삼위일체론은 이스라엘의 유일신 야훼가 인간의 이해 능력과 상상을 뛰어넘는 역동적인 하나님이라는 사실을 말한다. 야훼는 성부 성자 성령, 세 위격의 본질을 가진 실재하는 유일신이다.

삼위일체 하나님의 진리는 이원론적인 구도를 가진 헬라철학이 지배하던 지역의 콘스탄티노플(현 이스탄불)에서 기독교 교의로 확정되었다. 이것을 정의한 콘스탄티노플 공의회(381)는 지중해 연안을 장악하고 있는 강력한 헬라 철학과 문화의 이원론적인 영향을 받는 지역에서 개최되었다. 성령 하나님의 인도 안에서 교부들은 플라톤주의 이원론 구도를 거부했다. 이스라엘의 역사, 구약시대의 예언자들, 예수 그리스도, 그리고 사도들의 야훼 이해, 곧 성부 성자 성령이 한 분 하나님의 세 위격임을 확인했다.

삼위일체 신론에 대한 콘스탄티노플 공의회(381)의 정의는 헬라철학의 이원론적 사고를 일상적으로 가진 그리스 문화권에서 이루어졌다. 교회는 헬라철학의 이원론적 세계관의 영향을 거부하고, 삼위일체 신론의 정의를 내렸다. 삼위일체 신론은 이원론 사고에 역행한다.

야훼 삼위일체 유일신론은 오히려 아시아인들의 사고 유형에서 그 범례를 찾아볼 수 있다. 힌두교의 아드바이타 세계관, 유학의 음양(陰陽)사상, 신유학의 무극(無極), 이(理), 기(氣)로 표현되는 형이상학적 구조의 단다 개념과 비슷한 면이 엿보인다. 그러나 지중해 연안의 초대 기독교인들은 힌두교의 아드바이타 비전, 연기론, 음양사상의 단다(單多, one and many) 개념을 접한 바 없다.

초대교회의 공의회는 지중해 지역의 그리스 문화와 동방문화의 교류와 내왕이 전무하던 시대에 열렸다. 서양과 인도의 문화적 교류가 미미하게라도 이루어진 것은 '대 항해 시대'로 알려진 15세기 초반과 17세기 중반과 그 이후였다. 예수회 선교사 마테오 리치(Matteo Ricci, 1552-1610)가 중국에서 유교와 도교 사상을 연구했다. 포르투갈과 네덜란드 탐험가들이 인도에서 힌두교인들을 만났다. 그러나

---

¹¹ 최덕성, "에베소-칼케돈공의회," 『쌍두마차 시대』 (서울: 본문과현장사이, 2012), 177-204.

아드바이타 세계관을 이해하고 수용할 정도의 본격적인 교류는 없었다. 영국이 아시아의 문화를 깊이 이해한 것은 인도 지배가 시작된 이후(1757)부터라고 함이 타당하다.

맺음말: 송영

창조자 야훼 하나님은 유일신이다. 단수로 존재하는 유일신이다. 그 한 분 하나님 안에 세 위격(person)이 있다. 야훼 삼위일체 신론은 창조주 하나님의 신비이다. 신비는 수용해야 할 존재론적 상태이지, 한계를 지닌 이성으로 해결해야 할 인식론적 사안이 아니다. 하나님의 존재양식은 인간의 방식, 논법, 생각과 같지 않다. 인간 이성과 이해 능력을 훨씬 넘어서는 분이다. 제한성을 가진 인간의 이성은 신의 신비를 판단하는 재판관일 수 없다.

기독교가 야훼 삼위일체 신론은 하나님께서 사랑 안에서 우리에게 준 은혜의 선물이다. 하나님 아버지께서 성령을 우리에게 보내어 야훼 삼위일체 진리를 믿는 믿음을 선물한다.

개혁주의 신학은 하나님의 계시 진리를 존중한다. 성경은 하나님의 말씀이다. 그래서 우리는 기꺼이 성경이 가라는 곳까지 가고, 멈추라는 곳에서 멈추고, 되돌아서라는 곳에서 되돌아선다. 하나님께서 특별 계시 채널로 제공한 진리에 '아멘,' '찬미 예수,' '오직 하나님께 영광'이라는 송영(doxology)으로 화답한다.

찬양 성부 성자 성령, 성 삼위 일체께
영원무궁하기까지 영광을 돌리세, 영광을 돌리세 아멘.

10

종교다원주의 신론

—각 종교의 신은 유일신의 서로 다른 현현이다—

힌두교 신앙을 가진 네팔인들은 쿠마리(Kumari)라고 일컫는 어린 소녀들을 힌두교의 고대 여신 탈레주(Taleju)의 현인신(顯人神)이라고 믿는다. 쿠마리는 탈레주의 일종의 아바타(Avatar)인 셈이다.

인도에는 힌두교계의 3억 3천만 신들이 있다고 한다. 그럼에도 인도 지식인들은 힌두교를 다신교가 아니라 유일신교(Monotheism)라고 한다. 인도에서는 매년 새로운 신들이 만들어지므로, 신의 수를 정확히 헤아리기 어렵다. 그럼에도 다신교에 해당하는 힌두교를 유일신교라고 한다. 인도인의 정신세계를 지배하고 있는 독특한 세계관 때문이다.

절대 다수의 인도인들은 베단타 아드바이타(Advaita)—비이원성 비전에 따라 각 신이나 현인신을 궁극의 실재이며 유일신인 브라만과 단일체를 이루고 있다고 본다. 이 세계관은 힌두교 경전 『리그베다』(*Rigveda*)가 지존의 유일신 브라만을 여러 가지 형태로 묘사하고 찬양한 것에서 기원한다.

힌두교 세계관과 비슷한 신관은 일본에도 있다. 신들의 나라 일본은 일왕을 현신(懸神)이라고 믿는다. '천황' 아마테라스 오미카미(天

照大御神)와 일본인이 섬기는 '8백만의 신'(八百万神)을 비이원적 단일체로 이해한다. 우두머리 신과 다양한 신들을 하나로 결합된 만신총합의 단일체(Unitarity)라고 생각한다. 일제 말기의 절대다수의 일본인들은 만신총합의 유일신을 지극히 숭배했다.

현대 기독교계 종교다원주의자들은 유일신론 신봉자들이다. 하나님 한 분 외에는 다른 신이 없다고 믿는다. 이들의 유일신론의 신은 숫자 개념의 하나(一)를 의미하지 않는다. 다신적 만신총합 유일신론(Polytheistic Monothiesm)의 신을 의미한다.

1. 제1차 세계종교대회

제1차 세계종교대회(1893)가 미국 시카고에서 개최되었을 때, 인도 힌두교 종교다원주의 교단 라마크리슈나 미션의 설립자 스와미 비베카난다(Swami Vivekananda, 1862-1902)가 무대에 올랐다. 그는 종교 간의 화합을 말하면서 "주(Lord)는 모든 종교 안에 있다, 이 사실을 전 세계에 선포하자"[1]고 외쳤다.

비베카난다가 말하기를 주는 힌두교도의 브라만이며, 조로아스터교의 아우라 마즈다이며, 불교의 고타마 싯다르타(붓다)이며, 유대교의 야훼이며, 기독교의 '하늘에 계신 아버지'라고 했다. 모든 종교는 동일한 신에게로 인도하는 서로 다른 길이라고 했다. 그 주가 당신들에게 고귀한 수행(修行)을 할 수 있는 힘을 주기 바란다고 했다. 만약 자기 종교만의 배타적 생존을 꿈꾼다면 진심으로 그를 가벼운 사람으로 여기겠다고 했다. 청중은 큰 환호와 갈채로 응답했다.

비베카난다는 모든 종교가 본질적으로 하나이며, 종교 간의 갈등은 무지에서 비롯되었다고 했다. "모든 길은 신에게로 통한다"는 힌두교 격언을 인용하면서, 모든 종교가 진리로 향하는 다양한 길이라고 했다. 각 종교가 다른 신을 섬기는 것처럼 보이고, 다른 교리를 가지고 있어도, 모두 궁극적으로 하나의 신비라고 했다. 힌두교 아드바아타 세계관을 바탕으로 종교들의 비이원적 단일성, 평등, 화합, 상호 수용, 관용, 포용의 중요성을 역설했다.

비베카난다는 이어서 힌두교가 어떻게 오랜 세월 동안 다양한 사상들과 종교들을 포용해 왔는가를 설명하고서, 포용성 그 자체가 인도 정신이라고 말했다. 종교는 사람들을 나누거나 갈등을 일으키는 일은 하지 않아야 하며, 서로에게 더 높은 깨달음과 사랑을 이루는 수단이어야 한다고 했다. 종교는 진정한 평화와 자비를 실현하는 길이라고 했다.

세계종교대회는 각 종교의 신념의 차이를 넘어 인류 공동의 가치를 논하는 자리이다. 모든 종교가 동등한 고유의 가치와 진리를 지니고 있다고 확신하면서 상호 존중과 이해와 공존의 원칙을 유지한다. 종교마다 독특한 가르침과 신앙 체계가 있지만, 모든 종교를 궁극적으로 인류의 구원, 영적 성장, 진리로 향하는 길이라고 본다.

그리고 각 종교의 신 숭배 방식을 상호 인정하고 존중한다. 다양한 종교가 숭배하는 여러 가지 신을 하나의 궁극적 실재를 반영하는 다양한 표현으로 해석한다. 궁극의 실재를 서로 다른 관점으로 바라본다. 여러 가지 신적인 존재들(deities)을 궁극의 실재의 다양한 나타남이라고 본다. 각 종교가 숭배하는 신 또는 신적 상징은 문화와 역사적 배경에 따라 다르게 나타나며, 한 분 하나님을 서로 다른 측면

---

[1] 변선환, "종교간의 대화 백년의 전망: 세계종교대회를 중심하여서,"『종교간 대화와 아시아신학』, 변선환 아카브 편 (천안: 한국신학연구소, 1991), 16, 47.

으로 보고 서로 다르게 이해하는 상이한 시각으로 여긴다. 영적 깨달음, 자비, 사랑, 평화와 같은 공통의 가치와 경험이 모든 종교에 존재함을 인정하면서 이를 중심으로 서로 연결될 수 있다고 생각한다.[2]

세계종교대회와 WCC의 종교 간의 대화 운동과 종교다원주의 신앙고백은 동일한 목표, 이상, 정신을 공유한다. 모든 종교 진리 가치의 동등성과 평등성을 인정하고 서로를 포용한다. 각 종교들이 서로에게서 배우고 보완할 수 있는 지혜와 통찰을 지니고 있으며, 모든 종교가 각기 다른 시각으로 진리를 이해하지만, 궁극적으로 그것들은 한 분 하나님에게서 온다고 믿는다.

WCC는 각 종교의 고유한 진리와 신념을 존중한다. 기독교가 다른 종교들과의 관계 속에서 더욱 풍요로워질 수 있다고 본다. 종교가 윤리적 의무와 책임을 지고 인류 복지에 이바지할 수 있어야 함을 강조한다. 인간화와 평화를 추구하고 사회적 불의와 싸우고 정의를 실현할 책임이 있음을 역설한다. '하나님의 선교'라는 세상사 해결 과업을 기독교 선교의 유일의 목표로 삼는다. WCC의 종교다원주의 신앙고백은 궁극적으로 이 단체를 지도한 신학자들의 종교다원주의 신론에 뿌리를 두고 있다.

2. 다신적 유일신론

기독교계 종교다원주의자들은 유일신론을 신봉하면서, 존재의 근원인 한 하나님 밖에 다른 신은 없다고 한다. WCC의 몽학선생이며 유급 전임 신학자인 웨슬리 아리아라자(Wesley Ariarajah, 1941-)는 자신이 종교다원주의 유일신론을 다음과 같이 설명한다. 하나님은 유일신이다. "다른 신은 존재하지 않는다."[3] 하나님은 무지개 언약을 통해 인류와 보편적 언약을 맺었다. 불자, 무슬림, 힌두교도들도 동일한 그 언약 안에 있다.[4] 이 세상 안에 가득한 모든 것이 "야훼의 것"(시 24:1)이다. 세상의 모든 종교와 종교인은 유일신 하나님의 소유이다. 각 종교와 종교인은 유일신 하나님을 각각 자기의 신으로 이해한다. 성서는 다른 신이 아니라 유일신이 존재한다고 가르친다.

> 기독교의 하나님, 힌두교의 하나님, 이슬람교의 하나님이 따로 존재하는 것이 아니라 오직 한 분이신 하나님에 대한 기독교의 이해, 힌두교의 이해, 이슬람교의 이해가 있을 뿐이다. … 성서는 유일신에 대하여 가르치고 있지 그 밖에 또 다른 신이 존재한다고 가르치지 않는다.[5]

아리아라자가 안타깝게 생각하는 것은 역사적인 기독교인들의 태도이다. "힌두교 신자, 불자, 무슬림, 공산주의자들 모두가 '성서가 증거하는 것과 같이' 만물의 창조주 하나님의 평등한 피조물이며, 평등하게 다스려지고 있다는 사실"을 쉽게 받아들이지 않는 것이라고 한다.

아리아라자에 따르면, 하나님이 종교들을 포함한 세상의 모든 것들의 주이다. 따라서 모든 종교인이 하나님의 자녀이다. 그들은 모두

---

[2]Willem Visser't Hooft, No Other Name: The Choice Between Syncretism and Christian Universalism (London: SCM Press, 1963); 비셔트 후프트, 『혼합주의와 기독교적 우주주의: 다른 이름은 없다』, 임홍빈 역 (서울: 성광문화사, 1963), 49-50.

[3]웨슬리 아리아라자, 『성서와 종교간의대화』 (서울: 감리교신학대학 출판부, 1992), 17.

[4]아리아라자, 17.

[5]아리아라자, 33.

유일신 하나님께 예배를 드린다. 기독교인들이 그들의 예배를 좋아하든 싫어하든 그들은 하나님의 자녀이고, 유일신은 그들 고유의 종교 양식에 따른 예배를 받는다. "하나님이 기독교인을 창조한 것과 마찬가지로 다른 사람들도 창조했다. 모든 존재의 근원인 하나님 이외에 또 다른 신은 존재하지 않는다."[6]

종교다원주의자들은 창조자 하나님이 세상의 모든 것들의 주인이라고 한다. 유일신 하나님은 각 종교의 교의, 제의, 신을 포함한 모든 것의 주이며, 소유자이다. 모든 종교는 하나님의 걸작이다. 각 종교의 신은 한 분 하나님의 서로 다른 현현(顯現)이다. 역사, 민족, 문화, 인종, 종교 상황에 따라 다르게 등장한 신이다. 유일신과 각 종교의 신들은 하나이다.

이처럼, 종교다원주의자들은 하나의 신이 다원적인 형태를 지니고 있다고 본다. 신의 이름, 신념, 신앙 형태, 이해가 다르지만, 유일신과 모든 종교의 신들이 비이원적으로 하나이며, 따라서 모든 종교가 동등성, 평등성, 구원 가능성을 가지고 있다고 한다. 어느 신을 숭배하든지 궁극적으로 유일신이 예배를 받는다고 한다.

단일신론(Henotheism) 또는 택일신론은 여러 신들의 존재를 인정하고 그것들 가운데서 최고의 신, 곧 하나의 주신(主神)을 중점적으로 숭배하는 신 이론이다. 교체신론(Kathenotheism)은 각 신을 차례차례, "한 번에 하나씩" 바꾸어가면서 최고의 신으로 숭배하는 신론이다.[7]

종교다원주의자들이 신봉하는 유일신론은 이와 다르다. 이들의 유일신론은 숫자적인 하나(一)를 의미하지 않는다. 모든 신들의 총합을 의미한다. 이들이 강조하는 '신 중심주의'(Theocentrism)의 '신'은 잡신총합 유일신을 뜻한다. 모든 신이 비이원적(non-dual)으로 하나의 신이라는 것이다.

종교다원주의의 유일신관은 신, 세상, 인간 등 모든 것들이 비이원적(非二元的), 곧 불이일원적(不二一元的)의 본성을 지닌 단일체라고 보는 힌두교 베단타 아드바이타 사상에 토대를 두고 있다.

힌두교 경전 『리그베다』는 여러 신들을 언급하면서 각각의 신들을 하나의 궁극적이며 지고의 신이라고 찬양한다. 여러 신들이 단일성과 총합성(Ekam, Unitarity)을 본질로 가지고 있다고 한다. 각 종교의 서로 다른 신들은 동일한 신성, 곧 유일신의 다원적 현현, 나타남이라고 본다.[8]

신플라톤주의 철학자 플로티누스(Plotinus)는 일자(一者, The One)라 일컫는 초월적 존재, 곧 궁극의 신적 실재가 있으며, 그곳에서 다양한 신들이 유출, 발산되었다고 가르쳤다. 그의 계급 개념의 유출설(Emmanation Theory)은 종교다원주의 신론과 비슷한 구도를 지니고 있다.

20세기 후반에 등장한 기독교계 종교다원주의자들은 모두 힌두교 배경을 가진 인물들이다. 힌두교 경전 『리그베다』가 제시하는 아드

---

[6]아리아라자, 34.

[7]프리드리히 맥스 밀러(Max Müller)는 고대 산스크리트어 문학을 연구한 옥스퍼드대학교의 언어학 교수였다. 기독교가 인도를 변화시켜야 한다고 믿었다가 나중에는 생각을 바꾸어 인도와 이 나라의 문화를 옹호했다. 밀러는 힌두교 경전 베다경에서 한 번에 하나의 신을 교차적으로 숭배하는 교체 신론 개념이 있음을 확인했다. 그는 힌두교 신관을 연구하여 이를 서유럽 신학과 기독교의 배타주의를 비판하는 중심 개념으로 제시했다. 유일신이 다른 신보다 더 우월하다는 신론을 '문화적 독단'이라면서 이를 거부했다.

[8]"The deities were nothing but pluralistic manifestations of the same concept of the divine-God." "Henotheism" in Wikipedia.

바아타 세계관에 기초한 만신총합 유일신론으로 역사적 정통 기독교 신론에 도전했다.

WCC가 신앙으로 고백하는 종교다원주의는 궁극적으로 힌두교 신론에 기초해 있다. 이 단체가 공개적으로 잡신총합 유일신론을 고백한다고 말하지는 않으나, "하나님의 구원의 은총에 제한이 없다"고 하는 종교다원주의 선언과 관련된 신론, 성령론, 기독론, 구원론, 종교론은 힌두교 아드바이타 세계관에 기초해 있다.

WCC의 유급 전임 신학자 스탠리 사마르타(Stanley Samartha, 1920-2001)는 이 기독교 단체를 위한 종교다원주의 사상을 구축하면서 다양한 신들과 인간과 세상(자연)을 하나로 간주하는 통합적 비전, 곧 힌두교 아드바이타 사상의 비교 불가한 우수성을 역설한다. 이 힌두교 세계관이 이분법을 피하는 비이원론(not twoism)의 본질을 지니고 있다고 하면서 기독교가 정통신학 기독론을 버리고, 이러한 유형의 종교다원주의 신론을 고백해야 함을 강조한다.

사마르타는 힌두교 아드바이타 세계관이 다양한 요소들을 조화와 긴장 안에 통합하는 통합적 비전이라고 높이 평가한다. 좁은 종파적 교리와 배타적 주장을 배격하면서, '진리의 진리'는 항상 그것에 대한 인식보다 더 크다고 한다. 심지어 그 인식의 총합보다 더 크고, 또 초월적이라고 한다. 인도의 오랜 다종교 역사는 인도인들이 신과 신비를 아드바이타적 세계관으로 수용해 왔으며, 타종교에 대한 기독교의 배타적인 태도를 거부해 왔다고 한다.[9]

사마르타는 아드바이타 세계관에 따라 신을 포함한 모든 존재의 중심에 다양성이 자리 잡고 있다고 한다. 다양성은 인간 본성에 내재되어 있다. 이것은 신비이다. 신비에 대한 인식 없이는 신, 궁극적 실재를 인식할 수 없다고 한다.[10]

종교다원주의 신학자들은 하나님을 지고한 신과 모든 종교의 신을 비이원적 단일체, 곧 만신총합으로 이해한다. 종교다원주의 신론은 유일신과 모든 신들의 비이원적인 단일성, 총체성, 전일성(全一性), 전체 총합을 강조하는 포괄적 유일신론(Inclusive Monotheism)과 일신숭배신론(Monolatry)과 동일한 구조를 지니고 있다.

기독교계 종교다원주의자들은 힌두교 베단타 철학의 비이원적 세계관에 근거하여 태양과 같은 하나의 신이 존재한다면서, 각 종교의 신들을 그 유일신의 다양한 현현이라고 한다. 인터넷 채팅 등에 나오는 애니메이션 캐릭터인 아바타와 비슷한 개념으로 이해한다. 아바타는 사용자의 역할을 대신하는 상이다. 태양과 오로라(Aurora)[11]가 비이원적인 하나를 구성하는 것과 같고, 무지개의 일곱 색깔이 하나의 광선의 나타남과 같다고 한다. 태양과 여러 가지의 오로라가 비이원적인 관계인 것처럼, 무지개의 일곱 가지의 색깔이 하나의 광선의 현현이듯이, 여러 종교의 신들을 유일신의 다원적 현현으로 여긴다. 각 종교의 신을 유일신의 다양한 나타남이라고 본다.

정통 기독교는 "너희는 내 앞에서 다른 신들을 섬기지 못한다"(신 5:7)라는 명령의 '다른 신들'을 실재하는 신이 아니라고 믿는다. 종

---

[9]Stanley Samartha, *One Christ-Many Religions: Toward a Revised Christology*, (Origianally published by Orbis Books, 1991, Eugene, OR: WIPF & STOCK, 2015), 107-108.

[10]Stanley Samartha, 83.

[11]'오로라'는 태양에서 방출(放出)되는 플라즈마 입자가 지구 대기권 상층부의 자기장과 마찰하여 빛을 내는 광전(光電) 현상이다. 입자 태양풍을 따라 지구 근처에 왔다가 지구 자기장에 이끌려 대기로 진입한다. 자극(磁極)에 가까운 북반구와 남반구의 고위도 지방에 가까울수록 관측이 쉽기 때문에 극광(極光)이라고도 한다.

교다원주의자들은 모든 종교의 신이 실재하며, 유일신의 현현이라고 믿는다. 각 종교의 신들의 총합을 한 분 하나님이라고 믿는다. 다양한 신들을 전체성(全體性), 전일성(全一性), 통일성, 포용성을 가진 단일체라고 한다. 창조주 유일신과 각 종교의신들은 비이원적인 하나의 신이라는 것이다.

3. 잡신총합 유일신

김경재 박사(한신대학교 신학대학원)는 종교다원주의 신론을 개괄적으로 파악하기에 적합한 지식을 제공한다. 한 분 하나님이 각 민족, 문화, 역사, 종교 맥락에 따라 다르게 나타난다는 다신적 유일신론, 곧 만신총합 유일신론을 역설한다. 유일신을 각 종교와 종교인들이 서로 다르게 이해하고 예배하는 다양한 신들의 총합(Unitarity)으로 규정한다. 이러한 자신의 신관을 '철저 유일신론'(Radical Monotheism)이라 명명한다.[12]

김경재는 "철저 유일신 신앙에 귀의하는 신앙인은 바로 그 철저 유일신 신앙 때문에 자기가 귀의하는 종교를 포함하여 지구상에 나타난 모든 종교들을 상대화시키며, 포용적 태도를 가질 수 있고, 한 걸음 더 나아가 종교다원주의를 긍정한다"[13]고 한다.

김경재는 놀랍게도 이스라엘이 철저 유일신론, 곧 만신총합 유일신론을 가졌다고 말한다. 이스라엘의 철저 유일신론이 확립된 시기는 "북 이스라엘과 남 유대왕국이 멸망하면서 이스라엘 백성의 성전 중심 종교가 흔들리고 바빌로니아와 아시리아의 포로 생활을 경험한 이후 제2 이사야 예언자 시대(기원전 549-538)가 시작된 다음"[14]이라고 한다. 이슬람교의 창시자 무함마드도 '철저 유일신 신앙' 소유자였다고 한다.[15] 유대교와 기독교의 유일신과 이슬람교의 유일신이 동일한 신이라고 한다.

김경재의 종교다원주의 신론, 곧 철저 유일신론의 '철저'(Radical)는 현대 급진주의 신학(Radical Theology)을 연상시킨다. 첨단을 걷는 자유주의 신학의 한 부류인 이것은 20세기 중반에 등장했다. 기존의 종교 교리와 신에 대한 형이상학적 관념에 도전한다. 현대의 철학과 문화와 역사 맥락에서 신학을 재해석한다.

급진주의 신학은 전통적 유신론의 전능하고 초월적인 하나님 개념을 거부한다. 현대 철학 관점으로 인간 경험, 윤리적 삶, 신 개념 등을 재구성하는 도발적인 접근을 시도한다.[16] 제도화된 종교와 고정된 교리를 비판한다. 기존 종교가 신앙의 해방적인 메시지를 흐리거나 왜곡한다고 비판한다. 이 신학은 WCC의 '하나님의 선교' 이론과 종교 간 대화 논의에 큰 영향을 미쳤다.

김경재의 "철저 유일신론"은 종교다원주의자들의 다신적 유일신론, 곧 만신총합 유일신론을 일컫는 다소 기만적인 명칭으로 보인다. 김경재는 유일신이 다양한 모습, 색깔, 이름을 가지고 있다고 한다. 유대교와 기독교와 이슬람교의 유일신은 다양한 형태로 나타난다고 한다. "진정한 유일신은 국경이나 민족이나 문화 형태를 초월한 '신

---

[12]김경재는 『이름없는 하느님』(서울: 도서출판 삼인, 2002)의 영어 제목을 "Radical Monotheism and Religious Pluralism"이라고 명기한다. 유대교, 기독교, 이슬람의 유일신론을 "철저 유일신론"(Radical Monotheism)이라고 한다. 이것이 이 책의 주 관심사, 곧 논지라고 한다(p.14).

[13]김경재, 12-13, 24.

[14]김경재, 24.

[15]김경재, 154.

비로운 무한자'이기에 다양한 문명과 역사 속에서 다른 모습으로 체험되고 다양한 색깔을 띠게 마련이다"[17]고 한다.

김경재는 "유일신 신앙(Monotheistic Faith)이 하나(one)라는 숫자 개념이 아니다"라고 말한다. "유일신이 수량적으로 하나라는 개념은 매우 옹졸한 숫자 개념에 얽매인 '하나의 유한한 신적 존재'로 전락하고 만다"[18]고 한다. 신이 한 분밖에 없다는 유일신론에 대한 통속적 이해를 그릇된 신관이라고 한다.

김경재는 영미계 사람들의 하나님 호칭(God, Gott, Dieu, Deus)과 동양의 한자 문화권의 신(神)이라는 단어를 동일시함은 적절치 않다고 한다. 동양에서는 신이라는 글자를 일반적으로 신령한 존재자들을 포괄하는 집합 개념으로 사용한다. 신은 하느님, 유교나 불교나 천도교 등에서는 천(天), 태극(太極), 법신(法身), 도(道), 천주(天主) 등 '신령한 존재자들'을 포괄적으로 일컫는 용어라고 한다.

김경재에 따르면, 동북아 한자 문화권에서 신(神), 곧 하나님이란 개념은 신령한 실재들(Divine Realities) 전체를 가리키는 일반적 용례이다. 동북 아시아인은 사람이 죽으면 모두 신령한 위(位), 곧 신위(神位)를 얻는다고 생각한 유교 문화권에서 조령숭배(祖靈崇拜)가 가능했고, '귀신'이라는 단어처럼 귀(鬼)와 신(神)을 합한 동격의 합성어로 만들어 썼다. 신(神)이라는 글자를 일반적으로 신령한 존재자들을 포괄하는 개념으로 사용해왔다.[19] "기독교인들이 '유일신 신앙'을 고백하거나 주장할 때, '유일'이라는 의미를 수량적 개념으로만 좁게 이해함은 성경이 말하는 유일신 신앙에도 어긋나거니와, 동북아 문화권이나 세계 종교사적 관점에서 볼 때도 별다른 감동을 주지 못한다."[20] 이처럼, 종교다원주의자들에게 '유일'(唯一, only)은 '여럿'(多, many)을 의미한다.

4. 수비학(數祕學)

김경재는 피타고라스 철학을 언급하면서, 이 학파는 자연과 생명은 우리에게 다양한 현상으로 나타나 보이지만 그 다양성이 무질서하거나 일정한 패턴이 없는 잡다한 모습을 띠는 것이 아니라고 보았다고 한다. 수리적 법칙과 다양성 안에 있는 통일성, 조화와 균형, 비례적 조형미와 형태 간의 공명적, 상응성을 나타낸다고 이해했다고 한다. 이러한 의미로 피타고라스는 "수는 만물의 근원이다"[21]라고 말했다고 한다.

만신총합 유일신 신봉자 김경재는 유일신론이나 유일신 신앙이 말

---

[16]'급진주의 신학'(Radical Theology)은 니체의 "신은 죽었다"는 개념에 영향을 받은 토마스 알타이저와 윌리엄 해밀턴의 "사신신학" 맥락에서 통용되는 용어이다. 전통적인 신 개념이 현대 사회에서는 더 이상 의미 없다고 하면서 기독교 신앙을 재구성한다. 자크 데리다와 같은 포스트모던 사상가들은 종교 텍스트와 교리를 해체하여 더 깊은 의미를 발견하려고 한다. 급진적 신학은 쇠렌 키르케고르, 프리드리히 니체, 마르틴 하이데거와 같은 철학자들의 영향을 받아 형이상학적 추측보다 인간이 의미, 절망, 자유를 경험하는 방식에 초점을 맞춘다. 급진주의 신학사들은 신을 초월적인 존재라기보다는 인간관계, 사회정의, 또는 역사의 진행 과정에서 내재하는 신으로 이해한다. 폴 틸리히가 하나님을 "존재의 근원"(Ground of Being)으로 묘사한 것과 궤를 같이 한다. 하나님을 초월적 존재로 보지 않고 모든 존재를 궁극의 실재로 이해한다.

[17]김경재, 81.

[18]김경재, 17.

[19]김경재, 18.

[20]김경재, 18.

[21]김경재, 19.

하는 '유일'이 수량적 개념의 '하나'를 의미하지 않는다는 것을 거듭 강조하면서 이를 설명하려고 수비학(數祕學, Numerology) 이론을 동원한다. 유일신이란 단수(單數)의 신을 뜻하지 않는다는 것이다.[22]

김경재는 만신총합 유일신론을 자연과학 공학자 마이클 슈나이더(Michael Schneider)[23]의 이론을 도입하여 설명한다. 그는 슈나이더가 1부터 10까지의 수가 지니고 있는 수학적 원리와 그 수가 내포하는 상징적 의미를 자연의 물리와 화학 현상, 예술 작품의 문양 양식, 종교적 의례와 신화, 건축물의 축조 방식, 동식물의 조직 형태 등을 자세하게 관찰하여 '하나'라는 수가 자연, 예술, 과학 분야에서 지니는 수학적 원형(mathematical archetypes)의 상징적 의미들을 밝혔다고 한다.[24] 슈나이더가 '하나'를 일컫는 헬라어 모나드(monad)는 기하학적 모형의 점(영)과 원을 의미하고 원형적 상징성 개념의 안전성, 완전성, 단일성, 순환 규칙성, 리듬, 효율을 의미하며, 자연과 예술과 종교 사례들에서는 만달라, 바퀴, 신성 후광, 원형극장, 나이테, 행성 궤도를 의미한다는 것을 밝혔다고 한다.[25]

김경재는 '하나'란 단순히 둘, 셋, 넷, 다섯에 비교되는 수량적 의미의 '하나'(一)가 아니며, "무한이요 태극이며 공(空)이고 '텅 비어 있음'(empty)이라고 한다. '하나'는 동시에 원을 상징한다. 원은 단순한 곡선 이상의 존재이다. "원은 우주의 초월적 본성을 나타내 보이는 것으로 완전, 충만, 통일, 전일성, 포용성 등을 의미한다"[26]라고 한다.

하나가 상징하는 첫째 원리는 빛, 공간, 시간, 힘이 모든 방향으로 펼쳐나가는 존재의 원점, 존재의 시원이라는 것이다. 둘째 원리는 하나가 원의 회전 운동이 상징하는 역동적 운동성이며, 보편적인 주기, 순환, 궤도, 규칙성, 진동, 리듬 따위를 구현하는 것으로, 한 마디로 존재 능력과 생명의 다함 없는 무궁성을 상징한다. 셋째 원리는 하나가 원의 중심섬인 영(zero) 차원과 원주로 상징되는 무한 외연, 그 사이에 있는 신비스런 시공간의 모든 것을 가장 효율적이고 최대한의 공간으로 확보한다는 점에서 지고선(至高善)의 상징으로 주어진다는 것이다. 이처럼 점이나 원으로 표상되는 '하나'는 단순한 수량적 의미가 아니라, 전체성, 단일성, 통일성, 효율성, 무궁성, 지고선의 상징으로 주어지는 것이다.[27]

김경재는 수비학 이론에 기초하여 "유일신 신앙을 자기가 믿는 종교가 말하는 바로 그 신만을 지칭하는 개념이나 수량적인 의미의 '하나' 개념으로 한정시키는 잘못을 범하면 안 된다"[28]고 한다. 유일신이 하나, 곧 단수를 일컫는 용어가 아니라는 김경재의 주장은 기독교의 유일신론을 종교다원주의 신론과 동일시하려는 영리한 포석이다. 그는 수비학 이론으로 잡신총합 유일신론을 정당화하려고 한다.

김경재는 유일신론(Monotheism)과 단일신론(Henotheism)이

---

[22]유일신론(唯一神論)과 유일신론(有一神論)의 차이는 미묘하다. 유(有)는 '있다'라는 의미이고, 유(唯)는 '오직'이라는 뜻이다. 전자는 신의 유일성과 배타성을 강조함으로써 다신론(Polytheism)과 구별된다. 후자는 여러 신 가운데 하나만 선택적으로 믿는 단일신교 세계관과 혼동을 야기할 가능성이 있다.

[23]Michael Schneide, *A Beginner's Guide to Constructing the Universe: Mathematical Archetypes of Nature, Art, and Science*, 1995. 마이클 슈나이더, 『자연, 예술, 과학의 수학적 원형』, 이충호 옮김 (서울: 경문사, 2001).

[24]김경재, 19.

[25]김경재, 20.

[26]김경재, 21.

[27]김경재, 21.

[28]김경재, 21.

동일하지 않다고 하면서 "유일신 신앙은 셈족계 종교들(유대교, 기독교, 이슬람)의 문명 신 신앙이 아니다"[29]라고 한다. 무슨 말인가? "어느 특정 문명에 귀속된 신은 해당 문명이 만들어낸 우상이지 진정한 유일신이 될 수 없기 때문"[30]이라고 한다.

김경재는 복음주의 기독교인들을 의식하면서, "유일신 신앙은 성경적 신앙의 독점물이 아니다"[31]라고 한다. 거듭 유일신론이 수 개념의 '하나'를 의미하지 않는다고 한다. 기독교인들이 "유일신론을 숫자적 하나로 이해하는 까닭은 성경을 문자적으로 잘못 이해한 경직된 성경관에 기초한 편협한 태도와 무지 탓"[32]이라고 한다. 아브라함과 관련된 유대교, 기독교, 이슬람교의 하나님은 수(數) 개념의 '하나'가 아니라고 한다. 김경재는 우리에게 '다신론'이라고 쓰고 '유일신론'이라 읽으라고 한다. '여럿'을 '하나'로 이해하고 인식하라고 한다.

5. 한국 기독교의 성경관

김경재는 한국인의 마음 속에 '하느님' 신앙이 연연히 이어져 왔다고 하면서, 한민족사에 등장하는 다양한 종교의 여러 신들과 성경이 말하는 유일신 야훼 하나님을 동일시한다.

김경재는 한국 기독교가 믿는 역사적 기독교의 유일신을 '외래신,' '수입된 신'으로 규정한다. 기독교의 유일신을 "18-19세기에 유럽 열강이 무력을 앞세우고 동양 사회나 제3세계 식민지배 시대에 들여온 문화 제국주의자들의 폭력적 신"이라고 지탄한다. "성경이 전하는 위대한 하나님 신앙, 곧 '긍휼과 자비가 풍성한 신, 자유와 정의의 신, 평화와 사랑의 신'이 한국의 보수적 기독교인의 닫힌 마음과 좁은 소견에 담기는 과정에서 크게 왜곡되었다"[33]고 한다. 그는 성경이 알려주는 신은 보수적 기독교인들이 믿는 배타적 종파적 신, 곧 숫자 개념의 유일신이 아니라고 한다.

김경재가 이해하는 유일신은 다수성과 다양성을 동시에 지니고 있다. 그는 만약 원효, 이황, 최제우, 최시형의 하느님이 성경이 증언하는 유일신과 다른 신이라면 성경이 말하는 유일신은 유일하지 않은 상대적인 신이라고 한다.

> [유일신은] 18세기 동학 운동에서 여실히 분출되는 데, 원효(元曉)로부터 의상(義湘), 이황(李滉), 이이(李耳)를 거쳐 최제우(崔濟愚), 최시형(崔時亨)의 마음속에서 진리와 생명의 빛으로 그들을 비추었던 '궁극적 실재'로서의 '존재 자체'이신 하느님이 성경이 증언하는 '유일하신 하나님'과 다른 신이라면, 보수적 기독교인이 말하는 성경의 신 자체가 유일하지 않은 '상대적 신'[이며] 기독교 종파 신이거나 기독교 문명 신일 수 없다.[34]

김경재는 기독교의 유일신이 단일 신, 단수의 신을 일컫는 용어가 아니라는 논의를 하다가 갑자기 초점을 바꾸어 성경 무오성과 문자주의 성경관을 비판한다.

> 성경 진리가 참이라고 믿는 '성경 무오류설'의 문자주의적 성경관 때

---

[29]김경재, 29.

[30]김경재, 32.

[31]김경재, 33.

[32]김경재, 34.

[33]김경재, 37.

[34]김경재, 36-37.

문에, 한국의 독실한 그리스도교인 중에는 우리 조상이 귀의해 왔던 불교, 유교, 천도교, 원불교 등을 인정하지 못하고 배타적 태도를 취할 수밖에 없다고 생각하는 사람들이 의외로 많다. [...] 잘못 이해된 성경관은 일가, 친척, 형제, 자매 사이에 종교 문제에 따른 갈등과 상처로 이어지는 경우도 많다. 이런 비극은 종교를 바로 이해하고 성경을 올바로 이해함으로써 하루속히 극복되어야 한다.[35]

김경재는 한국의 보수적 개신교회가 유일신을 오해하여 '하나'라는 숫자 개념으로 이해한다고 질책한다. 유일신은 성경 안에만 계시된 신이 아니며, 성경을 거쳐서만 유일신의 바른 뜻을 알 수 있다고 말함은 옳지 않다고 한다. 자기들만이 진리를 전파할 독점적 권리와 의무를 지니고 있다고 자부함은 잘못이라고 한다. '유일신론'을 수 개념으로 이해하는 복음주의를 "성경이라는 기독교 경전을 문자주의적으로 잘못 이해하는 경직된 성경관에 기초한 편협한 태도의 결과"[36]라고 비판한다.

한국의 개신교 교단들이 성경적 신앙의 독특성과 고유성에 심취한 나머지 민족 문화나 전통 종교에 배타적 태도를 보인 점이라든지, 전통 문화나 가치를 마치 고대 모세 시대 이스라엘 민족이 가나안에 진입할 때 가나안 땅에 있던 바알종교나 이교신앙과 같은 범주로 생각하여 배타적으로 대한 점은 매우 유감스러운 측면이다. 그런 개신교의 태도는 타종교에 대한 무지의 소산이요, 성경이라는 경전을 문자주의적으로 잘못 이해한 경직된 성경관에 기초한 편협한 태도가 아닐 수 없다.[37]

김경재는 유일신 개념과 한국교회의 복음주의적 성격 그리고 성경 무오설을 관련지으면서, 모든 종교 경전의 중요성을 강조한다.

> 무릇 모든 종교에서 경전의 중요성과 그 권위는 종교의 심장과 같아서 매우 중요하다. 그러나 종교의 경전 속에 시공을 초월한 항구적 진리와 계시적 진리가 내포되어 있다는 신념과 종교 경전은 신탁과 같이 글자 한자 한자가 절대 오류일 수 없는 진리를 지닌다고 확신하는 경직된 신념과는 구별되어야 한다.[38]

김경재는 기독교의 야훼 하나님, 곧 유일신을 다수(多數), 곧 복수(複數)의 신이라고 하면서 성경이 말하는 유일신을 단수(單數)로 오해하게 하는 가장 큰 원인이 복음주의자들의 '성경무오설'이라고 한다. "성경 무오설이라는 교리적 도그마를 '제일 원리'로 설정하고서 기독교를 이해하거나 이웃 종교를 이해하려 들면 매우 어려운 문제에 봉착한다고 한다. 한국의 열성적이고 보수적인 기독교 신도들이 '야훼'(여호와)라는 이름으로 불리는, 성경이 전하는 그 신 이외의 다른 이름을 지닌 신은 모두 우상이거나 반기독교적 신앙이기에 배타적일 수밖에 없다고 하는 단순 논리를 펼친다"고 하면서 역사적 기독교 신론 중심의 정통 신앙을 지탄한다.

> 한국의 보수적 기독교인들의 논리대로라면, 한민족 5천 년의 유구한 역사 속에서 우리 조상은 참 하나님 없이, 참 하나님을 떠나서 우상

.[35] 김경재, 37.
[36] 김경재, 36.
[37] 김경재, 34.
[38] 김경재, 34-35.

신들을 섬기며 살아온 셈이 되고 만다. 왜냐하면 우리 조상은 보수적 기독교인들의 말하는 참 유일신의 이름 야훼(여호와)라는 신의 이름을, 적어도 성경이 한국에 소개되기 전엔 들어본 적도 없고 들어볼 기회마저 없었기 때문이다. 그러므로 성경의 가치와 존경심이 지나쳐서 성경을 문자적으로 절대 오류가 없는 교리적 명제로서 이해하는 것은 성경을 올바로 이해하지 못하는 태도이며, 엄청난 모순과 혼란을 피해갈 수 없게 된다.[39]

김경재는 복음주의 신앙을 '근본주의'로 일컬으면서 이에 대한 강한 거부감을 드러낸다. 한국 개신교인들을 아래와 같이 폄하한다.

[그들은] 유일신 신앙이 '성경' 안에만 계시된 것이고, 따라서 성경적 신앙을 통해서만 유일신의 바른 뜻을 알 수 있을 뿐이라고 한다. 자신들만이 그 진리를 전파할 독점적 권리와 의무를 지니고 있다고 자부한다. 그리스도교가 유일신 신앙을 지닌 위대한 세계적 보편 종교임에는 틀림없지만, 한국의 보수적 개신교도들이 이해하는 그런 뜻에서 기독교가 위대한 것은 결코 아니다.[40]

김경재는 아브라함 종교인 이슬람교와 모세 신앙(유대교)과 예수의 가르침(기독교)을 모두 다 인정하면서 이 종교들이 모두 '철저 유일신,' 곧 만신총합 유일신 신앙 공동체라고 한다.[41]

요컨대, 김경재는 기독교의 유일신 신앙과 다양한 신들, 각 종교가 섬기는 여러 가지 신들을 아드바이타적 유일신으로 이해한다. 하나님을 수량적인 '하나'가 아니라 완전, 충만, 단일성, 통일성, 전체성, 전일성(全一性), 다양성, 포용성 등을 본질로 가진 신, 곧 잡신총합 유일신으로 이해한다. 이 신이 존재 능력과 생명의 다함없는 무궁성과 포용성을 본질로 가지고 있다고 한다. 유일신의 '유일'(唯一)은 수량적 의미의 '하나'가 아니라 다수와 복수를 동시에 가진 개념, 곧 만신총합을 의미한다고 한다.

6. 생경한 궤변

복음주의 기독교인은 성경을 하나님의 말씀이라고 믿고, 신앙과 행위의 최종적인 권위로 인정한다. 해석학의 중요성을 인지하지만 하나님의 계시 진리가 평범한 지식을 가진 선지자들과 보통 사람들이 이해하는 형태로 주어졌다고 본다.

성경이 수비학(數祕學) 텍스트로 주어졌다고 믿는 사람은 없다. 하나님의 특별 계시가 주어지고 성경이 기록된 시대의 인물들은 수비학을 알지 못했다. 어느 누구도 단수를 지칭하는 '하나' 또는 유일(唯一)이 다수, 곧 복수를 의미한다는 것을 상상조차 하지 않는다.

하나님의 계시의 말씀을 유기적으로 받아 기록한 선지자들과 예수의 사도들에게 유일신 하나님이 수량적 '하나'가 아니라고 하는 김경재의 주장과 종교다원주의 신론은 역사적인 기독교 신앙을 가진 복음주의자들에게 생경(生硬)하다. 과연 초대교회가 하나님을 완전, 충만, 단일성, 통일성, 전체성, 전일성(全一性), 다양성, 포용성, 총합성

---

[39] 김경재, 35-36.

[40] 김경재, 36.

[41] 조로아스터교는 '아후라 마즈다'(Ahura Mazda, 지혜의 주)를 유일신으로 믿고 섬긴다. 우주의 유일한 창조자이자 절대적 존재로 숭배한다. 고대 페르시아에서 기원했으며, 조로아스터(자라투스트라)라는 예언자가 창시한 것으로 알려져 있다.

을 가진 다원적 존재로 이해했는가? 구약시대와 신약시대 사람 가운데 유대교와 기독교의 '유일신'을 지칭하는 '유일'(唯一)이 수적인 '하나'가 아니라 다양한 신과 종교를 포괄한다고 생각하는 사람이 있었을까? 유대교와 기독교의 유일신이 모든 종교의 신들에 대한 완전, 충만, 지고(至高), 여럿(多)의 총합(Unitarity)을 일컫는 용어임을 증명하는 성경구절이 있는가? 과연 기독교의 유일신론이 만신총합, 곧 다신적 유일신론을 의미하는가? 김경재는 주일예배에서 잡신총합 유일신에게 예배를 드리는가?

김경재는 힌두교, 불교, 기독교, 이슬람교, 유교, 도교 등 세계 6대 종교와 한국의 무교, 천도교, 원불교를 고등종교로 설정하고, 이 종교들의 신을 궁극의 실재, 곧 한 분 하나님의 다양한 현현이라고 한다. 이 종교들이 섬기는 신들이 유일신 창조주 하나님의 서로 다른 나타남이며, 그 종교들의 서로 다른 교리를 유일신에 대한 각 종교마다의 다른 이해라고 한다.[42]

종교다원주의자들은 사단과 악신(惡神)과 자연종교들의 관계에 대하여 함구(緘口)한다. 모든 종교의 신이 모두 창조주 하나님처럼 전지전능, 무소부재, 거룩한 존재인가? 악신은 어느 범주에 속하는가? 하나님의 보냄을 받은 수많은 헌신적인 전도자들은 만신총합 유일신의 부름을 받고 선교 현장에서 나섰는가?

김경재는 기독교 신론이 유대교와 이슬람의 신론과 본질적으로 동일하며, 다만 "색깔이 다르다"[43]고 한다. 그는 기독교 삼위일체 신론의 특성을 가지고 야훼와 각 종교의 신들을 결합하는 잡신총합 유일성을 담보하려고 한다. 기독교의 "성부, 성자, 성령 삼위는 살아계셔서 구체적으로 구원 활동을 펼치는 하나님을 체험한 구체적 면모"이며, "삼신론(三神論)에 빠지거나 궁극적 실재가 지녀야 할 단일성이나 보편성을 손상시킬 위험이 있다"[44]고 한다.

그는 셈족계 종교들(유대교, 기독교, 이슬람교)이 모두 유일신 신앙을 공통적으로 바탕에 깔지만, 기독교만이 삼위일체 신론을 지니고 있다고 한다. 유대교와 이슬람교는 삼위일체 신론의 궁극적 실재 체험의 구체성이 궁극적 실재의 중요한 핵심인 '단일성과 보편성'을 손상시킬 우려가 있다고 한다.[45]

그리고 기독교의 삼위일체 신론과 동일한 존재론적 이해가 힌두교, 불교, 유교에도 있다고 하면서 유일신의 다원적 특징, 곧 만신총합성을 보편적 진리로 천명한다. 삼위일체 신론이라는 특수한 진리가 힌두교, 불교, 유교에도 보편적으로 존재한다고 하면서, 아시아 종교와 철학의 인식론적 유사 구도를 기독교의 삼위일체 유일신론의 존재론과 동일시한다.

김경재는 기독교의 삼위일체 신론이 힌두교와 이슬람교와 불교 그리고 유교의 형이상학적 존재론과 일치한다고 한다. "힌두교의 브라만·쉬바·비슈누로 나타내는 신의 삼중적 동태(動態) 신앙, 대승 불교의 법신불, 보신불, 응신불로 나타내는 삼신불(三身佛) 신앙, 신유학의 무극(無極), 이(理), 기(氣)로 표현되는 형이상학적 존재론에 상응하는 범례로 볼 수 있다고 한다. 표현과 역사적 구성 내용이 다를 뿐 결국은 궁극적 실재의 구체성과 보편성이라는 양극성을 동시에 담보하려는 보편적 우주 종교들의 신학적 표현 형태인 것이다"[46]라고 한

---

[42]김경재, 256.

[43]김경재, 124.

[44]김경재, 125.

[45]김경재, 132-133.

다. 기독교, 힌두교, 불교, 유교 등의 신 또는 궁극의 신적 실재는 한 하나님의 서로 다른 현현, 나타남이라고 한다.

김경재는 인식론적인 것과 존재론적인 것의 차이, 비슷한 것과 동일한 것의 다름을 간과한다. 기독교의 삼위일체 신론의 구도와 힌두교의 비이원적 세계관, 불교의 연기론, 유교의 음양사상의 사고 구조가 지닌 약간의 유사성을 근거로 기독교의 삼위일체 유일신론이 타종교의 궁극의 실재 개념과 존재론적으로 동일하다고 판단한다. 이는 범주착각의 오류(fallacy of category mistake)이며, 성급한 일반화의 오류이다.

7. 마이스터 에크하르트

김경재는 기독교의 유일신 신앙을 논하면서, 이단자 마이스터 에크하르트(Maister Eckhart, 1260-1327)를 유일신론자로 규정한다. 선불교 개념의 만신총합 유일신 신앙을 자신의 신론과 동일시하면서 이 주제에 대한 논의에 많은 지면을 할애한다.[47]

독일인 에크하르트는 중세교회의 신비사상가이다. 교회가 이단자로 정죄한 자이다. 에크하르트는 '신을 넘어선 하나님'(God beyond God)을 주창한 것으로 유명하다. 그는 기독교의 삼위일체 신론을 부정한다. 성부, 성자, 성령 세 위격이 지닌 신적 속성과 능력을 모두 넘어서는 신성 자체(Godhead)를 강조했다. 에크하르트는 유대교의 군주론적 유일신(Monarchial Monotheism) 개념과 기독교의 삼위일체론적 유일신(Trinitarian Monotheism)의 '유일' 또는 '하나'의 의미가 전혀 다르다고 한다.

김경재는 에크하르트의 신비 사상에서 '하나'는 "단순한 수가 아니라 수 개념의 부정이며, 그렇기에 '하나'는 이미 수를 초월한다고 한다. 모든 유한한 피조물들은 수로써 셀 수 있고 수의 범주 속에 들어갈 수 있지만, 하나님은 숫자 범주에 제한되지 않는다고 한다. 만약 하나님이 '하나'라는 숫자 개념에 의해 규정된다면 그분은 하나님이 아니며, 궁극적 실재가 아닌 하나의 신령한 최고의 존재일 뿐"[48]이라고 한다.

김경재는 에크하르트의 신론을 도입하여 기독교인들이 "하나님은 한 분뿐이다"라고 말할 때 좁은 숫자 개념에서 벗어나야 함을 거듭 강조한다. 에크하르트가 "하나님은 하나(unum, One)이다"[49]라고 한 말에서 그 '하나'의 의미를 신의 무한자, 만유의 무제약적 포괄자, 영존하는 충만자라는 개념으로 이해했다고 한다. '하나'라는 말의 의미가 숫자 범주를 넘어 단일성, 다수성, 전체성을 포괄함을 강조했다고 한다.

김경재는 에크하르트의 사상 논의에서 정통 기독교인들을 향하여 경고한다. "만약 그리스도인들이 '삼위일체적 유일신 신앙'에서 숫자 개념의 '하나'에 붙잡힌다든지 삼위라는 단어에서 다수성 개념에 사로잡힌다면, 그는 삼위일체론적 유일신 신앙을 곡해할 뿐 아니라 '궁극적 실재'의 하나님이 아니라 자기 머릿속에서 '교리적 우상신'을 생각하고 있을 가능성이 있다. 바로 이것이 신비주의자 에크하르트의 유일신 신앙이 우리에게 던지는 경고이다"[50]라고 한다.

---

[46]김경재, 133.

[47]김경재, 133-146.

[48]김경재, 146.

[49]김경재, 146.

에크하르트의 신비주의는 선불교 교리와 거의 일치한다. 다수의 일본 선불교 학자들이 에크하르트의 사상을 연구한 것은 그러한 동기 때문이다.[51]

김경재는 에크하르트의 신비주의 신론을 긍정적으로 평가한다. 에크하르트의 '하나'에 대한 정의를 수용한다. 하나님은 존재 자체, 무한자, 만유의 무제약적 포괄자, 영존하는 충만자라는 신비주의적 의미를 수용한다. "하나님은 한 분뿐"이기 때문에 유일신론의 '하나'가 단일성과 다수성이라는 숫자 범주를 넘어 다양성을 포함한다는 에크하르트의 사상을 적극 수용한다. 한국기독교장로교 목사 김경재는 이단자 에크하르트의 신론을 자신의 신론과 동일시한다.

이슬람교는 아브라함 종교의 뿌리에서 나왔지만 무슬림은 예수 안에서 하나님의 '궁극적 계시'가 드러났다고 믿는 기독교 진리를 거부한다. '신인 예수'(Jesus as God-Man)를 부인한다. 김경재는 기독교가 이슬람교를 배격함은 어리석은 짓이라고 한다. 꾸란의 "알라와 더불어 다른 신을 섬기지 말라. 그분 외에는 신이 없다"는 계명과 유대교 경전 토라(모세오경)의 "참 하나님 야훼 이외의 다른 신을 섬기지 말라"는 가르침은 동일하다고 한다. 아랍인들은 알라, 유대인들은 야훼를 각각 절대적 유일신이라 주장할 뿐이라고 한다.

김경재는 유일신 신봉자들이 "상대방 신을 우상이라고 매도하는 것"을 질책한다. 다양한 현현 신들이 결국 동일한 한 분 하나님이기 때문이라고 한다. 상대방 신을 우상이라고 매도하는 "이러한 우매하고 해괴한 일이 문명사회에서는 더 이상 용납될 수 없다"[52]고 한다. 김경재는 야훼와 알라를 유일신의 서로 다른 현현이라고 한다. 이름이 다를 뿐 같은 하느님이라고 한다. 그는 자신의 신론이 힌두교 아드바이타 세계관에 근거한 종교다원주의 신론이라고 밝히지 않는다.

김경재는 언어란 역사와 문화의 산물이어서 어떤 실재가 문화마다 다르게 불려 질수 있다고 한다. 궁극적 실재인 유일신 하나님의 이름은 영어권, 헬라어권, 아랍어권, 인도어권마다 각각 달랐다고 한다. "중국어 문화 권에서는 천주(天主), 한국어 권에서는 하느님이라 일컬어졌다. 궁극적 실재를 무엇이라고 명기하고 발음하느냐가 중요한 것이 아니고, 그러한 이름과 발음 속에 함의하는 '궁극적 실재의 능력과 의미' 가 무엇이냐가 중요하다"[53]고 한다.

맺음말: 잡신총합 유일신에게 예배하는가?

김경재의 신론에 따르면, 성경에 등장하는 그리스, 이집트, 가나안, 바벨론의 신들은 모두 창조자 하나님이 시공간적으로 다른 상황에서 각각 다르게 나타난 현신(顯神)이다. 그리스와 로마의 30만 신, 인도의 3억 3천만의 신, 일본의 8백만 신은 모두 유일신의 서로 다른 나타남이다. 모든 종교의 신은 한 분 하나님의 아드바이타적 현현이다. 유일신 하나님은 다양한 형태로 나타난다. 각 종교가 자기 종교

---

[50]김경재, 146.

[51]Gehard Wehr, *Meister Eckhart* (Hamburg, Germany: Rowohlt, 1989), 125-131; Masao Abe, "Self-Awakening and Faith-Zen and Christianity," Paul J. Griffths, ed., *Christianity through Non-Christian Eyes* (Maryknoll, NY: Orbis Books, 1990), 171-180; H. M. Enomiya Lassalee, *Zen Meditation for Christians* (La Salle, IL: Open Court, 1974); Robert Kennedy, *Zen Spirit, Christian Spirit: The Place of Zen in Christian Life* (New York: Continuum, 1995); 최덕성, "엑크하르트의 범신론," 『종교개혁전야』 (서울: 본문과현장사이, 2003), 263-276을 참고하라.

[52]김경재, 151.

[53]김경재, 150.

의 신에게 드리는 예배는 모두 유일신 창조주 하나님께 바쳐진다.

김경재의 '철저 유일신론'이라는 이름의 만신총합 유일신론은 양자역학의 불완전함을 보여주는 '슈뢰딩거의 고양이'(Schrödinger's Cat)를 연상시킨다. 이 이론은 죽은 고양이면서 동시에 살아 있는 고양이가 존재한다고 주장한다. 김경재의 '철저 유일신론'은 만신총합 유일신론을 다소 난해한 용어로 포장한 궤변이다.

김경재는 한신대학교 신학대학원에서 35년 동안 한국기독교장로회 목사 후보생들을 양성했다. 이 교회는 WCC의 회원교회이다. 이 교단 교회와 신도들은 주일 예배 시에 창조자가 아닌 만신총합, 잡신총합의 유일신에게 예배를 드리고 기도를 올리는가?

한신대학교 신입생들이 불교 사찰에서 체험하는 활동들, 승려복 착용, 불상을 향한 절, 발우공양, 예불, 108배, 참선, 숲길 명상, 다도 체험 등은 전통적인 신학교에서 볼 수 없는 이례적인 모습이다. 단순한 문화 체험이 아닌 종교적 행사이다. 그들은 그것이 우상숭배나 배교 행위가 아니라, 다른 신앙 전통을 체험하는 교육적 실험 활동으로 이해하는 듯하다.

우상숭배 행사가 프로테스탄트 신학 계열의 대학 또는 신학대학원에서 이루어지는 것은 기독교가 불교나 타종교 체험을 단절하거나 배타적으로 거부하지 않고 오히려 이를 신학적 성찰의 기회로 삼으려는 동기가 작용한 것으로 보인다. 이러한 행사의 배후에 종교다원주의 신관, 곧 다신적 유일신론—만신총합 유일신론이 실효적으로 작동하는 듯하다.

제3부

종교다원주의 사상가들

11

김경재의 등정로 이론

—모든 등정로는 산의 정상에 이른다—

1. 영과 진리

예수께서 어느 날 야곱의 우물 샘터에서 사마리아 여인을 만나 다음과 같이 영생과 예배 그리고 진리의 영에 대하여 말했다.

> 이 물을 마시는 사람은 다시 목마를 것이다. 그러나 내가 주는 물을 마시는 사람은 영원히 목마르지 아니할 것이다. 내가 주는 물은 그 사람 속에서 영생에 이르게 하는 샘물이 될 것이다(요 4:13-14).
> 여자여, 내 말을 믿어라. 너희가 아버지께, 이 산에서 예배를 드려야 한다거나 예루살렘에서 예배를 드려야 한다거나 하지 않을 때가 올 것이다. 영과 진리로 아버지께 예배를 드릴 때가 온다(요 4:21, 23).

김경재 박사(1940-2025)[1]는 예수께서 사마리아 수가라는 마을의 야곱의 우물 곁에서 만난 여인과의 대화는 종교다원주의 시대가 도래했음을 알린 선언이라고 한다. "하나님은 영이므로 예배하는 자는 영과 진리 안에서(in Spirit and Truth) 예배할 것"(요 4:24)이라고 말한 것은 율법종교 시대, 교리종교 시대, 민족종교 시대, 문명신(文明神) 종교 시대가 끝났음을 선언한 것이라고 풀이한다. 이스라엘 민족종교, 교리 중심의 기독교, 유럽 문명인들의 종교 시대가 끝난 것과 모든 종교가 평등성을 지닌 동일동가의 시대가 임할 것임을 알린 것이라고 한다.[2]

김경재는 각 민족 종교들이 각각의 '영과 진리'에 충만한 상태에 이르렀다고 한다. 각 종교의 지도자들은 모두 인간 정신이 도달할 수 있는 최고 수준의 삶을 살고 있으며, 이상적인 것들을 가르치는 분들이라고 한다. 종교 지도자들이 전개한 '영과 진리 운동'을 '위대한 생명 파장 운동'이라고 명명한다.

김경재에 따르면, 각 종교의 지도자들은 육안(肉眼), 심안(心眼)을 넘어서서 영안(靈眼)으로 만물을 환히 꿰뚫어 본 분들이다. 그들은 종교를 의도적으로 창시하려 하지 않았다. 그러나 그들이 일으킨 생명적 영파(靈波) 현상은 종교운동으로 나타났다. "종교의 본래 모습은 이론, 명상, 정관(靜觀)이 아니라, 예외 없이 자비행(慈悲行)과 사랑 실천 속에서만 바르게 숨 쉬는 삶의 길이었다."[3] 다양한 문명 스펙트럼을 거쳐 나타난 각 종교들은 영적 무지개의 분광이 발생시키는 오로라(aurora)들이다.

김경재는 종교다원주의 사상과 다원적 종교 체험을 모세가 경험한 불타는 떨기나무 체험과 동일하다고 해석한다. 그러므로 종교들이 종파적 신앙에서 떠나 생명의 바다로 나아가서 서로 만나야 한다고 말한다. 특히 종파적 유일신 신앙을 박차고나가 더 넓은 생명의 광장에서, 모세처럼 삶의 한복판, 곧 종교적 다원성이라는 삶의 현장에서 거룩함을 체험하라고 한다.

김경재는 복음주의 신앙인과 역사적 기독교를 "전통적 교리와 신학 체계와 종교 의례에 갇힌 유일신 신앙"이라고 지탄한다. "다시 한 번 허물을 벗고 통과의례를 경험하라"고 한다. "한 분 하나님은 유일신 종교들 안에서만 섬김 받는 문명신적 절대자가 아니다"라고 한다. "하나님은 모든 것의 아버지시요, 모든 것 위에 계시고 모든 것을 통하여 계시고 모든 것 안에 계시는 분"(엡 4:6)이라는 사실을 새삼스레 각성하라고 한다.[4]

지구의 오랜 문명사 안에는 다양한 종교가 존재해 왔다. 인류는 문화적으로 급속히 발전했고, 정보전달의 속도 역시 빨라졌다. 지구촌 시대인 21세기에도 다양한 종교들이 존재한다. 김경재는 다양한 종교들이 존재하는 까닭을 세 가지 종류로 관찰한다.

첫째, 문명사회 안의 경건하고 진실한 수백만 명, 수천만 명, 수억만 명의 신도들을 가진 종교들의 정치적·사회적 힘 때문에 어쩔 수 없이 종교의 다양성을 인정해야 한다는 소극적 시각이 존재한다.

둘째, 20세기 후반부터 지구촌은 종교의 다양성을 존중한다. 다양한 종교가 공존하는 것을 감사와 축복으로 받아들인다. 자신의 것과 다른 것, 경험하지 않은 것을 대하는 일이 자신의 삶을 더 풍요롭게 하며, 삶과 진리 경험을 확장, 심화시킬 수 있다고 생각한다.

---

[1]김경재는 전남 광주 출신이며, 한국신학대학, 연세대학교 연합신학대학원, 고려대학교 대학원, 미국 클레어몬트대학교 대학원에서 공부했다. 네덜란드 유트레흐트대학교에서 철학박사 학위를 받았다. 한국기독교장로회 전남노회에서 목사로 장립을 받았다.

[2]김경재, 『이름없는 하느님: 유일신 신앙에 대한 김경재 교수의 본격 비판』 (서울: 도서출판 삼인, 2002), 257-258.

[3]김경재, 258.

[4]김경재, 258.

셋째, 지구촌 구성원들은 더 이상 독단적 진리 주장이나 시공간을 초월한 영원불멸의 진리 체계를 가졌다고 하는 특정 종교집단의 존재와 그러한 집단의 주장을 용납하지 않는다. 모든 인간의 진리 담론(談論)은 역사적·문화적·사회적 영향을 받으면서 형성되어 왔음을 간파하고 있다.[5]

김경재는 하나님의 특별계시와 그것에 근거한 기독교 진리도 해석학적 과정을 거친 상대적인 것이라고 한다. "설혹 인격적 신의 특별계시에 기초한다고 하는 셈족계 종교들(유대교, 기독교, 이슬람교)일지라도, 계시의 발원지가 초월적 차원임을 부정하진 않지만, 그 계시가 인간에게 받아들여지고 그 의미가 이해되고 응답될 때라야만 신적 계시는 비로소 의미를 갖게된다"고 한다. 그래서 지성인들은 "인간의 수용, 이해, 응답의 과정에서 해석학적 제약과 착색 현상이 발생한다는 것을 깨달아가고 있다"[6]고 한다.

김경재는 종교다원주의를 둘러싼 철학, 종교학, 신학 담론들을 해석학 이론의 관점에서 살펴본다. 라이문도 파니카(Raimundo Paninnar)의 무지개 이론과 존 힉(John Hick)의 신 중심주의를 자신의 목소리로 담아내고 그것을 응용한 '등산 이론'(등정로 이론)과 '접목 이론' 을 소개한다. 교의학 논의에서 복음주의 기독교를 향하여 배타적 특성과 예수구원 유일 교리를 버리라고 압박한다.

2. 이름 없는 하느님

김경재는 『이름없는 하느님』(서울: 도서출판 삼인, 2002)의 서문에서 "배타적인 유형의 기독교, 곧 이기적인 기독교가 우리 조상들이 기독교를 모르고 예수의 이름을 듣지 못했다고 하여 모두 다 지옥 갔다고 가르친다"[7]고 질타한다. 그러한 전통적 기독교의 가르침이 조상을 구원받지 못하는 자리로 내몰고 만다고 혹평한다.

김경재는 예수 그리스도를 주로 믿지 않고 죽은 조상들은 그들 나름의 종교나 그리스도—구원자를 통해 구원을 받았다고 한다. 이를 거부하고 종교다원론을 적대시하거나 비진리로 규정하는 신학이야말로 하나님을 욕되게 하고 하나님을 아주 편협하고 공격적이고 무자비하고 인정사정없는 신으로 소개하고 만다고 한다. 한국의 신학자와 목회자 상당수가 종교다원론을 성도들에게 가르칠 용기가 없는 탓으로 한국교회 안에 무지와 혼란이 거듭되고 있다고 한다.[8]

김경재는 자신의 종교다원주의 이론을 등산에 비유하며 다음과 같이 설명한다. 산의 정상에 오르는 등산길이 동서남북 달라도 일단 끝까지 오르면 산의 정상에 도달한다. 모든 등정로(登頂路)는 길이 달라도 정상에 이른다. 이처럼 기독교, 불교, 이슬람, 힌두교, 도교, 신도교 등 그 어느 종교를 거치든지 간에 우리는 궁극의 신적 실재(Ultimate Divine Reality)—하나님을 만날 수 있다. 각 종교의 신은 유일신의 서로 다른 현현이다.

김경재의 위 책이 출간된 약 2년 뒤인 2004년 5월 12일에, 여의도순복음중앙교회 조용기 목사는 동국대학교 불교대학원 불교 경영자 최고의 과정에서 "불교에도 구원이 있다"고 발언했다. 어떤 사람이 그 강의를 녹취했고, 조용기가 승려들을 대상으로 한 상당히 긴 강의

---

[5]김경재, 222-223.
[6]김경재, 223.
[7]김경재, 12-13.
[8]김경재 교수 면담기사, 『크리스천투데이』(2005.1.31).

가 명백한 종교다원주의를 주창하는 사실을 밝혀냈다.

김경재는 "조용기 목사 같은 지도자가 자신의 생각을 뒤늦게나마 솔직하게 표현한 점을 높이 평가한다. … 한국의 종교 간의 협동에 큰 디딤돌을 마련한 것이다. 한국기독교의 역사에 큰 전환점을 마련한 사건이다"[9]고 호평했다.

김경재의 위 책의 부제는 "유일신 신앙에 대한 김경재 교수의 본격 비판"이다. 종교다원주의 신론, 곧 다신적 유일신론—만신총합 유일 신론을 받아들이라고 한다. "기독교인이 지구라는 행성과 수천억 대 은하 세계를 창조한 하나님을 기독교라는 울타리 안에 가두어 놓고 자신들만을 사랑하는 옹졸한 신으로 제약하는 것은 어리석은 짓"[10]이 라고 한다. 하나님은 모든 종교를 합한 것보다 더 크고 높고 영원하 며 신비한 분이며 따라서, 기독교인들은 자신들이 그를 독점하고 있 다고 하는 망상에서 깨어나야 한다고 한다.

김경재는 길희성 교수(서강대학교)의 『보살예수: 불교와 그리스도 교의 만남』(서울: 현암사, 2004) 출간에 대한 기자와의 면담에서 한 국 기독교가 "창조주 하나님을 한국교회와 종파 안에 가둬두었던 폐 쇄적이고 독선적인 선민의식을 비판적으로 지적하고, 온 세상 만민 을 사랑하고 모든 인류가 구원을 얻기 바라는 마치 햇빛과 단비를 누 구나 할 것 없이 고루 고루 내리시는 정말 하나님다운 하나님을 소개 하기를 바란다"고 한다. 종교다원주의를 받아들이라는 것이다. 한국 기독교인들이 "성경의 강렬하고도 배타적 유일신 신앙"을 수용하는 "지독한 종교적 이기심"[11]에 젖어 있다고 비난하면서 기독교를 포함 한 모든 역사적 종교들은 다양하고 구체적인 삶의 자리에서 형성되 고 고백된 구원의 길이라고 한다.

김경재에 따르면, 불교, 힌두교, 기독교, 이슬람, 무속 신앙 등 그 어느 종교도 자기 종교를 다른 종교보다 더 우월하다고 말할 수 없다. 기독교는 여타의 타종교보다 더 우월하지 않다고 한다. 세계 도처에서 발생하고 있는 종교 간의 갈등의 가장 큰 원인은 기독교의 배타성이다. 이것은 기독교 목회자들과 신도들의 편협성, 보수성, 근본주의 신학, 성경 무오성, 성경 권위의 절대화 등에 기초하고 있다.

유일신 하나님이 숫자 개념의 하나(一)를 의미하지 않는다. 유일신 신앙, 곧 하나님을 한 분이라는 숫자에 사로잡힌 신으로 이해함은 큰 잘못이다. 하나님을 숫자적인 일신론적 신화로 하나님을 이해함은 옳지 않다.[12] 전술한 바와 같다.

종교인은 타종교에 대한 열린 마음과 존경심을 가지되 자기가 귀의하는 종교에 깊이 헌신하는 것이 진정한 신앙의 자세이다. 이런 측면에서 우리는 모든 역사적인 것들과 유한한 것들에서 드러나는 무한하고 절대적인 진리 자체를 증언할 수 있다.

김경재는 하나님이 이름을 가지지 않은 존재라고 한다. 신명(神名)들은 인간이 살아온 역사, 문화, 풍토, 환경 속에서 각자에게 가장 적실(適實)한 언어로 만들어 붙여졌다고 한다. 인간이 '이름 없는 유일신'의 이름을 하나님, 알라, 비로자나불, 브라만, 하늘님, 하나님, 천주, 상제, 로고스, 도, 태극, 가미 등으로 명명했다는 것이다.

김경재는 『이름없는 하느님』(2002) 전반에 걸쳐 자신의 주장을 뒷

[9]양정지건, "기독교 유일성 희석하는 다원주의," 『뉴스앤조이』(2004.5.25).

[10]김경재 교수 면담기사, 『크리스천투데이』(2005.1.31). 서강대학교의 길희성 교수가 『보살예수』(2005)를 펴낸 것을 축하하면서 한 말이다.

[11]김경재 교수 면담기사, 『크리스천투데이』(2005.1.31).

[12]김경재 교수 면담기사, 『크리스천투데이』(2005.1.31); 최덕성, 『에큐메니칼 운동과 다원주의』(서울: 본문과현장사이, 2005), 35-36를 참고하라.

받침하(려고 유일신 사상이 강한 셈족 계통의 종교(유대교, 기독교, 이슬람교)에서 하느님(하나님)이라는 이름이 어떻게 사용되었는가를 검토한다. 한국의 전통에 등장한 불교, 유교, 동학, 원불교 등의 하느님 신앙과 그 존재 의의를 논한다.[13]

위 책 제1장은 유일신에 대한 오해들을 다룬다. 유일신이란 하나라는 숫자 개념이 아니며, 유일신은 신들 가운데 최고신을 지칭하지도 않으며, 셈족계 종교들의 문명신이 아니라고 한다. 유일신 신앙은 성경적 신앙의 독점물이 아니라고 한다. 제2장은 이스라엘 민족과 유대교의 유일신, 제3장은 기독교의 유일신 신앙과 삼위일체 신앙, 제4장은 이슬람교에 나타나는 유일신 신앙을 다룬다. 제5장은 한민족의 하느님 신앙과 유일신을 논한다. 한국고대사에 나타난 하느님 신앙과 풍류도, 하느님 신앙과 불교의 지평 융합, 하느님 신앙과 유교의 지평 융합, 하느님 신앙과 동학의 시천주, 하느님 신앙과 원불교의 일원상 등을 소개한다.

김경재는 노자가 갈파한 절대적 진리 자체나 하느님 또는 참 도(道)는 인간 역사 속에서 형성된 문자나 발음에 매여 있는 제한된 신이 아니라고 한다. 인류의 역사 가운데 나타난 다양한 유일신의 이름들은 모든 신들을 포용하는 절대 포괄자이며, 하나님은 본래 이름이 없는 분이라고 한다. 신의 이름은 사람들이 자신들의 문화와 삶의 정황 속에서 붙인 것이며, 이 이름들은 궁극의 신적 실재가 구체적인 인간 공동체들의 삶의 자리에서 계시된 형태의 해석학적 반응이라고 한다.

김경재는 노자의 『도덕경』의 "명가명 비상명"(名可名非常名: 이름 할 수 있는 이름은 영원한 이름이 아니다)을 설명하면서, 이 문구가 참 신(神)은 이름이 없는 하느님(하나님)이라는 뜻이라고 한다.

김경재에 따르면, 유일신의 일(一)이라는 단어는 하나라는 숫자 개

념이 아니라 무한 궁극의 실재, 우주적 초월성을 나타내는 원(圓) 또
는 존재의 시원(始原), 순환, 지고선(至高善)이다. 그러므로 기독교의
야훼를 포함한 어느 한 신이 다른 신들보다 우월하거나 지존의 신이
라고 생각하는 것은 잘못이다. 유대교의 아브라함과 이삭과 야곱의
하나님은 유대 민족의 신이다. 그 신은 한민족의 하느님과 내재적 연
속성을 가지고 있다.[14]

유대인들은 자기들의 고유한 신을 '야훼'라고 불렀지만 한국인 조
상들은 하늘님, 하느님, 하나님으로 표현했다. 야훼와 하느님이라는
이름 안에는 내재적 연속성 개념이 들어 있다. 본래 하나님은 이름이
없는 분이다. 사람들은 문화민족의 특수한 상황마다 유일신의 이름
을 다르게 붙였다.

3. 유서 깊은 기독교 신론

전술했듯이, 종교다원주의자들은 유일신론 신봉자들이다. 창조자
하나님 한 분만이 존재한다고 한다. 이들이 말하는 유일신론은 다신
적 유일신론—만신총합 유일신론이다. 유일신이 각 종교, 문화, 민족,
역사 현장에서 다양한 모습으로 현현한다고 주장한다. 사람들이 그
하나님에게 서로 다른 이름을 붙였으며, 따라서 종교다원주의자들은
하나님이 여러 가지 이름을 가지고 있다고 한다. 김경재는 궁극의 신
적 실재인 유일신에게는 실상 아무 이름도 없다고 한다.

김경재의 신론은 아래에서 상론할 존 힉(John Hick)과 그의 사상

---

[13]김경재, 187-221.
[14]김경재, 27, 17-29.

을 추종하는 종교다원주의자들의 신관과 동일하다. 그는 궁극의 신적 실재라는 철학 개념을 바탕으로 각 종교의 신들을 포괄적으로 이해한다. 기독교의 하나님을 종교다원주의 또는 종교철학의 실험관 속에서 해석한다. 김경재가 말하는 "이름 없는 하나님"은 실상 관념에 지나지 않는다. 속성 없는 신이다. 성경이 제시하는 신이 아니다.

성경이 제시하는 유일신 참 하나님은 존재의 시원, 지고의 선, 무한 이론 등의 개념으로 이해할 수 있는 존재가 아니다. 창조자 하나님 야훼는 무속인이나 자연 종교인이 이해할 수 있는 신이 아니다. 특별 계시로 인간에게 자신을 알린 야훼는 초월적인 동시에 세상과 인간 안에 내재한다. 완전한 타자인 동시에 인간 안에 거한다. 인격적인 동시에 역사적이다. 지존자인 동시에 비천한 인간의 형태로 이 세상의 역사 안에 진입했다.

김경재는 예수 그리스도의 아버지 하나님이 종교철학의 실험관 속에서 완전히 분석되고 평가되는 유한한 존재가 아니라는 사실을 망각한다. 한국의 보수계 기독교인들이 외래의 신, 수입된 신, 배타적인 종파의 신을 믿고 있다고 질타하면서도, 왜 한국 기독교인들이 믿는 하나님이 옳지 않은 신인지, 그 까닭을 제시하지 않는다.

예수 그리스도는 "나는 길이요, 진리요, 생명이다. 나를 거치지 않고서는, 아무도 아버지께로 갈 사람이 없다"(요 14:6)고 말씀했다. 김경재는 이 말에 대하여, 예수께서 자신만이 구원의 길이라고 말한 것을 매우 이기적이고 배타적이고 그릇된 주장이라고 한다. "기독교가 다른 종교에 대한 열린 마음이나 포용적 태도"를 가지지 않는 것은 "성경이 주장하는 강렬한 배타적 유일신 신앙의 색깔 때문"[15]이라고 질타한다. 그릇된 신앙은 성경에서 비롯되므로, 따라서 성경대로 믿지 않아야 한다고 한다.

예수는 자신을 거치지 않고서는, 아무도 아버지께로 갈 사람이 없다고 말했다. 성경은 "이 예수밖에는, 다른 아무에게도 구원은 없습니다. 사람들에게 주신 이름 가운데 우리가 의지하여 구원을 얻어야 할 이름은, 하늘 아래에 이 이름 밖에 다른 이름이 없습니다"(행 4:12)고 한다. 김경재가 말하는 구원의 길은 전혀 이와 같지 않다.

김경재는 예수 밖에도 다양한 구원의 길이 있다고 한다. 그의 등산 이론—등정로(登頂路) 이론은 마치 산을 올라갈 때 서로 다른 방향에서 정상을 향해 올라가듯이 각각의 종교를 거쳐 모든 인간은 동일한 구원에 이른다는 은유(隱喩)이다. 길이 다를 뿐이지 긍극의 신적 실재에 이르기는 마찬가지 길이라고 한다. 등정로마다 산의 풍광이 다르고 산세나 기후 변화도 다르지만 일단 정상에 오르면 호연지기가 통하는 것과 마찬가지로, 어느 종교를 통하든지 궁극의 실재, 절대자 하느님을 만날 수 있고 구원을 받을 수 있다고 한다.

김경재는 유서 깊은 기독교가 믿고 고백해 온 구원의 길을 거부한다. 예수 그리스도의 대속사역을 거쳐 사망에서 생명으로 옮겨지는 것으로 보는 역사적 구원론과 완전히 다른 구원의 길을 말한다.[16] 한신대학교 신학대학원의 조직신학자 김경재는 정통 기독교가 믿고 고백하는 예수구원 유일 진리를 부정한다.

4. 등잔불 은유

김경재는 다신적 유일신론—만신총합 유일신론을 주창한 존 힉이

---

[15]김경재, 12.
[16]김경재, 12.

태양과 행성들의 관계를 은유(隱喩)로 설명했다고 하면서 이를 적극 지지한다. '하나의 신적 실재'과 각 종교의 신은 태양과 그것의 빛을 반사하는 행성의 빛의 관계와 같다고 한다. 유일신은 다양한 종교가 다양한 문명처럼 인간에게 문명이라고 일컫는 빛을 비춘다. 등잔 모양은 다양하지만 비쳐 나오는 불빛은 동일하다. 등잔의 존재가 어둠을 밝히는 빛을 발하는 것처럼, 종교도 이와 동일한 지향성을 가지고 있으며, 등잔의 재료, 사용에 필요한 기름, 외면의 문양, 그리고 모양이 다르지만 불빛은 동일하다고 한다.[17]

김경재는 각 종교의 본질이 동일하며, 다양한 종교들의 의례, 상징, 교리 체계, 성직 질서, 윤리적 계명이 다르지만, 이러한 외양 차이에도 불구하고 모든 종교가 추구하는 내면의 가치는 동일하다고 한다. 자유롭고 건강한 생명 공동체의 실현과 통과 제의를 거쳐 자기초월 경험이라는 숭고한 삶의 실현을 지향한다고 한다.[18]

김경재는 다신적 유일신론—만신총합 유일신론을 펼치며, 종교다원주의를 "등잔 모양은 다양하지만 비쳐 나오는 불빛은 동일하다"[19]는 은유로 아래와 같이 설명한다. 등잔의 기름은 다양하지만 모든 등잔의 에너지의 출처는 태양이다. 등잔불을 가능하게 하는 기름들은 태양 에너지가 변형된 것이다. 등잔불마다 태양의 불씨 내재해 있는 셈이다. 그리스 사람들은 이것을 우주의 이법(理法), 신의 마음, 신의 이성을 의미하는 로고스라 불렀다. 인간은 누구나 로고스의 씨앗을 자기 안에 가지고 있다. 모든 종교는 다른 종교가 가진 것과 동일한 로고스의 기름을 지니고 있다. 각 종교가 가진 로고스는 우주 만물과 지구촌의 모든 문명과 역사 속에서 현자들과 보통 사람들의 마음속을 비추며 지혜, 선함, 창조의 원동력이 되어왔다.[20]

김경재는 로고스를 보편적 존재로 여긴다. 로고스가 특정 인물이나 특정 종교에 제한되지 않는다고 한다. 로고스는 모든 장소를 초월하는 동시에 구체적인 역사적 사건과 인물과 종교 안에서 그 순수성과 투명성을 달리하면서 드러난다. 예수 안에서 성육한 로고스는 세계사 속의 모든 다양한 종교들 안에서 성육했다. 로고스는 각 종교 창시자, 영적 거인들, 각 종교 신앙인들 안에 현존한다. 각 종교의 그리스도와 뭇 성인들을 따르고 숭앙했던 주위의 사람들은 그들 각각의 그리스도에게서 '로고스의 구체적 육화'(성육신)를 느꼈다고 한다.[21]

김경재에 따르면, 고대 인도인들은 기독교인들이 로고스라고 부르는 그 궁극의 실재(하나님)를 아트만 또는 다르마라고 불렀다. 중국 사람들은 도(道), 천리(天理), 천명(天命)이라고 불렀다. 아시아인들은 빛의 근원을 브라만이라고 부르고, 태극 또는 무극이라 부른다. 유대인들은 그 로고스를 야훼 또는 엘로힘이라 부르고, 아랍 문화권에서는 알라라고 부른다. 티베트인들은 비로자나불이라 부르고, 한민족 구성원은 하늘님이라고 부른다.[22]

궁극적 실재를 부르는 이름은 각 종교마다 다양하다. 기독교가 예수 중심 모델로부터 모든 종교 신앙의 보편적 모델인 '신 중심 모델'로 패러다임의 전환을 하면 비로소 이 사실을 알 수 있다. "세계의 위대한 종교들은 하나의 신적 실재에 대한 서로 다른 인간의 응답, 곧 다양한 역사적, 문화적 상황 아래서 형성된 다양한 인식의 구체적 표

---

¹⁷김경재, 223.
¹⁸김경재, 224.
¹⁹김경재, 224.
²⁰김경재, 225.
²¹김경재, 225-226.
²²김경재, 226.

현이다."[23] 김경재가 말하는 '신'은 힉의 신 중심주의—신 중심 모델 (Theo-centric Model)의 신이다. 이 신은 성경이 말하는 유일신이 아니다. 다신적 유일신—만신총합 유일신이다.

김경재에 따르면, 오랜 세월 동안 기독교가 자신을 세계사의 중심에 놓고, 타종교들을 자기 주위를 도는 행성 정도로 여겨 왔다. 자기를 절대화하면서 타종교보다 우월하다고 생각하는 과오를 범해 왔다. 이 배타적인 발상, 확신, 주장 때문에 종교 간의 우월성 논쟁이 발생했다. 특정 종교가 정치적, 경제적, 군사적 이해관계와 맞물리면서 타종교나 타문화를 부정하고, 공격하고, 정복하려고 했다.

태양 주위를 돌고 있는 태양계의 행성들은 태양 빛을 받아 반사한다. 이처럼 세계사 속에 출현한 다양한 종교들은 궁극의 실재(하느님)에 대한 서로 다른 역사적, 문화적 응답이다. 태양 빛과 그것을 반사한 빛은 비이원적(非二元的) 단일체(單一體, Unitarity)이다. 역사 안에 출현한 모든 종교는 마치 태양 주위를 도는 아홉 개의 행성들이 태양 빛을 반사하는 것과 같다.[24]

김경재는 종교다원주의자 힉이 "하나님은 많은 이름을 가졌다"고 한 말을 도치(倒置)시켜 '이름 없는 하느님'으로 바꾸었다. 여러 종교의 다양한 신의 이름은 한 하나님—궁극의 실재에 대한 서로 다른 인식과 양식의 구체적 표현이라는 것이다.

힉은 "인간이 아는 하나님은 하나님 자체가 아니라 특수하게 제한된 종교 전통의 인식과 반응을 통해 경험되고 생각된, 인류와 관계된 하나님이다"라고 말한 바 있다. 김경재는 이 글귀를 인용하면서 "철저 유일신론"(Radical Monotheism)이라는 이름의 신론을 천명한다. 전술했듯이, 이것은 다름 아닌 종교다원주의 신론이다. 다신적 유일신론—만신총합 유일신론이다.[25]

김경재는 힉이 "신은 많은 이름을 가졌다"는 은유적 명제가 유럽 기독교인들로 하여금 종교적 다원 현상을 긍정적으로 보게 했다고 치하한다. 기독교 진리를 절대화하지 않고, 타종교를 우상숭배 종교로 배척하는 독단을 반성하게 했다는 것이다. 자유주의 신학과 힉의 주장이 유럽 기독교의 쇠락에 크게 이바지한 것은 언급하지 않는다.

5. 무지개 은유

김경재는 존 힉이 태양빛과 항성, 태양빛과 행성들의 빛의 관계로 설명한 것은 그릇된 이해의 결과라고 한다. 힉의 종교다원주의 신론 은유는 개별 종교의 고유성을 담보할 수 없다고 한다. 그래서 그는 라이문도 파니카의 '무지개 모델'을 도입하여 각 종교의 고유성을 설명한다. "일곱 가지 다양한 색깔이 모여 무지개를 이룬다"고 한다.

인류가 갖고 있는 여러 가지의 서로 다른 종교적 전통은 신적 실재라는 순백의 광선이 인간 경험이라는 프리즘에 투과되어 나타나는 무수한 색깔과 같다. 그 광선은 셀 수 없이 많은 전통과 교리, 종교를 통해 굴절된다. 녹색이 황색이 아니듯 힌두교는 불교가 아니지만, 우리는 그 색상을 바라볼 때 어디서 황색이 끝나고 녹색이 시작되는지 그 경계를 알아낼 길이 없다. 그 경계를 임의적으로 설정해 놓지 않

---

[23] 존 힉, 『하느님은 많은 이름을 가졌다』, 이찬수 옮김 (서울: 창, 1991), 20.

[24] 김경재는 등정로 이론을 마치 자신의 독창적인 은유인 것으로 독자가 오해하게 한다.

[25] 김경재, 227-228.

는다면 말이다. 뿐만 아니라 우리는 어떤 특수한 색깔, 다시 말해 어떠한 종교를 통해서도 그 백광(白光)이라는 근원에 도달할 수 있다. 곧 인간의 전통을 따르는 사람들은 거기에 광선이 조금이라도 비치고 있는 한 그들의 목적이나 완전함 또는 구원에 도달할 수 있는 가능성을 지니고 있는 것이다.[26]

파니카에 따르면, 무지개의 다양한 색상은 광선이 물방울 속으로 투과하는 동안 굴절과 내부 반사에 의해 생긴다. 태양과 반대 방향에서 볼 수 있는 무지개를 만든다. 햇빛 곧 백색 광선은 궁극적 실재를 상징한다. 무지개의 일곱 가지 색깔은 구체적이고 다양한 역사적 종교들과 같다. 무지개를 구성하는 물방울은 각 종교 전통이 가진 역사적·문화적·언어적 조건들을 상징한다.

빛이 스펙트럼을 통과하면서 발생시키는 무지개의 각 색깔들은 하나의 색깔 파장만을 반사한다. 인간이 무지개의 빛을 보고 아름답다고 느끼는 것은 눈이 지닌 신경 구조와 같은 사람의 사물인식 기능, 곧 해석학적 능력 때문이다.

이처럼 각 종교는 진리 전부를 반영하지 않고 원천적인 하나의 메시지만을 말한다. 모든 색깔의 총체인 백광을 받는 실체는 하나의 빛깔만을 반사한다. "각 종교 안에는 개별 종교의 역사적 특성으로 강조되는 것들 이상의 깊은 진리가 함축되어 있다. 하나의 종교를 그 외견상의 빛깔만 가지고 이론들을 판단한다면 이는 잘못된 일이다."[27] 이처럼 종교들은 하나의 고유소(固有素)만을 가지고 있다.

김경재가 파니카의 무지개 은유를 빌려와 말하려는 핵심은 예수구원 유일 진리가 옳지 않다는 것이다. 특정 종교의 유형적 특성이 타종교를 판단하는 규범적 잣대일 수 없다는 의미이다. 다른 종교 안에 내가 믿는 구원 내용이 없으므로 진정한 종교로 인정할 수 없다든지, 그 종교에는 구원이 없다는 식으로 접근하지 않아야 한다고 한다. 구원에 대한 실질적 이해와 체험이 개별 종교마다 나름의 특성을 지니기 때문이라는 것을 아래와 같이 설명한다.

> 무지개 색상의 하나인 빨강색이 보라색에게 너는 색깔이 아니라고 할 수 없고, 장미꽃이 국화꽃 더러 너는 나보다 아름답지도 못하고 꽃도 아닌 잡초라고 말하는 것이 어불성설과 같은 이치이다. 장미꽃은 장미꽃으로서 아름다움이 있고 국화꽃은 국화꽃으로서의 아름다운 품위가 있다. 두 꽃은 모두 꽃으로서 아름다움과 향기를 선사한다. 파니카의 무지개 모델에서 우리는 역사적 종교들의 고유한 특성이 지켜지고 존중되는 가운데 종교다원론 담론이 수행되어야 된다는 것을 배운다.[28]

6. 등정로(登頂路) 이론

김경재는 등산 이론(등정로 이론)과 과목(果木) 접목 이론으로 자신의 종교다원주의 이론을 설명한다. 등정로 이론(Many Paths up the Same Mountain)은 본래 존 힉(John Hick)이 사용한 은유이다.

김경재는 구원론이 종교 간 대화와 종교다원성 논의를 어렵게 만

---

[26]김경재, 232. Raimond Panikkar, *The Intrareligious Dialogue* (Mahwah, NJ: Paulist Press, 1999, 2nd ed.); 라이문도 파니카, 『종교간의 대화』, 김승철 옮김 (서울: 서광사, 1992), 26-27.

[27]김경재, 233-234.

[28]김경재, 234-235.

든다는 말로 이 주제에 대한 논의를 시작한다. 어느 종교는 '구원'이라는 단어를 구사하지 않고, 정통 기독교는 성경이 말하는 진리에 따르지 않으면 구원을 받을 수 없다고 말한다는 것을 지적한다.

김경재는 정통 기독교의 구원관을 비판하면서, 열린 지성으로 종교 간의 대화와 협동에 임하면 각 종교가 말하는 구원, 곧 해탈(Moksa), 진인(眞人), 지복직관(至福直觀) 등 여러 가지 상이한 용어들이 기독교의 구원과 공통성을 지니고 있음을 알 수 있다고 한다. "구원에 대한 이론과 개념 설명이 설혹 종교마다 다르고 다양할지라도 구원받은 사람의 삶의 태도에는 상통하는 점이 있다. 그 점을 공통으로 이해하는 것이 중요하다"[29]고 한다.

김경재는 각 종교 나름의 구원에 도달한 사람들이 가진 공통적인 특징으로 등정로 이론 설명을 시작한다. 참 종교인, 곧 구원받은 사람은 다음과 같은 특징을 지닌다고 한다. 이 목록에는 복음주의, 개혁주의가 말하는 믿음, 회개, 죄 사함, 중생, 그리스도와 연합, 하나님의 자녀됨, 칭의, 성화는 전혀 언급되지 않는다.

첫째, 삶의 지향성이 바뀐다. 참 종교인은 자기중심적 존재에서 실재 중심 또는 생명 중심의 존재로 삶의 지향성이 변화한다.[30] 이기심과 자기중심적 생각에서 벗어나 전체 생명과 더 높은 진리의 자리에서 생각하고 행동한다.

둘째, 생사의 두려움을 극복한다. 삶과 죽음, 차안과 피안을 하나로 꿰뚫어 보며 산다. 자신의 종교의 힘으로 인간의 공통점인 삶의 집착과 죽음의 두려움을 넘어선다.

셋째, 자발적으로 어짊, 자비, 사랑을 실천한다. 기쁘게 이웃 생명을 위해 노력한다. 항상 대동 세계, 불국토, 하나님 나라의 실현을 위해 힘쓴다.

김경재에 따르면, 20세기 후반에 나타난 종교다원주의는 이 요점들을 공감대로 삼아 형성되었다. 현대인은 각 종교가 지닌 교리와 상징체계의 우열을 비교하지 않는다. 종교들의 공통 기반이 있느냐 없느냐라는 형이상학적 논쟁을 하지 않는다. 각 종교인이 삶의 실천적 광장에서 만나는 실천의 해석학을 중요하게 여긴다. 등정로 이론이야말로 이 유형의 종교다원주의 설명에 가장 걸맞은 은유적 모델이다.[31]

김경재의 등정로 이론의 요점은 세 가지이다. 첫째, 높은 산에 오르는 등정로는 여럿이지만 도달하는 지점은 동일하다. 어느 종교를 통해서든 궁극의 실재에 도달하고 구원을 받는 것은 마찬가지이다. 둘째, 산악인들은 산을 오르면서 애로 사항을 말하고 서로 돕고 협동한다. 셋째, 서로 다른 등정로를 따라 산을 오른 사람들도 정상에 이르면 호연지기가 통해 아주 친밀감을 느낀다.

김경재는 이 지점에서 종교다원주의에 대한 논의의 초점을 갑자기 인류가 직면한 현안 해결 과제와 급진주의 신학의 관심으로 이동한다. 생태계 위기, 제3세계 국가들의 절대 빈곤, 국제적 마약 조직, 테러, 에이즈, 전쟁과 국지 분쟁 특히 어린이들의 교육과 건강 등 여러 가지 해결해야 할 과제들을 안고 있다고 한다.[32]

이러한 세상사들을 해결하려면 각 종교들의 연대와 협력이 필요하다고 한다. 진지한 신앙인들은 어느 종교가 더 바른 진리 체계와 가르침을 가지고 있느냐 하는 것 보다 어느 종교가 인류를 고통에서 구

---

[29]김경재, 235.
[30]이것은 존 힉의 종교다원주의의 요점이다. 김경재, 235.
[31]김경재, 236.
[32]김경재, 237.

하려는 실천적 선행에 더 열심히 효과적으로 봉사하느냐 하는 것에 일차적인 관심을 두고 있다고 한다.

현재도 수억 명이 경제적 빈곤, 정치적 억압, 문화적 소외로 시달리고 있다. 60억 명의 인류 가운데 12억 명에 가까운 사람들이 생존 자체의 위기를 겪는다. 굶주림, 질병, 전쟁의 희생자로 고통당하거나 죽어가고 있다.

김경재는 이러한 상태에서 "종교 간의 대화가 한가한 이론적 담론이나 펼치고 있을 수 없다"[33]고 한다. 종교 간의 대화는 이론적인 관심보다 실천적인 사안에 관심을 둔다고 한다. 이처럼, 어느 종교가 진정한 구원을 제공하는가 하는 주제에 대한 논의에서 갑자기 종교 간의 대화, 협력, 강화, 공감대 형성에 자신의 '등산 모델'의 은유가 적합하다고 한다.[34]

김경재가 언급하는 종교 간의 대화 운동, 종교다원주의 운동의 "한가한 이론적 담론"이란 무엇인가? 예수구원 유일 진리에 대한 지지나 반대 따위를 논하고 있을 때가 아니라는 의미이다. 다수의 사람들이 굶주림과 질병과 전쟁에 희생당하는 마당에 구원론 따위는 한가한 이론적 담론에 지나지 않다는 것이다.

김경재의 등정론 이론의 또 다른 초점은 역사적 기독교의 구원론이 종교 간의 대화와 종교다원주의를 방해한다는 것이다. 종교들 가운데는 '구원'이라는 단어 자체를 구사하지 않는 그룹이 있다. 정통 기독교는 성경이 말하는 구원 개념에 따르지 않는 구원을 인정하지 않는다. 김경재는 구원론 논의를 하다가 은근 슬쩍 초점을 세상사 해결의 문제로 이동시킨다. 이 마당에서 "종교 간의 대화가 [구원론 대화 따위의] 한가한 이론적 담론이나 펼치고 있을 수 없다"고 말한다.

7. 접목 은유

김경재는 "농부는 접목을 통해서 더 좋은 과일을 생산한다"고 한다. 그의 '접목 이론'은 동양종교 사상과 한국의 종교 지성인들의 사상의 접목을 뜻한다. 인도와 중국 등 아시아인들의 사고와 한국 지성인들의 통찰을 접목하는 과정에서 서로 배울 수 있다는 것이다. 문화와 문화, 종교와 종교가 만나 변하고 진화해 온 것처럼, 기독교와 한국의 전통문화와 종교들의 상호보충, 배움, 변화, 발전의 필요성을 설명한다. 종교인들에게 필요한 것은 자기 종교에 고착되지 않고 대화 차원을 넘어 창조적 자기 변화를 지향하는 자세와 용기라고 한다.

김경재에 따르면, 종교는 상호 만남을 거쳐 변화, 발전, 진화해 왔다. 불교는 인도에서 출발하여 중국에서 노장 사상, 유교, 도교(신선 사상), 무교 등과 접촉하면서 창조적으로 변해 왔다. 변화하고 달라졌다는 것은 단점이 아니다. 한국불교는 인도, 태국, 미얀마의 불교와 같지 않다. 기독교도 변화, 변질의 과정을 거쳐 오늘에 이르렀다. 팔레스타인에서 발생한 원시 기독교 신앙과 신학은 지중해 문명과 유럽의 라틴문화, 앵글로 색슨문화, 슬라브 문화 등을 거치면서 다양한 색깔을 덧입었고 풍요롭게 발전했다.

종교와 철학, 이념과 가치의 체계도 창조적 만남을 통해 발전한다. 인간은 고유한 문화적·언어적·역사적 전통 속에서 고유한 것을 형성하는 존재이다. 타자에게 발견할 수 없는 새로운 것, 특징적인 것, 고

---

[33] 김경재, 238.
[34] 김경재, 239.
[35] 김경재, 241.

유한 것을 받아들이고 창조적 변화를 거쳐 서로 스며들면서 변화하여 풍요롭게 되는 것이 중요하다.[35]

김경재는 인간이 해석학적 패러다임에 의존하는 존재라는 전제를 내걸고 종교혼합주의 유형의 종교다원주의를 정당화 한다. 해석학이 아직까지 경험해 보지 않았거나 깨닫지 못한 진리를 타자에게서 배우고 경험할 수 있는 가능성을 열어준다고 한다. 해석학은 언어적 매개 기능을 거쳐 타종교에서 배움을 얻는 것을 가능하게 한다고 한다.

김경재는 상호 간의 진정한 대화에는 '건너가는 용기'가 필요하다"면서, 이를 다음과 같이 설명한다.

> 진정한 대화를 통한 창조적 배움을 달성하려면 '건너가는 용기'가 필요하다. 기독교인이 타종교로 건너가서 타종교 진리를 경험하고 이해한 뒤에 자기 종교의 전통 속으로 '다시 되돌아오는 과정'을 거칠 필요가 있다. 그러면 이전에 없던 새로움으로 더 풍성해진 그리스도인이 될 수 있다. 열린 마음으로 불교, 기독교, 이슬람교, 힌두교를 진정으로 이해하려면 그들의 종교 체험과 사유를 해석학적 관점에서 이해해야 한다.[36]

김경재는 기독교가 한국의 풍류도와 같은 토착 사상과 접목하는 토착화 과정을 거쳐 창조적 자기 변화를 경험할 수 있다고 한다. 토착 신학자 유동식 선생을 자신의 접목 이론의 이상적인 모델로 부상시킨다. 유동식은 "토착화란 민족의 영성이 외래 종교의 이념 및 역사적 현실과의 통합에서 이뤄지는 종교 문화현상이다"[37]라고 했다.

김경재에 따르면, 불교, 유교, 기독교 등, 외래 사상이 한국의 풍류도와 접목하면 더 좋은 변화를 가져올 수 있다. 과수원 농부가 좋은 과일을 얻으려고 감나무 대목(臺木)에 새 품종의 가지를 접목한다. 농부는 더 나은 유전 인자를 지닌 접순을 대목에 접목시킨다. 지중해 연안의 사람들은 유대 문화의 눈을 거쳐 포착된 하나님의 말씀을 헬라 문화와 라틴문화의 눈으로 포착했고, 성육신(Incarnation)의 길을 밟았다. 이처럼 복음이 실존적인 산 진리로 포착되려면 각자가 속한 문화의 눈으로 접근하는 주체적인 시도가 필요하다. 구체적인 문화와 역사와 민족의 영성과 접붙임이 필요하다.[38]

김경재는 기독교가 계시종교라는 명분을 내걸고 한국에 들어와 기존 한국의 전통과 종교를 무시하고 정복되어야 할 '이교적인 것'으로 치부했다고 하면서 이를 지탄한다. 종교다원주의적 해석학 이론에서 보면 크게 잘못된 일이라고 한다. 계시 종교임을 강조하는 기독교는 '접목 모델'의 종교다원주의적 해석학과 양립할 수 없다고 한다.[39]

김경재는 종교다원주의를 수용하는 기독교인들을 열린 신앙을 가지고 살아가는 자들이라고 치하한다. 예수구원 유일성 신앙을 가진 복음주의 기독교들을 계몽되어야 할 낡고 퇴색한 종교인으로 여기며 '닫힌 마음을 가지고 살아가는 자들'이라고 한다.

맺음말: 한국기독교장로회

김경재는 한국기독교장로회 전남노회에서 목사로 장립을 받았다.

---

[36] 김경재, 242.
[37] 유동식, 『풍류도와 한국 신학』(1993), 254; 김경재, 244.
[38] 김경재, 245.
[39] 김경재, 246.

한신대학교 신학대학원에서 35년 동안 조직신학을 가르쳤다. 은퇴한 뒤에도 오랫동안 대중 앞에 나타났다. 2002년에 출간한 책에서 '철저 유일신론'이라는 종교다원주의 신론, 곧 만신총합 유일신론을 주창했다. 한국기독교장로회는 그의 이단사상을 문제시하지 않았다. 그는 이단자 구설수에조차 오르지도 않았다.

한신대학교 신학대학원(1970-2005)에서 김경재에게 조직신학을 사사한 한국기독교장로회 목사들에게 묻고 싶다. 여러분은 주일 예배 시간에 숫자 개념의 유일신이 아니라 만신총합 유일신에게 예배하는가? 김경재가 이단자라는 문제 제기조차 하지 않은 까닭은 무엇인가? 그는 분명히 "다른 복음"을 전하는 자였다. 바울은 하늘에서 온 천사일지라도, 다른 복음을 전하면, 마땅히 저주를 받아야 한다고 했다(갈 1:8-9).

김경재가 한국교회에 '기여'한 것은 종교다원주의, 특히 만신총합 유일신론을 본격적으로 소개하고, 종교다원주의 사상가들의 주장을 일목요연하게 소개한 것이다. 유일신 하나님이 수 개념의 한 분이 아니라는 것을 알렸다.

김경재의 등정로 이론은 아래에서 소개하고 논의할 저명한 종교다원주의 사상가들의 다소 난해한 이론들을 쉽게 이해하게 하는 안내자 역할을 한다. 아래는 김경재가 정리한『이름없는 하느님』의 '에필로그'의 저명한 종교다원주의 사상가들의 주장의 요지이다. 김경재가 정리한 것을 필자가 다시 간명하게 간추린 것이다.[40]

(1) 유일신 신앙의 종교인들은 자신의 유일신 신앙전통의 귀중함을 간직하되 그 유일신 신앙을 특정 종교 안에만 있는 특수한 신관이라고 오해하는 종파적 유일신 신앙에서 벗어나야 한다. 유일신 신앙을 가진 종교(기독교, 유대교, 이슬람)의 신앙인들은 서로의 신앙을

유효한 것으로 인정해야 한다.

(2) 진정한 유일신 신앙은 특정 종교나 문화, 종족, 인종, 언어에 예속되거나 종속된 신관을 신앙하는 것일 수 없다. 유일신 신앙 정신에 투철하다면 역사적인 것과 유한한 모든 것을 상대화시켜야 한다. 그래야만 역설적이게도 상대적인 것들과 유한한 것들을 거쳐 드러나는 무한하고 절대적인 진리 자체를 증언하는 신앙공동체가 될 수 있다.

(3) 종파적 유일신 종교에 매몰되거나 머물면 그 종교는 점점 약해져가고 만다. 한 때 창조적 역동성으로 인류 문명 창달에 공헌해 온 과거(교리, 전통)에 집착하면 미래에는 창조력을 가질 수 없다.

(4) 종교다원주의는 타종교가 산출한 문화, 예술, 과학, 윤리적 삶에 더 가까이 접근할 수 있게 한다. 자신의 종교 안에만 위대한 영적·철학적·도덕적·예술적 진리가 풍부하게 존재한다는 주장은 근거 없다. 무지에서 비롯된 독단이다. 타종교 안에서 발견되는 것들을 질적으로 열등한 것으로 여김은 오판이다.

(5) 인류 문명은 20세기를 계기로 문명사적 전환점을 지나고 있다. 교통과 통신 수단의 발달과 각종 정보의 소통과 접근이 용이해져 타종교의 경전 번역본들을 읽을 수 있고, 타종교들의 다양한 삶을 체험할 수 있다.

(6) 지구촌 안에서 일어나는 각종 전쟁, 질병, 빈곤, 테러, 생태위기, 인권 훼손, 생물 종 파괴, 지구 온난화의 가속화와 이상 기후로 인한 재앙 등은 모든 종교를 포함한 세계인이 해결해야 할 과제이다. 전 지구적 유기체 의식으로만 해결될 수 있는 사안들이다.

(7) 인류는 자연과학 분야와 통신기술과 공학의 발달로 지구 밖에

---

[40]김경재, 243-258.

서 지구행성을 바라볼 수 있다. 종교는 45억 년 동안 진행된 지구의 진화를 거쳐 약 300만 년 전에 출현한 인간 종이 지구촌 여러 지역에서 체험한 영적 진리, 하나님 체험, 구원 경험을 각각의 언어, 전통, 역사, 문화의 맥락에 담아 언어로 표현한 결과들이다. 기존의 세계적 종교들은 모두 다 고등 종교들이다.

(8) 고등종교는 세계 6대 종교(힌두교, 불교, 기독교, 이슬람교, 유교, 도교)와 한국의 무교, 천도교, 원불교 등이다. 이 종교들은 약 3천 년 전부터 지구촌이라는 정신적 삶의 동산에서 피어난 영적 꽃들이다. 지구의 나이 45억 년을 고려하면 이 위대한 보편적 종교들이 지니고 있는 잠재력은 매우 크다. 달려온 3천 년보다 달려 갈 길이 더 멀다. 세계 문명을 일궈온 이 종교들은 창의적 도약인 종교다원주의 활동으로 더 발전할 수 있다.

(9) 다양한 생명은 상호 작용을 거쳐 더욱 창조적인 경험을 할 수 있다. 각 종교의 위대한 요소들의 종합, 곧 종교다원주의적 일치는 질적으로 훨씬 더 높은 차원의 생명 경험으로 이어진다. 다신적 유일신—만신총합 유일신 신앙도 종교다원주의적 일치 노력으로 최고 수준의 영적 진리 체험으로 발전할 수 있다.

(10) 율법 종교 시대, 교리 종교 시대, 민족 종교 시대, 문명신 종교시대는 끝났다. 종교다원주의 시대가 도래했다. 종파적 유일신 신앙의 강에서 생명의 바다로 나아가 타종교와 만나야 한다. 생명의 마당인 종교다원주의 광장으로 나아가야 한다. 전통 교리와 신학 체계와 종교의례에 갇힌 유일신 신앙은 허물을 벗고 통과의례를 경험해야 한다. 한 분 하나님이 유일신 종교들 안에서만 섬김 받는 절대자가 아니라는 것을 알아야 한다. 하나님이 "만유 위에 계시고, 만유를 통일하시고, 만유 안에 계신 분"(엡 4:6)이기 때문이다.

12

변선환의 급진적 종교다원주의

—타종교가 기독교 신학의 주체이다—

감리교신학대학 학장 변선환 박사(1929-1995)는 한국의 자유주의 신학계에서 중요한 위치를 차지한 신학자이다. 기독교 신앙을 동시대 문화와 사상 속에서 새롭게 해석하려고 했고, 종교 간 대화와 종교 서로 간의 포용을 강조한 것을 넘어 급진적 종교다원주의 사상을 펼쳤다. 그는 아시아의 종교 전통과 문화를 존중하는 '아시아적 신학'을 추구했다.

변선환은 역사적 기독교 정통신학을 거부했다. 성경이 말하는 하나님에 대한 이해, 기독교 교리, 복음적 신학을 부정했다. 타종교에도 구원이 있음을 인정했을 뿐만 아니라 기존의 기독교 신학을 뒤집어 바라보면서 오히려 타종교가 기독교 신학의 주체라고 했다. 타종교가 기독교 신학의 옳고 그름을 판단할 주체라고 했다.

변선환은 기독교를 새로운 시대와 문화에 맞춰 해석하려는 노력을 멈추지 않았다. 그 과정에서 인간의 자유, 상호 존중, 하나님 사랑과 구원의 보편성을 강조했다. 그의 신학은 한국의 진보계, 곧 자유주의 신학계에서 종교 간의 대화, 포용, 개방성을 강조하는 지적 자산으로 재평가되고 있다. 그는 신학적 관점, 특히 종교다원주의 사상 때문에 기독교대한감리회로부터 면직 출교(1992)당했다. 감리교회의 교인 신분, 목사 자격, 감리교신학대학의 학장직을 박탈당했다.

기독교대한감리회는 WCC의 회원 교회이다. 변선환에 대한 파면과 출교는 종교다원주의 신앙고백을 마다하지 않는 WCC의 신학적 행보와 상충된다.

세계 감리교회는 교리 중심의 신앙고백 공동체가 아닌 특징을 보여 왔다. 존 웨슬리의 '이단 관용 정신'에 충실하게 신학적 다양성을 폭넓게 인정하며, 교리가 다르다고 신학자를 이단자로 정죄하지 않는다. 교리와 신학의 다름을 까닭으로 목사 회원에 대한 이단재판을 하는 경우는 거의 없다. 변선환에 대한 한국 감리교회의 이단정죄, 파면, 출교는 예외적이다. 세계 감리교 전통과 다른 특별한 사건이다.

1. 감리교신학대학 학장

기독교대한감리회가 변선환을 파면한 근거는 그의 신학과 교리가 감리교회와 불일치하다는 까닭이었다. 변선환을 이단자로 판단한 한국 감리교회 지도자들의 행보에는 한국교회의 풍토를 고려하여 감리교회가 이단이라는 오명을 피하려는 정략적 동기가 작동한 것으로 보인다. 개혁주의 정통신학을 지향하는 장로교회가 강세인 한국에서 감리교회가 자유주의 신학과 종교다원주의 집단이라는 명찰을 달고서는 생존하기 어렵다는 강박관념이 작동했던 것으로 보인다.

기독교대한감리회 서울연회 재판부가 변선환의 파면과 출교를 결정한 공식적인 까닭은 세 가지이다. 첫째, 종교다원주의를 주장하며, 타종교에도 구원이 있다고 한다. 둘째, 기독교 신앙의 본질을 부인한다. 셋째, 포스트모던 신학을 따라 성사(聖事)와 감리교회의 교리에 위배되는 이단 사상을 주장한다.

기독교대한감리회 서울연회 재판부의 변선환에 대한 판결문은 이와 같은 내용을 담고 있다. 핵심 부분은 다음과 같다.

위 자는 … 종교다원주의를 지지하여 기독교가 타종교보다 조금도 낫지 않다는 것과, 하나님의 계시나 구원이 타종교 속에도 기독교와 마찬가지로 나타나고 있다고 피력하여, 지난 19회 특별총회(1991. 10. 29-31. 광림교회당)에서 종교다원주의와 포스트모던 신학의 입장은 감리교 신앙과 교리에 위배되는 것임을 결의하고, 동시에 이와 같은 신학을 주장하여 교회확장 사업에 장애물이 되는 이에 대하여 의법조치하자는 결의사상에 의거하여 명백히 감리교회 신앙과 교리(『교리와 장정』, 제17단 9조, 제13단 5조)에 위배되는 중대한 범과를 자행하였다.[1]

판결문은 피고인 변선환이 신학 소견을 묻는 재판부를 향하여 기독교만이 유일한 구원의 길이라는 교리가 신학적인 천동설에 지나지 않는다고 답했다고 명시한다. 그가 예수만이 유일의 구원자라고 하는 교리는 옳지 않으며, 흑백 논리만이 횡행하는 감리교회의 이러한 현실은 참으로 안타깝다는 요지의 최후 진술을 했다고 한다.

변선환의 최후 진술은 강력한 종교다원주의 사상을 담고 있다. 기독교는 더 이상 정복자의 종교가 아니다. 전 인류의 구원을 위해 종교 간의 장벽을 허물어야 한다. 종교적 다원성과 종교다원주의를 받

---

[1] "변선환 출교문," 한국기독교감리회 서울연회(1992). 최대광, "변선환을 위한 변증," 『올꾼이 선생님 변선환』(서울: 신앙과지성사, 2011), 222.

아들이는 것은 감리교회의 세계적인 추세이다. 타종교를 무조건 악마의 소산이라고 생각하는 개종전도 중심의 선교신학은 제국주의적 발상이다. 지구촌에는 다양한 종교가 공존하고 있다. 이 종교적 다원적 현실과 그 종교들의 진리성을 인정하고 종교 간 대화로 상대방의 종교에게서 배우고 스스로의 정체성을 다시 확립하는 새로운 신학이 정립되어야 한다고 했다.[2]

변선환은 평안남도 진남포에서 태어나 평양에서 자랐다. 감리교신학대학과 한국신학대학 대학원을 거쳐 미국 드류대학교에서 공부했다. 1967년에 감리교신학대학의 전임교수로 부임했다. 1971년에서 1976년까지 스위스 바젤대학교에서 수학하고 신학박사 학위를 받았다. 박사학위 청구 논문 제목은 "선불교와 기독교의 만남의 관점에서 본 그리스도의 궁극성"(1976)이다. 칼 야스퍼스와 루돌프 불트만의 신학사상과 선불교 사상의 공통점을 다루었다.

변선환은 1988년에 감리교신학대학 학장직을 수행하는 동안 한국의 불교철학자 이기영 박사와 기독교와 불교의 관계, 기독교와 불교의 공존 가능성에 대해 많은 대화를 했다.

변선환은 어느 날 자신이 서유럽적 사고의 틀에 갇혀 있다는 것을 깨달았다. 그 때부터 종교다원주의를 긍정적으로 인식했다. 1980년대 초, 자신의 신학적 관점이 여전히 기독교를 불교, 유교, 힌두교, 이슬람과 같은 아시아 종교보다 더 우월한 위치에 있는 것으로 여기고 있음을 간파하고서, 이는 부당하고 편협하고 공정하지 않다고 생각했다. 그리고 자신이 한국에서 한국인으로 신학을 한다는 것이 무엇인지의 의미를 성찰했다.

그 성찰의 결과로 얻은 것은 한국 기독교가 서유럽 종교에 실타래처럼 감겨있다는 사실이었다. 한국 기독교가 이제 거꾸로 되감겨야 한다는 것이었다. 한국의 다양한 종교들에 의해 기독교가 재평가되어야 한다고 생각했다.

변선환이 자신의 사고 패러다임의 전환을 거쳐 얻은 것은 '토착화 신학'의 중요성이다. 제2차 세계대전이 종식되고 서유럽 국가들의 식민주의 시대가 끝나자 새로운 시대정신이 등장했다. 이것은 각 민족과 국가의 특수성을 신학의 소재로 삼은 새로운 신학들의 등장을 고무했다. 한국장로교계에서는 민중신학이 등장했고, 감리교계에서는 토착화 신학이 대두었다. 남미의 해방신학, 인도의 달리트(불가촉민) 신학, 일본의 부라꾸민(部落民) 십자가 신학, 태국의 물소신학, 미국의 흑인신학과 여성신학 등이 등장했다.

한국감리교계의 토착화 신학은 타종교를 선교와 복음전도의 대상으로 보지 않는다. 한국의 토착 종교의 관점으로 기독교를 이해하고 소화한다. 변선환은 타종교를 선교의 대상으로 보는 전통적 기독교 신학이 옳지 않다며 이를 질타했다. 종교적 제국주의 발상을 가지고 타종교를 정복의 대상으로 보는 시각을 버리라고 했다. 타종교가 기독교 신학의 주체라고 주장했다.[3] 기독교 신학을 평가하고 판단하며 성장과 변화에 가르침을 주는 주체는 기독교가 아니라 타종교여야 한다는 것이다.

변선환의 종교다원주의는 WCC가 1970년대부터 서서히 수용한 종교다원주의와 궤를 같이한다. 그의 사상은 WCC 종교다원주의 신

---

[2] 역사와 종교아카데미 기초자료연구원 엮음, 『1992년 기독교 대한감리회 종교 재판 백서 1』(서울: 동연, 2023).

[3] 변선환, "동양종교의 부흥과 토착화 신학," 『변선환 종교신학』 (천안: 한국신학 연구소, 1996), 84.

학자 웨슬리 아리아라자(Wesley Ariarajah, 1941-)의 종교다원주의
와 그다지 다르지 않다.

아리아라자는 제네바에서 10년 동안 WCC의 유급 전임 신학자로
근무하면서 "바아르선언문"(1990)을 작성했다. 이것은 그가 WCC
종교대화국 책임자로 여러 해 연구하여 발표한 것이다. 이 선언문은
기독교가 하나님의 구원을 독점할 수 없으며, 구원은 그리스도, 복
음, 케리그마 따위의 배타적 독점물이 아니라고 한다. "우리는 구원
을 예수 그리스도를 향한 명시적 인격적 위임(the explicit personal
commitment)에만 국한시키는 신학을 넘어서야 할 필요를 느낀다"
고 한다. 예수 그리스도 밖에도 하나님의 영이 역사하며, 따라서 타
종교에도 구원이 있다고 한다. 아리아라자의 『성서와 종교 간의 대
화』(The Bible and People of Other Faith, 1985)는 미리 발간한 "바아
르선언문" 해설서에 해당한다.

감리교신학대학 출판부는 변선환이 학장으로 재직하던 시절에 아
리아라자의 위 책 한글판(1992)을 출간했다. 김덕순 목사가 번역하
고, 변선환이 감수했다. 변선환은 위 책 출간 다섯 달 뒤 기독교대한
감리회에서 파면, 면직, 출교되었다.

변선환은 여러 가지 작품에서 예수구원 유일성 진리를 신앙하는
자들을 맹렬히 비난한다. "배타주의자들은 진리를 홀로 독점하고 있
다는 편견과 독선을 가지고 계속 종교제국주의, 정복주의, 비관용적
인 절대주의를 연장시키려고 세속세계에서 고립하는 폐쇄적 성채를
구축하려는 정책을 쓰고 있다"[4]고 비판한다.

변선환은 WCC와 로마가톨릭교회가 종교다원주의 신앙고백을 하
기전까지 수용해 오던 성취론과 칼 라너의 익명의 그리스도인론 그
리고 한스 큉의 포용주의(Inclusivism)를 비판한다. 포용주의가 종교

다원주의 유형이기는 하지만 이것조차 극복하고 넘어서야 할 필요가 있다고 한다. 기독교를 갑(甲)으로 설정하는 포용주의를 버리고, 모든 종교들의 동등성을 인정해야 한다는 것이다.

변선환의 비판의 화살은 WCC의 포용주의 태도와 정책에까지 미친다. "관용을 표방하는 포괄주의는 관용과 보편성이라는 아름다운 이름 아래 다른 종교들을 스스로 속에 흡수하고 용해시키려는 숨겨진 종교 제국주의의 오류를 범하고 있다. 그것은 모든 이방적인 문화와 종교를 흡수하고 용해시키려는 용광로 정책이다. 이 정책은 모든 세계가 소수 민족의 문화와 원시종교, 소종파 종교에 대하여 취하여 왔던 낡은 정책이다"[5]라고 한다.

변선환에 따르면, 종교다원주의도 마냥 환영할 만한 사상은 아니다. "종교다원주의는 여러 종교의 차이의 모순을 간과하고, 종교마다 갖고 있는 특수성과 개체성, 다원성과 다양성을 무시하는 병렬주의적 상대주의에 빠지게 되는 오류를 범하기 쉽다. 종교다원주의는 신학적 무차별주의(indifferentism)나 모든 종교를 무차별하게 용인하는 상대주의에 빠지기 쉽다."[6] 변선환은 그러나 포스트모던 시대의 에큐메니칼 신학, 종교다원주의 신학은 극단적인 무관심주의, 상대주의, 무차별주의, 혼합주의를 요청하고 수용하려 하는 것은 결코 아니라고 한다. 그는 WCC 중심의 현대 에큐메니칼 운동의 한계를 지적하고 이 운동이 고백하는 종교다원주의를 칭송한다.

---

[4] 변선환, "종교 간의 대화 백년과 전망: 세계 종교대회를 중심하여서"(1993), 『종교간 대화와 아시아신학』 (천안: 한국신학연구소, 1996), 40.

[5] 변선환, "종교 간의 대화 백년과 전망," 37.

[6] 변선환, "종교 간의 대화 백년과 전망," 37.

변선환은 WCC가 기독교를 갑(甲)으로 설정하고 타종교를 을(乙)로 여기는 태도를 거부한다. 이러한 포용주의 태도는 포스트모던 시대에 설득력을 지닐 수 없다고 한다. "그리스도 중심의 포괄주의는 그리스도 밖에는 구원이 없다는 전통적인 배타주의를 약간 부드럽게 말하고 있는, 배타주의의 새로운 대체물, 소프트 배타주의에 불과하다"고 한다. 그는 포용주의 신학을 숨겨진 종교 제국주의라고 한다. 이어서 "자기 종교를 '세계의 중심'이라고 보는 낡은 사유 모델을 가지고서는 타종교에 대한 공명정대한 새로운 관계를 만들어나갈 수 없다"[7]고 한다.

변선환은 로마가톨릭 신학자 한스 큉이 포용주의와 종교다원주의를 지향하지만 종교다원주의 패러다임으로 완전히 전환하지 않음으로써 결과적으로 여전히 타종교에 대한 기독교의 우월적인 위치와 질서를 강요한다고 비판한다. "종교다원주의 시대는 신학의 혁명, 곧 타종교에 대한 코페르니쿠스적 전환을 요청한다. 존 힉(John Hick)에 의하면 종교의 우주는 기독교 중심도, 그리스도 중심도 아니다. 우주가 태양을 중심으로 돌고 있듯이, 모든 종교는 신이라는 태양과 관계하는 다양한 양식에 따라 서로 다르게 빛을 반사한다. 신은 많은 이름을 가지고 있다."[8]

변선환은 모든 종교가 동일동가이며, WCC의 종교다원주의 신학자 웨슬리 아리아라자와 "바아르선언문"(1990)에 서명한 폴 니터(Paul Knitter)가 외치는 완전한 종교다원주의만이 포스트모던 시대에 정당성을 가질 수 있다고 한다. 포용주의 유형의 종교다원주의자 한스 큉의 태도를 비판한다.

큉의 신학은 정말 스스로부터 성실하고 철저하게 패러다임 전환을 하고 있을까? 큉은 계속 종교다원주의 신학에 대한 소아병적인 알레르기 반응을 나타내 보이고 있다. 종교다원주의는 기독교 진리에 대한 고백을 포기하도록 하는 상대주의 무차별주의 혼합주의의 위험성이 있다고 보기 때문이다. 물론 인간의 유한성과 문화와 역사의 제약성 때문에 종교다원주의도 한계점을 갖고 있다. 그러나 다원주의 패러다임은 포괄주의 패러다임보다 에큐메니칼 시대에 사는 현대인들에게 훨씬 더 합리적이며 설득력을 갖고 있는 사유의 틀인 것만은 틀림없다.[9]

변선환은 큉의 종교다원주의 신학에 대한 소아병적인 알레르기반응을 질타한다. 큉은 종교다원주의가 기독교 진리에 대한 고백을 포기하도록 하는 상대주의, 무차별주의, 혼합주의의 위험성을 지니고 있다고 한다. 변선환은 인간의 유한성과 문화와 역사의 제약성 때문에 종교다원주의에도 한계점이 있다고 지적한다. 그럼에도 변선환은 종교다원주의가 에큐메니칼 시대에 사는 현대인들에게 훨씬 더 합리적이며, 설득력을 갖고 있다고 한다.

2. 변선환의 '신 중심의 비규범적 기독론'

변선환의 종교다원주의는 저명한 종교다원주의자들의 주장들과 마찬가지로 우리의 시대가 종교의 다원적 이해를 요구한다면서, 논의를 모든 종교가 동일한 가치를 지니고 있다는 전제에서 출발한다.

---

[7]변선환, "종교 간의 대화 백년과 전망," 40.
[8]변선환, "종교 간의 대화 백년과 전망," 40.
[9]변선환, "종교 간의 대화 백년과 전망," 39.

각 종교의 규칙들이 기독교 규칙과 마찬가지로 그 자체로 동등하게 존중을 받아야 한다고 한다.[10]

변선환이 자신의 종교다원주의의 근거로 삼는 전제는 두 가지이다. 첫째, 진리를 파악하는 일은 언제나 제약 속에서 이루어질 수밖에 없다. 인간은 한계를 지닌 존재이다. 둘째, 그러한 진리 표현 역시 상황화 과정을 거쳐 등장한다. 변선환에 따르면, 진리는 절대적일 수 없다. 따라서 기독교가 타종교들에 견주어 더 우월한 진리를 가지고 있다든지, 기독교 진리성이 더 우월하다는 생각은 터무니없다. 모든 종교는 기독교와 동일동가의 가치를 지니고 있는 신앙공동체이다. 기독교가 우월하고 타종교가 열등하다고 보는 사고는 틀렸다.

> 밝아오는 대화의 시대에서 진리는 더 이상 절대적이거나 고정적이거나 독백적이거나 배타적일 수 없다. 진리는 비절대적이며, 상대적이며, 역동적이고, 대화적인 동시에 관계적이다. 경험된 진리개념으로 명제화된 진리 교리는 역사성과 언어의 한계성, 사회와 문화의 하우스 하부 구조에 의하여 제작되고 있기 때문이다. 그러므로 대화의 시대에 살아갈 수 있는 개방적인 세 사람, 진리의 역사성과 함께 진리 체험과 그 표현의 상황화를 잘 알고 있는 새로운 종교인은 타자를 적으로 보지 않고 진리의 길에 나선 길벗으로 보며 서로 배우고 이해하며 자기 생각을 비절대화 하고 인간관계를 가질 줄 아는 대화적 사고, 비판적 사고의 세계에서 살아갈 줄 아는 새로운 삶의 지혜를 가지고 있다.[11]

변선환은 기독교의 성서, 불교의 여러 가지 불경, 이슬람의 쿠란은 동등한 가치를 지닌 동격의 경전들이라고 한다. 모든 종교의 경전은 동등하며, 각 종교는 동등하게 존중받음이 마땅하다고 한다. 각 종교들이 동등하지 않다고 봄은 부당하며, 이는 타종교들이 기독교에 의하여 저주받고 정복되며 흡수되고 통합되려고 존재하지 않기 때문이라고 한다.

변선환은 타종교에 대한 기독교 태도의 철저한 자기반성을 요구한다. 퀑의 지적을 인용하면서 기독교의 자기비판을 요청한다. 기독교의 여러 가지 '죄악들'을 고발한다.

> 기독교는 타자에 대한 비판에 앞서서 날카로운 자기비판을 해야 한다. 역사적 기독교가 범한 증오심 조장, 권력의 편성, 전쟁의 신성화, 부와 권력의 남용, 우월의식, 인간 존엄성에 대한 경시 같은 죄악들은 씻을 수 없는 역사적 오점들이다.[12]

변선환은 기독교와 타종교의 관계에 대한 논의에서 '타종교 신학'의 정당성을 언급한다. '타종교'는 서유럽 기독교 신학의 관점을 정당화하는 수단이 아니다. 오히려 타종교가 기독교 신학을 검증하고 옳고 그름을 판단할 주체이다. 타종교는 기독교 신학의 객체가 아니라 주체이다. 타종교가 기독교 신학의 주체이므로 이것을 설명할 때 '타종교와 신학'이라고 함은 마땅치 않다. '타종교의 신학'이라고 일컬어야 한다. 타종교를 기독교와 무관하게 여기거나 정복해야 할 대

---

[10]변선환, "타종교와 신학," 『종교간 대화와 아시아 신학』 (천안: 한국신학연구소, 1999), 181; 이찬수, "'타종교의 신학': 변선환의 종교다원주의 신학을 다시 본다," 『변선환 종교신학』 (천안: 한국신학연구소, 1996), 145.

[11]변선환, "종교 간의 대화 백년과 전망," 23.

[12]변선환, "종교 간의 대화 백년과 전망," 31.

상으로 봄은 옳지 않다고 한다.

변선환에 따르면, 타종교는 기독교를 적극적으로 변화시키는 힘을 지니고 있다. 기독교 신학은 타종교와의 만남 속에서 자신을 갱신시켜야 하고 또 수정해 나갈 수밖에 없다. 이질적인 맥락 안에 들어온 기독교 신학은 결코 자신을 본래 모습 그대로 남겨둘 수 없다. '예수 구원' 따위를 외치는 기독교에서 탈피해야 한다. 기독교의 의미 자체를 새롭게 규정해야 한다.

변선환은 거듭 기독교 신학의 주체는 기독교가 아니며, 타종교가 기독교 신학의 주체라고 한다. 기독교가 기독교 신학의 정당성을 평가하는 주체가 아니라 타종교가 기독교를 평가할 주체라는 것이다. 타종교가 기독교의 교리, 신앙, 실천의 옳고 그름을 판단하는 주체라고 한다. 타종교가 기독교의 갱신과 변화의 궁극적인 힘이며 원천이라는 의미이기도 하다. 기독교는 타종교에서 배우고, 그 배움을 통해 성장할 수 있으며, 그제야 비로소 기독교다운 종교가 될 수 있다는 것이다.

변선환에 따르면, 복음이라는 술을 어떤 그릇에 담을 것인가 하는 것이 문제가 아니라 그 술 자체가 무엇인가를 따지는 것이 중요하다. 기독교는 타종교와 대화를 통해 배우고 성장함으로써 비로소 기독교다운 종교가 될 수 있다. 대화를 통해, 타종교에서 배우고 그 배움을 거쳐 성장해야 비로소 온전한 기독교가 될 수 있다고 한다.[13]

변선환은 종교라는 주제를 평등주의 관점으로 접근한다. 오랫 동안 기독교는 타종교를 판단해 왔다. 타종교를 가르치고 타종교인을 기독교로 개종시키려 했다. 이제는 타종교가 기독교를 판단함이 이 관점에서 보편 공정하다. 평등주의 원칙에 부합한다고 한다.

3. 존 힉과 라이문도 파니카

변선환의 종교다원주의 사상은 존 힉(John Hick)의 '신 중심주의 이론'과 라이문도 파니카(Raimundo Panikkar)의 '신의 보편성 이론'과 '무지개 은유'의 조합이다.[14] 힉의 '신 중심주의'에 등장하는 '신'은 기독교와 유대교의 유일신이 아니다. 모든 종교들이 섬기는 만신 총합(Unitarity)이다.

변선환은 힉의 『하나님은 많은 이름을 가졌다』(*God has Many Names*, 1982)의 이론적 토대인 신의 보편성을 강조한다. 힉이 말하는 '신의 보편성'이란 모든 종교가 궁극의 실재, 절대자, 영원한 일자(One)로 불리는 대상, 곧 하나님을 저마다의 방식으로, 각자 자기 종교의 방식으로, 자기 문화와 민족과 역사의 맥락에서 반영한다는 것이다. 개별 종교들은 저마다 다른 전통 속에서 신이라고 불리는 궁극적 실재를 섬긴다. 그래서 사람들의 섬김을 받는 만신은 하나의 궁극의 실재에 대한 여러 가지 상이한 표현들이라고 한다.

변선환에 따르면, 모든 종교는 초월적인 실재를 향해 나아가고 있다. 각 종교의 신은 모두 동일한 실재이다. 하나의 신이 문화, 역사, 종교 맥락에서 서로 다르게 표현된 것이다. 그러므로 모든 종교는 하나같이 올바르다. 모든 종교는 다 진리에 이른다. 인간 경험의 한계 때문에 그 어느 종교도 실재 그 자체를 완벽하게 그리거나 파악하는 것은 불가능하다. 개별 종교들은 실재의 여러 측면들을 드러내고 보

---

[13]변선환, "타종교와 신학," 181; 이찬수, "타종교의 신학: 변선환의 종교다원주의 신학을 다시 본다," 145.

[14]이찬수, "타종교의 신학": 변선환의 종교다원주의 신학을 다시 본다," 158.

여주고 있다. 기독교도 그러한 개별 종교들 가운데 하나이다. 기독교는 다른 종교보다 더 우월한 종교가 아니다.

변선환은 힉의 '신 중심주의'를 자신의 종교다원주의와 종교 간의 대화 이론의 근거로 삼는다. 이를 토대로 각 종교의 모든 신을 궁극적 실재의 서로 다른 표현이라고 한다. 신 중심주의, 곧 잡신총합 유일신 중심주의는 여러 종교의 신들을 유일신의 다양한 현현이라고 본다. 변선환은 교회를 향하여 다신적 유일신론, 곧 만신총합 유일신론을 받아들이라고 한다. 힌두교 아드바이타—비이원성 세계관에 근거한 종교다원주의를 강권한다.

변선환은 역사적 기독교를 정상적이지 않은 종교라고 비판한다. 올바른 기독교는 배타적 절대성에서 벗어나며 타종교와 긍정적인 대화를 한다. 그리스도 중심 또는 그리스도 우월주의에 고착되어 있지 않다. 그러므로 신학 패러다임을 신 중심주의, 곧 만신총합 유일신론에 기초한 종교다원주의로 이동하라고 한다.

존 힉이나 변선환이 '신'(하나님)이라는 단어를 도입하는 탓으로 얼핏 보기에 그들이 말하는 신이 기독교의 신과 동일한 숭엄한 신으로 부각될 수 있다. 그러나 종교다원주의자들이 말하는 신, 곧 만신총합 개념의 궁극의 신적 실재는 기독교와 유대교의 유일신 야훼가 아니다. 각 종교가 섬기는 신들의 총합이다.

변선환은 라이문도 파니카가 무지개 은유로 설명하는 만신총합 유일신론을 수용하면서, 각 종교가 동일 신을 믿는다고 한다. 민족, 문화, 역사, 종교 맥락에서 각각 다르게 표현된 궁극의 신적 실재를 믿는다고 한다. 파니카의 무지개 은유의 근거는 각 종교가 서로 다른 교리와 실천과 강조점을 가지고 있지만 똑같이 인간 안에 내재하는 로고스를 반영한다는 것이다. 모든 종교가 한 분 하나님을 섬기며, 따라서 모든 종교가 평등성, 동일성, 구원 유효성을 지니고 있다고 본다.

변선환은 파니카의 종교다원주의 이론을 근거로 로고스는 특정 지역이나 특정 인물에 제한되지 않는다고 한다. 로고스는 구체적인 역사 사건과 인물 속에서 그 순수성과 투명성을 달리하면서 드러난다. 다양한 종교들은 로고스의 현존을 반영한다. 예수, 고타마 싯다르타(붓다), 공자는 로고스의 구체적인 성육화의 결과이다. 로고스, 곧 예수 그리스도는 예수 안에서만 완전히 드러나는 것이 아니라 모든 종교들 안에 각각 다르게 나타나고 존재한다고 한다.

변선환에게 예수는 누구인가? 예수는 그리스도이다. 그러나 예수만이 그리스도인 것은 아니다. 각 종교마다 그리스도가 보편적으로 존재한다. 변선환이 파니카의 보편적 그리스도론과 칼 라너의 익명의 그리스도인 이론을 수용하여 다음과 같이 말한다. "구원의 길, 해방의 길은 오직 하나밖에 없는 것이 아니라 많이 있다는 것이다. 그러므로 여러 가지 종교 전통은 모두 인간이 거기서 구원 해방 완성을 발견할 수 있는 구원론적 장소 또는 길이라고 보아야 한다."[15]

변선환은 라너, 파니카, 힉의 종교다원주의 이론을 바탕삼아 '신 중심의 비규범적 그리스도론'을 제시한다. 신앙의 무게 중심을 그리스도에서 신, 곧 만신총합 유일신으로 옮긴다. 기독교 신앙의 축을 예수 구원 유일 신앙에서 다신적 유일신으로 이동시킨다. '신 중심'이란 예수 중심이 아니라 여러 종교들이 숭배하는 잡신 총합 중심을 의미한다. '비규범적'이란 그리스도를 한 명의 그리스도에 규범적으로 제한하지 않으며, 각 종교마다 각각의 그리스도가 존재함을 의미한다.

---

[15]변선환, "종교 간의 대화 백년과 전망," 41.

변선환의 '신 중심의 비규범적 그리스도론'의 '비규범'은 그리스도를 예수 그리스도에게 제한하지 않는다는 의미이다. 예수만이 구원자, 그리스도, 메시아인 것은 아니다. 그리스도인은 역사의 예수를 거쳐 궁극의 실재인 하나님을 만난다. 그러나 궁극의 실재와의 만남이 반드시 예수를 거쳐서만 이루어지는 것은 아니다. 예수 밖에도 하나님을 만날 수 있는 많은 길들이 있다는 것이다.

변선환은 역사적 기독교를 향하여 배타적 규범을 넘어서라고 요구한다. 예수 밖에도 구원의 길이 있음을 시인하라고 한다. "예수는 그리스도"라고 하는 명제가 "그리스도는 예수"라는 명제로 전도(顚倒)될 수 없다고 하면서, 오히려 그리스도의 궁극성이 나타나는 장소는 하나님 체험이 이루어지는 실천 현장이라고 한다. 역사의 예수가 유일회적인 구세주로 고백될 수 없다. 왜냐하면 인간성의 회복을 위해 투쟁한 그의 실천 가운데서 우리가 실재하는 하나님을 체험할 수 있기 때문이다. 예수는 그리스도이다. 그러나 예수만이 그리스도라고 하는 정의는 틀렸다. 예수는 그리스도이지만 그 분 밖에도 많은 그리스도가 있다고 한다.[16]

변선환에 따르면, 그리스도의 궁극성, 곧 그리스도라고 하는 궁극의 신적 실재가 나타나는 곳은 하나님에 대한 체험이 이루어지는 삶의 현장이다. 역사적 예수는 유일회적인 구세주가 아니다. 하나뿐인 그리스도가 아니다. 왜냐하면 우리는 인간성 회복을 위해 투쟁한 실천적 경험에서 지속적으로 하나님을 체험할 수 있기 때문이다. '하나님의 선교,' 곧 세상의 인간화와 평화 활동을 거쳐 우리는 지속적으로 하나님을 체험하고, 그리스도를 체험한다. 변선환은 그러므로 2천년 전에 존재한 역사적 예수가 유일회적인 그리스도, 곧 유일의 구세주라고 하는 말은 성립되지 않는다고 한다.

4. 변선환의 오판

변선환은 종교 간의 대화의 초점을 신에 대한 논의에서 인간의 경험과 실천적 체험 중심으로 옮겨야 한다고 한다. 신 중심주의에 기초한 종교 간의 대화는 인간 해방을 위한 실천들 가운데서 이루어진다고 한다. 신 중심주의 대화가 인간 해방을 위한 실천 속에서 이루어진다는 것이다. 종교다원주의 신론, 곧 만신총합 유일신론에 기초하여 WCC의 '하나님의 선교' 활동처럼 열심히 인간화, 평화, 생명 등 세상사 활동을 하면 궁극의 신적 실재를 지속적으로 체험할 수 있다고 한다. 변선환이 말하는 기독교 신학의 주체인 타종교의 핵심은 '신 중심적 비규범적 그리스도론'이다.[17]

변선환의 종교다원주의는 여러 가지 면에서 역사적 기독교의 가르침과 불일치한다. 첫째, 그가 말하는 신은 기독교의 하나님, 성서가 말하는 야훼가 아니다. 힉의 종교다원주의와 파니카의 무지개 은유에 등장하는 신과 동일한 다신적 유일신이다.

둘째, 변선환이 말하는 신은 그 자신의 신 개념의 투사(透寫, Projection)이다. 그는 자신이 생각하는 신을 궁극의 신적 실재로 상정을 하고서 모든 개별 종교들의 신을 유일신의 서로 다른 현현이라고 한다. 각 종교가 궁극적으로 하나의 궁극의 신적 실재, 곧 유일신을 섬긴다고 한다.

셋째, 종교다원주의 신론에 기초한 변선환의 토착화 신학은 동양

---

[16]변선환, "타종교와 신학," 202.

[17]이찬수, "타종교의 신학: 변선환의 종교다원주의 신학을 다시 본다," 151-155.

종교들과 기독교를 혼합시킨 혼합주의 종교 사상이다. 기독교대한감리회가 변선환의 신학을 '혼합주의'라고 비판하자, 종교재판석에서 그는 다음과 같이 항변했다.

> 혹자는 인도 신학자 토마스, 스탠리 사마르타, 라이문도 파니카의 신학을 힌두교적 혼합주의라고 비판하며 정죄합니다. 그러나 희랍철학이나 독일철학을 사용하여서 만든 서구신학은 혼합주의가 아니고 유독 힌두교나 불교나 유교와 같은 동양철학의 범주를 가지고 복음을 재해석한 모든 아시아 신학을 아시아적 혼합주의라고 비판하는 이유를 본인은 아무리 생각하여도 이해할 길이 없습니다.[18]

넷째, 변선환은 성서의 하나님을 간과한다. 특별계시의 채널로 인간에 자기를 알린 하나님과 예수구원 진리 체계를 무시한다. 인간은 창조된 이후에 하나님께 불순종하고 타락하고 영적 어둠에 빠졌다. 따라서 스스로는 구원의 진리를 알 수 없다. 하나님에 대한 참된 지식을 가질 수 없다. 그래서 하나님은 인간을 불쌍히 여겨 구원 계획을 세우고 구원사를 진행시켰다. 가련한 이스라엘 민족을 선택하여 그 민족의 역사를 거쳐 하늘의 뜻을 계시했다. 모세와 이스라엘 선지자들에게 신의 말씀을 위탁했다. 하나님은 로고스의 성육신을 거쳐 역사 안에 현현했다. 예수께서 주신 말씀은 하나님의 말씀이다.

하나님은 예수의 사도들의 입술에 자기의 말씀—진리를 위탁했다. 우주의 바깥 세계에서 온 하나님의 특별계시 진리는 참 하나님을 알게 하고 우리를 구원으로 안내한다. 영생의 길을 제시한다. 인간이 하나님과 연합하고 죄 사함을 받을 수 있는 유일한 방법은 하나님이 마련한 구원의 복음을 받아들이고 그 분이 마련한 구원의 길을 따르는 것이다. 하나님의 구원 프로젝트의 주인공 예수 그리스도는 유일의 그리스도이고, 유일한 구원의 통로이다. 변선환은 하나님의 특별계시로 주어진 이 중차대한 진리와 엄중한 구원의 길을 간과한다.

다섯째, 변선환은 존 힉과 라이문도 파니카가 빠지는 동일한 모순에 이른다. 신 중심주의를 해방신학적 관점과 결합시켜 힉보다 좀 더 세련된 형태의 종교다원주의를 제시한다. 그러나 힉이 봉착한 동일한 논리적 오류에 함몰된다. 힉이 말하는 신 중심주의의 신은 다름 아닌 정체불명의 잡신총합이다.

여섯째, 변선환은 모든 종교가 동일한 신적 실재를 숭배하며 동시에 동일한 인간 해방에 관심을 가진다고 한다. 이 주장을 정당화 할 수 있는 근거는 어디에도 없다. 기독교의 하나님 나라 운동, 인간해방, 인간 구원은 고통에서의 자유를 구원으로 보는 불교의 해탈 개념과 근본적으로 다르다. 힌두교의 구원을 의미하는 범아일여(梵我一如) 사상은 우주적 자아인 브라만(Brahman)과 개체적 자아(Atman)가 동일한 실재라고 한다. 변선환의 종교다원주의 사상은 신과 인간과 세상(자연)을 하나 또는 단일체라고 보는 힌두교 아드바이타 세계관을 고스란히 반영한다.

5. 변선환의 부활

한국기독교장로회 신학자 김경재 박사는 변선환에 못지 않은 종교다원주의 사상을 설파했으나 이단이라고 정죄받지 않았다. 피상적으로 보면 기독교대한감리회의 변선환에 대한 이단 재판은 기독교의

---

¹⁸최대광, "변선환을 위한 변증,"『올꾼이 선생님 변선환』, 244.

복음에 충실한 결단이었다. 그러나 한국 감리교 공동체가 이 사건에 대하여 일관된 견해를 유지해 온 것은 아니다. 변선환의 사상을 추종하는 신학자들과 신학도들은 줄지어 종교다원주의 사상을 따랐다. 추종자들은 "김홍도는 죽고, 변선환은 부활했다"고 외쳐왔다. 김홍도 목사는 형 김선도 목사와 함께 변선환에 대한 종교재판을 주도한 것으로 알려져 있다.

변선환의 부활 소식은 기독교대한감리회 홈페이지(2022.11.05)에 실려 있다. "종교재판 30년, 교회 권력에게 묻다"를 주제로 열린 학술대회에는 도올 김용옥(한신대 명예), 김정숙(감신대), 윤병상(연세대), 민영진(전 감신대), 정희수(감리교회 감독), 송순재(감신대), 이정배(감신대), 한인철(연세대), 이호재(성균관대) 등이 순서를 맡았다.

이날 격려사를 한 민영진 박사(전 대한성서공회 총무)는 17년 동안 변선환과 함께 같은 감리교신학대학 교수를 역임했다. 그는 "예수께서는 전혀 이단을 만들지 않으셨다. 오히려 예수께서는 당신을 따르는 자들이 이단 집단으로 몰리는 혐오와 폭력의 한 가운데에 서 계시기도 했다"고 말했다. 종교다원주의 사상 때문에 이단자로 정죄당한 변선환의 억울함을 대신 토로했다. "교회 혹은 성도를 이단에게서 보호한다는 구실로 교회가 종교재판을 열고 이단 감별사들이 이단을 솎아내는 것은 예수의 교훈에 배치된다"고 했다. 변선환에 대한 당시의 종교재판이 비성서적 행위이며 오판이라고 열변을 토로했다.

변선환은 예수구원 유일 신앙을 가진 자들이 "타종교를 공격하고 저주했던 것은 아시아 종교에 대한 저들의 무지가 만든 우상들"[19]이라고 외쳤다. 그는 다른 민족과 타종교 안에 내재하는 신의 임재와 구원의 은총을 인정했다. 예수구원 유일 신앙을 가진 자들을 향하여, 왜 기독교인들은 신이 부처나 조르아스터를 통하여, 중국의 성인

군자나 인도와 이슬람의 예언자들을 통하여 역사하고 있다는 사실을 즐겨 배우려 하지 않는가 하고 탄식했다.[20]

변선환의 이러한 사상을 존경하는 감리교 후학들이 적지 않다. 감리교신학대학교의 이정배 교수는 변선환의 신학적 주지를 추종하는 대표적인 신학자이다. 스위스 바젤대학교에서 박사학위를 받았고, 감리교신학대학교에서 종교철학을 가르쳤다. 그는 변선환의 사상적 기반에서 한 걸음 더 나아가 모든 종교가 정통이라고 주창한다.

이정배는 WCC가 "하나님의 구원의 은총에는 제한이 없다"고 선언한 것과 관련하여, 기독교는 이 보다 훨씬 더 급진적인 종교다원주의로 나아가야 한다고 주장한다.[21] WCC가 제 자리 걸음을 하고 있다고 하면서 이를 답답하게 여긴다. WCC가 칼 라너, 라이문도 파니카, 존 힉, 폴 니터의 종교다원주의에 머물고 있음을 개탄한다. 변선환처럼 타종교가 기독교 신학의 주체라고 과감하게 말하고, 그것을 넘어 더욱 탈 기독교적으로 진전해야 한다고 한다.

이정배의 종교다원주의의 핵심은 기독교와 타종교의 평등 관계를 전제로 하는 다중성 신학(Theology of Multiplicity)이다. 그는 모든 종교의 정통성, 곧 다중종교 정통성(Polydoxy)을 주창한다.

이정배에 따르면, 모든 종교는 다 정통이다. 한국의 무속신앙도 정통이고, 아프리카의 토속종교도 정통이다. 이 맥락에서 이정배는 로마가톨릭교회 제2차 바티칸공의회가 '교회 밖의 구원' 가능성을 주저

---

¹⁹변선환, "종교 간의 대화 백년과 전망," 6.
²⁰변선환, "종교 간의 대화 백년과 전망," 14.
²¹이정배, "'타종교'와 이웃종교' 사이: 종교다원주의 문제," WCC 공동선언문에 대한 신학적 대응 3, 『뉴스앤조이』(2013.2.7).

하지 않고 선언했음을 치하한다.

이정배의 다중성 신학이라는 급진적 종교다원주의 사상은 WCC 제10차 총회(부산, 2013)를 앞두고 열린 진보계 신학자들의 '에큐메니칼 신학 심포지엄'(2013.02.04.)에서 발표한 글에 실려 있다. 이정배의 글은 변선환의 부활 소식을 알린다. 변선환이 이정배로 부활, 환생한 셈이다.[22]

맺음말: 감리교신학대학교 교수들

과거의 실패는 더 나은 선택을 향한 값진 영양소이다. 한국 감리교회는 성경의 가르침에 충실하게 자신을 추스리고 있는가? 하나님의 계시 진리에 충실한 신앙으로 도약하는가? 감리교신학대학교의 다수 신학교수들은 어떤 생각을 하고 있는가?

감리교신학대학교의 14명의 신학교수들은 종교다원주의 반대를 반대하는 항의 성명을 발표한 적이 있다. 2013년 WCC 부산 총회 개최와 관련하여 저명 인사 4인이 서명하여 발표한 성경적인 내용의 공동선언문을 "독선적이고 편협한 기독교 근본주의"를 담고 있는 성명서라는 이유로 폐기하라고 했다. "면면히 이어져 온 에큐메니칼 신학과 전통을 심각하게 훼손했다"면서 "WCC 총회는 교계의 정치적 야합이나 돈의 힘으로 치르는 세상의 행사가 아니다"[23]라고 했다.

한국의 에큐메니칼 단체 대표 4명은 "WCC 총회의 성공적 개최를 위한 공동선언문: WCC 공동선언문 4대 조항"을 발표했다. 당시 WCC 부산총회 한국준비위원회 위원장 김삼환 목사(명성교회 담임), 한국기독교총연합회 대표 회장 홍재철 목사, 한국기독교총연합회 전임 회장 길자연 목사, 그리고 한국기독교교회협의회(NCCK) 총무 김영주 목사(감리교)가 이 선언문에 서명을 했다.

위 공동선언분은 "우리는 WCC 한국 개최를 환영한다"라는 환영사로 시작한다. 첫째, 종교다원주의와 종교혼합주의를 반대한다. 예수 그리스도의 구원 유일성을 믿는다. 둘째, 공산주의, 인본주의, 동성애 등 복음에 반하는 사상을 반대한다. 셋째, 개종전도금지주의를 반대한다. 넷째, 성경 66권이 하나님의 특별계시의 무오한 말씀이며 신앙과 행위의 최종적이고 절대적인 표준이다.

"공동선언문 4대 조항"은 일종의 한국교회 신앙고백문이다. 그러나 진보계 교회들과 한국기독교교회협의회(NCCK) 인사들은 강한 거부감을 표했다. 이를 반대하는 성명—신앙고백문을 발표했다. ① 종교다원주의 반대를 반대한다. ② 공산주의 반대를 반대한다. ③ 개종전도금지주의 반대를 반대한다. ④ 성서가 특별계시의 무오한 말씀이라는 것과 신앙과 행위의 최종적이고 절대적인 규범이라는 것을 반대한다고 했다.[24] 자유주의 신학을 지향하는 한국교회의 신학자들과 지도자들은 "공동선언문 4대 조항"을 거부하는 탈기독교적인 '신앙고백'을 서슴지 않았다.

"공동선언문 4대 조항"에 대하여, 몇몇 진보계 신학대학들에서 신학을 가르치는 교수들이 언론에 반대 성명서를 발표하고, 복음주의

---

[22] 최덕성, 『신학충돌 II』 (서울: 본문과현장사이), 2013, 제1장 "한국 에큐메니칼 운동의 민낯"(pp.13-40)과 제2장 "진보계 에큐메니칼 신앙고백"(pp.40-76)이 이 주제를 상론한다. 한국교회사의 적반하장 격의 흥미로운 한 장면을 다룬다.

[23] "WCC 공동선언문, 그릇된 성경관의 부산물," 『뉴스앤조이』 (2013.2.3); 최덕성, 『신학충돌 II: 한국교회와 세계교회협의회』, 48-49.

[24] 최덕성, 『신학충돌 II』, 제1장 "한국 에큐메니칼 운동의 민낯"(pp.13-40)과 제2장 "진보계 에큐메니칼 신앙고백"(pp.40-76)를 참고하라.

신앙을 강력히 규탄했다. 그 규탄 성명서들 가운데 하나가 감리교신학대학교 신학교수 14명이 언론에 발표한 성명이다. 위 공동선언문이 독선적이고 편협한 기독교 근본주의를 담고 있다고 하면서 이를 폐기하라고 했다. 면면이 이어져온 에큐메니칼 신학과 전통을 심각하게 훼손한다고 했다.

감리교신학대학교의 신학교수들의 위 성명은 자신들이 종교다원주의와 개종전도금지주의를 지지하며, 성서는 하나님의 특별계시의 무오한 말씀이 아니며, 성서가 신앙과 행위의 최종적이고 절대적인 규범 표준이라고 믿지 않음을 공개적으로 표방한 것이다.

변선환은 이단자로 정죄, 출교당한 3년 뒤에 세상을 떠났다. 그는 30년 뒤에 부활 또는 환생하여 감리교 중심의 토착화 신학자들, 한국기독교장로회 중심의 민중신학 추종자들, 그리고 흥기하는 종교다원주의자들의 스승으로 존경을 받고 있다.

이정배는 스승 종교다원주의자 변선환 박사를 "위대한 순교자"로 평가하며, 그의 신학과 신앙을 공개적으로 지지하고 있다. "위대한 순교자 변선환 박사의 신학 여정"이라는 제목의 글로 스승 변선환을 지지하고 흠모하는 마음을 표했다.

변선환을 '이단'으로 규정한 내부 세력과, 그의 신학적 자유와 다양성을 지지하는 이들 간의 갈등이 장기간 지속되고 있다. 추종자들은 부지런히 그의 저작 전집을 발간하고, 이단자를 기념하는 학회 모임을 가지는 등 추앙 활동을 하고 있다. 감리교회가 좀 더 열린 공동체로, 시대적 변화와 사회적 요구에 따라야 한다고 주장한다. 한국감리교회는 어디로 가고 있는가?

13

라녀의 익명의 그리스도인론

=—만인은 구원받은 하나님의 자녀이다—

1. 20세기 로마가톨릭 신학자

로마가톨릭교회 신학자 칼 라너(Karl Rahner, 1904-1984)의 '익명의 그리스도인'(Anonymous Christian) 이론은 기독교계의 종교다원주의 사상 출현의 서막이다. 라너는 하나님의 구원이 보편적이며, 제한이 없다고 하는 명제를 내걸고, 만인이 존재론적으로 구원받은 하나님의 자녀이며, 객관적으로 구속받은 실존이라고 했다.[1] 모든 그리스도교인과 타종교인이 로마가톨릭교회에 속한 선험적인 그리스도인, 곧 로마가톨릭교회 신자라고 했다.

라니는 초월적 존재론과 인간 경험이라는 구도에서 익명의 그리스도인 이론을 설명한다. 인간은 '하나님을 향한 질문을 던지는 존재,' '초월적 실존'이며, 인간이 근본적으로 하나님을 갈망하며, 그 안에서 자신을 이해한다고 본다. 하나님의 은총이 인간의 일상 속에 깊이 스며들어있으며, 인간의 모든 진실한 경험 안에서 하나님의 현존을 찾을 수 있다고 한다. 라너의 신학은 하나님의 은총과 인간 경험의 접점(接點)을 강조한다. 그는 포용성과 신비 중심의 로마가톨릭적인 이해를 이끌어낸다.

라너의 종교다원주의 사상은 제2차 바티칸공의회에 강한 영향을 미쳤다. 로마가톨릭교회는 라너의 영향 아래서 종교다원주의 유형의 만인보편구원주의를 수용했다.[2] 이 공의회는 그리스도인과 비그리스도인 모두가 하나님의 구원을 받는다고 선언했다. 이 선언은 WCC에 강한 자극을 주었다. 종교다원주의 신앙고백 "바아르선언문"(1990)을 발표하도록 했다.

라너는 오스트리아 인스부르크대학교의 로마가톨릭 신학부 교수(1937-1939)로 재직하다가 제2차 세계대전 동안 나치 정부가 이 학교를 폐쇄하자 뮤니히대학교과 뮌스터대학교로 옮겼다가 전후에 인스부르크로 돌아와 교의학를 가르쳤다(1948-1964). 에큐메니칼 운동, 종교 간의 대화, 로마가톨릭 신학자 회의의 신학 자문으로 활동했다.

라너는 20세기의 가장 주목할 만한 로마가톨릭 신학자였다. 3천 5백 여 종의 책과 논문과 글을 썼다. 전문적인 신학 주제의 글과 "왜 우리는 밤에 기도하는가?" 등 평범한 주제를 다룬 작품들을 남겼다.[3]

라너는 전통적 세계와 현대 세계를 모두 긍정하면서 새로운 질문을 제기했다. 하나님의 존재의 신비한 본질을 밝히고, 그 신비를 일상생활의 중심으로 복귀시키려했다.

라너는 주로 신학자들을 위한 글을 썼다. 로마가톨릭교회의 기존 신학과 전통을 재해석했다. 로마가톨릭교회가 받아들이고 있는 기존의 신학과 교리와 같지 않은 주장들을 내놓았다. 그런데도 바티칸 당국은 그를 이단 재판소로 소환하지 않았다. 침묵을 명하지도 않았다. 이는 라너의 영향력이 얼마나 막강했는가를 시사한다.

라너는 토마스 아퀴나스와 임마누엘 칸트 사상의 종합을 시도한 조셉 마레샬(Joseph Mareschal, 1878-1944)의 초월론적 아퀴나스주의를 계승했다. 철학자 하이데거(Martin Heidegger, 1889-1974)의 사상과 대화를 시도했고, 기독교 철학과 로마가톨릭 신학의 대화를 이끌었다.

라너의 종교다원주의는 우리가 살고 있는 시대 상황과 세상의 변화에 대한 인식에서 출발한다. 평범한 보편적 인간들의 경험들을 종합하고, 현대의 문화적·신학적·종교적 상황이 세속적이고 다원적임을 직시한다. 전통적 신학이 현대인의 삶과 변화된 상황에 적합하지 않다고 한다. 현대인의 경험과 기독교 신앙이 서로 관계할 수 있는

---

[1] '그리스도인'과 '기독교인'은 동의어다. '기독교'는 학문 마당에서 로마가톨릭교회, 동방정교회, 프로테스탄트교회를 통틀어 일컫는 용어로 사용되고 있다.

[2] 라너가 제2차 바티칸공의회에 가장 큰 영향을 미친 분야는 감독제도의 기능에 대한 이해이다. 로마가톨릭교회는 수세대 동안 군주제를 모방하여 로마의 중앙집권화를 진행해 왔다. 라너는 감독제도의 개념을 탐구하고서 로마의 우위성을 거부하지 않으면서도 감독제도의 집단 지도 체제적 성격을 강조했다. 교회가 진정으로 보편성을 가질 수 있는 방법을 모색했다. 로마와 서유럽의 관점을 진리의 기준으로 고집하지 않고 각각의 문화에 적응해 나갈 수 있는 길을 모색했다. 그의 보편성과 집단성에 대한 견해는 감독제도뿐만 아니라 예배의식에서의 모국어 사용, 다양한 문화와 상황에 맞춘 전례의 적용 등에 관한 공의회 결정의 이론적 근거를 제공했다. 신학과 일반 학문의 신중한 조합, 교회 전통의 재해석, 그리고 신학에 새로운 질문을 제기하는 개방적인 태도를 유지했다. 이 태도는 라틴아메리카의 해방신학의 모델이 되었다

[3] Karl Rahner, *The Need and the Blessing of Prayer*, trans. by Bruce W. Gillette, (Collegeville, MN: Liturgical Press 1997). 라너가 1946년 사순절 동안 독일 뮌헨의 성미카엘교회에서 행한 설교 모음집이다. 이 작품은 인간을 본질적으로 기도하도록 부름 받은 존재로 규정하면서, 기도를 인간 존재의 행위, 곧 위대한 종교적 행위로 강조한다. 라너의 기도신학은 사람들에게 매일 기도하라, 순간의 소망이나 기분에 관계없이 기도하라고 권한다. 하나님이 우리 삶의 중심에 거할 수 있도록 우리 자신을 하나님께 내어드리도록 도전한다.

새로운 이론과 방법이 필요하다고 한다. 모든 학문 분야의 전문 지식이 점점 증가하고 심화하고 있으므로 이것들을 하나로 종합하는 것이 필요하다고 한다.

2. 하나님의 보편적 은총

현대 자유주의 신학 추종자들은 칸트의 인식론의 영향을 받아 경험이나 검증이 불가한 어느 것도 인정하지 않으려 한다. 예수 그리스도가 하나님과 인간 사이의 유일한 중보자라고 하는 구원 교리를 거부한다. 역사적인 기독교 구원론에 도전한다. 그리스도를 단순한 인간으로 격하시키는 종교 상대주의의 길을 따른다.[4] 각 종교가 동일동가이며, 모두 하나의 신적 원천에서 비롯되었다고 이해한다. 신적 목표를 향해 나아가는 인간 정신의 투쟁이 서로 다른 문화 안에서 다르게 표출되었다고 본다.[5]

라너의 '익명의 그리스도인' 이론의 핵심은 하나님의 은혜가 보편적으로 누구에게나 미친다는 것이다. 도덕적으로 올바르며, 신성에 대한 이해를 가지고 살아가는 사람은 누구나 '익명의 그리스도인'이라는 것이다. 비록 개인 각자가 명시적으로 그리스도인이라고 고백하지 않고 인식하지 않더라도 그리스도의 은혜에 참여한다고 한다.

라너는 하나님의 보편적인 구원 의지를 존중하고, 그리스도의 보편성을 강조한다.[6] 만인이 누구나 하나님의 자녀이며, 객관적으로 구속받은 초자연적 실존이라고 한다. 모든 비그리스도인들이 초월적으로 그리고 궁극적으로 로마가톨릭교회에 속한다고 한다.

유럽 중세교회는 자연과 은총에 대한 논의에 진력했다. 라너는 자신의 만인보편구원주의 구도를 도입하여 이를 설명한다. 은총은 자연을 전제로 한다. 은총은 자연을 파괴하지 않고 은총 자체로 그것을 완성시킨다. 신의 자유롭고 은혜로운 자기 전달은 그것을 알릴 수 있고 또 받아들일 수 있는 피조물을 전제로 한다. 인간은 하나님이 인간에게로 향하는 계시를 인지하고 그것을 받아들일 수 있는 내적 가능성을 지니고 있다. 하나님은 무한하고, 불가해 하고, 은밀한 분이다. 인간은 "하나님 곧 무한한 존재를 향해 열려 있는 존재"[7]이며, 신의 불가해한 비밀에 자기 자신을 내어줄 때 비로소 자기 자신에 이르게 되는 존재라고 한다.

라너는 내적인 것과 외적인 것, 익명의 것과 현시(顯示)의 것을 나누고 상호 관련시켜 자신의 이론을 설명한다. 인간은 자신의 초월적 경험 속에서 언제나 하나님의 은총을 경험한다. 인간의 자기 초월은 그리스도 안에서 이루어진 하나님의 자기 전달을 거쳐 진정으로 완성되고 실현된다. 그리스도 안에서 모든 인간들에게 이룬 하나님의 자기 전달은 창조를 완성시킨다고 한다.

라너는 성령 하나님이 자연 종교들 안에도 역사한다면서, 타종교인들을 기독교의 길을 준비하는 선(先) 그리스도인(pre-Christian)이라고 칭한다. 예수 그리스도의 복음을 받아들일 준비 역할을 하는 자들이라는 뜻이다. 그는 각 종교의 창시자들을 '그리스도,' '그리스도

---

[4]Harold Coward, *Pluralism: Challenge to World Religions* (Maryknoll, NY: Orbis Books, 1985), 45.

[5]Harold Coward, 25.

[6]Harold Coward, 53.

[7]Karl Rahner, *Theological Investigations: Writings of 1965-1967*, vol. 4 (New York: Seabury Press, 1973), 113-117. 참고, 이찬수, "칼 라너의 종교신학," 『사목』, 제182호 (1994.3.), 99.

의 선구자,' '예언자'라고 일컫는다. 로마가톨릭교회를 향하여 그 교회 밖의 익명의 그리스도인들을 인정하고, 그들에게 각 종교가 발견한 진리들과 쌓아올린 가치들을 신장시키는 역할을 하라고 한다.

라너에 따르면, 그리스도인 됨은 진정한 인간 됨이다. 언제나 참된 인간으로 살아가는 사람은 익명의 그리스도인이다. 자신의 존재를 인식하는 인간은 자신이 인지하든 하지 못하든 그리스도인이다. 자기 자신에 대한 이와 같은 긍정을 거쳐 인간은 이미 신의 계시를 받아들인 셈이다. 계시는 그 사람 안에서 증언하고 있다.

라너는 이 같은 유형의 '초월신학' 이론을 전개하면서 하나님과 인간의 원천적인 연결성을 강조하고, 전 인류의 보편적인 구원 가능성을 주창한다. 하나님은 인간을 사랑하여 자기를 인간에게 내어 주었고, 하나님을 받아 모신 인간은 신적인 본성으로 성화, 곧 신화(神化, deification)가 이루어져 있다고 한다. 인간은 누구나 존재론적으로 하나님의 자녀라고 한다.[8]

라너는 이처럼 기독교 구원의 보편성을 정당화 한다. 그리스도인과 비그리스도인, 기독교와 타종교를 '그리스도교성'과 동일한 평면에 세운다. 그러면서도 로마가톨릭 신학자답게, 교회 소속성과 상이한 등급을 강조하여 로마가톨릭교회의 고유성을 보존하려고 한다.[9] 교회 중심주의를 유지하면서 타종교가 그리스도의 보편적인 교회, 곧 로마가톨릭교회로 수렴되는 것으로 본다.

라너의 익명의 기독교인 이론의 대전제는 순종적 가능태(順從的 可能態, potentia oboedientialis)이다. 이 이론의 목적은 인간의 역사적 실존이 원천적으로 초자연적이라는 점을 현대인들에게 제시하는 것이다. 라너는 신(神)을 전제하지 않고 세계를 해설하거나, 인간이 종교 없이도 살아갈 수 있다는 생각을 거부한다. 계몽주의 영향을 받은 지성인들이 표상으로 여기는 세속주의 문명을 반대한다.

3. 익명의 그리스도인 이론

라너의 '익명의 그리스도인' 이론은 영역 판 『신학탐구: 제2차바티칸공의회』 제6권(*Theological Investigations, 1973*)[10]과 『기독교 신앙의 기초』(*Foundations of Christian Faith, 1982*)[11]에 수록되어 있다. 이 작품들은 로마가톨릭교회가 하나님의 은혜와 구원을 중재하는 방법을 논한다. 어떻게 하나님의 은혜가 모든 사람, 심지어 교회 밖에 있는 사람에게도 보편적으로 주어지는가를 다룬다.

아래는 라너의 『기독교 신앙의 기초』에 실린 '익명의 그리스도인 이론'(pp. 396-417)의 요지이다.

인간 존재의 밑바탕에는 신을 향하는 절대 초월이 본질로 자리 잡고 있다. 자기 자신을 유한자(有限者)로 의식하고 인식하는 것에서부터 인간은 신이라는 절대지평(絶對地平)을 배경으로 사유하고, 그 지평을 토대삼아 살아간다. 진리를 탐구하는 인식과 사랑에서 우러난 모든 행위에서 인간은 신을 공지(共知)한다.

비그리스도인들에게 '익명의 그리스도인'이라는 칭호를 부여할 수 있는 조건은 두 가지이다. 하나는 "하나님의 일반적 구원 의지"이고,

---

[8]Karl Rahner, *Theological Investigations: Writings of 1965-1967*, vol. 4, p.117.

[9]심상태, 『익명의 그리스도인』 (서울: 바오로딸, 1985), 184-185.

[10]Karl Rahner, *Theological Investigations*, 6: *Concerning Vatican Council II* (New York: Seabury Press, 1973).

[11]Karl Rahner, *Foundations of Christian Faith: An Introduction to the Idea of Christianity* (Grundkurs des Glaubens), (New York: Publish Drive, 1978, 1982).

다른 하나는 "그리스도에 대한 신앙을 받아들여야 구원을 받을 수 있다"는 진리이다. 올바른 삶을 영위하려고 노력하는 타종교인들, 비종교인, 심지어 무신론자들은 '익명의 그리스도인'이다. '익명의 그리스도교'가 존재하는 셈이다.

익명의 그리스도인들은 누구나 구원에 필요한 초자연적 신앙을 가지고 있다. 하나님은 언제나 누구에게나 당신 자신을 인간에게 전달하며, 계시를 내리며, 항상 은총을 베푼다. 하나님은 만인을 구원하겠다는 일반적·보편적 구원 의지를 가지고 있다. 이 구원 의지에 따라 애초부터 자신을 인간에게 전달하고 계시한다.

하나님의 '자기 전달'(계시)은 자신의 은총이다. 인간의 역사는 단일의 인류사이며, 그리스도의 사건을 관통한다. 인간은 원래부터 하나님의 은총에 에워싸인 존재이다. 존재론적으로 하나님의 은총으로 이미 높여져 있다. 인간의 모든 인식과 의지작용은 초자연적이다. 그러므로 명시적으로 그리스도 신앙을 고백하지 않는 자들에게 '익명의 그리스도인'이라는 칭호를 붙이는 것이 가능하다.

로마가톨릭교회의 구원론에 따르면, 인간의 구원은 지상 생활에서 창조되지 않은 은총(gratia increata), 곧 하나님의 자기 전달(Selbstmitteilung Gottes) 또는 하나님의 자기 계시를 소유함으로써 이루어진다. 이 창조되지 않은 은총은 인간이 천상의 영광과 지복직관(至福直觀, visio beatifica)을 누릴 수 있는 존재론적 전제이다.

하나님의 은총의 본질은 하나님의 자기 전달(계시)이다. 인간은 본질적으로 지복직관을 향하는 자연적 열망, 곧 타고난 열망(desiderium naturale in visionem beatificam)을 지니고 있다.

하나님의 자기 전달(자기 계시)과 그 하나님을 지향하는 인간의 자기 초월 사이에는 선험적인 초자연적 관계가 설정되어 있다. 인간의 본질이 하나님 지향적 초월이라면 인간은 애당초 실존적으로 신의 은총을 입고 있다. 신화(神化, deification)가 이루어진 상태이다.

인간은 일면 초자연적 실존이다. 모든 인간이 존재론적으로 신의 은총을 입고 있는 처지에 있다. 은총을 입고 있는 이 처지는 구원에 필요한 초월적 하나님 신앙(神信仰)을 전제하고 있다.

'익명의 그리스도인'은 한편으로는 의화(義化), 곧 칭의와 은총의 상태에 있지만, 다른 한편으로는 아직 복음의 명시적 메시지와 접촉하지 않았다. 그러한 탓으로 스스로 '그리스도인'이라고 부를 수 있는 상태에 있지 않다.

인간은 초역사적 존재이다. 역사적으로 구원 조건이 충족되어 있는 존재이다. 인간은 스스로 신앙 표명을 하기에 앞서 하나님이 준 초자연적 실존 덕분에 세례를 받지 않은 상태에서도 구원에 필요한 초자연적 신앙 행위를 성취할 수 있는 가능성을 지니고 산다. 그러므로 예수를 믿고 세례를 받은 기독교인과 믿지 않고 세례 받지 않은 '익명의 그리스도인'의 실존은 근본적으로 동일하다.

신학적 인간학의 출발점은 하나님의 일반적 구원 의지이다. 하나님은 참으로 모든 인간의 구원을 원한다. 그렇다면 그분의 구원 의지는 애초부터 전 인류를 포괄하고 있어야 하고, 전 인류 안에 스며들어 있어야 한다.

하나님의 일반적 구원 의지라는 명제와 '구원을 받으려면 그리스도의 신앙이 필요하다'는 두 명제는 충돌하는 것처럼 보인다. 그러나 이 긴장은 인류가 단일 역사의 구성원이며, 그리스도의 성육신이라는 역사적 사건을 거쳐 이미 축성(祝聖)을 받은 하나님의 백성이라는 이유로 없어진다.

로마가톨릭교회는 인류가 구원을 받으려면 로마가톨릭교회에 소속되어야 한다고 한다. 하나님은 만인을 구원하려고 사람이 로마가톨릭교회에 소속되어야 할 필요성을 상황에 따라 함축적으로 대체할 수 있도록 했다. 인류의 역사는 약 200만 년이며, 기독교의 역사는 약 2천 년의 짧은 역사를 지니고 있다. 기독교 신자는 소수이다. 하나님께서 나머지 다수의 인류를 버려둘 까닭이 없다.

하나님은 인간에게 자기를 전달(계시)한다. 그러므로 종교는 "인간 자신의 본질 기반, 실존 기반, 의미 기반에 근거한 인간의 관계"이다. 개별 인간의 모든 언행, 전적이고 실존적인 투신이 이 관계 아래에서 이루어진다. 인간의 모든 언행은 이미 종교적이며, 종교는 인간의 내적 본질에 속한다. 인간이 자기가 처한 역사적 시점에서 자기가 신봉하는 종교를 거쳐 신의 은총의 수혜자가 되고 있음을 부인할 수 없다.

'창조되지 않은 은총'은 인간의 본성과 결부되어 있다. 현대인은 자연과 은총이라는 이질적인 두 요소의 길항적(拮抗的, antagonistic) 관계에 있다. 길항작용은 생명체 안에서 두 개의 요인이 동시에 작용할 때 서로 그 효과를 상쇄함을 일컫는다.

하나님은 자기 전달, 곧 은총과 계시 안에서 창조된 선물(gratia creata)을 전달하는 데 그치지 않는다. 바로 하나님 자신을 피조물에게 전달(계시)한다. 당신 자신이 인간의 내적 존재론적 실재가 되며 목표가 된다. 세례 받지 않은 사람, 타종교인, 하나님을 불신하는 자연인도 하나님의 이러한 일반적 구원 의지에 따라 구원에서 제외되지 않는다. 모든 사람은 애당초부터 이 은총 안에 있다.

인간이 현실적으로 하나님을 인식하고 의식적으로 그 분을 사랑하며 수용하는 것과 무관하게 신의 은총은 이 세계에 주어져 있다. 모든 인간에게 하나님의 은총, 신의 자기 전달(자기 계시)을 받아들일 내재적 가능성, 곧 순종적 가능태(potentia oboedientialis)가 원래부터 주어져 있다.

성육신의 신비는 하나님의 자기 전달(자기 계시)이며 자기 외현(外顯)이다. 절대자는 스스로 타자적인 것과 인성을 취하는 것 그리고 유한한 존재가 될 수 있는 가능성을 소유하고 있다.

예수 그리스도의 성육신 사건은 세계사와 인류사의 절대적이며 지고한 절정이다. 세계에서 발생하는 모든 사건은 이 그리스도의 성육신 사건과 관련을 맺고 있다. 로고스의 성육신은 하나님의 지고한 창조 행위이다. 모든 인간에게 제공된 신의 은총이다.

성육신 사건 이후의 세계 질서는 '그리스도적'이다. 세례 받지 않은 사람도 하나님의 일반적 구원 의지에 따라 '그리스도적'으로 규정된 초자연적 질서의 일부이다. 세례 받지 않은 사람이 이를 원하거나 원치 않거나 상관없이, 그들의 삶도 애당초부터 예수 그리스도의 성육신 사건의 초자연적 공간 속에서 이루어진다.

세상 창조와 성육신 사건은 인류의 구속을 위한 하나님의 '자기 전달'(자기 계시)의 위대한 역사(役事)이다. 인류 전체는 로고스의 성육신으로 말미암아 구속(救贖)을 받았다. 성육신을 거쳐 이루어지는 인류의 구속은 그 사건 이후에 성취해야 할 과제가 아니라 모든 시대 모든 인간들을 위한 종말론적 기본으로 남김없이 주어져 있다.

만인은 객관적으로 구속을 받은 초자연적 실존이다. 인간은 예수 그리스도의 죽음을 통한 구속에 입각하여 주관적으로 신앙 입장을 표명하기 이전에 이미 단순한 피조물이나 단순한 죄인과는 다른 존재이다. 인간은 실존적 입장 표명에 앞서 하나님이 부여한 초자연적 실존이다. 그러므로 세례를 받지 않은 사람, 타종교인, 하나님과 무관하게 사는 사람도 신의 구원에 필요한 초자연적 신앙행위를 성취할 수 있는 가능성을 지니고 있다.

4. 힌두교인, 무슬림, 불자는 그리스도인인가?

라너의 만인보편구원주의는 초월적 그리스도론에 입각해 있다. 그의 사상은 세속주의와 현대성에 부합하지만, 하나님의 특별계시 진리에는 부합하지 않는다. 그의 이론은 모든 인간이 하나님의 초자연적인 은총 안에 있다는 전제 위에 구축되었다. 기독교의 구원과 타종교의 구원을 연계시킨다. 기독교의 구원과 비기독교의 구원을 같은 것으로 본다. 하나님의 구원을 기독교에 제한하지 않으며, 그것이 기독교인에게만 주어지는 것이 아니라고 한다.

라너의 종교다원주의 이론의 독특성은 타종교들도 예수 그리스도 때문에 하나님이 자유롭게 제공하는 선물인 초자연적인 은총의 요소를 가지고 있다는 것이다. 타종교인들이 알든지 모르든지 간에 그들은 예수 그리스도 덕분에 구원을 받는다고 한다. 타종교들 안에도 하나님의 구원이 있다는 것이다. 모든 사람이 예수 그리스도 덕분에, 각기 자기 나름의 구원을 받는다고 한다. 그래서 라너는 타종교인을 '그리스도인'이라고 일컫는다.

라너에 따르면, 불자, 무슬림, 힌두교인, 유대교인도 그리스도인(기독교인)이다. 무당도 그리스도인이고, 아프리카의 토속 종교인도 그리스도인이다. 남해안 바닷가에서 용왕 신을 섬기는 무속인, 절간 모퉁이 산신각에서 기도하는 토속 신앙인도 그리스도인이다. 종교성을 가지고 종교 행위를 하는 이 땅의 모든 사람들은 다 그리스도인이다.

라너는 인류 구성원 모두가 중보자 그리스도를 거쳐 구원을 받는 그리스도인이라고 한다. 다른 종교의 신앙인들을 '타종교인'이라고 일컬음이 부당하다고 한다. 모든 종교인은 각 종교의 '익명의 그리스도'를 따르는 신앙인이므로 '익명의 그리스도인'이라고 함이 마땅하다고 한다.

라너는 갠지스 강변에서 날마다 죄를 씻으려고 몸을 씻는 힌두교인들, 나라의 중요한 곳마다 세워진 헤아릴 수 없이 많은 신전들에서 신들을 숭배하는 인도인들은 모두 다 그리스도인이라고 한다.

라너에 따르면, 한국 불교의 고승, 학승, 선승, 동자승, 행자승도 그리스도인이다. 날마다 사우디아라비아의 메카를 향해 절을 하고 엎드려 기도하는 무슬림도 그리스도인이다. 뉴욕의 9.11 테러 사건(2001)의 주모자들도 그리스도인이다. 신나게 작두를 타는 한국의 무녀와 아프리카의 토속 종교인도 모두 '익명의 그리스도'를 믿는 '익명의 그리스도인'이다.

라너의 하나님은 마음씨 좋은 아저씨와 같다. 기독교라는 종교의 범주를 넘어서는 아주 크고 위대한 분이다. 따라서 하나님의 구원은 기독교에 제한되지 않는다. 하나님의 구원에 제한을 둘 수 없다. 그래서 라너는 하나님이 구원의 보편적 가능성을 창조된 인간 안에 이미 존재론적으로 부여해 놓았다고 한다.

라너의 '익명의 그리스도인' 이론이 의도하는 것은 만인보편구원주의이다. 하나님의 보편적 사랑과 만인보편구원론을 연결시켜, 인류 구성원은 누구나 구원받는다고 한다. 라너는 십자가에 달린 예수를 '익명의 우주적 그리스도,' '보편적 구원자'로 변형시켜 결국 예수 그리스도의 구원 유일성 진리를 부정한다.

만약 불교 사찰의 고승에게 "그리스도인이신 아무개 선사님 대단히 반갑습니다"라고 말하면 그는 어떤 반응을 보일까? 타종교인에게 '그리스도인'이라는 명찰을 붙이면 그들은 이를 환영할까? "무례하오. 함부로 그리스도인이라는 이름을 붙이지 마시오. 나는 불자요,

견성성불(見性成佛)을 원하는 승려요”라고 반응하지 않을까?

라너는 비그리스도인들의 반응, 이해, 감정에 개의치 않고서 모든 타종교인을 그리스도인이라고 한다. 기독교를 적대시하는 종교인에게 그리스도인(기독교인)이라는 딱지를 함부로 붙인다.

라너는 그리스도를 거쳐 주어지는 하나님의 은혜와 특별 은총을 하나님의 보편적 은총 안에 용해시킨다. 성경이 제시하는 십자가에 달린 그리스도를 ‘익명의 그리스도’와 ‘보편적 그리스도’로 변형시킨다. 그리스도의 구속 사역을 타종교인들에게도 주어지는 하나님의 보편 은총으로 격하시킨다. 하나님의 특별 은총을 일반 은총으로 교체한다.

로마가톨릭교회 신학자 한스 큉(Hans Küng)은 라너의 ‘익명의 그리스도론’과 ‘익명의 그리스도인 이론’을 ‘신학적 기만’이라고 혹평한다. 그리스도의 역사성은 전부 어디로 갔느냐고 질타한다. 라너의 접근방법을 일종의 반전법이라고 평한다. 큉은 어느 글에서 이를 다음과 같이 지적한다.

> 그러므로 실제로 다음과 같이 말할 수 있다. 교회 밖에는 구원이 없다. 하지만 만약 우리가 ‘밖에는,’ ‘없다,’ ‘교회,’ ‘구원’ 등 모든 개념들을 마구 섞으면 결국엔 정반대의 말도 할 수 있게 된다. 곧 교회 밖에도 구원이 있으며, 예수 그리스도 밖에도 구원이 있다는 말이다. 구원받는 자들은 모두 익명의 그리스도인들이 아니다. 라너는 이들이 모두 당연히 익명의 로마가톨릭교회 교인들이라고는 감히 말하지 않는다. 로마가톨릭교회 사제의 신분을 포기할 각오를 하지 않는 한 이렇게까지 까놓고 말하는 것은 불가능하다.

큉은 라너의 ‘익명의 그리스도인’ 개념이 ‘교회 밖에는 구원이 없다'는 전통적인 로마가톨릭 교리의 의미를 확장시키며, 이를 거쳐 교회 밖 사람들의 구원 가능성을 열어두지만, 동시에 그 개념이 모호하고 위험하게 해석될 여지가 있는 점을 지적한다. 표현상으로는 전통적 교리를 유지하는 듯하지만, 실제 내용은 정반대의 입장, 곧 교회 밖, 예수 그리스도 밖에서도 구원이 가능함을 용인한다고 한다. 이는 로마가톨릭의 교회 중심의 구원론에 대한 심대한 도전이라고 한다.

5. 로마가톨릭교회의 종교다원주의

로마가톨릭교회 제2차 바티칸공의회(1962-1965) 문서 "교회헌장," "우리시대: 비그리스도교 선언," "주님이신 예수님"은 교황의 교회만이 구원의 길이라고 말하면서도 동시에 양심을 따라 살고 신의 뜻을 따라 사는 자는 누구나 구원을 받는다고 한다. 이것이 라너의 '익명의 그리스도인' 이론의 핵심이다. 로마가톨릭교회는 라너의 영향 아래서 종교다원주의를 받아들였다.

"교회헌장"은 교황이 지배하는 교회를 구원의 조건으로 제시한다. 하나님의 인간 구원과 로마가톨릭교회를 일치시키고 등식화한다. 로마가톨릭교회 신자라야만 하나님께서 베푸는 구원을 받을 수 있다고 한다. 그리스도께서 당신의 몸인 교회, 유일한 교회인 로마가톨릭교회 안에서 인간과 함께 하기 때문이라고 한다.

"교회헌장"은 "다른 한편, … 자기 탓이 아닌 까닭으로 로마가톨릭교회 구성원이 되지 못한 사람들도 영원한 구원을 받을 수 있다"[12]고

---

[12]"교회헌장," 『제2차 바티칸공의회 문헌』 (서울: 한국천주교중앙협의회, 2007), 제14항.

선언한다. 하나님이 만인에게 생명과 호흡과 모든 것을 준다고 한다. 우리의 구세주가 모든 사람이 다 구원받기를 바란다고 한다. 아직 하나님을 분명히 알지 못하지만 하나님의 은총으로 바른 생활을 하려고 노력하는 사람들에게 하나님은 구원에 필요한 도움을 거절하지 않는다고 한다. "로마가톨릭교회는 타종교인들이 가진 좋은 것 참된 것은 무엇이든지 다 복음의 준비로 여긴다. 그것들은 모든 사람이 마침내 생명을 얻도록 빛을 비추시는 분께서 주신 것들이다."[13] 타종교 안에도 많은 좋은 것들이 있고 그 좋은 것들은 모든 사람을 마침내 생명을 얻도록 빛을 비추는 하나님께서 주신 것들이라고 한다.

"교회헌장"은 예수 그리스도의 복음을 받아들이지 않는 사람들도 구원을 받을 수 있다고 선언한다.[14] 진실한 마음으로 하나님을 찾고 양심의 명령을 따라 신의 뜻을 실천하려고 노력하는 사람은 구원을 받을 수 있다고 한다. 자기가 믿는 신의 뜻을 실천하려고 노력하는 사람은 구원을 받을 수 있다는 것이다. 하나님은 하나님을 분명하게 알지 못하지만 바른 생활을 하려고 노력하는 자에게 구원에 필요한 도움을 거절하지 않는다고 한다.

만인보편구원주의는 모든 인류 구성원이 그리스도 덕분에 다 구원을 받는다는 이론이다. 모든 인류 구성원이 하나님의 사랑의 대상이며, 예수 그리스도가 십자가에 못 박혀 돌아가신 목적은 모든 인류 구성원에 필요한 희생의 대가를 치른 것이라는 뜻이다. 예수를 믿든지 믿지 않든지 다 구원을 받는다고 한다.

로마가톨릭교회는 양심을 따라 사는 자는 다 구원을 받는다고 한다. "진실한 마음으로 하나님을 찾고 양심을 따라 알게 된 하나님의 뜻을 은총의 영향 아래서 실천하려고 노력하는 사람은 누구나 다 구원을 받는다"[15]고 한다. 예수 그리스도를 알지 못하는 자들이 하나님의 구원을 받을 수 있는 것은 하나님의 은총의 힘이 양심을 따라 사는 자들에게 작용하기 때문이라고 한다.

"교회헌장"은 구원을 받을 수 없는 세 부류의 사람을 언급한다. 첫째, 살인자 같은 무도한 악행을 한 죄인이다. 둘째, 로마가톨릭교회 신도였다가 이 교회를 떠난 사람이다. 셋째, 로마가톨릭교회가 무엇인지 알면서도 그 교회의 일원이기를 거부하는 사람이다. 로마가톨릭교회가 하나님의 구원의 방주라는 사실을 아는 자들, 예컨대 프로테스탄트 교회의 신학자들과 이 교회의 회원 되기를 거부하는 사람은 구원을 받을 수 없다고 한다.

"우리시대: 비그리스도교 선언"은 "예수 밖에도 하나님의 구원이 있다"[16]고 선언한다. 하나님이 모든 민족의 기원이며 그 분의 섭리와 구원 계획은 모든 사람에게 미친다. 무슬림과 유대인들도 구원을 받는다. 예수 그리스도 없이도 하나님의 구원을 받을 수 있는 까닭은 무엇인가? 무슬림은 살아있고 영원하며 자비롭고 전능한 하나님, 하늘과 땅의 창조주이고, 사람들에게 말씀하는 유일신을 믿기 때문이다. 무슬림이 예수를 흠숭하는 마음으로 예언자로 받아들이며 또 마리아를 공경하기 때문이라고 한다.

그리고 유대인들이 예수 없이 구원을 받을 수 있다고 한다. 유대인들은 하나님의 신비로운 구원 계획에 따라 구원을 받는다. 조상 아브라함 덕택에 여전히 하나님의 사랑을 받고 있다. 하나님의 은혜 베풂

---

[13]"교회헌장," 제16항.

[14]"교회헌장," 제16항.

[15]"교회헌장,"『제2차 바티칸공의회 문헌』(서울: 한국천주교중앙협의회, 2007).

[16]"비그리스도교 선언,"『제2차 바티칸공의회 문헌』(서울: 한국천주교중앙협의회, 2007), 제1항.

과 소명은 철회될 수 없는 것이기 때문이라고 한다.[17]

위 문서에 따르면, 유대인들은 예수 그리스도를 믿을 필요가 없다. 바울 사도가 유대인들에게 전심전력하여 복음을 전하고, 부지런히 예수 십자가의 도리를 전하는 것은 의미 없는 일이다. 바울은 주로 유대인 디아스포라들을 찾아다니면서 유대인 회당에서 구약성경을 근거로 예수가 그리스도이며 유일의 구원자라는 복음을 전했다. 로마가톨릭교회에 따르면, 유대인을 대상으로 한 바울의 복음전도는 무의미하다. 예수 그리스도에 대한 믿음은 하나님의 구원의 필요 조건이 아니기 때문이다.[18]

로마가톨릭교회 제2차 바티칸공의회는 예수를 알지 못하고도, 예수를 믿지 않아도 구원을 받을 수 있는 또 다른 부류가 있다고 한다. 단순 무지 또는 불가피한 무지 때문에 로마가톨릭교회를 알지 못한 사람은 구원을 받는다고 한다.

바티칸은 로마가톨릭교회를 구원의 조건으로 여긴다. 로마가톨릭교회는 이 조건을 갖추지 못한 프로테스탄트 신자들이 구원을 받는다고 생각하는가? 장로교인, 감리교인, 침례교인, 오순절파 신도, 독립교회 신자가 구원을 받을 수 있다고 보는가? 불가피한 상황 때문에 로마가톨릭교회가 무엇인지 알지 못하는 프로테스탄트는 구원을 받는다. 로마가톨릭교회가 무엇인지 알면서도 그 교회의 일원이기를 거부하는 자는 구원을 받을 수 없다고 한다.

"주님이신 예수님"[19] 제12항은 타종교 추종자들도 하나님의 은총을 받을 수 있다고 한다. 힌두교, 이슬람, 불교, 도교, 신도교의 신자와 아프리카 토속 종교인과 한국의 무속인도 예수 없이 구원을 받을 수 있다. 예수를 믿지 않는 자연인과 타종교인은 구원을 받을 수 있다고 한다. 하나님의 은총 아래 있기 때문이라고 한다.

그리고 유대인과 무슬림은 예수 없이도 구원을 받는다고 한다. 아브라함의 신앙을 간직하고 있기 때문이다. 어둠과 그림자 속에서 미지의 신을 찾고 있는 사람들은 다 구원을 받는다. 진실한 믿음으로 신을 찾는 사람들은 구원을 받는다. 그리고 유대교와 기독교의 하나님만이 아니라 각각 자기들의 신을 찾는 사람은 구원을 받는다. 양심의 명령을 따라 살고, 신의 뜻을 실천하려고 노력하는 사람들은 구원을 받는다. 바른생활을 하려고 노력하는 사람은 구원을 받는다. 착하게 살고 올바르게 사는 사람은 그들 자신의 의로 구원을 받는다고 한다.

맺음말: 교황신드롬

여러 해 전, 필자는 서울 근교 안양역 입구에서 몇 명의 여인들이 나눠주는 전도지를 받아 읽었다. 그 지역의 어느 천주교회 신도들이 자기 교회를 소개하고 초대하는 내용이었다. 필자는 그 전도자들이 행인들을 인근 불교 사찰로 안내하면서 '성불하십시오'라고 말해 주는 모습을 머리에 떠올려 보았다. 그렇게 했으면 그들은 자비 가득한 천주교회—로마가톨릭교회의 신학에 충실한 신자라는 칭찬을 들었을 것이다.

교황 프란치스코가 한국을 방문하던 시기에, 필자는 로마가톨릭교회와 프로테스탄트교회의 교리 차이를 밝히는 10편의 학술 에세이를

---

[17]"비그리스교 선언," 제3항.
[18]"비그리스교 선언," 제4항.
[19]"주님이신 예수님," 『제2차 바티칸공의회 문헌』 (서울: 한국천주교중앙협의회, 2007), 제12항.

온라인 신학저널 『리포르만다』에 게시하고, 그것들을 엮어 『교황 신드롬』(2014)이라는 책으로 출간했다.

로마가톨릭교회제2차 바티칸공의회가 종교다원주의를 표방한다는 것을 밝힌 필자의 글에 어느 로마가톨릭 사제가 흥미로운 댓글을 달았다. 종로역에서 전철을 타고 서쪽 방향의 영등포역에 가려면 겨우 몇 정거장 가면 도착할 수 있다. 목적지는 영등포역이다. 종로에서 동쪽 방향의 청량리로 가면 청량리, 강릉, 동해안, 태평양, 뉴욕, 미국, 대서양, 유럽, 중국, 인천을 거쳐 영등포역에 도착할 수 있다. 지구를 한 바퀴 돌기는 하지만 결국 종착지에 도착할 수 있다고 했다. 기독교는 구원의 첩경이고, 타종교는 둘러가는 둘레길이라는 의미였다. 모든 종교가 궁극적으로 다 구원의 길이라는 것이었다.

라너는 타종교인에도 하나님의 구원이 주어진다고 한다. '하나님의 일반적 구원 의지'라는 명제와 '구원 받으려면 그리스도의 신앙이 필요하다'는 두 명제는 충돌하는 것처럼 보이지만, 이 긴장은 인류가 단일 역사의 구성원이며, 그리스도의 성육신이라는 역사적 사건을 거쳐 이미 축성(祝聖)을 받은 하나님의 백성이라는 이유로 모두 없어졌다고 한다.

라너의 영향을 받은 제2차 바티칸공의회의 종교다원주의 선언은 자유주의 신학 전통을 따르는 프로테스탄트 신학자들에게 부담을 주었다. WCC는 1968년에 종교 간의 대화 연구를 시작했고, 1971년에 종교대화국을 만들었으며, 종교다원주의자를 몽학선생, 곧 유급 전임 신학자로 모셨다. 1977년에 종교다원주의 개념을 담은 종교 간의 대화 지침을 작성했고, 1979년에 이를 출간했다. 그리고 1990년에 종교다원주의 문서 "바아르선언문"(1990)을 발표했다. 2006년에는 "종교다원주의와 기독교인의 자아정체성"이라는 종교다원주의 신앙고백문을 공표했다. WCC 제0차 총회(부산, 2013)가 발표한 선교전도 선언서도 하나님의 구원의 은총에 제한이 없다고 선언한다. 라너의 종교다원주의 신학은 이모저모로 WCC 종교다원주의 신앙고백에 일조했다

라너는 기독교계의 종교다원주의의 물꼬를 튼 로마가톨릭교회 신학자이다. 종교다원주의자라기보다는 포용주의자, 포괄주의자(Inclusivist)에 가깝다. 라너는 모든 종교가 동등하게 유효한 구원을 제공한다고 보는 '배타적 종교다원주의'에까지는 나아가지 않는다. 로마가톨릭교회를 갑으로, 타종교를 을로 설정한다. 로마를 중심축으로 삼고서 타종교를 포용, 포괄하는 견해를 취한다.

라너는 힌두교의 아드바이타 세계관의 영향을 받았는가? 라너가 '익명의 그리스도인' 이론에서 하나님의 은총이 기독교 신앙의 명시적 경계를 넘어 보편적으로 작용한다는 것과 힌두교의 궁극적 실재 브라만이 모든 존재 안에 내재한다고 보는 아드바이타 개념에는 유사성이 있다. 일부 학자들은 라너가 강조한 하나님에 대한 초월적 경험이 힌두교 브라만 개념과 맞닿아 있다고 지적한다.

그러나 라너는 여전히 그리스도 중심적(Christocentric) 종교다원주의 관점을 유지한다. 다만 명시적으로 그리스도를 인식하지 못하는 사람들도 결국 그리스도를 거쳐 구원을 받는다고 한다.

라너는 힌두교의 아드바이타 세계관을 명시적으로 언급하지 않는다. 종교 간 대화와 비교 신학에 깊은 관심을 가졌으며, 특히 기독교와 비기독교 전통의 관계를 탐구했다. 그는 신적 은총이 보편적으로 작용하며, 기독교 신앙을 명확히 받아들이지 않은 사람들도 구원에 이를 수 있다는 것을 강조한다. 이는 종교적 구분을 초월하는 힌두교의 보편적 실재 브라만의 개념과 비슷하다. 그러나 라너는 힌두교 사

상을 연구한 바 없고, 아드바이타—바이원성 사상을 자신의 종교다
원주의 사상에 반영하지 않는다.

라너의 "익명의 그리스도인" 이론과 만인보편구원주의는 힌두교
사상에 바탕을 둔 20세기 후반의 기독교계 종교다원주의 이론의 물
꼬를 틀었다. 라이문도 파니카, 존 힉, WCC의 종교다원주의 신학자
마다틸파람필 토마스, 스탠리 사마르타, 웨슬리 아리아라자 등은 하
나님의 은혜가 자신을 명시적으로 그리스도인이라고 고백하지 않는
사람과 타종교인에게도 확장되고 구원이 주어진다는 라너의 만인보
편구원주의 관점을 공유한다. WCC의 종교다원주의 몽학선생 사마
르타와 아리아라자는 라너의 포용주의 태도를 버린다. 모든 종교들
을 동일동가로 여기는 '배타적 종교다원주의' 견해를 취한다.

전술한 WCC 초대 사무총장 비셔트 후프트 박사는 이 단체 안에
서 강세를 보이는 종교통합주의와 종교혼합주의를 피하려고 대안으
로 예수 그리스도의 십자가의 유일회적 사건에 근거한 만인보편구원
주의를 주창했다. 그의 선택은 여우 피하려고 호랑이 굴로 들어가고,
호랑이를 피해 도망치다 이리 굴 속으로 들어가는 셈이다.

비셔트 후프트와 칼 라너는 포용주의 관점으로 만인보편구원주의
를 표방한다. 기독교를 갑, 타종교를 을로 설정한다. 아래에서 살펴
볼 WCC의 종교다원주의 신학자 스탠리 사마르타와 웨슬리 아리아
라자는 전술한 변선환 박사와 마찬가지로 배타적 종교다원주의 태도
로 만인보편구원주의를 표방한다. 모든 종교를 갑으로 설정한다. 이
러나저러나 모두 '하나님의 구원의 은총에는 제한이 없다,' '예수 밖
에도 구원이 있다'는 동일한 종착역에 도달한다.

14

파니카의 보편적 그리스도론

—로고스는 각 종교마다 그리스도로 나타난다—

1. 세계종교통합 에큐메니즘

로마가톨릭교회 사제 라이문도 파니카(Raimundo Panikkar, 1918-2010)는 인도인 종교다원주의자이다.[1] 일생 동안 세계종교 통합과 일치(Ecumenical Ecumenism)를 외치면서, 보편적 그리스도론(Universal Christology)을 주창했다.

파니카는 세상의 모든 종교가 공통의 근원과 원리, 곧 "근본적인 종교적 사실"(fact)을 가지고 있으며, 이것이 각 종교의 다양성으로 나타나며, 그 다양성 안에서만 인식될 수 있다고 한다. 그러므로 각 종교의 동등한 가치를 인정하고, 자기 종교 고유의 정체성을 유지하면서 다른 종교에게서 배우라고 한다.

파니카는 각 종교가 가진 영적 진리를 온전히 이해하려면 종교 간의 대화, 일치, 상호작용이 필수적이라고 한다. 종교 통합은 종교 간의 차이점을 서로 존중할 때 가능하다면서, 어느 종교도 타종교들에 대하여 최종성, 유일성, 절대 규범성을 주장하지 않아야 한다고 한다. 특정 종교가 신의 계시, 진리, 구원, 그리스도를 독점할 수 없다고 한다.

파니카는 세계종교통합이 그리스도론(기독론)을 둘러싼 긴장, 갈등, 진통을 거쳐야 작동될 수 있음을 인정한다. 종교다원주의자 존 힉과 폴 니터와 마찬가지로 '신' 중심적, 보편적, 비규범적 그리스도론을 제시한다. 종교적 다원성 시대가 보편적 그리스도론을 요구한다고 한다.

파니카가 말하는 '보편적 그리스도론'은 예수가 그리스도이지만, 각 종교마다 그리스도가 존재한다는 이론이다. 파니카의 종교다원주의는 보편적 그리스도와 역사적 예수 그리스도의 구분에서 시작한다. 자신이 주창하는 '보편적 그리스도론'이 전통적인 로고스나 지혜신학의 본질을 보존하면서도, 오늘날의 종교적 다원성 경험에 부합하는 그리스도 이해라고 한다.[2]

파니카의 '보편적 그리스도론'은 역사적 예수에 대한 질문에서 시작한다. 영원하고 보편적인 로고스와 그리스도는 나사렛 예수 안에서 성육했다. 그러나 성육신 사건이 예수 안에서만 최종적이고 결정적이며 규범적으로 이루어진 것은 아니다. 각 종교의 위대한 영적 지도자들도 모두 신성한 그리스도라고 한다.

파니카는 『힌두교의 알려지지 않은 그리스도』(*The Unknown Christ of Hinduism*, 1964, 초판)에서 '그리스도'와 마리아의 아들 예수의 동일성을 받아들이는 온전한 그리스도교 신앙에 대해 말한다. 그리스도교가 그리스도를 완전히 드러낸 모든 종교의 끝이며 충만이라고 한다.[3] 하나님의 계시가 예수 그리스도에게서 완성되었다고 한다.

그러나 17년 뒤, 같은 제목으로 출간한 책에서는 역사적 기독교 진리를 버리고 '보편적 그리스도론'을 천명한다. '그리스도'와 나사렛 예수의 동일성을 거부한다. 예수 그리스도가 유일의 그리스도라는 사실을 거부하며, 기독교가 모든 종교의 최종적 충만(fullness)이라고 하지 않는다. 그는 초판에서 예수와 그리스도를 동일시하며, 그리스도교 안에서 타종교들이 완성된다고 했다. 그러나 나중에 출판한 동일 제목의 책에서는 이를 부정한다.[4]

파니카는 '그리스도'가 특정 종교의 역사적 인물이 아니며 완전하고 최종적인 인물로 드러날 수 없다고 한다.

> 구원의 보편적 상징인 그리스도를 역사적 인물로 객관화하고 실체화할 수 없다. … 구원자 그리스도는 나사렛 예수라는 역사적 인물에 국한되지 않는다. … 그리스도인은 '예수가 그리스도이다'라고 믿지만, 이 말은 '그리스도가 예수이다'와 동일한 말이 아니다. … 그러므로 예수는 그리스도의 한 구체적이며 역사적인 이름일 뿐이다. 그리스도는 항상 '모든 이름 위에 있는 이름'(빌 2:9)이다.[5]

파니카는 예수에게 넘을 수 없는 한계가 있으며, 모든 종교에 신과 인간의 중재자인 '그리스도'가 존재한다고 한다. 다양한 그리스

---

[1]보편적 그리스도론의 '보편적'(Universal)이란 그리스도가 기독교에 국한되지 않고, 각 종교마다 널리 존재한다는 의미이다.

[2]Raimundo Panikkar, "The Category of Growth in Comparative Religion: A Critical Self Examination." *Harvard Theological Review* 66 (1973), 127.

[3]Raimundo Panikkar, *The Unknown Christ of Hinduism* (London: Darton, Longmann & Todd, 1964), 145; *The Trinity and the Religious Experience of Man* (Maryknoll: Orbis, 1973), 55.

[4]Raimundo Panikkar, *The Unknown Christ of Hinduism: Towards an Ecumenical Christophany* (Maryknoll: Orbis, 1981), 75-96.

[5]Raimundo Panikkar, *The Trinity and the Religious Experience of Man*, 53; Panikkar, *The Unknown Christ of Hinduism* (1981), 14, 27.

도의 존재와 역할을 존중한다. 보편적 그리스도, 우주신인적 사실 (cosmotheandric fact)은 특정 종교의 역사적 인물을 거쳐서만 실재하는 그리스도가 될 수 있으며, 반드시 구체적인 이름을 가져야 한다고 한다. "수많은 형태(form)로 나타날 수 있는 이 주(그리스도)는 나사렛 예수와 불가분 연결된 궁극적인 형태를 취한다"[6]고 한다.

파니카가 즐겨 사용하는 '우주신인적'(cosmotheandric)이라는 용어는 신과 인간과 우주(세상, 자연)가 비이원적으로 하나라는 힌두교의 아드바이타—비이원적 세계관을 의미한다. 모든 종교의 신과 각 종교의 그리스도가 궁극적으로 비원적인 하나라는 뜻이기도 하다.

파니카는 그리스도인이 예수를 개인적인 주와 그리스도로 고백하지만 실상 모든 종교에 저마다의 '그리스도'가 있다고 한다. 모든 이름 위에 있는 그 이름 그리스도는 여러 가지 역사적 이름인 라마, 크리슈나, 이스바라, 예수, 고타마 싯다르타 등으로 불릴 수 있다.[7] 나사렛 예수는 우주신인적 그리스도 가운데 한 명이다. 예수를 역사적으로 특별히 현현한 여러 명의 그리스도 가운데 한 명이라고 한다.

파니카는 WCC의 공식적인 직책을 맡지 않았지만 저서, 강연, 프로그램 참여 등으로 이 단체의 종교 간의 대화, 종교다원주의 신앙고백, 세계종교 에큐메니칼 운동에 이바지했다. 파니카의 종교다원주의는 WCC의 신학과 종교 간의 대화와 일치운동에 지속적으로 영향을 미쳤다. WCC의 회의, 세미나, 토론에 참여하여 동양과 서양의 영성, 종교 간의 상호 이해와 일치의 중요성에 대한 관점을 제공했다. 그는 아드바이타 세계관을 근거삼아 모든 종교의 평등성, 동일성, 구원 유효성 공유 이론을 구축했다. 이 사상은 WCC의 유급 전임 신학자 스탠리 사마르타와 웨슬리 아리아라자의 종교다원주의 사상에 영향을 미쳤고, 그 통로를 거쳐 WCC의 종교다원주의 신앙고백과 세계

종교 공동체들 간의 일치 흐름 조성에 이바지했다.

2. 기독교와 힌두교의 일치

파니카는 인도인 아버지의 종교 전통에 따라 처음에는 힌두교 신자였다가 스페인 출신 어머니의 종교 전통에 따라 로마가톨릭교회의 신자로 개종했다. 그는 기독교 신앙을 동양 개념으로 표현하려는 몇 명의 유럽인 불교 승려들을 만나고서 "나는 그리스도교인으로 유럽을 떠났고, 인도에서 힌두교인임을 발견했고, 로마가톨릭 그리스도인이기를 중단하지 않고 불자로 돌아왔다"[8]는 글을 남겼다. 힌두교와 그리스도교 두 종교를 결합시키려고 노력했으며, 나중에는 힌두교 사상만을 정당한 것으로 인정했다.

파니카는 인도 독립 투쟁을 하다가 영국으로 망명한 아버지와 스페인 카타로니아 귀족 여인 사이에서 태어났다. 로마가톨릭교회의 사제로 서품을 받은 뒤, 마드리드대학교에서 철학을 가르쳤다. 1956년에 처음으로 인도를 방문했고, 미소르대학교와 바나라스힌두대학교에서 인도철학을 깊이 공부했다. 1960년에 이단 혐의로 로마에 소환된 적이 있으나 이단 재판에 걸려들지는 않았다. 하버드대학교 신학부의 방문교수(1966)를 거쳐 1972년에 캘리포니아대학교(산타 바

---

[6]Panikkar, *The Unknown Christ of Hinduism* (1981), 7.

[7]Panikkar, *The Trinity and the Religious Experience of Man*, 53-54; *The Unknown Christ of Hinduism* (1981), 27, 48.

[8]"I left Europe [for India] as a Christian, I discovered I was a Hindu and returned as a Buddhist without ever having ceased to be Christian."

바라)에서 종교학을 가르쳤다. 봄 학기에만 가르치고 나머지 시간에는 인도에서 힌두교 문화, 철학, 종교를 연구했다.

파니카는 1987년에는 바르셀로나 북쪽 카탈로니아에서 다문화 연구 재단을, 2005년에는 인도인 빈민구제를 위한 종교 협력 기구를 설립했다. 그는 40권 이상의 책과 900편 이상의 글을 남겼다. 세상을 떠나기 직전에 남긴 글에서, 자신의 성찰을 타인과 공유하면서 평생을 살아 왔고, 죽은 뒤에도 지적인 활동, 침묵, 기도로 계속 사람들과 가까워질 것이라고 했다.

파니카는 기독교가 광대한 영토와 거대한 인구를 가진 인도에 소개되기 아주 오래 전부터 인도에 그리스도가 존재했다고 한다. 구원자 그리스도는 기독교와 무관하게 힌두교에 이미 오래 전부터 현존했다고 한다.

파니카의 세계종교통합 에큐메니즘은 종교 간의 대화에 대한 강조로 시작한다. 종교 간의 대화는 일반적으로 다양한 종교 안에 존재하는 교리, 사상, 가르침, 실천을 자신의 종교와 비교하는 지적 활동이다. 대화는 상대를 객체로 보고 그 객체를 자신의 것과 비교하는 수준에 머문다.

파니카에게 '종교 간의 대화'는 감추어진 진리를 향해 발을 내딛는 종교적 여정이며 모험이다. 종교 간의 만남은 '종교 안의 대화'에서 이루어진다. 자신의 종교에 대한 깊은 이해를 기반으로, 자기 종교에 비판적이며, 타종교와 내적인 대화를 할 수 있는 태도로 접근한다. 종교 간의 대화는 사이(間)에서 이루어지는 것이 아니라 종교 행위 안(內)에서 실현된다고 한다. 종교 행위 안의 대화가 진정한 대화라고 한다. 이 대화는 새 종교 또는 단일 종교를 창출할 수 있는 '실천적인 의미'를 담고 있다고 한다.[9]

파니카는 종교 간의 대화의 정체를 '변증적 대화'와 '대화적 대화'
로 구분하고 이를 견주어 설명한다. '변증적 대화'는 대화자의 이성
에 대한 전적인 신뢰를 바탕으로 이루어진다. 파니카는 변증적 대화
가 종교 간의 대화에 부적절하다고 주장한다. 실재의 근본적인 속성
이 아드바이타—비이원적이고 변증법적이지 않은 까닭이라고 한다
그는 실재의 본질을 다원적으로 이해하면서, "존재론적 다원주의" 이
론을 펼친다.

파니카가 말하는 '대화적 대화'는 진리의 역동성, 진리의 다양성
을 근간으로 이루어진다. 파니카에 따르면, 실재는 일회적으로 주어
지지 않으며, 항상 새롭게 다가온다. 실재의 관점에서 보편 '대화적
대화'만이 주체 상호 간의 창조적인 의견 교환이다. 파니카가 추구한
'대화적 대화'는 "종교의 종합과 통일을 향한 역동적이고 우주적인
과정을 더욱 깊이 심화시키는 동인(動因)이다."[10]

파니카가 말하는 종교 간의 대화는 세 가지 전제를 지니고 있다.
첫째, 어느 종교도 홀로 완전한 진리를 파지(把持)할 수 없다. 둘째,
각 종교가 이해하는 진리는 부분적이다. 진리의 일부분이다. 셋째,
진리에 대한 불완전한 이해가 종교 간의 대화로 해결될 수 있다.

그러므로 파니카에게 종교 간의 대화는 진리 추구의 한 방편이다.
그는 각 종교의 정체성에 대한 깊은 이해를 가지고 진리를 찾는 공동
의 길을 모색한다. 대화는 새로운 종교를 만들어 낼 수 있는 "미지의

---

[9]김진, "라이문도 파니카 종교신학의 기독론," 『한국 종교문화와 문화신학』, 한
국문화신학회 역음 (서울: 한들. 1998).
　[10]변선환, "라이문도 파니카와 힌두교인-기독교인 사이의 대화," 『종교간의 대
화와 아시아신학』 (천안: 한국신학연구소, 1997).

가능성"[11]도 지니고 있다고 한다.

3. 아드바이타 그리스도

파니카의 핵심 사상인 우주신인주의(Cosmotheandrism)는 전술했듯이, 우주—세상(cosmos), 신(theos), 인간(anthropos)을 비이원적인 하나(一)라고 보는 힌두교 세계관을 지칭한다. 파니카는 힌두교 아드바이타 세계관을 자신의 철학과 신학 논의에 끌어와 정착시켰다.

파니카는 힌두교 사상에 따라 실재를 우주적 차원, 신적 차원, 인간적 차원이라는 세 지평의 역동적 관계 속에서 파악한다. 모든 것이 상대적 관계를 맺으며, 역동적인 일치와 통일을 이룬다고 본다.

우주신인론은 이원론적 사고방식, 영혼과 육체, 성스러운 것과 세속적인 것, 신과 인간과 세계의 분리를 배격한다. 힌두교 아드바이타 비전에 근거하여 그리스도가 각 종교 안에 내재하는 근원적 존재이며 또한 비이원적 존재라고 한다. 신은 무한하며 하나라는 의미이다.

파니카는 우주신인론을 주장하면서 "그리스도는 신, 세상, 인간 전체 실재의 살아 있는 상징이다"[12]라고 말한다. 이 실재의 전체성(totality)은 원초적인 신인적 사실(primordial theandric fact) 또는 우주신인적 실재(cosmotheandric reality)이다. 신과 인간이 완전히 하나의 실재를 구성하고 있다는 것이다.

파니카는 아드바이타적 일치를 "비이원론적 관점"(non-dualist vision)이라고 부른다. 무한한 신과 유한한 세상의 일치는 일원론적이지 않고 이원론적이지도 않다고 한다.[13] 하나도 아니고 둘도 아니라고 한다. 파니카는 '인간의 무한성과 신의 유한성의 역설적 관계를 다음과 같이 설명한다.

신과 인간은 둘이 아니고 하나도 아니다. 실재는 두 가지로 존재하지 않는다. … 신과 인간은 신인적(theandric)으로 존재한다. 신과 인간은 현실을 세우고 역사를 전개하며 창조세계를 지속하는 밀접한 구성적인 협력 관계이다. 신, 인간, 세상은 독특한 모험에 함께 참여한다. 이 참여는 진정한 실재를 구성한다. 신인론(theandrism)은 인간의 무한성과 신의 유한성의 역설적 관계 안에 실재한다. 이것을 다른 방식으로는 설명할 길이 없다.[14]

파니카에게 그리스도는 신, 인간, 세계 사이의 역동적인 아드바이타적 일치의 상징이다. '그리스도'와 '로고스'는 동의어이다. 그리스도—로고스는 궁극적인 하나의 존재의 외적 표현이며, 창조적 소통이며, "신의 외적 행동(ad extra)의 모든 것이다."[15]

파니카의 '아드바이타 그리스도'는 양극의 매개자, 연결자, 전달자이다. 신성한 존재인 동시에 인간적이며 세속적이다. 양극을 연결할 뿐만 아니라, 양극이 결합되지 않도록 한다. 그리스도는 모든 인간 안에 있는 신성의 기초이다.[16]

전술했듯이, 힌두교는 신 브라만과 수억의 신들을 아드바이타적

---

[11]Raimundo Panikkar, *The Intrareligious Dialogue*, 2nd edition (New York : Paulist Press, 1978). 라이문도 파니카, 『종교간의 대화』, 김승철 역 (서울 서광사, 1992).

[12]Raimundo Panikkar, *The Unknown Christ of Hinduism* (1981), 27.

[13]Raimundo Panikkar, "The Category of Growth in Comparative Religion: A Critical Self Examination," 115-116; *The Trinity and the Religious Experience of Man* (1973), 71, 74; *The Unknown Christ of Hinduism* (1981), 27.

[14]Raimundo Panikkar, *The Trinity and the Religious Experience of Man* (1973), 74-75.

[15]Raimundo Panikkar, *The Unknown Christ of Hinduism* (1981), 169.

인 단일체로 본다. 각 종교의 신들은 하나의 신적 실재의 다양한 현현이며, 모든 종교가 궁극의 신적 실재에 이르는 유효한 길이라고 본다. 파니카는 힌두교 아드바이타 비전에 따라 각 종교의 신들의 일원성을 강조한다. 모든 신들은 하나이며, 모든 종교가 다 궁극의 실재에 이르는 길이라고 한다. 각 종교의 신들을 궁극의 신적 실재의 서로 다른 현현이라고 한다.

4. 그리스도 현현론

파니카는 힌두교 아드바이타 사상을 도입하여 그리스도 현현론(顯現論, Christophanie)을 전개한다. 앞서 언급했듯이, 파니카는 그리스도가 각 종교 안에 서로 다른 형태와 이름으로 나타난다고 한다.[17] 종교는 인간 안에 내재하는 로고스의 반영이며, 모든 인간과 종교 안에는 로고스가 내재한다고 한다. 그리스도는 이 로고스의 현현—나타남이며, 그리스도는 각 종교마다 실재한다고 한다. 십자가에 못 박혀 죽은 예수는 여러 명의 그리스도 가운데 한 명이라고 한다.

파니카의 그리스도 현현론은 기독교의 전통적인 그리스도론(기독론)이 지닌 지배적이고 우월적인 이데올로기를 거부한다. 세계종교 에큐메니칼 시대의 종교인이 신뢰할 수 있는 그리스도의 모습이라는 것을 제시한다. 그리스도교의 전통적인 그리스도론을 무시하지 않으면서 현존한다고 하는 각 종교의 다양한 '그리스도들'을 포괄한다.

파니카에게 예수 그리스도와 각 종교의 그리스도는 영원한 신성의 상징이고, 우주신인론적 현현이다.

파니카는 그리스도 현현론을 따라 그리스도교와 타종교와의 관계를 새롭게 정립해야 한다면서, 타종교에 현존하거나, 그 종교들 안에 잠자고 있는 그리스도를 찾아내야 한다고 한다. 그리스도인에게 그리스도는 초월적이고 동시에 인간 형태로 내재하는 신비의 상징이다. 그리스도는 세계종교 안에 존재하는 실재들의 상징이다. 그리스도는 형태와 이름을 달리하여 진정으로 모든 종교 안에 현존하며, 각 종교의 신앙에 깊은 영향을 미친다. 모든 그리스도는 초월적이면서도 언제나 인간 안에 내재하는 신비로운 실재이다.

파니카에 따르면, 그리스도는 아드바아타—비이원적 실재이다. 세상, 신, 인간을 연결시킨다. 그리스도는 하늘과 땅, 절대적인 것과 상대적인 것을 연결시키는 끈이다. 각 종교의 그리스도들은 하나님-인간-세상을 연결하는 총체적인 중재자이다. 각 종교마다 각각의 그리스도가 있으며, 예수 그리스도는 많은 그리스도들 가운데 한 명이다. 그리스도는 나사렛 예수에 제한되지 않는다. 역사 안에 현존했던 예수를 직접 보지 않고 만져보지도 않은 사람도 그리스도를 경험할 수 있다. 그리스도는 역사적인 예수를 넘어서서 다양한 형태로 현존한다. 타종교에는 각각의 그리스도가 존재한다.

파니카에게 그리스도는 실재의 신적이고, 인간적이고, 우주적(세상, 자연)인 지평의 신비적 연합과 일치의 상징이다. 그리스도인은 예수 안에서 보편적 그리스도 가운데 한 명인 예수를 주로 고백한다. 역사의 예수와 보편적 그리스도 사이에는 구분과 긴장이 존재한다.

---

[16]Raimundo, Panikkar, *The Unknown Christ of Hinduism* (1981), 48-49, 155-159, 165, 169; *The Trinity and the Religious Experience of Man*, 53, 73.

[17]김진, "파니카의 그리스도론," 『피할 수 없는 만남: 종교간의 대화』 (서울: 한들출판사, 1999), 183-204; 그리고 같은 책의 라이문도 파니카, "우주신인론적 직관," 125-133; 김진, "우주신인론적 영성," 134-153을 보라.

파니카에 따르면, 각 종교의 그리스도는 인격을 지닌 구원자이다. 그리스도는 특정 종교와 종교인이 독점할 수 있는 존재가 아니다. 그리스도가 다른 종교들 안에도 존재한다는 것은 각 종교가 모두 구원의 길이라는 뜻이다.

파니카의 그리스도 현현론은 범종교적 구원론으로 이어진다. 모든 종교가 동일동가라는 공식을 성립시킨다. 2천 년 전에 존재한 예수 그리스도만이 아니라 그 이전과 이후의 각 문화, 역사, 종교 현장에서 여러 가지 형태로 등장한 그리스도들이 있다. 각 종교인은 자기 종교의 그리스도를 거쳐 구원을 받는다고 한다.

파니카는 오늘날의 그리스도—구원자가 기독교 유럽의 변방에 사는 서글픈 민족들과 타종교인들, 특히 아시아의 토착 종교들과 그 종교 신봉자들의 고유한 문화 양식으로 현존하고 있다고 한다.

파니카가 추구하는 종교 통합 에큐메니즘의 최대의 걸림돌은 그리스도교의 전통적 그리스도론이다. 이 기독론은 '예수 그리스도가 유일한 구원자'라고 하는 예수구원 유일 신앙을 지지한다. 파니카는 배타적 기독론이 타종교의 구원 가능성 이해를 원천적으로 봉쇄한다고 비판한다.

파나카에 따르면, 타종교를 적대시하거나 '네 종교'를 '내 종교' 안으로 흡수하려고 하는 배타주의는 세계종교 통합의 장애물이다. 갑(甲)의 시각을 가지고서는 자기 종교의 틀을 벗어나지 못한다. 모든 종교를 다 갑으로 보는 시각, 모든 종교를 평등성, 동등성, 구원 유효성의 시각으로 보는 상대주의 자세가 필요하다. 모든 종교는 동등한 가치를 지니고 있다. 동일동가의 공동체이다. 특정 종교를 갑으로 설정하고 타종교를 을로 여겨 포용하려는 자세는 시대정신인 평등주의 원칙에 부합하지 않는다.

파니카는 로마가톨릭교회의 태도와 진보계 프로테스탄트교회의 포용주의 태노에도 알레르기 반응을 보인다. 기독교의 정당성을 기정 사실로 설정하고서 기독교 밖에도 하나님의 구원의 가능성이 있음을 인정하는 포용주의에 혐오감을 가진다. 각 종교들은 동등하고 평등한 관계이지, 갑과 을의 관계가 아니라는 것이다.

파니카는 그리스도교인이 나사렛 예수에 대한 실현된 신앙을 신실하게 가질 뿐 아니라 모든 종교들이 동일동가라는 신념을 가지고 타종교인과 대화함이 마땅하다고 한다. 그리스도인이 타종교인과 더불어 인간의 행복을 추구하면 삶 자체를 고통 덩어리로 보는 힌두교 세계관과 불교의 인간관에서 벗어날 수 있다고 한다. 파니카는 예수를 추종하는 그리스도인들이 타종교를 올바로 이해하고 타종교인들과 함께 인간 구원의 길로 달려가야 한다고 주장한다.

파니카는 모범적인 종교인은 타종교인을 개종시키려 하지 않는다. 이 종교가 저 종교를 흡수하려 하거나 적대시 하지 않는다. 모든 종교가 평등성, 동일성, 구원 유효성을 가진 동일동가의 신앙 공동체라는 것을 인정한다. 무엇보다도 종교다원주의를 환영한다.

5. 무지개 은유, 언어 은유

파니카는 종교적 다양성을 인정하고 종교다원주의의 정당성을 확보하기려고 설명하려고 힌두교 아드바이타 개념을 담은 무지개 은유(metaphor)를 도입하여 이를 아래와 같이 설명한다. 무색의 광선은 궁극의 실재이다. 그 하나의 광선이 프리즘을 통과하면 빨강, 주황, 노랑, 초록, 파랑, 남색, 보라 색깔의 무지개로 나타난다. 이처럼 궁극의 신적 실재(하마님)는 헤아릴 수 없을 정도로 많은 종교 전통, 계율,

교리, 전례, 윤리실천으로 굴절된다. 각 종교들은 무지개의 일곱 가지 색깔에 해당한다. 각 종교의 신, 교리, 신념, 전통, 실천은 본래 하나(One)에서 비롯되었다. 무색의 광선은 하나님-신-궁극의 실재이고, 일곱 가지의 무지개 색깔들은 역사적인 여러 종교들과 같다. 하나의 광선과 일곱 가지 색깔의 무지개는 아드바이타 관계의 단일체이다.

종교의 다양성은 마치 순백의 광선이 프리즘에 투과되어 나타나는 순수한 무지개 색깔과 같다. 신은 여러가지 종교 전통으로 나타난다. 신적 실재라는 광선은 헤아릴 수 없이 많은 종교로 나타난다.[18]

우리는 어느 하나의 색깔, 곧 어느 하나의 종교를 통해 광백(光白)이라는 근원에 도달할 수 있다. 인간의 종교 전통을 따르는 사람들은 거기에 광선이 조금이라도 비치고 있는 한 자신들의 목적이나 완전한 구원에 도달할 수 있는 가능성을 지니고 있다.[19]

파니카는 이어서 종교의 다양성과 각 종교의 동등성을 정당화하려고 언어 은유를 도입하여 아래와 같이 설명한다. 세상에는 많은 언어들이 있다. 특정 언어가 다른 언어보다 자신이 더 완벽하다고 말할 수 없다. 이처럼, 한 종교가 다른 종교보다 더 완전한 종교라고 하는 주장은 타당하지 않다. "모든 언어와 종교를 내적인 견지에서 바라보면 한 언어가 다른 언어보다 더 완벽하다고 주장하는 것은 그다지 의미 없다."[20] 13세기 볼로냐에서 이단 카타르파를 정죄한 종교재판 판결문은 "72개의 언어가 있듯이 또한 [카타르 이단자들에게] 72개의 신앙이 있다고 말한다"[21]는 문장을 담고 있다. 언어는 서로 서로 영향을 끼치면서 영향을 주고받지만 결코 정체성을 잃지 않는다고 한다.

파니카의 무지개 은유와 언어 은유는 다양성 속의 통합을 표현한다. 각 종교는 뚜렷한 독자성을 지니고 있다. 모든 종교가 인간을 신에게 연결시키는 동일동가의 길이라는 것이다.

파니카는 궁극의 신적 실재, 곧 신은 하나뿐이라고 한다. 힌두교와 인도 갠지스 강에서 종교적 활동을 하는 힌두교인들은 '하나'의 신— 유일신을 하나님, 곧 궁극의 신적 실재로 믿는다. 동해안 포구의 용왕 신, 어부들의 제물을 받고 무당이 섬기는 신, 박수의 푸닥거리를 거쳐 뜻을 공수하는 신은 유일한 궁극의 신적 실재의 상이한 나타남 이라는 것이다.

파니카에 따르면, 세계의 각 종교는 '하나'의 신적 실재에 대한 서로 다른 문화, 전통, 역사의 반응이다. 따라서 역사적 종교는 불교, 이슬람, 신도교, 기독교, 시크교, 조로아스터교, 자이나교, 천리교, 무속 신앙 등 어느 종교든지 하나의 빛이 스펙트럼을 통과하면 드러나는 여러 가지 색깔과 파장에 지나지 않는다. 각 종교의 고유소(固有素)는 타종교의 그것들과 더불어 신적 실재를 더욱 완전에 가깝게 드러낸다.

파니카는 특정 종교의 유형적 특성을 타종교를 판단하는 규범이나 잣대로 삼는 것은 잘못이라고 한다. 그리스도교가 성경을 가지고 다른 종교를 사탄 종교로 여긴다든지, 틀렸다든지, 타종교에는 구원이 없다든지, 예수 밖에는 그리스도가 없다고 주장하고 판단함은 잘못 이라는 것이다.

파니카에 따르면, 역사적 그리스도교가 믿는 구원의 교리가 타종교에 없다는 이유로 그 종교들을 참 종교로 인정할 수 없다고 하거

---

[18]라이문도 파니카, 『종교간의 대화』, 26-27.
[19]라이문도 파니카, 『종교간의 대화』, 27.
[20]라이문도 파니카, 『종교간의 대화』, 33.
[21]라이문도 파니카, 『종교간의 대화』, 33.

나, 그 종교에 구원이 없다고 단정함은 옳지 않다. 구원에 대한 실질적인 이해와 체험은 개별 종교마다 다르다. 각 종교는 나름의 특성을 지니고 있다. 그러므로 차별은 옳지 않다. 빨간색이 보라색에게 '너는 색깔이 아니다'라고 말할 수 없다. 무궁화가 들국화를 향해 '너는 꽃이 아니다'라고 말할 수 없는 것과 같은 이치이다.

모범적인 종교인은 타종교인을 개종시키려 하지 않는다. 이 종교가 저 종교를 흡수하려 하거나 서로를 적대시하지 않는다. 동일동가의 가치를 가진 종교 공동체로 인정한다. 무색의 광선은 궁극적 실재이다. 프리즘을 통과하면 일곱 가지 색깔로 나타나는 무지개의 색상들은 각각의 역사적 종교들과 같다. 세계의 각 종교는'하나'의 신적 실재에 대한 서로 다른 문화·전통·역사의 반응이다.

맺음말: 유비 구도의 오류

파니카의 무지개 은유는 힌두교 아드바이타 세계관에 근거한 그의 우주신인론에 부합한다. 그는 궁극의 실재(브라만)를 비이원론적 존재라고 하면서, 각 종교의 신들을 하나의 신적 실재의 다양한 현현이라고 한다. 모든 종교들을 동일한 궁극적 진리, 동일한 궁극의 신적 실재의 서로 다른 나타남이며 동일하게 유효한 구원의 길이라고 한다. 이것은 20세기 후반에 기독교계에 등장한 종교다원주의자들과 WCC의 유급 전임 종교다원주의 신학자들의 종교다원주의 이론의 기반이다.

파니카는 각 종교가 섬기는 신들이 궁극적으로 한 분이라는 다신적 유일신론—만신총합 유일신론을 강조한다. 각 종교의 신들은 하나님의 궁극의 신적 실재의 각양 현현이라는 것이다. 기독교, 힌두교, 이슬람교 등의 신은 모두 여기에 속하며, 모든 종교가 그 궁극적 실재와 구원에 이르는 길이라고 한다.

파니카에 따르면, 인도 갠지스 강에서 종교적 활동을 하는 힌두교인들의 믿음의 대상은 이 궁극의 신적 실재의 힌두교적 현현이다. 수억의 인도 신들은 비이원적인 단일체이다. 각 종교의 서로 다른 신은 '하나'인 궁극의 신적 실재의 상이한 나타남이다. 힌두교는 다신적 유일신 종교라는 것이다.

아래에서 상론할 존 힉과 WCC 신학자들은 모두 아드바이타 세계관의 문하생들이다. 만신총합 유일신론 신봉자들이다.

파니카가 모든 종교를 동일동가의 신앙공동체라고 말하는 배후에는 특정 유비(類比, Analogy)가 작동한다. 파니카의 유비에는 구도 설정의 오류가 있다. 백만 송이의 인조 장미와 천만 개의 인조 장미가 있다고 가정하자. 그것들은 한 송이의 진짜 장미와 질적으로 견줄 수 없다. 생명체를 가진 한 송이의 진짜 장미와 백만 송이의 가짜 장미를 견줌은 구도 설정의 오류, 곧 그릇된 유비에 함몰되어 있다.

올바른 유비 구도는 진짜 꽃과 진짜 꽃을 견주고, 가짜 꽃과 가짜 꽃을 견주는 방식이다. 수의 많고 적음은 중요하지 않다. 이와 달리, 한 송이의 진짜 장미와 백만 송이의 가짜 장미를 견주면 하나는 진짜고 나머지는 가짜이다. 진짜 꽃과 가짜 꽃을 대조함이 옳다.

비교(比較, Comparison)와 대조(對照, Contrast)는 다르다. 전자는 두 개 이상의 대상의 공통점이나 유사한 점을 찾아내는 지적 활동이다. "고양이와 개는 모두 반려동물로 인간과 함께 산다"의 경우처럼, 대상들 사이의 유사성을 파악함으로써 더 깊은 이해를 도모하거나, 공통된 특성을 분석하고자 할 때 사용한다. 후자는 두 개 이상의 대상의 차이점이나 상반된 점을 찾아내는 지적 활동이다. "고양이는 독립적인 성향이 강한 반면, 개는 주인에게 의존하는 경향이 크다"의 경우처럼 대상들 사이의 차이점을 부각시켜서 특성을 뚜렷하게 드러내거나, 각각의 특징을 뚜렷이 이해하는 방식이다.

빨간색 진짜 장미는 수백 개, 수백만 개의 인조 장미를 향해 '너는 꽃의 모양은 갖고 있지만 살아있는 꽃이 아니다, 진짜 꽃이 아니다'라고 말할 수 있다. 진짜 꽃은 생명을 가진 자신과 생명 없는 가짜 꽃들을 구분하고 차별화할 수 있다.

파니카는 무지개 이론으로 각 종교를 하나의 궁극적 실재에서 연원된 서로 다른 종교적 표현으로 인식한다. 대조 구도로 접근해야 할 사안을 비교 구도로 접근하는 오류를 지니고 있다.

파니카의 종교다원주의 이론의 또 다른 결함은 그릇된 유비(類比, analogy)이다. 유비는 두 개 이상의 사물이나 개념이 서로 다른 영역에 속해 있더라도 특정 측면에서 유사성을 가질 때, 그 유사성을 바탕으로 추론하는 방법이다. 즉, 갑과 을이 어떤 점에서 유사하다는 점을 근거로, 갑에 속하는 속성이나 관계가 을에도 있을 것이라고 추론하는 방식이다. 유비는 "하늘에 짙은 구름이 끼면 곧 비가 왔다, 지금 구름이 짙게 끼어 있다, 따라서 비가 올 것이다"라는 방식의 논증이다.

유비는 엄밀한 증명이 아니라 개연성을 높이는 추론 방식이다. 예외를 허용한다. 하늘에 짙은 구름이 끼어 있어도 비가 오지 않을 수 있다. 바람이 그 검은 구름들을 분산시키거나 다른 곳으로 옮겨버리는 경우이다.

기독교 신앙은 하나님과 그 분의 특별계시의 말씀에 의존한다. 성경은 하나님의 계시의 말씀을 담고 있다. 하늘의 영원한 진리를 인간에게 계시한 말씀이다. 그리스도, 곧 성자 하나님이 스스로 인간의 몸을 입고 낮고 천한 모습으로 이 땅에 성육하여 우리의 구원자가 되었다고 말한다. 창조자 로고스는 베들레헴에서 인간으로 탄생했다. 예수 그리스도는 지존의 신적 실재인 하나님이며 동시에 우리와 똑같은 성정(性情)을 지닌 완전한 사람이다. 이를 비교 또는 유비의 방법으로 설명할 수 있는 모범은 존재하지 않는다.

예수를 그리스도로 믿는 종교와 인간 타락이 가져온 수많은 종교들을 단면적으로 견주거나 추론하는 구도 설정은 오류이다. 하나님의 아들 예수 그리스도의 종교를 타락한 인간의 종교성이 만들어낸 자연종교와 견주거나 추론함은 진짜 장미 한 송이와 무수한 가짜 장미들을 동일선상에 두고 비교하거나 추론하는 것과 같다. 대조 방식으로 판별해야 할 것을 비교방식으로 접근하거나 유비방식으로 추론하여 모두가 동일하다고 함은 그릇된 구도 설정의 오류이다.

계시종교와 자연종교를 동일하게 여기고 평등선상에서 비교함은 옳지 않다. 하나님은 인간을 사랑하여 초자연적인 특별 계시를 수단으로 진리를 알려주셨다. 하나님은 히브리 민족의 역사, 예언자들, 예수 그리스도의 성육신과 가르침 그리고 사도들을 거쳐 하나님의 진리를 특별한 방법으로 계시했다. 하나님은 성령의 능력으로 인간에게 찾아와 우리로 하여금 계시 진리를 믿게 하고, 예수 그리스도를 주로 고백하게 한다. 예수를 그리스도로 믿게 하여 하나님으로부터 의롭다고 하는 인정을 받게 한다.

하나님의 특별계시에 기초한 기독교와 인간 타락과 죄성(罪性)이 만든 자연종교의 사상들, 영적 어둠 상태에서 생긴 여러 종교의 실천들과 비교함은 진짜 장미와 가짜장미를 동등한 선상에서 견주는 것과 같다. 진짜와 가짜를 비교하면서 그 색깔만 보고 다 똑같다고 단정하거나 모양만을 보고 동일동가라고 말함은 옳지 않다.

하나님의 초자연적 특별계시에 기초한 기독교, 곧 계시종교와 죄성을 가진 인간의 오염된 자연적 본성이 만들어낸 자연종교 사이에는 견줄 수 없는 차이가 있다. 그 차이는 비교 구도가 아니라 대조 구도로 접근해야 올바로 파악할 수 있다. 각 종교의 신념, 상징, 교리체계, 성직제도, 전통, 계명은 다르다. 종교다원주의자들은 각 종교가 추구하는 내면의 가치가 모두 같다고 하면서 하나님의 특별계시로 주어진 성경의 권위와 규범성을 부정한다. 파니카의 은유는 주관주의, 상대주의, 포스트모더니즘(탈구조주의, 해체주의), 평등전제주의 등 현대 인본주의 사상과 동일한 궤(軌)를 가진 발상이다.

평등주의라는 이름의 평등전제주의에 매몰된 종교다원주의자들은 가짜 꽃과 진짜 꽃의 평등성, 동등성, 구원 유효성을 강조한다. 하나님께서 특별계시 채널을 거쳐 인간에게 전달한 하나님의 진리를 상대화하고 주관화 한다. 모든 기존의 가치 체계를 파괴하려는 포스트모더니즘과 자유주의 신학은 하나님의 특별계시인 이스라엘 역사와 선지자들과 예수 그리스도와 예수의 사도들이 받은 초자연적 계시와 신탁(神託)을 유대 족속의 종교 경험에 지나지 않는 것으로 평가한다.

구도설정이 옳지 않은 평가는 그릇된 결과에 이른다. 기독교라는 특별계시 종교와 일반 자연종교를 동일시하는 주체는 누구인가? 그가 누구이기에 하나님의 특별계시의 진리를 인간 본성이 만들어낸 인간 종교의 경험과 동일하다고 단정할 수 있는가? 인간은 철학자 임마누엘 칸트가 강조한 이성의 한계, 곧 제한적 인식 기능을 가진 존재이지 않은가?

15

힉의 신 중심주의

—하나님은 많은 이름을 가졌다—

현대 종교다원주의 사상의 대부 존 힉 박사(John H. Hick, 1922-2012)는 미국에서 활동한 영국인이다. 20세기 종교철학 분야에서 가장 영향력 있는 인물로 평가 받고 있다. 장로교계 에든버러대학교에서 신학을 공부했다. 제2차 세계대전이 끝난 뒤 임마누엘 칸트 철학 연구에 열중하다가 그것에 매료되어 복음주의 신앙에 대한 의문을 가졌고, 마침내 복음주의 신학을 버리고 종교다원주의로 전향했다. 옥스퍼드대학교에서 철학박사 학위(1950)를 취득했다.

힉은 미국 클레어몬트대학교에서 종교학 교수로 재직(1979-1992)했고, 말년에는 영국 버밍함대학교에서 가르쳤다. WCC의 유급 전임 신학자 스탠리 사마르타와 웨슬리 아리아라자, 곧 종교다원주의를 이 단체에 끌어들인 자들은 모두 힌두교 정신으로 종교다원주의 사상을 펼친 힉의 영적 제자들이다.

힉은 '신 중심주의'라는 종교다원주의 이론을 주창했다. 그는 이 접근이 기독교와 타종교의 신앙인들에게 평등성을 보장하는 가장 좋은 방법이라고 생각했다. 그에게 세상과 종교와 신앙의 중심은 예수 그리스도가 아니라 신—하나님이었다. 그가 말하는 '신'은 유대교와 기독교의 하나님이 아니다. 각 종교의 신들의 총합, 곧 다신적 유일신 또는 잡신총합 유일신이다.

힉은 한 동안 예수가 살아계신 주, 그리스도, 신의 아들, 성육한 하나님, 인류의 유일의 구원자라고 믿었다. 그러나 다종교 학풍을 지닌 버밍함대학교에서 타종교인들을 만나면서 그들의 종교들에도 "다양하고 명백한 계시가 존재한다"는 말을 듣고서 생각을 바꾸었다.

힉은 기독교인들에게 예수 중심의 신앙에서 신 중심의 보편적인 신앙으로 회심할 것을 재촉한다. 신앙의 중심에 교회나 예수가 아닌 신을 두어야 한다고 한다. '신 중심의 보편적 신앙'이란 만신총합의 유일신을 믿는 종교다원주의 신앙이다. 모든 종교의 신이 하나의 보편적이고 유일한 존재의 다양한 현현이라는 것이다.

힉은 만신총합 유일신을 신앙의 중심에 두고서, 모든 종교가 동일 동가이며, 모든 종교의 신을 동일한 한 분 하나님의 상이한 나타남이라고 한다. 궁극의 신적 실재인 한 분 하나님이 각기 다른 문화와 종교의 렌즈를 거쳐 다르게 나타나고 상이하게 경험된다는 것이다. 각 종교의 예배는 궁극적으로 그 유일신에게 드려진다고 한다.

힉의 사상을 통제하는 것은 힌두교의 아드바이타(Advaita)—비이원적 세계관이다. 임마누엘 칸트의 인식론과 직결된 상대주의, 주관주의, 탈기독교적인 자유주의 신학, 평등전제주의도 막강한 영향을 미쳤다. 그의 사상의 일부는 준칸트주의(Quasi-Kantianism)를 따른다.[1]

힉은 서양철학의 궁극의 실재 개념과 힌두교 아드바이타 세계관에 따라 '신의 긍정적 무한성'(the positive infinitude of God)을 강조한다. 각 종교의 신은 동일한 신적 실재의 상이한 나타남이며, 일자(一者, The One) 또는 궁극의 신적 실재에 대한 서로 다른 문화적·민족적·종교적 반응이라고 한다.

힉은 칸트의 인식론, 특히 우리가 궁극적 실재(noumenon)를 완전히 알 수 없고, 특정 종교 전통을 거쳐서만 그것을 접할 수 있다는 개념을 자신의 종교다원주의 이론에 적용한다.

힉의 궁극적 실재 개념은 신플라톤주의 유출설(Emanation theory)과 놀랄만큼 비슷하다. 유출설은 '하나에서 다수로 발산하는 구조,' 곧 단일의 궁극적 원천에서 여러 가지가 '유출' 또는 '발산'된다는 신플라톤주의의 형이상학적 틀이다. 이 사상에는 존재하는 것들의 하강과 위계 개념이 내포되어 있다. 일자에게서 멀어질수록 덜 완전하고 덜 진실하다는 것이다.

힉은 종교다원주의 논의에서 유출설을 언급하지 않는다. 그의 사상에는 "하나에서 다수가 발산한다"는 유출설의 사유 방식과 구조적 유사성을 지닌 것으로 보이지만, 일자에서 멀어질수록 존재가 더욱 불완전하고 진실성이 감소한다는 존재론적 위계 개념이 없다. 힉의 신론은 "비위계적 인식론에 기반한 종교적 유출주의"(religious emanationism without hierarchy)에 해당한다.

1. 궁극의 신적 실재

힉에 따르면, 우주의 중심에는 궁극의 신적 실재, 곧 하나님이 존재한다. 각 종교의 신들은 유일한 신적 실재의 서로 다른 현현이다. 각 인종과 민족과 문화 맥락에 따라 사람들은 궁극의 신적 실재를 그

---

[1]John Hick, *God Has Many Names* (Philadelphia: Westminster John Knox Press, 1982), 144. Paul Eddy, *John Hick's Pluralist Philosophy of World Religions* (London: Ashgate, 2002), 61-90를 보라.

들의 종교적 자각에 의해 구체화하고 각 종교의 신으로 등장시켜 예배의 대상으로 삼는다.

힉의 저서 『하나님은 많은 이름을 가졌다』(*God has Many Names*, 1982)는 다신적 유일신론—잡신총합 유일신론을 담고 있다.[2] 신의 이름은 많으나 같은 신의 서로 다른 다양한 표현들을 일컫는 이름들이다. 신, 궁극의 신적 실재는 각각 다른 방식으로 예배, 섬김, 제사를 받는다. 종교들은 제각기 다른 신을 섬기는 것이 아니라 실상 동일한 유일신을 섬긴다. 야훼, 알라, 데오스, 갓, 브라만, 하나님, 하늘님, 상제, 가미 등 이름은 다르지만 같은 신의 서로 다른 명칭이라고 한다.

플라톤주의자들과 신플라톤주의자들에게 궁극의 실재는 초월적 존재이다. 만물의 기원이며, 만물의 끝이다. 철학자들은 신을 초월적 존재, 궁극의 신적 실재, 제일 원리(the first principle)라고 일컫는다.

힌두교는 브라만(Brahman)을 궁극의 실재, 곧 하나님으로 여긴다. 지고의 신 브라만이 보편적 원리이며, 존재하는 모든 것의 물질적 능률적 형식적 최종적 원인이며, 변하지 않으면서도 모든 변화의 원인이라고 믿는다. 절대적 실재, 모든 것의 원천, 우주의 창조자, 무한한 불변의 존재라고 믿는다. 모든 존재는 브라만에서 나왔고, 브라만과 단일성을 이루고 있다고 생각한다. 브라만을 세계정신, 성스러운 지식, 내면의 진리를 깨닫는 인식의 출발점이라고 믿는다.[3]

기독교인들은 야훼 삼위일체 하나님이 창조자이며, 전지전능하고, 편재하는 분이며, 모든 존재와 도덕의 근원이라고 믿는다. 그러나 힉은 유일신에 대하여 사람들이 각각 자기 민족, 문화, 역사, 종교 맥락에서 신의 이름을 붙였고, 따라서 각각 자기의 조상들이 섬기던 신을 예배하면 그것이 유일신께 올려지고 그 신을 섬기는 것이라고 한다.[4]

힉에 따르면, 모든 종교들은 오랜 세월 동안 자신의 종교를 저마다 세계사의 중심에 놓고 다른 종교를 자기 주위를 도는 행성과 같이 여겨 왔다. 기독교는 자기종교를 절대화하고 다른 종교보다 우월하다는 '과오'를 범해왔다. 야훼를 유일한 참 신으로 그릇되게 신앙하고, 또 기독교 진리의 절대성을 감히 주장해 왔다. 인류는 신에 대한 개념을 보편적으로 갖고 있다. 따라서 종교를 신 중심주의 패러다임으로 바꿈이 마땅하다고 한다.

힉은 기독교를 향하여 '예수 그리스도 중심 모델'을 버리고 인류가 일반적으로 가지고 있는 '신 중심 모델'의 보편적 신, 곧 잡신총합 유일신 모델로 전환하라고 한다.

2. 잡신총합 유일신론

힉은 잡신총합 유일신 중심주의에 입각한 종교다원주의 이론만이 위대한 세계 종교들을 동일동가의 공동체라고 정당하게 평가를 할 수 있다고 한다. 그는 철학자들의 용어를 빌려 하나님을 '실재'(The Reality)라고 일컫는다.[5] 모세에게 나타난 창조자 야훼를 각 종교의 신, 다신(多神), 잡신의 범주에 포함시킨다. 철학자들의 용어 '실재'가

---

[2]John Hick, *God has Many Names* (Philadelphia: Westminster John Knox Press, 1982). 존 힉, 『하나님은 많은 이름을 가졌다』, 이찬수 역 (서울: 창, 1991).

[3]브라만(신)은 힌두교 신앙과 문화에 깊은 영향을 미친다. 브라만은 힌두교의 사회적 계급 구조에서 제사 의식을 행하는 최고 계급에 속한 사람들을 일컫는 용어이기도 하다.

[4]김경재, 『이름없는 하느님: 유일신 신앙에 대한 김경재 교수의 본격 비판』 (서울: 삼인, 2002)를 참고하라.

[5]John Hick, "The Theology of Religious Pluralism," *Theology* 86, no. 713, (September 1983), 336.

가치중립적이지 않음에도 힉은 이 단어에 모든 종교의 신들을 통틀어 담는다. 세계 종교들 안에 존재하는 상이하고 상호모순적인 신 개념들을 통합한다.

힉에 따르면, 인간은 궁극의 실재인 신을 각기 다른 종교 전통과 문화 배경에서 상이하게 그리고 다양한 형태로 인식한다. 사람은 "인간 전통의 복잡한 렌즈를 거쳐"[6] 신을 이해한다. 하나의 신, 곧 궁극적 실재를 각각의 종교, 문화, 전통 등 다른 렌즈들을 거쳐 다르게 인식한다. 각각의 종교가 신에 대한 서로 다른 주장과 상호 모순적인 말을 할지라도 원천적 신은 하나이다.

힉은 신, 궁극의 신적 실재를 '인격적인 신'과 '비인격적인 절대자'로 개념화한다. 그가 가정하는 궁극의 신적 실재는 초월자이다. 그 실재는 인간적 개념들의 한계를 넘어선다. "모든 존재의 근원이며, 모든 구원하는 능력의 근원"[7]이다. 각 종교의 신은 한 분 하나님의 다양한 현현이다. 각 종교의 신의 이름은 다르지만 그 신들은 결국 같은 신의 나타남이다. 각 신의 이름은 유일신의 서로 다른 명칭이다. 힉은 각 종교가 자기의 신을 예배하면 비이원적 한 분 하나님이 그 예배를 받는다고 한다.

힌두교인과 힉 그리고 우리가 아래에서 상론할 기독교계 종교다원주의자들은 모두 유일신, 곧 만신총합 유일신을 믿는 자들이다. 하나의 신적 존재가 민족, 문화, 역사, 종교 상황에 따라 각각 다른 이름으로 나타난다고 본다. 각 종교가 신이 다른 시대, 지리, 인종적 다양성 속에서 유일신을 다양하게 경험한다고 한다고 한다.

한국인 박용희 목사(1908-1959, 전 한신대학교 이사)는 순천중앙교회 목사로 재직하던 일제말기에 다신적 유일신론을 주창했다. 한국교회가 주일예배를 하나님께 드리기에 앞서서 동방요배와 신사참

배라는 잡신 예배를 할 시기였다. 그는 천조대신(일왕)과 야훼 하나
님은 이름이 다를 뿐 동일한 신이라고 했다. 이명동일신론(異名同一
神論)을 펼쳤다.[8]

우리는 힉에게 묻는다. "각자의 종교 체험은 궁극의 신적 실재에
대한 올바른 경험인가? 그렇다는 것을 입증할 수 있는 방법이 있는
가?" 힉은 답한다. 각각의 종교들이 다르게 경험하는 신적 실재라고
하는 것은 실재 자체가 아니다. 세계의 종교들이 경험한다는 신적 실
재는 인간이 인식할 수 없는 존재가 아니다. 힉이 말하는 궁극의 신
적 실재는 그의 종교다원주의 이론 정립에 필요한 가정에 지나지 않
는다. 그러한 신의 존재는 인간이 접근할 수 있는 지성의 영역 밖에
있기 때문이다.

힉 자신도 이 같은 사실을 알고 있다. 이를 일컬어 "필연적 가정"(a
necessary postulate)[9]이라고 한다. 힉에게 궁극의 신적 실재는 불가
해한 존재이다. "엄격히 말하자면 우리는 실재에 대해 어떤 것도 알
지 못한다."[10] 그것이 우리 인간의 개념 체계의 한계 너머에 존재"[11]하
기 때문이다. 힉의 이 사상은 인간 이성과 인식의 한계를 밝힌 철학

---

[6]John Hick, "Religious Pluralism and the Rationality of Religious Belief," *Faith and Philosophy*, 10, no. 2 (1993), 248.

[7]John Hick, "Religious Pluralism and the Rationality of Religious Belief," 248.

[8]신사참배는 다신적 일신론에 따른 종교의식이다. 박용희의 '이명동일신론'은
힉의 신 중심주의보다 훨씬 앞섰다. '잡신 예배'가 한 분 하나님을 섬기는 행위라고
하는 박용희의 발상은 독특하다. 최덕성, 『한국교회 친일파 전통』(서울: 지식산업
사, 2006), 301이 상론한다.

[9]Hick. "The Real and Its Personae and Impersonae," in *Concepts of the Ultimate*,
ed. Linda J. Tessier (New York: St. Martin's, 1989), 143.

[10]Hick, "The Real and Its Personae and Impersonae," 172.

자 임마누엘 칸트의 인식론을 반영한다.

세상의 모든 종교들을 동일동가의 공동체로 이해하는 힉의 궁극의 실재 개념은 우리를 어리둥절하게 한다. 궁극의 신적 실재는 인간 이해의 영역 밖에 존재하기 때문이다. 실재가 인간의 언어나 지식 그리고 경험을 초월한다면, 우리는 그것에 대하여 침묵하는 것 밖에 다른 어떤 것을 선택할 여지가 없다. 그러므로 궁극의 신적 실재를 탐구하는 힉의 시도는 무의미하다.

신의 개입과 특별계시라는 수단을 인정하지 않는 한 힉이 강조하는 신적 실재는 여전히 가정, 필연적 요청, 이론 정립의 선결 요건일 뿐이다. 하나님의 특별계시와 성경과 같은 신의 개입과 특별한 도움 없이는 인간이 자기 이해의 능력 밖에 존재하는 신적 실재를 논의하는 것 자체가 덧없는 노력이다.

자연적 인간은 신적 실재에 관한 객관적 지식을 가질 수 없다. 실재 자체에 대한 지식 없이 각 종교들이 공유하는 실재들의 관계를 논함은 모순이다. 힉의 신 중심주의와 다신적 유일신론, 곧 만신총합 유일신론은 인식론적 함정에 빠진 하나의 가설이다. 제한적인 이성을 가진 인간에게는 검증 불가능한 이론이다.

3. 보편적 그리스도

힉은 라이문도 파니카와 마찬가지로 보편적 그리스도론을 펼친다. 각 종교마다 나름의 '그리스도'가 있다고 한다. 그리고 모든 종교가 신, 곧 궁극의 신적 실재를 만나는 길이라고 한다. 구원을 궁극적 실재와 인간의 만남, 곧 "자기중심적 삶에서 신적 실재 중심적 삶으로 방향전환"[12]을 경험하는 것이라고 한다.

정리하자면, 힉의 종교다원주의 메시지는 다음과 같다. 세계의 주요 종교들이 각각 다른 길로 가는 것처럼 보여도 사실은 동일한 초월적인 신적 실재에 대한 인간의 서로 다른 다양한 응답이다. 만물의 중심에는 신, 곧 궁극의 실재가 있다. 기독교를 포함한 인류의 모든 종교들은 그 신을 중심으로 회전(回轉)하고 있다.[13] 각 종교는 한 분 하나님의 실재를 각기 다른 문화적·종교적 형태로 섬기고 있다.[14] 모든 종교는 유일의 신, 곧 궁극의 신적 실재에 대한 유효한 반응이다. 모든 종교는 인간을 구원으로 인도하는 길이다.[15]

힉은 '보편적 그리스도'를 강조한다. 신적인 실재가 다양한 종교 전통에서 문화적·맥락적으로 구체화 된다고 하면서, 타종교에도 예수 그리스도와 같은 역할을 하는 그리스도들이 존재한다고 한다. 이 관점은 오직 예수 그리스도를 거쳐서만 구원을 얻을 수 있으며, 성경에서만 궁극적 진리를 발견할 수 있다고 하는 복음주의 정통 기독론에서 완전히 벗어난다. 힉은 여러 가지 종교 경험들과 다양한 신에게 이르는 길의 타당성을 인정하는 포괄적인 구원론을 촉진한다.

힉에 따르면, 각 종교마다 로고스를 반영하는 각각의 그리스도들이 있다. 그리스도는 다양한 방식으로 이 세상에 성육했으며, 여러 종교 인물들로 실재한다. 각 종교의 '그리스도'는 그 종교의 신봉자

---

[11]Hick, *A Christian Theology of Religions*, 57.

[12]John Hick, *The Metaphor of God Incarnate: Christology in a Pluralistic Age* (Louisville: Westminster, 1993), 136.

[13]Hick, *God Has Many Names*, 131.

[14]John Hick, *A Christian Theology of Religions: The Rainbow of Faiths* (Louisville: Westminster John Knox, 1995), iv.

[15]Hick, *A Christian Theology of Religions: The Rainbow of Faiths*, 41.

들을 궁극의 신적 실재—하나님께로 인도하는 구원자이다. 예수 그리스도는 신과의 만남을 위한 중재자이다. 그는 사람과 신이 만날 수 있는 중재자인 여러 명의 그리스도 가운데 한 분이다. 그가 유일의 중재자, 유일의 그리스도라고 말함은 옳지 않다.

힉의 신 중심주의와 보편적 기독론(그리스도론)은 "하나님의 구원의 은총에 제한이 없다"는 만인보편구원주의로 이어진다.

힉은 기독교 신학을 인간의 산물이라고 한다. 신학은 역사 속에서 발전하고 시대의 흐름에 따라 수정되고 바뀐다고 한다. 현대인은 역사적 기독교의 기독론을 참 진리로 간주하지 않는다. 성경의 예수 이야기는 은유(metaphore)로 포장된 민담(saga)이며, 예수를 유일의 구원의 길로 제시하는 복음주의 정통 기독론의 그리스도 이야기를 신화라고 한다. 예수 그리스도와 타종교의 여러 그리스도들 사이에는 근본적인 차이가 없다고 한다.

힉은 예수를 각 종교의 위인들 가운데 한 명으로 취급하면서 "사람들이 성령으로 충만하거나 그리스도를 닮거나 진정으로 거룩하면 하나님은 그들 모두에게 성육한다"[16]고 한다. "다수의 성육신들"[17]이 가능하고 실재한다고 한다. 성령으로 충만해지기만 하면 누구나 성육할 수 있고, 누구나 그리스도가 될 수 있다고 한다.

힉의 기독론은 모든 인간이 종국에 구원을 받는다는 만인보편구원주의로 귀착된다.[18] "구원은 기독교뿐만 아니라, 사실상 다른 위대한 종교적 전통들 가운데서도 일어난다"[19]고 한다. 각 종교의 그리스도는 사람을 구원 경험으로 인도하며, 모든 종교가 신적 실재에 대한 유효한 반응이라고 한다. 그러므로 인간이 자기의 종교를 거쳐 실재에게 자신을 노출시키면 누구나 구원을 경험할 수 있다고 한다. 힉은 이 경험을 "자아 중심성에서부터 신성한 실재에 중심을 둔 새로운 방향으로의 인간 존재의 변화"[20]라고 한다. 이 지점에서 우리가 말할 수 있는 것은 힉의 기독론이 파니카의 그리스도론의 복사판이라는 사실이다.

힉의 종교다원주의의 핵심은 구원론이다. 힉에 따르면, 인간은 이 세상에서 고작 70-80년 동안 살다 죽는다. 복음주의는 사람이 이 땅에 사는 동안 지은 죄 때문에 "영원한 고통의 무한한 형벌"[21]을 받는다고 한다. 이것은 불합리하다. 하나님은 사랑이지 않은가? 전능한 사랑의 하나님이 다만 예수를 믿지 않는다는 이유로 무한한 형벌을 준다고 함은 부당하다. 하나님의 사랑과 악인들을 위한 영원한 지옥의 고통이 동시에 존재한다는 주장 사이에는 모순이 존재한다.

타종교에도 기독교와 비슷한 가르침이 있다. 어찌 사랑의 하나님이 비슷한 가르침을 따르는 비기독교인들을 영원한 형벌이 있는 지옥에 보낼 것인가? 사랑의 하나님은 신을 인정하는 각 종교의 신도(信徒) 모두를 구원한다.[22] 하나님은 사랑이므로 모든 인간, 모든 종교인을 구원한다.[23] 그러므로 기독교는 지옥 개념을 폐기하고, 하나님이 모든 인간을 구원한다는 만인보편구원론을 선택하고, 그것을 진

---

[16]John Hick, *God and the Universe of Faiths: Essays in the Philosophy of Religion* (New York: MacMillan, 1973), 157.

[17]Hick, *The Metaphor of God Incarnate: Christology in a Pluralistic Age*, 89-98.

[18]Hick, *Death and Eternal Life*, 242-261.

[19]John Hick and Paul Knitter, eds., *The Myth of Christian Uniqueness: Toward a Pluralistic Theology of Religions* (Maryknoll: Orbis Books, 1987), 22.

[20]Hick, *The Metaphor of God Incarnate: Christology in a Pluralistic Age*, 136.

[21]John Hick, *Death and Eternal Life* (London: Collins, 1976), 201.

[22]Hick, *Death and Eternal Life*, 259.

[23]Hick, *A Christian Theology of Religions: The Rainbow of Faiths*, 41.

리로 천명함이 마땅하다.[24] 각 종교는 실재에 대한 서로 다른 방식의 응답이며, 동등하게 유효한 구원의 길이기 때문이다.

4. 성육신 교리는 신화이다

힉은 자신이 복음주의 신앙에서 종교다원주의로 전향한 사건을 "신학적 코페르니쿠스 혁명"[25]이라고 일컫는다. 역사적 기독교를 향하여 자신이 결행한 것과 같은 혁명적 전환을 하라고 촉구한다. 니콜라우스 코페르니쿠스가 진리로 믿어온 지구 중심설(천동설)의 오류를 깨닫고 태양 중심설(지동설)로 전환한 것과 같은 종류의 혁신, 곧 패러다임의 전환을 하라고 한다.

힉은 기독교 신앙의 패러다임을 기독교 중심 또는 예수 중심에서 모든 종교의 신앙을 아우르는 '신 중심 모델'로 전환하라고 한다. 타종교의 신들과 다양한 종교들은 하나의 신적 실재에 대한 인간의 서로 다른 응답이라고 하면서, "신앙을 신 중심 모델로 전환하면 타종교들, 곧 서로 다른 역사적·문화적 정황에서 형성된 다양한 세계의 위대한 종교들을 만날 수 있다"[26]고 한다.

힉이 말하는 기독교 신앙의 패러다임의 전환은 '그리스도'에 대한 새로운 이해를 요구한다. 그는 이 주제가 "기독교 신학 또는 종교학에서 가장 어려운 문제일 것"[27]이라고 한다. 기독교인들이 예수를 유일의 그리스도로 믿지만, 그 예수가 다른 종교인들에게도 유일한 그리스도이거나 독보적인 규범적 존재여야 할 필요는 없다고 한다.

힉은 예수 그리스도가 유일의 그리스도, 오직 한 분뿐인 구원자라고 생각할 필요가 없는 일종의 이론적 해결책을 제시한다. 그의 신 중심적이고 비규범적인 기독론은 예수의 성육신 진리와 예수가 하나님이라고 하는 교리를 신화로 간주한다. 그는 정통 기독론이 신화를 교리화한 것이라고 하면서 따라서 재해석이 필요하다고 한다.

힉은 초기 기독교가 예수를 하나님 말씀의 성육신이며, 하나님의 아들이라고 믿은 것은 초기 예수 추종자들이 그에게 모종의 의미를 부여할 목적으로 상징적·신화적 모델로 꾸며낸 결과라고 한다. 이 신화가 진화하여 점차 기독교의 핵심 교리가 되었고, 기독교 정체성의 상징이 되었다고 한다.

힉은 예수가 자신을 그리스도—메시아 또는 '하나님의 아들'이라고 말하지 않았다고 한다. 다수의 성서학자들도 이 사실에 동의한다고 한다고 주장한다.[28] 힉은 '성육신 신화'의 발전 과정을 추적하고서 그것이 유대교의 '하나님의 아들' 모델에서 왔다고 말한다. 이 타이틀은 종종 메시아에 사용되었고, 특별한 종교적 인물에게도 적용되었다고 한다. '성육신'과 '하나님의 아들'이란 어떤 위인의 유일성을 나타내지만 그러나 배타적인 용어는 아니었다고 한다.

힉은 초기 기독교 공동체가 그리스-로마 문화로 이동함에 따라, '하나님의 아들'이라는 이미지를 성육신과 유일의 신적 존재라는 개

---

[24]Hick, *A Christian Theology of Religions*, 242-261.

[25]John Hick, "The Copernican Revolution in Theology," *God and the Universe of Faiths: Essays in the Philosophy of Religion* (New York: St.Martin's Press, 1973), chapter 14.

[26]John Hick, *The Center of Christianity* (New York: St. Martin's Press, 1973), 131.

[27]Hick, *The Center of Christianity*, 148.

[28]John Hick, "Whatever Path Men Choose Is Mine," *Christianity and Other Religions*, ed. John Hick and Brian Hebblethwaite (Philadelphia: Fortress, 1980), 184; *The Center of Christianity*. 113-114.

념으로 강화하고 신격화했다고 한다. "인간의 삶에 구현된 신성 사상은 고대 세계에서 널리 퍼져 있었으며, 그러한 문화 환경에서 이루어진 예수의 신격화는 그다지 놀랄만하지 않다"[29]고 한다.

힉에 따르면, 요한복음이 예수 신격화 과정을 보여준다. 그 뒤 몇 세기 동안 교회의 에큐메니칼 공의회가 그리스 철학의 개념과 세계관을 차용하여 이를 발전시켰다. 교회는 '하나님의 아들'과 '성육신'이라는 신화를 절대적인 진리로 인식하고 그것을 기독교 신앙의 본질적인 요소로 규정했다. 이 과정을 거쳐 인간 예수는 '하나님의 아들'로, '삼위일체의 제2 위격의 하나님'으로 승격되었다.

힉은 이러한 전환 과정을 기독교 교리의 위조나 왜곡으로 생각하지는 않는다. 초기 기독교 공동체가 예수에 대한 그들의 경험과 이해를 '절대적 언어'로 표현한 것이며, 이는 자연스럽다고 한다. 하나님의 아들로, 성부 하나님과 동일본질로 추앙된 예수는 "문화적 환경 안에서 사람들로 하여금 하나님을 만나게 하는 분"[30]이었다고 한다.

힉에 따르면, 오늘날에 성육신 신화와 '하나님의 아들,' '삼위일체의 제2위 하나님' 개념은 설득력이 없다. 이 이미지들을 문자적인 진리로 받아들이면 '유일'이라는 조건이 따라온다. 예수가 '유일한 그리스도'이거나 모든 타종교에 대한 배타적인 '유일한 최종 규범'이라는 의미로 바뀐다.

힉은 예수의 성육신 신앙을 제거하라고 하지 않는다. 그것을 의미 있는 신화로 받아들이라고 한다. 그렇게 하면 현대 자유주의 신학을 지향하는 신종 기독교가 "성서적 근본주의를 크게 벗어난 것처럼, 성육신 사상의 문자적 해석에서 벗어날 수 있다"[31]고 한다.

힉에 따르면, 예수가 하나님의 성육이며 신의 아들이라는 언어 표현은 사실 진술(factual statement)이 아니다. 성육신 이야기는 은유

이다. 이 교리의 진정한 요점과 가치는 지시적인 것이 아니라 표현적
인 것이다. 형이상학적인 사실을 말하는 것이 아니라 가치 평가의 표
현이다. 성육신 교리는 모종의 태도를 불러일으키는 진술이다.[32]

힉은 예수 그리스도의 '성육신 신화'와 관련하여 전통적인 존재론
적 기독론(Ontological Christology)과 기능적 기독론(Functional
Christology)의 의미를 축소시키지 않는다고 하면서, 이래와 같이 설
명한다.

신화에는 구성 요소와 그 신화를 등장시킨 원인들이 있다. 신화라
는 것도 단순한 거짓 이야기가 아니라, 특정 역사적 상황과 인간 경
험을 해석하여 깊은 진리, 종교적, 실존적 의미를 담는 방식이 필요
하다. 사람들이 예수를 '성육한 하나님'이라고 말하기 시작한 것은,
그가 너무도 강력하게 하나님을 의식한 나머지 그의 삶에 신적인 생
명이 진동하는 것 같았기 때문이다. 예수는 자아에 갇혀 있지 않았
다. 완전한 신적인 영혼을 지녔다. 예수는 이러한 의식 속에서 성장
했다. 성육신이라는 언어는 예수를 둘러싼 사람들 사이에 어떤 일이
일어났음을 의미한다.

이처럼 힉은 '예수 신화'가 모종의 언어적 진술에 기초해 있다고
주장한다.[33] 힉은 역사적 사실성과 형이상학적 사실성을 구분하면서

---

[29]John Hick, "Jesus and the World Religions," *The Myth of God Incarnate*, ed.
John Hick (London: SCM Press, 1977), 174.

[30]Hick, "Jesus and the World Religions," 172, 175-176; *The Center of
Christianity*, 116.

[31]Hick, "Jesus and the World Religions," 179-180, 183-184.

[32]Hick, "Jesus and the World Religions," 177-178; *The Center of Christianity*, 32.

[3]Hick, "Jesus and the World Religions," 172; *The Center of Christianity*, 114-116.

자신이 규정한 예수 성육신 이야기가 신화라는 것을 형이상학적으로 설명한다. 예수의 신적 본질은 물량적인 것이 아니라, 목적 수행의 활동이었다. 기독교의 아가페 활동(요일 4:8)이 '내부로부터' 역사 안에서 일하고 있다면, 하나님의 성육신으로 묘사되는 사람 예수는 신적 아가페가 역사화한 명백한 경우이다. 예수의 아가페는 하나님의 아가페의 단순한 표현이 아니라 유한한 방식으로 작동하는 영원한 신적 아가페의 성육화, 곧 역사화의 결과라고 한다.[34]

힉은 이 설명에서 요한복음의 저자 요한과 칼케돈공의회(451)가 예수의 성육신, 신성, 구원 유일성 개념을 헬레니즘의 형이상학의 실재 개념에서 빌려왔거나 그 문화에서 도출했다고 한다.

힉은 예수의 성육신을 형이상학적으로 해석하면서 타종교에도 그리스도가 성육신했을 가능성을 말한다. 예수의 성육신이 '하나님의 아가페의 시간적 단면'이라서 그것이 성육신 이해의 전부가 아니라고 한다. 타종교에도 성육신이 있다고 한다. "우리는 예수에 대해 그의 아가페가 지상에서 작동하는 하나님의 아가페였다는 의미에서 그가 전적으로 하나님이었다고 말하고 싶지만, 그의 모든 행동을 신적 아가페의 남김 없는 표현이라고 말하고 싶지는 않다"[35]고 한다.

힉의 예수 성육신의 신화 이론의 핵심은 기독교인들이 예수 안에서 하나님을 만날 수 있지만, 반드시 예수 안에서만 하나님을 만난다고 주장할 필요가 없다는 것이다. 예수가 자신들의 삶의 중심이며 규범이라고 선언할 수 있지만, 다른 모든 인간에게까지 그 예수가 삶의 중심이며 규범이라고 주장할 필요는 없다고 한다. 그는 종교 간의 대화 가능성을 보장하는 것은 종교다원주의 기독론이라고 한다.

자유주의 신학을 따르는 영국국교회의 감독 존 로빈슨(John Robinson, 1919-1983)은 도덕률조차 고정된 어떤 것이 아니라 상황에 따라 달라질 수 있는 것이라고 했다. 『신에게 솔직히』(*Honest to God*, 1963)에서 기존의 초월적인 하나님 개념은 과학적, 철학적 변화와 세속화된 세계에서 더 이상 의미가 없다고 한다. 그는 초월적인 신 대신 인간 경험 안에서 경험되는 내재적 신을 강조하고, 인간관계에서 발견되는 사랑이 곧 하나님이라고 주장한다.

힉은 로빈슨과 마찬가지로 예수가 하나님을 완전하게 표현하는 분, 신성을 온전히 드러내는 분(totus deus)이지, 하나님의 무한한 본질을 가진 완전한 신(totum dei)은 아니라고 한다. 예수는 하나님을 완벽하게 나타낸 분이지만 그분은 하나님의 무한한 본질을 가진 신이 아니며, 또한 유일한 그리스도도 아니라고 한다.[36]

5. 힌두교 영성의 샘

힌두교 경전 『리그베다』(Rigveda)는 "신적 실재는 하나이지만 종교적 나타남은 다양하며, 여러 가지 이름들이 붙여진다"[37]고 한다. 모든 종교의 신은 하나의 신적 실재의 서로 다른 나타남이라고 한다. 각 신은 독자성을 가지고 있으며, 다양한 신들은 유일신의 아드바이적 현현 신이라고 한다. 그 유일신은 많은 이름을 가졌고, 여러 가지 명칭으로 불려진다고 한다. 여러 신들이 곧 하나의 신이라고 보는 다

---

[34]Hick, *The Center of Christianity*, 148-158.

[35]Hick, *The Center of Christianity*, 159.

[36]John Robinson, *Truth Is Two-Eyed* (London: SCM Press, 1979), 104, 120.

[37]*The Four Vedas with Spiritual Translation* Vol. I (Karnataka: Sri Aurobindo Kapali Sastry Institute of Vedic Culture, 2012), 164.

신적 유일신론—만신총합 유일신론의 출처는 힌두교의 아드바이타 세계관이다.

전술했듯이, 힌두교 베단타 학파의 아드바이타 사상은 우주에는 하나만의 궁극적 실재가 있다고 한다. 세상의 다양한 종교적 표현들은 이 실재의 서로 다른 다양한 표현들이라고 한다. 궁극의 실재와 다양한 신들은 비이원적으로 하나라고 한다.[38]

아드바이타 세계관에 근거한 힉의 종교관의 핵심은 세 가지이다. 첫째, 신, 곧 무한의 신적 실재는 인격적이면서도 비인격적이다. 비록 인간이 유한한 마음으로 이것이 어떻게 가능한지 이해할 수 없지만 그러하다. 다양한 종교들이 말하는 '신의 인격성과 비인격성'은 실재 그 자체에 대한 서로 다른 현상적 개념들이다.

둘째, 다양한 세계 종교들의 신은 하나의 동일한 실재에 대한 서로 다른 현현 또는 현상적 개념들이다. 각 종교는 동일한 신적 실재를 다르게 경험한다. 여러 종교의 신들은 같은 신의 다양한 표현이다.

셋째, 각 종교는 무한한 신적 실재의 진정한 측면, 적어도 하나의 측면을 포착하고 있다. 그렇기 때문에 세계의 위대한 종교들이 신앙하는 다양한 신, 신적 실재의 개념들은 상충하지 않는다. 따라서 모든 종교는 동일동가이며, 상호보완적이다.[39]

힉의 종교다원주의는 아드바이타 세계관에 기반한다. 그는 인도 방문(1970) 이전에 이미 베단타 아드바이타 사상을 익히 알고 있었다. 아드바이타 사상에 기초한 힌두교계 종교다원주의 사상가 라마크리슈나(Sri Ramakrishna, 1836-1886)의 사상을 심도 있게 접했다.[40] 베단타 철학자 아우로빈도(Sri Aurobindo Ghose, 1872-1950)의 무한의 논리(logic of the infinite)도 충분히 알고 있었다. 그는 아우로빈도가 궁극적 실재에 대한 인격적 개념과 비인격적 개

념을 조화시키는 철학적 기반을 제공한다고 칭송한다.[41]

힉은 자서전에서 자신이 1960년대 런던에서 힌두교 베단타 철학자 아우로빈도의 작품까지도 주목했다고 밝힌다.[42] 아우로빈도가 우파니샤드의 고대 베단타에서 무한의 논리(logic of the infinite)를 도출했다고 지적한다.[43]

힉이 힌두교 철학자 아우로빈도의 사상을 도입한 것은 상충하는 종교 진리들을 조화시킬 의도였다. 무한 실재(infinite reality)가 개인적인 주(Personal Lord)와 비인격적 존재의 근원(Non-Personal Ground of Being)이 될 수 있다는 것이다. 무한한 실재의 인격적이면서 동시에 비인격적인 국면의 양립이 불가능하지 않고 상호보완적이라고 한다.[44] 비록 유한한 인간의 마음은 상호 모순적인 이 특성을 이해할 수 없지만, 상호보완적으로 양립하는 것은 사실이라고 한다.

---

[38] *The Four Vedas with Spiritual Translation*, Vol. I. 164. See *The Complete Works of Swami Vivekananda*, Kolkata(Calcutta): Advaita Ashrama, 2016), Vol. 1, 348, 475.

[39] 힉의 종교다원주의 이론은 아래의 4권의 책에 담겨 있다. John Hick, *Arguments for the Existence of God* (London: Macmillan, 1970), 117-120; *God and the Universe of Faiths* (Oxford: One World, 1973), 120-147; *Philosophy of Religion*, second ed. (Englewood Cliffs: Prentice Hall, 1973), 119-129; "The Outcome: Dialogue into Truth," ed. by John Hick, *Truth and Dialogue in World Religions* (Philadelphia: Westminster Press, 1974), 152.

[40] John Hick, *Philosophy of Religion*, 2nd edition (London: Pearson, 1973), chapter 9; "The Outcome: Dialogue into Truth"을 보라.

[41] Hick, *Philosophy of Religion*, 2nd ed., 128.

[42] John Hick, *An Autobiography* (London: Oneworld Publications, 2005), 193.

[43] Hick, *Philosophy of Religion*, 2nd ed., 128.

[44] Hick, *Philosophy of Religion*, 2nd ed., 128.

힉이 힌두교 철학 구도에 따라 신을 인격적이면서도 비인격적인 존재로, 그리고 무한의 신적 실재로 이해한 지적인 결과는 그의 책『하나님과 신앙들의 세계』(*God and the Universe of Faiths*, 1973)[45]에 담겨 있다.

힉의 종교다원주의는 근본적으로 힌두교 베단타 사상의 '무한 이론'에 의존한다. 그는 자신의 종교다원주의의 첫 번째 핵심인 '무한한 신적 실재'가 힌두교 사상에서 유래했음을 다음과 같이 말한다.

> 만약 모든 심오한 유형의 유신론이 주장한 바와 같이, 신이 무한하여 우리의 유한한 인간 범주를 초월한다면, 신은 인격적인 주이며 비인격적인 존재의 근원이 될 수 있다. 심판자이며, 아버지이고, 정의와 사랑의 근원이 될 수 있다. 어쨌든, 아우로빈도가 무한의 논리(the logic of the infinite)라고 부른 것을 탐구하고 사유하는 것이 우리의 과제이다. 상호 배타적인 술어들이 무한한 실재에 적용될 때 더 이상 상호 배타적이지 않게 되는 바른 길을 연구하는 것이 중요하다.[46]

힉은 위 책에서도 신학의 코페르니쿠스적 혁명을 요구한다. 세계 종교를 조화시키려는 과거의 노력이 특정 종교(기독교)와 그 종교의 신 이해를 신학의 중심에 둔 것은 천동설을 주장한 프톨레마이오스주의와 같다고 한다.[47] 한스 큉의 보편 구원론이 모두 프톨레마이오스 체계에 갇혀 있다고 지적한다.[48] 큉이 기독교를 중심축으로 삼아 타종교를 논하는 포괄주의 태도를 취한다고 지적한다. 일부 베단타 철학자들도 이와 동일한 체계에 갇혀 있다고 비판한다.[49]

힉의 신론의 전제는 신의 긍정적 무한성(the positive infinitude of God)이다. 이것은 힌두교 베단타 사상의 무한 이론에서 나온 것이다. 이 이론에 따르면 각 종교는 동일한 신적 실재의 상이한 나타남이다.

힉에 따르면, 모든 주요 종교 전통들은 궁극의 신적 실재(신)가 무한함을 인식하는 것부터 시작한다. 이 실재는 인간의 마음이 이해할 수 없을 정도로 초월적이다. 기독교 용어로 말하자면, 신은 무한하다. 우리는 신의 본성을 둘러싼 경계를 설정하고 신이 이것 이상은 아니라고 말할 수 없다. 만약 우리가 신의 내적 존재와 외적 한계를 완전히 정의할 수 있다면, 그것은 신이 아닐 것이다. 여기에서 각기 다른 종교 전통 안의 초월적인 존재의 다양한 만남이 모두 하나의 무한한 실재와의 만남일 수 있다는 결론에 이른다. 다만 그 실재의 일부 다른 측면과 중복되는 측면들을 만나는 것일 수 있다. 야훼, 알라, 크리슈나, 아트마, 성 삼위일체 하나님 등 다양한 신의 개념들이 모두 신성을 나타내는 이미지일 수 있다. 각 개념은 신적 실재의 일부 또는 여러 측면을 표현하지만 그 가운데 어느 것도 궁극적 실재의 무한한 본질에 완전히 일치하지는 않는다.[50]

힉은 신, 신적 실재의 무한성을 두 가지 요점으로 정리한다. 첫째, 신적 실재는 인간의 마음으로 이해할 수 없다. 둘째, 신의 본성에는

---

[45]John Hick, *God and the Universe of Faiths: Essays in the Philosophy of Religion* (London: Oneworld Publications, 2015).

[46]Hick, *Philosophy of Religion*, 2nd ed., (1973), 128; Hick, "The Outcome: Dialogue into Truth," 152-53에 실려 있다.

[47]Hick, *God and the Universe of Faiths*, 131.

[48]Hick, *God and the Universe of Faiths*, 127-128.

[49]John Hick, *An Interpretation of Religion: Human Responses to the Transcendent* (New Haven: Yale University Press, 2005), 253.

[50]Hick, *God and the Universe of Faiths, 139.*

정의 가능한 한계가 없다. 따라서 우리가 "신은 이것이며, 그 이상은 아니다"라고 말할 수 없다.

힉의 신의 무한성 개념은 아드바이타 세계관에 기초한 힌두교 종교다원주의자 라마크리슈나의 사상과 그 사상을 전수받은 아우로빈도의 "신에게는 한계가 없다"는 가르침과 정확히 일치한다.[51]

힉은 신의 무한성과 무한본질이라는 힌두교 철학의 전제에서 자신의 종교다원주의 이론을 명시적으로 도출한다. 각 종교가 신, 신적 실재의 상호보완적인 특징을 드러낸다고 한다. 따라서 모든 종교는 동일동가라는 것이다. 각 세계 종교는 무한한 궁극의 실적 실재(신)의 어떤 '실제 측면 또는 범위의 측면'(aspect or range of aspects)을 포착하지만, 어느 종교도 신적 실재(신) 전체(whole)를 완전히 포착하지는 못한다고 한다.

힉은 이를 설명하면서 힌두교 사상가들이 들려주는 옛 인도의 우화 '시각장애자와 코끼리 이야기'를 도입한다. 시각장애자들은 코끼리 다리, 배, 귀를 만져보고 그 동물을 각각 다른 이미지로 이해한다. 이 은유는 라마크리슈나가 즐겨 사용한 것이다. 힉이 이 우화에서 도출한 교훈은 각 종교가 신의 한 측면을, 한 측면만을 드러낸다는 것이다. 각 종교는 진리의 일부를 가지고 있다고 한다. 이 대목에서 힉은 자신의 종교다원주의 이론을 뒷받침하려고 힌두교 경전 『리그베다』(Rigveda, I.164)와 『바가바드기타』(Bhagavad Gita, IV.11)를 인용한다.

6. 딜레마: 준칸트주의

힉은 후기에 힌두교 베단타 철학과 아드바이타 사상을 자신의 종교다원주의의 기본 구도로 유지하면서도 칸트주의 인식론을 일부 도입한다. 인간이 실재를 직접적으로 이해하거나 완전히 알 수 없다고 본다. 우리가 궁극적 실재에 대한 다양한 인격적 그리고 비인격적 개념들을 엄격하게 알 수 없다고 한다.

힉은 세계 종교들의 중심 진리들을 있는 그대로 받아들이지 않는다. 힌두교 베단타 철학에 따라 다양한 종교들의 신적 인격성(divine personae)과 비인격성(divine impersonae)을 하나의 동일한 실재 그 자체(ding an sich)에 대한 서로 다른 현상적 개념들이라고 일컫는다. 동시에 인간이 신적 실재를 "엄밀히 알 수 없다"고 한다. 그 까닭은 "형언할 수 없는 실재이기 때문"[52]이라고 한다.

힉은 힌두교 베단타 사상의 신의 존재에 대한 구도를 유지하면서도 칸트의 인식론에 따라 인간이 신적 실재 그 자체를 완벽히 알 수 없고, 형언할 수도 없다고 한다. 무한의 신적 실재를 알 수 없는 본체적 실재로 간주한다.

힉은 이처럼 힌두교 아드바이타 세계관에 의존하면서 다양한 세계 종교들의 인격적인 실재와 비인격적인 실재의 존재론적 지위를 격하시키는 것을 자제한다.

힉은 자신의 종교다원주의 사상을 설명하면서 니르구나 브라만(Nirguna Brahman)과 사구나 브라만(Saguna Brahman) 사이의

---

[51]Swami Medhananda, "John Hick's Vedantic Road Not Taken?: A Reconstruction and Defense of Sri Ramakrishna's Model of Religious Pluralism," A conference paper, Ayon Maharaj, *Infinite Paths to Infinite Reality: Sri Ramakrishna and Cross-Cultural Philosophy of Religion* (Oxford: Oxford University Press, 2018).

[52]John Hick, *An Interpretation of Religion: Human Responses to the Transcendent* (New Haven: Yale University Press, 2005), 246.

힌두교 식 구별을 도입한다. 브라만의 구별을 의도적으로 시도하면서, 아드바이타 비전을 따라 "하나의 궁극적 실재가 니르구나이면서도 사구나이다"[53]라고 한다. 힉은 니르구나 브라만과 사구나 브라만을 동일하고 무한하며 신성한 실재의 다른 측면으로 간주하며, 존재론적으로 동등한 지위에 놓는다.

힉은 이 지점에서 칸트의 인식론의 핵심 요소만을 수용한다. 칸트가 인간이 실재 그 자체(ding an sich)를 직접적으로 알 수 없고, 다만 우리가 알 수 있는 것은 우리의 감각과 인식 체계를 통해 나타나는 현상뿐이라고 한 말을 받아들인다. 힉은 준칸트주의자(Quasi-Kantian)에 해당한다. 칸트 인식론의 핵심 개념들을 완전히 수용하지 않으면서도, 그 사상적 구조를 일정 부분 계승한다. 칸트주의와 비슷하지만, 그것과 구별되는 일종의 변형이다.

힉은 초기에 라마크리슈나(Sri Ramakrishna, 1836-1886), 비베카난다(Sri Vivekananda, 1863-1902), 오로빈도(Sri Aurobindo, 1872-1950)의 종교 사상을 전략적으로 자기 것으로 도입하여 힌두교 세계관을 근거로 종교다원주의 이론을 구성했다. 베단타 철학의 무한 논리(logic of the infinite)에 반복적으로 호소하며, 힌두교 사상가들의 유명한 문구들을 자주 인용했다. 그러나 칸트의 인식론적 굴레에 갇히지 않을 목적으로 한 발 물러서서 칸트의 인식론의 핵심만을 수용하는 준칸트주의 견해를 취한다.

7. 사마르타, 변선환, 비셔트 후프트

WCC의 몽학선생, 유급 전임 종교다원주의 신학자로 각각 10년 동안 이 단체의 종교다원주의 신앙고백을 이끈 스탠리 사마르타와 웨슬리 아리아라자의 사상은 기본적으로 힉의 신 중심주의 이론에 기초해 있다. 이들은 기독교가 여러 종교들 가운데 하나이며, 절대적 종교라고 해야 할 특별한 까닭이 없다고 한다. 기독교는 구원의 길이지만, 여러 길 가운데 하나라고 한다. 기독교인은 기독교에 대한 절대성과 우월감의 틀에서 벗어나 타종교인들과 함께 인류 공동의 목표를 추구해야 한다는 힉의 사상을 공유한다.

변선환은 WCC의 첫 번째 유급 전임 종교다원주의 신학자 스탠리 사마르타가 힌두교 철학, 특히 베단타 철학에 의존하여 종교다원주의 이론을 구축했다고 치하한다. "인도적 영성의 샘물인 베단타 철학, 특히 상카라의 아드바이타 철학, 서구 사상가들이 플라톤과 아리스토텔레스를 소중하게 생각하며 신학 작업을 하였듯이" 사마르타가 "인도의 아드바이타 기독교인들(Advaita Christians)의 신앙에 더없이 소중한 것, 곧 신의 더 큰 신비 속에서 계시된 예수 그리스도의 신인성(神人性)의 신비를 쉽게 깨닫게 한다"[54]고 평가한다.

WCC의 초대 사무총장 비셔트 후프트는 라마크리슈나와 아우로빈도가 주도하는 라마크리슈나 미션을 기독교적 토대를 위협하는 종교혼합주의의 가장 중요한 모델이라고 평가한다. 인도계 신학자들이 힌두교 베단타 철학의 아드바이타를 종교의 마지막 단어로 여기며, 사랑으로 모든 종교와 종파들을 응시할 수 있게 하는 유일한 자

---

[53]Duncan Forrester, "Professor Hick and the Universe of Faiths," *Scottish Journal of Theology* 1 (1976), 65-72.

[54]변선환, "종교 간의 대화 백년과 전망: 세계 종교대회를 중심하여서"(1993), 『종교간 대화와 아시아신학』(천안: 한국신학연구소, 1996), 43-44.

[55]비셔트 후프트, 『혼합주의와 기독교적 우주주의: 다른 이름은 없다』(서울: 성광문화사, 1987), 48-51.

리(standpoint)라고 주장한다고 지적한다.[55] 전술한 비셔트 후프트
와 변선환은 힌두교 아드바이타 사상이 무엇인지 설명하지 않는다.
그것과 종교다원주의의 관계를 통찰하지도 않는다. WCC의 종교다
원주의 신앙고백에 미칠 영향을 언급하지 않는다.

인도계 WCC 신학자 마다틸파람필 토마스, 스탠리 사마르타, 웨
슬리 아리아라자는 모두 힌두교 세계관을 따라 '종교다원주의 기독
교' 또는 '브라만 기독교'를 모색했다. WCC의 중앙위원회 의장 토마
스는 아드바이타 사상에 충실한 라이문도 파니카와 존 힉의 종교다
원주의 사상을 WCC 안에 끌어들인 길라잡이였다.

토마스는 WCC 중앙위원회 위원장으로 활동하면서 종교다원주의
자 사마르타를 이 단체의 몽학선생, 유급 전임 신학자로 모셨다. 사
마르타의 후임자 웨슬리 아리아라자는 힌두교의 다신적 유일신론에
기초한 종교다원주의를 이 단체의 신앙고백으로 성공적으로 안착시
켰다. 사마르타와 아리아라자는 벵갈루루의 연합신학대학에서 가르
치고 배운 사제지간이다.

힉은 WCC의 공식적인 지위를 맡은 바 없다. 그럼에도 그의 사상
은 WCC 종교다원주의 신앙고백의 이론적 기반으로 작용했다. 모든
종교가 유일신에 이르는 길이며, 각 종교인들이 다 구원을 받는다는
이 사상은 "하나님의 구원의 은총에 제한을 둘 수 없다"는 WCC의
신앙고백으로 명시된다.

힉의 구원론은 WCC의 초대 사무총장 비셔트 후프트의 만인보편
구원주의와 동일한 귀착지에 이른다. 힉은 모든 종교가 구원의 길이
므로 각 종교의 신봉자들이 다 구원을 받는다고 한다. 비셔트 후프트
는 예수의 유일회적 십자가 사건 덕분에 모든 사람이 다 구원을 받는
다고 한다. 앞에서 상론한 바와 같다.

힉의 종교다원주의 신학에는 종교 간의 갈등과 대립을 해결하려는 긍정적인 의도가 엿보인다. 아무튼, 그의 종교다원주의, 신 중심주의는 힌두교 베단타 철학의 아드바이트 사상 구도를 고스란히 유지한다. 우주의 중심에는 참 하나님이나 예수 그리스도가 존재하는 것이 아니라 궁극의 신적 실재인 다신적 유일신—만신총합 유일신이 존재한다고 한다.

정리하자면, 힉은 예수 그리스도가 신과의 만남을 위한 중재자이지만, 그 분만이 유일의 구원의 통로라고 말함은 그릇되다고 한다. 인류는 보편적으로 신에 대한 개념을 갖고 있다. 따라서 기독교는 그리스도 중심 모델을 버리고, 인류가 보편적으로 가지고 있는 신 중심 모델로 패러다임을 바꿔야 한다. 모든 종교의 신 개념을 통합하는 신 중심주의, 곧 만신총합 유일신론의 신 모델로 전환함이 마땅하다. 각 종교는 궁극적 실재를 문화적·역사적 맥락에 따라 다르게 경험하고 해석한 것일 뿐이다. 어느 하나의 종교가 그 실재를 완전하게 포괄하거나 독점할 수 없다고 한다.

맺음말: 아드바이타적 유일신은 실재하는가?

힉은 힌두교 철학, 인도인의 종교 경험, 베단타 아드바이타 세계관에 따라 진리의 다원적 특성, 신과 세상과 인간의 비이원적 관계, 곧 불이일원론적 특성을 근거로 다섯 가지 핵심을 가진 다신적 유일신 중심의 종교다원주의 신론을 정립했다.

첫째, 세계의 모든 종교는 하나의 궁극의 신적 실재의 다양한 나타남이다. 종교 경험은 문화와 전통에 따라 다르다. 그 경험은 궁극적으로 동일한 실재에서 연원한다. 인간이 알고 있는 하나님은 궁극의 실재 그자체가 아니라 특수한 역사, 전통, 종교 인식이 만들어 낸 지역적·문화적·종교적 반응이다.

둘째, 하나님은 많은 이름을 가졌다. 하나님은 각 민족, 문화, 역사, 종교 마다 다른 이름을 가졌다. 그 모든 신은 동일한 신의 서로 다른 현현이다.

셋째, 다양한 종교 전통들은 모두 유효한 진리를 반영한다. 모든 종교는 동일동가의 구원 공동체이다.

넷째, 각 종교에는 같은 본질의 서로 다른 이름의 그리스도가 존재한다. 다른 형태로 존재하는 이 그리스도들은 동일동가이다.

다섯째, 하나님은 모든 종교의 예배를 받는다. 각 종교는 하나님을 만나는 길이다. 다양한 구원의 길이다. 따라서 하나님의 구원의 은총에 제한을 둘 수 없다.

이상의 힉의 주장은 여러 가지 의문을 자아낸다. 그가 말하는 신, 궁극의 신적 실재는 실재하는가? 베단타 철학의 아드바이타 세계관은 합리적이며 이성적인 진리인가? 그것이 참인 것을 어떻게 증명할 수 있는가? 칸트는 인간이 궁극의 실재를 인식하고 이해할 수 있는 능력을 지니고 있지 않다고 한다. 반면에 힉은 궁극의 신적 실재—하나님이 실재한다고 한다. 다신적 유일신론, 곧 잡신총합 유일신 개념의 신이 존재한다는 것을 우리가 어떻게 알 수 있으며, 무엇에 근거하여 그러한 신, 궁극의 신적 실재를 정의할 수 있는가?

힉은 신적 존재가 실재한다는 가정 위에서 신 중심주의라는 종교다원주의 이론을 펼치지만, 그는 하나님이 다신적 유일신—만신총합 유일신이라는 것을 어떻게 알았는가? 우리는 베단타 철학 개념의 신이 실재한다고 어떻게 확언할 수 있는가?

궁극의 신적 실재(하나님) 가 존재하는가? 이 질문은 인간이 그것을 어떻게 파악하고 어떻게 인식할 수 있는가 하는 인식론적 질문에 직결된다. 힉은 힌두교 사고구도와 세계관에 따라 그것을 설명한다. 안타깝게도 인간은 자신의 자연적 인식 능력으로 신적 실재를 온전히 인지할 수 있는 능력과 방법을 가지고 있지 않다.

힉은 궁극의 신적 실재가 모든 실재하는 것들의 지고하고 최종적이고 근본적인 능력이라고 한다. 그런데 힉에게 궁극의 신적 실재가 무엇인가 하고 물으면, "그것이 무엇인지 알 수 없다"고 답한다. 인간의 지적 능력의 한계 때문에 신에 대하여 아무 것도 알 수 없다고 하는, 긍정과 부정을 거부하는 불가지론(Agnosticism)으로 반응한다. 힉의 주장은 모순투성이다.

힉은 모든 진리가 상대적이라는 칸트의 인식론적 전제에서 출발하여 베단타 철학의 아드바이타 세계관에 호소하는 종교다원주의 이론을 구축했다. 모든 종교적 표현들은 상대적이며, 절대적인 종교는 존재하지 않는다고 한다. 인간이 사유(思惟)하는 것, 생각하고 추리하는 모든 것은 민족, 역사, 종교, 문화 등의 상대적 표현이라고 한다. 인간은 해석학적으로 의존적인 존재라고 한다. 인간의 진리 이해는 주관적이며, 따라서 일련의 상대적인 해석 과정을 거친다는 것이다. 이 지적은 타당하다.

준칸트주의자 힉의 종교다원주의 사상은 칸트의 인식론을 넘어서지 못한다. 인간이 절대적인 것을 알 수 없으며, 인간 경험에 부합하지 않는 것을 진리라고 할 수 없다는 이론을 수용한다. 칸트의 철학은 진리 상대주의로 연결된다. 힉은 역사 속에 출현한 모든 종교적 이념, 교리, 조직이 상대적 가치만을 지닌다고 한다. 진리의 한 면만을 반영한다고 한다. 모든 종교가 신적인 특성의 일면을 지니고 있다는 것이다.

　인간이 힉이 말하는 신적 실재의 존재를 인식할 수 있는가? 그 질문에 어느 누구도 '그렇다'라고 답할 수 없다. 자연적 인식 기능을 가진 인간은 인간 이성 너머에 있는 절대적이고 초월적이고 초자연적인 존재인 궁극의 신적 실재를 알 수 없다. 그러한 실재가 실제로 존재한다고 단언할 수 없다. 인간 이성의 한계 때문이다. 이것이야말로 칸트가 인류에게 준 큰 깨달음, 곧 인식론적 선물이다. 사실상 하나님의 특별한 영감이나 신의 특별계시 또는 인간의 인식과 지적 한계를 넘어서는 초자연적인 수단이 아니고서는 신에 대한 온전한 인식을 하는 것 자체가 불가능하다.

　인간이 하나님 궁극의 신적 실재를 바르게 이해하거나 제한적으로나마 옳게 이해할 수 있는 길이 없는가? 전혀 아무런 방법이 없는가? 인간이 하늘을 볼 수 있는 붓대롱을 지니고 있다면 그것으로 경험하는 하늘을 하늘이 아니라고 할 수 없다. 인간이 하늘 전체를 볼 수는 없다. 그러나 주어진 붓대롱으로 본 하늘도 하늘인 것은 사실이다. 인간은 태양계와 지금도 확장하고 있다고 하는 여러 개의 태양계를 포함한 우주 전체를 바라 볼 수 없고, 파악할 수 없다.

　그러나 우리가 보는 하늘, 볼 수 있는 만큼의 하늘도 하늘인 것은 틀림없다. 만약 붓대롱이 인간에게 주어진 하늘을 볼 수 있는 유일한 수단이면 그것을 거쳐 보는 하늘은 인간이 볼 수 있는 하늘의 전부이다. 붓대롱을 거쳐 보이는 하늘도 하늘이다. 철학자들이 말하는 궁극의 신적 실재, 기독교의 참 하나님을 접할 수 있는 인간의 붓대롱은 무엇인가?

제4부

몽학선생들

16

토마스의 그리스도 중심 혼합주의

—그리스도를 위하여 그리스도를 버려라—

인도 남서부 켈라라(Kerala) 지역의 마르 도마교회(Mar Thoma Church)는 기원후 52년경 예수의 제자 도마의 사역으로 시작되었다. 마르(Mar)는 시리아 기독교 전통의 성인(聖人)을 지칭하는 용어이다. 마르 도마교회라는 이름은 도마의 사도적 권위와 역사성을 강조하는 상징적 명칭이다.

포르투갈 침략자들과 함께 1560년대에 인도에 들어온 예수회 선교사들은 이곳의 기존 기독교 공동체를 향하여 라틴어로 예배를 드리는 로마가톨릭교회로 전향하라고 강요했다. 따르지 않자 이단으로 몰아 박해했다. 마르 도마교회의 일부 신도들은 외세의 지배를 거부하는 등 우여곡절을 겪었다.

마르 도마교회의 사제 아브라함 말판(Abraham Malpan, 1796-1845)은 이 교회의 개혁을 주도했다. '동방의 마르틴 루터'로 불리는 그는 성경 중심의 신앙으로 회귀할 것을 강조했다. 죽은 자를 위한 기도, 성인 숭배, 성인 중재 등을 거부했고, 예배를 단순화했다.

마르 도마교회는 1889년의 교회개혁 운동을 거쳐 독립했고, 현재는 시리아정교회에 소속되어 있다. 시리아정교회 전례(典禮) 전통을 유지하면서도 프로테스탄트 신학과 윤리실천을 수용한다. 성경적 설교와 선교 활동을 강조한다. 이 전통은 인도와 세계 전역에 흩어져 사는 마르 도마교회 디아스포라들에게 영향을 미치고 있다.

인도인 마다틸파람필 마멘 토마스(Madathilparampil Mammen Thomas, 1916-1996)는 저명한 정치가, 신학자이다. 자유주의 신학 전통을 따르는 벵골루루의 연합신학대학의 영향을 받았다. 학생기독운동(SCM)과 WCC 에큐메니칼 운동의 핵심 인물이다. 그는 독학으로 신학을 터득했다. 에큐메니칼 활동과 사회활동에 대한 기여를 인정받아 몇 개의 대학에서 명예박사 학위를 받았다. 마르 도마교회에서 사제(부제)로 서품을 받았다.

토마스는 종교다원주의를 WCC에 끌어들인 장본인이다. WCC 중앙위원회 위원장(1968-1975)으로 활동하면서 타종교를 기독교와 동일동가의 공동체로 여기는 WCC 에큐메니칼 운동의 탈기독교적 방향 전환에 결정적으로 이바지했다. WCC의 비전을 넓혀 세계종교 일치운동과 하나님의 구원의 은총에 제한이 없으며, 모든 종교가 다 구원의 길이라고 하는 신앙고백의 길을 열었다. 종교다원주의가 들어오도록 WCC 성문의 빗장을 열어 주었다.

토마스는 WCC 제4차 총회(웁살라, 1968)에서 중앙위원회 위원장으로 선출되었다. 그는 1975년까지 위원장 직임을 수행하면서, WCC의 종교대화국 신설하고, 종교다원주의자 스탠리 사마르타 박사를 10년 임기의 유급 전임 신학자, 곧 몽학선생으로 모시는 일을 주도했다. 종교다원주의의 성공적인 WCC 진입을 가능하게 했다. 토마스는 사마르타 사상의 영향을 받는 동시에 그의 멘토 역할을 했다.

토마스는 교회가 복음전도와 개인의 영혼구원에 치중하기보다는 수백만 명의 사람들이 아우성치는 상황에서 급격한 사회해방에 앞장서야 한다고 했다. 사마르타가 추진하는 종교 간의 대화는 기독교인과 비기독교인이 함께 하나님이 원하는 세속적인 공동의 인간성(Common Humanity)에 기반을 두어야 한다고 했다.

토마스가 생각하는 기독교인과 타종교인과의 대화의 출발점은 공동의 인간성이다. 기독교 선교는 다른 사람들을 기독교로 개종시키거나 예수 믿으라고 전도하는 것이 아니라 '기독교적인 것'(christliche sache)을 증언하는 것이다. 종교 간의 대화는 상대방을 충실한 '기독교적 힌두교인'(Christlicher Hindu)이 되게 하는 활동이다.

토마스의 종교다원주의는 '그리스도 중심 혼합주의'로 일컬어진다. 토마스는 자신이 모든 종교와 이념들에 자유롭게 열려 있다고 했다. 기독교, 힌두교, 이슬람, 무종교를 구분하는 것은 중요하지 않으며, 정통 기독론과 구원론을 종교적 제국주의를 꾀하던 유럽 기독교가 남긴 허접한 교리라고 평가했다.

토마스는 기독교의 목표를 예수의 인간성(humanity)에 기초한 종교혼합주의의 확립으로 설정했다. 인간의 행복, 복지, 안녕, 건강, 부, 평화, 정의, 평등 등을 추구하는 새로운 인류 공동체 창조에 필수적이라고 했다. 구원은 역사 저편에서 완성되는 것이 아니고, 정치 영역 밖의 사건도 아니며, 오직 역사 속에서 실현된다고 했다. 이 구원은 가난하고 억압받는 사람들의 해방투쟁을 거쳐 이루어진다고 했다.

1. 힌두교 배경의 신학자들

WCC의 종교다원주의 신앙고백에 이바지한 신학자들은 힌두교 배경을 가진 인도계 인물들이다.[1] 로마가톨릭교회 사제 라이문도 파니카, 시리아정교회 소속 사제 인도인 토마스, 남인도교회의 목사 스탠리 사마르타, 그리고 스리랑카인 감리교회 목사 웨슬리 아리아라자이다.

인도계 종교다원주의 신학자들은 모조리 역사적 기독교의 예수구원 유일 진리에 도전한다. 힌두교 배경을 가진 이들은 예수를 구루(Guru)로 여기며, 힌두교 개념으로 예수를 이해한다.[2] 예수를 인도문화와 힌두교 세계관의 틀 안에서 이해한다. 예수의 삶에서 힌두교의 지혜와 신비주의를 발견한다. 예수를 깨달음을 주는 지혜로운 선각자로 여긴다. 예수를 힌두교 신 브라만의 '아바타 구루' 로 보며, 모든 종교의 요소들을 포괄하는 궁극의 신적 실재, 곧 유일신의 현현이라고 본다.

힌두교계 종교다원주의 신학자들에게 예수는 위대한 스승이지만 유일한 구원자는 아니다. 예수는 십자가에 달려 인류의 죄를 대신하여 희생제물로 죽고 3일 만에 부활한 그리스도가 아니다. 윤리적 이상을 가르치고 그것을 실천으로 보여 준 스승 구루이다.[3]

토마스는 공산주의자였다. 영국의 인도 식민지배에 저항한 인도 민족주의 공산당 당원이었다. 힌두교 아바이타(Advaita)—비이원성 세계관으로 세상을 보면서 동일한 비전을 가진 마하트마 간디(Mohandas Gandhi, 1869-1948)를 존경한 간디주의자였다. 토마스를 이해하려면 간디주의와 아드바이타 세계관을 가진 힌두교 종교다원주의자 라마크리슈나(Sri Ramakrishna, 1836-1886)를 이해하는 것이 필요하다.

간디는 비폭력 저항주의 정치철학에 따라 적을 사랑하고 폭력을 부정함으로써 개인의 자유와 인도의 독립을 추구했다. 간디는 라마크리슈나를 지극히 존경했다.[4]

간디는 비폭력적 항거의 힘과 통찰을 신약성경에서 차용했다. 정신적으로 라마크리슈나를 따랐고, 아드바이타 사상에 충실했다. 모든 종교와 종교 진리들을 동등히 존중했다. 다양한 종교를 인간을 동일한 목표로 인도하는 서로 다른 길로 여겼다. 그리스도는 하나님에게서 방사(放射), 방출(放出)된 여러 가지 계시 가운데 하나라고 했다.

토마스의 사표(師表) 간디는 예수 그리스도를 왕좌에 앉히지 않았다. 모든 종교는 참이며, 모두 어느 정도의 오류를 지니고 있다고 생각했다. 자신이 기독교로 개종하는 것은 불필요하다고 했다. 힌두교를 존경하듯이 타종교를 존경한다고 했다.[5]

토마스는 간디와 마찬가지로 라마크리슈나의 강력한 영향 아래 있었다. 그의 종교적 포용력과 수용성을 선호했다. 힌두교계 종교혼합주의 종단 '라마크리슈나 미션'과 긴밀히 교류했다.[6]

---

[1]WCC의 종교다원주의 신앙고백에 이바지한 비인도계 신학자들도 적지 않다. 헨리 반 두센 박사(Henry Van Dusen, 1897-1975)는 미국 유니온신학교 총장(1945-1963)으로 WCC 창립에 가담했다. 에큐메니즘에 대한 열정을 가지고 신학교 교과과정에 에큐메니즘 연구를 포함시켰다. WCC 제2차 총회(에반스톤, 1954) 시기의 『타임지』는 그의 초상을 표지 인물로 실었다. 반 두센은 부인과 함께 수면제를 먹고 안락사했다.

[2]Jan Peter Schouten, *Jesus as Guru: The Image of Christ among Hindus and Christians in India*, trans. into English by Henry Jansen (Brill Academic Publishing, 2010), 205-227.

[3]최덕성, "기독교는 예수를 '본받는' 종교가 아니다," 『크리스천투데이』, (2022.12.25)를 참고하라.

[4]Sharada Sugirtharajah, "Gandhi and Hick on Religious Pluralism: Some Resonances," *International Journal of Gandhi Studies* (2012), vol. 1, 3-41.

[5]비셔트 후프트, 『혼합주의와 기독교적 우주주의: 다른 이름은 없다』 (서울: 성광문화사, 1987), 73.

토마스는 라마크리슈나와 마찬가지로 포괄적인 종교 간의 대화를 촉진했다. 다양한 종교 각각의 영적 통찰을 높이 평가했다. 라마크리슈나가 강조한 종교통합 정신과 다양한 종교경험을 긍정적으로 인정했다. 라마크리슈나의 종교혼합주의적 영적 지혜와 인류에 대한 그의 보편적 사랑과 이해를 강조하는 전통을 소중히 여겼다.

토마스는 간디와 라마크리슈나와 마찬가지로 힌두교 아드바이타 세계관에 충실했다. 그는 힌두교 세계관에 기초한 종교다원주의를 에큐메니칼 운동과 WCC의 신앙고백에 반영시켰다. 토마스가 WCC에 주입한 힌두교 아드바이타 세계관은 다섯 가지 요소를 지니고 있다.

첫째, WCC로 하여금 모든 종교의 비이원성, 곧 동일성을 강조하게 했다. 모든 존재가 근본적으로 하나이며, 모든 종교가 사실상 하나라는 아드바이타 비전을 WCC에 주입했다. 기독교와 타종교들의 종교 통합 비전을 가지도록 했다. 각 종교의 교리의 차이를 초월하는 종교 일치가 실현 가능하다는 생각을 심었다.

둘째, 종교 간 대화의 필요성을 인식시켰다. 포용적인 아드바이타적 관점으로 타종교의 신앙인들과 의미 있는 대화를 나누게 했다. 종교 공동체 간의 존중과 이해를 증진시켰다. WCC로 하여금 기독교의 에큐메니칼 논의에 타종교들을 포함시키게 했고, 모든 종교를 동일동가의 공동체로 인정하게 했다.

셋째, 모든 존재의 비이원적 일체성을 강조하는 사회 정의와 인권 투쟁에 관심을 가지게 했다. 사회적 부정의, 경제적 불평등, 종교적 배타성을 진정한 영적 진리에 상반되는 것이라고 보았다. 정의롭고 평등한 사회를 만드는 노력을 하게 했다. 그리고 인류의 복지를 위한 실천적 행동에 관심을 가졌다.

넷째, 평등성과 포용성을 앞세우는 신학을 조장했다. 기독교 신학과 힌두교 사상과 타종교들의 통찰 통합을 환영하게 했고, 그러한 흐름을 주도했다. 포용적이고 전체를 아우르는 종교 신앙을 지향했다. 다양한 종교 간의 상호 학습과 일치의 풍요로움을 촉진했다. WCC의 종교 간의 대화 운동과 종교통합 그리고 종교다원주의의 기풍(ethos)을 고조시켰다.

다섯째, WCC로 하여금 종교다원주의를 수용하고 이를 고백하게 했다. 다양한 형태의 종교적 표현에서 영적 진리를 찾게 했다. 각 종교의 진리와 경험의 다양성을 배타적으로 보지 않고 상호 보완적으로 인식하고, 다양한 종교적 관습과 신념의 차이를 포괄적으로 수용하게 했다.

토마스는 독특한 제목의 책 『그리스도를 위하여 그리스도를 위험에 빠뜨리기』(*Risking Christ for Christ's Sake*, 1987)에서 모든 종교를 아우르고 다양한 요소들을 혼합하는 종교혼합주의와 종교통합주의를 주창한다. 전통적인 그리스도에 대한 교리의 안전지대를 벗어나, 종교 다원적 현실에서 그리스도의 보편적 의미와 역할을 새롭게 탐구하고, 이를 거쳐 타종교와의 연합과 인류의 공동선을 추구하는 대담한 신학적 시도를 모색하라고 한다. 그리스도를 위하여 예수 그리스도가 하나님과 인간 사이의 유일한 중보자, 화해자, 대속자라는 신념을 포기하라고 한다.[7]

토마스가 의장이던 시기에 열린 WCC 중앙위원회 아디스아바바 모임(1971)은 "각 종교의 잠자는 그리스도를 깨우자"라는 구호를 외

---

[6]Sugirtharajah, 3-41.

[7]M. M. Thomas, *Risking Christ for Christ's Sake: Towards and Ecumenical Theology of Pluralism* (Genava: WCC Publications, 1987).

치며, 종교 간 대화의 실현 가능성에 도전하는 스탠리 사마르타의 제
안들을 받아들였다. 아래에서 상론한다.

토마스는 인도 남서부의 케랄라(Kerala) 지방에서 태어났고, 마르
도마교회 구성원으로 자랐다. 출생지에 소재한 어느 대학에서 화학
을 공부했다. 그 기간에 복음적인 영적 체험을 했다. 그것을 계기로
마르 도마교회의 청년회와 인도의 학생기독연맹(Student Christian
Federation) 회원으로 활동했다.[8]

토마스는 마르 도마교회가 운영하는 고등학교의 교사로 일했다.
고아원을 운영하기도 했다. 마르크스주의자로서 인도 공산당 당원으
로 활약한 전력 때문에 사제서품에 어려움을 겪었다.[9] 교회는 그가 공
산주의자라는 것을 이유로 사제 서품을 허락하지 않았다. 우여곡절
끝에 그 교회의 사제 서품을 받았다.

토마스는 세계 학생기독연맹의 직원(1947-1953)으로 제네바에서
일했다. 그 기간에 국제적 인지도를 얻었고, 나중에 WCC 중앙위원
회 위원장(1968-1975) 직을 맡을 수 있었다. 그는 에큐메니칼 사상,
설득력, 비전, 외교적 재질, 영향력 있는 정책 결정력으로 WCC 에큐
메니칼 운동에 이바지했다.

토마스는 나중에 기독교인이 많은 인도 동북부 나가란드
(Nagaland) 정부의 주지사(1990-1992)로 활동했다. 그로부터 4년
뒤에 80세의 나이로 출생지 고향에서 세상을 떠났다.

토마스는 1978년에 웁살라대학교에서 명예박사 학위를 받았
다. 신학을 독학하여 어느 정도의 수준에 이를 만큼의 성취를 보였
다. 인도 자유주의 신학의 요람 벵갈루루 연합신학대학의 종교다
원주의 학풍을 따랐다. 이 학교의 종교학 교수 폴 데바난단(Paul
Devanandan, 1901-1962)의 종교다원주의 시각에 심취했다. 인도

의 종교다원주의자 라이문도 파니카의 종교다원주의 사상을 자기 것
으로 삼았다. 몇 권의 주목할 만한 에큐메니칼 운동 관련 저서들을
남겼다.[10]

2. 선교의 목표: 인간화

토마스는 상관관계(Correlation)의 신학자로 알려진 폴 틸리히의
『문화 신학』(*Theology of Culture*, 1964)을 따라 종교 간의 대화, 이데
올로기 간의 대화를 강조했다.[11] 그리고 기독교 선교의 목적을 인간화
(Humanization) 활동이라고 정의했다.[12] 인간화 활동은 사회 정의
실현, 평화 구축, 인권 증진, 가난과 억압으로부터의 해방, 그리고 모
든 형태의 차별과 불평등에 맞서는 일 등을 일컫는다. 이것은 WCC
가 1960년대에 도입한 요한네스 호켄다이크의 '하나님의 선교'의 핵

---

[8]A. A. Yewangoe, *Theologia Crucis in Asia: Asian Christian views on suffering in the face of overwhelming poverty and multifaceted religiosity in Asia* (Brill Rodopi: Brill, 1987), 82.

[9]서창원, "M. M. Thomas와 에큐메니즘," 『에큐메니칼 아시아 신학』 (서울: 한들출판사, 2008), 12.

[10]대표적인 작품은 두 권이다. M. M. Thomas, *The acknowledged Christ of the Indian Renaissance* (London: SCM Press, 1969); M. M. Thomas, *Risking Christ for Christ's Sake: Towards and Ecumenical Theology of Pluralism,* 1987.

[11]틸리히는 의사소통이 적극적인 참여라는 동인(動因)으로 가능해 진다고 했다. 오로지 적극적인 참여로 이루어진다. 타인의 실존에 참여함이 없는 의사소통은 존재하지 않는다. 참여하는 자만이 예언자적인 견해를 나눌 수 있다고 했다. Paul Tillich, *Theology of Culture* (New York: Oxford University Press, 1964), 202.

[12]김은홍, "M. M. 토마스의 선교 목표인 '인간화'의 신학적 구조 분석," The *Korea Society of Mission Studies* 44 (2016), 87-127.

심 개념이다.

WCC는 세속적인 선교 이론 '하나님의 선교'를 도입한 뒤, 예수 그리스도의 십자가 사역과 하나님의 구원과 영생의 도리를 언급하지 않았다. 영혼 구원, 복음 전도, 교회 건설을 선교의 목적으로 보는 전통적 선교 패러다임을 사실상 버렸다. 기독교 진리의 절대성을 배제하고 모든 종교를 동일동가로 보는 종교 간의 대화를 선교의 목표로 삼았다.

WCC의 선교는 사람을 기독교 신앙으로 개종시키는 활동이 아니다. 이 단체가 몰입하는 '하나님의 선교'에 따르면, 교회의 주 목적은 하나님의 세상 통치와 인간화 활동의 도구로 쓰임을 받는 것이었다. 인간화는 세상의 평화, 사회정의 구현, 만물의 생명 보호 활동과 함께 WCC 선교의 핵심 주제로 자리 잡았다.

WCC의 '하나님의 선교'의 핵심 목표 가운데서 독특한 것은 종교 간의 대화이다. 이 활동의 목적은 단순한 대화가 아니다. 모든 종교를 동일동가로 여기는 종교 통합과 일치 모색이다.

WCC의 종교 간의 대화 운동은 역사적 기독교의 핵심 교리, 특히 기독론과 구원론을 거부하는 운동이다. 주 목적은 종교다원주의 활동이다. 기독교 선교를 인간화로 여기고 평화와 생명 보호 활동을 강조한다. 이러한 사상을 가진 자들은 역사적 기독교에 도전한다. 십자가에 달려 대속제물로 자신을 내어준 예수에 대한 신앙고백과 예수 구원 유일성 진리를 맹신으로 여긴다.

토마스는 WCC 흐름 안에서 인간화와 종교 간의 대화와 일치를 교회의 중차대한 과제로 천명했다. 그는 종교 간의 대화와 실천에 필요한 '그리스도 중심 혼합주의'(Christ-centered Syncretism)를 주창했다. 이것은 자유주의 신학과 힌두교 베단타 아드바이타 세계관 그리고 포스트모더니즘(해체주의, 탈구조주의)에 기초한 평등주의라는 이름의 평등주의 파시즘을 반영한다.

20세기에 등장한 포스트모더니즘과 평등주의 또는 평등전제주의는 서로 다른 이론적 배경에서 출발했다. 그러나 모두 기존의 권력 구조, 사회적 규범, 종교적 배타성에 도전한다. 차별적 구조의 해체와 사회적 평등을 목표로 삼는다. 소외된 사회 집단의 권리를 보장하고, 그들의 존재와 목소리에 주목한다. 성별, 인종, 장애, 종교 등의 차이를 인정하고 평등을 추구한다.

포스트모더니즘과 평등주의 또는 평등전제주의는 기존의 고정된 의미, 진리, 이데올로기를 해체하고, 다양한 관점과 평등한 목소리를 인정한다. 전통적인 권력 구조, 규범, 그리고 사회적 질서를 비판한다. 특정 관점이나 주장이 절대적인 진리로 자리 잡는 것을 거부한다. 사회적, 정치적 불평등에 도전하면서, 모든 사람들이 평등한 권리와 기회를 가져야 한다고 본다. 성별, 인종, 계급, 종교 등이 불평등하게 대우받는 구조를 해체하려 한다.

포스트모더니즘과 평등주의는 보편적 진리나 고정된 정체성을 부정하고, 다양성과 차이의 동등성을 강조한다. 차별을 받는 사람들의 목소리를 증대시키고, 특히 종교계에서 차별받는 종교들의 중요성을 부각시킨다.

토마스가 힌두교 아드바이타 세계관으로 무장하고서 종교다원주의와 WCC에 이바지한 것은 세 가지이다. 첫째, 이중 종교인(double belonging)이 되라는 권장이다. 타종교인이 기독교로 개종하는 것이 필요치 않다. 힌두교인이 종교를 바꾸거나 새로운 종교공동체로 이동하지 말라. 힌두교에서 기독교로 이동할 것이 아니라, 자신의 문화와 종교 공동체에 그대로 존속해 있으라. '이중 종교인'이 되라, 곧

"기독교-힌두교인(Christian Hindu)이 되라"[13]고 했다.

둘째, 기독교 또는 교회 밖에 하나님의 구원이 있는가 하는 질문에 "기독교와 힌두교를 혼합시키라"고 했다. 기독교를 일컬어 우리 시대의 창조적이고 혁명적인 운동들 가운데 하나인 선지자적 소종파라고 했다. 기독교인들을 소종파 종교인들(religiously sectarians)이라고 일컬었다. 이는 힌두교를 주류 종교로 설정한 발상이다.

셋째, "그리스도 중심의 혼합주의"를 주창하면서 "그리스도를 위해 그리스도를 위태롭게 하라"고 했다. 토마스는 WCC 제5차 총회(나이로비, 1975)에서 행한 주 강연에서 기독교를 향하여 '그리스도 중심의 혼합주의'를 받아들이라고 요구했다. 예수 그리스도의 인간성에 토대를 둔 혼합주의 종교공동체를 형성하라고 했다. 각 종교의 교리 차이를 초월하고, 그리스도의 인간성에 기초한 혼합주의를 수용하라고 했다. 각 종교의 신앙고백의 벽을 초월하는 혼합주의를 표방하면서, 이를 '그리스도와 연관된 혼합주의'로 명명했다.

토마스가 말하는 혼합주의는 다름 아닌 종교다원주의이다. 힌두교 아드바이타 세계관과 그것에 충실한 라마크리슈나의 종교혼합주의 사상을 바탕삼아 WCC의 종교 간의 대화 프로그램을 지지하고 종교다원주의 신학을 정립하라고 독려했다.

WCC 제3차 총회(뉴델리, 1961)는 종교 간의 대화를 선교의 중요한 주제로 삼고서, 하나님께서 타종교를 믿는 사람들과 종교가 없는 사람들에게 주신 지혜, 사랑, 그리고 능력에 대한 더 깊은 이해를 목적으로 교회는 타종교와 타종교인을 계속 연구할 필요가 있다고 했다.

토마스는 위 나이로비 총회 주제 강연에서 그리스도 중심의 혼합주의를 역설했다. 각 종교가 교리의 차이를 극복하고 나아가 그것을 초월해야 한다고 했다. 예수께서 말한 "나는 길이요, 진리요, 생명이다. 나를 거치지 않고서는, 아무도 아버지께로 갈 사람이 없다"(요 14:6)는 따위의 주장을 무시하라고 했다. 다만 예수가 보여준 도덕성과 모범적 인간성에 기초한 혼합주의 활동, 곧 '그리스도와 연관된 혼합주의'를 지향하라고 했다.

3. 종교 간의 대화의 목적

토마스는 종교 간의 대화로 종교혼합주의를 성취할 수 있다고 했다. 종교 간의 대화를 각 종교의 교리 차이를 넘어서고 초월하는 길이라고 하면서, 그리스도의 인간성에 근거한 종교 공동체 형성 활동을 '그리스도 중심의 혼합주의'라고 일컬었다. 이 활동을 예수구원 유일성이라는 배타적인 교리를 버리고 진행하는 에큐메니칼 활동이라고 했다.

토마스는 창조자이며 구원자인 하나님이 타종교인들에게도 임재하고 그들 가운데서도 역사한다고 했다. 하나님은 타종교인들에게도 구원의 은총을 베푼다. 하나님을 거부하는 이단자도 마지막 날에는 모두 그리스도 안에 있게 된다. 그리스도의 십자가가 모든 타종교와 마르크스주의를 포함한 이데올로기의 담을 헐었다. 그러므로 기독교 신자들은 모든 타종교인, 불자, 힌두교인, 무슬림, 마르크스주의자들과 함께 인간적이고 세속적인 문화공동체를 만들려는 목적으로 일을 함이 마땅하다고 주장했다.

---

[13]미국 뉴욕의 유니언신학교의 폴 니터 박사와 정현경 박사는 자신들을 "다중종교인" 또는 "이중종교인"이라 지칭한다. 토마스의 "다중종교인" 또는 "이중종교인" 이론을 답습한 것인지, 이들의 독창적인 발상인지는 알 수 없다.

토마스는 두 개의 성경 구절을 자기 주장의 근거로 인용한다. "그분은 만물보다 먼저 계시고, 만물은 그분 안에서 존속합니다"(골 1:17). "하나님의 계획은, 때가 차면, 하늘과 땅에 있는 모든 것을 그리스도 안에서 그분을 머리로 하여 통일시키는 것입니다"(엡 1:10). 이 성경 구절들은 만물이 하나님의 통치 안에 있음을 말한다. 모든 유형의 문화와 다양한 종교가 하나님의 것이라고 하지 않는다. 모두 다 구원의 길이라는 것을 의미하지도 않는다.

토마스의 지도와 영향을 받은 WCC 제5차 총회(나이로비, 1975)는 하나님이 타종교 안에도 임하여 역사한다는 신의 보편적 임재설을 주장했다.

우리는 진정으로 하나님께서 어떤 세대, 어떤 사회에서도 사람들에게 예수를 증거 하지 않은 채로 방치하고 있다고 믿지 않는다. 또한 우리는 하나님께서 교회 밖에서도 말씀하고 계실 가능성을 배제할 수 없다. 상호 이해와 실제적인 협력의 수단으로서 타종교인들과 여러 가지 이데올로기를 신봉하는 자들과 대화해야 할 필요성을 확신한다.[14]

토마스는 하나님의 새 창조사역을 의미하는 '창조적 사역'을 강조한다. 인간을 거듭나게 하여 하나님의 자녀가 되게 하는 새 창조 활동, 곧 성령의 내주동행 활동이 기독교에만 있는 게 아니라 다른 종교에도 있다는 것이다. WCC의 종교 간의 대화의 목적이 타종교를 기독교로 개종시키려는 것이 아니며, 창조자 하나님의 새창조 사역, 곧 중생 사역이 기독교 안에만 있는 게 아니라고 한다.

하나님의 재창조 활동이 타종교에도 있다는 사상이 WCC 안에 횡행할 즈음에 열린 WCC 제6차 총회(뱅쿠버, 1983)는 '종교 간의 대화'라는 이름의 종교혼합주의—종교다원주의 신념을 실천에 옮겼다. 15명의 타종교 대표자들을 총회 행사에 초대하여 캐나다 원주민 인디언, 불자, 힌두교도, 무슬림, 유대교도 등 8인이 각기 자기 종교의 주장을 밝히는 논문을 발표하게 했다.

WCC 총회 무대에서 힌두교인과 무슬림 발표자는 발표 전에 큰 소리로 자신들의 신을 부르고 자기 종교 고유의 의식(儀式)을 행했다. WCC 참석자들은 박수를 치며 그들의 종교 의례를 환영했다. 이때부터 WCC의 종교 간의 대화 프로그램은 범신론적인 개념의 신(神)을 추구했다.

WCC의 종교대화국의 "바아르선언문"(1990)은 하나님의 영의 활동은 특정 종교에 제한되지 않으며, 하나님의 구원에는 아무런 제한을 둘 수 없다고 선언한다. 이 문서는 WCC의 종교 간의 대화의 목적이 단순한 대화가 아니라 종교다원주의 활동임을 확인시켜 준다.

WCC 제7차 총회(캔버라, 1991)는 "바아르선언문"을 기조(基調)로 기획된 모임이었다. 한국인 정현경 박사가 개회식장에서 연출한 초혼제는 종교다원주의 신학의 시연(試演)이었다. 정현경은 무당처럼 하얀 소복을 입고서, 죽었지만 억울하여 이른바 '저승엘 가지 못하고 구천을 떠돌아다니는 혼(魂)들'을 불러들이는 굿판을 벌렸다.

성현경은 개회 석상에서 혼합주의 성령론을 담은 기조연설을 했다. "오소서 성령이여 온 세상을 새롭게 하소서"라는 제목의 개회 강연에서 성령을 무속적 정령과 동일한 것으로 다루었다. 성령을 동양 사상의 기(氣, energy)와 동일시하면서 관음보살의 형상을 성령의 형

---

¹⁴세계교회협의회 엮음, 『세계교회협의회 역대총회 종합보고서』, 이형기 옮김 (서울: 한국장로교출판사, 1983)을 참고하라.

상이라고 했다. 하나님의 성령을 박수와 무당의 영과 일치키는 혼합주의 성령론을 피력했다.

정현경의 초혼제는 개인적 일탈행위가 아니었다. WCC 제7차 총회(캔버라, 1991)를 준비할 목적으로 모인 중앙위원회 모스크바 모임(1988)은 총회의 주제를 "오소서 성령이여, 온 세상을 새롭게 하소서"(Come, Holy Spirit: Renew the Whole Creation)라고 정했다. 한국인 정현경 박사를 개회식 기조강연자로 초빙키로 했다. 종교혼합주의를 주창하는 토마스의 영도 아래에서, WCC 중앙위원회가 정현경을 캔버라 총회의 개회 무대의 주 강연자로 초빙한 것은 당시의 이 단체의 종교혼합주의 또는 종교다원주의 유형의 성령론 기조에 적합한 신학자였기 때문이다.[15]

초혼제는 WCC가 기획한 신학적 퍼포먼스였다. 종교혼합주의 푸닥거리 한마당이었다. 이화여자대학교 기독교학과 조직신학 교수 정현경은 WCC 중앙위원회 의장 토마스의 신학적 기호(嗜好)에 어울리는 신학자였다. '그리스도 중심 혼합주의'에 적합한 인물이었다. 자신이 '무당신학자'로 불려지기를 선호하는 정현경의 초혼제와 성령론 강의는 "그리스도를 위하여 그리스도를 버리라"는 토마스의 신학 이론에 부합했다.

4. 그리스도 중심 혼합주의

토마스의 '그리스도 중심 혼합주의'는 현대 사회가 종교적으로 다원적이라는 현실에 근거하여 모든 종교들을 포함하는 기독교 복음의 보편성과 포괄성을 강조한다. 그리스도를 모든 문화, 이데올로기, 종교를 변혁시키는 능력이라고 이해한다.[16]

토마스는 유럽 국가들의 식민지화와 더불어 식민지로 이주하는 사람들의 대 이동이 종교적 다원주의 시대를 야기했다고 한다. 여러 가지 세속적인 이데올로기들은 추종자들의 삶과 우주의 전체성에 대해 신앙적인 응답을 요구한다고 한다. 우리 시대의 진실하고 보편적인 기독교 선교는 여러 가지 종교들과 이데올로기들의 상호작용과 옳고 그른 목표를 식별할 수 있는 적절한 감각을 요구한다고 한다.[17]

토마스는 신앙과 종교를 구별한다. 토마스의 『인도 르네상스가 인식한 그리스도』(*The Acknowledged Christ of the Indian Renaissance*, 1969)[18]에 따르면, 기독교 유럽의 세속주의와 인본주의는 인도의 전통적인 문화와 종교의 연합을 깨뜨린다. 문화적 상황은 모든 종교들이 참여하도록 하는 종교적 르네상스를 이루는 종교적, 이데올로기적 경계를 가로지르고 넘어선다. 예수 그리스도가 유대인과 이방인 사이의 담을 허문 것처럼 오늘날의 그리스도는 기독교인과 비기독교인 사이의 담을 허문다.[19]

토마스는 그리스도가 종교를 초월한다고 주장한다. "그리스도는 종교를 초월하는가?"라고 묻고, "그리스도는 기독교와 비기독교 종

---

[15]Stanley Samartha, *One Christ-Many Religions: Toward a Revised Christology* (Orbis Books, 1991, Eugene, OR: WIPF & STOCK, 2015), 97.

[16]M. M, Thomas, "Some Trends in Contemporary Indian Christian Theology," *Religion and Society* 24 (December 1977), 4.

[17]M. M. Thomas, "Christ-centered Syncretism," Religion and Society 25 (March 1979), 26.

[18]M. M. Thomas, *The Acknowledged Christ of the Indian Renaissance* (London: SCM Press, 1969).

[19]M. M. Thomas, "Christ-centered Syncretism," 26.

교와 세속주의를 초월한다"[20]고 답한다. 누구든지 자신이 종교적 또는 비종교적 배경 안에서 그리스도에게로 향해 열려 있으면 그것으로 말미암아 구원을 받을 수 있다고 한다. 이것이 토마스의 '그리스도 중심 혼합주의'의 핵심이다.

토마스에 따르면, 기독교는 상대적인 종교 공동체이다. 기독교 신앙의 골격은 그리스도 안에서 이루어지는 연대감을 갖는 것이다. 모든 종교를 초월하고, 모든 종교의 변혁을 요구한다. 남녀 모두가 독자적인 종교를 가지면서도 각 종교가 통합적인 관계를 이루어 그리스도께로 전환하는 것이다.[21]

기독교가 아닌 타종교 형태로 하나님의 진리와 그리스도의 의미를 드러내는 것이 가능한가? 토마스에 따르면, 모든 종교가 영원한 말씀이 육신을 입은 예수의 인격과 사역의 충격을 받았다. 예수께 항거하면서도, 부분적으로는 예수를 알면서 스스로 변혁했다. 기독교 메시지는 다른 종교들의 르네상스이며, 그 종교 공동체들의 본질이다.[22] 그리스도의 메시지는 모든 종교와 이데올로기 사이의 막힌 담을 허문다.

토마스는 혼합주의 이론에 근거하여 문화와 종교들 사이의 대화, 곧 종교혼합이 가능하다고 한다. 예수 그리스도의 빛으로 여러 종교들을 혼합하는 것이 가능하다고 한다. 이는 종교적인 요소들의 불법적인 혼합이 아니라 긍정적인 개념의 혼합이라고 한다.[23]

토마스는 종교들의 긍정적인 상호침투가 필요하다고 주장한다. 그에게 그리스도 중심성이란 그리스도의 인격의 중심성을 아는 것이며, 이것이 신앙의 본질이라는 의미이다. 그는 이러한 '그리스도 중심의 혼합주의' 원리에 따라 종교 간의 대화, 일치, 혼합이 필요함을 강조한다. 교회는 이러한 대화 활동을 할 때 비로소 두려움에 묶여있는 자신을 해방시킬 수 있다고 한다.

이처럼 토마스의 '그리스도 중심 혼합주의'는 타종교 상호 간의 대화와 종교 혼합에 목표를 둔다. 대화는 일반적인 의사소통이나 연대 활동이 아니다. 종교통합주의, 종교혼합주의의 대화 활동이다.

토마스는 WCC의 목표를 새로운 종교통합 공동체를 만드는 것이라고 설명한다. 각 종교들의 상호 신뢰에 기초한 대화가 WCC 제3차 총회(나이로비, 1961)에서 이미 구체화되었다고 지적한다. 의식적이건 무의식적이건 새로운 종교를 창조하려는 시도가 시작되었다고 하면서, WCC가 이미 종교혼합주의 현상을 보이고 있다며 이를 적극 환영한다.[24]

토마스의 '그리스도 중심 혼합주의'는 종교적 특성과 이데올로기적 속성을 지니고 있다. 이 사실은 "열린 세속주의와 광의적 에큐메니즘"[25]이라는 그의 직접적인 표현에서 명료하게 드러난다. 그는 종교다원주의로 귀결되는 혼합주의를 일컬어 종교 상호 간의 관계를 고려하기 위한 신학적 장치라고 한다.

토마스는 에큐메니칼 운동을 전체 인간 공동체의 목표와 교회 밖의 타종교들과 마르크스주의를 포함한 이데올로기들로 이루어지는 그리스도 중심의 세속적인 교제라고 한다.[26] 열린 세속주의와 폭넓은

---

[20]M, M, Thomas, "Christ-centered Syncretism," 31.

[21]M. M. Thomas, "Christ-centered Syncretism," 31.

[22]M. M. Thomas, "The Post Colonial Crisis in Mission: a Comment," *Religion and Society* 18 (1971), 67.

[23]M. M. Thomas, "Christ-centered Syncretism," 33.

[24]M. M. Thomas, "Christ-centered Syncretism," 34.

[25]M. M. Thomas, "Christ-centered Syncretism," 26.

의미의 에큐메니즘은 기독교인들이 새로운 국가 건설에 관하여 특정 계층이나 종교를 막론하여 모든 사람들의 참여가 가능하도록 하는 것과 같다고 한다. 이처럼, 인간화와 사회 정의를 위한 새로운 투쟁에 참여하는 기독교 선교를 강조한다.

토마스의 영도 아래서 WCC 제4차 총회(웁살라, 1968)와 WCC의 선교전도국 방콕대회(1973)는 에큐메니칼 운동이 세상의 상황을 심각하게 받아들이는 "오늘의 구원"(Salvation Today), 곧 세상사 해결 활동을 '하나님의 선교'의 목표로 거듭 확증했다. 토마스는 열린 세속주의와 폭넓은 에큐메니즘, 기독교와 타종교 그리고 공산주의 이데올로기 안에서 이루어지는 그리스도 중심의 교제를 강조한다.[27] 그리스도 중심성을 거듭 강조하지만, 그는 실상 역사적 기독교가 고백해 온 계시 진리와 구원의 복음 그리고 기독교 종말론을 배제한다.

5. 인간화가 구원이다

토마스는 벵갈루루의 연합신학대학 캐리 기념강연(1970)에서 기독교 구원과 관련하여 "무엇으로부터의 구원인가" 보다 "무엇에로의 구원인가"에 더욱 관심을 가져야 한다고 외쳤다. 토마스 신학의 핵심은 인간화이다. 그것을 선교의 목표로 삼으며, 나아가 기독교의 구원으로 이해했다.[28] 그는 구원의 목적이 그리스도 예수 안에서 선한 일을 하는 것이며, 그래서 신은 우리를 당신의 걸작으로 지었다(엡 2:10)고 했다. 기독교의 구원은 다름 아니라 "모든 선한 일에서 열매를 맺도록"(골 1:10) 변혁시키는 사회활동과 윤리 실천이라고 했다.

토마스 신학의 핵심인 인간화는 사회참여 활동을 의미한다. 하나님의 구원은 사회정의를 위한 행동이다. 교회의 선교 목표는 이러한 목

적으로 수행하는 여러 가지 인간화 활동, 세상사 해결이다. 인간화와
사회참여의 핵심 가운데 하나는 종교혼합주의 활동이다. 종교다원주
의가 이끄는 인간화가 진정한 구원이며, 선교의 목표라는 것이다.

토마스는 이러한 전제, 이론, 논리로 종교다원주의 신학의 발전을
꾀했다. '그리스도 중심 혼합주의'는 예수 그리스도를 개인적으로 영
접하고 회심하거나, 상대를 기독교로 개종하게 하는 복음전도 개념
의 선교와 무관하다. 그는 인간화, 인간성 회복, 인권 회복, 세상사 해
결을 구원으로 정의한다. 역사적 기독교 신앙의 수직 차원의 구원 개
념은 그에게서 찾아볼 수 없다.[29]

WCC는 토마스가 어느 신학 잡지에 기고한 시리즈 글 "그리스도
를 위해 그리스도를 위태롭게 하라"를 모아 책으로 출간했다.[30] 이 책
은 그의 종교다원주의 신학인 '그리스도 중심 혼합주의'를 구체적으
로 제시한다.

토마스의 '그리스도 중심 혼합주의'는 벵갈루루의 연합신학대학
의 자유주의 신학과 종교다원주의 학풍, 거대한 인구를 가진 힌두교
신앙, 특히 베단타 아드바이타 사상, 그리고 식민지 정책에 항거하는

---

[26]M. M. Thomas, *Man and the Universe of Faiths* (Madras: Publication for the Christian Institute for the Study of Religion & Society, 1975), 13, 40.

[27]M. M. Thomas, *Man and the Universe of Faiths*, 13, 40.

[28]S. A. Morton, *P. D. Devanandan, M. M. Thomas and the Task of Indigenous Theology* (Nottingham: University of Nottingham, Ph.D. dissertation, 1981), 155.

[29]M. M. Thomas, *Man and the Universe of Faiths*, 1975. 토마스는 이 주제를 *Risking Christ for Christ's Sake*에서도 논의한다.

[30]M.M. Thomas, *Risking Christ for Christ's Sake: Towards an Ecumenical Theology of Pluralism*, 1987.

평등주의라는 이름의 평등전제주의 사상을 반영한다.

토마스의 '그리스도 중심 혼합주의'는 오늘날의 종교다원주의 현상에 대한 분석으로 시작한다. 이 기초 작업이 모든 신학적 성찰의 기본이라고 한다. 토마스는 개신교와 로마가톨릭교회의 다원주의 접근 방식을 개략적으로 검토하고서, 에큐메니칼 운동의 포괄적인 그리스도 개념을 심화시킨다. 라이문도 파니카의 종교신학과 폴 데바난단의 종교학을 도입하여 인도인의 종교 의식과 '인도 기독교'의 신학적 흐름을 반영한다.

토마스가 사상적으로 의존하는 네바난단은 남인도교회의 목사이다. 그는 인도의 에큐메니스트이며, 종교 간의 대화 운동의 선구자이다. 벵갈루루의 연합신학대학에서 철학과 종교학을 가르쳤다. 힌두교 연구에 헌신한 종교학자이다. 네바난단은 다음 장에서 상론할 WCC의 몽학선생 스탠리 사마르타의 스승이다. 그는 WCC 제3차 총회(뉴델리, 1961)에서 "증언을 위한 부름"이라는 제목의 강연에서 기독교와 힌두교 신앙의 대화와 통합을 강조했다.

토마스는 라이문도 파니카의 종교다원주의 사상을 고스란히 자기의 신학으로 수용했다. 기독교와 타종교의 대화 논의의 중심에 파니카와 데바난단의 관점을 도입했다. 파니카는 모든 종교 안에 나름의 그리스도가 있다고 하는 '보편적 그리스도'를 종교 간 대화 운동의 출발점으로 삼았다.

네바난단은 개인, 역사, 공동체에 대한 새로운 인식을 가지고 모든 종류의 종교 신앙이 신학적·인류학적 관심의 공통 영역에 속한다고 보았다. 모든 종교가 인간 종족 공통의 삶을 풍요롭게 할 목적으로 함께 투쟁할 수 있는 세속적 틀을 지니고 있음을 강조했다. 기독교를 포함한 모든 유형의 종교와 신앙 전통이 서로에게 새로운 방식으로 자신을 개방해야 한다고 했다.

파니카와 데바난단은 기독교가 다른 종교와 이데올로기에 대립하지 않고 모든 인류에게 인간과 구원의 중재자인 '그리스도의 보편적 현존'에 대한 변혁적 지식을 가질 것을 요구했다. 이들이 말하는 '그리스도'는 나사렛 예수를 넘어선다. 파니카는 '알려지지 않은 그리스도'를 강조했고, 네바난단의 광의적 개념의 그리스도와 종교인 상호 간의 관심을 촉구했다.

토마스의 사상은 파니카와 데바난단의 사상에서 배운 자유주의 신학, 종교다원주의, 라마크리슈나의 종교혼합주의, 힌두교 아드바이타 세계관의 혼합이다. 그리스도 안에서 인류가 기독교, 타종교, 무신론 이데올로기를 초월하려면 모두가 내면에서부터 자신을 변형시켜야 한다고 결론짓는다. 그는 스탠리 사마르타의 종교다원주의 사상을 따라 예수구원 유일 신앙을 버릴 것을 강조한다. 그리스도 안에서 이루어지는 종교와 이데올로기의 진정한 연합은 기독교가 자신을 다양성, 다원성에 개방하고, 종교다원주의를 수용하는 내면의 개혁을 시도해야 가능하다고 한다. 그래서 토마스는 "그리스도를 위해 그리스도를 버려라"고 외친다.

맺음말: 동명이인, 두 갈래의 기독교

토마스의 종교다원주의 사상은 WCC 선교전도국 총무를 역임한 레슬리 뉴비긴(Lesslie Newbigin, 1909-1998)의 복음주의와 충돌했다. 토마스는 뉴비긴이 강조하는 기독교 신앙의 필수 요항인 역사적 기독교 교리들을 탐탁하게 여기지 않았다. 기독교 신앙의 범위와 폭을 넓혀 모든 종교를 포괄하려 했다.[31] 힌두교 전통과 아드바이타 세계관 그리고 다원주의 맥락에서 전체 인류를 연결시키고 그리스도 안에서 인간화 활동을 할 수 있는 공통의 기반을 모색했다.

토마스는 교회의 경계를 뉴비긴보다 훨씬 더 폭넓게 정의했다. 역사적 기독교와 예수구원 유일성 신앙을 팽개쳤다.

토마스는 뉴비긴의 질문에 "교회는 인도의 모든 종교 공동체에서 그리스도를 발견하고 전하는 존재가 되어야 한다"[32]고 답했다. 기독교가 자신을 변화시켜야 종교적 다원주의 상황에서 사회적·종교적 장벽을 허물고 그것을 초월하는데 이바지할 수 있다고 했다.

토마스는 "모든 기독교인은 부분적으로 이교도이다"라고 말했다. 종교적 다원성 세상에서 그리스도를 중심에 두면서도 다른 종교인들, 공산주의 등 다양한 이데올로기를 가진 자들과 상호협력하고, 겸손한 태도의 종교 간의 대화가 필요하다고 했다. 각 종교가 평등한 기반에서 동일동가로 인정받는 대화를 해야 함을 강조했다.

토마스의 '그리스도 중심 혼합주의'는 기독교와 타종교, 각양의 종교 신앙과 세속 이데올로기의 일치를 모색하는 일종의 방법론이다. 기독교와 아시아의 종교와 문화의 형성을 도모할 목적으로 상호 협력하게 하여 인간과 국가 그리고 사회와 정치의 구조를 발전시키려는 의도를 지녔다. 토마스는 아시아, 특히 인도 문화와 종교 현실에서 기독교 신학을 범종교적 인류학으로 대체하는 방향의 에큐메니칼 운동을 이끌었다.

어느 날 예수께서 제자들에게 말했다. "너희는 마음에 근심하지 말아라. 하나님을 믿고 또 나를 믿어라. 내 아버지의 집에는 있을 곳이 많다. 그렇지 않다면, 내가 너희가 있을 곳을 마련하러 간다고 너희에게 말했겠느냐? 나는 너희가 있을 곳을 마련하러 간다. 내가 가서 너희가 있을 곳을 마련하면, 다시 와서 너희를 나에게로 데려다가,

내가 있는 곳에 너희도 함께 있게 하겠다. 너희는 내가 어디로 가는지 그 길을 알고 있다"(요 14:1-4).

그러자 도마가 예수께 말했다. "주님, 우리는 주님께서 어디로 가시는지도 모르는데, 어떻게 그 길을 알겠습니까?"고 물었다. 그 때 예수께서 그에게 말했다. "나는 길이요, 진리요, 생명이다. 나를 거치지 않고서는, 아무도 아버지께로 갈 사람이 없다"(요 14:5-6).

예수께서 자신이 유일한 구원의 길이라고 천명한 것은 도마의 질문에 대한 응답이었다. 도마는 갈릴리에서 어부로 일하다가 예수의 제자로 부름받았다. 그는 부활한 예수를 만났다고 하는 다른 제자들의 말을 듣고서 직접 그의 손의 못 자국을 만져보고 옆구리에 손을 넣어 보기 전에는 그의 부활을 믿지 않겠다고 했다.

여드레를 지나 예수는 제자들에게 나타나 말했다. "너희들에게 평강이 있을 지어다." 부활한 주를 직접 확인한 도마는 "나의 주, 나의 하나님"(요 20:28)이라고 고백했다. 예수께서 도마에게 "너는 나를 보았기 때문에 믿느냐? 나를 보지 않고도 믿는 사람은 복이 있다"(요 20:29)고 말했다.

도마는 인도의 여러 지역에서 예수구원의 복음 전했고, 동남부 해안의 마드라스(현 첸나이) 근처 밀라포르에서 순교했다. 예수가 길, 진리, 생명이며, 그 분을 거치지 않고서는 어느 누구도 아버지께 갈

---

[31]George R Hunsberger, "Conversion and Community: Revisiting the Lesslie Newbigin - M. M. Thomas Debate," *International Bulletin of Missionary Research* 22, no. 3 (July 1998), 115, 112-117를 참고하라.

[32]M. M. Thomas, *Some Theological Dialogues* (Madras: Publication for the Christian Institute for the Study of Religion & Society, 1977), 115.

수 없다는 진리를 전하다가, 힌두교 사제들의 미움을 받아 살해당한 것으로 전해진다.

예수의 사도 도마(Thomas)와 인도인 토마스(Thomas)는 동명이 인도인 토마스는 WCC의 문을 종교다원주의에 활짝 열어주어 이 단체로 하여금 예수구원의 복음을 사실상 배제하게 한 '공로자'이다. 사도 도마가 전해준 복음이 아닌 '다른 복음'의 확산에 '이바지'했다. 세계교회들로 하여금 예수 그리스도의 구원 유일 신앙을 버리게 하는데 '기여'했다.

인도인 토마스의 기독교와 사도 도마의 기독교는 무늬는 같아 보이지만 내용이 다르다. 오늘날의 프로테스탄트 기독교 세계에 겉은 같아 보이지만 사뭇 다른 두 갈래의 흐름이 있다. 그 가운데 하나는 복음주의 기독교이다. 예수 그리스도를 구원의 유일한 길로 여긴다. 성경을 하나님의 말씀이며, 특별한 계시의 기록이라고 믿는다. 다른 하나는 자유주의 신학의 물결에 몸을 싣고 나아가는 현대 기독교이다. 기존의 기독교적 틀을 넘어선 탈기독교적 기독교가 존재한다. 예수 그리스도를 통한 유일한 구원이라는 믿음의 문을 포기하고, 그 너머의 새로운 지평을 탐색한다.

위 두 종류의 기독교는 같은 이름 아래, 각기 다른 방식으로 영혼의 갈증을 채우고 있다. 두 갈래의 강물은 서로 다른 방향으로 흐르고 있다. 서로를 이해하지 못해 가슴 아파하며, 때로는 '별들의 전쟁'이라 일컬어지는 신학 충돌의 격랑을 겪는다. 한 근원에서 시작되었지만, 이제는 아득한 거리를 두고 각자의 풍경을 만들어가며 저마다 다른 방향을 향한다.

17

사마르타의 성령론

—성령은 우리를 '모든 종교의 진리'로 이끈다—

1. 최종성과 규범성

WCC는 출범(1948) 직후 그리스도의 구원의 빛이 모든 종교에도 비치지만, 완전한 빛은 역사적 예수에게서 나온다는 우주적 기독론(Cosmic Christology) 관점을 유지했다. 예수 그리스도의 사역을 온 우주, 창조 전체의 관계로 확장하는 시각을 지녔다.

WCC의 이 신학적 관점에 완전한 변화가 온 것은 1968년에 스탠리 사마르타 박사(Stanley Samartha, 1920-2001)가 WCC의 요직에 등장하면서부터이다. 이 단체의 만인보편구원주의 신학과 종교다원주의의 신앙고백이 서서히 이 단체 안에서 자리를 잡아갔다.[1]

사마르타는 예수 그리스도의 구원 유일성, 기독교의 최종성(Finality)과 규범성(Normality)을 거부했다. 하나님을 완전한 신비와 타자(The Other)로 규정하면서, 어느 종교도 최종적이고 완전한 진리를 가졌다고 주장할 수 없다고 했다. "타자는 다른 모든 것을 상대화한다. 사실, 이러한 상대화를 받아들이려는 의지는 아마도 자신이 궁극적으로 실재하는 타자를 만났다는 유일하고 진실한 보증일 것이다"[2]라고 했다. 사마르타는 전술한 존 힉(John Hick)의 '신 중심주의' 개념의 '하나님,' 곧 만신총합 유일신을 절대적인 존재로 인정하고, 기독교를 포함한 모든 종교를 상대적인 가치공동체로 여기는 종교 간 만남 중심의 종교다원주의 유형의 기독교 모델을 제안했다. 역사적 기독교 진리를 상대화했다.

사마르타는 종교 각각의 '그리스도'의 필요성을 강조한다. 신비로운 타자—하나님은 특정 매개를 거쳐 인간에게 다가온다. 모든 종교의 계시에는 한계가 있다. 기독교는 최종성과 규범성을 주장할 수 없다.[3] "특정 종교는 일부 사람들에게 결정적이라고 주장할 수 있고, 어떤 사람들은 특정 종교가 자신들에게 결정적이라고 주장할 수 있다. 그러나 어느 종교도 모든 사람에게 결정적이라고 주장할 정당성을 갖지 못한다"[4]고 한다. 기독교는 절대적인 종교가 아니라는 의미이다.

사마르타는 예수를 유일의 구원의 길이라고 믿는 역사적 기독교 신앙을 '오염된 기독교'의 결과라고 한다. 교주를 절대화 하는 "그리스도 단일주의"(Christomonism)와 기독교의 최종성, 곧 예수구원 유일 신앙이 예수를 일종의 사이비 종교 인물(cult figure)로 만든다고 한다. 기독교인들이 잊지 말아야 할 것은 하나님이 지금도 성육신으로 자신을 상대화하는 사실이라고 한다. 하나님이 성육신에서 자신을 상대화하는 마당에 기독교를 포함하여 이 세상에 상대적이지 않은 것은 있을 수 없다는 것이다.

사마르타는 존 힉의 신 중심주의가 예수 자신이 가르친 원래의 메시지에 더 충실하다고 한다.[5] 신 중심주의, 곧 다신적 유일신 또는 잡신총합 유일신 관점으로 기독교인들이 다른 종교를 이해하고 타종교인을 만나면서도 여전히 그리스도에 대한 개인적인 헌신과 믿음을 유지할 수 있다고 한다. 다신적 유일신 유형의 신론과 아드바이타

―비이원적 기독론을 신앙하는 기독교인들이야말로 그리스도에 대한 보편적 증언 사명을 계속 수행하면서도 "자신의 이웃들도 다원적 세계에서 그들만의 '사명'을 가지고 있음을 인정할 수 있다"[6]고 한다. 윤리적 실천과 사회 변혁적 활동에 적극 참여하는 것이 다원주의 시대의 기독교인들이 수행해야 할 사명이라고 한다.

종교다원주의는 자유주의 신학 전통에서 태동하고 성장한 신종 기독교 신학이다. 제2차 세계대전이 끝난 20세기 후반에 등장했다. WCC는 출범 전 단계부터 종교다원주의로 귀착되는 강한 종교통합주의와 종교혼합주의 흐름을 지니고 있었다. WCC 초대 사무총장 비셔트 후프트가 증언한 바와 같다.

WCC는 1960년대에 '하나님의 선교' 이론을, 1970년대에는 '종교 간의 대화' 이론을 수용했다. 요한네스 호켄다이크의 '하나님의 선교' 이론과 사마르타의 종교 간의 대화 이론의 만남은 강한 협력 상승효

---

[1]사마르타는 타종교에 대한 포용주의(Inclusivism) 태도를 거부한다. 기독교를 종교 간의 대화의 중심축에 두는 포용주의적인 '익명의 기독론'(Anonymous Christianity)과 '우주적 기독론'(Cosmic Christology)에 대하여 회의적이다. 사마르타는 모든 종교를 종교 간의 대화의 중심에 두는 배타적인 종교다원주의자이다. Stanley Samartha, "The Lordship of Jesus Christ and Religious Pluralism," Christ's *Lordship and Religious Pluralism*, ed. G. H. Anderson and T. F. Stransky (Maryknoll: Orbis, 1981), 35.

[2]Stanley Samartha, *Courage for Dialogue: Ecumenical Issues in Inter-Religious Relationships* (Maryknoll: Orbis, 1982), 151-152; Stanley Samartha, "The Lordship of Jesus Christ and Religious Pluralism," 20-30.

[3]Samartha, *Courage for Dialogue*, 153.

[4]Samartha, "The Lordship of Jesus Christ and Religious Pluralism." 36.

[5]Ibid., 27.

[6]Ibid., 30, 33-34, 36.

과(synergy)를 일으켜 WCC의 신학 패러다임의 전환을 완성했다.

사마르타는 WCC 안에 종교다원주의를 끌어들여 신앙고백으로 정착시킨 선구자이다. 전술했듯이, 종교혼합주의 사상을 가진 당시의 중앙위원회 위원장 마다틸파람필 토마스의 영도 아래서 사마르타를 이 단체의 "살아 있는 신앙과 이데올로기를 가진 사람들과의 대화" 부서의 책임자로 임명(1968)했다. 3년 뒤인 1971년에 그를 종교다원주의 몽학선생으로, 유급 전임 신학자로 모셨고, 신설한 종교대화국 책임자(1971-1980)로 임명했다. WCC는 사마르타에게 종교다원주의를 이 단체의 신앙고백으로 안착시킬 수 있는 몽학선생의 직책과 기회를 주었다.

사마르타의 종교다원주의와 종교 간의 대화 이론은 신론, 특히 성령론에서 출발한다. 성령 하나님이 전 인류의 삶과 문화와 종교 안에 역사한다는 것을 앞세우면서, 그 분의 구원 활동이 특정 종교에만 제한되어 있지 않고, 모든 종교 안에 역사(役事)한다고 주장한다.

사마르타의 성령론은 라이문도 파니카의 주장처럼 모든 종교가 각각의 그리스도를 모시고 있다는 신념으로 확장되었고, 나아가 그 이론적 토대에서 각 종교들의 일치가 가능하다는 주장이 신앙고백으로 발전했다.

사마르타는 로마가톨릭 예수회가 운영하는 성 알로이시우스대학을 졸업(BA, 1941)하고, 벵갈루루의 연합신학대학에서 신학을 공부(Th. B., 1946)했다. 뉴욕 유니언신학교에서 수학(STM, 1949)했고, 코네티커트 주 하트포드신학교에서 힌두교 사상가들의 역사관을 연구하여 철학 박사 학위를 취득(Ph.D., 1951)했다. 사마르타의 박사 학위 논문 제목은 "현대 힌두교의 대표적 사상가들의 역사관"[7]이었다.

사마르타가 수학한 세 개의 신학교육 기관들은 자유주의 신학을 지향하는 학교들이다. 그는 인도로 돌아와 레슬리 뉴비긴의 노력으로 출범한 남인도교회에서 목사로 장립을 받았고, 모교 벵갈루루의 연합신학대학에서 철학과 종교사를 가르쳤다. 그 뒤, WCC의 제네바 본부에서 선교전도국 직원으로 3년 동안, 이어서 종교대화국 책임자로 10년 동안 종교다원주의 신학자로 활동했다.

2. 신앙이 신앙을 만나다

사마르타의 종교다원주의 신학을 담은 책 『한 분 그리스도-다양한 종교들: 개정기독론을 향하여』(*One Christ-Many Religions: Toward a Revised Christology*, 1991)[8]은 그의 신론—성령론, 기독론, 선교론을 다룬다. 그가 제네바 사역 동안 쓴 글들과 어느 출판사의 종교다원주의 기획 시리즈 "신앙이 신앙을 만나다"(Faith Meets Faith)의 요청을 받아 쓴 글을 책으로 엮어 출간했다. WCC 선교 잡지, 에큐메니칼 운동 저널, 저명한 종교다원주의자들이 편집한 책에 기고한 세 편의

---

[7]"The Modern Hindu View of History according to Representative Thinkers" (1951). Hartford Theological Seminary는 1980년에 잠정 폐교했다가 2021년에 Hartford International University for Religion and Peace로 재출발했다.

[8]Stanley Samartha, *One Christ-Many Religions: Toward a Revised Christology* (Maryknoll: Orbis Books, 1991; Eugene, OR: WIPF & STOCK, 2015).

[9]Stanley Samartha, "Religions, Cultures and the Struggle for Justice," *Journal of Ecumenical Studies,* 25 (Summer 1988), 3; Stanley Samartha, "Christ in a Multireligious Culture" under the title "The Cross and the Rainbow," *The Myth of Christian Uniqueness*, eds. by John Hick and Paul F. Knitter (Maryknoll: Orbis Books, 1987); "Mission in a Religiously Plural World," *International Review of Mission*, 78 (July 1988), 307.

글을 엮었다.[9] WCC의 종교다원주의 신앙고백의 바탕인 사마르타의 사상을 일목요연하게 담고 있다.[10]

사마르타는 자신의 종교다원주의 이론이 어떤 사람에게는 다만 흥미를 불러일으킬 뿐이지만, 다수의 사람들에게는 종교적 다원성 세상에서 기독교 신앙에 대한 추가 성찰에 필요한 도움을 줄 수 있다고 한다. 그는 이 책이 필요한 부류의 사람들을 다음과 같이 소개한다.

첫째, 예수만이 구원의 길이라고 하는 배타적 주장에 동의하기를 꺼려하는 사람들이다. 이들은 아시아와 아프리카뿐만 아니라 세계 여러 지역에서 하나님께 헌신하고, 교회의 일원으로 자처하며, 다양한 방식으로 '하나님의 선교'에 참여하면서도 배타적 기독론과 구원론을 수용하기를 망설인다.[11]

둘째, 세계 전역에서 불의에 맞서 싸우며, 타종교인들과 함께 해방운동에 적극적으로 참여하는 사람들이다. 이들은 그리스도의 이름으로 사회정의 활동을 하지만, 유대교, 기독교 그리고 유럽의 종교 전통에만 이 투쟁을 위한 영적 자원이 있다고 생각하지 않는 기독교인들이다. 타종교의 신앙이나 세속적 신념을 가진 이웃들과 협력한다. 세계의 불의에 맞서 싸우고 헌신한다. 그리고 타종교인과 함께 해방운동을 적극 펼친다. 타종교에도 사회변혁 활동을 하는 '해방적 흐름'이 있음을 발견한다. 이들은 성경만이 예언적 영성을 위한 자원을 제공한다는 이론을 받아들이지 않는다.[12]

셋째, 타종교의 신앙인들이다. 예수와 그의 말씀, 행동, 삶과 죽음, 부활에 깊은 존경심을 가진 자들이다. 이들은 다양한 방식으로 예수의 모범을 따른다. 기독교 선교의 오만한 접근과 배타적인 주장에 피해를 입고 지쳐 있다.

사마르타는 종교다원주의 기독론은 종교인들을 갈라놓지 않는다고 한다. 하나님의 포괄적인 사랑과 정의 안에서 사람들을 하나로 묶는다. 더 넓고 더 깊은 개념의 틀을 지니고 타종교인들을 '하나님의 선교'의 동반자로 초대한다.[13] 하나님의 사랑과 정의의 대상인 세계 종교 공동체들로 하여금 세상의 여러 가지 문제를 함께 해결하는 '하나님의 선교'를 하게 한다.

사마르타는 자신의 아드바이타 기독론이 예수의 메시지에 나타난 하나님 나라의 정의사회 구현의 가치를 존중한다고 한다. 기독교만이 아니라 힌두교, 불교, 이슬람, 시크교 등도 이와 같이 사회적 불의에 맞서는 해방 정신을 가지고 있으며, 이 종교들도 '하나님의 선교' 활동을 수행하며, 또한 이를 촉구한다고 한다.[14]

사마르타는 많은 사람들이 재래 기독교 선교의 오만하고 배타적인 예수구원 유일성 신앙에 희생되는 것에 지쳐 있다고 말한다. 재래 기독론을 개정하지 않고서는 그들이 하나님 왕국에 대한 예수의 메시지의 보편적 차원에 반응할 가능성이 거의 없다고 한다. 사마르타가 강조하는 틀, 사랑과 정의 안에서 사람들을 하나로 묶는 포괄적 개념의 틀은 힌두교 아드바이타(Advauta)—비이원성 세계관이다. 이 비전에 토대를 둔 종교다원주의가 '하나님의 선교' 활동을 하는 모든 종교인들을 하나로 규합할 수 있다는 것이다.

힌두교 아드바이타 세계관에 기초한 사마르타의 종교다원주의 사

---

¹⁰사마르타는 종교다원주의와 관련된 7권의 책과 학술논문 59편을 저술했다.

¹¹Samartha, *One Christ-Many Religions*, xi-xii.

¹²Samartha, *One Christ-Many Religions*, xii.

¹³Samartha, *One Christ-Many Religions*, xii.

¹⁴Samartha, *One Christ-Many Religions*, xii.

상은 서서히 WCC 안에 지배적인 영향을 미쳤다. 그의 신론—성령론, 기독론, 구원론은 그의 제자이며, 종교대화국 책임자 직 계승자인 웨슬리 아리아라자의 활동을 거쳐 WCC 안에 자리를 잡았다.

3. 오소서 성령이여

사마르타는 종교다원주의의 가장 큰 장애물이 타종교를 배척하는 복음주의 신학이라고 한다. 복음주의자들은 그리스도와 기독교를 독점한 것처럼 주장한다. 더 큰 종교공동체의 타당성과 윤리적 의미에 대한 논의를 크게 꺼리고, 심지어 거부한다. 타종교의 신앙을 가진 이웃 종교인의 확신과 신념을 거부한다. 공격적인 선교 방식으로 모든 종교들을 기독교로 대체하려 한다. 이러한 배타적 분위기는 진지한 신학적 논의와 기독교인과 타종교인 사이의 대화를 불가능하게 한다고 한다.[15]

사마르타는 복음주의자들의 배타적 태도가 아시아의 기독교인뿐만 아니라 전 세계의 교회에 주어지는 재앙이라고 하면서 아래와 같이 말한다. 이 태도는 에큐메니칼 신학의 심각한 퇴락을 초래한다. 복음주의자들의 배타적 신앙과 구원 독점권에 대한 공개적이고 비판적인 검토가 필요하다. 이 주제에 대한 논의 회피는 교회의 삶과 증언을 심각하게 빈곤하게 만든다.[16]

복음주의는 타종교와 함께 수행하는 '하나님의 선교'의 걸림돌이다. 그럼에도 이것은 아시아와 아프리카에서 강력한 영향을 미치고 있다. 바티칸은 다른 종교를 가진 이웃들에게 개방적인 태도를 보이는 것 같지만, 복음주의자들만큼이나 배타적이다.

사마르타는 이 맥락에서 WCC 제7차 총회(1991, 캔버라) 개회식

에서 연출된 한국인 정현경 박사의 초혼제가 개인적 일탈이 아니라
치밀하게 준비된 것이었음을 시사하는 증언을 한다. WCC 중앙위원
회(1988)는 "오소서, 성령이여 온 창조세계를 새롭게 하소서"라는 주
제를 정하고, 타종교의 신앙인들도 이 총회에 참여할 수 있는가 하는
주제를 다루었다.[17]

　사마르타는 기독교인들만 모여서 이 주제를 논의하는 것이 마땅한
지 이해할 수 없다고 한다. "성령은 자유, 바람, 불과 같은 성격을 갖
고 있다. 하나님이 자기가 창조한 나머지 인류를 무시하고 전체 창
조물을 새롭게 하는 성령과 같은 주제를 어떻게 그리스도인들만이
논의할 수 있다는 것인가? 어떻게 평화, 정의, 창조의 보전(Justice,
Peace and Integrity of Creation: JPIC)과 같은 세계의 다양한 종
교에서 얻을 수 있는 영적 자원을 무시하면서 기독교인들만이 그것
들을 고려할 수 있는가? 이는 필자(사마르타)와 같은 평범한 사람의

---

[15]Samartha, *One Christ-Many Religions*, 96.

[16]Samartha, *One Christ-Many Religions*, 96.

[17]"Proposal on Inter-Faith Dialogue Prompts Debate in WCC Committee,"
Ecumenical Press Service, August 88.8.78. Samarth, *One Christ-Many Religions*,
171, footnote 7.2.

[18]"How a theme like the Holy Spirit, whose very character is freedom, wind and
fire, and who is called upon by the Assembly to renew the whole creation, can be
discussed only by Christians, ignoring the rest of humanity created by God? How
a topic like 'Peace, Justice and the Integrity of Creation' can be considered by
Christian while ignoring the spiritual resources available in the different religions
of the world? It is beyond the comprehension of ordinary mortals like this writer."
Samartha, One Christ-Many Religions, 97; Stanley Samartha, *Between Two
Cultures: Ecumenical Ministry in a Pluralist World* (Geneva: WCC Publications,
1996), 97.

이해의 범위를 넘어선다"[18]고 한다.

사마르타는 이 지적에서 성령의 역사와 타종교를 관련시킨다. 세계의 종교들은 다양한 영적 자원을 가지고 있다. 하나님이 창조한 타종교인들을 배제하고 기독교인들만 모여서 평화, 정의, 창조의 보전, 창조세계 전체에 대한 논의를 하는 것은 부당하다고 한다. 성령이 타종교 안에서도 열매를 맺으며 구원을 베풀고 있는 바, 기독교는 마땅히 타종교들과 더불어 전체 창조물에 대한 에큐메니칼 활동을 함이 마땅하다는 것이다.

WCC 제7차 총회(캔버라, 1991)를 준비하려고 모인 중앙위원회 모임(1988)은 '성령'을 총회 주제로 정했다.[19] 정현경 박사를 총회 개회식 주 강사로 초대하기로 했다. 이 모임은 사마르타의 WCC 종교다원주의화 프로세스가 상당히 진척되었을 때 열렸다. 후임자 아리아라자가 성경으로 종교다원주의를 정당화하는 해괴한 시도를 진행하고 있던 시기였다.

WCC 종교 간의 대화국은 위 중앙위원회의 모임이 열린 두 해 뒤, 종교다원주의 문서 "바아르선언문"(1990)을 발표했다. 아리아라자가 작성하고 위원들이 검토한 이 신앙고백 문서는 사마르타의 종교다원주의 성령론과 구원론을 충실히 반영한다.

4. "바아르선언문"(1990)의 성령론

사마르타는 기독교가 하나님의 신비를 인정하고, 예수 그리스도 안에서 이루어지는 하나님과 인간의 만남의 의미를 재발견하려면, 성령의 역사에 민감하고 마음과 생각을 새로운 진리의 길로 인도하는 성령에 모아야 한다고 한다.[20]

WCC의 종교다원주의 신앙고백은 사마르타의 범종교적 성령론 통찰에서 기인했다. "성령이 우리를 모든 종교의 진리로 이끈다"는 사마르타의 성령론은 "하나님의 구원의 은총에 제한을 둘 수 없다"는 종교다원주의 구원론으로 이어진다. 이 신앙고백적 진술은 WCC의 여러 문서들에 등장한다.

사마르타는 예수가 유일의 구원자라고 믿고 고백하는 신앙을 "그리스도 단일주의"(Christmonism)라고 일컬으면서, 이것이 "다른 사람들의 삶에서 성령의 역할을 축소하는 경향이 있다"[21]고 한다. 성령의 구원 활동이 타종교 안에도 왕성하며, 그 성령이 우리를 '모든 종교의 진리'로 이끈다고 한다.

WCC의 종교다원주의 선언서 "바아르선언문"(1990)은 사마르타가 제시한 성령론에 대한 언급으로 시작한다. "다른 종교의 길을 걸어온 이웃들의 삶 속에서 선(善)과 진리와 경건함을 보고 경험한 우리는, 『대화 지침』(1979)이 제기하는 질문, 곧 인류를 향한 하나님의 보편적 구속의 활동과 이스라엘 역사와 예수의 사역을 통한 특수한 구속의 활동에 대한 문제를 매우 진지하게 대면해야만 한다"(23항). "우리는 구원을 예수 그리스도를 향한 명시적 인격적 위임(the explicit personal commitment)에만 국한시키는 신학을 넘어서야 할 필요를 느낀다"[22]고 선언한다.

---

[19]Samartha, *One Christ-Many Religions*, 97.

[20]Samartha, *One Christ-Many Religions*, 97-98.

[21]"It tends to minimize the work of the Holy Spirit in the lives of others." Samartha, *One Christ-Many Religions*, 88.

[22]"Barr Statement"(1990), "바아르선언서," 최덕성 역, www.reformanda.co.kr/Archive/134407.

"바아르선언문"은 종교다원성과 성령의 관계에 대한 25가지 요점을 담고 있다. 사마르타의 성령론을 고스란히 수용한 것이다. (1) 우리의 종교다원주의 논의는 태초부터 만물 가운데 임재(臨在)하여 활동하는 살아계신 창조주 하나님에 대한 신앙에서 출발한다. (2) 성서는 하나님이 모든 나라와 민족의 하나님이며 그 사랑과 은혜가 전 인류를 포용한다고 증언한다. (3) 하나님이 노아와 맺은 무지개 계약은 모든 피조물과의 계약으로 이어진다. 그러므로 각 종교의 고유한 지혜와 이해의 전통에 따라 각 나라를 인도하는 하나님의 지혜와 정의는 명실공히 땅 끝까지 미친다. (4) 하나님의 영광은 종교들을 포함한 모든 피조물에 편재(偏在)해 있다. (5) 인간들은 언제 어디서나 그들 가운데 임재하셔서 활동하는 하나님께 응답해 왔으며 그 만남을 고유한 방식으로 증언해 오고 있다.

(6) 구원, 완전성, 깨달음, 인도, 휴식과 해방을 추구하고 발견한 신앙적인 역정(歷程)은 그 증언들 속에 메아리치고 있다. (7) 모든 나라와 민족들 가운데 구원하는 하나님의 역사는 항존(恒存)한다. (8) "하나님의 구원의 능력을 제한할 수 없다"(CWME, 산안토니오 1989). (9) "하나님께서 [타종교인들] 가운데서 행하는 일들을 인정"하는 포용성이 필요하다(CWME, 산안토니오 1989). (10) 종교의 다양성은 하나님께서 각 나라와 민족과 관계하는 다양한 방식의 결과이다. 인류의 다양성과 풍성함이다.

(11) 우리는 하나님께서 각자의 종교적인 모색과 발견 가운데 함께 계셨음을 인정한다. (12) 타종교의 가르침 속에 지혜와 진리가 있고, 그 종교인들의 삶 속에 사랑과 경건이 있다. (13) 타종교인들이 지닌 이것들은 우리 가운데 발견되는 지혜 통찰, 지식-이해, 사랑, 경건과 마찬가지로 성령의 선물이다. (14) 다양한 종교들 안에 현존하

는 만유의 주 하나님을 신앙한다면, 그 분의 구원 활동이 어느 특정 대륙·문화(종교)·민족에 국한된다는 편협한 생각을 더 이상 고집할 수 없다. (15) 세계의 여러 민족과 나라가 보존해 온 각기 고유한 종교적 증언들을 무시하는 처사는 하나님이 인류의 아버지이며, 만유의 주라고 하는 성서적 메시지를 부인하는 것이다.

(16) "하나님의 신은 인간이 이해할 수 없는 방식과 예측 불가능한 장소에서 활동한다." (17) 성령은 창조, 육성, 도전, 갱신, 보전의 사역을 맡아 땅 위를 운행한다. (18) 성령은 마치 "바람이 임의로 불듯이"(요 3:8), 우리의 교리적 정의(定義)와 규정과 제한을 넘어서서 활동한다. 우리는 그 성령의 사역을 인위적으로 제한하거나 구속(拘束)할 수 없다. (19) 우리는 만물 가운데 현존하는 성령의 경륜(economy)에 찬탄하며 희망과 기대에 부푼다. (20) 성령은 인간들이 예측할 수 없는 방식으로 운행한다. 성령은 자유로움, 무질서 속에서 질서를 이루어 내고 지구의 표면을 새롭게 하는 능력을 지니고 있다.

(21) 성령은 진리와 평화와 정의를 희구(希求)하는 인류를 격려하고 그 가운데 활동한다. (22) 사랑, 기쁨, 평화, 인내, 친절, 선(善), 신실, 온유, 그리고 자기 절제 등 모든 것은 성령의 선물이다(갈 5:22-23; 롬 14:17). (23) WCC의 『대화 지침』(1979)은 "교회 밖에서 성령의 사역을 통해 활동하는 하나님의 구원 섭리를 이해하는 것이 정당하며 유익한가?"(23절)라고 묻는다. 우리는 이 질문에 "예"라고 답한다. (24) 타종교인들의 삶과 종교 전통 속에 성령 하나님께서 임하고 활동하심을 고백하는 것은 너무나 당연하다. (25) 타종교의 선(善)함과 진리를 해석하고, 그 종교들에서 우리와 다른 것들을 분별할 수 있는 것은 성령의 역사를 통해 가능하다.

"바아르선언문"(1990)의 성령에 대한 위 진술은 사마르타가 작성한

WCC의 『대화 지침』(1979)의 성령론과 정확히 일치한다. 타종교에도 성령이 역사하고 있다고 함은 타종교도 구원의 길이라는 의미이다.

사마르타의 성령론은 WCC의 "하나님의 구원의 은총에 제한을 둘 수 없다"는 종교다원주의 신앙고백으로 이어진다. WCC의 종교다원주의 신앙고백은 "바아르선언문"의 "그리스도인으로서 우리의 증언은 항상 그리스도를 통해 우리가 경험한 구원에 관한 것이지만, 동시에 우리는 '하나님의 구원의 능력에 한계—제한(limit)을 둘 수 없다"[23]는 선언에서 시작한다.

타종교와 관련하여 WCC가 "하나님의 구원의 은총에 제한을 둘 수 없다"고 하는 이 신앙고백적 선언은 이 단체의 선교전도국의 산 안토니오 문서(1989)와 WCC 제10차 총회(부산, 2013)가 공표한 "선교와 전도선언서: 함께 생명을 향하여" 등에 등장한다.

WCC는 사마르타의 성령론을 받아들여, 기독교와 타종교의 동등성, 평등성을 고백한다. 성령 하나님의 활동이 기독교에만 제한되어 있는 것이 아니라 타종교에도 차별 없이 존재하며, 따라서 그 종교들도 하나님의 돌보심 아래에 있다고 한다. 타종교인들에게서 발견되는 성령의 열매를 보아 그들도 하나님의 구원을 받는다고 한다. WCC는 성령의 역사와 하나님의 구원에 대한 종교다원주의 고백과 더불어 역사적 기독교 신학에 도전한다.

5. 성령과 구원사

콘스탄티노플공의회(381)는 성령이 세상의 모든 생명의 부여자라고 정의했다. 정통신학에 따르면, 성령은 삼위일체 하나님의 제3위이다. 창조자이며, 모든 생명체에 생명을 불어넣으며, 만물을 돌보고

지키고 보존하고 경영하는 하나님이다. 삼위일체 하나님은 모든 창
조물과 인간을 사랑한다. 사람을 외모로 취하지 않는다. 인종, 혈색,
민족, 문화, 종교, 지역, 사고방식과 무관하게 모든 사람에게 햇빛과
비를 골고루 내려준다.

성경은 성령의 일반은총 차원의 역사와 특별은총 차원의 성령의
역사를 모두 제시한다. 성경은 하나님의 구원사(Heilsgeschichte)를
기록한다. 성경은 하나님과 인간이 연합하는 길을 제시한다. 성경의
초점은 예수가 그리스도이며, 하나님과 인간 사이의 중보자, 유일한
중보자라는 복음이다. 구원사를 주도하는 분은 성령 하나님이다. 성
령은 죄인들을 그리스도에게로 안내하고 구원을 효력 있게 한다. 예
수 그리스도의 십자가의 대속사역의 효력을 죄인에게 적용한다. 신
과 인간의 생명적 관계가 오직 예수 그리스도를 거쳐 이루어지는 사
실을 알려준다.

사마르타는 성령을 모든 하나님의 자녀에게 생명을 주는 어머니와
같은 분으로 이해한다. 기독교와 타종교, 기독교인과 타종교인 모두
가 성령의 활동 안에 있다고 한다.[24]

사마르타에 따르면, 성부와 성자는 남성이 지배적인 삼위일체 신
앙에 대한 의인화된 표현이다. 성령은 여성적이며, 모든 자녀에게 생
명을 주는 어머니 같다. 성령은 기독교인과 타종교의 신앙을 가진 이

---

[23]"Though as Christians our testimony is always to the salvation we have
experienced through Christ, we at the same time 'cannot set limits to the saving
power of God."

[24]Eeuwout Klootwijk, *Commitment and Openness: The Interreligious Dialogue
and Theology of Religions in the Work of Stanley J. Samartha* (Zoetermeer:
Uitgeverij Boekencentrum, 1992).

웃을 포함한 세상의 모든 사람들이 자유롭게 숨 쉴 수 있는 신학적 공간을 제공한다.[25]

인간의 삶에는 성령의 표징들(signs)이 나타난다. 따라서 기독교인이 사회악에 맞서 싸우는 타종교 신앙인들과 협력하여 '하나님의 선교'를 하는 것을 주저할 필요가 없다. 모든 인간은 평등하다. 사회악에 맞서 싸우는 모든 사람들은 동일한 영(spirit)을 갖고 있다. 이 문맥에서 사마르타가 말하는 '영'은 인간 존재의 내면성(inwardness)을 의미한다.

사마르타에 따르면, 성령은 우리를 자유, 자발성, 예측 불가능성으로 이끄는 분이다. 아무도 성령이 어디에 계시고 어디에 계시지 않는지 확인할 수 없다. 성령은 제한을 받지 않는 분이다. 구약성서와 신약성서는 제한을 받지 않는 성령을 바람(風)으로 묘사한다. 무한성을 본질로 지닌 성령은 종교, 문화, 이념, 인종, 언어 등 모든 장벽을 초월하여 인간과 새로운 관계를 맺고, 새로운 공동체를 형성한다. 성령이 불로 묘사되는 것은 그 성령이 새로운 생명의 탄생을 방해하는 모든 것, 곧 시대에 뒤떨어진 교리, 의미 없는 의식, 절대적 관습, 억압적 제도, 공동체 간의 장벽 등을 파괴하기 때문이다.[26]

사마르타는 성령을 일컬어 종교, 문화, 이데올로기, 인종, 언어 등 모든 인간 영역의 장벽을 초월하여 새로운 공동체를 창조하는 힘이라고 한다. 낡은 교리, 의미 없는 예배의식, 절대적 관습, 종교 사이의 담을 파괴하는 능력이라고 한다.[27]

성령은 타종교 안에서, 타종교의 신앙인들 안에서 신비롭게 일하고 있다. 성령은 눈에 보이는 종교 공동체의 장벽 안에 고립될 수 없는 분이다. 하나님의 성령은 유대-기독교의 독점적인 소유물이 아니며, 서유럽 기독교 교리의 철근과 콘크리트 구조물 안에 영구적으로

갇혀 있을 수 없는 분이다.[28]

사마르타는 성령을 정의, 저항, 사회 변혁의 상황과 연관시킨다.[29] 뇌물과 같은 부패에 자발적으로 맞서고 약자들을 보호하는 인도인, 힌두교인의 활동과 관련시킨다.

사마르타는 성령과 선한 의도를 가진 인간의 영을 동일시한다. 성경이 말하는 '성령'과 인도인의 '영'을 동일시 한다. 모든 인간이 동일한 영, 곧 성령을 가지고 있다고 한다.

예수께서는 성령이 오면 사람들의 죄를 깨닫게 하고, 오직 예수께만 영광을 돌리도록 인도할 것이라고 약속했다. "그분 곧 진리의 영이 오시면, 그가 너희를 모든 진리 가운데로 인도하실 것이다. 그는 자기 마음대로 말씀하지 않으시고, 듣는 것만 일러주실 것이요, 앞으로 올 일들을 너희에게 알려 주실 것이다"(요 16:13).

사마르타의 이 성경구절 해석은 자의적이다. 이 구절의 '모든 진리'(all truth)를 '모든 종교의 진리'(all religious truth)로 억지 해석하여 종교다원주의에 적용한다. 성령이 '모든 종교의 진리'를 알게 할 것이라고 풀이하고서 그것을 종교다원주의 성령론의 근거로 삼는다.

---

[25]Klootwijk, 254.

[26]Samartha, *Between Two Cultures*, 19.

[27]Samartha, *Between Two Cultures*, 196.

[28]"the spirit of God can not be regarded as the monopolistic possession of the Judaeo-Christian tradition, imprisoned within the steel and concrete structures of western dogma and a permanent Atlantic charter." Stanley Samartha, *Courage for Dialogue: Ecumenical Issues in Inter-religious Relationships* (Geneva: WCC Publications, 1981), 63.

[29]Samartha, *Between Two Cultures*, 196-197.

사마르타는 성령을 종교다원주의 관점으로 이해한다. 그래서 인간이 가진 보편적인 영(the universal Spirit)과 하나님의 성령을 동일시한다. 성령을 인간적인 영(spirit), 특히 인도 종교인들의 영적인 성격에 관련시킨다. 성령을 인도의 종교적 인물들, 힌두교 영성인들의 착한 영과 성격과 관련시킨다. 성경의 용어를 인도의 사회적 정의 활동에 적용한다.

6. 성령과 타종교

사마르타는 하나님의 구원과 관련하여 성령이 비기독교 종교의 신앙에서도 동일한 열매를 맺는다고 한다. 성령의 활동은 교회 안에서뿐만 아니라 교회의 가시적 경계 밖의 종교 공동체에서도 이루어지고 있다고 한다.

사마르타에 따르면, 성령은 타종교에서도 "사랑, 기쁨, 평화, 인내, 친절, 선함, 신실함, 온유, 절제"(갈 5:22) 등의 열매를 맺게 한다. 이 열매는 기독교인과 타종교의 살아 있는 신앙을 가진 이웃의 삶에서 모두 발견된다. 이는 성령이 타종교와 타종교인들 가운데서도 활동한다는 증거이다. 이 사실 확인에는 정교한 신학적 검토가 필요하지 않다. 이 열매들은 가시적으로 쉽게 인식할 수 있는 표지이다.

사마르타는 성령이 타종교와 타종교인 안에서도 활동하여 맺은 열매들과 관련하여 "이런 것을 막을 법이 없습니다"(갈 5:23)라고 한다.[30] "바아르선언문"(1990)은 사마르타의 이 성령론을 고스란히 옮겨 선언한다.

사마르타는 모든 종교 안에 활동하는 성령의 존재를 사회변혁적 윤리 측면에 집중시킨다. 반면에, 성령의 구속사적 활동에는 눈을 감는다. 성령을 인간 내면을 변화시키는 영적인 변화를 가져오는 강력한 힘을 지닌 분으로 인식하지 않는다. 인간이 하나님 안에 있지 않으면 성령의 열매를 맺을 수 없다는 사실을 간과한다.

사마르타는 예수께서 약속한 '평화'(요 14:1)와 '이슬람'이라는 단어가 동일한 의미라는 것을 강조한다. 아드바이타 개념으로 기독교의 성령과 힌두교의 영을 동일시한다. 영적인 사람과 자연적인 사람(고전 2:14-15)을 구분하지 않는다.[31]

성령은 평화를 선물한다. 그러나 하나님이 주는 평화는 인간이 하나님께 완전히 굴복한 결과로 주어진다. 육에 속한 사람과 영에 속한 사람의 외모는 비슷하지만 속사람은 같지 않을 수 있다(고전 2:10-15; 고후 11:13-15). 성령에 속하지 않은 영들도 빛의 천사처럼 행동할 수 있다. 힌두교의 유일신 브라만의 지배를 받는 인도인의 영과 야훼 하나님의 영, 성령의 지배를 받는 기독교인의 영은 같지 않다.

사마르타는 신약성경이 증언하는 성령을 그릇되게 파악하여 성령이 모든 사람을 '모든 종교의 진리'로 인도한다고 주장한다. 기독교인과 타종교의 신앙인 간의 경계가 없다고 한다. 종교와 신앙이 달라도 성령의 열매는 동일하다고 한다.

자유주의 신학자들과 종교다원주의자들은 사탄과 악령의 실재를 인정하지 않거나 무시한다. 신약성경은 사탄—마귀와 그것의졸개인 귀신과 악령(evil spirit)을 언급한다. 이 타락한 영들은 하나님의 뜻에 역행하며 인간을 불행하게 한다. 바울은 다음과 같이 말한다.

---

[30]Samartha, *Between Two Cultures*, 196.

[31]Samartha, *Between Two Cultures*, 200.

그 때에 여러분은 허물과 죄 가운데서, 이 세상의 풍조를 따라 살고, 공중의 권세를 잡은 통치자, 곧 지금 불순종의 자식들 가운데서 작용하는 영을 따라 살았습니다(엡 2:2).

우리의 싸움은 인간을 적대자로 상대하는 것이 아니라, 통치자들과 권세자들과 이 어두운 세계의 지배자들과 하늘에 있는 악한 영들을 상대로 하는 것입니다(엡 6:12).

신약성경은 사탄의 졸개 귀신(demon)을 다음과 같이 언급한다. "그 때에 회당에 악한 귀신 들린 사람이 하나 있었는데, 그가 큰 소리로 이렇게 말하였다. '나사렛 사람 예수님, 왜 우리를 간섭하려 하십니까? 우리를 간섭하려 하십니까? 우리를 없애려고 오셨습니끼? 나는 당신이 누구인지 압니다. 하나님께서 보내신 거룩한 분입니다"(막 1:23-24). 예수께서 그를 꾸짖었다. "입을 다물고 이 사람에게서 나가라"(막 1:26). 그러자 악한 귀신은 그에게 경련을 일으켜 놓고서 큰 소리를 지르며 떠나갔다. 예수는 귀신, 악마, 악령을 내쫓았다.

온갖 병에 걸린 사람들을 고쳐 주시고, 많은 귀신을 내쫓으셨다. 예수께서는 귀신들이 말하는 것을 허락하지 않으셨다. 그들이 예수가 누구인지를 알았기 때문이다(막 1:34).

또 귀신들도 많은 사람에게서 떠나가며, 소리를 질렀다. '당신은 하나님의 아들입니다.' 그러나 예수께서는 꾸짖으시며, 귀신들이 말하는 것을 허락하지 않으셨다. 그들이 그가 그리스도임을 알았기 때문이다(눅 4:41).

너희는 너희 아비인 악마에게서 났으며, 또 그 아비의 욕망대로 하려고 한다. 그는 처음부터 살인자였다. 또 그는 진리 편에 있지 않다. 그것은 그 속에 진리가 없기 때문이다. 그가 거짓말을 할 때에는 본성에서 그렇게 하는 것이다. 그는 거짓말쟁이며, 거짓의 아비이기 때문이다(요 8:44).

사마르타의 성령론은 아드바이타 비전에 충실하다. 모든 종교의 신과 영을 궁극적으로 하나라고 한다. 사탄, 마귀, 그리고 이것의 졸개인 귀신과 악령, 그리고 이것들의 왕성한 활동을 인식하지 않는다. 이는 WCC 신학자들이 어둠의 영의 실재를 인정하지 않는 경향과 일치한다.

사마르타는 성령이 사람과 사람, 사람과 세상 사물을 연결한다고 한다. 하나님, 인간, 세상의 관계가 기독교 하나님의 삼위일체성과 같다고 한다. 성령이 인간의 삼위일체적 삶의 완전함을 도모(圖謀)한다면서 따라서 삼위일체 하나님을 "궁극적 신비의 상징"이라고 한다. 하나님을 "모든 창조물과 기독교인과 타종교 신앙의 사람들을 포함한 모든 창조물의 창조주, 구속자, 유지자"[32]라고 한다.

사마르타가 말하는 하나님과 성령 개념은 성경의 가르침과 같지 않다. 그는 종교다원주의 관점에 따라 하나님의 영과 산스크리트 문자로 기록된 힌두교의 영 개념을 동일시한다. 힌두교 아드바이타 세계관을 가진 사마르타가 말하는 성령은 성경이 말하는 영이 아니다. 그 영은 타종교의 영과 다르지 않다.[33]

사마르타에게 하나님과 하나님의 영은 신비(Mystery)인 동시에 존재에 대한 관용성의 기초(the ontological basis for tolerance)이다. 신비는 인간의 합리성을 초월한다. 제한성을 가진 인간 이성으로, 인간 논리로 이해할 수 없다. 신학적 추론으로 명료하게 정의할 수 있는

---

[32]Samartha, *Between Two Cultures*, 201.

실재가 아니다. 사마르타가 하나님의 신비를 강조하는 까닭은 신에 대한 인간의 반응이 다원적이라고 생각하기 때문이다.[34] 각 종교들이 섬기는 서로 다른 이름의 신들은 실상 모두 동일한 한 분 하나님, 동일한 신비, 동일한 진리의 서로 다른 현현이라고 보기 때문이다. 사마르타의 성령론은 힌두교 아드바이트 세계관에 충실하다.

사마르타는 우리가 종교적 다원성 세계에 살고 있음을 강조한다. 하나님과 성령의 신비의 무한성과 포용성을 강조한다. 그것을 근거로 하나님에 대한 타종교들의 다양한 인식, 반응, 의식, 교리를 유효한 것으로 인정해야 한다고 한다.[35] 모든 종교는 동등성, 평등성을 가지고 있으며, 따라서 기독교가 각 종교의 가치와 특수성을 인정함이 마땅하다고 한다.[36]

사마르타의 하나님은 아브라함, 이삭, 야곱의 하나님에만 국한되지 않는다. 아드바이타 세계관에 따른 하나님은 인도인들이 이해하는 궁극의 실재, 모든 신의 원형인 브라만이다.[37]

사마르타가 강조하는 아드바이타 유형의 성령과 하나님의 '신비'는 각 종교에 대한 관용의 존재론적 기반이다. 합리적 이성을 초월한다. 논리로 파악할 수 없고, 신학적 추론으로 정의할 수 없다. 신비에 대한 인간의 주관적 반응과 이해는 다원적이다. 야훼 창조주 하나님의 개입만이 우리로 하여금 진리, 참 영, 성령을 알게 한다.

사마르타는 타종교들 안에 구원—해방의 유효한 방법들이 있다고 한다. 성령이 모든 종교 안에 역사하며, 따라서 모든 종교가 다 구원의 길이라는 것이다. 기독교를 항하여 이 사실을 인정하라고 한다.[38]

맺음말: 평등전제주의 성령론

사마르타의 성령론은 힌두교 세계관을 철저히 반영한다. 그의 신론은 무한한 신비, 신에 대한 서로 다른 종교들의 다양한 반응과 다양한 표현들을 우리가 모두 유효한 것으로 인정해야 한다는 신념으로 귀착된다.[39] 각 종교가 서로 다른 하나님의 이름을 사용하지만, 그것들이 동일한 하나님, 동일한 신비, 동일한 진리에 대한 각 종교마다의 서로 다른 반응이라고 한다.

사마르타는 힌두교 아드바이타 사고방식에 따라 기독교와 다른 종교들이 '관계적 독특성'을 지니고 있다고 한다. '관계적'이란 그리스도께서 다른 신앙의 이웃들과도 관계하신다는 것을 의미한다. '독특성'이란 다양한 종교 전통들이 하나님의 신비에 대한 서로 다른 반응을 의미한다. 따라서 기독교가 타종교들에 대하여 포용적이고 평등적인 인식을 가지지 않고는 상호 풍요로움을 누리는 것이 불가능하다고 한다.[40] 종교 간의 대화는 이러한 유형의 진리를 탐구하는 수단 가운데 하나라고 한다.[41]

사마르타가 1970년대에 제네바에서 구축한 종교다원주의 성령론과 아리아라자가 작성한 "바아르선언문"(1990)의 성령이해는 정확히 일치한다. 사마르타의 성령론이 WCC의 종교다원주의 신앙고백

---

[33]Klootwijk, 225.

[34]Klootwijk, 226-227; Samartha, *One Christ-Many Religions*, 77.

[35]Samartha, *One Christ-Many Religions*, 4.

[36]Samartha, *One Christ-Many Religions*, 76-77.

[37]Klootwijk, 225.

[38]Klootwijk, 226-227; cf. Samartha, *One Christ-Many Religions*, 77.

[39]Samartha, *One Christ-Many Religions*, 4.

[40]Samartha, *One Christ-Many Religions*, 76-77.

[41]Samartha, *Between Two Cultures*, 71-72.

에 심대한 영향을 미쳤음을 시사한다. 그의 사상은 WCC 중앙위원회의 "아디스아바바 성명서"(1971)와 "대화지침"(1979), "전도선교선언서: 함께 생명을 향하여"(2013), "종교다원주의와 기독교인의 자아정체성"(2006) 등 여러 가지 신앙고백 문서에 나타난다.

사마르타의 종교다원주의 성령론을 지배하는 것은 자유주의 신학 오리엔테이션과 힌두교 아드바이타 세계관 그리고 유럽인들의 식민지배에 항거하는 평등주의라는 이름의 평등전제주의 사고이다. 그래서 그는 성령이 우리를 '모든 진리'로 이끄는 것이 아니라, '모든 종교의 진리'로 이끈다는 억지 해석을 마다하지 않는다.

사마르타의 성령론의 요점은 세 가지로 압축된다. 첫째, 예수 그리스도 안에서 성령 하나님은 모든 시대와 모든 신앙을 가진 사람들과 관계를 맺으며 구원의 복음을 제공한다. 둘째, 성령의 능력은 용서, 화해, 새로운 창조 공동체를 통해 필연적으로 대화를 가능케 한다. 성령 하나님이 제공하는 자유와 사랑은 우리를 타인과의 교제에 묶으며, 모두가 하나님의 집에 속한 시민이 될 수 있게 한다. 셋째, 예수는 성령이 우리를 '모든 종교의 진리'로 이끌리라고 약속했다.

WCC는 사마르타의 종교다원주의 성령론에 근거하여 하나님의 영이 모든 종교 안에 활동하며, 이 사실은 모든 종교가 구원의 길이며, 동일동가의 진리와 구원 공동체라는 것을 말한다고 한다. 그래서 "하나님의 구원의 은총에는 제한이 없다"고 말한다. 후임자 웨슬리 아리아라자가 WCC에 투입하여 신앙으로 고백하게 한 이 종교다원주의적 확신은 스승이며 종교대화국 선임자인 사마르타의 성령론에서 온 것이다.

18

사마르타의 브라만 기독교

—예수가 유일한 구원자라는 주장은 오만한 발상이다—

오늘날 종교다원주의는 단순한 학문적 논의 사안에 그칠 사안이 아니라, 우리가 인정해야 할 하나의 실제적인 경험이다. 전통적으로 종교는 사람들 사이의 이해를 연결하는 교량이라기보다는, 오히려 분리를 낳는 해자(垓子) 역할을 해 왔다. 이러한 현실을 인식할 때, 서로 다른 신앙에 헌신한 남녀가 다종교 사회에서 어떻게 함께 살아갈 수 있을까? 점점 더 이웃처럼 가까워지는 이 세계에서, 피상적인 우호와 편협한 광신 사이에 어떤 대안이 있을까? 다원주의적 상황 속에서 인간 공동체를 향한 탐구에 있어, 기독교인의 의무는 무엇일까?

위 글은 스탠리 사마르타 박사(Stanley Samartha, 1920-2001)의 사상 세계에 접근할 수 있는 유용한 출발점이다. '브라만 기독교,' 곧 인도 힌두교 유형의 종교다원주의 기독교의 특성을 집약적으로 보여준다. 그의 에세이 모음집 『어느 누구도 이방인이 아니다: 인류의 일치에 대한 에세이』(*No Man is Alien: Essays on the Unity of Mankind*, 1971)의 일부이다.

'브라만 기독교'는 아드바이타(Advaita)—비이원성 세계관에 기초한 기독교를 지칭한다. 다양한 종교들이 한 분 하나님, 곧 브라만의 서로 다른 반응, 양상 표현이라고 한다. 신의 무한한 신비에 대한 인간의 반응은 언제나 다양하다고 한다. 모든 종교의 신은 유일신의 현현이며, 따라서 모든 종교는 하나라는 사고방식을 지니고 있다. 예수구원 유일 신앙을 배격하고, 모든 종교를 동일한 구원의 길이라고 한다. 종교적·문화적·민족적 경계를 넘어서는 인간 공동체 의식을 주장하며, 분열과 배타주의를 넘어서는 대화와 이해의 중요성을 역설한다.

사마르타는 브라만 기독교의 대표적인 사상가이다. 위 책을 모든 인간이 본질적으로 연결되어 있으며, 따라서 누구도 타인에게 이방인일 수 없다는 메시지를 담고 있다. 종교 간 대화와 협력을 거쳐 평화와 조화를 이루는 길을 탐색한다.

사마르타는 "인도만큼 오랜 시간 동안 다종교적인 성격을 지닌 나라는 없을 것이다"라고 말한 바 있다. 위 인용문은 다양한 언어, 문화양식, 종교적 신념이 공존하는 사회에 존재하는 인도의 교회가 종교다원주의적 증언 사명을 부여받았다는 것을 말한다. 위 인용문은 사마르타의 제자이며 WCC 종교대화국 책임 후계자인 웨슬리 아리아라자가 그를 추모하는 글에 담은 것이다. .

전술했듯이, 사마르타는 WCC의 선교전도국 직원으로 3년 동안 일했고, 종교대화국 책임자로 발탁되어 1971년부터 10년 동안 제네바에서 종교다원주의 신학을 구축(構築)했다. 저서 『한 분 그리스도-다양한 종교들: 개정기독론을 향하여』(*One Christ-Many Religions: Toward a Revised Christology*, 1991)[1]는 예수구원 유일 진리를 배제한 브라만 기독교의 모습을 생생히 그리고 있다. 정통 기독교 신학에 도전하는 WCC 종교다원주의 신앙고백의 신학적 밑그림이다.

사마르타의 사상은 WCC와 세계 교회들에 큰 영향을 미치고, 정통 기독교에 도전하는 신종 신학들의 등장을 자극했다. 신학교들은 교육 커리큘럼을 종교다원주의 상황에 맞게 개편했다. 아리아라자는 사마르타의 종교다원주의 신학을 WCC의 종교다원주의 신앙고백으로 정착시켰다.

1. 개정 기독론

사마르타는 "다른 종교들의 살아 있는 신앙의 사람들"(the people of living faith of other religions)이라는 영리한 어구(語句)를 고안했다. WCC는 이 용어를 1970년대부터 광범위하게 사용하면서 역사적 기독교 신학에서 이탈하는 새로운 신학 패러다임, 곧 종교다원주의 패러다임을 수용했다. 타종교에 대한 평등주의 원칙, 대등한 관계의 접근 태도를 취했다. 타종교인들의 영적 경험을 기독교 신앙경험과 동등한 것으로 인정했다.

사마르타의 종교다원주의 사상은 WCC의 타종교에 대한 새로운 이해를 고무시키고, 그 종교들의 영적 활력을 인정하는 방향으로 나

---

[1]사마르타는 이 책 제1장부터 제6장까지는 종교다원주의 신학의 필요성과 이론적 근거, 제7장부터 제10장까지는 종교다원주의 기독론을 논한다. 제1장은 종교다원주의가 현대 기독교인들에게 미치는 영향, 성서, 역사, 신학, 교회, 선교 등을 다룬다. 제2장은 종교간의 대화에 대한 힌두교도, 불교도, 유대인, 무슬림의 반응, 제3장은 지구의 북반구와 남반구 사이에 경제적, 신학적 불의, 제4장은 종교가 국가라는 공동체에서 수행해야 하는 역할을 논한다. 제5장은 종교 경전의 다원성, 제6장은 종교다원주의 문화 안의 하나님의 신비, 예수 이해, 신 중심적 그리스도론, 제7장은 진리 이해의 방식과 아드바이타 세계관, 제8장은 유럽형 기독론과 인도형 기독론을 대조한다. 제9장은 예수 십자가와 부활의 의미, 제10장은 종교다원주의에 부합하는 '하나님의 선교' 이론을 논한다.

아가게 했다. 세계의 다양한 종교 공동체들과 대화와 기독교와 타종
교들의 에큐메니즘—일치의 필요성을 고조시켰다.

사마르타는 인도인 종교다원주의자 라이문도 파니카와 힌두교 사
상에 기초하여 만신(萬神) 중심의 종교다원주의 이론을 구축한 영국
인 존 힉의 사상을 따른다. 사마르타의 종교다원주의 신학의 핵심은
모든 종교가 한 분 하나님의 서로 다른 현현이라는 것이다. 모든 종교
가 한 분 하나님의 아바타적인 각각의 그리스도를 모시고 있고, 독자
적 성경—경전을 가지고 있으며, 모든 종교가 동등성, 평등성, 구원 유
효성을 지니고 있다고 한다.

사마르타는 예수 그리스도의 구원 유일 신앙이 옳지 않으며, 따라
서 역사적 기독교를 버리고 종교다원주의 기독교—브라만 기독교로
전향하는 코페르니쿠스적 변혁이 필요함을 역설한다.

사마르타는 칼케돈공의회(451)가 예수 그리스도를 "참 하나님, 참
사람"이라고 정의한 것을 매우 큰 오류라고 한다. 예수는 하나님이
아니라 오로지 인간이었다고 한다. 그는 정통기독론을 거부하고, 바
울의 가르침을 배격한다. "하나님은 한 분이시요, 하나님과 사람 사
이의 중보자도 한 분이시니, 곧 사람이신 그리스도 예수이십니다"(딤
전 2:5)라는 진리를 거부한다. "그 복음은, 내가 사람에게서 받은 것
도 아니요, 배운 것도 아니요, 예수 그리스도의 나타나심으로 받은
것입니다"(갈 1:12)라고 말한 바울의 증언도 진실하지 않다고 한다.

사마르타에게 기독교 신앙의 초점은 믿음, 죄를 용서받음, 대속,
구원, 하나님과의 연합, 중생, 칭의, 성화 등이 아니다. 초점은 혁명투
쟁, 정의, 약자 편들기, 권력에 대한 저항, 정의사회 구현 등이다. 그
의 주장의 핵심은 모든 종교가 동일동가이며, 따라서 기독교인들과
타종교인들이 함께 에큐메니칼 일치를 이루는 세계종교 에큐메니칼

운동이 필요하다는 것이다.

사마르타는 자유주의 신학과 그 신학 전통의 성서 비평학의 예수 이해를 고스란히 자신의 것으로 삼는다. 바울 중심의 안디옥 기독교와 예수 중심의 예루살렘 기독교를 구분한다. 바울과 베드로와 요한이 전한 예수의 대속사역과 구원의 도(道) 그리고 예수구원 유일 신앙을 거부한다. 반면, 기독교를 향하여 인간화, 사회변혁, 정의 활동, 윤리적 실천 중심의 종교로 전환하라고 재촉한다.

사마르타는 변화된 세상이 종교다원주의에 대한 새로운 인식을 촉구한다고 말한다. 그는 교회가 세상의 요구에 부합할 수 있는 길을 제시한다. "종교적 다원성 세계에서 기독교에 대한 독점적인 주장을 하지 않고, 이웃 종교들에 대한 부정적인 판단을 내리지 않으며, 성서적으로 타당하고, 영적으로 만족스럽고, 신학적으로 신뢰할 수 있고, 목회적으로 유용한 기독론이 필요하다"[2]고 한다. 예수구원 유일 진리를 배제한 기독론을 강조한다.

사마르타는 예수 그리스도의 최종성과 예수구원 유일 신앙을 가진 복음주의자들을 위 책의 독자로 설정한다. 복음주의자들이 전통적인 기독론에 얽매여 있고, 성경 무오성에 집착한다고 비난한다. 지나치게 그리스도의 유일무이한 독특성을 신앙하며, 개종전도 활동에 헌신한다고 지적한다. 이들이 상속받은 기독론을 고수하고, 이를 개혁, 개조하려는 시도에 저항한다고 한다. 종교다원주의에 적대감을 보이

---

[2]Samartha, *One Christ-Many Religions: Toward a Revised Christology* (Maryknoll, NY: Orbis Books, 1991, Eugene, OR: WIPF & STOCK, 2015), ix.

[3]"the revision called for here is not in the substance of the Christian faith but in its formulations inherited from a previous era and a different culture." Ibid., xi.

며, 시대가 요청하는 새로운 신학 정립을 거부한다고 말한다.

사마르타는 역사적 기독교를 시대에 뒤떨어진 종교로 규정한다. 자신이 시도하는 새로운 기독론 정립은 "기독교 신앙의 본질을 바꾸려는 것이 아니라 이전 시대와 다른 문화로부터 물려받은 신앙의 형식을 개정하는 것"[3]이라고 한다. 그가 이해하는 기독교 신앙의 본질에는 예수구원 유일성이 포함되어 있지 않다.

2. 시대의 변화, 인식의 전환

신학자는 항상 폭넓은 이해를 추구한다. 배타적인 사고와 태도는 학문성을 상실할 위험을 지니고 있다. 인간의 이해는 상대적이고 제한적이다. 역사적 기독교와 정통신학이 우리 시대의 새로운 모든 주제에 대한 정답을 가지고 있는 것은 아니다.

그러나 WCC라는 세계적인 기독교 단체는 시대의 변화를 구실삼아 역사적 기독교의 신앙에서 이탈하고 다원주의, 포용주의, 신앙무차별주의를 지향한다. WCC 신학에 대한 정확한 판단과 평가를 하려고 하면, 그 배경인 이 단체의 몽학선생 사마르타와 아라아라자의 사상을 세심히 파악하는 것이 중요하다.

이 장과 다음 장은 사마르타의 위 책의 내용을 순서대로 축약(縮約)하고 해설과 평가를 덧붙인다. WCC 종교다원주의 신앙고백의 이론적·신학적 기초, 핵심, 기본 틀이 무엇인가를 세심히 확인한다. 사마르타와 아리아라자의 사상은 "WCC가 종교다원주의를 지지하지 않는다"는 헛소리를 잠재운다. 우리는 헛소리 주징의 그릇됨을 밝히고, 이 단체에 가담하는 교회들에게 정확한 판단을 할 수 있는 정보를 제공할 목적으로 사마라타와 그의 후임자 아리아라자의 주장을 큰 폭으로 소개한다.

사마르티는 종교다원주의가 제2차 세계대전(1939-1945) 이후에 등장했다는 말로 브라만 기독교—종교다원주의 기독교에 대한 논의를 아래와 같이 시작한다. 기독교인들이 종교다원주의를 거부함은 타종교의 신앙을 가진 이웃들에 대한 심각한 형태의 불의이다. 종교다원주의 운동은 종교들의 동등성, 평등성을 요구하며, 차별과 착취에 맞서 싸우는 투쟁과 사회적 정의를 추구하는 운동과 맞물려 있다.[4]

유럽 국가들의 식민주의 시대가 퇴각하면서, 피식민지인들은 자신들의 종교와 문화의 가치에 기초하여 독자적인 정체성을 정립했다. 소수 민족 집단과 전 세계의 소외된 사람들은 자신들의 고유한 민속 문화와 종교를 회복하려고 했다. 이러한 노력은 평등과 정의를 위해 싸우는 세계의 대다수 가난한 사람들의 강력한 지지를 받고 있다.[5]

세계 문화와 종교적 다원성은 피식민지 시대 동안 기독교와 서양 문화에 의해 짓밟혀 왔다. 식민주의의 악행은 경제적 착취만이 아니라 문화적 삶을 조직적으로 억압하여 자신들의 고유한 민속 문화와 종교의 가치를 우월한 것으로 받아들이도록 만들었다. 하나의 문화와 종교 이념이 독점적인 주장을 펼쳤다.

힘을 가진 나라는 종교를 앞세우면서 다른 민족, 문화, 종교를 열등한 지위로 여겨 정죄하고, 지배하고, 착취하고, 정복했다. 이것은 공정하지 않다. 종교다원주의는 종교적 다원성 세상에서 기독교의 최종성과 예수구원 유일 신앙을 강요하려는 힘에 맞서 싸우는 이론이다.[6]

---

[4]Ibid., 1-2.

[5]Ibid., 2-3.

[6]Ibid., 3.

종교다원주의는 인간의 유한성을 인정하면서 신의 무한성에 경의를 표한다. 신에 대한 서로 다른 이해와 숭배 방법들의 상이성과 상호 연관성을 포괄적으로 수용한다. 종교적 다원 세계의 근본 성격이 대화적이고 다형적(polymorphic)이라는 사실을 인정한다.[7] '다형적'이란 여러 종교들이 궁극의 신적 실재, 곧 유일신의 다양한 현현(顯現)이라는 의미이다.

사마르타에 따르면, 최근 역사학은 역사적 사실(fact) 파악이 어렵고, 객관적 역사해석이 불가능하다고 생각한다. 이 흐름이 기독교 역사 연구에도 적용되어, 유럽의 다수 기독교인들은 지금까지 정통신학의 근간이 되어 온 구원사(Heilsgeschichte)를 부정적으로 파악한다.[8] 성서비평학이 중요하지만 그것조차 하나님의 계시가 이스라엘의 역사에만 드러난다고 주장하므로, 그것조차 옳지 않다고 말한다.

신약성서에는 "하나의 예수, 여러 가지 기독론"이 존재한다. 특정 기독론이 정통이라고 하는 주장은 신약성서의 지지를 받지 못한다. 우리는 상대주의 시대에 살고 있다. 따라서 종교적 다원성을 인정하지 않을 수 없다.[9] 예수구원 유일 신앙은 실상 특정 역사와 문화 상황이 만들어낸 낡은 신앙고백과 그것에 대한 헌신의 표현이다.

종교다원주의는 다양한 사람들이 자유, 자존감, 인간 존엄성을 가지고 살아남을 수 있는 영적, 문화적 자원을 제공한다. 국가와 민족이 정치적으로 지배당하고, 경제적으로 착취당하며, 군사적으로 위협받을 때, 영혼을 지키고 의지할 수 있는 것은 종교와 문화 밖에 없다. 예수구원 유일 신앙은 종교적 파시즘이다. 종교다원주의는 단 하나의 종교, 단일 이데올로기를 강요하는 종교 파시즘을 막을 수 있다. 종교다원성을 수용하는 것은 예수구원 유일성 신앙을 옹호하는 종교 파시즘을 물리칠 수 있는 유일한 답이다.[10]

특정한 하나의 인식, 곧 배타적 정통신학 이론이 신, 진리, 신비를 소진할 수 있는 것은 아니다. 종교적으로 다원화된 세계에서 함께 살아가고 더불어 일하려면 종교 간의 상호 존중이 필수적이다.

종교다원주의에 대한 기독교의 반응은 다양하다. 유럽 기독교인들은 종교다원주의를 무시한다. 극복해야 할 일탈로 여긴다. 그러나 아시아와 아프리카의 사람들에게는 오랜 세월의 억압당한 경험 이후 자신들의 영적·문화적 가치를 회복하는 원천을 제공한다. 종교다원주의의 등장은 사탕수수 농장에 꿀벌 통을 가져가는 것과 같다.[11]

보수적 기독교인들은 종교다원주의가 자신들이 물려받은 종교 전통의 우월성이 지닌 안전하고 편안한 태도를 교란시킨다고 생각한다. 각 종교는 오랜 기간 살아 있는 신앙공동체였다. 왜 기독교는 선교라는 이름으로 기존 종교인들을 불안정하게 만드는가? 다양한 민족의 운명이 얽혀있는 글로벌 공동체에서 어느 한 종교 공동체가 다른 공동체보다 우선적인 지위를 가진다고 주장함은 부당하다.

특정 민족의 역사가 선택적으로 부각되고 그 민족의 종교에 배타적 중요성을 부여하는 것은 평등성 원칙에 위배된다. 다른 민족, 곧 인도, 중국, 아프리카, 북미와 남미의 원주민들의 역사를 부당하게 평가하는 결과에 이른다. 하나님은 모든 인류의 창조주이며 전 인류의 부모이므로 그 분의 관점으로 타종교를 평가해야 한다.

---

[7] Ibid., 4-5

[8] Ibid., 6.

[9] Ibid., 6.

[10] Ibid., 7. '종교 파시즘'은 존 로빈슨의 작품에 등장한다. John Robinson, *The Human Face of God* (London: SCM Press, 1973), 189.

[11] Ibid., 8.

불교와 힌두교와 기독교가 공히 신에 대한 개념을 가지고 있다. 타종교들도 독자적인 종교 경전을 가지고 있다. 그 경전들은 자연과 인간과 하나님의 관계에 대한 깊은 통찰을 제공하고 증언한다. 기독교인들이 성경론에 민감하듯이, 타종교의 신앙인들은 자기 종교의 경전에 대한 타종교인의 비판에 민감하다.

사마르타는 이 지점에서 WCC 종교다원주의 신앙고백의 시원(始原)을 소개한다. 성령이 모든 창조물과 타종교 신앙들과 세속적 신념들을 가진 사람의 삶 안에 역사한다고 한다.[12] WCC는 사마르타의 이 이론을 종교다원주의 신앙고백의 신학적 근거로 삼는다.

그는 모든 종교인들이 자기 종교의 고유한 이야기를 세상에 전할 권리를 가지고 있다고 한다. 특정 종교 공동체가 일방적으로 주장하는 메시지 선포는 유일의 선교 활동이 아니며, 특정 종교의 수적 확장이나 다른 종교 공동체의 신도 수 감소로 이어지는 결과로 나타나는 활동은 진정한 선교가 아니라고 한다.

사마르타는 WCC의 '하나님의 선교'(missio dei)를 기독교의 온전한 선교로 여기면서 이를 강조한다. 사마르타에 따르면, 기독교 선교는 파괴된 창조물을 회복시키고, 인류의 분열을 극복한다. 인간과 자연, 하나님 사이의 균열을 치유하는 과업에 참여하는 활동이다. 하나님의 나라, 정의와 평화, 진리와 사랑의 가치를 촉진하고 실천하는 활동이라고 한다. 예수 그리스도의 삶과 사역, 죽음과 부활이 기독교인들에게 '하나님의 선교'의 필요성을 증언한다. '하나님의 선교'가 타 종교의 신앙을 가진 사람들과 새로운 관계를 갖도록 촉구한다.[13] 사마르타의 선교 개념에는 십자가에 못 박혀 인류의 죄를 대신 짊어진 희생제물 예수 그리스도의 구원의 기쁜 소식이 없다.

3. 교사와 학생

사마르타는 '타종교의 살아 있는 신앙을 가진 이웃들'이 기독교의 종교 간의 대화 노력 뒤에 항상 숨겨진 의도가 도사리고 있다는 두려움을 가진다고 한다. 그들은 대화를 반대하지 않지만 개종 요구를 거부한다면서 아래와 같이 주장한다.[14]

기독교인은 항상 대화 파트너에게 무엇을 주고, 말하고, 가르치는 역할을 해 왔다. 타종교인과 다른 신을 숭배하는 자들을 죽음이라도 불사하고 물리치거나 싸우거나 개종시켜야 할 대상으로 여긴다. 서유럽 기독교인들의 십자군 정신은 아직도 사라지지 않고 있다.

종교다원주의를 신봉하는 기독교인은 종교 간의 대화에서 항상 파트너에게서 무엇을 받고, 듣고, 배운다.

유럽 기독교는 지구 북반부(유럽)의 강력한 종교로 자리 잡고 있다. 남반부(인도, 아시아)의 종교인들은 경제적·정치적·군사적 측면에서 가난하다. 북과 남의 경제적·정치적 요소와 종교적·문화적 요소를 통합하려면, 모든 것을 포괄하는 에큐메니칼 원리에 부합하는 큰 틀이 필요하다.

남반부의 억압받는 사람들은 정체성, 기쁨, 슬픔, 자유, 자기 존중, 인간 존엄성에 대한 갈망을 종교와 문화를 통해 표현한다. 북반부 사람들은 남반부 사람들을 '비기독교인'으로 여겨 차별한다. 특정 종교

---

[12]Ibid., 11. "The work of the Holy Spirit in creation and in the lives of our neighbors of other faiths and secular convictions has scarcely entered into the debate so far."

[13]Ibid., 12.

[14]Ibid., 29-30.

공동체의 배타적이고 독점적인 주장은 타종교에 대한 신학적 부정적 판단으로 이어진다. 북반구의 기독교인들은 타종교와 타종교 신앙을 가진 이웃을 부정적으로 이해한다. 이는 기독교 시각을 가진 북반부가 남반부에 가하는 신학적 억압의 증거이다.

북반부 사람들의 심장부에 숨어 있는 은밀한 식민주의 종교와 문화 신학은 기독교인과 타종교의 신앙을 가진 이웃이 정의와 평화 유지에서 협력하는 것을 방해한다. 수억 명의 아시아인들을 '잃어버린 영혼'으로 간주하는 유럽 기독교는 정의, 자유, 자기 정체성, 인간 존엄성에 대한 존중이 결여된 불의 그 자체이다.

금과 옥은 서로에게 해를 끼치지 않는다.[15] 종교 간의 상호 존중과 인정이 필요하다. 중국인들은 유교의 관을 쓰고 도교의 옷을 입고 불교의 신발을 신는다. 종교적 다원 사회의 다양한 종교적 정체성은 극복해야 할 장애물이 아니라 받아들여야 할 기회이다. 다양한 종교 공동체 간의 조화를 이루기 위한 조건 가운데 하나는 종교다원주의를 장애물로 인식하는 것이 아니라 종교적 다원성을 기회로 받아들이는 것이다.

4. 성경, 경전

사마르타는 복음주의 성경관이 평등주의 원칙을 간과하며 종교다원주의 신학을 방해한다고 주장한다. 종교적 다원성 세계에서 다양한 경전들의 공존은 당연하다고 한다. 다원주의 세계에 사는 우리는 수백만 명의 타종교 신앙인들에게 영적 지지와 윤리적 지침을 제공하는 다른 경전들을 무시할 수 없다고 한다. 각 종교의 성경(경전)은 삶의 신비에 대한 서로 다른 응답이기 때문이라면서, 아래와 같이 말한다.[16]

모든 종교는 자기 종교의 경전을 신성하고 권위 있는 것으로 여긴다. 우리가 이 사실을 무시함은 눈을 가리고 자신을 속이는 일이다. 한 경전의 기준을 다른 경전에 적용하여 판단함은 옳지 않다. 각 종교 공동체는 자신들의 경전 안에 독점적 요소와 진리 주장을 담고 있다. 따라서 다른 종교 경전을 읽고 묵상하면 지평을 넓히고 내면의 삶을 깊게 할 수 있다. 각 종교의 경전은 평등한 더 나은 미래를 가리키는 이정표이다.[17]

유럽 종교의 단일 경전은 유럽 기독교인들에게는 도움이 될 수 있지만 다수의 아시아인과 아프리카인들에게는 규범적 권위일 수 없다. 아시아인들은 수천 년 동안 기독교 밖의 종교 경전들의 영향을 받아 왔다. 힌두교, 불교, 유교, 도교의 고전 경전들에서 영적 욕구를 채워왔다. 아시아 기독교인에게 오로지 성경만이 "하나님의 역사를 증언하는 유일한 경전"이라고 주장하면, 타종교의 신앙을 가진 이웃들과의 대화는 단절된다.[18]

복음주의 기독교인들은 성경이 진정한 경전이고 다른 모든 경전은 거짓 경전이라는 개념을 마음 속 깊이 간직하고 있다. 수많은 타종교의 신앙인들에게 권위와 생명력을 제공하는 다양한 종교 경전에 주목하지 않는다.

복음주의자들이 말하는 예수 그리스도의 최종성과 예수구원 유일

---

[15]Ibid., 39, Theodore de Bary, *Sources of Chinese Tradition* (New York: Columbia University Press, 1961), 274를 보라.

[16]Ibid., 58.

[17]Ibid., 59-61.

[18]Ibid., 59.

신앙의 배타적 주장은 성경의 권위에 근거를 둔다. 이 권위는 기독교인들에게 매우 중요하다. 그러나 동격(同格)의 타종교 경전들이 존재한다는 사실을 인정하는 것이 매우 중요하다. 특정 경전이 모든 사람의 규범은 아니다. 유효한 다양한 종교 경전들이 있다는 것은 신학적 논의의 대상이 아니라 받아들여야 할 사실이다.

신학의 토대인 신의 계시가 서유럽 맥락에서만 주어지는 것은 아니다. 텍스트에 의존하는 종교 진리는 부정확하다. 힌두교인과 불자에게 경전의 권위는 텍스트의 '기록된' 상태에 달려 있지 않다. 권위는 말씀의 낭송과 그것이 소리로 전달되는 데 있다.

종교 경전에 대한 종교다원주의 원칙들은 기독교 성경의 권위를 약화시키거나 축소시키지 않는다. 오히려 종교적으로 다원적인 세계에서 성경의 권위를 더 넓은 신학적 관점에서 다시 확립하게 한다. 종교적 다원 세계에서 성경—경전들, 전통, 이성 간의 상호작용은 과거 어느 때보다 더 역동적이다.

5. 다종교·다문화 안의 그리스도

사마르타는 기독교인들이 어리석게도 예수 그리스도의 성육신, 곧 하나님이 역사 속에서 자신을 상대화한 사건을 믿는다고 지탄한다. 하나님이 역사 속에서 자기를 상대화한 예수에 대한 교리를 신학자들이 절대화한다고 지적한다. 과연 그것이 정당한지 자문해 보라고 한다. 기독교인들이 로고스의 선재(先在)와 성육신을 믿는다고 하면서도, 사마르타는 자신이 그것을 믿는지 믿지 않는지를 명확히 언급하지 않는다.

예수 그리스도와 하나님은 어떤 관계인가? 사마르타는 이 관계에 대한 오늘날의 질문과 답은 신학적으로 신뢰할 수 있고, 영적으로 만족스러우며, 목회적으로 유익해야 한다면서 브라만 기독교의 특징을 아래와 같이 펼친다.[19]

하나님과 그리스도와 인류의 관계를 통합적으로 이해하는 새로운 방식의 모색이 이미 진행되고 있다. 이 모색은 '규범적 배타주의'에서 '관계적 독특성'으로 이동하고 있다. 하나님이 예수를 통해 타종교의 신앙을 가진 이웃들과 관계를 맺는다는 점에서 그리스도는 '관계적'이다. 모든 종교가 하나님의 신비에 대한 종교 전통들의 독특성을 인정하고 인식하는 상호 풍요로움을 누리는 것이 가능하다는 점에서 독특하다.[20]

복음주의자들은 기독교 선교와 종교 간의 대화 사이에 긴장을 일으킨다. 성경의 무오성을 전제로 하는 이들에게서 타종교의 신앙을 가진 이웃들에 대한 긍정적인 답을 기대할 수 없다. 그들은 종교 간의 대화를 기독교 메시지 전달 수단으로 오해하기 때문이다. 대화를 통해 타종교들의 부적절함과 거짓을 폭로하고, 예수 그리스도의 적절성, 진리성, 절대성, 최종성을 증명하려고 하기 때문이다. 상아를 언급하지 않는 코끼리에 대한 논문이나 학술 에세이는 불완전하다. 심지어 위험할 수도 있다.[21]

유럽교회가 니콜라우스 코페르니쿠스의 지동설과 찰스 다윈의 진화론에 적응하는 데는 꽤 오랜 시간이 걸렸다. 교회는 칼 마르크스와 모택동과 여전히 씨름하고 있다. 종교다원주의의 초대와 도전에 확

---

[19] Ibid., 76.

[20] Ibid., 77.

[21] Ibid., 78.

실한 답을 이끌어내는 데는 훨씬 더 오랜 시간이 걸릴 수 있다. 분명한 것은 교회가 타종교인들을 방어하는 요새가 아니라 그들을 동료로 받아들이는 '하나님의 집'이라는 사실이다.

인도에서는 기원전 1천 5백년경 베다 시대 초기부터 모든 종교의 평등성에 대한 강조가 있었다. 브라만교는 신들 간의 충돌을 없애려고 하거나 정복하려고 하지 않았다. 모든 신을 하나로 연결시킴으로써 '하나'와 '많음' 간의 충돌을 해결하려 했다. 힌두교가 이해하는 '하나'는 모든 신의 총합보다 더 큰 존재이다. 다른 신들의 개별성과 정당성을 실존적 관계 안에서 인식했을 때에도, 존재론적 본질은 신들 너머에 있었다. 모든 종교의 평등성에 대한 강조는 종교 공동체 간의 관계에 대한 정치적 확인이었다.

인도인이면 어느 누구도 힌두교의 특정 다르마(Dharma)[22]가 다른 다르마 보다 우월하거나 독특한가 하는 질문을 제기하지 않는다. 한 종교의 기준으로 다른 종교를 열등하다고 비판하지 않는다. 이는 부당하기 때문이다. 개종은 불필요하다.

힌두교도는 기독교인에게 개종을 요구하지 않는다. 창조주 하나님과 예수 그리스도에 대한 헌신을 포기하라고 말하지 않는다. 인도 기독교인은 힌두교인에게 힌두교에 대한 그들의 헌신을 포기하라고 요구하지 않는다.[23]

특정 종교 전통의 독특성, 배타적 유일성에 대한 주장이 인도인에게는 무례하게 들린다. 특정 신앙이 다른 신앙보다 더 규범적이라는 주장만큼 부적절한 것은 없다. 이 오만한 주장은 인도인의 정신에 상충된다. 배타주의는 수 세기에 걸친 갈등, 긴장, 대규모 고통을 겪은 사람들이 신중하게 엮어온 종교 관계의 직조(織造)를 찢어놓는다.

우리가 알아야 할 것은 '진리의 진리'가 항상 그것에 대한 인식보다 더 크며, 심지어 그 인식의 총합보다 더 크고 초월적이라는 사실이다. 인도의 오랜 다종교 역사에서 나타난 두 가지 큰 요소들 가운데 하나는 신비에 대한 수용이고, 다른 하나는 궁극적인 문제에서 배타적인 태도를 거부하는 현상이다.[24]

사마르타는 브라만 기독교를 설명하면서 그 핵심인 힌두교 아드바이타 사상과 그것의 중요성을 강조한다. 이를 심도 있게 소개한다. 아드바이타 세계관에 따르면, 존재의 중심에는 다양성이 자리 잡고 있다. 다양성은 인간 본성에 내재되어 있다. 이것은 신비이다. 신비는 수용해야 할 존재론적 상태이지, 해결해야 할 인식론적 사안이 아니다. 신비에 대한 인식이 없이는 신, 궁극적 실재를 인식할 수 없다.[25]

예수가 그리스도라고 하는 믿음은 기독교 공동체의 신앙고백이다. 이 진리가 특정 종교 인물에게만 드러나고, 다른 지역의 종교 안에는 전혀 드러나지 않는다고 하는 주장은 타종교의 신앙을 가진 이웃들을 무시하는 말이다. 특정 전통에 대한 배타적 주장은 이웃을 자신처럼 사랑하라고 가르친 예수의 말씀에 위배된다.

인도와 같은 다종교 상황에서 우리는 구원이 무엇을 의미하는가 하고 물을 수 있다. 종교마다 구원의 개념이 다르다. 다종교 상황에서는 구원의 개념, 맥락, 표현이 동일하지 않다. 구원의 길은 하나가 아니다. 구원은 다양한 방식으로 경험되고 또 표현되고 있다. 이는

---

[22]'다르마'는 보디다르마(Bodhidharma, 菩提達磨)의 약칭이다 인간의 참된 본질을 정의하는 데 관계되는 용어인 의(義), 인간의 도덕과 윤리의 기초, 우주의 법칙, 베다 의식, 카스트 제도, 시민과 법, 모든 종교의 기초를 의미한다.

[23]Ibid., 81.

[24]Ibid., 80.

[25]Ibid., 83.

신약성서의 기독교인들이 여러 종류의 구원을 경험한 것과 같다.

기독교인들은 인간의 곤경을 설명하는 데 '죄'라는 용어를 사용한다. 그러나 힌두교인은 '무지'에서 구원받고, 불교인은 '고통에서 건짐 받아야 할 상태'라는 용어를 사용한다. 구원의 궁극적인 목표에 대한 개념도 다르다. 목표에 도달하는 수행법도 다르다. 오늘날에는 수백만 명의 사람들이 억압, 착취, 불의에서 벗어나고자 한다. 페미니스트 신학자는 남성 인물을 거쳐 주어진 계시와 인류의 절반 이상을 차지하는 여성을 배제하는 규범적 개념을 받아들이기를 거부한다.[26]

각 종교는 서로 다른 구원의 길이다. 각각 다른 문화권에서 수많은 사람들에게 수천 년 이상 의미와 목적을 제공해 왔다. 그런데도 기독교인들은 예수가 세계 모든 사람들의 모든 문제에 대한 유일한 답이라고 한다. 이 주장은 믿기 어려울뿐 아니라 오만한 발상이다. 기독교의 유일성 주장과 예수구원 유일 신앙이 과연 옳은지 의문스럽다. 기독교의 역사를 보면 그러한 주장을 하는 기독교인의 삶은 그들 주장의 진실성을 뒷받침하지 못한다.

'신비'는 종교 진리의 배타적 소유를 인정하지 않는다. 최종적인 지식이라는 것을 용납하지 않는다. 그럼에도 복음주의 기독교의 배타성은 신비의 주위에 울타리를 친다. 신성과 인성, 인간과 자연, 다양한 종교 공동체들에 이분법 사고를 가지고 접근한다. 그러한 탓으로 기독교의 배타성은 종교 생활에서 비합리적 요소들, 신비적 특징, 미학적인 의식과 상징, 기도, 예배, 명상에 대한 상이한 이해를 용인할 여지를 남기지 않는다.

기독교의 배타적인 메시지 선포, 특히 예수구원 유일 진리는 흐르는 시냇물에 던져진 돌과 같다. 시냇물에 던져진 돌은 약간의 물보라를 일으키다가 물 속에 잠겨 아무런 영향을 미치지 않는다. 배타적 사고를 가진 기독교인들이 타종교의 신앙을 가진 이웃들과 함께 사는 것이 불가능하다. 타종교인과 조화롭게 함께 살고 공동의 목적을 위한 사회적 협력을 어렵게 만들거나 불가능하게 한다.[27]

기독교의 예수구원 유일 신앙은 다른 신앙을 가진 이웃들로부터 기독교인들을 고립시킨다. 긴장을 조성하고 관계를 악화시킨다. 배타성을 배제해야 하거나 예수구원 유일 신앙을 버려야 서로 다른 종교 공동체 간의 의미 있는 관계가 가능해진다.[28]

6. 인간 예수

사마르타는 예수가 오로지 인간이었다고 한다. 신인(神人), 곧 참 하나님, 참 사람이 아니었다고 한다. 예수를 '참 하나님'이라고 믿는 기독교 신앙은 옳지 않다고 한다. 인간 예수를 하나님의 지위로 올리고, 또 그리스도를 마리아의 아들인 나사렛 예수에게만 제한하면서 오직 예수만이 그리스도—구원자라고 함은 기독교가 피해야 할 유혹이라면서 아래와 같은 이론을 펼친다.

예수의 독특성은 그가 하나님이라는 기독교인들의 주장에 있지 않다. 예수는 하나님이 아니다. 예수는 기독교인들의 부족 신이 아니다. 예수를 하나님의 지위로 높이는 것과 나사렛 예수만이 그리스도라는 제한을 두는 것은 피해야 할 유혹이다. 예수가 하나님이라

---

[26]Ibid., 84.

[27]Ibid., 85.

[28]사마르타는 여러 종교인들이 종교적 경계를 넘지 않고서도 예술을 통해 서로 관계를 맺으며 배타성의 장벽을 허물고 있는 유일한 곳이 인도라고 말한다.

는 주장은 빈곤한 예수학(Jesusology)의 위험을 지니고 있다. 그리고 예수가 유일무이의 그리스도라고 하는 주장은 그리스도 유일주의(Christomonism)로 변질될 위험을 안고 있다.[29]

사마르타는 자신이 지향하는 신 중심주의 기독론(Theocentric Christology)이 이러한 위험을 피하고 다른 신앙을 가진 이웃과 새로운 관계를 수립하는 데 도움이 된다고 한다. 신 중심주의 기독론은 존 힉의 신 중심주의와 다르지 않다. 그가 말하는 신(theos)은 아드바이타적으로 신비하게 존재하는 다신적 유일신, 곧 만신총합 유일신을 의미한다. 사마르타는 종교다원주의 신론의 유일신과 그 신의 아드바이타적 신비의 우선성을 앞세우며, 이를 강조한다.

사마르타는 종교다원주의적 기독론 통찰이 기독교 에큐메니칼 구도 안에서 이루어지고 있고, 정통 기독론의 좁은 한계를 훨씬 넘어선다고 한다. 종교다원주의 기독론은 기독교의 울타리를 넘어 인류 전체와 모든 종교들을 포괄하는 크고 깊은 에큐메니칼 개념으로 이어진다고 한다. 하나님의 계시에 근거한 신학 밖에는 참 신학이 존재할 수 없다고 하면서 종교다원주의 기독론과 재래의 정통신학 사이에 혼란이 생긴다고 한다.

WCC는 1948년에 출범하면서 회원 자격 요건으로 "주 예수 그리스도가 하나님이며 구세주"라고 하는 신앙고백을 설정했다. 1950년 토론토에서 모인 중앙위원회는 삼위일체 신앙을 명시하는 문구로 변경했다. WCC는 이 조건이나 신앙고백을 부정하는 자를 이 단체의 유급 전임 신학자, 몽학선생으로 모셨다. 사마르타는 WCC가 이 주제에 대한 논의를 하고 있다고 지적한다.[30] 예수를 그리스도와 하나님이라고 믿지 않는 교회와 타종교들도 활동할 수 있도록 하는 논의를 하고 있다는 뜻이다.

사마르타는 WCC가 회원 조건인 "예수 그리스도가 하나님이며 구세주"라는 바리게이트(barricade)를 치고서는 진정한 세계적인 에큐메니칼 단체가 될 수 없다고 한다. 하나님이 노아와 맺은 무지개 언약을 언급하면서 모든 인류, 모든 종교, 모든 종교인이 그 언약 안에 있다고 한다. 신비적 존재, 초월자, 궁극의 실재인 하나님은 생명의 바다 너머의 궁극적 지평선이며, 시간의 제약을 받지 않는 상징인 무지개는 하나님과 모든 인류 사이의 언약이라고 한다. 사마르타는 무지개 언약은 결코 폐지되지 않으며, 타종교인들도 이 언약 안에 있다고 한다.[31] WCC는 사마르타의 노아 언약 이론을 받아들여 종교다원주의 신앙고백의 근거로 삼고 있다. "바아르선언문"(1990)과 "종교다원주의와 기독교인의 자아정체성"(2006)의에 고스란히 담겨 있다.

사마르타는 자신의 신 중심 기독론이 기독교인들과 타종교인들이 함께 살아갈 수 있는 넓은 신학적 공간을 제공한다고 한다. 반면, 예수는 유일한 그리스도이며, 또한 구원의 유일한 중보자라고 하는 그리스도 유일주의(Christomonism)가 신약성서 전체의 증거를 충분히 반영하지 못한다고 한다. 타종교인의 삶에 역사하는 성령의 역할을 축소하는 경향을 지니고 있다고 한다.

사마르타는 성서와 니케아공의회(325)와 칼케돈공의회(451)에 대한 새로운 연구와 통찰이 하나님이 예수 그리스도 안에 어떻게 존재하는지, 예수 그리스도가 하나님과 어떻게 관련되어 있는지를 더 잘

---

[29]Ibid., 86.

[30]Ibid., 87.

[31]"바아르선언문"(1990)은 모든 인류, 모든 종교인이 "하나님이 노아와 맺은 무지개 언약" 안에 있다"고 하는 사마르타의 주장을 고스란히 담고 있다.

이해하게 한다고 주장한다. 사마르타는 역사적 기독교 신앙이 신 중심주의와 상반되며, 복음주의자들의 "그리스도 중심주의는 우상숭배로 이어진다"[32]고 말한다.

사마르타는 기독교 정통신학의 그리스도 단일주의 또는 예수구원 유일 신앙이 "다른 사람들의 삶에서 성령의 역할을 축소하는 경향이 있다"[33]고 한다. 타종교들 안에도 성령의 구원 활동이 왕성하다는 것이다. 전술한 바와 같다.

복음주의자들은 칼케돈공의회(451)가 정의한 "예수는 참 하나님이며 참 사람이다"라는 신학 공식을 성경이 말하는 진리를 정확하게 정의한 것이라고 믿는다. 예수가 인류를 구원하려고 십자가에서 대속 사역을 완성했다고 생각한다. 그리스도의 구속 활동이 1세기에 단한 번만 일어났다고 확신한다.

사마르타는 이러한 복음주의 신앙이 창조자, 세상 유지자, 모든 창조물의 구속자 하나님이라는 믿음에 상충된다고 한다. 그리고 하나님의 사랑과 정의의 속성에 대한 또 다른 진리와 신학에 상충된다고 한다. 기독론이 여러 세기에 걸쳐 끊임없이 변하고, 재정의 되고, 수정되어 왔다고 하면서, 성서가 말하는 예수는 한 분이지만 그 성서 안에는 여러 가지 기독론이 있음을 거듭 강조한다.[34]

사마르타는 기독론적 성찰이 단순히 예수 그리스도에 관한 질문만이 아니라 인간 존재에 대한 궁극의 실재의 의미와도 관련된다면서 아래와 같이 설명한다. 하나님에 대한 질문과 예수 그리스도에 대한 질문은 밀접하게 연관되어 있다. 기독론 없는 신학은 있을 수 없으나 종교적으로 다원적인 세계에서는 예수 그리스도와 무관한 신학, 곧 타종교의 그리스도를 다루는 신학도 존재할 수 있다. 이 사실을 무시하거나 부정함은 '타종교의 살아 있는 신앙을 가진 이웃 사람들'에 대한 민감성을 상실한 시각이라고 하면서 아래의 주장을 펼친다.

기독론은 역사, 철학, 언어의 발전과 기독교 세계관과 삶의 방식을 넘어 수세기에 걸쳐 끊임없이 재정의 되어 왔다. 기독교 신앙은 서유럽 신학자들이 수세기에 걸쳐 이루어낸 엄청난 작업 덕분에 활력과 신뢰성을 유지할 수 있었다. '유럽화'를 거친 기독론은 지난 몇 세기 동안 여러 다른 나라로 뻗어나갔다.

칼케돈공의회의 신학이 대변하는 정통 기독론은 타종교들의 강력한 현존에 신학적으로 반응하지 못한다. 아시아는 가장 종교적이지만 가장 기독교적이지 않은 대륙이다. 세계 주요 종교들은 모두 아시아에서 기원했다. 이 중요한 사실을 고려하지 않은 기독론은 아시아인들의 마음과 정신에 다가갈 수 없다. 유럽 중심의 좁디좁은 신학, 그리스도의 인성에 관한 고전적 교리와 유럽적 필요에 맞춘 속죄 이론에 얽매인 '교회의 선교'와 그것에 기반을 둔 기독론은 아시아 사람들의 삶에 적합하지 않다. 유럽 기독론이 아시아에 적합하지 않다는 인식은 새로운 기독론을 찾게 한다.[35]

종교다원주의 기독론에 대한 열망은 유럽기독론의 속박에서 벗어나려는 욕망의 결과가 아니다. 아시아인들이 에큐메니칼 신학에 진지하게 이바지하려면 오늘날 아시아의 필요에 부응하는 새로운 기독론이 필요하다. 배타적인 그리스노를 대신할 포괄적인 그리스도나 유럽의 속박에서 벗어나는 따위의 기독론이 아닌, 그 이상의 이론이

---

[32]"Christocentrism without theocentrism leads to idolatry." Ibid., 88.

[33]"It tends to minimize the work of the Holy Spirit in the lives of others." Ibid., 88.

[34]Ibid., 92.

[35]Ibid., 93.

필요하다. 인도 신학자가 '브라만 기독교' 또는 브라만 기독론'을 거부하고 대신에 '달리트(불가촉민)신학,' '민중신학,' '해방신학,' '페미니스트신학' 따위에 얽매임은 하나의 속박을 다른 속박으로 바꿈에 지나지 않는다.[36]

기독교 신학은 다양한 상황에서 사람들의 다양한 요구에 부응할 수 있는 더 큰 에큐메니칼적 틀을 모색할 필요가 있다. 종교다원주의 신학은 한편으로는 그리스도 안에서 하나님의 갱신 활동과 성령의 창조적이고 지속적인 능력이 종교 간 대화에 진지하게 기여할 가능성을 높인다. 다른 한편으로는 타종교의 신앙을 가진 다양한 사람들이 정의로운 사회를 위한 투쟁에 기여할 가능성을 높인다.

브라만 기독교의 예수는 사람들을 분열시키지 않는다. 하나님의 사랑 안에서 하나로 묶는다. 정의를 위한 투쟁에 앞서게 한다. 하나님의 사랑과 은혜의 대상인 더 큰 공동체 안에서 다른 신앙을 가진 이웃들을 동반자로 여기는 더 넓고 깊은 개념의 틀을 모색한다.

요컨대, 사마르타는 예수구원 유일성 진리를 배제한 개정 기독론이 기독교인들뿐만 아니라 '타종교의 살아 있는 신앙을 가진 이웃들'에게도 유익하다고 한다. 타종교들을 반대하는 복음주의 기독교의 그릇된 인식, 선입견, 편견은 백해무익하다고 한다.[37]

맺음말: 사마르타의 항변

사마르타는 역사적 기독론에 도전하는 아드바이타 기독론 중심의 브라만 기독교를 구상하면서 타종교의 존재를 무시하는 태도는 종교다원주의 논의 자체를 거부하는 큰 저항이라고 한다. 예수구원 유일 신앙이 종교적 다원성 시대에 필요한 새로운 신학 모색에 가장 큰 장애물이다. 재래의 기독교 신앙은 '타종교의 살아 있는 신앙을 가진 이웃들'의 종교적 믿음과 신념을 거부한다. 기독교 선교라는 이름으로 모든 종교를 기독교로 대체하려는 시도로 이어진다. 공격적인 선교는 전 세계 교회에 재앙적인 결과를 가져오고, 에큐메니칼 신학의 심각한 빈곤을 초래한다고 한다.[38]

사마르타는 브라만 기독교를 대안으로 제시하면서, 타종교와 관련된 기독교계의 모든 배타적 교리와 이론에 대한 개방적이고 비판적인 검토를 요청한다. 이 주제에 대한 논의를 회피함은 교회의 삶과 증언을 심각하게 빈곤하게 만드는 결과를 낳는다고 한다.

사마르타는 종교다원주의 신학이 필요한 또 다른 이유를 하나님과 인간의 만남에 대한 비판적 성찰이 요구되는 사실에서 찾는다. 진리와 진리에 관한 주장, 예수 그리스도와 기독인들의 예수에 관한 주장, 그리고 기독교 이전의 예수와 예수 이후의 기독교를 구별해야 한다고 한다.

사마르타는 우리가 다음 장에서 검토할 그의 '개정 기독론'에 대하여 하나님의 신비를 인정하고 예수 그리스도 안에서 하나님과 인간의 만남의 의미를 재발견하는 통로라고 한다. 모든 사람의 마음과 정신을 새로운 진리의 길로 이끄는 성령의 활동에 더욱 민감해지는 길이라고 주장한다.

브라만 기독교는 예수구원 유일 신앙을 공격한다. 인생의 모든 헌신에는 어느 정도 배타적인 요소가 있지만,[39] 배제가 아닌 수용 태도

---

[36]Ibid., 94.

[37]Ibid., 95.

[38]Ibid., 96.

를 가져야 하고, 고립이 아닌 관계를 요구하는 헌신이 필요하다고 한다. 다원주의 사회는 자기 헌신에 대한 표현뿐만 아니라 타인의 표현에도 비판적 태도를 요구한다고 한다.

신약성서에 예수가 유일의 구원의 길이며, 유일의 중보자라고 하는 배타적 표현이 있음은 사실이다. 사마르타는 신약성서의 이 표현들을 소수 언어, 생존 언어의 성격을 띠고 있다고 한다. 예수 공동체는 소수 그룹이었다. 이들의 배타적 주장은 기독교가 다양한 종교 상황에서 살아남으려는 동기에서 나온 것이다.[40]

사마르타는 복음주의가 자유주의 신학에 대한 항의라는 것을 아래와 같이 옳게 지적한다. 복음주의가 어느 시점에는 나치 독일의 파시스트 이데올로기에 대한 강력한 저항의 목소리이기도 했다. 나치가 기독교 신앙과 국가 이념을 혼합하려고 했을 때, 복음주의 기독교는 혼합주의 경향에 맞서 "예수 그리스도 밖에는 구원을 줄만한 다른 이름이 없다"[41]고 외쳤다.

그러나 복음주의는 배타적 태도를 무비판적으로 아시아와 아프리카로 옮기고 또 유럽의 경제적 힘과 정치적 지배와 결합하여 기독교와 타종교들을 대립적인 구도로 파악함은 재앙이다. 아시아와 아프리카의 기독교인들이 선교사들로부터 전수받은 배타적 태도를 지금까지 유지함은 비극이다.

복음주의 기독교의 배타적 교리는 그리스도를 사람들로부터 고립시킨다. 기독교인들을 이웃들과 소외시킨다. 사람들의 시선을 그리스도에게 향하지 못하게 한다. 그리스도를 가리키는 손가락은 보지만 그리스도 자체를 보지 못하게 한다. '타종교의 살아 있는 신앙을 가진 이웃들'을 정복해야 할 적(敵)으로 만든다. 십자가에 못 박힌 그리스도를 정복자, 권력자로 각인한다. 정통 기독교의 배타적인 복음전도와

선교는 결혼 잔치 초대가 아니라 개종 목적의 정복주의, 승리주의 활동이다.[42]

아시아와 아프리카의 복음주의자들은 유럽에서 들어온 배타적 교리, 예수구원 유일 신앙과 그것의 배타적 특성을 열정적으로 환영하고 이를 유지해 왔다. 복음주의 기독교인들의 마음에는 여전히 암묵적인 식민주의적 배타주의 태도가 잠재해 있다.

과거에 대한 충성심은 새로운 것의 출현을 방해하고 미래에 대한 희망의 비전을 흐리게 한다. 예수 그리스도를 유럽의 편향된 시각 없이 바라보고, 그가 가르친 하나님 나라의 복음을 원래의 순수한 형태로 받아들여야 한다고 주장하는 사람을 타협자, 변절자, 배신자, 이단자로 간주한다.

우리가 특정 국가의 특정 신앙 공동체에서 태어난 것은 선택의 결과가 아니다. 출생은 인간 삶에 주어진 변개 불가능한 요소이다. 인류는 부유한 북쪽 또는 가난한 남쪽 사람으로 태어난다. 검은색, 갈색, 흰색 피부를 지닌 기독교인, 힌두교인, 불자, 무슬림, 유생으로 출생한다. 재래의 기독교는 비기독교인들을 하나님의 창조 질서와 섭리에 따라 태어나고, 종교적 다원적 상황에 주어졌다는 까닭으로, 영원한 저주를 받는 자로 여긴다.

특징 종교의 배타적 교리는 종교적 다원 사회에서 여러 가지 부정

---

[39]Ibid., 98.

[40]Ibid., 100.

[41]Ibid., 101.

[42]Ibid., 101.

[43]Ibid., 43.

[44]Ibid., 44.

적인 결과를 초래한다. 사람들을 '우리'와 '그들,' '구원받은 자'와 '구원받지 못한 자,' '내부자'와 '외부자'로 나눈다. 인간 공동의 문제를 해결하려는 서로 다른 종교 공동체 간의 협력을 어렵게 만든다. 조화로워야 할 사회에 긴장과 갈등을 초래한다. 심각한 신학적 문제를 야기한다. 결과적으로 세계 평화를 위협한다.[43]

사마르타는 복음주의 기독교에 대하여 아래와 같이 항변한다. 구원이 오직 예수 그리스도 안에만 있는가? 그렇다면, 나사렛 예수가 태어나기 전에 죽은 수백만 명의 사람들은 지옥에 갔는가? 인류 역사 가운데 단 한번, 1세기에 등장한 오직 예수 그리스도를 거쳐야만 구원을 받을 수 있다고 하는 기독론과 구원론이 하나님이 모든 인류의 창조주, 유지자, 구속자이며 하나님의 사랑과 정의가 모든 사람을 포괄한다는 신학에 부합하는가? 어떻게 인간이 하나님의 자유를 제한할 권리를 가질 수 있는가?[44]

예수구원 유일성을 신앙하는 복음주의자들에 대한 사마르타의 질책의 근거는 그들이 하나님의 인류에 대한 사랑의 접근을 약화시키고, 나사렛 예수의 인성을 과소평가하며, 인간의 다양한 상황을 사소한 것으로 취급한다는 것이다. 다양한 종교와 문화를 가진 사람들 간의 상호작용을 불가능하게 만들고 부정적인 윤리라는 결과를 초래한다는 것이다.

이상의 사마르타의 개정기독론은 WCC의 종교다원주의 신앙고백의 기초이다. "하나님의 구원의 은총에는 제한이 없다"는 종교다원주의 선언의 연원이다. 사도 바울의 가르침에 따르면, 사마르타의 브라만 기독교 사상은 "다른 복음"(갈 1:7-9)이며, "다른 영"을 가진 자(고후 11:4)의 이론이다.

19

사마르타의 아드바이타 기독론

—헬리콥터 기독론, 소달구지 기독론—

1. 비이원적 세계관

힌두교 철학 용어인 아드바이타(Advaita)는 비이원성(非二元性, not twoism) 또는 불이일원론(不二一元論)을 의미한다. 이것은 인도인의 영과 정신을 통제하는 강력한 힘이다. 하늘의 하나님과 작은 모래알 그리고 별로 가득한 광활한 하늘까지, 세상의 모든 것은 분리된 것이 아니라 하나의 다양한 나타남이라는 것이다. 개인의 자아(自我, Atman)와 궁극적 실재 브라만(Brahman)이 하나라는 사상은 인도인의 깊은 믿음이다.

힌두교 베단타 철학의 아드바이타 세계관에 따르면, 유일신 브라만은 무한하고, 영원하며, 형상이 없고, 변하지 않으며, 시간과 공간을 초월하는 존재이다. 우주에 존재하는 모든 것은 오직 하나의 진정한 실재인 브라만의 서로 다른 현현(顯現)이다. 자아와 브라만의 일치를 진정으로 깨달을 때, 사람은 해탈―해방의 경지에 도달한다. 브라만은 진리이고, 세계는 환영(幻影, Maya)이며, 개별 자아(Atman)는 브라만과 하나이다. 이 사상은 경험이나 합리적·이성적·논리적 검증이 불가능하다.

WCC의 몽학선생, 유급 전임 신학자 스탠리 사마르타 박사(Stanley Samartha, 1920-2001)는 역사적 기독교가 배타적 기독론, 곧 예수구원 유일 교리에 집착한다고 비난한다. 대안으로 '개정 기독론'(Revised Christology)이라는 이름의 아드바이타 기독론을 제시한다.

사마르타의 아드바이타 기독론은 그가 종교다원주의적으로 설계한 기독론이다. 힌두교 비전에 따라 기독교와 타종교들의 상반되는 다양한 요소들을 통합한다. 사마르타는 아드바이타 사상에 기초한 자신의 '개정 기독론'이 정통 기독론의 결함을 극복할 수 있는 탁월한 대안이라고 주장한다. 이를 예수구원 유일 신앙을 가진 역사적 기독론을 공박하는 근거로 삼는다.

사마르타에 따르면, 정통 기독론은 근본적으로 이분법적이다. 때로는 양자택의 사고방식과 병행한다. 정통신학의 특정 진리 개념, 이분법적 사고, 배타적 주장은 서로 연결되어 있다. 이분법적 구도에서 발전한 정통 기독론은 극복할 수 없는 한계에 직면한다.

진리는 배타적이지 않다. 타종교를 배제함으로써 자기 신앙의 교리를 진리라고 정의하는 종교는 낡아빠진 구식 관습이다. 진리는 고정된 실체가 아니라 역동적으로 변화하는 과정이다.[1] 인간은 어느 누구도 진리를 독점할 수 없다. 자기가 믿는 것에 대한 독특성, 최종성, 절대성을 주장할 수 없다. 진리는 다른 종교의 살아 있는 신앙을 가진 이웃들이 인식한 진리에 긍정적으로 반응하고 상호 관계를 맺음으로써 그 진리의 진정성을 입증할 수 있다.[2]

하나님의 구원의 역사는 어느 한 민족에게만 제한되지 않다. 각 민족과 문화는 하나의 공동체로 엮어진다. 역사적 의식의 다양성은 서로 다른 사람들의 운명이 얽혀 있는 글로벌 의식 안에 존재한다.

기존 기독교의 신학 공식은 어느 역사 시점에 정의된 것이다. 신조는 진리를 가로막고, 신앙고백은 포용성을 방해한다. 이분법적 사고방식과 공식화된 신조에 의존하는 배타적 태도는 기독교를 타종교의 신앙을 가진 사람들과 공존할 수 없게 만든다. 종교적 다원성 세상에서 그리스도의 유일성, 복음진리의 독특성, 기독교의 종결성을 주장함은 어리석다. 종교다원주의 기독론은 기독교인들로 하여금 예수의 윤리적 가르침에 순종하며 살아가도록 한다. 진리의 충만함을 향한 순례자가 되도록 한다(요 14:16-17).[3]

이분법적 사고방식은 여러 세기에 걸쳐 하나님과 창조물, 인간과 자연, 초월과 내재, 육체와 영혼 사이의 심각한 분열을 초래했다. 이 분법을 극복하고 서로를 긍정적으로 받아들이려는 노력의 필요하다. 하나님과 세상, 인간과 자연, 과학과 종교, 초월과 내재, 육체와 영혼, 기독교와 타종교들을 함께 묶을 수 있는 더 크고 글로벌한 틀(frame)을 하나로 묶는 포괄적인 틀이 필요하다.[4]

여러 종교를 하나로 묶을 수 있는 포괄적인 틀, 기독교와 타종교들의 상반되는 다양한 요소들을 통합하는 구조적인 사고 프레임은 힌두교의 아드바이타 사상이다. 사마르타는 아드바이타 사고 프레임을 경외심을 가지고 아래와 같이 치하한다.

---

[1]Stanely Samartha, *One Christ-Many Religions: Toward a Revised Christology* (Orbis Books, 1991, Eugene, OR: WIPF & STOCK , 2015), 103 ff.

[2]Ibid., 104.

[3]Ibid., 104.

[4]Ibid., 105.

아시아에는 다양한 인종, 언어, 종교, 이념이 존재한다. 인도와 중국에는 신, 자연, 인간, 진리 또는 다르마(Dharma)를 하나의 더 큰 조화 속에서 결합시키고 모든 것을 아우르는 통합 감각이 있다. 배타적인 입장이나 이분법적 태도를 취하지 않는 형이상학적인 이 통합 감각은 다양성을 만들어내는 창조적인 긴장을 하나로 묶는다.[5]

힌두교 아드바이타 세계관은 전술한 불교의 연기론(緣起論)과 유교의 음양(陰陽) 사상과 비슷한 구조를 지니고 있다. 인연생기(因緣生氣) 이론은 인간을 포함한 모든 존재가 구조적으로 상호 의존 관계 아래서 생성, 소멸, 존재한다고 본다. 유교의 음양사상은 조화와 일치의 원리이다. 긴장 관계의 음(陰)과 양(陽)은 서로 다르면서도 하나를 구성하며 조화를 이룬다. 연기론과 음양사상은 모든 사람, 문화, 종교, 사상을 하나로 포괄하는 아드바이타 비전과 비슷하다.

사마르타는 아드바이타 세계관이 만사를 하나로 포괄하는 통합적 비전이라고 하면서, 이것은 깊이 있는 미묘함을 지니며, 이분법을 피하는 본질을 지니고 있다고 격찬한다. 현재도 다수 인도인의 삶과 행실을 지도하는 세계관이라고 한다.[6]

사마르타에 따르면, 아드바이타 비전은 다양한 요소들을 조화와 긴장 안에 통합하는 통합적 세계관이다. 좁은 종파적 교리와 배타적 주장을 배격한다. 이 비전은 인도의 문화와 삶에 지속적인 영향을 미쳐왔고, 언어, 인종, 민족 그룹, 종교, 그리고 최근에는 다양한 정치 이념의 다양성을 통합하는 데 이바지하고 있다.

사마르타는 포용성을 지닌 라틴 아메리카의 해방신학, 한국의 민중신학, 인도의 달리트 신학은 이 힌두교 아드바이타 비전에 범접하지 못한다고 단언한다.[7]

아드바이타 세계관은 신, 궁극의 신적 실재의 신비를 온전히 설명할 수 없다. 사마르타도 이 사실을 인정한다. 그러면서도 그것이 인도 기독교 사상가들에게 지대한 영향을 미쳤고, 인도인의 삶과 사상을 통제하고 지속적인 영향을 미치고 있다면서, 이를 칭송한다. 기독교가 힌두교 아드바이타 세계관의 영향을 무시함은 '신학적 자살'이라고 한다.[8]

사마르타는 광범위한 다양성을 통합하는 아드바이타 비전이 인도의 역사 전반에 걸쳐 인종, 민족, 언어, 종교의 다양성을 통합하는 힘이었다고 한다. 인도가 독립한 이후 지금까지 이 나라의 극심한 긴장, 갈등, 비극적인 사건에도 불구하고 지리적으로나 정치적으로 하나의 국가로 존재할 수 있는 것은 아드바이타 세계관의 결과라고 한다. 인도에 힌두교와 이슬람 등 신학적으로 거리가 먼 종교들 사이에 수세기 동안 어려움과 긴장이 있었지만 아드바이타 비전이 근본적인 충돌을 방지했다고 한다.

이어서 아드바이타 세계관이 종교 간의 긴장을 완화시키고 사회적 조화에 기여했으며, 그래서 인도인들을 어느 정도의 혼란 속에서도 살아갈 수 있다고 한다. 오늘날에도 어느 동네에 교회가 세워지면 힌두교도와 이슬람교도는 주저하지 않고 돈을 기부를 한다고 한다.[9]

사마르타의 '아드바이타 기독론'은 전술한 '브라만 기독교'의 핵심 사상다. 이것이야 말로 정통 기독교의 일방적이고 배타적인 메시지

---

[5]Ibid., 107-111.
[6]Ibid., 108.
[7]Ibid., 107-108.
[8]Ibid., 108.
[9]Ibid., 108.

선포와 복음전도라는 것에 내재된 위협을 제거할 수 있다고 한다. 모든 종교인들이 하나님의 풍성한 자원을 나눌 수 있도록 초대한다고 한다. 이것이 기독교인과 타종교의 신앙을 가진 사람들 간의 관계를 정상적으로 만든다고 한다. 서로의 차이를 인정하며, 타종교의 계시(啓示)와 다른 종류의 구원과 해방경험의 신학적 중요성을 인정한다고 한다.

사마르타에 따르면, 아드바이타 세계관이 종교적 다원 세계에서 종교들을 통합할 수 있는 크고 포괄적인 개념의 틀이다. 이 비전은 진리와 신, 궁극의 실재에 대한 경외심, 침묵 분위기, 신앙과 관련하여 배타적인 입장을 취하는 데 대한 깊은 망설임, 진리에 대한 특정 응답에 최종성을 주장하지 않으려는 의지 등으로 나타난다.

아드바이타 세계관은 전통적 기독교 진리, 특히 칼케돈공의회의 기독론 정의에 의문을 가지게 한다. 타종교에 대한 승리주의 태도를 거부하게 하며, 반대 의견을 이단이라고 정죄하고 파괴하려는 의도를 거절하게 한다. 종교 생활에서 내면성, 명상, 관상, 훈련, 그리고 진리의 깊이를 통찰하고 중재하는 예술, 조각, 음악, 춤과 같은 미학적 차원에 부여된 의미의 중요성을 강조하게 한다.[10]

아드바이타 비전은 나아가 창조적 긴장들과 모든 종교를 역동적 틀 안에 결합시킨다. 그리스도에 대한 신앙으로 살아가는 사람들로 하여금 종교적으로 다원화된 세계에서 해방되고 그리고 해방을 주는 하나의 공동체가 되도록 한다.[11]

사마르타의 개정 기독론, 곧 종교다원주의 기독론 또는 아드바이타 기독론은 정당한가? 과연 아드바이타 비전이 그가 말하는 만큼 인도인과 인도 사회의 통합적이고 포용적인 삶에 실제로 이바지했는가?

인도 북 동부의 마니푸르 주에서 2023년 7월 7일경 힌두교도들이

300여 개의 교회당과 기독교 신자들의 주택 약 4,000채를 불태웠고, 신도 100여 명을 살해했다. 이로 말미암아 5만 명 이상의 기독교인 난민이 발생했다. 힌두교인들은 기독교 신자들의 목을 잘랐다. 목 잘린 시체들을 교회당 담장에 걸어놓기도 했다. 인도인들은 지속적으로 기독교와 교회를 이질적인 집단으로 여겨 심각하게 박해한다. 여성 납치, 성추행, 강간, 인신매매, 폭력, 살인, 강제 추방 등을 일삼는다. 식량, 식수, 재산 상속, 교육의 기회, 일자리, 여행을 제한한다. 강제 추방, 투옥, 폭력, 살인을 마다하지 않는다. 힌두교에서 기독교로 개종하는 사람을 극심히 박해한다.

인도의 힌두교도와 무슬림 간의 충돌은 오랜 비극의 역사를 지니고 있다. 2002년에는 힌두교인들이 무슬림 수천 명을 살해했다. 무슬림들이 힌두교 순례자들이 탄 열차를 공격하자 힌두교도들이 대규모 보복 폭력을 가했다. 1992년에 힌두교 신자들이 무슬림 사원 브리 마스지드를 파괴하고 그 자리에 힌두교 사원을 세우려고 시도한 데 대한 보복 폭력이었다. 이 사건은 인도 전역에서 힌두교도와 무슬림 간의 충돌을 불러일으켰다.

인도가 1947년에 영국의 지배를 벗어나 독립하는 과정에서, 힌두교도와 무슬림이 대립하고 충돌했다. 결국 인도 무슬림들은 1956년에 파키스탄이리는 이슬람 공화국을 세웠다.

인도 오디샤 주에서 2008년에 발생한 '칸다말 폭력사태'는 힌두교 극단주의자들이 기독교인들을 공격하여 수백 명을 살해한 사건이다.

인도 사회는 해묵은 종교적·사회적 갈등에 시달려 왔다. 인도인들

---

[10] Ibid., 111.
[11] Ibid., 110-111.

이 저지르는 야만적·비문명적·반인륜적 행위는 사회주의 국가, 공산주의 국가, 이슬람 국가에서 광범위하게 일어나는 반종교 활동과 다르지 않다. 힌두교도들의 기독교 박해는 점차 심각해지고 있다. 인도의 기독교 박해 지수는 세계 10위권에 해당한다.

사마르타가 자부심과 경외심을 가지고 격찬한 힌두교 아드바이타 세계관은 인도의 종교적 사회적 대립과 갈등 상황에서 어떤 기여를 했는가? 인도인들은 이원론적이며 반립적(反立的) 사고의 틀을 가진 유럽인보다 타종교인에게 더 관대하고 조화롭고 포용적인가? 동서남북 모든 나라의 사람들보다 성숙한 모습을 보이는가?

아드바이타 비전은 인도인을 지배하는 하나의 허무주의적인 사고유형이다. 이것도 아니고 저것도 아니며, 이것이기도 하고 저것이기도 한 것으로 보는 사고방식은 무질서를 부추긴다. 현실 세계를 환영(幻影, Maya)으로 보며, 개인의 책임과 주체성을 모호하게 하여 도덕적 책임 회피나 체념적 허무주의로 기울게 한다. 불의나 고통에 저항 의지를 약화시킨다. 사회 현실에 대한 무관심을 유도한다.

그럼에도 사마르타는 아드바이타 비전에 대한 자부심을 가지면서, "타종교를 배제함으로써 자기 종교의 교리를 진리라고 정의하는 종교는 구식이다"[12]라고 말한다. 이 주장은 인도인이 인도를 지배한 영국 기독교인과 같지 않으며, 인간 본성의 타락과는 무관한 사람이라고 말하는 듯하다. 인도와 인도인의 우월감을 말하고 싶어하는 것 같다.

2. 소달구지 기독론

사마르타는 유럽 기독교가 타종교에도 '주'와 '그리스도'가 있다는 사실을 선뜻 받아들이지 못한다고 불평한다. 타종교의 살아 있는 신앙을 가진 이웃들, 수백만 명의 사람들이 믿는 그들 나름의 '주'와 '그리스도'를 인정하지 않는다고 비판한다. 정통 기독론은 종교적 다원성 시대에 꼭 필요한 관점을 무시하며, 따라서 신학적으로 불충분하며, 에큐메니칼 측면에 부합하지 않다고 한다.

사마르타에 따르면, 인류에게 필요한 것은 새로운 기독론, 곧 아드바이타 기독론이다. 이것이야말로 타종교의 살아 있는 신앙을 가진 이웃들의 반응을 신학적으로 고려하고 모든 종교를 아우르는 에큐메니칼 신학 모델이다. 종교간 대화 경험과 사회 정의를 위한 정치적·사회적 투쟁 참여를 모두 고려하는 신학 사상이다.

사마르타는 이 지점에서 두 가지 유형의 기독론을 제시한다. 하나는 위로부터의 기독론이고, 다른 하나는 아래로부터의 기독론이다. 전자를 헬리콥터 기독론(Helicopter Christology), 후자를 소달구지 기독론(Bullock-Cart Christology)이라고 일컫는다. 위로부터의 기독론, 곧 헬리콥터 기독론을 거부하고, 아래로부터의 기독론인 소달구지 기독론을 지향한다.[13]

사마르타는 정통기독론과 실제 예수 그리스도 사이에 괴리가 있다고 한다. 기독론 논의를 역사적 인물 나사렛 예수와 그 분의 업적에 근거하여 진행해야 한다고 한다. 예수 사후에 만들어진 기독론이 아니라 예수에 대한 역사적 사실(fact)에 우선권을 두어야 한다고 한다. 공관복음에 기초하여 나사렛 예수의 인물상을 인식할 수도 있지만, 신약성서의 예수의 초상(portrait)은 예수 사후의 기독교 공동체 구성원들의 신앙고백적 증언에 근거한 것이라고 한다. 따라서 재래의 기

---

[12]Ibid., 103.
[13]Ibid., 115-120.

독론, 정통 기독교의 기독론은 신뢰할 만하지 않다고 한다. 당대의 요구에 부응하여 만들어진 탓으로 현대 상황에 적합하지 않다고 한다.

초대교회 니케아공의회(325)와 콘스탄티노플공의회(381) 그리고 칼케돈공의회(451)는 그리스도의 신성과 인성에 대한 정의를 내렸다. 사마르타는 이 진리 정의 과정과 관련하여, 전통적 기독교 신학은 위로부터의 기독론이라는 쉬운 길을 따라왔다고 한다. 이를 자세히 검토하면, 초기의 다수 기독교인들이 인간 예수에 대한 신성을 수호하고 그것을 보호하려는 절박한 심정을 가지고 있었음을 알 수 있다고 한다.[14]

사마르타에 따르면, 헬리콥터 기독론은 아시아의 종교적 다원성 사회에 착륙하려 할 때, 너무 많은 선교적 소음을 내고, 너무 많은 신학적 먼지를 일으킨다. 그러한 탓으로 사람들이 위에서 하강하는 신 또는 신성의 목소리를 듣거나 그 실재의 비전을 볼 수 없다.

그러나 소달구지 기독론은 항상 아시아의 포장되지 않은 도로와 접촉한다. 소달구지는 땅과 마찰해야 움직일 수 있다. 때때로 운전자가 달구지에 앉아 졸거나 잠을 자더라도 황소가 이끄는 달구지는 꾸준히 앞으로 나아간다.[15]

사마르타는 헬리콥터 기독론이 종교적 다원성 사회에 부합하지 않은 까닭을 아래와 같이 제시한다. 첫째, 유일신 신앙의 근본을 훼손한다. 유대인에게 궁극적 실재, 진리, 초월자는 야훼였다. 나사렛 예수는 유대인이었다. 예수와 그의 제자들 당시에는 아브라함과 이삭과 야곱의 하나님이 나사렛 예수의 인격—인성과 사역에 나타났다고 말하는 것이 가능했을지 모른다. 그러나 예수가 아브라함, 이삭, 야곱의 하나님이라고 하는 주장은 설득력이 없다. 나사렛 예수가 본질적으로 하나님이라고 하거나 하나님과 동일하다는 개념은 옳지 않다. 예수 안에 계신 하나님은 다름 아닌 하나님 자신이다. 예수는 하나님과 동일하거나 동등한 존재가 아니다.[16]

둘째, 칼케돈공의회(451)는 경직된 신학 공식을 만들어 냈다. 헬리콥터 기독론은 공관복음서가 증언하는 나사렛 예수의 인성을 정당하게 평가하지 못한다. 극심한 비인간화가 만연한 세상 풍조 아래서 예수의 인성을 축소했다. 공의회가 예수 그리스도의 인성을 축소한 것은 인간의 자유, 존엄, 자존심을 지지하는 자원을 심각하게 약화시킨 것이다. 신약성서는 아래로부터의 기독론을 제시한다. 예수는 배고픔과 목마름을 느끼고, 눈물을 흘리고, 분노했다. 당대의 평범한 인간들과 자신을 동일시한다. 이것이 공관복음이 증언하는 역사적 예수의 모습이다. 예수는 제자들이 그리스도 중심적이고자 할 때조차, 항상 하나님 중심적으로 접근했다.[17]

셋째, 헬리콥터 기독론은 역사적 사실의 중요성에 대한 심각한 과소평가를 마다하지 않는다. 신약성서는 기독교 신앙의 역사적 경험의 결과이다. 이스라엘의 하나님은 만국이 섬기는 하나님일 뿐만 아니라 모든 종교의 하나님이다. 역사에 뿌리를 내리고 예수의 인성을 강조하는 기독론은 신앙의 풍선이 역사에서 떠나 빠르게 하늘로 올라가 구름 속에서 길을 잃는 것을 방지한다. 예수에 대한 역사적 기독교의 신앙이 역사적 예수를 오해했다는 사실이 밝혀지면, 기독교 신앙의 토대는 무너질 수 밖에 없다.[18]

---

[14]Ibid., 115.

[15]Ibid., 115-116.

[16]Ibid., 116.

[17]Ibid., 116.

넷째, 헬리콥터 기독론은 하나님 나라를 타종교의 살아 있는 신앙을 가진 이웃과 연결시키는 것을 불가능하게 한다. 이러한 까닭으로 종교적으로 다원화된 세계에서 전통적 기독론을 개정하는 작업은 그토록 절실하고 시급하다. 정직한 신앙인은 기독교 운동의 근거와 근원을 탐구한다. 이 작업을 하면 잃을 것이 없고 얻을 것이 많다. 수세기 동안 세계의 교회는 위로부터의 기독론을 강조했다. 그리스도의 인성과 사역에 관한 신약성서의 가르침을 칼케돈공의회가 만들어 낸 교리와 혼동함으로써 진실을 왜곡했다.[19]

다섯째, 헬리콥터 기독론은 신약성서가 증언하는 역사적 사실 기반에서 벗어났다. 기존의 기독론은 서양 문화 안의 다양한 이념적 요소들과 혼합되었다. 불행하게도 이것이 선교라는 구실과 복음이라는 미명으로 식민지에 밀고 들어왔다.

인도인의 마음을 사로잡은 것은 나사렛 예수의 인성, 삶, 사역, 말씀, 고난, 죽음이다. 그리스도의 신성 교리, 대속사역, 속죄 활동이 아니다. "우리는 십자가에 달리신 그리스도를 전합니다. 그리스도가 십자가에 달리셨다는 것은 유대 사람에게는 거리낌이고, 이방 사람에게는 어리석은 일입니다"(고전 1:23)라고 말한 바울의 관점은 인도와 아시아에 먹혀들지 않는다. 마하트마 간디에게 예수의 십자가는 "미련한 것"이 아니며, "거리끼는 것"도 아니다. 십자가의 도는 모든 종류의 정치적·경제적·사회적·종교적 억압에 대한 비폭력적 저항과 투쟁에 영감을 제공하는 위대한 메시지이다.[20]

사마르타 주장의 요지는 하나님이 예수구원 유일성 교리, 곧 예수 그리스도 안에서만 구원을 베푼다는 주장이 틀렸다는 것이다. 예수가 인류 전체를 구속하려고 단 번에 영원한 제물이 되었다고 하는 주장이 틀렸다는 것이다. 사마르타에 따르면, 이러한 주장을 하는 바울과 제자들의 예수에 대한 이해는 옳지 않다. 바울과 사도들의 예수 이해, 곧 정통 기독교의 예수구원 유일성이라는 배타적 교리는 타종교의 신앙을 가진 이웃에 대한 걸림돌이다. 이 교리는 인도 기독교인들을 타종교인에게서 고립시킨다. 예수구원 유일 교리는 신학적 소외와 영적 빈곤을 초래한다. 기독교인들과 타종교인들의 공통의 사회적 목적을 위한 협력을 어렵게 한다.[21]

사마르타의 개정 기독론, 곧 종교다원주의 기독론 또는 아드바이타 기독론은 역사적 기독교를 향하여 유럽에서 전수받은 '헬리콥터 기독론'의 배타적 예수 이해를 버리라고 한다. 기독교의 최종성과 예수구원 유일 교리는 근거 없다고 한다. 이것이 진정한 기독교 신앙의 확산과 현대적 선교를 방해한다고 한다.

사마르타는 나사렛 예수가 신성한 분이라는 사실과 그가 '하나님' 또는 '하나님의 아들'이라는 주장은 전혀 다른 사안이라고 한다. 예수가 신이라고 하는 신학적 함의는 예수 사후의 기독론 발전 과정에서 점차 왜곡되어 좁디좁은 그리스도 유일주의(Christomonism), 곧 예수구원 유일 신앙으로 이어졌다고 한다.[22] 인류의 창조자 하나님을 나사렛 예수와 동일한 존재라고 하거나, 예수가 창조자 하나님과 존재론적으로 동등하다고 함은 신약성서의 증거에 역행한다고 한다. 예수를 참 하나님, 참 사람으로 믿는 정통신학은 타종교의 신앙을 가

---

[18]Ibid., 117.

[19]Ibid., 117-118.

[20]Ibid., 118

[21]Ibid., 118. .

[22]Ibid., 119.

진 이웃과의 모든 대화를 단절시킨다고 한다.

사마르타는 이상의 전제와 논거에 따라 종교통합 에큐메니즘을 강조한다. 종교적으로 다원화된 세상의 일치운동이 기독교 공동체에 국한될 수 없다고 한다.[23] 에큐메니칼 운동이 기독교와 기독교인만이 아니라 이웃 종교와 이웃 종교인들을 모두 포괄해야 한다고 한다. 힌두교 아드바이타 세계관이야말로 이것을 가능케 하는 사고 프레임이라고 한다. 아드바이타 기독론에 근거한 에큐메니칼 운동은 모두에게 매우 유익하며 또한 정당하다고 한다.

3. 신약성서의 증언

사마르타는 신약성서의 예수에 대한 증언과 초대교회 공의회가 정립한 교리 사이에는 큰 차이가 있다고 한다. 전통적 교회가 전수받은 기독론 신조들은 유럽교회의 역사적·사회적·정치적 필요에 따라 정립되고 받아들여진 것이라고 한다. 종교적으로 다원적인 세계와 매우 다른 상황에서 만들어진 것이며, 신약성서의 기독론 증언과 다르다고 한다. 예수 사후, 초대교회 안에서 만들어진 신조보다 신약성서의 증언이 더 중요하다고 하면서, 역사비평과 문헌비평 그리고 편집비평에 기초한 자유주의 신학자들의 신약성서 연구 성과에 귀를 기울임이 마땅하다고 한다.[24]

사마르타는 신학자들이 신약성서 안에서도 기독론의 연대기적 발전이 있다는 사실에 동의한다고 하면서 아래와 같이 서술한다. 기독론은 사도행전에서 시작하여 공관복음서와 바울서신 그리고 요한복음으로 점차 발전했다. 사도행전 기록의 진실성에 대한 논란의 여지가 있지만, 이 책들은 일반적으로 초기 기독교인들이 나사렛 예수를 어떤 인물로 이해했는가에 대한 정확한 감각을 제공한다. 예수는 승천 후에야 비로소 주(Lord)로 불렸다(행 1:21). 오순절 날 이후에 그리스도(행 2:36)로 불렸다. 예루살렘의 신자 공동체는 예수가 나사렛 사람(행 3:6)이며, 거룩하고 의로운 자(행 3:14)이며, 하나님의 거룩한 종(행 3:13, 26; 4:27, 30)이라고 했다. 예수는 시리아에서 처음으로 '하나님의 아들'(행 9:20)로 일컬어졌다.

초기 기독교 공동체는 성육신 교리를 전혀 알지 못했다. 예수를 선재(先在)해 온 존재 또는 인물로 여기지 않았다. 다만 하나님의 임명을 받고 성령의 기름 부음을 받은 한 인간으로 간주했다.[25]

마태, 마가, 누가의 복음서들은 예수의 인성을 강조한다. 예수를 하나님의 특별한 목적 수행자로 선택되어 임명을 받은 인물로 묘사한다. 복음서들이 말하는 '메시아'와 '하나님의 아들'은 일반적으로 인간을 일컫는 표현이다. '인자'는 신의 능력을 덧입은 존재를 묘사하는 용어이지, 하나님이라는 뜻이 아니다.

예수의 출생 이야기와 성육신 설화 사이에는 상당한 거리가 있다. 당시에는 인간의 출생을 하나님의 영에 의해 이루어진 것으로 묘사하는 일이 흔했다. 마태는 인간 예수의 긴 족보를 제시하면서 그를 하나님의 사람들의 긴 흐름 속에 등장한 한 명의 인간으로 소개한다. 다윗의 자손, 요셉의 아들, 목수의 아들로 인식한다. '임마누엘'(마 1:23)이라는 이름은 '하나님이 함께 한다'는 뜻이지, 예수가 하나님이라거

---

[23]"But in a religiously plural world the term ecumenical can no longer be confined to the narrowly parochial Christian community but should embrace neighbors of other faiths as well." Ibid., 119.

[24]Ibid., 120-124.

[25]Ibid., 121.

나 하나님과 동등한 존재라는 것을 의미가 아니다. 베드로의 고백(마 16:13-20)에 나오는 '살아 계신 하나님의 아들'은 메시아를 지칭할 때 통상 사용되는 표현이다. 공관복음서는 예수를 하나님 나라를 가져오도록 임명된 자로 묘사한다. '헬리콥터 기독론'이 예수를 '참 하나님'이라고 정의함은 복음서들의 예수 이해와 일치하지 않는다.

바울의 서신들은 역사적 예수를 따돌리고 십자가에 못 박히고 부활했다고 하는 고의적이지 않은 거짓말로 그리스도를 중심에 등장시킨다. 바울에게 예수는 주인 동시에 하나님의 아들이며, 또한 하나님의 오른편에 앉아 계신 분이다. 바울은 신약성경이 말하는 역사적 예수, 그의 말씀, 행적, 표적, 그가 선포한 하나님의 나라, 인성, 유혹, 기도, 고투(苦鬪)에 관한 어휘들을 모두 중심에서 배경으로 밀어낸다. 반면에 예수가 그리스도이며, 하나님의 아들이며, 유일의 중보자라는 교리를 무대의 중앙에 위치시킨다.[26] 복음주의자들은 성경 무오설 신봉자들이다. 이들은 안타깝게도 성경 내용을 진실한 사실 기록으로 받아들인다.

기독교가 출범하면서 예수에 대한 이해가 인간에서 하나님 차원의 그리스도, 하나님의 아들, 나중에는 '하나님'으로 빠르게 진화, 전환되었다. 바울의 저작물들에는 하나님 아버지와 주 예수 그리스도는 항상 두 개의 구별된 존재로 등장하며, 이 둘은 밀접하게 연관되어 있지만 결코 동일시되지 않는다. 그럼에도 바울은 오직 예수 그리스도만이 구원의 통로라고 확언한다.

바울 서신의 중심 목적이 예수가 그리스도이며 그가 하나님인 것을 증명하는 것이 아니라, 하나님이 그리스도를 거쳐 이루는 구원에 참여하도록 초대하는 것이었다. 신약성서는 그리스도와 하나님 사이의 존재론적 상태보다 그의 구세주 기능 본질에 더 관심을 둔다. 신

약성서는 하나님과 예수가 완전히 동등한 신적 존재라고 가르치지 않는다.[27]

요한복음은 예수를 '말씀'(로고스)과 '하나님의 아들'의 성육신으로 제시한다. 예수 그리스도를 창조된 존재 이상이라고 소개한다. 성육한 로고스의 선재를 가정한다. 로고스가 성육하여 예수 그리스도로 나타났다고 확언한다.[28]

사마르타는 요한복음의 증언에도 불구하고 하나님의 아들은 하나님 자신이 아니라고 주장한다. 예수가 "나와 아버지는 하나이다"(요 10:30)라고 한 말과 "아버지는 나보다 크다"(요 14:28)라는 말은 균형을 이룬다고 한다. 예수 자신이 하나님 아버지를 "유일한 참 하나님"(요 17:3)이라고 확언했다고 한다. 예수는 자신이 "유일한 참 하나님"과 동일본질이라고 말한 적이 없다고 한다.

사마르타는 요한복음이 제시하는 예수 초상(portrait)이 지닌 지위가 공관복음서의 것보다 높으나 칼케돈공의회(451)의 신조가 정의하는 것보다 낮다고 한다. 신약성서는 하나님과 예수가 '동등한 신성'을 가지고 있다고 명시하지 않는다고 한다.

사마르타는 기독교인들이 예수를 하나님으로 높이고 그를 신적인 존재로 묘사할수록, 신약성서가 증언하는 역사적 인물 예수의 진짜 초상에서 멀어진다고 한다. 신약성서가 보여주는 역사적 예수가 진정한 그리스도의 상이라고 한다. 예수는 사후에 비로소 '하나님'이라고 일컬어졌다고 한다.

---

[26]Ibid., 122.

[27]Ibid., 123-124.

[28]Ibid., 122-123.

사마르타는 우리가 타종교의 신과 그 종교의 그리스도—구원자에 대한 신앙을 가진 이웃의 신앙인들과 함께 살아가야 하는 불가피한 현실에 처해 있다고 한다. 이 상황에서 기독교인들이 "예수는 우리의 하나님"이라고 주장함은 예수를 통한 하나님에 대한 신앙의 깊이를 빈곤하게 만든다고 한다. 성령의 인도에 따라 오늘날 새롭게 떠오르고 있는 종교다원주의 기독론과 그것의 통찰을 받아들이지 못하게 한다고 주장한다.

사마르타는 아시아에서 고타마 싯다르타(붓다)가 아시아인의 삶의 해방의 매개자로 강력하게 인식되고 있다고 하면서, 이를 다음과 같이 설명한다.

> 나사렛 예수의 삶과 사역은 특정 지역에서 가난하고 억압받는 사람들을 해방시키는 활동에 영감과 본보기를 제공한다. 고타마 싯다르타는 수백만 명의 인도의 달리트(불가촉민)들에게 카스트 제도의 속박을 깨뜨리고 생존에 필요한 자기보호와 역동적인 삶에 힘을 제공한다. 나사렛 예수의 해방의 힘이 라틴 아메리카의 해방신학에 영감을 주는 것처럼, 불교의 해방의 힘은 아시아인들의 저항 활동에 영감을 준다.[29]

사마르타에 따르면, 기독교인은 예수 그리스도의 삶과 사역, 죽음과 부활에 대하여 이야기를 할 권리와 자유를 가지고 있다. 어느 누구도 이를 부인하지 않는다. 이처럼, 다른 종교의 신앙을 가진 이웃도 자신의 이야기와 자기 종교의 메시지를 전할 권리와 자유를 가지고 있다. 타종교의 신앙을 가진 이웃도 고타마 싯다르타, 라마, 크리슈나에 대한 이야기를 전할 권리와 자유를 가지고 있다. 살아 있는 신앙을 가진 이웃 종교의 사람이 기독교 이야기를 듣는 것을 기대한

다면, 기독교인들도 이웃 종교인의 이야기를 들어야 한다.[30]

4. 종교 다원성 시대의 그리스도

사마르타는 종교다원주의자 라이문도 파니카와 마찬가지로 타종교에도 각각의 그리스도가 존재한다고 한다. 종교적으로 다원화된 세계에 사는 우리는 각 종교가 각각의 그리스도를 섬긴다는 사실을 간과할 수 없다고 한다. 기독교인에게 나사렛 예수는 그리스도이며 살아 계신 하나님의 아들이다. 온 세상의 주이며 구원자이다. 교회의 삶, 예배, 봉사, 증언에 동참하는 사람들은 신약성서의 이러한 가르침을 따른다. 예수는 기독교인의 삶의 구체적인 주이며 그리스도, 곧 구원자이다. 예수 밖에는 하나님 나라의 권능에 동참할 수 있는 삶의 다른 방식이 없다. 그러나 예수가 주이며 그리스도라는 것을 단순히 반복하고 선포하는 것만으로는 충분하지 않다고 한다.[31]

사마르타는 '브라만 기독교'의 '아드바이타 기독론'이 기독교의 그리스도와 타종교의 그리스도들을 비판적으로 긴장시키며 하나로 묶는다고 한다. 종교적으로 다원화 된 세계에서 하나님에 대한 헌신이 광신으로 이어지지 않게 하고, 이웃에 대한 관용이 피상적인 친밀감으로 전락하지 않도록 할 목적이라고 한다.[32]

사마르타는 아드바이타 기독론이 예수 그리스도 중심적 역할을 부정하지 않는다고 한다. 신조에 나타난 '신앙의 예수' 보다 신약성서

---

[29]Ibid., 124.
[30]Ibid., 127-128, 169.
[31]Ibid., 132.

가 증거하는 '역사적 예수'가 더 중요하다고 한다. 신앙의 예수는 기독교인과 타종교의 신앙을 가진 이웃 사이의 진정한 관계를 방해하지만, 아드바이타 기독론은 그것을 돕고 증진시킨다고 한다.

사마르타는 기독교 신앙과 신조가 신약성서의 증언을 넘어서지 않아야 한다면서, 자유주의 신학의 예수 상(像)을 전면에 등장시킨다. 그가 포착한 것은 나사렛 예수의 역사적 초상(historical portrait)에 나타나는 하나님 나라의 윤리적 모델이다. 사마르타는 예수의 독특한 특성을 부각시킨다.

사마르타에 따르면, 예수는 우리를 세속적인 집착에서 자유하게 한다. 가난한 자들에 대한 깊은 자비심, 소외되고 권리와 자유를 박탈당하고 억압 받는 사람들의 삶에 대한 관심을 갖게 한다. 예수는 적극적인 사회참여, 율법에 대한 순종, 지혜 전통의 비판적 실재주의 수용, 고난받는 종다운 소명 완수와 순종 등의 특성을 지닌다.[33]

예수의 독특성은 이 요소들을 자신의 인성 안에서 창조적으로 융합시켰을 뿐만 아니라, 자신의 삶과 사역에서 이를 실현했고, 또 그와 같은 인물로 사람들에게 인식된 점이다.

예수 메시지의 중심은 하나님이었다. 예수의 사명은 하나님 나라를 이끌고, 사람들을 그 나라로 초대하는 것이었다. 예수는 하나님 나라의 경계를 설정하지 않았다. 그 대신, 말과 행동, 표적과 비유, 다양한 사람들에 대한 자신의 모범과 태도를 거쳐 하나님 나라의 특징을 나타냈다.[34] 예수가 가르친 하나님 나라의 개념을 우리가 진지하게 받아들이는 한, 결코 타종교에 대하여 배타적일 수 없다.

사마르타는 '하나님 나라'를 에큐메니칼 개념으로 이해한다. 이 나라는 경계를 설정할 수 없다고 하면서 다음과 같이 설명한다.

이 나라는 여러 종류의 "사람들이 동과 서에서, 또 남과 북에서 와

서, 하나님 나라 잔치 자리에 앉을 것이다"(눅 13:29)라는 성서의 말씀에 부합한다. 하나님 나라는 구원받은 자들의 집합이 아니다. 그것에는 [다양한 종교들이 모이는] 공동체적 감각이 있다. 이 감각이 없으면, 하나님 나라는 개인의 마음속에 머물 수 있을지언정, 사람들 사이에서는 존재할 수 없다.[35]

예수 공동체는 열려 있었다. 예수를 그리스도로 믿고 따르는 사람, 그의 길을 걷고, 그의 가르침을 따르려는 의지를 가진 사람은 누구나 그 공동체의 일원이 될 수 있었다. 믿음보다 따름이 우선이었다. 사람들은 그의 길을 따르고 윤리적 모범을 본받음으로써 그를 알게 되었다.

사마르타는 자신의 개정 기독론, 곧 아드바이타 기독론이 신학 탐구와 사회정의 투쟁을 모두 고려한다고 한다. 이 기독론이 부유하고 강력한 북반부(유럽)의 기독교와 남반부(인도, 아시아)의 가난한 사람들의 여러 종교 사이에 존재하는 신학적 불의를 다룬다고 한다. 이것이야말로, 이 두 교차점에서 신약성서의 증언이 제공하는 예수 이해와 종교적 다원 세계의 예수를 동시에 제시한다고 한다.

사마르타는 자유를 강조하면서 나사렛 예수의 삶과 사역에서 발견해야하는 것은 두 가지 종류의 자유라고 한다. 하나는 예수가 포기자로서 스스로 얻은 자유이고, 다른 하나는 해방자로서 다른 사람들에게 가져다준 자유라고 한다.

---

[32]Ibid., 132.

[33]Ibid., 133-134.

[34]Ibid., 134.

[35]Ibid., 134.

사마르타는 예수의 무소유 삶은 하나님 나라에 부합하는 중요한 특징이었다고 한다. 사마르타에 따르면, 아시아인들에게 가장 먼저 눈에 띄는 것은 예수의 무소유의 삶이다. 하나님의 뜻을 행하고 사람들을 하나님 나라로 초대하려고 자신의 집, 가족, 소유물을 포기한 인물이라는 사실이다. 예수는 자신에 대하여 "여우도 굴이 있고, 하늘을 나는 새도 보금자리가 있으나, 인자는 머리 둘 곳이 없다"(마 8:20)고 말했다. 최소한의 소유물은 최대의 자유를 제공한다. 이 특징은 예수를 다른 지역의 인민해방 운동의 사역자들을 친구로 만든다. 유럽 기독교의 역사에도 예수를 이 방식으로 따랐던 신자들이 있었으니 다름 아닌 수도사들이었다. 수도원 운동은 무소유의 대표적인 모델이었다.[36]

예수는 일생 무소유자로, 완전한 해방자로 살았다. 완전한 무아 상태로 하나님의 자비와 정의의 도구가 되고, 전 인류에게 하나님의 사랑을 계시했다. 아시아의 오랜 역사 속에서 진정으로 존경받고 숭배받는 사람들은 권력과 부를 가진 사람들이 아니다. 포기의 삶을 산 자들이다. 마하트마 간디가 그 모범이다. 예수는 자신을 세계의 여러 해방자들과 연결시킨다.

사마르타는 포기하는 자들만이 진정으로 가난하고 약한 자들에게 복음을 전할 수 있는 메시지 전달자가 될 수 있다고 한다. 정치적 야망을 버리지 못해 십자가에 못 박혀 죽은 자는 이 구도에 어울리지 않는다는 것이다.

5. 십자가와 구원

사마르타는 예수의 십자가 사건은 신약성서의 기록과 교회의 삶

과 예배에서 중심적인 위치를 차지한다고 한다. 그러나 예수의 십자
가는 아시아인에게 심각한 실수의 상징이라고 한다. 십자가의 고난
과 십자가 형의 잔인한 이미지는 예수가 실패자라는 증거라고 한다.
신약성서가 불행한 이미지를 피하려고 승리를 상징하는 부활 개념을
도입하며, 십자가와 부활을 긴밀한 관계로 엮는다고 한다.

사마르타에 따르면, 복음서들은 예수의 죽음이 구원을 상징한다는
언급을 최소화한다. 물론, 바울 메시지의 중심에는 구원의 십자가가
있다(고전 1:18). 바울에게 이 십자가는 하나님이 세상을 하나님 자
신과 화목하게 하는 행위이다(고후 5:18-19).[37] 기독교인 다수는 예
수가 주이자 그리스도—구원자라고 고백한다.

그러나 그 구원이 어떻게 이루어지며, 그것의 본질이 무엇인가에
는 의견이 갈라진다. 아시아에 복음을 전한 서양 기독교인은 일반적
으로 죄, 죄책감, 지옥의 위협으로부터의 구원을 이야기한다. 예수를
믿어야 구원을 받는다고 한다. 구원이 영원한 생명을 약속하며, 예수
를 믿지 않으면 구원을 받지 못한다고 한다.[38] 사마르타는 단호히 신
약성서에는 이러한 메시지가 없다고 주장한다.

사마르타는 일부 기독교인에게는 구원이 죄와 죄책감에서 벗어나
는 것일 수 있지만 타종교인에게는 '욕망의 소멸'이 구원—해방일 수
있다고 한다. 따라시 "힌두교에 구원이 있는가?" 하는 기독교인의 질
문은 무의미하다고 한다. 이 질문은 "힌두교에 기독교인들이 예수 그
리스도가 십자가에서 이루신 것이라고 믿는 죄, 죄책감, 지옥으로부

---

[36]Ibid., 136.

[37]Ibid., 138.

[38]Ibid., 138.

터의 구원이 있는가로 재구성 되어야 하며, 그 질문에 대한 답은 다름 아니라 아니오이다"[39]라고 말한다.

사마르타에 따르면, 힌두교 신자는 기독교인에게 "기독교에 진정한 '해방'이나 '욕망의 소멸'이 있는가? 기독교가 '윤회의 굴레'로부터 벗어나 아트만(자아)과 브라만(신)의 합일 상태의 해방을 제공하는가?"[39] 하고 물을 수 있다. 이 질문에 대한 기독교인의 대답은 "아니오"이다.

구원에 대한 동서양 사람들의 질문과 개념은 동일하지 않다. 구원과 해방은 무엇에서 무엇으로의 구원과 해방인가? 오늘날 구원은 개인적 치유와 사회적 치유만이 아니라 '아드바이타 비전'에 부합하는 신앙 상태를 의미한다. 구원은 신과 인간과 세상(자연) 사이의 더 큰 통일성 안에서 이루어지는 보편적 치유이다. 타종교에 대한 무지, 인간의 필요, 상호 차이에 대한 감수성이 부족한 상태에서의 질문들은 신학적 혼란을 초래한다.

종교적 다원성 세계에서 예수의 십자가와 부활 사건은 하나님의 거룩, 사랑, 자비, 정의라는 더 큰 신비 안에서 이해되어야 한다. 기독교인들은 자신의 해석을 다른 종교인들에게 강요하지 않아야 한다. 십자가에서 못 박히고 부활했다고 알려진 예수는 기독교인들이 독점할 수 있는 인물이 아니다. 모든 인류가 다 그에게 속한다. 하나님의 섭리와 돌봄과 보호는 기독교인에게만 주어지는 것이 아니다. 모든 사람에게 미친다.

십자가는 우리가 죽음의 고통을 겪을 수 있다는 사실을 상징한다. 압도적인 악의 세력에 직면했을 때, 개인이 비폭력적인 방식으로 악에 저항해야 함을 상징한다. 그 일이 아무리 절망적으로 보이더라도 저항을 중단하지 말아야 함을 상징한다. 십자가는 수백만 명의 투쟁을 상징한다. 불의한 체제에 희생되고, 아무도 울어주지 않고 동정하지 않는 상태로 고통을 받고 죽어간 사람들을 상징한다.

십자가는 오늘날에도 억울하게 죽어가는 사람들을 상징한다. 설령 실패로 끝난다 하더라도 악과 불의에 맞서 싸우는 일에 인생을 투자할 가치가 있음을 시사한다. 불의하고 악한 체제의 희생자가 되어 일생동안 구출될 희망이 없는 수백만 명의 남녀와 어린이, 정치범들의 저항을 상징한다. 십자가는 수세기 동안 모든 나라에서 고통을 받는 인류를 단결시킨다.

이처럼, 사마르타가 중요하게 여기는 것은 십자가의 대속과 속죄와 구원의 교리가 아니다. 예수가 하나님과 인간 사이의 중보자라는 진리가 아니다. 그에게 중요한 것은 예수 십자가의 윤리적 상징성이다. 십자가는 정의, 자유, 저항, 투쟁, 희생을 상징한다. 십자가는 이 세상의 부당한 권력을 폭로한다. 예수의 묶이고, 채찍질 당하는 모습, 가시관을 쓰고 빌라도 앞에 조용히 서 있는 모습은 깊은 헌신의 감정을 불러일으킨다. 가난하고 힘없는 사람들이 종교와 정치의 부도덕에 저항하도록 영감을 준다고 한다.

사마르타는 예수의 십자가 없는 부활 이야기는 무의미하다고 한다. 신약성서가 예수 스스로 죽은 자 가운데서 부활한 것이 아니라, 하나님이 그를 "일으켰다"라고 기록하는 바, 예수의 부활 이야기를 예수 공동체의 믿음에 기초한 '신앙고백'이라고 단정한다. 초기 기독교인들의 '신앙고백'이라고 함은 그것이 역사적 사실에 대한 이야기가 아니라 그들의 자기 이해에 지나지 않는다는 일종의 허구—소설

---

[39]Ibid., 138.

이라는 뜻이다. 사마르타는 예수의 육체적 부활을 역사적 사실로 믿지 않는 자유주의 신학의 견해를 고스란히 반영한다.

사마르타에 따르면, 예수의 부활은 비극적 이야기의 행복한 결말이 아니다. 부활은 예수의 전체 사역에 대하여 하나님이 그것을 정당화했다는 초기 기독교인들의 믿음을 담은 신앙고백, 곧 허구이다. 기독교인들이 십자가에 못 박히고 장사된 예수가 제3일에 부활했다는 신앙을 고백할 때, 그 허구 덕분에 그들 나름의 하나님 나라의 가치가 정당화된다.[40]

사마르타는 그리스도를 거쳐 우리에게 온 하나님의 계시가 참이면, 그것은 모든 종교를 초월하여 전 인류가 접근할 수 있는 것이어야 한다고 한다. 예수가 온 세상에 주어진 하나님의 선물이면, 그 선물의 대상은 하나의 종교에 제한되지 않는다고 한다.

그리고 그 선물이 특정 방식만으로 받아들여지고, 풀어지고, 감상된다고 하는 복음주의 기독교의 주장은 심각한 오류라고 한다. 하나님은 전체 인류를 사랑한다. 특정 종교 안에 갇혀 있는 분이 아니다. 예수 그리스도의 신비에 대한 해석은 종교마다 다를 수 있지만, 특정 종교가 하나님을 독점할 수는 없다고 한다.

사마르타의 개정 기독론(아드바이타 기독론, 종교다원주의 기독론) 논의의 초점은 역사적 기독교를 향하여 종래의 배타적 기독론을 버리라는 것이다. 고리타분한 정통 기독론을 표준삼고 예수구원 유일 교리를 절대화하는 유혹을 경계하라고 한다.

6. 종교다원주의 선교

역사적 기독교 선교의 초점은 구원의 중보자 예수 그리스도의 복음을 선포하고 그 결과로 개종을 이끌어내는 데 있다. 이 선교의 목표는 예수가 유일한 구원의 길이라는 것, 곧 그분 밖에는 하나님의 구원이 없다는 진리에 기초한다.

사마르타는 위 책 마지막 장에서 기독교 선교의 관계를 종교다원주의 관점으로 설명한다. 사마르타에 따르면, 역사적 기독교가 부정적으로 이해하는 타종교들은 수세기 동안 수백만 명의 사람들에게 영적 자양분을 제공했고, 독자적인 문화를 형성했다. 장구한 세월동안 살아남아 문명건설의 토대를 제공했다. 그럼에도 정통 기독교는 그 종교들을 무시해 왔다. 역사적 기독교는 "개종하라," "내 교회에 가입하라"고 외쳐왔다. 이러한 선교는 "나를 따르라"고 말한 예수의 가르침과 같지 않다.[41] 예수께서는 유대교 신자들을 향하여 기독교로 개종하라고 하지 않았다.

사마르타는 기독교 선교의 초점을 예수구원의 기쁜 소식 전파와 복음전도에서 '하나님의 선교'로 이동시킨다. 인간화, 샬롬(평화), 생물학적 생명 등 세상사 활동을 선교와 동일시한다. 세계는 새로운 도덕적, 영적 질문을 제기하고 있다. 최근에는 환경오염과 핵무기가 가져올 파멸의 위협이 대두되었다. '타종교의 살아 있는 신앙을 가진 이웃들'도 이 주제들을 고심하고 있다고 한다.

사마르타는 기독교인과 타종교의 살아 있는 신앙을 가진 이웃들이 함께 세계가 직면한 심각한 문제들을 해결하는 것이 절실하다고 한다. 기독교가 '하나님의 선교'를 받아들이지 않으면 세상에서 돌덩이로 남을지언정 지구의 부패를 막는 소금이 될 수 없다고 한다.

---

[40]Ibid., 139-140.

[41]Ibid., 142-144.

사마르타에 따르면, 아시아인들과 아프리카인들은 선교와 개종과 같은 단어들을 두려워한다. 기독교가 정치적 지배, 경제적 착취, 인종적 오만과 함께 식민지에 들어와 개종을 요구하기 때문이다. 기독교를 식민지 확장의 도구로 삼는 자들은 가난하고 약한 자들에게 복음을 전할 자격을 가지고 있지 않다. '헬리콥터 기독론'에 근거한 기독교 선교는 인도인의 영혼에 깊은 상처를 남겼다.

종교적 다원적인 세계가 기독교인을 타종교인과 함께 '하나님의 선교'에 참여하도록 부르고 있다. '하나님의 선교'는 십자가와 예수 구원의 복음을 사실상 배제한 세상사 해결, 착한 일, 폭 넓은 개념의 윤리적 활동이다.

기독교의 선교는 창조물의 깨진 부분을 싸매고, 인류의 분열을 극복하며, 인간, 자연, 하나님 사이의 균열을 치유하는 하나님의 활동이다. 그러므로 기독교인이 타종교의 살아 있는 신앙을 가진 이웃들과 함께 협력하여 선교를 하는 것이 필요하다. 타종교인도 글로벌 공동체 안에서 그들 나름의 '하나님의 선교'를 하고 있다.[42]

맺음말: 아드바이타 기독론의 종착역

사마르타의 아드바이타 기독론에는 그것을 통제하는 몇 가지 강력한 배후 세력이 있다. 첫째, 자유주의 신학, 힌두교의 아드바이타 세계관, 그리고 영국의 식민 지배에 항의하던 민족주의 의식과 포스트모더니즘 그리고 이와 궤를 같이 하는 평등주의라는 이름의 평등전제주의이다.

둘째, 기독교가 진리와 구원을 독점할 수 없다는 사상이다. 모든 종교는 진리의 단면들을 반영하며, 동일동가이며, 예수구원 유일성 신앙이 종교적 다원 시대의 감각에 부합하지 않다는 사싱이다.

셋째, 역사적 기독교 신앙에 대한 불신이다. 예수 그리스도가 하나님과 인간 사이의 유일의 중보자라는 진리를 거부한다. 성경이 하나님의 특별계시를 담은 무오한 말씀이라는 사실을 믿지 않는다.

넷째, 성경적 신학과 복음에 대한 지식 결핍 현상을 보인다. 인간이 죄성, 타락한 본성을 가졌다는 사실을 간과한다. 죄성이 올바른 사상을 갖지 못하게 하고, 정확한 판단을 불가능하게 한다는 사실을 무시한다.

안타깝게도 사마르타에게는 인도에서 일어나는 종교적 갈등과 폭력의 원인에 대한 신학적인 통찰이 전무하다. 약 200년 동안 영국이 인도를 식민지로 삼아 인도인들을 지배한 근원은 무엇인가? 힘을 가진 자들의 탐욕과 타락한 인간의 본성—죄성 아닌가? 사마르타의 의무는 유럽 국가들의 식민주의 활동에 들러리 선 기독교가 과거사에 대한 반성, 참회, 용서를 구해야 할 도의적인 의무를 주지시키는 것이다. 그럼에도 인간의 전적타락과 부패한 본성과 그것에서 나온 탐욕과 식민주의는 지적하지 않고, 하나님의 계시에 기반한 역사적 기독교 신앙을 거부한다.

다섯째, 칼케돈공의회가 정의를 내린 예수 그리스도의 양성(참 하나님, 참 사람)을 부정한다. 이는 하나님의 계시진리와 성경의 권위를 부정함이다. 위 공의회의 신앙정의를 그리스-로마 문명을 사로잡고 있던 이원론적이고 반립적인 유럽 문화의 유산이라는 까닭으로 이를 거부한다. 그리스도의 '동일본질,' 곧 신성과 인성은 나누어지지 않고 분리되지 않으며 혼합되지 않고 변화되지 않는다는 공의회

---

[42]Ibid., 138-139, 145-154.

의 '신앙의 정의'는 유럽인의 이분법적이고 이원론적 사고에서 온 것이 아니다. 오히려 그것은 동양적 사고 유형, 특히 아드바이타 비전이 지닌 구조적 특성과 약간 닮았다.

여섯째, WCC의 '하나님의 선교'가 강조하는 인간화, 평화, 사회정의 구현, 혁명투쟁, 빈곤 탈피 등 세상사 해결에 기독교의 초점을 둔다. 하나님의 구원사와 계시사 그리고 예수 십자가와 대속의 교리가 들어설 공간을 허락하지 않는다.

일곱째, 사마르타에게 구원이란 나사렛 예수의 삶과 사역이 보여준 빈민 구제와 가난하고 억압받는 사람들을 해방시키는 활동이다. '육체의 소멸'이며, '윤회의 굴레에서 벗어나는 자아가 브라만과 합일하는 상태의 해방' 등 힌두교 개념의 구원이다.

여덟째, 구원을 사회적 치유와 아드바이타 비전에 부합하는 종교 통합 활동으로 간주한다. 신과 세상과 인간 사이의 통일성 안에서 이루어지는 보편적인 치유로 본다. 복음주의자들이 생각하는 언약, 믿음, 회개, 죄 사함, 중생, 칭의, 하나님과의 연합, 영생(zoe)이 아니다. WCC의 몽학선생 사마르타의 아드바이타 기독론은 WCC의 종교다원주의 신앙고백의 기반이다.

20

사마르타의 대화론

—종교 간의 대화론은 평화에 이바지했는가?—

1. 해묵은 관심사

종교 간의 대화는 WCC 에큐메니칼 운동의 해묵은 관심사이다,[1] 이 운동의 실적인 선구자는 이 단체의 몽학선생 스탠리 사마르타 박사(Stanley Samartha, 1920-2001)이 다. WCC의 『대화 지침』(1979)은 종교 간의 대화와 공산주의자들의 관계 모색 지침이다. 현재도 WCC 산하 세계교회들의 타종교인들과의 대화 지침으로 사용되고 있다. 이 책은 사마르타의 연구 결과이다.

WCC 총회는 이 단체의 최고 의결 기구이다. 중앙위원회는 총회가 끝난 뒤 다음 총회까지 8년 동안 이 단체의 주요 정책을 결정하고 선교와 신앙고백 문서 등을 논의하고 채택하는 회의체이다. 중앙위원회 아디스아바바(Addis Ababa) 모임(1971)은 사마르타가 제시한 "종교 간의 대화에 대한 여섯 가지 원칙"을 WCC의 '임시 대화 지침'으로 채택했다.[2] 당시 사마르타는 선교전도국 직원이었다. 중앙위원회 치앙마이 모임(1977)은 사마르타가 여섯 가지 원칙을 확대 서술한 "살아 있는 신앙과 이데올로기를 가진 사람들과의 대화 지침 "(*Guidelines on Dialogue with People of Living Faiths and Ideologies*, 1979, 이하 『대화 지침』)[3]을 채택했다. 중앙위원회 킹스턴 모임 (1979)은 이를 약간 보완하여 확정했고, WCC가 그 해에 출판했다.

사마르타가 주도한 WCC의 종교 간의 대화 활동의 일차적인 목적 은 공동의 인간성(Common Humanity) 구축, 곧 인간화(人間化)였 다. 이것은 종교 간의 상호 존경, 동등성, 평등성, 구원 유효성 중심의 종교다원주의를 강조하며, WCC의 '하나님의 선교'의 목적을 고스란 히 반영한다.

WCC가 1960년대에 수용한 '하나님의 선교' 이론과 1970년대에 받아들인 사마르타의 '종교 간의 대화' 이론의 만남은 협력상승작용 (synergy) 효과를 일으켜 이 단체의 신학적 변화와 종교다원주의 신 앙고백에 커다란 영향을 미쳤다. 종교다원주의가 이 단체에 들어온 관문은 종교대화국이었다.

WCC의 『대화 지침』(1979)의 본격적인 목적은 그것이 담고 있는 사마르타의 종교다원주의 사상에서 드러난다. 종교 간의 대화 활동 을 하자면 자기 종교를 버려야 하는 위험을 감수하는 깊은 소명감이 필요하다고 한다. 구원이 기독교에 제한되지 않고 타종교인에게도 주어진다고 한다. 하나님이 세상을 창조했고, 창조된 만물 안에는 타 종교들도 포함되어 있다고 한다.

> "태초부터 하나님은 자신과 자신이 생명을 불어넣은 모든 것들(타종 교 포함) 간의 관계를 원하셨다"(1항). "인류 공동체는 문화와 종교 의 다양성의 풍요로움에 감탄하며 기독교 전통 너머에 있는 더 깊은 가치, 곧 타종교의 진리와 경험에 대한 풍요로움에 감사하지 않을 수 없다"(제7항). "복음은 어떤 특정 문화에 제한되지 않으며, 성령의 영 감을 통해 모든 사람들에게 모든 빛을 비춘다"(11항).

사마르타의『대화 지침』은 "바아르선언문"(1990)이 나중에 인용하서 묻고 답하는 매우 중요한 질문을 담고 있다. "온 인류를 향한 하나님의 우주적 창조와 구속 활동과 이스라엘 역사와 예수 그리스도의 인격과 사역에 나타난 하나님의 특별한 창조와 구속 활동 사이의 관계는 무엇인가?"(제23항). 이 선언문은 타종교를 포함한 창조세계 전체를 향한 하나님의 보편적인 통치와 구원, 무지개 언약이 보장하는 인류의 보편적인 구원과 예수의 구속사역을 통한 구원의 관계를 질문하고서, 종교다원주의 신학에 따라 답한다.

종교 간의 대화의 목적은 박해받는 국가의 기독교 신자들의 신앙의 자유를 보호하려는 것인가? 아니다. 사마르타의 대화 지침에는 그러한 내용이 없다. 선교에 필요한 접촉점 확보인가? 아니다. WCC의 종교 간의 대화 운동의 핵심 목적은 종교다원주의 신앙고백과 실천이다. 이는 예수 그리스도의 십자가의 도(道), 구원의 복음, 기독교의 최종성, 예수구원 유일 신앙을 포기해야만 가능하다.

2. 타종교의 살아있는 신앙인들

WCC 제4차 총회(웁살라, 1968)는 사마르타가 기독교인과 타종

---

[1]Stanley Samartha, B*etween Two Cultures: Ecumenical Ministry in a Pluralist World* (Geneva: WCC Publications, 1996), 130.

[2]Samartha, *Between Two Cultures*, 81-82.

[3]*Guidelines on Dialogue with People of Living Faiths and Ideologies* (Geneva: WCC Publications, 1979). www.oikoumene.org.

[4]"The Gospel cannot be limited to any particular culture, but through the inspiration of the Holy Spirit sheds its light in them all and upon them all."

교인의 관계를 정의하면서 고안한 "타종교의 살아있는 신앙인들" "타종교의 살아있는 신앙을 가진 사람들과의 대화"라는 용어를 처음 도입했다. 그 해에 사마르타는 WCC의 선교전도국 직원으로 제네바 본부에서 일하기 시작했다. 약 4년 뒤 에티오피아의 수도 아디스아바바에서 모인 WCC 중앙위원회(1971)에서 연구 결과를 강연문 형식으로 발표했다. 그것을 계기로 WCC는 그 해에 4번째 기구인 종교대화국을 신설하고 그를 책임자로 임명했다.

WCC는 종교다원주의자를 유급 전임 신학자로 모셨다. WCC에게 종교다원주의를 지도하는 몽학선생 일을 시작한 사마르타는 종교 간의 대화 이론을 정립했다. WCC가 시행할 수 있는 방안을 모색했다. WCC로 하여금 타종교 전통의 '신학적 중요성'을 인지하게 하고, 범종교 에큐메니칼 운동을 하게 할 목적이었다.

WCC는 종교 간의 대화 활동에 교회들과 기독교인들이 '열린 마음'으로 참여하는 것을 승인했다. '열린 마음'이란 예수구원 유일 신앙을 배제하는 심리상태를 의미한다. 그 무렵, WCC는 기독교인들이 이슬람, 힌두교, 불교 등 타종교로 개종하는 것을 타종교인들이 기독교로 개종하는 것만큼이나 정당하다고 했다.[5] WCC의 종교 간의 대화 활동은 종교다원주의를 받아들이고 심지어 타종교로 개종하는 것을 가능하게 하는 넓은 문이었다.

이 일들은 WCC 중앙위원회의 당시 위원장 마다틸파람필 토마스의 영도 아래서 이루어졌다. 토마스는 아드바이타—비이원성 세계관과 종교다원주의 사상을 가진 인도 신학계의 저명한 인물이었다. 토마스는 WCC의 중앙위원회 의장으로 활약(1968-1975)하면서, 종교대화국을 신설하고, 사마르타를 이 단체의 몽학선생으로 모셨다.[6] 토마스는 사마르타의 멘토였다.

토마스는 힌두교의 베단타 아드바이타 세계관을 가진 라마크리슈나의 힌두교 개념의 종교다원주의 이상을 지지했다. 그는 "하나님이 타종교의 신앙을 가진 사람들과 함께 하는 방법에 대한 기독교인의 무지를 간파하는 것이 우선적으로 필요하다"고 했다. 하나님은 "힌두교, 불교, 이슬람 등의 신앙을 가진 사람들과 함께 한다." 따라서 "우선적인 과제는 [타종교 안에서] 일하는 이러한 구원 활동을 믿지 않는 기독교인의 맹목성을 지적하는 것이다"[7]라고 했다.

토마스가 생각하는 종교 간의 대화의 목적은 힌두교인을 '기독교적 힌두교인'(Christian Hindu)이 되게 하는 활동이었다. 그가 강조한 것은 교회가 복음전도나 개인구원에 치중하지 말고 사회적 해방을 외치는 급격한 변화와 요구에 응답해야 한다는 것이었다. 기독교인과 비기독교인의 관계는 교리가 아니라 '공동의 인간성'을 기반으로 이루어져야 한다고 했다.[8] 토마스는 '공동의 인간성' 구축을 하나님의 뜻으로 이해했다.

사마르타는 벵갈루루의 연합신학대학의 신학교수 데바난단(Paul Devanandan)에게서 종교다원주의 사상을 배웠다. 이들은 WCC의 선교가 서유럽 선교사들이 집중하는 개인구원 목적의 복음전도와 같지 않아야 하며, 사회적 해방, 정의, 인간화, 그리고 이와 관련된 여러

---

[5]Stanley Samartha, ed., *Living Faiths and the Ecumenical Movement* (Geneva: WCC, 1971), 34.

[6]'몽학선생'(蒙學先生)은 헬라시대의 귀족 자녀의 가정교사를 지칭한다. 개역한글 성경의 갈라디아서 3장 24절과 25절에 나오는 단어이다. 개역개정 한글성경은 이를 '초등교사,' 표준새번역은 '개인교사,' 공동번역은 '후견인'으로 번역한다.

[7]M. M. Thomas, *Risking Christ for Christ's Sake; towards an ecumenical theology of Pluralism* (Geneva: WCC, 1987), 89.

[8]Samartha, *Between Two Cultures*, 40.

가지 세상사들을 해결하는 것이라고 확신했다. 식민주의 냄새를 풍기는 정통 기독교의 복음 전파와 개종 목적의 전도를 그릇된 선교 활동으로 여겼다. 그리스도가 주는 자유와 사랑은 우리를 낯선 사람과의 교제로 이끌어 모든 사람이 하나님의 집에서 평등한 동료 시민이 되게 한다고 했다.[9]

예수는 "진리의 영이 오시면, 그가 너희를 모든 진리 가운데로 인도하실 것이다"(요 16:13)라고 약속했다. 전술했듯이, 사마르타는 성령이 "너희를 모든 진리"(all truth) 가운데로 인도한다는 것을 '모든 종교의 진리'(all religious truth)로 억지 풀이했다. 종교 간의 대화를 거쳐 각 종교가 가진 '모든 진리'를 발견할 수 있다고 했다.

사마르타는 종교 간의 대화를 다름 아닌 '모든 종교의 진리'를 추구하는 수단으로 여겼다. 특정 종교인, 특히 기독교인이 하나님의 진리를 독점할 수 있는 것은 아니며, 따라서 우리가 예수의 위 약속, 곧 "진리의 영이 오시면, 그가 너희를 모든 [종교의] 진리 가운데로 인도하실 것이다"라고 말한 데 대한 신뢰와 순종의 일환으로 타종교의 신앙과 이데올로기를 가진 사람들을 만나야 한다고 했다.

사마르타의 실제적인 신학적 스승은 인도인 종교다원주의자 라이몬드 파니카였다. 파니카는 『종교 내 대화』(*The Intra-religious Dialogue*, 1978)에서, 종교적 만남이 특정 종교의 변증론에서 벗어나는 것을 규칙으로 삼아야 한다고 했다. 종교 간 대화는 통상 개종이라는 도전에 직면하는 바, 자신의 종교적 신념으로 무장하지 않아야 하고, 오히려 타종교로 개종될 준비가 되어 있어야 한다고 했다.[10] 기독교인이면 자신이 타종교, 곧 힌두교, 이슬람, 불교 등의 종교로 개종할 마음을 가지고 대화를 해야 한다고 했다.

사마르타가 이끈 WCC의 '종교 간의 대화' 운동의 실제적인 목적은 출범 단계에서부터 단순한 대화나 연대활동 모색이 아니었다. 박해받는 지역의 기독교인들에게 신앙의 자유를 보장해 주려는 목적도 아니었다. 전통적인 개념의 복음전도, 구원, 개종전도를 포기해야만 비로서 가능한 '하나님의 선교' 개념의 대화 활동이었다. WCC의 종교대화국은 기독교인이 자의적으로 타종교로 개종하는 것을 마다하지 않으며, 오히려 그것을 장려하는 탈기독교의 열린 통로였다.

WCC 제4차 총회(웁살라, 1968) 뒤, 이 단체는 중요한 질문을 제기했다. 기독교가 타종교의 신앙인들을 계속 선교의 대상으로 간주해야 하는가, 아니면 '공동의 인간성' 구축을 목적으로 함께 일할 세계 공동체의 파트너로 간주해야 하는가?

사마르타와 그의 신학교수 폴 데바난단, 동료이자 멘토인 마다틸 파람필 토마스, 종교다원주의 신학자 라이문도 파니카, 종교다원주의 사상가 존 힉 그리고 사마르타의 후임자 웨슬리 아리아라자 등은 모두 힌두교 아드바이타 세계관에 기반을 둔 종교다원주의자였다.

이들은 WCC의 종교다원주의 신앙고백에 직접 간접으로 이바지했다. 타종교의 신앙을 가진 사람들을 개종이나 선교의 대상으로 여기지 않았다, 타종교인들을 기독교인과 더불어 '하나님의 선교'를 하는 선교 파트너로 여겼다. 이들에게 '기독교 선교'는 구원의 진리를 전하는 복음전도가 아니었다. 영혼 구원 활동도 아니었다. '공동의 인간성' 구축, 곧 인간화와 평화 유지 노력 등 세상사 해결 활동이었다.

사마르타에게 기독교인과 타종교인 간의 대화의 목적은 사람들을

---

[9]Stanley Samartha, *One Christ-Many Religions: Toward a Revised Christology* (Maryknoll: Orbis Books, 1991), 21, 79.

[10]Raimundo Panikkar, *The Intra-Religious Dialogue* (New York: Paulist Press, 1978,) 8, 27.

기독교로 개종시키려고 전도하는 것이 아니라 타종교인들에게 '증언'(to witness)을 하는 것이었다. 사마르타는 '히나님의 선교'와 '종교 간의 대화'를 동시에 의미하는 새로운 용어 '증언'을 고안해 냈고, 이를 WCC 안에 확산시켰다.

사마르타는 타종교인들을 "살아있는 신앙인들"(the people of living faiths)로 일컫고 기독교인이 그들과 대화할 것을 WCC에 적극 권했다. 그가 종교 간의 대화 이론을 처음 설계하고 정립한 시기는 WCC의 선교전도국의 직원으로 시무하고 있을 무렵(1968-1970)이었다.

3. 개종전도 금지주의

사마르타는 제네바에서 사역하는 13년 동안(1968-1980) 자신의 종교다원주의 확신을 WCC 안에 광범위하게 확산시켰다. WCC는 이를 환영하여 혼합주의(Syncretism)를 총회의 의제에 도입할 정도로 적극성을 보였다.[11]

사마르타는 종교다원주의의 WCC 진입을 성사시켜 예수구원 유일성 교리를 버려야 수용할 수 있는 사상인 종교다원주의를 이 단체 안에 신앙고백으로 자리 잡게 했다. WCC 회원 교회들에게 복음과 종교다원주의, 성경(text)과 상황(context) 간의 택일을 호소했다. 후자, 곧 종교다원주의와 상황을 택하라고 했다. 사마르타의 사상은 WCC 에큐메니칼 운동의 탈기독교화를 크게 부추겼다.

사마르타의 종교다원주의 개념의 대화 이론이 WCC 진입에 성공할 수 있었던 것은 1960년대에 수용한 '하나님의 선교' 이론에 부합했기 때문이다. 전술했듯이, 호켄다이크의 '하나님의 선교' 이론과 사마르타의 종교다원주의 유형의 '종교 간의 대화' 이론의 만남과 결합은 WCC 에큐메니칼 운동으로 하여금 예수구원 유일 신앙을 따돌리고 종교다원주의를 수용하게 하는 강력한 힘으로 작동했다. WCC의 신학 패러다임을 완전히 바꾸었다.

사마르타의 종교다원주의 신학은 예수 그리스도가 주이며, 유일의 그리스도—구원자라고 하는 믿음을 가진 자들의 개종전도 활동을 무의미하게 여기는 풍토를 조성했다. 그 결과로 WCC에 속한 전 세계 회원교회들의 신학사상이 바뀌고, 설교자의 메시지가 달라졌다. 신학교 교과과정에 여러 가지 신종 신학이 등장했다.

WCC 제3차 총회(뉴델리, 1961)는 대화를 "전도의 유용한 수단"으로 여겼다. 그러나 제4차 총회(웁살라, 1968)는 종교 간의 대화를 다양한 종교와 여러 가지 신앙 유형들이 존재하는 세상에서 교회가 지속적으로 수행해야 할 '기독교의 의무'로 규정했다.

WCC가 '하나님의 선교' 이론을 도입한 이후, 이 단체의 선교는 인간화, 평화(샬롬) 등의 세상사 해결과 종교 간의 대화 활동 개념으로 바뀌었다. 복음전도는 종교 간의 대화로 대체되었고, 전통적인 개념의 선교와 전도는 이 단체에서 깡그리 사라졌다. 이 맥락에서 WCC는 선교 유예(Moratorium)를 선언하고, 개종전도 금지주의(Anti-Proselytism) 정책을 시행했다.

이 때부터 WCC는 하나님의 구원이 타종교 전통과 무관하다고 보는 역사적 기독교 신앙에 정면으로 도전했다. 하나님의 성령이 모든 민족과 종교 안에서 활동하고 열매를 맺는다고 했다. 그렇지 않다는 것은 상상조차 할 수 없다고 했다. 모든 종교가 하나님께 속하며, 모

---

[11]Samartha, *Between Two Cultures*, 29.

두 다 구원의 길이라고 하는 사상, 그리고 모든 종교의 동등성, 평등성, 구원 유효성을 강조하는 사상이 WCC 안에 쓰나미처럼 몰려들었다.

WCC가 기독교와 타종교 간의 대화 이론을 수용하던 즈음에 세계 기독교계는 에큐메니칼 진영과 복음주의 진영으로 확연히 구분되었다. 복음주의자들의 성경적 접근과 WCC의 종교혼합주의적·종교다원주의적 태도는 세계 전역에서 긴장을 초래했다. 이 과정에서 드러난 것은 WCC 에큐메니칼 운동이 하나님의 특별계시의 실재와 성경의 신적 권위를 인정하지 않는다는 사실이다.

WCC는 자유주의 신학 전통에 따라 기독교를 세상사 해결의 임무를 가진 윤리공동체로 인식했다. '역사적 예수 연구'의 윤리적·저항적·사회변혁적 특징을 높이 평가했다. 사마르타를 포함한 WCC를 주도하는 신학자들은 예수 그리스도의 복음이라는 것이 초대기독교의 복음이지 종교적 다원주의 시대로 바뀐 오늘날에는 유효한 복음이 아니라고 했다. 성경의 메시지는 더 이상 전체 인류를 위한 보편적인 복음일 수 없다고 했다.

모든 종교의 경전을 성경, 곧 거룩한 책으로 여기는 WCC 신학 풍토는 성경의 권위에 대한 신뢰를 무너뜨렸다. 성경에 대한 권위가 추락하자 지역복음(local gospel)이라는 상황신학(contextual theology)이 대두되었다. 전술한 남미의 해방신학, 한국의 민중신학, 토착신학, 인도의 달리트(불가촉민)신학, 태국의 물소신학, 일본의 부라꾸민(部落民)을 위한 십자가 신학, 미국의 흑인신학 등 여러 가지 유형의 신학이 등장했다. WCC는 성경에 기초한 복음전도와 케리그마 선포 개념의 전통적 기독교 선교는 언급조차 하지 않았다.

4. 공동의 인간성

WCC 중앙위원회 치앙마이 모임(1977)은 '종교 간 대화'의 동기가 다원주의 공동체 건설(Pluralism in the Community)임을 확인했다. 이 개념은 사마르타가 대화를 기독교와 타종교 신앙 그리고 공산주의 이념을 가진 사람들이 공동체를 공유하는 살아있는 관계로 정의한 것을 반영한 것이다.[12]

사마르타는 '하나님의 선교' 개념을 종교다원주의 상황에 맞게 적용했다. 그에게 선교의 목적은 예수를 그리스도로 믿게 하는 복음전도와 개종 권유 활동이 아니다. 타종교의 신앙의 온전함을 고려하고, 정의·평화·인권과 같은 공통의 목적을 추구하는 인간화 활동이다. 그는 "선교는 성령이 창조세계의 상처를 싸매고, 인류의 분열을 극복하며, 인간과 자연 그리고 하나님 사이의 균열(brokenness)을 치유하는 지속적인 하나님의 활동이다"[13]라고 정의한다.

사마르타는 복음전도로 타종교인들을 기독교로 개종시키는 선교를 배격한다. 기독교인만이 아니라 타종교인도 선교를 광범위하게 한다. '하나님의 선교'를 한다. 기독교만이 '하나님의 선교'를 하는 것은 아니다. '타종교의 살아 있는 신앙인들'도 글로벌 공동체에 필요한 선교, 곧 '하나님의 선교'를 한다.[14] 기독교인들은 예수의 이름으로 그 일을 하고, 타종교인들은 그들의 종교적·이념적 전통에 따라 '선교'를

---

[12]Stanley Samartha, *Courage for Dialogue: Ecumenical Issues in Inter-religious Relationships* (Geneva: WCC Publications, 1981), 1.

[13]"That neighbors of other faith have their 'missions' in the global community," Samartha, *One Christ-Many Religions*, 149. 그리고 89도 참고하라.

[14]Samartha, *One Christ-Many Religions*, 150.

한다. 성령은 기독교만이 아니라 타종교 안에서도 활동한다. 선교는 타종교 안에서도 일(mission)하는 하나님의 활동이라고 한다.

사마르타에 따르면, 종교적 다원세계에서 기독교인들은 타종교의 신앙을 가진 이웃과 함께 '하나님의 선교'에 참여하도록 부름 받았다. 선교는 기독교 세력을 확장하거나 세상에서 기독교인의 수를 통계적으로 증가시키는 활동이 아니다. 기독교인들이 타종교의 신앙인들과 함께 가난한 자를 섬기고, 무지를 깨우쳐 제거하며, 병자를 치유하고, 고아와 과부를 돌보는 윤리 실천 활동이다. 기독교의 선교는 타종교인을 기독교 신앙으로 개종시키려는 숨은 의도를 가지지 않고, 그리스도 안에 있는 하나님의 사랑에 대한 기독교인의 응답으로 이루어져야 한다.[15] 선교는 '기독교적인 것'(Christliche sache)을 가지고 인류 전체의 유익을 도모하는 활동이다.

사마르타는 전통적인 기독교의 선교와 복음전도의 의미를 왜곡한다. 인본적이고 세상적인 목적을 위하여 기독교의 가장 중요한 교리를 포기한다. 그의 종교 간의 대화론은 예수 그리스도의 구원 유일성 신앙을 버려야만 실현 가능한 종교다원주의 이론이다.

사마르타의 종교 간의 대화론은 그의 종교다원주의 성령론의 연장이다. 전술했듯이, 하나님의 성령이 타종교인들에게도 역사하며 그들에게도 그 분의 구원 활동이 펼쳐진다고 한다. 성령이 타종교 안에서도 기독교 공동체에서처럼 적극 일하고 있다고 한다. 이는 타종교도 기독교와 동일한 진리를 가지고 있고, 타종교인들에게도 동일한 하나님 구원이 주어진다는 의미이다. 성령 하나님이 타종교인들로 하여금 성령의 열매를 맺도록 하고, 그들을 구원으로 이끈다는 것이다.

사마르타에 따르면, 기독교인과 비기독교인의 구분은 필요하지 않다. 그리스도는 성령의 활동으로 타종교 안에, 그리고 그 종교의 교리와 이념을 따라 일하고 있다. 그러므로, 타종교의 살아있는 신앙을 가진 사람들을 개종시키거나 그들에게 기독교 복음을 전하여 그들 고유의 종교 전통을 버리게 하거나 변화시키는 것은 필요하지 않다. 중요한 것은 '공동의 인간성' 안에서 필요에 따라 함께 세상사를 해결하는 노력이다. 이처럼 사마르타의 선교와 종교 간 대화 이론에는 역사적 기독교의 구원 진리나 복음전도 그리고 전통적인 개념의 선교가 들어설 공간이 없다.

사마르타가 강조하는 '공동의 인간성'은 WCC의 '하나님의 선교'의 목표인 인간화(Humanization)의 동의어이다. 그는 이것을 기독교인과 타종교의 신앙을 가진 이웃 간의 대화의 출발점이라고 한다. 그에게 기독교 선교는 다른 사람들에게 '기독교적인 무엇'을 '증언'하는 활동이지, 대화의 상대를 기독교로 개종시키거나 타종교인에게 예수구원의 복음을 말하는 포교 또는 복음전도 행위가 아니다.

사마르타는 종교다원주의 개념의 선교와 종교 간의 대화에 대한 새로운 이해를 WCC에 전수(傳授)했다. 1968년부터 WCC로 하여금 "타종교의 살아 있는 신앙을 가진 이웃"에 대한 새로운 인식을 가지게 하는 강력한 동기를 부여했다. WCC의 에큐메니칼 운동은 그 초점을 타종교 신앙인들과의 대화에 두고 있다. 기독교 선교를 공동의 인간성 공유 활동(sharing of a common humanity)으로 인식한다.

5. '교회의 선교'와 '하나님의 선교'

사마르타가 WCC의 몽학선생으로 활동(1971-1980)하던 초기에

---

[15]Samartha, *One Christ-Many Religions*, 149.

이 단체의 복음전도와 선교는 인간화, 공동의 인간성 회복, 세상사 해결 활동이라는 '하나님의 선교' 개념으로 바뀌었다. 이 변화가 본격화 된 것은 사마르타가 WCC 중앙위원회 아디스아바바 모임(1971)에서 제시한 여섯 가지 요점들이 이 단체에 받아들여졌을 때였다.

'하나님의 선교'는 '교회의 선교'와 상반되는 개념이다. 사마르타가 처음 접한 기독교는 영국국교회, 곧 국가종교였다. 유럽교회의 기독교 선교는 아시아와 아프리카 국가들에게 피식민지인들을 기독교로 개종시키고, 전통 문화와 종교를 깔보고, 이를 버리고 서유럽 문화를 받아들이게 하는 활동이었다. 유럽교회는 식민지인들의 개종전도 활동을 "기독교 선교"라고 일컬었다. 기독교를 제외한 타종교와 이교 문화를 흑암, 주술, 악마 활동으로 간주했다.[16] 이 시기의 '교회의 선교'는 유럽교회의 선교, 서유럽 교회 중심의 식민주의 확장과 개종전도 활동을 의미했다.

식민주의 시대가 끝난 뒤에 출발한 WCC는 식민지 확장 의미를 담은 '교회의 선교'를 배격하고 '하나님의 선교' 이론을 적극 수용했다. WCC 선교전도국 직원 요한네스 호켄다이크는 교회를 하나님의 일을 돕는 도구로 설명하고, 선교를 세상에서 활동하는 하나님의 일(mission)로 규정했다. 선교의 목적을 인간화와 평화(샬롬) 등 세상사 해결 활동으로 간주하는 이 이론은 에큐메니칼 선교신학에 큰 변화를 가져왔다. WCC는 선교를 복음전도가 아니라 하나님의 세상 통치를 돕는 세상사 해결 활동으로 정의했다. WCC는 1960년대에 이르러 '교회의 선교'를 거부하고, 하나님이 선교의 주체임을 강조하는 '하나님의 선교' 이론을 수용했다.

사마르타는 인도의 문화와 종교가 인정받는 새로운 접근 방식을 찾았다.[17] 아시아의 종교다원적 현실을 감안한 기독교와 힌두교의 만남, 대화, 일치를 모색했다.[18] 기독교인과 비기독교인이 만나서 함께 수행하는 '공동의 인간성' 활동이 인류가 공동으로 직면한 인간화, 평화(샬롬) 등 세상사 해결에 이바지할 수 있다고 보았다.

이러한 변화의 과정을 거쳐 WCC의 '전도'는 1960년대 후반에 '타종교인에 대한 증언'으로 바뀌었다. '증언'은 다시 1968년 이후 사마르타의 주도 하에서 '타종교의 살아있는 신앙인들과의 대화'로 교체되었다. WCC의 '선교'는 인류 공동의 사회적 책임 수행과 인도주의적 목표와 관련된 사회변혁 활동을 의미했다.

WCC의 선교전도국은 이 단체에 가담하는 세계교회들과 기독교인들에게 새로운 개념의 '종교 간의 대화'가 선교의 필수 과제라고 확신시켰다. 종교 간의 대화 중심의 종교다원주의 운동을 종교의 울타리를 넘어서는 전 지구적 관심사로 전환시켰다.

사마르타가 역설한 기독교와 타종교 간의 대화의 필요성은 세 가지이다. 첫째, 하나님은 예수 그리스도 안에서 모든 종교의 신앙인들과 모든 시대의 모든 사람들과 관계를 맺었다. 둘째, 용서, 화해, 새 창조의 복음을 가진 기독교 공동체는 필연적으로 대화를 지향한다. 예수가 제공하는 자유와 사랑이 우리에게 모든 낯선 사람들을 하나님의 가정의 동료 시민으로 받아들이도록 요구한다. 셋째, 예수는 "성령이 모든 [종교의] 진리로 인도할 것"(요 16:13)이라고 약속했다.

사마르타의 성령과 진리 이해는 명제적이 아니라 관계적이다. 하

---

[16]Wesley Ariarajah, *Not without My Neighbour: Issues in Interfaith Relations* (Geneva: WCC Publications, 1999), 14.

[17]Stanley Samartha, *The Hindu Response To the Unbound Christ* (Bangalore: Christian Institute for the Study of Religion and Society. 1981),

[18]Stanley Samartha, *One Christ-Many Religions*, 19-21.

나님과 인간, 인간과 인간의 인격적인 만남이라는 관계적 구도로 접근한다. 하나님의 진리는 특정 종교인이 독점할 수 있는 성질의 무엇이 아니다. 그래서 사마르타는 "성령이 모든 [종교의] 진리로 인도할 것"이라는 주의 약속에 대한 신뢰와 순종의 일환으로 타종교인들과 공산주의 이데올로기를 가진 사람들을 만나야 한다고 한다. 그는 종교 간의 대화가 진리 추구의 수단이라고 한다.[19]

사마르타에 따르면, 인류는 종교 간의 대화를 피할 수 없다. 모든 기독교인들이 다원적 사회에서 살고 있기 때문이다. 대화는 긴급하다. 모든 사람들이 정의, 평화, 희망찬 미래를 찾는 공통의 압박을 받고 있다. 대화는 많은 기회를 제공한다. "기독교인들은 이제 새로운 방식으로 그리스도의 종(servanthood)과 주(lordship)라는 새로운 면모를 발견하고, 공동의 인간 공동체로 나아가는 과정에서 교회의 증언에 대한 새로운 함의를 발견할 수 있다."[20]

사마르타는 기독교인이 종교적으로 다원적인 삶을 살 수 있는 길을 모색한다.[21] 인도 문화, 힌두교 세계관, 자유주의 신학 전통에 따라 종교적 다원주의 사회라는 상황을 극복할 수 있는 새로운 유형의 기독교 이론을 정립했다. WCC를 종교다원주의 요람으로 만들어 '종교다원주의 복음'을 '증언'할 기회로 삼으려 한다.

사마르타의 종교다원주의 신념을 담은 WCC 중앙위원회의 "아디스아바바 성명"(1968)은 다음과 같이 선언한다.

> 모든 시대에 모든 인류를 위해 인간이 되신 예수 그리스도에 대한 우리의 믿음은 대화를 할 수 있도록 우리를 지탱해 준다. 교회의 삶과 증거에 대한 이러한 신앙의 표현은 우리가 다양한 종교들의 신앙과 이념을 가진 사람들과의 관계를 발전시키도록 이끈다(2항).[22]

사마르타가 말하는 "모든 시대의 모든 인류를 위한 선교"는 '하나님의 선교'이다.[23] 이 선교가 "우리를 자유롭게 하는 예수 그리스도는 고립에서 벗어나 진정한 대화로 우리를 이끌어주며, 이 대화 속에서 우리는 성령께서 우리를 '모든 종교의 진리'(all religious truth)로 인도할 것이라는 약속을 믿고 참여한다"[24]고 한다. 전술한 바와 같다.

6. 종교 간의 대화 여섯 가지 원칙

WCC 중앙위원회 아디스아바바 모임(1971)은 사마르타의 강연문인 "계속되는 기독교적 관심사 대화"(Dialogue as a Continuing Christian Concern)를 "종교 간의 대화에 대한 임시 정책 성명과 지침"(Interim Policy Statement and Guideline to Dialogue, 1971)이라는 제목으로 바꾸어 채택했다.[25]

사마르타는 이 원칙을 제시하면서 진정한 종교 간의 대화는 겸손과 사랑을 요구한다고 한다. 각 종교는 각각의 신앙의 표현이며, 모두 희망의 표지라고 한다. "여섯 가지 대화 원칙"의 핵심은 다음과 같다.[26]

첫째, 종교 간의 대화는 서로에 대한 헌신과 개방성이다. 대화는

---

[19]Samartha, *Between Two Cultures*, 71-72.

[20]Stanley Samartha, ed., *Living Faiths and the Ecumenical Movement* (Geneva: WCC, 1971), 47.

[21]Ibid..

[22]Ibid., 48.

[23]Samartha, Courage for Dialogue. 80.

[24]"Jesus Christ, who makes us free, draws us out of isolation into genuine dialogue into which we enter with faith in the promise that the Holy Spirit will lead us into all truth." Samartha, *Between Two Cultures*, 72.

타종교의 온전성(integrity)을 인정해야 한다.

사마르타는 아디스아바바에서 표명한 각 종교에 대한 개방성에 대한 강조를 "치앙마이 성명"(1977), 곧 『대화 지침』(1979)에서는 "상호 이해를 위해 우리의 관계를 구축해야 한다"고 확대 진술한다. 우리는 "평화와 정의가 더 완전히 실현될 수 있는 더 넓은 공동체의 실현을 위해 대화에 참여하도록 부름 받았다"(17항)고 한다. 나아가 "우리는 대화에서 '하나님과 이웃을 네 자신처럼 사랑하라'는 명령에 적극적으로 응답한다"(19항)와 "우리는 예수 그리스도에 대한 헌신과 함께 종교 간의 대화에 임하며, 대화의 관계는 진정한 증언의 기회를 제공한다"(20항)라고 확대 진술한다. 동일한 개념의 진술이 WCC의 『대화 지침』22항, 23항, 24항, 25항에도 담겨 있다.

둘째, 종교 간의 대화의 목적은 진리의 새로운 차원을 발견하는 과정에서 모두가 풍요로워지는 것이어야 한다.

『대화 지침』(1979) 17항과 20항은 대화의 목적이 새로운 차원의 진리를 발견하는 것이며, 모두에게 풍요로움으로 이끌어주어야 함을 강조한다. 21항은 "대화 양측에 실제로 어떤 영향을 미치는지 검토해야 한다"고 한다.

셋째, 대화는 단순한 종교 문제에 대한 학문적 토론에 국한되지 않아야 하며, 종교 공동체가 서로에 대한 두려움과 불신을 떨치고 상호 신뢰와 자신감을 구축하도록 도와야 한다.

『대화 지침』(1979)은 이 내용을 다음과 같이 확대 천명한다. "우리의 대화와 관계에서 지적인 측면만이 아닌, 서로의 관심사를 더 깊이 이해하고 열린 만남이 이루어지도록 한다"(18항). "따라서 우리는 공격적인 기독교 전투의 무기로 작동하는 [동일 종교] '공동체 안의 대화'라는 개념을 단호히 거부한다"(19항). 이 원리는 『대화 지침』 18

항, 19항, 20항, 21항에 영감을 주었다.

넷째, 대화의 범위는 종교적 아이디어에 대한 학문적 토론보다 훨씬 더 넓어야 한다. 대화는 단순한 언어적 소통 그 이상이다. 종교의 다른 측면들, 제사와 예배 의식의 의미, 상징의 중요성, 헌신의 경험들을 무시하지 않고, 타종교의 예배에 서로 존중을 가지고 참석하면 이전에는 상상하지 못한 새로운 깊이의 소통을 열어줄 수 있다.

다섯째, 대화는 정의와 평화를 위한 노력을 강화하고 함께 공동의 인간적 관심사를 고려해야 한다.

사마르타는 인간 공동의 관심사, 특히 정의와 평화를 종교 간의 대화의 목표로 천명한다. 『대화 지침』(1979)은 이것을 다음과 같이 확대 진술한다.

우리가 타종교와 이데올로기를 가진 사람들과 함께 신실한 '공동체 대화'에 참여할 때, 그들이 역사 속에서 하나님의 활동에 어떤 위치를 차지하고 있는가에 대한 심도 있는 질문을 하지 않을 수 없다. 그러나 우리는 이 질문을 이론이 아니라, 우리와 함께 공동체를 이루며 살고 다른 길을 따르는 수억 명의 남녀의 삶 속에서 하나님이 무엇을 하고 계신가에 대한 관점에서 묻는다는 것을 상기해야 한다. 따라서 이론적이고 비인격적인 시스템보다는 타종교와 이데올로기를 가진 사람들을 항상 생각해야 한다. 그들의 신앙과 이데올로기가 그들의 일상생활에 어떻게 방향을 제시하고 있으며, 실제로 양측의 대화

---

[25] Samartha, *Between Two Cultures*, 72-73. "Dialogue as a Continuing Christian Concern"(1971) by Stanley Samartha in Bread University, www.breadtv.net.

[26] Samartha, *Between Two Cultures*, 81-82. 사마르타는 "Dialogue as a Continuing Christian Concern"(1971)을 "The Progress and Promise of Inter-Religious Dialogue"라는 제목으로 *Journal of Ecumenical Studies* (1972)에 기고했다고 한다.

에 어떻게 영향을 미치는지 검토해야 한다(21항).

여섯째, 종교 간의 대화는 삶의 종교적 차원에 대한 근본적인 질문을 연구할 필요성을 강조해야 한다. 기독교인이 공동체에서의 대화의 성공을 위해 기독교뿐만 아니라 다른 종교들도 더 깊이 연구해야 한다.

사마르타는 성경을 우리와 우리의 파트너들의 기준으로 간주하지 않는다. 공동체에서 발생하는 문제들에 대한 기독교적인 성찰의 기초로 창의적으로 사용해야 한다고 한다. 그리고 우리는 '하나님의 창조에서의 보편적 행동과 예수 그리스도 안에서의 구속적 행동 사이의 관계는 무엇인가?' 하는 질문을 던져야 하며, 대화의 파트너들이 성경뿐만 아니라 각 종교의 가르침 전통과 경전에 따른 다른 출발점과 자원도 가지고 있다는 사실을 인식해야 한다(23항)고 한다.

사마르타는 아디스아바바(1971)에서 발표한 "여섯 가지 잠정적 제안"을 "치앙마이 성명"(1977), 곧 "타종교의 살아있는 신앙을 가진 사람들과의 대화를 위한 정책과 지침"(Policy and guideline to dialogue with people of other living faith, 1977)으로 확대했다.

WCC의 『대화 지침』의 모체는 WCC 중앙위원회 아디스아바바 모임(1971)이 받아들인 사마르타의 "여섯 가지 대화 원칙"이다. 이 문서에 등장하는 용어들과 표현들은 그가 설정한 종교 간의 대화의 목적이 무엇인가를 보여준다. 모두 지나치게 인간적이고 현세적인 요소들이다. "헌신," " 공통의 인간적 관심사," "합의," "토론," "거짓 조화," "두려움과 불신," "인간의 필요," "정의와 평화," "정체성," "인류의 이익," "다종교," "진리의 새로운 차원," "개방성," "다른 신앙," "신념," "다원주의," "파트너," "더 깊은 질문에 대한 연구," "가난한 사람들," "힘없는 사람들," "억압받는 사람들," "상호 신뢰 구축," "풍요," "평화를 위한 노력," "세계," "세계 종교" 등이다.

위 "여섯 가지 대화 원칙"에 나오는 용어들과 신학적 개념은 중앙위원회의 "아디스아바바 성명"(1971)과 "치앙마이 성명"(1977), 킹스턴 모임이 확정한 『대화 지침』(1979) 그리고 그 이후의 WCC 종교다원주의 관련 문서들에 줄기차게 등장한다. 사마르타의 종교다원주의 신학이 WCC의 신학적 변화에 어느 정도로 막강한 영향을 미쳤는가를 짐작하게 한다.

사마르타의 제안에서 시작된 종교다원주의 개념의 WCC의 종교 간의 대화 문서들이 의도적이든 그렇지 않든, 무엇을 배제한다. 그것은 기독교의 핵심적인 요소이다. 예수 그리스도의 십자가의 속죄 사역과 죄 사함의 비밀, 그리고 하나님의 구원의 도를 전하는 복음 전도와 이러한 요소의 선교 사명을 제외시킨다.

사마르타는 WCC 사역 초기부터 이미 종교혼합주의, 종교다원주의를 긍정적으로 받아들였다. 아디스아바바의 여섯 가지 대화 원칙 4항은 "종교의 다른 측면들, 곧 의식의 의미, 상징의 중요성, 그리고 헌신의 경험들은 무시하지 않아야 한다"고 하면서, 혼합주의 문제를 암묵적으로 다루고 있다. "치앙마이 성명"(1977), 곧 『대화 지침』(1979)은 25항에부터 30항까지에서 혼합주의에 대한 긴 긍정적 설명을 담고 있다.

이상의 과정은 사마르타가 아디스아바바 모임에서 제시한 제안들, 곧 종교다원주의 신학이 WCC 안에 진입하고 확대된 단계들이다. 그의 종교다원주의 신학은 힌두교의 다신론 문화에 깊이 물든 인도의 풍토, 조건, 한계, 특징, 사고방식 등을 큰 폭으로 반영한다.[27]

7. 일장춘몽

하나님은 기독교인에게 문화적·사회적 책임을 부여했다. 하나님의 창조세계를 안전하고 평화로운 세상이 되도록 만들라고 요구한다. 전통적 기독교 교리는 타종교인들과 함께 공동의 인간성 모색 활동을 배제하지 않는다. 타종교인들과의 대화를 촉진하고 화합하려는 노력은 WCC 에큐메니칼 운동의 긍정적 유산이다.

사마르타의 종교다원주의 대화 이론은 세 가지 요인들의 총합이다. (1) '하나님의 선교' 이론과 그것에 부합하는 자유주의 신학 사상, (2) 힌두교의 아드바이타 세계관, (3) 20세기 후반의 시대정신과 평등주의라는 미명의 평등전제주의이다. 사마르타가 전개한 '종교 간의 대화' 운동은 종교다원주의를 WCC에 투입시키려고 도입한 일종의 영리한 변장술, 곧 위장(camouflage) 활동이다.

사마르타는 복음주의 기독교인들을 향하여 말한다. 타종교에 대한 이해와 경험을 바탕으로 성경을 다시 읽으라. 평등주의 눈으로 예수에 대한 새로운 이해를 시도하라. 타종교에 대한 개방적인 태도를 취하라. 경우에 따라서는 상대방의 종교로 개종하라. 자기 종교의 '그리스도'에게 더 깊이 헌신하라고 한다.

사마르타는 하나의 종교 전통(기독교)이 글로벌 문제 해결에 필요한 유일의 답을 가지고 있다고 함은 터무니없다고 한다. 이 주장은 식민 지배라는 민족적·종교적·문화적 굴욕에서 벗어나려고 타종교들의 유효성을 확인하는 그의 종교다원주의적 관점을 반영한다.

역사적 기독교 관점에서 보면 사마르타의 신학은 매우 강력한 파괴력과 독성을 지닌 블랙스완(Black Swan)이다. 기독교 진리를 상대화하며, 하나님의 특별계시에 근거하는 역사적 기독교 신앙의 기반을 허문다. 복음진리에 대한 확신과 예수 그리스도의 구원 유일성 신앙을 배제한다. 각 종교의 경전들을 모두 '성경'으로 간주한다. 기독교 성경은 공동체에서 발생하는 문제들에 대한 기독교적 반성을 위한 '창의적 기초'로만 사용되어야 한다고 한다.[28] '역사적 예수 연구'의 예수와 초기 기독교인들이 부활했다고 믿는 신앙고백에 등장하는 예수 그리스도가 불일치한다고 한다.

사마르타의 종교다원주의 대화론에 따르면, 기독교인은 정직성을 유지하기 어렵다. 역사적 기독교 전통을 따르는 기독교인이 타종교인과의 대화를 하는 목적은 예수 그리스도의 구원사역과 복음을 소개하는 것이다. 타종교인과의 대화는 궁극적으로 선교 목적의 접촉점(contact point)을 확보할 수 있는 엘렝틱스적인 기회이다. 종교 상호 간의 단순한 친교와 화목과 연대의 차원을 넘어선다.

사마르타의 종교 간의 대화론은 타종교와 평화롭게 지내고 연대 활동을 하자고 하는 상식 선을 훨씬 넘어선다. 그것은 성서적 기독교 신앙의 본질과 핵심을 포기하는 이론이다.[29] WCC는 '공동의 인간성'(인간화), 평화(샬롬), 생물학적 생명 등 세상사 해결을 선교의 목표로 설정하고, 예수 그리스도의 구원의 복음과 영생의 도리를 따돌린다. 호켄다이크의 '하나님의 선교' 이론과 사마르타의 종교다원주의 대화론의 만남은 WCC의 신학 패러다임 전환과 탈기독교적인 변화에 결정적으로 이바지한다.

사마르타가 제시하는 대화론에 따라 모든 종교에 각각의 그리스도

---

[27]Stanley Samartha, *Faith in the Midst of Faiths* (Geneva: WCC Publications, 1977), 148-149.

[28]Samartha, *Faith in the Midst of Faiths*, 147.

가 존재한다고 하는 종교다원주의 신학을 받아들이고, 기독교를 윤리 실천 공동체로 이해하면 어떤 결과에 이르는가? 기독교가 존재해야 할 까닭이 없다. 예수 그리스도의 구원의 복음과 복음전도는 불필요하다.

사마르타는 대화의 구성원들, 기독교인과 비기독교인이 자기의 종교 진리를 절대적인 것으로 보는 편협하고 오만한 절대주의를 피해야 한다고 한다. 각 종교의 메시지―진리를 들어보는 일은 필요하다. 가치 있는 것을 부인할 필요는 없다. 그러나 사마르타의 종교다원주의 신학의 신론―성령론, 기독론, 구원론, 선교론, 대화론, 성경관은 모두 무가치한 것을 무비판적으로 받아들이는 어리석은 결과를 유도한다. 각 종교의 모든 것이 동일한 가치를 지닌다는 주장은 힌두교 아드바이타 세계관과 평등주의라는 이름의 평등전제주의의 색안경으로 세상을 본 결과이다.

사마르타와 WCC의 종교 간의 대화 프로그램은 기독교인의 지상명령 수행이라는 복음전도와 선교의지를 드러내지 않거나 방해하는 기만성을 지니고 있다. WCC는 예수 십자가의 복음과 그리스도의 대속사역으로 이루어지는 하나님의 구원 역사를 도외시(度外視)한다. 사마르타의 종교다원주의 이론과 종교 간의 대화론은 WCC 신학의 변화와 종교다원주의 신앙고백에 크게 이바지했다. 십자가의 복음, 곧 하나님의 구원의 도(道)를 배제한 에큐메니칼 운동의 흥기(興起)와 유행과 확산에 이바지했다.

WCC 신학의 영향을 강하게 받은 교회들은 극도로 쇠락하며, 많은 교회들이 사경을 헤매고 있는 것은 제체두고서라도, 먼저 따져 볼 것이 있다. 과연 사마르타가 꿈꾸고 낙관한 종교 간의 대화가 실제로 종교 간의 갈등 해소와 세상의 평화, 화목, 정의 구현에 이바지했는가? WCC가 지난 반세기 동안 낙관적으로 수용해 온 종교 간의 대화론이 인간화, 샬롬(평화), 생물학적 생명 등, 세상사 해결에도 실효적으로 이바지했는가?

그렇다고 말할 수 있는 증거는 없다. 사마르타와 WCC가 이루려고 했던 이상적인 평화와 공동의 인간성 회복, 인간화, 타종교와의 진정한 대화는 어디에서도 찾아볼 수 없다.

세계 여러 지역의 종교 그룹들의 갈등은 더 고조되고 있다. 인도, 중동, 인도네시아, 아프리카의 무슬림들과 그 지역의 기독교인 간의 지속되는 긴장과 폭력은 무엇을 말하는가? 인도의 종교인들 간의 불화, 세계 여러 지역의 다양한 종교 그룹 간의 지속되는 갈등은 무엇을 말하는가? '종교 간의 대화'가 인류 공동체에 평화를 가져오고 공동의 인간성 회복을 성공시킬 것이라고 기대한 사마르타의 이상은 공허한 꿈, 일장춘몽(一場春夢)이다.

종교 간 대화는 필요하지만 공허한 꿈을 위해 기독교 진리를 포기하면서까지 그것을 해야하는가? 자유쥬의 신학은 윤리적인 활동을 거쳐 지상천국 건설이 가능하다고 믿는다. 지상천국 건설자는 인간이고, 하나님은 그 프로젝트를 뒷바침하는 조력자이다. 그러나 제1차 세계대전과 제2차 세계대전은 그것이 공허한 꿈이라는 사실을 확인시켜 주었다. 인류에게 필요한 것은 인간을 변화시키는 성령 하나님의 중생 활동이다. 복음은 예수 그리스도의 대속적 죽으심과 부활이며, 십자가에 달려 자신을 희생 제물로 바친 어린양 예수 그리스도를 믿는 것이 우선적이다. 교회의 가장 우선적인 과업은 영혼구원 목적

---

[29]Lesslie Newbigin, *The Gospel in a Pluralist Society* (Grand Rapids: Eerdmans, 1989), 156.

의 복음전도와 선교이다.

맺음말: 좁은 문과 넓은 문

힌두교 아드바이타 세계관이 지배하는 인도는 종교 간의 갈등을 겪고 있지 않는가? 아드바이타 세계관은 인도의 극심한 긴장과 불화 해소에 어떤 영향을 주고 있는가? 예수구원 유일 신앙을 포기하는 종교 다원주의와 그 사상에 기초한 종교 간의 대화 노력은 종교적 갈등 해소에 이바지하는가? 사마르타의 아드바이타 비전에 기초한 대화론이 인도의 종교적 갈등 해소에 이바지했거나 하고 있다는 증거는 없다.

인도는 제2차 세계대전 이후 수많은 종교적 갈등으로 점철된 역사를 이어오고 있다. 사마르타가 WCC의 종교 간의 대화운동을 펼쳐온 뒤에도 갈등은 지속되고 있다. 종교 간의 갈등은 정치적, 사회적, 경제적 요인과 얽혀 여러 차례 끔찍한 폭력 사태로 이어졌다.

힌두교도와 무슬림, 힌두교인과 기독교인, 힌두교인과 시크교도 사이의 갈등이 그치지 않고 있다. 인도의 힌두교도와 무슬림 간의 갈등은 파키스탄과 방글라데시의 독립으로 이어졌다. 기독교 국가인 영국은 인도 식민 통치 기간(1757-1947)에 '분할통치 전략'을 펼치면서 힌두교와 무슬림의 분열을 부추겼다. 다수의 힌두교인과 소수의 무슬림 사이의 갈등도 줄어들지 않았다. 인도의 독립(1947)과 함께 무슬림들은 파키스탄이라는 국가로 분리 독립했다. 이 과정에서 힌두교도와 무슬림 간 대규모 폭력과 학살이 발생하여 약 1백만 명이 사망하고, 1천만 명 이상의 난민이 생겼다. 동파키스탄 독립 전쟁 과정에서는 약 3백만 명이 사망했다.

저명한 어느 힌두교 지도자가 암살(1990)당했을 때, 힌두교도들은 그것을 기독교인들의 소행이라고 오판하여 기독교인 수백 명을 죽이고, 수많은 교회당과 기독교인들의 집을 파괴했다. 수천 명의 기독교인들이 피난을 떠나야 했다. 기독교 국가인 영국에 대한 반감을 가진 힌두교 극단주의자들은 기독교 선교사들의 활동을 힌두교 문화적 정체성에 대한 위협으로 간주했다. 피해자 다수는 달리트(불가촉민)들, 곧 힌두교 카스트 제도에 대한 반발로 기독교로 개종한 자들이었다.

인도의 종교적 갈등이 한창이던 시기에, 인도인 사마르타는 WCC의 종교 간의 대화 활동을 왕성하게 주도했다. 그의 저술한 WCC의 『대화 지침』(1979)이 인도의 종교적 갈등 해소에 도움을 주었다는 증거는 없다. 장차 도움을 줄 수 있을 것인지도 알 수 없다.

종교 간의 대화는 언제나 환영할 만하다. WCC는 기독교 신앙의 핵심인 예수구원 유일 신앙을 포기하고 예수 그리스도의 최종성과 절대성을 부정하는 종교 간의 대화와 종교다원주의 활동을 모색해 왔다. 그것은 모래 위에 지은 집이었다. 예수 십자가의 피로 죄를 씻고 중생하고 하나님과 연합하지 않는 한 인간에게 근본적인 변화를 기대하기는 어렵다.

예수는 "너희는 가서, 모든 민족을 제자로 삼아서, 모든 것을 그들에게 가르쳐 지키게 하여라"(마 28:19-20)고 분부했다. 사마르타는 예수께서 제자들에게 "모든 민족에게 가서 성부 성자 성령의 이름으로 세례를 주라고 했지, 그들을 기독교인 삼으라고 하거나 개종시키라고 분부하지 않았다"고 말하고 싶은 것으로 보인다.

예수께서는 제자들과 무리들에게 말씀했다. "너희는 내 이름 때문에 모든 사람에게서 미움을 받을 것이다"(마 10:22, 24:9; 막 13:13; 눅 21:17). 이 말씀은 단지 일시적인 어려움이나 소수의 반대에 직면할 것이라는 의미가 아니라, 예수를 따르는 길 위에 서 있는 사람이 세상 전체로부터 받게 될 깊은 거부감과 적대를 예고한 것이다. 예수의 이름을 따르는 삶, 곧 복음을 삶의 중심에 두고 진리를 붙드는 삶은 세상과 끊임없이 충돌할 수밖에 없다는 뜻이다. 그러나 그 고난 속에서도 "끝까지 견디는 사람은 구원을 얻을 것이다"(마 10:22). 이 약속은, 이 믿음의 길이 결코 헛되지 않음을 보장하는 말씀이다. 기독교 신앙은 생의 마지막 순간까지 견뎌내야 할 싸움이다. 긴 인내의 여정을 요구한다.

예수께서는 "좁은 문으로 들어가거라. 멸망으로 이끄는 문은 넓고, 그 길이 널찍하여서, 그리로 들어가는 사람이 많다"(마 7:13)고 했다. 이 말씀은 신앙의 길이 결코 편안하고 안락한 길이 아님을 상기시킨다. 많은 사람들이 선택하는 길, 곧 넓고 쉬운 길의 끝은 멸망이라는 경고이다. 생명의 길은 불편하고 어렵지만 그 길을 따르는 자만이 참 생명을 얻을 수 있다는 가르침이다.

사마르타의 대화론과 WCC의 종교다원주의 신앙고백을 환영하는 '기독교인들'에게는 세상의 미움을 받아야 할 까닭이 없다. 인내로써 끝까지 견뎌야 할 절박함도 없다. 좁고 험한 길을 굳이 택해야 할 필요조차 느끼지 못하는 WCC의 태도는, 예수께서 말한 좁은 길이 아니다. 쉽고 편리하고 매력적인 넓은 문이다. 누구에게나 쉽게 열려 있다. 특별한 노력 없이도 쉽게 들어설 수 있다. 장애물이나 제약이 거의 없다. 사마르타의 대화론에 따르면 기독교인이 구태여 좁은 문으로 들어가야 할 까닭이 없다.

21

아리아라자의 성서적 종교다원주의

—기독교 신, 힌두교 신, 이슬람 신이 따로 있지 않다—

1. 감리교 목사

웨슬리 아리아라자 박사(Wesley Ariarajah, 1941-)는 스탠리 사마르타의 후임으로 WCC의 종교대화국 책임자 직을 맡아 10년 동안 (1981-1991) 이 단체의 종교다원주의 신앙고백 정착에 이바지했다. WCC의 유급 전임 신학자였다.

아리아라자의 종교다원주의 사상에 직접적으로 영향을 미친 사람은 벵갈루루의 연합신학대학에서 철학과 종교학을 가르친 사마르타였다. 사마르타와 아리아라자는 칼 라너, 라이문도 파니카, 존 힉 그리고 로마가톨릭교회 제2차 바티칸공의회의 영향을 받았다.

아리아라자는 사마르타의 종교다원주의 이론을 자신의 언어로 재구성하여 WCC에 투입했다. 사마르타가 만든 종교다원주의 고속도로를 질주하여 WCC의 종교다원주의 신앙고백 문서 "바아르선언문"(1990)을 출현시켰다. 선임자의 종교 간 대화 이론을 따라, 타종교에 대한 WCC의 이해와 태도를 수정했고, 예수구원 유일 진리를 배격했다.

아리아라자의 접근방식의 독특성은 성서를 가지고 종교다원주의 이론 정당화를 시도한 점이다. WCC 출판부가 발간한 그의『성서와 종교 간의 대화』(*The Bible and People of Other Faiths*, 1985)[1]는 종교 다원주의를 WCC의 신앙고백으로 정착시킨 중요한 책이다. WCC의 종교다원주의 신앙고백의 신학적 기반이 무엇인가를 알려준다. 여러 해 전에 미리 출간한 "바아르선언문"의 해설서에 해당한다.

아리아라자는 자신의 이웃 종교인들, 곧 힌두교인들이 지옥에 간다면 자기는 천국에 가지 않겠다고 한다.『내 이웃 없이는: 종교 간의 관계 문제들』(*Not without my Neighbour: Issues in Interfaith Relations*, 1999)에서 "이웃 없이는 천국에 가고 싶지 않다"[2]고 한다. "힌두교인들이 천국에 가지 못하면 나도 가지 않겠다"는 의미이다.

아리아라자는 힌두교인도 기독교인과 마찬가지로 하나님의 자녀들이며, 하나님의 나라에 받아들여질 것이 분명하며, 그들도 다 구원을 받는다고 한다. 하나님이 기독교인들을 천국에 받아들이면서 옆집의 힌두교인을 지옥에 보낼 것이라고는 상상할 수 없다고 한다. 이는 명백히 불공평하며, 평등주의 원칙에 저촉된다고 한다.

아리아라자의 또 다른 작품『힌두교인과 기독교인: 프로테스탄트 에큐메니칼 사상』(*Hindus and Christians: A Century of Protestant Ecumenical Thought*, 2011)은 프로테스탄트 기독교인들이 1910년 에딘버러 세계선교대회에서 WCC로 이어진 타종교인에 대한 기독교인들의 태도와 접근의 역사를 다룬다. 힌두교와 기독교의 에큐메니칼 관계를 논하면서 모든 종교의 포용성, 상호 존중, 보편성, 동등 가치를 강조한다.

아리아라자는 이 논의에서 예수 그리스도의 최종성과 기독교의 유일성을 집요하게 공박한다. 종교다원주의가 종교적 다원성 사회에 적합하다고 한다.[3] WCC의 종교대화국이 이끄는 '종교 간의 대화' 활동을 일컬어 "서로의 다름을 이해하고, 종교 간의 갈등을 즉각적으로 해결하기 보다는 인종적·민족적·종교적 장벽과 서로의 차이를 이해하는 자연스럽고 정상적인 인식의 변화를 꾀하고, 동시에 마음 공동체와 정신 공동체를 구축하는 활동이다"[4]라고 한다.

아리아라자는 스리랑카 지프에서 출생한 감리교 목사이다. 인도의 마드라스기독대학, 벵갈루루의 연합신학대학, 미국 프린스턴신학교, 영국 런던대학교에서 신학, 종교학, 신약신학을 공부했다. "에큐메니칼 운동과 힌두교인과 기독교안의 관계"(Hindu-Christian Relations in the Ecumenical Movement)라는 논문을 제출하여 박사학위를 받은 것으로 알려진다.

아리아라자는 스리랑카에서 얼마간 목회를 했다. 제네바에서 10년 동안 WCC 종교대화국 책임자 직과 몽학선생 사역을 마치고, 그 뒤 몇 해 동안 WCC 사무총장 서리를 역임했다. 미국 드류대학교의 신약신학과 종교학 교수로 재직했다. 현재는 아들 가족과 함께 제네바에 살고 있다.

아리아라자는 1981년에 유급 전임 신학자로 부임했고, 1985년에

---

[1]Wesley Ariarajah, *The Bible and People of Other Faiths* (Geneva: World Council of Churches, 1985); 웨슬리 아리아라자, 『성서와 종교 간의 대화』, 김덕순 역, 변선환 감수 (서울: 감리교신학대학 출판부, 1992).

[2]"I wouldn't want to be in heaven where our neighbours were not," Wesley Ariarajah, *Not without My Neighbour: Issues in Interfaith Relations* (Geneva: WCC Publications 1999), 4.

[3]Wesley Ariarajah, *Hindus and Christians: A Century of Protestant Ecumenical Thought* (Grand Rapid: Eerdmans Publishing, 1991), 2011, 214.

[4]Wesley Ariarajah, *Not without My Neighbour*, 13-14.

『성서와 종교 간의 대화』를 출간했다. 1990년에 WCC의 종교다원주의 문서 "바아르선언문"을 완성했다. 1985년부터 1990년까지 약 4-5년 동안 아리아라자는 별다른 저술활동을 하지 않았다. 이 선언문 작성에 심혈을 기울인 듯하다. 먼저 출간한 위 책과 나중에 발표된 "바아르선언문"의 요지는 정확히 일치한다.

아리아라자는 전술한 종교다원주의자들과 마찬가지로 유서 깊은 기독교 신앙을 거부하는 자유주의 신학, 힌두교 베단타 철학의 아드바이타(Vedantic Advaita)—비이원성 세계관, 평등주의 파시즘(egalitarian fascism), 평등전제주의(egalitarian despotism)에 따라 종교다원주의를 정당화 한다.

아리아라자의 이론은 자유주의 신학의 관점, 힌두교 사상의 유연성과 개방성, 특히 아드바이타 세계관에 의존한다. 사물을 이원론적으로 구분하는 것을 허상, 환상(Maya)이라고 한다. 다양성과 다원성이 신, 인간, 세상의 모든 존재의 주어진 특징이라고 확신하면서, 종교통합과 각 종교의 동일성을 강조한다.

아리아라자는 궁극의 신적 실재, 곧 하나님은 종교적 경계를 초월하며, 인간이 여러 방식으로 경험할 수 있다고 한다. 그는 하나님, 그리스도, 진리를 여러 가지 방식으로 이해하는 다양한 관점을 존중한다. 기독교가 순전한 하나님의 진리를 가지고 있다고 하는 역사적 기독교 신학과 신앙을 맹렬히 공격한다. 모든 종교의 평등성, 동등성, 구원 유효성을 인정하고 이를 강조한다.

2. 변선환과 아리아라자

아리아라자의 『성서와 종교 간의 대화』 한글판은 1992년에 출판

되었다. 김덕순 목사가 번역하고, 변선환 박사(1927-1995)가 번역을 감수했으며, 감리교신학대학 출판부가 발행했다. 이 책의 발행인은 변선환이다.[5]

변선환은 위 책을 발행한 다섯 달 뒤 기독교대한감리회로부터 면직 출교(1992) 당했다. 종교다원주의자라는 이유로 교인 자격, 목사직, 교수직, 학장직을 박탈당했다. 그리고 3년 뒤에 세상을 떠났다.

변선환과 아리아라자는 흥미로운 대조를 보여준다. 두 사람은 모두 감리교 목사, 신학자, 신학교수이다. 모두 박사학위 소지자, 아시아인, 철저한 종교다원주의자이다.

그러나 스리랑카인 아리아라자는 종교다원주의 때문에 WCC의 유급 전임 신학자로 종교대화국 책임자 직임을 맡았다. 스위스 제네바에 14년 동안 거주하는 동안 국제적인 존경을 받았다. 한국인 변선환은 아리아라자와 거의 같은 사상을 가졌지만 이단자로 정죄당하고 파면 출교되었다. 전자는 종교다원주의 덕분에 출세 가도를 달렸고, 후자는 동일한 까닭으로 큰 수모를 당했다.

아리아라자와 변선환의 대조적인 차이는 활동 무대와 관련이 있다. 전자는 종교다원주의를 환영하는 무대에서 활동했고, 후자는 그것을 환영하지 않는 나라에서 활동했다. 아리아라자는 모든 종교가 구원의 길이라고 보는 국제무대인 WCC에서 활동했고, 변선환은 예수구원 유일성 신앙이 강세인 한국교회에서 활동했다. 전자는 종교다원주의를 지지하거나 관용적인 자들이 다수인 단체에서 활동했고,

---

⁵이 책 한글판 번역자는 "바아르선언문"에 나오는 "종교적 다원성"(religious plurality)을 "종교다원주의"로 번역하는 탁월함을 보인다. 번역 감수자인 변선환의 지도를 따른 듯하다.

후자는 예수구원 유일 신앙을 가진 자들이 다수인 한국교회에서 활동했다. 아리아라자가 국제적 인물로 부상할 수 있었던 것은 WCC가 종교다원주의를 환영했기 때문이다.

아리아라자는 위 책에서 다섯 가지 질문을 제기한다. 첫째, 종교적 다원성 시대의 기독교인은 타종교를 어떻게 이해해야 하는가? 둘째, 기독교만이 참 종교이고 불교 힌두교 이슬람 등 모든 기타 종교는 오류에 빠져 있는가? 셋째, 기독교가 아닌 타종교의 신자들은 하나님을 알지 못하는가? 넷째, 타종교들은 창조주 하나님과 무관한가? 다섯째, 타종교에 대한 정통 기독교의 배타적 태도는 정당한가?

아리아리자는 위 책에서 이 질문들에 답한다. 종교다원주의야말로 기독교인들의 믿음과 이웃 종교의 신앙을 조화시킬 수 있으며, 모든 종교가 다 구원의 길이라고 한다. 그는 저명한 종교다원주의자들의 사상과 선임자 사마르타의 종교다원주의 이론들을 동원하여 예수구원 유일 진리를 배격하고, 기독교의 최종성(finality)을 공격한다.

아리아라자는 복음주의자들이 불확실한 내용임에도 성경을 근거삼아 자신들의 생각이 옳다고 주장한다고 비난한다. 예수가 길이며, 진리이며, 생명이라는 것을 성서가 말한다고 하여 그것을 무조건 옳다고 믿는 것은 그릇되다고 한다. 성서가 타종교인과의 대화와 종교 간의 일치 그리고 종교다원주의를 지지한다고 주장한다.[6]

아리아라자는 성서가 말하는 타종교의 의미를 도출하는 것이 중요하다고 한다. 성서 해석이 중요하며, 예수께서 말했다고 하는 것을 순진하게 그대로 인정함은 오류라고 한다. 신약성서는 사실(fact)을 기록한 책이 아니라 초대교회 구성원들의 '신앙'을 반영한 것이라고 한다. 성서 기자가 자기 신앙에 따라, 그리스도에 대한 자기 이해를 채색한 것이라고 한다. 성서 해석에 여러 가지 비평 방법을 수용하는 자유주의 신학에 충실한 접근이 필요하다고 한다. 성서 전체의 가르침을 따라 부분을 조망하고, 성서의 문맥을 더듬어 본문 자체의 중심과 진의를 재검토해야 한다고 한다.[7]

3. 다신교, 유일신교

힌두교는 다신교(多神敎)인가, 유일신교(唯一神敎)인가? 인도 지식인들은 힌두교를 유일신교라고 한다. 인도에는 3억 3천 이상의 신들이 있다. 이 신들을 유일신 브라만(Brahman)의 서로 다른 현현(顯現, manifestation), 곧 상징적 표현들(symbolic forms)이라고 생각한다. 유일신 브라만을 모든 존재의 궁극적 실재이며, 절대적이고 초월적이며, 형태가 없고, 무한하며, 비이원적으로 존재하는 신으로 여긴다. 비슈누, 시바, 락슈미와 같은 신들을 각각 창조, 보호, 파괴 등의 특정 역할을 담당하는 브라만의 다양한 현현이라고 한다.

힌두교인들은 서로 다른 신들을 동일하지 않은 방법으로 숭배하지만 결국은 유일신 브라만을 섬기고 예배한다고 믿는다. 모든 신이 유일신 브라만의 아드바이타적 존재이며 그 유일신의 다양한 나타남이라고 본다. 힌두교의 다양한 신들은 유일신 브라만의 아바타(Avatar)인 셈이다. 원래 이 단어는 산스크리트어 아바타라(Avatara)에서 유래했다. 아바타는 힌두교 신관의 전체적인 의미를 포괄하지 못한다.

수억의 신들을 유일신 브라만의 현현으로 보면서 힌두교를 유일신교라고 하는 주장은 베단타 아드바이타(Vedantic Advita) 세계관에

---

[6]아리아라자, 12.

[7]아리아라자, 14-15.

근거한다. 힌두교인들이 믿는 신은 다신교적 유일신교, 곧 만신총합 유일신교(polytheistic monotheism)의 신이다.[8]

힌두교 세계관에 기초한 종교다원주의자들은 이 세상에 많은 종교들이 각각 다른 신을 섬기지만 각 신은 궁극적으로는 한 하나님의 서로 다른 현현이라고 주장한다. 한 분 하나님이 여러 민족, 문화, 종교 맥락에서 각각 다르게 나타난다고 한다. 각 종교의 신이 비이원적으로 유일신과 단일체(Unitarity)를 이루어고 있다는 것이다.

다신적 유일신론―만신총합 유일신론은 힌두교 베단타 철학의 아드바이타 세계관에 근거한 종교다원주의 신론이다.[9] 각 종교가 섬기는 신들을 한 분 하나님의 서로 다른 나타남이라고 본다. 종교다원주의자들은 각 종교의 신들에게 올리는 각양의 예배가 궁극적으로 한 분 하나님께 바쳐진다고 확신한다.

아리아라자는 성서를 가지고 종교다원주의와 다신적 유일신론을 변론하는 기발한 실력을 발휘한다. 위 책은 일곱 꼭지로 구성되어 있다. 신론, 기독론, 구원론, 대화론, 종교론, 증거론 등을 다룬다.

아리아라자는 자신을 유일신론 신봉자로 자처한다. 그가 말하는 유일신은 힌두교 세계관에 기초한 다신적 유일신, 잡신총합 유일신이다. 이 신은 유대-기독교의 숫자 개념의 하나(一)을 의미하는 유일신이 아니다. 각 종교가 섬기는 신들을 한 하나님의 다양한 나타남이라고 보는 만신총합 유일신이다.

아리아라자는 『성서와 종교 간의 대화』(1985) 제1장과 제2장에서 "다른 신은 존재하지 않는다"는 슬로건 아래서 힌두교 아드바이타 세계관에 기초한 종교다원주의 신관을 '성서적'으로 정립한다.[10]

아리아라자의 신론의 근거는 두 가지이다. 첫째, 하나님은 한 분이지만 인종, 민족, 문화, 역사, 종교 상황마다 다른 양상으로 나타난다.

여러 신들은 실상 하나의 신의 다양한 현현이다. 둘째, 한 하나님이 여러 종교의 다양한 예배를 받는다. 모든 종교는 실상 한 분 하나님을 섬긴다. 그러므로, 모든 종교는 동일동가의 신앙공동체이며, 평등성, 동등성, 구원 유효성을 지니고 있다.

아리아라자의 신론은 "도대체 하나님은 몇 분이 존재하는가?"라는 질문으로 시작한다. "기독교의 신, 힌두교의 신, 이슬람교의 신이 공존할 여지가 있는가?"[11]라고 묻고, "기독교의 하나님, 힌두교의 하나님, 이슬람교의 하나님이 따로 존재하는 것이 아니라 오직 한 분 하나님에 대한 기독교의 이해, 힌두교의 이해, 이슬람교의 이해가 있을 뿐이다"[12]라고 답한다.

아리아라자가 말하는 '유일신'은 숫자 하나, 둘, 셋의 하나(一)를 의미하지 않는다. 여러 신들의 총합, 전체성, 전일성, 통합성, 포괄성 등을 의미한다. 전술한 바와 같다.

아리아라자는 창세기를 '창조 설화집'으로 여기면서, 하나님이 만물과 모든 인류의 창조주이고, 하나님의 섭리 밖에 있는 것은 없다고

---

[8]Kun Sam Lee, *The Christian Confrontation with Shinto Nationalism: A Historical and Critical Study of the Conflict of Christianity and Shinto in Japan in the Period Between the Meiji Restoration and the End of World War II (1868-1945)* (Philadelphia: Presbyterian and Reformed Publishing Company, 1966), 1-270. Originally a Th.D. dissertation, Free University in Amstherdam.

[9]신조어 학자(Neologist)는 새 용어를 만들어 전달하려는 내용을 담아낸다. 필자는 '다신론적 유일신론,' '만신총합 유일신론,' '종교다원주의 신앙고백,' '친일파 전통,' '교회교,' '신행불일치주의,' '개종전도금지주의,' '유보적 칭의론,' '평등주의 파시즘' 등 다수의 신조어를 만들어 사용한다.

[10]아리아라자, 17-36.

[11]아리아라자, 18.

[12]아리아라자, 33.

한다. 어느 생명체, 인간 경험, 종교, 예배, 해방, 구원도 하나님의 사랑과 지혜의 범주를 벗어나지 않는다고 한다. 창조자 하나님을 모든 피조물 위에 보편적으로 서 계시는 분이라고 한다.

아리아라자는 몇 개의 성서구절들을 인용하여 자신의 주장 정당화를 시도한다. WCC의 종교다원주의 신앙고백문서 "종교다원주의와 기독교인의 자아정체성"(2006)는 아리아라자가 동원하는 아래의 성서 구절들을 고스란히 반복한다.

> 땅과 그 안에 가득 찬 것이 모두 주의 것, 온 누리와 그 안에 살고 있는 모든 것도 야훼의 것이다(시 24:1).
> 야훼여, 주님께서 손수 만드신 것이 어찌 이리도 많습니까? 이 모든 것을 주님께서 지혜로 만드셨으니, 땅에는 주님이 지으신 것으로 가득합니다(시 104:24).
> 이스라엘은 들으십시오. 주님은 우리의 하나님이시요, 주님은 오직 한 분뿐이십니다. 당신들은 마음을 다하고 뜻을 다하고 힘을 다하여, 당신들의 주 하나님을 사랑하십시오(신 6:4-5).
> 이스라엘아, 들어라. 우리 하나님이신 주님은 오직 한 분이신(유일한) 주님이시다(막 12:29).

아리아라자와 WCC는 세상에 있는 모든 피조물, 타종교와 타종교인들을 포함한 모든 것이 하나님 안에 존재한다고 하면서 구약성경 시편을 인용한다.

> 땅과 그 안에 가득 찬 것이 모두 다 야훼의 것, 온 누리와 그 안에 살고 있는 모든 것도 주님의 것이다. 분명히 야훼께서 그 기초를 바다를 정복하여 세우셨고, 강을 정복하여 단단히 세우셨구나(시

24:1-2).

> 야훼여, 주께서 손수 만드신 것이 어찌 이리도 많습니까? 이 모든 것을 주님께서 지혜로 만드셨으니, 땅에는 주님이 지으신 것으로 가득합니다(시 104:24).[13]

WCC의 유급 전임 신학자 아리아라자가 위 성서 구절들을 인용하면서 말하려는 요점은 기독교, 힌두교, 불교, 이슬람교 등 모든 종교가 하나님의 걸작이며, 모든 종교인이 그 분의 사랑과 섭리 안에 있다는 것이다.[14] "인간은 여러 가지 종교들을 가지고 각각의 신들을 섬기지만 "하나님 편에서 볼 때는 오직 하나의 가족, 하나의 인간 가족일 뿐이다"[15]라고 말한다.

아리아라자에 따르면, 하나님이 지은 것은 어느 하나 오묘하지 않은 것이 없다. 우주 안에 존재하는 것 어느 하나도 하나님과 무관한 것은 없다. 이 땅에 있는 모든 종교는 다 하나님의 것이며, 그 분의 걸작이다. 모든 종교 제의들과 예배의식은 한 분 창조자 하나님이 지은 것들이며, 그 하나님을 섬기고 예배하는 서로 다른 방법이다.

하나님 밖에 다른 신은 존재하지 않는다. 모든 종교는 한 분 하나님을 섬긴다. 구약성서 첫머리에 나오는 창조 이야기는 유대민족과 기독교인들만의 이야기가 아니다. 모든 인간 가족, 인류 전체에 대하여 말한다. 아담과 하와는 인류의 원형(原型)이다. 유일신 하나님은 종교와 인종의 차별을 넘어서는 모든 나라, 모든 민족의 하나님이다.

---

[13]아리아라자, 19.

[14]아리아라자, 18-19.

[15]아리아라자, 20.

성서의 창조설화는 특정 종교 그룹이나 민족 공동체의 설화가 아니라 '인간 가족 전체'에 대한 이야기이다. 아담과 하와는 종교 구분이나 인종 차별을 거부하는 모든 인간의 원형이다.[16]

4. 무지개 언약

아리아라자는 하나님이 인간가족 전체와 언약을 맺은 사실을 강조한다. 전체 인류와 모든 종교가 하나님과의 언약 아래에 있다고 한다. 창세기 9장에 등장하는 대홍수 사건 이후에 하나님이 노아와 맺은 언약 이야기를 근거로 도입한다. 노아 언약은 하나님이 인간만이 아니라 모든 생명체와 피조물과 더불어 맺은 것이라고 한다. 모든 창조물들을 번성하여 땅에 차고 넘치게 하겠다는 언약이며,[17] 이 언약의 조인(調印)은 무지개 표지(sign)로 체결되었다(창 9:12-16)고 한다.

아리아라자가 강조하는 만인과 만물에 대한 하나님의 약속의 상징인 무지개 언약에 대한 개념은 선임자 사마르타에게서 온 것이다. 사마르타는 하나님의 전 인류를 상대로 맺은 언약은 결코 철회된 적이 없다고 하면서, 이를 다음과 같이 설명한다.

하나님이 모든 생명의 창조자이자 구원자임을 인정하는 것은, 전 인류와 온 세계가 생명을 위한 투쟁에 포함되도록 하며 그 보존과 지속에 대한 책임감을 느끼게 한다. 신비, 초월적 존재, 궁극적 실재와 같은 의미의 하나님은 생명의 바다 위에 있는 궁극의 지평선이다. 무지개가 영원한 상징으로 드러내는 하나님의 전 인류와의 언약은 결코 철회된 적이 없다.[18]

사마르타와 아리아라자의 만인보편구원주의 개념의 무지개 언약 이론은 나중에 발표된 "바아르선언문"(1990)에 고스란히 등장한다. 이 언약은 WCC의 "하나님의 구원의 능력을 제한할 수 없다"는 종교다원주의 신앙고백으로 자리 잡는다. 이 종교다원주의 구원론의 발전 과정을 보면, 사마르타의 종교다원주의 신학을 물려받은 후임자 아리아라자의 종교다원주의 사상이 WCC의 신앙고백으로 얼마나 확고하게 자리 잡았는가를 확인할 수 있다. 그리고 아리아라자의 위 책(1985)이 "바아르선언문"(1990)의 신학적·이론적·사상적 배경을 설명하는 해설서라는 사실도 알려준다.

"바아르선언문" 제Ⅱ항 "종교 다원성에 대한 신학적 이해"는 무지개 언약과 관련하여 하나님이 만물과 만인의 주이며, 모든 종교가 하나님의 작품이라는 사마르타와 아리아라자의 종교다원주의 이론을 고스란히 서술한다.

종교 다원성에 대한 우리의 신학적 이해는 태초부터 만물 가운데 임재하여 활동하는 살아계신 창조주 하나님에 대한 신앙에서 출발한다. 성서는 그 분이 모든 나라와 민족의 하나님이며 그 사랑과 은혜가 전 인류를 포용한다고 증언하고 있다.
예컨대 노아와의 언약은 모든 피조물과의 계약으로 이어진다. 각각의 고유한 지혜와 이해의 전통에 따라 각 나라를 인도하는 하나님

---

[16]아리아라자, 18-19.

[17]아리아라자, 21.

[18]"God's covenant with all humanity, of which the rainbow is a timeless symbol has never been abrogated." Stanley Samarth, *One Christ-Many Religions: Toward Revied Christology* (Orbis, 1991; Eugene, OR: WIPE & STOCK, 2015), 88.

의 지혜와 정의는 명실공히 땅 끝까지 미친다. 하나님의 영광은 일체 피조물에 편재(偏在)해 있다.

언제 어디서나 인간들은 그들 가운데 임재하여 활동하는 하나님께 응답해 왔으며 그 만남을 고유한 방식으로 증언해 오고 있다. 구원, 완전성, 깨달음, 인도, 그리고 휴식과 해방을 추구하고 발견한 신앙적인 역정(歷程)은 이 증언들 속에 메아리치고 있다.

그러므로 우리는 이 같은 증언들에 지극히 진지한 태도로 임해야 할 것이며, 모든 나라와 민족들 가운데 구원하는 하나님의 역사가 항존(恒存)해 있었음을 자각한다.[19]

"바아르선언문"은 노아 언약을 언급하고 이어서 "하나님의 구원의 능력을 제한할 수 없다"(CWME, 산안토니오 1989)고 선언한다. 하나님께서 모든 사람들 가운데서 일을 행하고 있으며, 우리가 이 사실을 인정해야 한다고 한다. 모든 종교는 하나님께서 각 나라와 민족과 관계하는 다양한 방식의 결과일 뿐 아니라 인류의 다양성과 풍성함이 표현된 것이라고 한다.

WCC는 하나님께서 각자의 종교적인 모색과 발견 가운데 함께 계셨음을 인정한다고 선언한다. 종교의 다원성 안에 현존하는 만유의 주 하나님을 신앙한다면, 그 분의 구원 사역이 어느 특정 대륙, 문화, 민족에 국한된다는 편협한 사고를 더 이상 고집할 수 없다고 한다. 종교 다원성은 우리가 극복해야 할 장애가 아니라고 한다. 그러므로 예수 그리스도를 거쳐 알게 된 하나님을 타종교인들의 삶 속에서도 만날 수 있는 가능성이 있다고 한다.

종교다원주의를 노아 언약으로 먼저 설명한 것은 사마르타였다. 제자이며 후임자인 아리아라자가 "바아르선언문"에 이를 명시하여 모든 종교의 평등성, 동등성, 구원 유효성을 주창했다.

사마르타와 아리아라자에 따르면, 하나님은 노아 언약을 거쳐 모든 창조물과 보편적인 언약을 맺었다. 하나님은 언약을 신실한 분이다. 하나님은 언약을 신실히 지키는 분이다. 노아와 맺은 언약을 존중한다. 이 땅의 모든 창조물, 모든 종교를 사랑하고 존중한다.

하나님의 창조물 안에는 다양한 종교를 가진 인간이 포함되어 있다. 그러므로 하나님은 모든 종교인을 사랑하고 존중하고 구원을 베푼다. 기독교인, 힌두교도, 시크교도, 불자, 무슬림, 바하이, 자이나, 도교 신자(Taoist), 일본의 신도교도, 나아가 한국의 무속 신앙인, 아프리카의 토속 종교인을 차별하지 않는다.

5. 성서는 불량품이다

아리아라자는 종교다원주의를 정당화 하려고 성서를 대입한다. 구약성서 창세기의 창조 설화는 제11장에서 끝나고, 12장부터의 기록은 이스라엘의 배타적이고 속 좁은 민족 신의 이야기라고 한다.[20] WCC의 몽학선생 아리아라자는 이스라엘의 하나님을 아래와 같이 설명한다.

성서에 등장하는 타민족, 다른 국가, 이방 종교에 대한 부정적인 서술은 모두 이스라엘 민족의 관점으로 기록된 편협한 이야기이다. 창세기 12장부터의 이야기는 하나님의 관점을 담은 설화가 아니다. 인류 전체에 해당하는 보편성을 담보하지 않는다. 유대 민족의 편협

---

[19]"Barr Statement." "바아르선언문," 최덕성 역, www.reformanda.co.kr.
[20]아리아라자, 21-22.

한 시각, 배타적 민족의 자기 이해를 담고 있다. 창세기 12장부터의 구약성서는 하나님을 부족 신(a tribal God)으로 축소시킨다.[21]

구약성서는 보편적 속성을 가진 신의 관점으로 기록된 글이 아니다. 이스라엘 민족의 관점을 담은 책이다. 이스라엘 민족이 선민이라고 하는 편협한 민족 시각으로 기록되었다.[22]

하나님은 보편적인 신이며, 사랑이 한량없고, 배타적이지 않다. 유대교와 기독교는 하나님을 배타적이고 편협한 신으로 각색했다.[23] 옳지 않은 사상을 담은 성서들을 만들어냈다. 구약성서와 신약성서는 불량품이다. 구약성서는 유대민족이 만들어낸 불량품이고, 신약성서는 초기 기독교가 만들어낸 불량품이다. 두 성서는 모두 함량미달의 낡은 고문서(古文書)이다.

히브리인들은 자기들만이 선택받은 민족이라고 주장한다. 교회도 자신이 새로운 언약 관계 아래에서 유대교의 신 아훼 하나님을 믿는다고 한다. 유대인의 관점과 기독교인의 관점을 반영하는 기독교의 배타적 사상은 모든 종교의 하나님, 전 인류가 섬기는 하나님을 담아내지 못한다.

하나님은 모든 민족 가운데서 이스라엘만을 선택하여 그 백성에게만 특별한 임무를 맡겼는가? 유대인들과 유대교 경전은 "그렇다"고 한다. 유감스럽지만 이 질문에 대한 '객관적인 답'은 존재하지 않는다. 하나님이 유대인만을 선택하여 그들에게 특별한 임무를 맡겼다는 '객관적인 증거'는 없다.

하나님이 이스라엘 백성에게 특별한 임무를 맡기려고 모든 민족 가운데서 이스라엘만 선택했다고 함은 힌두교도, 불자, 무슬림에게는 매우 이상하고 괴기하고 부당하고 불평등한 주장이다. 어찌하여 하나님은 다른 민족들도 유대인처럼 선택하여 그들과 특별한 관계를 맺지 않는가? 왜 유대인만을 언약 관계의 대상으로 여기는가? 왜 훨씬 더 많은 인구를 가진 민족들을 제쳐두고 지극히 작은 인구를 가진 민족을 택했는가?

기독교는 이스라엘 안에서 성장해 왔다. 유대인들의 유산과 확신을 물려받았다. 신약성서에 기록된 기독교 초기 이야기를 '참 이스라엘'의 이야기라고 한다. 기독교인들은 자신들이 이스라엘이 주장하는 세 가지를 물려받았다고 말한다. 자신들이 이스라엘처럼 ① 하나님의 선택받은 백성이며, ② 하나님이 아브라함과 맺은 새 언약과 모세와 맺은 예수 율법이 그리스도 안에서 완성(fulfilled)되었으며, ③ 기독교인은 모든 나라를 축복할 빛(light)이라고 한다. 그리스도의 교회—기독교가 이스라엘의 완성(Consummation)이라고 한다.[24]

베드로는 이 같은 기독교의 확신을 다음과 같이 역설한다.

여러분은 택하심을 받은 족속이요, 왕과 같은 제사장들이요, 거룩한 민족이요, 하나님의 소유가 된 백성입니다. 그래서 여러분을 어둠에서 불러내어 자기의 놀라운 빛 가운데로 인도하신 분의 업적을, 여러분이 선포하는 것입니다(벧전 2:9-10).

기독교는 하나님께서 예수 그리스도를 따르는 사람들과 새 언약을 맺었다고 믿는다. 기독교인들은 자신들이 그리스도의 새 언약 안에서 하나님을 섬기는 백성들이라고 한다. 누구든지 예수를 그리스도

---

²¹아리아라자, 23-30.
²²아리아라자, 31.
²³아리아라자, 33.
²⁴아리아라자, 23.

로 믿으면 새 사람이 된다고 한다.[25]

아리아라자는 이를 설명한 뒤, 성서가 보편적인 하나님의 관점을 담고 있지 않다고 한다. 전체 인류를 위한 책이 아니며, 하나님의 관점으로 쓰인 책도 아니라고 한다. 다시 말하면, 이 세상의 모든 종교는 하나님의 걸작인 반면, 기독교가 성서로 여기는 구약성서와 신약성서는 속 좁은 사람들의 이야기를 담은 불량품이라고 한다.

아리아라자에 따르면, 유대인과 기독교인이 믿는 신은 보편적 하나님이 아니다. 지극히 편협한 유대민족의 신이다. 배타적 종교인 기독교의 신이다. 모든 인간과 모든 피조물은 창조주 하나님과 그분의 섭리 아래에 있다. 그러나 구약성서와 신약성서는 만인보편구원주의 관점을 담고 있지 않다. 유대인과 기독교인의 편협한 자기이해(self-understanding)와 자기관점(self-perspective)을 담고 있다.[26]

성서는 하나님이 아브라함을 갈대아 우르에서 불러냈다고 한다. 그것은 사실일까? 진짜로 하나님이 아브라함을 불러냈는지 그 여부를 증명할 객관적인 증거는 없다. 물론 이를 반증할 증거도 없다.

특히 구약성서는 이스라엘의 자기경험, 자기이해, 자기관점으로 기록된 책이므로 객관성을 가지고 있지 않다. 이스라엘 사람들의 자기이해, 주관적인 경험을 담은 것이다. 문맥을 초월한 검증 과정을 거친 기록이 아니다. 창조주 하나님이 이스라엘의 편협한 자기이해 문맥 속에 계속 나타나기도 한 것은 사실이다.[27] 그러나 성서의 이야기 전체는 진실한 기록이 아니다. 구약성서는 힌두교인, 불자, 무슬림 등 타종교인에게 무가치하다.[28]

유대-기독교의 신이 보편적 하나님이면, 왜 그가 여러 민족 가운데서 딱 한 민족만을 선택했는가? 하나님은 만물의 창조자이다. 세상 만물, 인간, 자연, 종교는 다 하나님의 설계와 의도 결과이다. 그런데

왜 구약성서는 하필이면 만물의 창조자 하나님이 이스라엘 민족만을
구원했다고 하는가? 이스라엘 민족의 편협한 시각, 배타적 관점으로
기록되었기 때문이다. 구약성서는 이스라엘 족속이 자기들만이 선민
(選民)이라고 하는 그릇된 생각으로 기록된 불량품이다.

　기독교인은 유대인의 주장과 동일한 논리로 접근한다. 이스라엘의
선민사상, 우월성, 특혜 개념을 예수 그리스도의 교회—기독교가 물
려받아 완성했다고 주장한다. 교회를 하나님의 특별한 선택을 받은
사람들의 공동체라고 한다. 그렇다면 왜 힌두교 공동체, 이슬람 공동
체, 불교 공동체는 하나님의 특별한 선택을 받은 공동체가 아닌가?

　기독교인은 하나님이 성서를 이스라엘과 기독교에 주셨다고 한다.
무슬림에게 물어보라. 하나님은 마호메트에게 가장 탁월한 새로운
계시를 주었다고 한다. 꾸란이야말로 하나님의 의지를 결정적으로
나타내는 책이라고 한다. 왜 기독교 성서만이 참 경전이고 다른 종교
의 진리를 담은 경전들은 거룩한 책, 곧 성서가 아닌가?

　유대교와 기독교 성서의 진리성과 타당성은 유대교인과 기독교인
의 신앙과 그들이 말하는 문맥을 초월하여 객관적으로 검증된 것이
아니다. 유대교와 기독교의 성서는 인류의 유일한 경전 또는 보편적
경전이 아니다. 유대교의 성서와 기독교의 성서는 기록자들의 자기
주관적 경험을 담고 있다. 그 경험이 자신들에게는 유의미할 수 있지
만, 세상의 모든 다른 사람들에게는 무의미하다.

6. 하나님은 모든 민족의 신이다

　아리아라자는 구약성서가 하나님이 모든 민족의 하나님이고, 또
모든 민족이 그 하나님의 심판 아래 놓여 있다고 말한다고 하면서,

아래의 아모스서의 몇 구절을 인용한다.[29] 이방족속들을 언급하는 성서구절들이다.

> 나 여호와가 선고한다. 다메섹이 지은 죄, 그 쌓이고 쌓인 죄 때문에 나는 다메섹을 벌하고 말리라(암 1:3).
> 나 여호와가 선고한다. 에돔이 지은 죄, 그 쌓이고 쌓인 죄 때문에 나는 에돔을 벌하고 말리라(암 1:11).
> 나 여호와가 선고한다. 암몬이 지은 죄 그 쌓이고 쌓인 죄 때문에 나는 암몬을 벌하고 말리라(암 1:13).
> 나 여호와가 선고한다. 모압이 지은 죄, 그 쌓이고 쌓인 죄 때문에 나는 모압을 벌하고 말리라(암 2:1).
> 나 여호와가 선고한다. 이스라엘이 지은 죄, 그 쌓이고 쌓인 죄 때문에 나는 이스라엘을 벌하고 말리라(암 2:6).

이상의 성서 구절들을 인용하고서, 아리아라자는 다음과 같이 묻고 답하며, 설명한다. 하나님이 이스라엘의 하나님이고, 이스라엘이 하나님의 유일한 선택받은 민족이면, 왜 성서는 다메섹, 에돔, 암몬, 모압 등 타민족들을 언급하는가? 그 까닭은 분명하다. 하나님은 모든 민족의 하나님이기 때문이다. 성서가 이방 족속들을 언급하는 까닭은 하나님이 모든 민족 위에 계신 분이고, 따라서 민족과 종교를 포함한 보편적인 모든 것들의 주(Lord)이기 때문이다.[30]

하나님은 유대민족과 유대교 울타리에 갇혀 있는 분이 아니다. 기

---

[29]아리아라자, 28.
[30]이상, 아리아라자, 25-28.

독교만의 하나님이 아니다. 하나님은 이 땅에 있는 모든 종교의 신이다. 이스라엘 백성은 이 하나님을 '이스라엘의 하나님'이라고 한다. 이스라엘 민족을 배타적으로 선택받은 민족이라고 한다.

성서의 이 주장은 이스라엘 백성의 자기이해의 반영이다. 성서는 배타적 민족성을 가진 편협한 자들의 자기주장을 담고 있다. 보편타당성을 가진 진리를 담고 있지 않다.

하나님은 모든 민족과 인류 전체의 신이다. 인류가 가지고 있는 모든 종교적 현상과 종교 제의는 하나님의 손 안에 있다. 유일 신 하나님이 그것들을 만들었다. 그 종교들을 거쳐 예배와 섬김을 받는다. 따라서 유대교나 기독교가 타종교를 무시하면서 마치 지존자 하나님을 독점하는 것으로 이해함은 난센스이다.

만약 여러분이 우주의 창조자이고, 모든 것을 공급하고, 모든 것을 지배하는 신이라면 다른 종교를 가진 사람들을 어떻게 대하겠는가? 이스라엘의 예언자들은 거듭 하나님이 모든 민족을 지배하는 사실을 기억하라고 한다. 하나님은 모든 민족을 통치하는 크고 놀라우신 분이다. 타민족, 타종교들도 한 분 하나님이 다스리고 계신다. 하나님은 여러 종교들의 예배를 받는다.

정리하자면, 아리아라자는 성서가 하나님을 모든 백성의 하나님이라고 하고, 그 하나님은 기독교인과 유대교인만이 아니라 모든 민족의 창조자, 보호자, 유지자라고 한다. 하나님은 사람을 피부색이나 혈족으로 구분하지 않는다. 모든 사람에게 햇빛과 비를 골고루 공급하며, 모두를 평등하게 대한다고 한다.

아리아라자는 성서가 하나님 밖에 다른 신이 없다고 명시함을 언급하면서, 모든 생명체가 그 하나님 안에서 살아 움직이고 존재한다고 한다. 기독교의 하나님, 힌두교의 하나님, 이슬람의 하나님은 따로 존재하지 않으며, 오직 한 분 하나님에 대한 기독교의 이해, 힌두교의 이해, 이슬람의 이해가 있을 뿐이라고 한다.

아리아라자는 힌두교 하나님, 기독교 하나님, 이슬람 하나님이 동일한 유일신이 아니라고 보는 역사적 기독교의 관점을 '다신교 사상'이라고 일컫는다. 같은 신의 서로 다른 나타남으로 보지 않는다는 것이다. 아리아라자에게 기독교는 '다신교 집단'이다. 야훼, 알라, 그리고 힌두교의 헤아릴 수 없이 많은 신들의 존재를 인정한다는 것이다.

아리아라자는 창조자 하나님이 이러한 신관을 가진 신앙인들의 마음에서 작은 부족 신으로 고착되어 버린다고 한다. 기독교인, 힌두교인, 불자, 무슬림, 공산주의자를 창조주 하나님과 무관한 존재로 취급한다고 한다. 모든 인류가 하나님의 지음을 받은 평등한 존재가 아니라고 보는 관점의 결과라고 한다.

아리아라자에 따르면, 각 종교는 그 종교의 신봉자에게 정당성과 진리를 보유하고 있다. 각 종교에는 각각의 고유한 진리가 있다. 인간과 피조물의 모든 역사, 문화, 영성은 하나님의 창조와 섭리 안에 있다. 기독교인들이 타 종교들의 예배 방식을 좋아하든 싫어하든 그 종교들과 각각의 종교 제의와 예배의식은 모두 다 한 분 하나님에게서 왔으며, 하나님의 작품이다.

하나의 종교가 하나님을 독점할 수 있는 것은 아니다. 신은 사적(私的) 소유가 불가능한 존재이다. 지존의 하나님은 기독교나 유대교에 독점당하는 존재가 아니다. 구약성서 말라기서는 이 사실을 분명하게 말한다. 모든 인류와 모든 족속과 모든 종교의 하나님을 사적

---

[31] 아리아라자, 31.

소유물로 삼으려는 시도에 대하여 경고한다.[31]

> 해가 뜨는 곳으로부터 해가 지는 곳까지, 내 이름이 이방 민족들 가운데서 높임을 받을 것이다. 곳곳마다, 사람들이 내 이름으로 분향하며, 깨끗한 제물을 바칠 것이다. 내 이름이 이방 민족들 가운데서 높임을 받을 것이기 때문이다. 나 만군의 주가 말한다(말 1:11).

아리아라자는 예수의 추종자들이 하나님을 기독교라는 울타리 안에 가두어 놓고서 "하나님을 알고 싶으면 이 문 안으로 들어오라"고 말하는 바 이는 언어도단이라고 한다.

아리아라자에 따르면, 우리를 소유하는 분은 하나님이다. 우리가 하나님을 소유하는 것이 아니다. 성서는 하나님이 만물을 창조했고, 그 하나님이 만물의 소유자라고 한다. 우리 이웃의 종교인들인 힌두교인, 불자, 무슬림은 우리와 똑같은 하나님의 자녀이다. 기독교인과 타종교인들은 다 하나님의 자녀이다.

우리는 이 세상에서 진리와 사랑, 평화와 자비를 찾는 영적인 여정을 함께 하는 동반자들이다. 각기 다른 종교 전통과 신앙의 길을 따르고 있을지라도, 우리는 모두 하나님의 빛을 향해 나아가는 순례자이다. 그 여정 속에서 서로에게 배우고 격려하며 함께 성장해 나가야 할 영적인 가족이다. 민족, 종교, 문화의 차이를 초월하여, 우리는 하나님의 형상대로 창조된 존재로서 서로를 존중하고 섬기며 살아가야 할 책임이 있는, 본질적으로 하나이며, 형제자매들이다.

각 종교인은 타종교인에게서 배워야 할 것들이 많다. 기독교는 이슬람과 힌두교와 불교에게서 배우고, 힌두교는 이슬람과 기독교와 불교에게서 배워야 한다. 서로서로 배워야 한다. 모든 종교인은 비이원성을 지닌 유일신에게 소속되어 있고, 진리의 일부를 지니고 있다. 그러므로 서로에게 배움이 마땅하다.

하나님은 만물과 모든 종교의 소유자이다. 유대교, 기독교, 이슬람, 힌두교, 불교, 신도교, 각 민족의 모든 종교는 하나님께 속해 있다. 모든 종교가 하나님 안에 있으며, 하나님의 소유물이다. 한 분 하나님은 각 종교의 다양한 제의들을 거쳐 바쳐지는 여러 가지 예배들을 모두 받는다. 모든 종교는 평등한 동일동가의 신앙공동체, 종교공동체이다.

맺음말: 자가당착

복음주의 기독교인은 아리아라자의 글을 읽기만 해도 그의 주장이 얼마나 허황하며, 모순이며, 성서의 가르침과 불일치하는가를 확인할 수 있다. 그럼에도 WCC는 아리아라자가 종교다원주의를 정당화하면서 등장시키는 노아언약을 포함한 여러 가지 이론들과 그가 인용하는 여러 가지 성서구절들을 자신의 종교다원주의 신앙고백서에 고스란히 등장시킨다. 이래에서 상론한다.

아리아라자의 종교다원주의는 라이문도 파니카, 존 힉, 스탠리 사마르타의 주장과 마찬가지로 힌두교 베탄타 학파의 아드바이타 세계관과 그것에 기초한 만신총합 유일신론에 근거해 있다.

아리아라자가 종교다원주의를 성서로 정당화 하려는 시도는 매우 독특하다. 그는 성서를 힌두교 관점으로 해석하고, 탈기독교적 신학으로 평가하며, 평등주의라는 이름의 평등주의 파시즘, 평등전제주의 시각으로 접근한다. 그 결과로 하나님과 그 분의 특별계시 진리를 종교다원주의라는 철창 안에 가두려 한다. 하나님의 진리를 반골

기질의 인본주의 사상 안에 잠궈두려는 아리아라자의 시도는 아래와 같은 오류들을 범한다.

첫째, 아리아라자의 생각을 시종(始終) 통제하는 것은 힌두교 베단타 철학의 아드바이타 세계관이다. 그가 성서를 가지고 신을 정의하려 하지만, 그의 시도는 힌두교 사상의 통제를 벗어나지 못한다. 모든 종교가 하나의 신, 하나의 신적 근원에서 연원했으며, 한 분 하나님이 각 종교들의 예배를 받는다고 한다. 예배 양식이 다를 뿐 모두 하나님께 드리는 예배라고 한다. 모든 신이 브라만의 현현이라고 하는 힌두교 신관을 고스란히 반영한다. 종교다원주의 신론인 다신적 유일신론, 곧 잡신총합 유일신론에 충실하다.

둘째, 아리아라자는 유일신론자이다. 참 하나님 밖에 다른 신은 존재하지 않는다고 한다. 이 신론은 힌두교의 유일신론, 곧 아드바이타 신론이다. 각 종교가 섬기는 신들을 유일신 브라만의 서로 다른 현현이라고 하는 신론의 종교다원주의 버전이다.

모세가 받은 십계명 제1계명은 “너희는 내 앞에서 다른 신들을 섬기지 못한다”(출 20:3)라고 한다. 성서는 다음과 같이 말한다. “너희 가운데 다른 신을 두지 말며, 이방 신에게 절하지 말아라”(시 81:9). “당신들이 어떤 신들을 섬길 것인지를 오늘 선택하십시오. 나와 나의 집안은 야훼를 섬길 것입니다”(수 24:15). 만약 모든 신들이 한 분 하나님의 아드바이타적 현현이면, 왜 이스라엘 백성에게 자기를 계시한 하나님께서 다른 신은 실재하지 않으며, 참 신은 오직 한 분이라고 했겠는가?

선지자 예레미야는 “내가 내 백성을 심판하는 까닭은, 그들이 나를 버리고 떠나서 다른 신들에게 향을 피우고, 손으로 우상을 만들어서 그것들을 숭배하는 죄를 저질렀기 때문이다”(렘 1:16)라고 한다.

예레미야는 이스라엘이 가짜 신들을 섬기는 것을 간음으로 규정한다
(렘 3:8). 여호와께서 이스라엘 백성이 바알 신에게 분향한 것을 노여
워하면서 그들에게 재앙을 내리실 것이라고 한다(렘 11:17).

하나님은 산당에서 이방신에게 제사를 드린 것에 대하여, 몰렉에
게 기름을 바친 일에 대하여, 스올까지 내려가게 하겠다(사 57:9)고
한다. 여호수아는 이스라엘 백성들을 향하여 외쳤다. 아브라함과 나
홀의 아버지 데라와 관련하여 "옛날에 아브라함과 나홀의 아비 데라
를 비롯한 너희 조상은 유프라테스 강 건너에 살면서 다른 신들을 섬
겼다"(수 24:2)고 한다. 그러나 이제는 오직 주님만을 경외하면서 그
를 성실히 섬기라고 한다.

> 당신들은 이제 주님을 경외하면서, 그를 성실하고 진실하게 섬기십
> 시오. 그리고 여러분은 여러분의 조상이 강 저쪽의 메소포타미아와
> 이집트에서 섬기던 신들을 버리고, 오직 주님만 섬기십시오. 주님을
> 섬기고 싶지 않거든, 조상들이 강 저쪽의 메소포타미아에서 섬기던
> 신들이든지, 아니면 당신들이 살고 있는 땅 아모리 사람들의 신들이
> 든지, 당신들이 어떤 신들을 섬길 것인지를 오늘 선택하십시오. 나와
> 나의 집안은 주님을 섬길 것입니다(수 24:14-15).

아리아라자는 야훼, 유프라테스 강 동쪽 신들, 메소포타미아의 신,
이집트의 신, 아모리 땅의 신, 이방인들이 섬기던 신들은 모두 동일한
지존의 신의 서로 다른 현현이라고 한다. 아리아라자의 사상을 통제
하는 힌두교 아드바이타 세계관으로 보면 '그렇다'고 동의할 수 있다.

왜 여호수아는 신을 택일하라고 하는가? 아리아라자는 여호수아
가 자기 민족의 배타적 관점에서 이야기를 했고, 그렇기 때문에 여호

수아의 주장, 곧 하나님이 오직 한 분이며, 그분이 이스라엘의 민족 신이라고 주장함은 진실하다고 할 수 없다고 한다.

아리아라자는 성서를 불량품이며, 성서의 하나님 이야기는 믿을 만한 가치가 없다고 한다. 여기에서 아리아라자의 자가당착, 이율배반의 자기모순, 궤변성이 명확히 드러난다. 그는 왜 불량품을 가지고 자신의 종교다원주의 신론, 아드바이타 신론의 정당성과 진실성을 담보(擔保)하려 하는가?

셋째, 아리아라자는 창세기 11장까지의 설화는 전체 인류에 관한 이야기이므로 진실한 내용을 담고 있지만, 12장부터는 이스라엘의 편협한 민족 신의 이야기를 담고 있으며, 진실한 기록이 아니라고 한다. 거기에 등장하는 유일신 야훼는 유대 민족주의자들이 만들어낸 민족 신, 배타적 신, 독단적 신이라고 한다. 그 신은 참 신이 아니며, 따라서 성서의 기록은 진실을 내용을 기록한 것이 아니라고 한다.

아리아라자는 자신이 진실을 기록한 것이 아니라고 하는 성서 본문을 가지고 자신의 종교다원주의 신론을 정당화 한다. 틀린 답을 가지고 자신이 옳다고 하는 이론을 정당화하려고 노력한다. 그 결과로 자신이 옳다고 하는 그 답이 옳지 않음을 자인하는 자가당착의 결과에 이른다. 아리아라자의 주장은 궤변이다.

넷째, 아리아라자가 종교다원주의를 정당화하려면, 타종교의 경전들을 가지고 그것들의 진실성을 탐색하고 함량 충만을 논증함이 옳다. 이슬람의 쿠란, 힌두교 경전들, 불교의 화엄경, 금강경, 법화경, 법구경, 반야심경, 팔만대장경, 노자의 도덕경, 천도교의 동경대전을 가지고 비교하는 방식으로 변론함이 바람직하지 않은가? 아리아라자는 자신이 함량미달이며 진실한 기록이 아니라고 하면서 거부하는 것들, 곧 기독교의 성서의 내용으로 그 경전이 배격하는 종교다원주의 신론의 정당성을 변론하는 모순, 어불성설(語不成說)을 연출한다.

다섯째, 아리아라자는 공중의 권세 잡은 악한 영들과 귀신들의 우두머리인 사탄, 마귀의 존재와 대면하지 않는다. 종교 가운데는 예외적으로 악마적인 요소를 지닌 경우가 없지 않다는 것을 언급하는 정도에 그친다. 성서는 공중의 권세 잡은 악한 영에 대하여 말한다. "그때에 여러분은 허물과 죄 가운데서, 이 세상의 풍조를 따라 살고, 공중의 권세를 잡은 통치자, 곧 지금 불순종의 자식들 가운데서 작용하는 영을 따라 살았습니다"(엡 2:2).

유서 깊은 기독교 관점에 따르면, 자연종교는 인간 타락과 영적 암매(暗昧)의 결과이다. 타락한 인간은 모두 영원을 사모하는 마음과 종교성을 가지고 있다. 자연종교들은 하나님의 계시와 무관한 인간이 본성으로 신을 찾는 과정에서 등장했다. 자연인은 스스로 하나님과 교통하는 길을 찾지 못한다. 그래서 각각 신이라고 하는 헛된 것을 섬기고 있다.

자연종교들이 예배하는 신은 사실상 배신한 천사, 곧 사탄이다. 바울은 자연종교가 숭배하는 신에 대하여 다음과 같이 말한다. "이방 사람들이 바치는 제물은 귀신에게 바치는 것이지, 하나님께 바치는 것이 아닙니다. 여러분이 귀신과 친교를 가지는 사람이 되는 것을 나는 바라지 않습니다"(고전 10:20).

22

아리아라자의 유일신론

―하나님은 모든 종교와 종교인을 사랑한다―

회심(悔心)은 회개와 함께 일어나는 도덕적·영적·인격적인 급격한 변화이다. 회개하고 하나님께로 마음과 삶의 방향을 전환하는 것을 의미한다. 어둠에서 빛으로, 사탄의 권세에서 하나님 나라로 옮겨지는 영적 전환이다. 믿음과 회개, 중생, 칭의, 성화 등 구원의 여정과 밀접히 연결된 경험이며, 전 인격적인 재출발점이다.

WCC의 몽학선생 웨슬리 아리아라자 박사(Wesley Ariarajah, 1941-)는 『성서와 종교 간의 대화』(*The Bible and People of Other Faiths*, 1985) 제2장의 "두 만남"이라는 제목 아래에서 종교다원주의 신론, 곧 다신적 유일신론―만신총합 유일신론(Polytheistic Monotheism)을 성서적이라고 변론한다. 라이문도 파니카, 존 힉, 스탠리 사마르타 그리고 아리아라자 자신의 신론을 성서적이라고 한다.

아리아라자는 두 개의 성서 이야기를 등장시켜 종교다원주의 유형의 유일신론을 정당화한다. 첫 번째는 선지자 요나와 그의 경고를 듣고 회개한 아시리아의 수도 니느웨 사람들의 이야기이다. 요나의 외침을 들은 니느웨 백성들이 회개하고 자기들의 신에게 용서를 구했고, 천벌을 면했다는 이야기이다. 그들의 회개의 외침을 듣고 용서해

준 신은 유일신의 아시리아 유형의 현현(顯現)이라는 것이다. 니느웨
는 티그리스 강 서쪽 제방에 위치해 있었다.

아리아라자가 무대에 올리는 두 번째 만남 이야기는 가이사랴에서
이루어진 베드로와 고넬료의 만남이다. 아리아라자는 베드로가 가이
사랴에서 고넬료를 만나 회심했다고 한다. 고넬료의 개종 이야기를
'베드로의 회심 사건'이라고 명명한다.

아리아라자는 고넬료가 만신전(萬神殿)에서 예배를 받는 로마의
신들에게 기도한 로마인이었다고 한다. 그의 기도를 청취한 신은 로
마 민족 신이며, 그 신은 유일신의 로마적 현현이라고 한다. 하나님
은 한 분밖에 존재하지 않으며, 각 종교의 신은 독립성을 지닌 동시
에 비이원적 한 분 하나님의 다른 형태의 나타남이라고 한다.

1. 니느웨 사람들

니느웨 백성들은 이스라엘의 선지자 요나의 말을 듣고 하나님께 회
개했다. 하나님은 그들이 회개하자 내리려고 한 천벌을 면해 주었다.

아리아라자는 니느웨의 이교도들이 믿는 신과 요나로 대표되는 유
대인의 신이 각각 다르게 나타난 동일한 신이라고 하면서, 하나님은
한 분밖에 존재하지 않는다고 한다. 유대인의 종교와 니느웨 백성들
의 종교는 다르지만 그들은 동일한 한 분 하나님을 섬겼다고 한다.

요나는 하나님의 명령을 받고 배를 탔다. 니느웨 백성들에게 경고
를 하라는 하나님의 명령을 수행할 목적이었다. 니느웨는 이스라엘
의 숙적 아시리아 대제국의 수도였다. 아시리아 민족은 자기들의 독
자적인 문화를 가지고 있었다. 아리아라자는 이스라엘의 종교와 아
시리아의 종교가 달랐다고 단정한다.

요나는 하나님의 명령을 받고서도 스페인으로 가는 배에 올랐다. 이스라엘의 숙적 아시리아가 천벌을 받도록 내버려 둘 의도였다. 아시리아의 수도 니느웨 사람들에게 경고하라는 하나님의 명령과 선지자 임무를 피할 목적이었다. 그는 우여곡절 끝에 니느웨에 도착하여 하나님의 뜻을 전했다. "요나는 그 성읍으로 가서 하룻길을 걸으며 큰소리로 외쳤다. '사십 일만 지나면 니느웨가 무너진다!'"(욘 3:4).

그러자 니느웨 사람들은 뜻밖의 반응을 보였다. 요나가 예상치 않은 일이 벌어졌다. 그들이 하나님께 회개한 것이다. 신분이 높은 사람 낮은 사람 구분 없이 모두 굵은 베옷을 입고 재 위에 앉아서 하나님께 용서를 구했다.

니느웨의 왕은 보좌에서 일어나 베옷을 입고 재 위에 앉아 회개했다. 참회와 금식을 선포했다. 왕은 백성들에게 조서를 내려 사람들과 짐승들도 금식을 하라고 했다. 물도 마시지 말라고 했다. 굵은 베옷을 입고 하나님께 부르짖으라고 했다. 악한 길에서 돌이키고, 손으로 행하는 모든 강포에서 떠나라고 명했다. "하나님께서 마음을 돌리고 노여움을 푸실지 누가 아느냐? 그러면 우리가 멸망하지 않을 수도 있다"(욘 3:9)라고 하면서 회개를 촉구했다.

요나의 경고를 들은 니느웨 사람들은 회개를 주저하지 않았다. 하나님께 용서를 구했다. 악한 길에서 돌이켰다. 왕이 회개에 앞장섰다. 하나님은 이들의 회개를 보고서 뜻을 돌이켜 그들에게 내리려고 한 천벌, 재앙을 내리지 않았다(욘 3:10).

큰 성읍 니느웨 사람들이 회개하는 변화를 보이자, 이를 본 요나는 화를 냈다. 하나님이 그 성에 천벌을 내릴 것이라고 기대했는데 벌을 내리지 않았기 때문이다. 그는 하나님께 불만 섞인 기도로 아뢰었다.

주님, 내가 고국에 있을 때에 이렇게 될 것이라고 이미 말씀드리지 않았습니까? 내가 서둘러 스페인으로 달아났던 것도 바로 이것 때문입니다. 하나님은 은혜로우시며 자비로우시며 좀처럼 노하지 않으시며 내가 알고 있었기 때문입니다(욘 4:2).

요나는 화가 나서 차라리 죽는 게 낫다고 말했다. "주님, 이제는 제발 내 목숨을 나에게서 거두어 주십시오! 이렇게 사느니, 차라리 죽는 것이 낫겠습니다"(욘 4:4).

아리아라자는 요나가 요나서의 저자가 아니라고 한다. 익명의 저자가 요나의 이름으로 요나를 주인공 삼아 기록했다고 한다. 그는 이 예언서가 하나님과 타종교의 관계에 대한 결정적으로 중요한 사실을 알려준다고 한다. "타종교인들에 대한 특수한 이해를 보여준다"[1]고 한다. 니느웨 백성들의 종교, 그들이 섬겼던 조상 신, 민족 신에 대한 특수한 이해를 드러낸다고 한다.

아리아라자는 여기서 힌두교의 아드바이타(Advaita)—비이원성 세계관에 기초한 종교다원주의의 신론의 다섯 가지 근거를 유추한다. 첫째, 하나님의 사랑과 은총은 어느 특정 나라, 특정 민족에 국한되지 않는다. 이방인들도 이스라엘 백성과 똑같은 하나님의 사랑, 배려, 은혜, 구원의 대상이다.

둘째, 하나님은 모든 민족과 그 구성원들의 기도를 듣는다. 타종교인의 기도를 들어준다. 요나서가 이 사실을 알려준다.

셋째, 하나님은 모든 종교의 예배를 받는다. 유대교의 예배만 아니라 아시리아 민족 종교, 민속 종교의 예배를 받는다. 힌두교인, 불자, 무슬림의 예배를 받는다.

넷째, 하나님은 우주에 편만한 보편적 신이다. 만인과 만물 그리고 모든 종교의 하나님이다. 우주적 하나님을 유대 민족의 신으로 제한함은 옳지 않다.

다섯째, 니느웨 사람들이 섬기는 하나님과 요나의 하나님, 니느웨 민속 종교의 신과 유대교의 하나님 야훼는 같은 신이다. 종교는 다르지만 신은 동일한 유일의 존재이다.[2]

아리아라자의 다신적 유일신론, 곧 만신총합 유일신론은 힌두교의 범신론, 범재신론, 다신론, 단일신론 등을 비이원론적으로 결합시켜 하나로 이해하는 아드바이타 세계관에서 온 것이다. 궁극의 신적 실재인 브라만과 수억의 신들을 하나로 결합하여 보는 힌두교 신관을 고스란히 반영한다. 종교다원주의 신론의 구도는 힌두교 신관의 구도와 동일하다. 한 분 하나님이 많은 신들과 하나로 결속되어 있는 지존의 존재라는 것이다.

종교다원주의자들은 창조 이야기에 등장하는 한 분 하나님과 각 종교의 다양한 신들을 단일체로 본다. 창조자 하나님 야훼와 이방 종교가 섬기는 신들, 세계의 다양한 종교들이 섬기는 수많은 신들을 아드바이타적 단일체로 이해한다. 아리아라자는 니느웨 백성들이 섬기고 예배한 신, 자기 조상들이 숭배해 오던 아시리아 고유 종교의 민족 신과 요나의 하나님을 같은 분으로 여긴다. 그 민족의 신 또는 민속 신이 니느웨 사람들의 회개 기도를 듣고 친벌을 내리지 않기로 했다고 한다.

---

[1]Wesley Ariarajah, *The Bible and People of Other Faiths* (Geneva: World Council of Churches, 1985); 웨슬리 아리아라자, 『성서와 종교 간의 대화』, 김덕순 역, 변선환 감수 (서울: 감리교신학대학 출판부, 1992), 40.

[2]아리아라자, 41.

아리아라자는 아시리아의 종교가 무엇이었으며, 니느웨 사람들이 어떤 신을 섬겼는지는 모르나, 조상들이 대대로 섬겨오던 신, 그들의 종교가 섬기는 하나님께 기도하고 용서를 구했다고 한다. 그러자 아시리아의 민족 신, 민속 신이 그들에게 천벌을 내리지 않았다고 한다. 바벨론과 아시리아의 백성들이 섬기는 신과 유대인 요나의 신을 아드바이타적 하나의 신으로 설정한다.

아리아라자는 니느웨 사람들이 한 족속으로만 구성되어 있지 않았다는 사실을 간과한다. 고대 아시리아의 수도 니느웨는 이 나라의 정치, 군사, 경제의 중심지였다. 약 12만 명 이상의 인구가 함께 사는 국제 도시였다. 아시리아인이 다수였지만 제국의 수도 특성상 여러 민족과 다양한 사람들이 공존했다. 요나서 4장 11절이 언급하는 "좌우를 분변치 못하는 자만 십이만 명"이라는 표현은 절대적인 수치일 뿐 아니라, 니느웨가 단일 민족 도시가 아니라 다양한 민족 구성원이 섞인 거대 도시였음을 시사한다.

아리아라자는 힌두교 유일신관(아드바이타 신관)에 따라 기독교의 하나님을 종교다원주의의 만신총합 유일신론의 신으로 이해한다. 각 종교가 숭배하는 신들은 이름이 다르고, 종교 제의와 신조와 규례가 다를지라도 결국 같은 하나님의 서로 다른 아바타와 같은 현현신(顯現神)을 섬긴다고 한다. 모든 종교가 같은 하나님을 섬긴다고 한다.

아리아라자는 이 세상에 많은 신들이 있지만 실제로 그 신들은 한 분 하나님의 서로 다른 현현이라고 한다. 유일신은 많은 이름을 가졌으며, 각양 신들의 이름은 각 종교인의 고유한 역사, 문화, 민족, 종교 맥락에서 각각 다르게 붙인 것이라고 한다.

아리아라자의 종교다원주의 신론은 전술한 존 힉의 『하나님은 많은 이름을 가졌다』(*God has Many Names*, 1982)의 이명동일 신론과 똑 같다. 한 분 하나님이 각 민족, 종교, 문화마다 다른 신으로 나타나며, 각 종교가 각기 다른 형태와 개념의 예배를 드리지만 결국 지존의 한 분 하나님이 예배를 받는다고 한다.

유대인들이 믿는 창조자 야훼와 엘리야가 갈멜산에서 물리친 바알 신, 팔레스타인의 신은 같은 존재인가? 아세라 여신 아스타롯과 몰렉이라는 이름은 하나님 야훼의 다른 명칭인가?

창조자 하나님은 이 땅의 모든 종교들의 예배를 받는가? 힌두교의 3억 3천의 신, 이슬람의 알라, 한국의 하늘님, 박수무당들의 여러 가지 수호신, 아프리카의 토속 종교의 신은 동일한 존재인가?

아리아라자는 이 질문에 '그렇다'고 답한다. 니느웨 사람들의 회개와 베드로의 회심(고넬료의 개종) 사건을 근거로 삼는다. 힉과 마찬가지로 힌두교 아드바이타 세계관을 따라 니느웨 사람들의 신과 이스라엘의 하나님을 동일한 신의 상이한 현현이라고 정의한다.

2. 니느웨 사람들의 하나님

구약성서 요나서는 하나님의 이스라엘 사랑과 열방 사랑을 함께 보여주는 예언서이다. 하나님은 이스라엘 민족을 특별히 선택하여 그 민족을 거쳐 하나님의 구원 역사를 펼쳤다. 구원의 진리를 계시할 목적으로 이스라엘을 선택했지만, 요나서는 하나님이 모든 족속을 사랑하는 신이라는 사실을 보여준다.

요나서는 두 가지 본질적인 요소, 곧 내셔널리즘(nationalism)과 유니버셜리즘(universalism)을 동시에 담고 있다. 성서는 자연종교의 신 또는 이방 신과 계시종교의 야훼 하나님을 동일한 신이라고 정의하지 않는다. 기독교는 각 종교의 신들을 한 하나님의 서로 다른 민족 문화 종교 맥락의 현현, 상이한 나타남이라고 보지 않는다. 신을 믿고 예배하고 섬기는 엄중한 주제에 대하여, 이것이기도 하고 저것이기도 하거나, 이것도 아니고 저것도 아니거나, 중간자이거나, 아드바이타 개념의 허무주의적인 신으로 여기지 않는다.

요나서는 아시리아 백성의 회개와 그에 따른 하나님의 용서를 소개한다. 니느웨 성민들이 섬겨온 민족 신, 민속 신들에게 회개 기도를 하고, 그 신 또는 신들로부터 용서를 받았다고 말하지 않는다.

니느웨 사람들은 그들에게 천벌이 기다리고 있음을 알리고 회개하라고 외치는 요나의 하나님께 기도했다. 요나가 소개하는 이스라엘의 하나님 만군의 야훼께 회개했다. 요나서의 메시지에 나오는 하나님은 요나와 이스라엘의 신, 천지의 창조자, 주재자, 악인과 선인에게 햇빛과 비를 골고루 내리는 하나님 야훼이다.

니느웨 사람들은 요나가 외치는 하나님, 이스라엘의 하나님의 심판에 대한 두려움을 가졌다. 회개하라는 그의 외침에 통절한 회개로 반응했다. 니느웨 사람들이 요나의 하나님, 천지의 창조자, 만물의 주재자에 대한 이해가 부족했을 것임에도 하나님은 그들이 회개할 때 불쌍히 여겨 그들에게 내리려 했던 천벌을 면해주었다.

니느웨 백성들을 용서한 신은 아시리아의 민족 신, 민속 신, 잡신(雜神)이 아니다. 로마의 만신전에서 예배를 받는 신들의 아드바이타적 총합이 아니다. 이스라엘 민족사를 거쳐 자신을 계시하고, 요나를 니느웨로 파송한 하나님, 인류에게 회개의 기회를 주고 구원의 길을 마련한 창조자 하나님이다.

요나의 이야기는 이 땅에 살아가는 모든 족속이 살아계신 유일신께 회개하고 용서를 구하면 그 하나님은 은혜를 베풀고 용서한다는 진리를 말한다. 요나와 니느웨 백성들의 회개 이야기는 하나님의 구원사와 계시사의 일부이다.

요나서가 설정한 플롯(Plot)은 창조자 이스라엘의 하나님의 용서이다. 아시리아 백성의 조상신이 니느웨 사람들의 죄를 용서해 준 이야기가 아니다. 요나서는 아시리아 백성의 민족 신을 언급하지 않는다. 니느웨 사람들이 자기 조상신에게 회개했다고 말하지 않는다. 그들의 조상 신이 이스라엘의 하나님의 현현이라고 하지 않는다.

인류가 죄 용서를 받으려고 다가갈 수 있는 신은 이스라엘의 하나님 밖에 없다. 요나가 외친 그 하나님의 사랑, 긍휼, 은혜만이 인간의 죄를 용서할 수 있고, 인간을 하나님께 연합시킬 수 있다. 그 하나님은 구원자 예수 그리스도를 거쳐 사랑과 구원의 은혜를 베푼다. 하나님이 인간에게 구원을 베푸는 다른 길은 존재하지 않는다. 신약성서는 요나서가 말하는 하나님의 사랑과 구원이 참 하나님이며 동시에 참 사람인 예수 그리스도에게서 완성되었다고 말한다.

3. 베드로의 회심

아리아라자가 성서를 가지고 종교다원주의를 정당화하려는 두 번째 이야기는 베드로와 고넬료의 만남이다. 사도행전 제10장은 고넬료의 회심에 초점을 맞추고 있다. 그러나 아리아라자는 고넬료가 회심한 것이 아니라 베드로가 회심했다고 한다. 예수의 수제자 베드로가 무엇을 회심했는가?

아리아라자에 따르면, 베드로는 고넬료에게 예수를 소개했지만 고넬료가 베드로에게서 유대-기독교의 하나님을 알기 전에 그는 이미 하나님과 직접 접촉하고 있었다. 자기 민족 고유의 신과 직접 관계를 가지고 있었다. 베드로의 회심 이야기는 로마의 민족 신이 고넬료의 기도를 들었고, 그의 구제를 기뻐했다는 사실을 우리에게 알려준다고 한다.[3] 아리아라자는 로마인의 민족 신과 유대-기독교의 신이 아드바이타적으로 동일한 한 하나님이라고 한다.

고넬료는 지중해 해변 도시 가이사랴에 장기 주둔하고 있는 이탈리아 군대의 백부장이었다. 로마인 고넬료는 베드로의 예수구원의 복음을 듣고, 예수를 그리스도로 믿기까지는 기독교인이 아니었다.

로마인 고넬료는 온 집안 식구들과 더불어 하나님을 경외했다. 기도 시간을 정하여 매일 기도했다. 백성을 많이 구제했다. 하나님은 기도하고 구제하는 고넬료의 기도를 들으셨다.

고넬료의 종교는 무엇이었는가? 그는 어느 종교의 신에게 기도했는가? 로마의 만신전에서 로마인들의 기도를 듣는 로마 민족 신에게 기도했는가? 이교 신전들에서 예배를 받는 신들에게 기도했는가?

아리아라자의 주장은 로마인 고넬료가 로마인의 조상신에게 매일 기도했다는 것을 전제로 한다. 종교다원주의자들은 로마와 그리스의 신들을 유일한 하나님의 서로 다른 현현, 곧 아드바이타적 실재라고 한다. 베드로와 고넬료의 만남 이야기를 근거로 하나님이 유대교에 제한되는 민족 신이 아니라 우주적 신이라고 말한다. 하나님은 특정 종교와 그 종교의 제약과 경계선 안에서만 활동하는 신이 아니라고 한다. 유대-기독교 울타리 안에 갇혀 있는 신이 아니라 그 경계를 초월하여 존재하는 보편적인 하나님이라고 한다. 그래서 아리아라자는 가이사랴에서 로마인 고넬료가 회심을 한 것이 아니라 유대인 베드로가 회심을 했다고 한다.

아리아라자의 논의의 전제는 유대인 베드로가 하나님이 자기 민족만 사랑하는 줄 알고 있었다는 것이다. 베드로는 하나님이 사람을 차별 대우한다고 생각했으며, 유대인만을 사랑하고 다른 민족을 사랑하지 않는 줄로 알았다는 것이다. 베드로는 고넬료를 만나 비로소 하나님이 이방인도 사랑한다는 사실을 깨달았다고 한다. 아리아라자는 베드로가 고넬료를 만나 회심했다고 한다. 베드로가 고넬료를 만나면서 자신의 생각이 틀렸다는 사실을 깨달았다는 것이다.

아리아라자가 말하고 싶은 요지는 "하나님은 당신을 두려워하며 올바르게 사는 사람이면 어느 나라 사람이든지 어느 민족이든지 다 받아주신다"(행 1:34-35)는 것이다. 하나님은 민족과 종교의 울타리를 넘어서는 보편적인 신이다. 하나님의 행동을 제약하는 유대-기독교의 사고(思考)는 올바른 신 이해를 방해한다. 유대교 경전 구약성서는 하나님의 우주적 보편 활동을 유대 민족에게 제한시키고 제약한다. 우주적 하나님의 보편성과 정당성을 와해시킨다. 하나님은 모든 종교와 모든 민족의 신이다. 보편적 신이다. 각 종교의 신들로 나타나는 유일신은 온 세상, 모든 나라, 모든 민족, 모든 생명을 사랑하고 돌본다. 이러한 하나님을 유대인의 신으로 고착시킴은 잘못이라고 한다.

WCC의 몽학선생 아리아라자는 기독교를 비난하면서, 하나님을 제한하고, 이스라엘의 하나님만을 유일무이한 참 신이라고 한다고 규탄한다. 기독교인들이 예수 그리스도가 유일한 구원의 길이라고 믿는다고 힐난(詰難)한다. 하나님과 구원자 그리스도를 교회 안에 유폐시키는 짓을 중단하라고 한다. 기독교가 복음이라는 것을 전하면서 타종교인들에게 회심과 개종을 요구하며, 또 구원을 얻으려면 반드시 예수를 믿고 세례를 받아야 한다고 함을 꼬집는다.[4]

---

[3]아리아라자, 43-44.
[4]아리아라자, 45.

베드로는 고넬료에게 예수가 그리스도라는 사실을 증거했다. 고넬료는 예수를 믿고 회개하고 세례를 받아 기독교인이 되었다. 그러나 아리아라자는 이 이야기에서 진정으로 회심한 자는 베드로였다고 한다. 바뀐 것은 고넬료의 시각이 아니라 베드로의 눈이었다고 한다. 세상과 인생을 관찰하는 베드로의 눈이 달라졌다고 한다.

아리아라자가 설정한 추정하는 베드로의 회심 구도(plot)는 두 가지이다. 첫째, 베드로가 하나님께서 유대인만 사랑한다고 하는 생각에서 벗어나 이방인도 사랑함을 깨달았다. 하나님이 사람을 차별 대우하지 않음을 알았다. 베드로는 유대교적 시각, 곧 유대 민족의 배타적 태도가 잘못임을 깨달았다.

둘째, 베드로는 하나님께서 당신을 두려워하고 올바르게 사는 사람이면 어느 나라 사람이든지 다 받아주신다는 사실을 깨달았다. 윤리적으로 올바르게 사는 사람이면 어느 혈족이든지, 어느 종교를 가지고 있든지 다 받아준다는 사실을 알았다.

아리아라자는 기독교인들이 타종교의 선한 것들을 좀처럼 배우려 하지 않는다고 비판한다.[5] 무슬림이 이슬람 신앙을 가지고 한 분 하나님께 완전히 귀의함을 인정하려 하지 않는다. 두터운 신심을 가진 힌두교도들의 기도를 존중하려 하지 않는다. 불자들의 자비와 헌신 그리고 고귀한 삶을 높이 평가하려 하지 않는다고 한다.

기독교는 여러 종교의 신앙인들의 헌신, 예배, 제사, 제의를 자연 종교에 속하는 것으로 여긴다. 아리아라자는 그러나 하나님은 이방인 고넬료의 기도를 들으셨고, 로마의 신을 섬기는 타종교인 고넬료의 구제를 기뻐했다고 한다. 고넬료가 회심하고 세례를 받아 기독교인으로 바뀐 것은 사실이지만, 아리아라자는 고넬료가 베드로의 복음전도와 설교를 듣기 훨씬 전부터 타종교의 하나님을 믿는 신앙을 가졌고, 유일신 하나님과 올바른 관계를 유지하고 있었다고 한다.

아리아라자는 고넬료가 섬긴 로마의 신, 로마인의 종교를 만든 분은 지존의 하나님이라고 한다. 로마의 신을 섬기는 종교는 유일신의 로마 유형의 나타남과 활동의 결과라고 한다. 하나님은 로마의 민족신으로 나타나 로마의 종교인들을 사랑하고 돌본다고 한다. 베드로가 이 사실을 진작 배웠어야 했으나 예수가 죽고 나서 기독교가 와해될 위기에 처했을 무렵에 비로소 그 사실을 깨달았다고 한다. 가이사랴에서 뒤늦게 아주 중요한 것을 배웠다고 한다.

아리아라자는 베드로가 깨닫고 배운 것이 고넬료가 회심 전부터 로마의 종교에서 하나님과 깊은 관계를 맺고 있었다는 사실이라고 한다. 고넬료를 만나서 하나님이 타종교도 사랑하고, 타종교인도 사랑한다는 사실을 알게 되었으며, 하나님이 타종교인의 기도를 들으신다는 사실을 그제야 깨달았다고 한다.

4. 종교다원주의 체험

아리아라자는 베드로가 가이사랴의 회심에서 알게 된 더 중요한 것이 있다고 한다. 요나의 경우와 마찬가지로 "하나님을 사람에게로 다리 놓아줄 필요가 없다는 것"[6]이라고 한다. 고넬료가 "베드로의 설교를 듣고 그리스도를 따르게 된 것은 사실이지만, 그러나 베드로의 설교를 듣기 훨씬 전부터 그는 하나님과의 관계 속에 놓여 있었다"[7]

---

[5]아리아라자, 44.

[6]아리아라자, 44.

[7]아리아라자, 45.

고 한다. 베드로의 회심 사건의 메시지는 하나님이 유대교 전통 밖에 있는 사람, 유대교 전통이 도저히 용납할 수 없는 사람과 이토록 직접적인 방법으로 관계를 맺는다는 사실이라고 한다. ─

아리아라자는 하나님이 유대-기독교 전통 밖의 사람, 유대인의 종교적 관점으로는 도저히 이해할 수 없는 사람들과 매우 직접적인 방법으로 관계를 맺는 분이라고 한다. 이방인과 타종교인이 유대-기독교와 무관한 사람임에도 하나님은 그들과 그처럼 깊은 관계를 맺고 있었다고 한다.

아리아라자에 따르면, 베드로의 회심은 종교다원주의 체험이었다. 베드로가 입을 열어 말했다. "나는 참으로, 하나님께서는 사람을 외모로 가리지 아니하시는 분이시고, 하나님을 두려워하며, 의를 행하는 사람은 그가 어느 민족에 속하여 있든지, 다 받아 주신다는 것을 깨달았습니다"(행 10:34-35). 아리아라자는 베드로가 그 때 비로소 이 사실, 곧 하나님은 모든 종교의 신이라는 것을 깨달았다고 한다. 하나님은 만인보편구원주의의 신이고, 베드로의 가이샤라 회심 체험은 종교다원주의 회심이었다는 것이다.

우리가 이 대목에서 주목할 것은 아리아라자가 언급하는 사도행전 본문에 대한 해석이다. 이 구절은 유대인들이 나무 위에 매달아 죽인 예수 그 분이 사흘 만에 살아나고 여러 사람들이 부활한 주를 목도했다는 내용의 베드로의 설교로 이어진다.

하나님께서는 이스라엘 자손에게 말씀을 보내셨는데, 곧 예수 그리스도를 통하여 평화를 전하셨습니다. 예수 그리스도는 만민의 주님이십니다. ... 하나님께서 나사렛 예수에게 성령과 능력을 부어 주셨습니다. 이 예수는 두루 다니시면서 선한 일을 행하시고, 마귀에게 억눌린 사람들을 모두 고쳐 주셨습니다. 그것은 하나님께서 그와 함께 하셨기 때문입니다. ... 사람들이 그를 나무에 달아 죽였지만 하나님께서 그를 사흘날에 살리시고 나타나보이게 해 주셨습니다(행 10:36, 38, 39).

아리아라자의 성서 해석은 지나치게 아전인수 격이다. 베드로가 "나는 참으로, 하나님께서는 사람을 외모로 가리지 아니하시는 분이시고, 하나님을 두려워하며, 의를 행하는 사람은 그가 어느 민족에 속하여 있든지, 다 받아 주신다는 것을 깨달았습니다"(행 10:34-35)라고 한 말을 하나님의 구원이 모든 민족을 구원하는 것으로 해석하고 그것을 근거로 아드바아타적 신론을 펼친다. 이 본문은 만인보편구원주의를 말하지 않는다. 어느 민족이나 어느 백성이나 예수가 그리스도라는 사실을 믿고 그의 대속의 공로를 의지하면 죄 사함을 받고 성령과 구원을 선물로 받을 수 있음을 말한다.

아리아라자는 자신의 위와 같은 종교다원주의적 성서 이해와 관점을 독자들에게 확신시키려고 WCC 제6차 총회(뱅쿠버, 1983)에 있었던 이야기를 도입한다. 그 총회는 어린 아이들로 하여금 어느 특별 프로그램을 진행하도록 했다. 아이들은 다음과 같은 내용의 노래를 불러 참석자 다수의 마음을 사로잡았다.

흑인, 백인, 홍인종, 황인종
하나님은 우리 한 사람 한 사람
우리 모두를 다 사랑하신다.
흑인 백인 홍인종 황인종
하나님은 우리 모두를 사랑하신다.

하나님은 편벽(偏僻)되이 하지 않으시며
우리 모두를 다 사랑한다.
하나님은 사랑과 평화를 베푼다.
하나님은 우리 모두를 사랑한다[8]

아리아라자에 따르면, 하나님은 불교, 힌두교, 이슬람교, 기독교, 유대교 등 모든 종교를 사랑한다. 모든 민족 종교는 하나님의 사랑을 받는 종교 공동체이다. 하나님은 만인에게 동일한 사랑을 베푼다. 하나님은 만인보편구원주의적 사랑을 베푸는 신이다. 이스라엘 민족에 제한된 신, 민족주의 신이 아니다. 유대교와 기독교라는 특정 종교의 울타리에 갇혀 있는 신이 아니다. 모든 종교는 다 하나님의 걸작이다. 하나님께서 예배를 받는 채널들이다. 아리아라자는 이 논의에서 마르크스주의를 종교에 포함시키며, 기독교와 공산주의자들의 공존과 일치를 촉구한다.

5. 고넬료는 어느 신에게 기도했는가?

아리아라자는 힌두교 아드바이타 신론으로 고넬료와 베드로의 만남 이야기를 해석한다. 그러나 이 사건 본문은 종교다원주의 신론과 무관하다. 본문을 다시 읽어 보자.

가이사랴에 고넬료라는 사람이 있었는데, 그는 이탈리아 부대라는 로마 군대의 백부장이었다. 그는 경건한 사람으로 온 늘 하나님께 기도하는 사람이었다. 어느 날 [제9시] 쯤에, 그는 환상 가운데에서 하나님의 천사를 똑똑히 보았다. 그가 보니, 천사가 자기에게로 들어와서, "고넬료야!" 하고 말을 하는 것이었다. 고넬료가 천사를 주시하여 보고, 두려워서 물었다. "천사님, 무슨 일입니까?" 천사가 대답했다. "네 기도와 자선 행위가 하나님 앞에 상달되어서, 하나님께서 기억하고 계신다"(행 10:1-4).

고넬료가 대답했다. "나흘 전 이맘 때 쯤에, 내가 집에서 오후 세 시에 드리는 기도를 하고 있었습니다. 그런데 갑자기 어떤 사람이 눈부신 옷을 입고, 내 앞에 서서 말하기를 '고넬료야, 하나님께서 네 기도를 들으시고, 네 자선 행위를 기억하고 계신다. 욥바로 사람을 보내어, 베드로라고도 하는 시몬을 불러오너라. 그는 바닷가에 있는 무두장이 시몬의 집에 묵고 있다' 하였습니다"(행 10:30-32).

이 성서 본문에 대한 정확한 해석의 첫 열쇠는 첫 부분에 나오는 '제 9시'라는 표현이다. 이것은 로마 시간 법, 곧 현대인이 사용하는 시간 표기가 아니다. 당시의 유대인이 사용하는 바벨론 시간 법에 따르고 있다. 제9시는 오늘날 세계인이 이해하는 오후 3시에 해당한다. 로마인 고넬료는 로마인임데도 기록자 누가는 당시의 유대인들이 사용하는 바벨론 시간법을 따라 매일 규칙적으로 하나님께 기도했다.

역사가나 작가는 자기가 쓰려고 하는 책이나 글의 구도를 설정한다. 문학 형식의 플롯(plot)을 정한다. 누가복음의 구도는 로마가 아니라 이스라엘이다. 유대교 신앙을 가진 유대인과 유대교 신앙을 가진 이방인들이 기독교로 개종하는 이야기이다. 누가가 기록한 사도행전도 유대인과 유대교 신앙을 가진 이방인들이 기독교로 개종하는 구도의 이야기를 담고 있다.

8아리아라자, 46.

누가복음과 사도행전의 용어와 개념들은 모두 유대교 전통에 속하는 것들이다. "하나님," "하나님 경외," "하나님께 항상 기도하다," "제9시 기도 시간," "천사가 말하기를," "환상을 보았다," "기도가 하나님께 상달되었다," "백성을 많이 구제했다" 등이다. 고넬료가 백성을 많이 구제했다는 것은 그가 가난한 이스라엘 백성들을 구제했다는 관심어린 증언이다.

고넬료의 이야기의 무대는 로마제국의 속주 유대인의 도시 가이사라이다. 유대인들이 사는 도시와 유대인 디아스포라들이 살던 외국 도시들에는 유대인의 삶을 동경하고 그들의 종교를 흠숭한 사람들이 살고 있었다. 그들은 유대교에 가입하여 유대인들과 함께 하나님께 예배를 드렸다. 남자의 경우 할례를 받으면 유대인으로 간주되었다. 고넬료는 할례 받은 자가 아니었다. 이탈리야 군대 백부장 고넬료는 예수의 복음을 듣고 기독교인이 되기 전까지 유대인의 종교 전통과 모범을 따라 하나님을 예배하고 기도하는 이방인, 곧 로마인이었다.

고넬료 이야기에 등장하는 "하나님을 경외하는 자" 또는 "하나님을 공경하는 자"라는 표현은 아리아라자의 종교다원주의 관점의 성서 해석과 주장이 전혀 옳지 않음을 증명하기에 충분하다. 사도행전은 "하나님을 경외하는 자" 또는 "하나님을 공경하는 자"라는 표현을 여러 차례 반복한다.

"하나님을 경외하는 자"는 이방 종교의 신을 경외하는 자가 아니라 유대교 신앙을 따라 창조자 하나님을 섬기는 이방인 예배자를 일컫는 고유한 표현이다. 이것은 이스라엘의 하나님을 섬기는 이방인을 지칭한다. 유대인 회당에서 유대인과 함께 살아계신 하나님께 예배를 드리는 이방인을 일컫는 사도행전의 독특한 표현이다.

바울도 "하나님을 경외하는 자"라는 표현을 사용한다. 고린도의 유대인들이 예수구원의 복음 전도 활동을 훼방하자, 자리를 옮겨 "하나님을 경외하는" 디도 유스도라고 하는 사람의 집에 들어갔다. 그의 집은 회당 옆에 있었다(행 18:7).

디도 유스도는 로마인이었다. 회당에서 안식일마다 이스라엘의 하나님께 예배를 드리는 "하나님을 경외하는 자"였다. 유대교 회당에서 예배를 드리다가, 어느 날 바울의 설교를 듣고 감명을 받아 기독교로 개종했다. 그가 자기 집을 바울에게 예배 처소로 제공했는지, 숙식 장소로 제공했는지는 확실하지 않다.

유대교 회당은 유대인만 모여 예배를 드리는 곳이 아니다. 고넬료 시대의 유대교 회당 공동체는 3개의 종족 집단으로 구성되어 있다. 첫 번째 부류는 정통 유대인이었다. 이들이 회당의 다수 구성원이었다. 두 번째 부류는 유대교로 개종한 자들이었다. 세 번째 부류는 "하나님을 경외하는 자들"이었다. 유대교 신앙을 가진 이방인들, 곧 할례를 받지 않은 하나님 경배자들이었다.

가이사랴를 포함한 로마와 지중해 연안 도시들은 도덕적으로 문란했다. 이 도시들의 세속적 타락을 혐오한 지역 이방인들은 유대인 신앙에 관심을 가지고 회당 모임에 참석했다. 회당의 유대인 공동체는 창조자 하나님을 예배하고 경건하게 살고 있었다. 그들의 경건한 삶을 흠모하던 이방인들은 회당 예배에 참석하여 말씀을 듣고 계명과 율법을 청종했다. 그 이방인들은 이스라엘의 하나님을 믿었다. 그들은 다름 아닌 "하나님을 경외하는 자들"이었다.

"하나님을 경외하는 자들"의 수가 적지 않았다. 기독교로 개종한 대부분의 이방인들은 안식일에 유대교 회당에서 예배를 드리는 자들이었다. 이들은 유대교적 종교 관습을 따라 하나님께 기도하고, 구제하고, 선행을 베풀었다.

"하나님을 경외하는 자들"은 회당에서 바울의 설교를 들었다. 예수가 그리스도라는 복음을 듣고 기독교 신앙을 받아들였다. 예수를 그리스도로 믿고 고백했다. 고넬료는 이 부류에 해당하는 로마인이었다. 이방인이었지만 유대인들이 섬기는 "하나님을 경외하는 자," 곧 '유대교에 가입한 사람'이었다. '하나님을 경외하는 자' 고넬료는 베드로의 설교를 듣고 예수가 그리스도—구원자라는 사실을 알고 기독교 신앙을 받아들였다. 유대교 신앙에서 기독교로 개종했다.

바울은 도시선교 전문가였다. 여러 도시에 흩어져 사는 유대인들이 모이는 회당에서 복음을 전했다. 그때마다 "하나님을 경외하는 자들," 이방인 예배자들을 개종시키려고 노력했다. "하나님을 경외하는 자들"이 정통파 유대인보다 기독교 신앙을 쉽게 받아들였기 때문이다.

"하나님을 경외하는 자" 그룹에 속하는 이방인 예배자 고넬료는 유대교 전통에 따라 유대교 신앙생활을 했다. 유대인이 섬기는 창조자 하나님을 예배했다. 기도 시간을 정하여 매일 이스라엘의 하나님께 기도했다. 그리고 가난한 유대인들을 구제했다.[9]

베드로는 가이사랴에서 하나님이 이방인도 구원한다는 사실을 깨달은 전도자였고, 고넬료는 유대교 신앙에서 기독교로 개종한 회심자였다. 베드로는 예수의 이름으로 고넬료에게 세례를 베풀었다. 복음을 듣고 예수를 그리스도로 믿는 그의 가족에게도 세례를 베풀었다. 가족은 고넬료가 가이사랴에서 장기 체류할 때 가이사랴로 옮겨와 거주한 로마인들이었다. 고넬료와 그의 가족이 세례를 받자 성령이 그들에게 임했고, 그들은 방언을 했다. 오순절 날 예루살렘에 있었던 것과 똑같은 방언을 했다. 이 방언은 베드로의 사도적 권위를 인정하는 증표였다.

고넬료는 로마 종교인의 상태에서 기독교로 개종한 자가 아니다.

유대교 신앙 소유자였다가 예수구원의 기쁜 소식을 듣고 기독교로 개종한 이방인이다. 이 과정을 지켜본 베드로와 그의 일행은 하나님이 이방인에게도 성령을 부어주고 그들도 구원한다는 사실에 감격했다. 베드로는 이방인들에게 세례 베풀기를 주저하지 않았다.

매년 오순절 날에 "하나님을 경외하는 자들" 다수가 예루살렘을 방문했다. 그들은 할례를 받지 않은 이방인들이었다. 사도행전은 그들을 "유대교에 들어온 사람들"(행 2:10)이라고 기록한다. 유대교의 할례를 받은 이방인은 더 이상 "하나님을 경외하는 자" 신분이 아니다. 할례를 받은 남자는 유대인이다.

예루살렘교회의 첫 봉사자 일곱 명 가운데 마지막에 언급된 니골라(Nicolas)는 헬라인이었다. 안디옥 출신인 그는 유대교에 입교했다가 기독교로 개종한 이방인이었다(행 6:5). 당시 교회 안의 구제 문제를 해결하도록 임명받은 인물 가운데 한 명이었다. 교회는 헬라 배경의 이방인을 교회 봉사자로 선출했다. 헬라인 기독교들의 난제를 해결할 목적이었다. 이 니골라가 요한계시록 2장이 언급하는 니골라 당과 어떤 연관이 있는지는 정확히 알 수 없다.

맺음말: 플롯

정리하자면, 고넬료는 유대교 신앙과 경건이 몸에 배여 있는 로마인이었다. 그의 기도에 귀를 기울이고 응답한 신은 이방 신, 만신총합 유일신이 아니었다. 로마의 만신전에서 섬김을 받는 신들이 아니

---

9 아리아라자도 "하나님을 경외하는 자"를 언급한다. 아리아라자, 87.

었다. 자연종교의 신이 아니었다. 유대인들이 섬기던 창조자 하나님 야훼가 그의 기도를 들었다.

아리아라자는 성서 저자들이 각기 자기의 관점으로 이야기를 기록했다고 한다. 안디옥 출신 누가는 사도행전에서 헬라어 문화권의 신 헤르메스와 제우스(행 14장), 알 수 없는 신(행 17장), 아데미(행 19장), 그리고 황금 송아지, 몰렉, 엠판(행 7장)을 언급한다. 당시의 사회와 문화에 만연했던 이방 신 숭배를 여러 차례 언급한다. 누가의 관심과 초점은 1세기의 예수 운동에 모아져 있었다. 사도행전의 하이라이트는 유대교에 가입한 "하나님을 경외하는 자들"이 기독교로 개종한 이야기이다.

사도행전의 저자는 유대-기독교 구도 안에서 베드로와 고넬료의 만남 이야기를 전개한다. 누가가 설정한 플롯(plot)은 유대인과 유대교 신앙을 가진 이방인이 기독교로 개종한 사건이다.

누가는 고넬료를 로마 신의 신봉자라고 하지 않는다. 고넬료가 로마인들의 신, 로마 민족 신에게 기도했다고 하지 않는다. 로마의 만신전에서 섬김을 받던 신들을 언급조차 하지 않는다.

아리아라자는 베드로와 고넬료의 만남 이야기를 동원하여 다신적 유일신론—만신총합 유일신론을 정당화하려 한다. 각 종교의 신들과 창조자 하나님은 아드바이타적으로 결합된 유일신이라고 한다.

베드로와 고넬료의 만남 이야기의 핵심 메시지는 세 가지이다. 첫째, 하나님은 사람을 외모로 취하지 않는다. 인종, 혈통, 피부색, 민족의 특징과 경계선을 넘어선다. 둘째, 주권자 하나님의 사랑과 구원은 유대인에게 제한되지 않는다. 유대 민족주의 울타리를 넘어선다. 셋째, 하나님의 구원은 예수가 그리스도라는 사실을 믿고 회개하고 그를 주와 구원자로 고백하는 모든 사람에게 열려있다.

23

아리아라자의 구원론

—예수구원 유일성 교리는 최대의 걸림돌이다—

1. 절대적 의미의 진리

WCC의 몽학선생 웨슬리 아리아라자 박사(Wesley Ariarajah, 1941-)는 "예수는 유일의 구원자—그리스도인가?"라고 묻고 단호히 "아니다"라고 답한다. 예수가 유일한 구원의 길이라는 교리는 기독교가 매달려야 할 진리가 아니라고 한다. 예수 그리스도만이 하나님의 완전한 자기 계시이며, 그 분만이 전 인류의 구주라는 주장은 전혀 옳지 않다고 한다.

아리아라자는 하나님과 인간 사이의 유일무이한 중보자(중재자)라고 하는 역사적 기독교의 기독론과 구원론을 부정한다. 그것들을 초기 기독교인들이 특별한 상황에서 고백한 '신앙의 표현'일뿐, 사실(fact)이 아니라고 한다. 성서의 몇 구절이 예수구원 유일성을 말하는 것은 사실이지만, 이것들은 예수 사후에 가공된 허구라고 한다. "절대적인 의미의 진리라고 하는 것은 인간의 손이 닿는 곳에는 존재하지 않는다"[1]고 한다.

우리는 요한, 바울, 그 밖의 성서 기자들이 [예수구원 유일성]을 말했
다고 하여 예수에 대한 기독교의 주장을 절대적인 진리라고 말할 수
는 없다. 다른 종교인들도 그들이 구축한 권위를 근거 삼아 자기들의
진리의 절대성을 주장한다. 절대적인 진리에 대한 주장은 사람을 편
협하고도 오만하게 만들어 서로의 신앙 관점을 비난하는 결과를 가
져온다.[2]

과연 예수만이 그리스도인가? 하나 뿐인 구원의 길인가? 예수 그
리스도만이 하나님과 인간 사이의 중보자인가? 구원의 다른 길은 없
는가?

성경의 몇 구절들이 이 사실을 증언한다. 그러나 아리아라자는 예
수구원 유일성을 말하는 신약성서 구절들은 진실한 기록이 아니라고
한다. 그는 '사실'과 '신앙'을 구분하고, 어느 누구도 사실, 또는 객관
적인 진리에 접근할 수 없다고 한다. 역사적인 기독교의 구원론, 특
히 예수구원 유일성 교리는 초기 기독교의 급박한 상황이 만들어낸
'신앙고백'이지 사실 증언이 아니라고 한다. 예수구원 유일성에 관한
성서 구절들을 근거로 그것을 '절대적 진리,' '객관적 진리'라고 주장
함은 터무니 없다고 한다.

아리아라자는 예수구원 유일성 이야기는 문학적·철학적 전통에서
온 것이라고 한다. "성서에 있는 그와 같은 구절들은 객관적 진리를
투사(projection)해 내려는 의도가 아니라 [무엇을] 이해하고 찬미하
고 증거하여 [삶]과 관련시키려는 생명을 건 노력의 결과"[3]라고 한다.

그는 성서 안에 여러 가지 전승, 각양각색의 화상(畵像), 신앙고백,
주장들이 있다고 하면서. 때로는 그것들이 서로 돕는 관계이지만 서
로 엇갈리는 경우도 있다고 한다. 그것에서 나오는 것은 사실상 '신

앙의 설화'이며 '신앙의 찬미'이지 '사실 증언'이 아니라고 한다.

아리아라자에 따르면, 성서의 몇 구절을 절대적 진리로 여기며 그것을 근거로 배타적인 태도로 타종교인의 신앙을 부정적으로 바라봄은 그릇된 성서해석의 결과이다. 배타적인 성서 구절들에 얽매이지 않는 자유와 해방이 타종교의 신앙을 가진 사람들과 대화가 가능하도록 만들어 준다.

성서의 예수에 대한 가르침은 불변의 진리가 아니다. 예수는 하나님의 구원에 이르는 유일무이한 길이 아니다. 만약 예수가 유일의 구원의 길이면, WCC 에큐메니칼 운동과 종교 간의 대화는 아무런 의미가 없다. WCC 종교대화국이 존재해야 할 필요가 없다. 따라서 종교다원주의는 쓸모자기 없는 것이 되고 만다.[4] WCC 에큐메니칼 운동과 종교 간의 대화에 가장 큰 걸림돌은 예수구원 유일 교리이다.

아리아라자는 『성서와 종교 간의 대화』(*The Bible and People of Other Faiths*, 1985) 제3장에서 예수구원 유일 진리를 부정한다. 종교대화국 선임 책임자 스탠리 사마르타의 '개정 기독론'(종교다원주의 기독론, 아드바이타 기독론)을 자신의 언어로 풀어 서술한다.

예수가 유일의 그리스도, 구원의 유일한 길이 아니라고 하는 아리아라자의 기독론과 구원론은 WCC 종교다원주의 신앙고백의 신학적·이론적 기반이다. 이 단체의 종교다원주의 문서 "바아르선언

---

[1] 웨슬리 아리아라자, 『성서와 종교 간의 대화』, 김덕순 역, 변선환 감수 (서울: 감리교신학대학출판부, 1992), 61.

[2] 아리아라자, 61.

[3] 아리아라자, 61.

[4] 아리아라자, 61-62.

문"(1990)과 중앙위원회가 주도하여 작성하고 WCC 총회가 발표한 "종교다원주의와 기독교인의 자아정체성"(2006)은 아리아라자의 주장과 사마르타에게서 물려받은 이론을 고스란히 수용한다.

2. 성서는 정직한 기록인가?

역사적 기독교는 예수를 그리스도, 곧 하나님이 인류를 구원하려고 보낸 구원자라고 믿는다. 인간은 죄로 말미암아 하나님에게서 분리되었다. 그 분의 십자가 희생 덕분에 그가 그리스도라고 믿는 자 모두가 죄를 용서받고, 죄책(罪責)에서 해방되어 구원을 받는다. 예수는 우리를 하나님과 화해시킨 중보자이다. 그가 우리를 대신하여 치른 죄의 대가가 인간을 죽음과 영원한 멸망에서 구원하며, 하나님과 연합시킨다고 믿고 고백한다.

하나님의 아들 예수 그리스도는 무죄 상태로 이 땅에 오셨다. 십자가에서 죽음을 맞음으로써 하나님의 구원 계획 안에 있는 인류의 죄의 대가를 대신 지불했다. 예수 그리스도의 희생은 하나님과 인간 사이의 관계를 회복시키고, 죄인을 하나님의 양자로 삼는 유일한 길이다. 누구든지 예수를 그리스도로 믿으면 죄 사함을 받고 영원한 생명을 얻는다. 예수를 믿는 자는 그의 가르침을 따라 윤리 실천과 성화의 삶을 산다. 예수를 그리스도로 믿지 않는 사람은 하나님 통치 밖에 있다.

예수는 단순한 인간 또는 평범한 예언자가 아니다. 그는 그리스도—구원자이다. 예수의 부활은 죽음의 권세를 이기고 인류에게 새 생명을 가져왔다. 그의 부활은 그가 죽음의 권세를 정복하고 사탄을 결박하며 나아가 죄인들에게 영원한 생명을 보장한 중요한 사건이다.

구약성서는 오실 그리스도에 대한 이야기이며, 신약성서는 오신 그리스도 예수에 대한 이야기이다. 성서는 하나님의 영감 아래의 기록된 구원사와 계시사의 기록이다. 성서는 하나님의 말씀이다. 성서의 메시지에는 오류가 없다. 초기 기독교는 우리가 예수를 그리스도로 믿으면 죄 용서를 받고 영원히 구원을 받는다고 믿었다. 그리스도의 계시(갈 1:12)를 받은 바울은 이 예수가 하나님과 인간 사이의 유일의 중보자, 유일의 구원자라고 명시한다(딤전 2:5).

진정 예수 그리스도만이 하나님의 완전한 자기 계시이며, 그 분만이 전 인류의 구원자인가? 구약성서를 새 언약의 진리로 설명한 신약성서 히브리서 기자는 이 질문에 '그렇다'라고 답한다.

하나님께서 옛날에는 예언자들을 통하여, 여러 번에 걸쳐 여러 가지 방법으로 우리 조상들에게 말씀하셨으나, 이 마지막 날에는 아들을 통하여 우리에게 말씀하셨습니다. 하나님께서는 이 아들을 만물의 상속자로 세우셨습니다. 그를 통하여 온 세상을 지으신 것입니다(히 1:1-2).

예수의 사도 바울은 로마서 첫 부분에서 히브리서 기자가 기록한 위 내용을 한층 더 발전시켜 언급한다. 죄악 가운데 있는 사람은 형벌을 받게 되는 바, 그 까닭은 이미 무엇이 옳은가를 알고도 그것을 따르지 않았기 때문이라고 한다. "이 세상 창조 때로부터, 하나님의 보이지 않는 속성, 곧 그분의 영원하신 능력과 신성은, 사람이 그가 지으신 만물을 보고서 깨닫게 되어 있습니다. 그러므로 사람들은 핑계를 댈 수가 없습니다"(롬 1:20).

바울은 한 걸음 더 나아가 이방인의 경우에 양심이, 유대인의 경우에는 율법이 사람들로 하여금 옳은 일을 행하도록 했다고 한다(롬 2:13-15). 바울은 인간 본성에 관한 계시 진리를 더 구체적으로 설명한다.

> 이제는 율법과는 상관없이 하나님의 의가 나타났습니다. 그것은 율법과 예언자들이 증언한 것입니다. 그런데 하나님의 의는 예수 그리스도를 믿는 믿음을 통하여 오는 것인데, 모든 믿는 사람에게 미칩니다. 거기에는 아무 차별이 없습니다(롬 3:21-22).

바울이 로마서와 나머지 서신들에서 말하려는 것은 하나님이 예수 그리스도를 거쳐 인간 구원의 길을 결정적인 방법으로 나타내 보였으며, 그러므로 사람은 예수를 그리스도로 믿는 믿음으로 구원을 얻을 수 있다는 것이다. 하나님이 예비한 다른 그리스도는 존재하지 않으며, 오직 예수 그리스도만이 구원의 길이라고 한다.

요한복음 3장 16절과 18절은 예수가 구원의 길임을 명료하게 제시한다. 도마와 예수의 일문일답은 예수구원 유일성 진리에 대한 대표적인 기록이다. "도마가 예수께 말하였다. "주님, 우리는 주님께서 어디로 가시는지도 모르는데, 어떻게 그 길을 알겠습니까? 예수께서 그에게 말씀하셨다. "나는 길이요, 진리요, 생명이다. 나를 거치지 않고서는, 아무도 아버지께로 갈 사람이 없다"(요 14:5-6).

예수께서 시각장애자를 고친 사건 이후 베드로와 요한은 대제사장에게 끌려가서 대담하게 그리스도를 증언했다.

> 이 예수는 "너희들 집 짓는 사람들에게는 버림받은 돌이지만, 집 모퉁이의 머릿돌이 되신 분"입니다. 이 예수 밖에는, 다른 아무에게도

구원은 없습니다. 사람들에게 주신 이름 가운데 우리가 의지하여 구원을 얻어야 할 이름은, 하늘 아래에 이 이름 밖에 다른 이름이 없습니다(행 4:11-12).

히브리서는 그리스도만이 최후의 궁극적인 대속적 희생이라고 말한다. "그 다음에 말씀하시기를 '보십시오, 나는 주님의 뜻을 행하러 왔습니다'라고 하셨습니다. 그리스도께서는 두 번째 것을 세우시려고, 첫 번째 것을 폐하셨습니다. 이 뜻을 따라 예수 단번에 드리심으로써 우리는 거룩하게 되었습니다"(히 10:9-10).

바울은 왕들과 높은 지위에 있는 모든 사람을 위하여 기도하는 것이 유익함은 우리가 경건하고 품위 있게, 조용하고 평화로운 생활을 하기 위함이라고 하면서, 예수가 전체 인류를 위한 유일의 중재자임을 다음과 같이 말한다.

우리 구주 하나님께서 보시기에 좋은 일이며, 기쁘게 받으실 만한 일입니다. 하나님께서는 모든 사람이 다 구원을 얻고 진리를 알게 되기를 원하십니다. 하나님은 한 분이시요, 하나님과 사람 사이의 중보자도 한 분이시니, 곧 사람이신 그리스도 예수이십니다. 그분은 모든 사람을 위해서 자기를 대속물로 내주셨습니다. 하나님께서 꼭 적절한 때에 그 증거를 주셨습니다(딤전 2:3-6).

아리아라자는 자기 자신도 위 성서 구절들을 알고 있다고 한다. 그러면서도 기독교가 성서의 서너 구절에 집착하여 배타적 기독론, 배타적 구원론, 배타적 선교론을 구축함은 위험천만이라고 한다. 예수만이 구원의 유일한 길이라는 말에 유감을 표하면서, WCC의 존재의

의에 대하여 다음과 같이 말한다.

> 만약에 이것이 기독교가 전하는 성서의 가르침이라면 도대체 [WCC
> 의] 종교 간의 대화의 목적이란 무엇이란 말인가? 기독교의 사명이
> [예수 구원에 대한] 선포로서 끝나는 것이 아니겠는가? 예수 그리스도
> 야 말로 온 세상의 구주라고 말하기만 하면 되는 것이 아니겠는가?[5]

아리아라자는 예수구원 유일성을 말하는 성서의 진술들을 진실한 기록이 아니라고 한다. 예수구원 유일성을 말하는 성서 구절들의 진의를 정확히 이해하려면 성서 전체의 뜻 아래서 그 구절들을 재해석해야 한다고 주장한다.

아리아라자에 따르면, 많은 사람들이 하나님께서 예수 그리스도를 거쳐 이룬 일에 대한 결정적인 궁극성을 주장하고 있는 것이 현실이다. 이 마당에 성서에 예수구원 유일성 언급이 있다는 사실에 대하여 무슨 말을 할 수 있겠는가. 그럼에도 불구하고 성서에는 종교 간의 대화가 필요하고 그것을 가능하게 하는 여지가 있음을 인정하지 않을 수 없다.

배타적인 성서 구절들의 의미에 함몰되기 전에, 성서의 다른 부분을 읽고 이것들이 예수구원 유일성을 지지하는 것처럼 보이는 성서 구절들과 어떤 관계가 있는가를 알아보아야 한다. 겨우 몇몇 성서 구절에 집착하여 신학이나 선교학 전체를 구축하려 함은 위험한 일이 아닐 수 없다. 성서의 배타적 주장의 의미를 바르게 간파할 수 있는 방법이 있다. 눈을 크게 뜨고 성서가 말하는 예수에 관한 기록과 그분의 가르침을 자세히 살펴보는 것이다. 성서의 다른 본문들의 예수에 관한 이해와 그의 교훈에 눈을 돌려보아야 한다.[6]

아리아라자는 성서 본문에 대한 자유주의 신학자들의 부정적인 견
해를 고스란히 자신의 말로 아래와 같이 제시한다. 예수의 교훈과 활
동에 대한 복음서 저자의 기록은 설화(說話)이다. 성서는 사실 기록이
아닌 설화 모음이다. 전해져 내려오는 신화, 전설, 민담(saga)을 기록
한 것이다. 초기 기독교인들의 예수에 대한 이야기는 신앙의 언어로
기록된 사랑의 고백이다. 신앙의 언어는 진실이 아닌 것을 진실한 것
인 양 고백 형식으로 담아낸다.

초기 기독교 공동체는 배타적 주장을 해야 할 특별한 상황에 처해
있었다. 예수가 유일의 구원자라는 주장을 할 수 밖에 없는 처지였
다. 공관복음서, 곧 마태, 마가, 누가의 복음서의 예수 상(像)과 요한
복음이 제시하는 예수의 상은 같지 않다. 신학자들은 "복음서 저자들
이 예수의 교훈과 예수에 대한 설화를 선택하기도 하고 편집하기도
하는 과정에서 각각 특별한 목적을 가지고 성서를 기록했다"[7]고 한
다. 요한복음은 다른 복음서들에 비하여 예수에 관한 재료들을 훨씬
자유롭게 취급하고 있다. 이러한 학설이 학계에서 일반적으로 인정
을 받고 있다.

요한복음의 저자가 다른 복음서 저자들보다 폭넓게 예수 교훈의
내용을 많이 포함시킨다고 하는 아리아라자의 말의 의미는 무엇인
가? 요한복음이 "나는 길이요, 진리요, 생명이다. 나를 거치지 않고서
는, 아무도 아버지께로 갈 사람이 없다"(요 14:6)는 허위 사실을 기록
한 것이다. 요한이 초대교회 안에 떠돌던 그 당시 '예수 신앙,' 곧 예

---

[5]아리아라자, 49

[6]아리아라자, 51.

[7]아리아라자, 51.

수에 대한 신앙고백을 반영하고 재구성했다는 것이다. 마치 예수가 직접 그 배타적 주장을 한 것처럼, 요한이 자기의 생각을 요한복음에 기록했다는 의미이다. 예수구원 유일성에 관한 성서의 기록은 예수 사후의 초기 기독교 공동체의 '신앙고백'이지 사실이 아니라는 것이다. 제자들이 사실 증언이라고 믿었던 허구(fiction), 곧 소설이라는 의미이다.

아리아라자에 따르면, 성서는 진실한 기록이 아니다. 성서는 예수의 교훈과 활동을 알려주는 수집된 정보들 가운데서, 저자 자신이 선별적으로 기록한 것이다. 어떤 것은 취하고 어떤 것은 취하지 않았다. 저자들은 각각 자기가 설정한 구도와 목적에 따라 이야기를 재구성했다. 구도를 설정하고 자기가 의도하는 것을 기록했다.

아이리아라자는 예수의 '하나님 중심적 삶'의 방식이라는 관점으로 복음서에 접근한다. 공관복음서의 놀랄만한 점은 예수 자신이 보여준 하나님 중심의 삶의 방식이다. 예수는 자기 자신을 하나님의 아들이라고 부르지 않았다. 자신을 '사람의 아들'(人子)이라고 불렀다. 자신이 '하나님 나라'의 창시자라고 생각하고 있었다(막 1:14-15; 눅 11:20)고 한다.

아리아라자에 따르면, 예수의 '하나님 나라'는 윤리공동체이다. 예수는 하나님의 나라가 가까이 임했다고 했다. 사회적 정의를 실현할 수 있는 시점이 왔다고 했다. 그래서 예수는 하나님의 용서를 선언하고, 사람들에게 회개를 촉구하고, 하나님과 사람, 사람과 사람의 관계에 대한 깊은 윤리적 이해로 이끌었다. 전적으로 하나님을 의존했고, 그 하나님을 지향했다.

만약 공관복음서의 콘텍스트에서 성서 기자가 요한복음처럼 예수가 "나와 하나님은 하나이다"라고 기록했으면 이상하게 들렸을 것이다. 거기에는 예수 자신이 신(神)이라든지, 하나님과 자신이 하나라고 하는 따위의 수장이 전혀 없다. 다만 전적으로 하나님을 향한 삶으로 전향한 모습으로 살라고 하는 도전이 있었을 뿐이다.[8]

3. 예수, 이상적 윤리 모델

아리아라자는 예수를 도덕 교사, 이상적 윤리 모델로 제시하면서 아래와 같이 도덕교사로 부각시킨다. 예수는 자신이 율법을 폐기하러 온 것이 아니라, 그것을 성취하려고 왔다고 했다. 예수는 율법의 정신, 곧 윤리적 이상을 따라 율법의 요점인 윤리를 자기 가르침의 줄거리로 삼았다(신 6:4; 레 19:18; 막 12:28-34).

예수께서는 사람들에게 "나를 따르라"고 권했다. 제자가 되라고 했다. "나를 따르라"고 한 말은 자신의 윤리적 삶과 실천을 따르라고 한 것이다. 예수는 자신이 하나님과 인간 사이의 유일한 중재자라는 말을 하지 않았다. 오히려 자신은 이사야서가 말하는 "고난의 종"에 가까운 사람이라고 했다.[9]

예수는 모범적인 윤리 교사이다. 이야기꾼, 비유 방식의 설교자, 학대받는 사람들과 사귀는 사람이었다. 예수는 보통 사람이었다. 대중을 사랑하고 그들과 함께 있는 것을 기뻐하는 사람이었다. 예수는 자신이 하나님과 인간 사이의 유일한 중재자라고 말한 바 없다. 말하거나 믿는 것보다 더 강력하게 실제적인 삶을 살았고, 확신한 윤리적 태도를 보였다. 자기 중심의 삶을 떠나 하나님 중심의 삶, 하나님 나

---

[8] 아리아라자, 52.
[9] 아리아라자, 53.

라, 윤리공동체에 합당한 교훈을 말했다.[10]

예수는 사람들에게 그들 자신이 속한 종교집단에서 이탈하여 자신을 따르라고 명령하지 않았다. 유대인에게 기독교로 개종하라고 말하지 않았다. 예수의 주변에는 언제나 작은 무리가 있었을 뿐이다. 예수는 모든 사람이 자기의 직접적인 제자가 되어야 한다는 생각을 하지 않았다(막 10:38-41).[11]

아리아라자는 이처럼 성서에 예수구원 유일성을 말하는 배타적인 구절이 있기는 하지만, 이와 상반되는 예수에 대한 다른 증언들이 있다면서 이를 근거로 '오직 예수구원'의 도(道)를 부정한다. 예수가 유일의 구원자라는 사실을 거부한다.

아리아라자에 따르면, 성서의 다른 여러 구절들이 이 배타적 이미지에 반대되는 예수 상을 보여준다. "분명한 것은 요한이 예수의 생애 사건을 그 당시 신앙공동체의 신앙고백에 따른 예수의 의미에 관한 신학적 논의를 도출(導出)하고 있다는 점이다."[12] 성서는 사실 기록이 아니라 초기 기독교인들의 신앙고백, 자기이해, 사랑고백, 허구를 담고 있다. 배타적인 성경구절들을 기록자 자신들의 종교적 신념을 담은 것에 지나지 않는다.

아리아라자는 많은 학자들이 공관복음서를 포함한 성서에 있는 모든 설화들을 사실 기록이 아닌 '신앙의 설화'를 기록한 것이며, 초대교회의 경험이 형성한 신앙고백을 허위 사실로 인정한다고 한다.[13] 그가 언급하는 '많은 학자들'은 탈기독교적이고, 반기독교적인 사상과 관점을 가진 다수의 자유주의 신학자들이다.

아리아라자는 예수를 하나님과 인간 사이의 유일한 중보자라든지, 유일한 구원의 길이라고 하는 배타적 주장은 초기 기독교인들의 "신앙 공장"[14]에서 생산된 것이라고 한다. 사실 기록이 아니라 작가의 희망 사상을 기록한 것이라고 한다. 공관복음서의 저자들이 자기들 나름의 '신앙의 관점'을 대변했다고 한다. 그러나 요한의 증언은 공관복음서 기자들의 기록 내용과 같지 않다고 한다. 다시 말하자면, 예수께서 "나는 생명이다. 나를 거치지 않고서는, 아무도 아버지께로 갈 사람이 없다"(요 14:6)고 말했지만, 그가 직접 그러한 말을 한 것이라고 볼 수 없으며, 따라서 그 기록은 신뢰할 만하지 않다고 한다.

아리아라자는 신약성서의 예수를 '사실의 예수'가 아닌 "신앙의 그리스도"로 규정한다. '역사적 사실의 예수'가 아니라 신화와 허구와 '신앙의 그리스도'에 지나지 않는다고 한다. 바울과 히브리서 기록자는 예수의 교훈과 그분이 제자들과 함께 대화하고 생각한 윤리적 가르침에는 아무런 흥미를 보이지 않는다고 한다. 오로지 예수의 죽음과 부활의 '의미'에만 관심을 가졌고 그것을 증언하는 것이 자기들의 의무라고 생각했다고 한다.[15]

아리아라자는 예수구원 유일성과 관련하여 요한복음이 공관복음서와 바울서신의 중간 위치에 있으며, "요한은 이와 같은 일을 예수에 대한 자신의 신앙의 빛 아래서" 기록했다고 한다. 요한이 사실을 기록한 것이 아니라 "자신의 신앙고백"을 기록했다는 것이다. "요한이나 바울이나 히브리서 저자는 예수가 어떤 분이었는가에 대한 우리들의 이해에 대하여 신뢰할만한 지침"이기보다는 제자들과 초대교

---

[10]아리아라자, 53.

[11]아리아라자, 53.

[12]아리아라자, 53.

[13]아리아라자, 53.

[14]아리아라자, 54.

[15]아리아라자, 54.

회에서 예수가 "어떤 의미를 가지고 있었는가에 대한 증언"[16]이라고
한다. 신약성서는 사실 증언이 아니라 제자들과 초대교회가 이해한
주관적인 이야기를 기록한 것이라고 한다.

아리아라자는 거듭 성서 기록자들이 예수에 대한 자신의 '신앙고
백'을 기록했다고 한다. 성서의 예수 이야기는 역사적 사실 기록이
아니라 신앙적 맥락에 따라 기록자가 자기 생각을 적은 것이다. 그들
의 주장은 신앙공동체 밖에 있는 사람들에게는 아무런 의미를 가질
수 없다. 사실 기록이 아닌 '신앙 기록'에 기초한 예수구원 유일성 교
리는 타종교인에게는 아무런 의미가 없다고 한다.

아리아라자에 따르면, 예수구원 유일성에 관한 성서의 기록은 '신
앙의 고백,' 곧 허구이다. 성서는 예수의 의미를 이해하려고 한 당시
의 신앙공동체가 겪어야만 했던 고투(苦鬪)를 증언한다. 그 내용은 사
실 기록이 아니다. 그리스도가 오직 하나의 길, 오직 한 분인 구주,
오직 한 분인 중재자라는 주장은 사실이 아니라 신앙의 언어로 말한
'신앙의 증언'에 지나지 않는다.

초기 기독교 공동체가 예수에 대한 유일성, '오직 하나'의 구원의
길을 강조한 것은 기독교인들이 유대교를 떠나 서서히 독립된 공동
체로 되어가는 시기에 유대교 집단 사람들과의 논쟁 가운데서 나올
수밖에 없었던 표현이다. 그 당시 기독교 공동체는 미약하고 보잘 것
없는 집단이었다. 신앙심은 강했다. 기독교 공동체는 거대한 유대교
집단으로부터 공격을 받고 있었다. 핍박을 받고 있는 자기들은 자기
의 주 예수에 대한 신앙을 정당화해야 하는 매우 긴박한 상황에 놓였
다. 이와 같은 환경의 논리와 자기들의 강한 확신 속에서 그들은 예
수 자신조차 말하지 않은 예수에 대한 강한 주장, 곧 예수가 구원의
유일의 길이라고 말했다.

이 과정에서 큰 모순이 발생했다. 중심에 있어야 할 하나님은 주변으로 밀려나고, 주변에 있어야 할 예수는 중심으로 옮겨갔다. "하나님이 구주로 모셔지는 것이 아니라 예수가 구주로 자리를 잡게 되었다. 우리의 생명이 하나님으로 부터 오는 것이 아니라 예수 그리스도가 생명의 근원이 되어졌다."[17] 그리고 모든 기도는 "예수 이름으로" 또는 "그리스도를 통하여" 드려졌다. 기도의 대상조차 하나님이 아니라 예수로 바뀌었다.

아리아라자는 삼위일체 하나님 교리도 예수와 그의 의미에 대한 '신앙 시각'의 결과라고 한다.[18] 삼위일체 신론을 허구에 기초한 '신앙고백'에 지나지 않는 교리로 간주한다.

아리아라자는 초대 기독교인들이 예수를 유일의 구원자로 신앙한 것은 마치 고타마 싯다르타(붓다)가 신이 아님에도 그의 제자들이 그를 신으로 예배하는 것과 같다고 한다.

고타마 싯다르타는 왕자였지만 고행자(苦行者)로서 깨달음의 경험을 거쳐 모든 인간이 생명의 문제를 탈각(脫却)하여 더 없는 행복에 이르는 길을 발견했다고 확신했다. 자기를 알 필요도, 믿을 필요도, 예배할 필요도 없다고 했다. 누구든지 생명의 본성을 알게 하는 도(道)를 따르면 열반에 도달한다고 가르쳤다. 그러나 싯다르타의 제자들인 어느 불교 종파는 그를 주와 하나님으로 모신다. 인간 싯다르타에게 예배를 드리면 그를 신앙의 중심으로 부상시킨다.[19] 이 일에 목

---

[16]아리아라자, 55.
[17]아리아라자, 56.
[18]아리아라자, 57.
[19]아리아라자, 57.

숨을 건 사람들도 없지 않다. 이 그룹의 경전은 삿다르타가 주이며, 예배를 받을만한 신이라는 사실 증명들로 가득 차 있다.

아리아라자는 초기 기독교가 예수구원 유일성이라는 배타적 표현을 하게 된 상황을 아버지와 딸의 관계로 비유한다. 딸은 "아빠는 제일 좋은 아버지야, 이 세상에서 아빠만큼 좋은 사람은 없어"라고 말한다. 딸은 거짓말을 하는 것이 아니라 자기의 경험을 말하는 것이다. 딸은 정직하다. 누군가 그 딸에게 "네 아버지보다 더 좋은 아버지가 있다, 네 아버지가 이 세상에서 제일 좋은 아버지는 아니다"라고 말하면 그 딸은 깜짝 놀랄 것이다.[20]

딸은 절대적인 진리, 객관적인 사실을 말하는 것이 아니라 '신앙의 언어'와 '사랑의 언어'로 말한 것이다. 누가 좋은 아버지이며 누가 좋지 않은 아버지인가를 결정하는 객관적 기준은 없다. 아이들의 경험 범위 안에서, 어린이들의 세계에서, 딸의 이 주장은 절대적인 것이다.

아리아라자는 성서의 용어를 '사실의 언어'가 아니라 '신앙의 언어'라고 한다. 기독교인이 선민(選民)이라든지, 예수가 유일한 구원의 길이라는 표현이 이와 같다고 한다. 신앙은 인간 경험 안에 존재한다. 우리의 신앙은 타종교인의 신앙을 헐뜯을 목적으로 형성된 것이 아니다. "사랑의 용어로 쓰여진 신앙고백을 끄집어내어 그것을 절대적 진리로 만들려고 할 때 여기에서 문제가 발생한다. 더욱이 그것에 기초하여 타인이 주장하는 진리를 비판하려 할 때 심각한 문제가 발생한다"[21]고 한다.

아리아라자는 예수구원 유일 신앙이 인간의 한계와 절대적인 진리라고 하는 것에 대한 이해 부족에서 온다고 한다. "절대적인 진리는 인간의 손이 닿는 곳에 존재하지 않는다"[22]고 한다. 요한, 바울, 그 밖의 성서 기자들이 무엇을 말했다고 하여 예수에 대한 기독교의 주장이 절대적인 진리라고 할 수 없다고 한다. 다른 종교인들도 이와 마찬가지로 그들이 구축한 권위를 근거삼아 자기 종교 진리의 절대성을 주장한다고 말한다.

4. 고상한 거짓말

아리아라자 주장의 요점은 예수가 유일의 구원자라고 하는 교리가 고상한 거짓말(noble lie)이라는 것이다. 예수 이야기가 절대적·객관적 진리라고 하는 주장은 성서와는 관계가 없는 문학적·철학적 전통에서 온 것이라고 한다.[23] 예수구원 유일성은 신앙의 설화이며, 확신에 넘친 증인들에 의한 '신앙의 찬미' 또는 사실이 아닌 '신앙고백' 그 이상이 아니라는 것이다.

복음주의 기독교인들은 예수구원 유일 진리를 하나님의 특별계시로 주어진 엄중한 복음으로 확신한다. 아리아라자는 이러한 발상이나 주장은 아무런 해결책이 되지 않는다고 한다. 아리아라자에 따르면, 이슬람교와 힌두교 등 거의 모든 종교가 그들 나름의 계시의 개념에 기반을 두고 있다. 여러 사람들이 여러 가지 계시를 하나님에게서 받았다. 계시라는 것은 일종의 '신앙의 주장'이지 '객관적인 진리'가 아니다. 배타적 주장은 고립과 소외만 불러일으킬 뿐이다.

---

[20]아리아라자, 59.

[21]아리아라자, 60.

[22]아리아라자, 60.

[23]아리아라자, 61.

아리아라자는 윤리를 기독교의 본질로 이해한다. 기독교인을 자신을 봉헌하고 생애를 다른 사람을 향하여 개방하는 삶을 살도록 윤리적 부름을 받은 자들이다. 아리아라자는 하나님의 특별계시의 존재를 부정한다. 성서의 권위와 영감성과 무오성을 무시한다. 예수구원 유일성 진리를 객관적 진리가 아니며 허구에 기초한 '신앙고백'에 지나지 않는다고 한다.

성서가 담고 있는 예수 그리스도의 이야기가 초기 기독교인들의 신앙고백과 주관적 경험에 지나지 않는가? 그렇다면 기독교인이 매달려야 할 것은 아무 것도 없다. 아리아라자는 기독교인이 사수(死守)해야 할 진리가 존재하지 않는다고 한다. 성경이 제시하는 신론—성령론, 인간론, 기독론, 구원론 모두가 '신앙의 고백'이며 상대적인 가치를 지닐 뿐이다.

나아가, 기독교 진리는 상대적이다. 불변의 진리로 사수해야 할 기독 교리는 없다. 야훼에 대한 신앙도, 십자가에 달려 피 흘려 죽은 우리의 대속자 예수 그리스도에 대한 신앙도, 우리를 화목제물인 예수 그리스도에게 인도하는 성령의 역사도 한낱 소문에 지나지 않는다. 초대 기독교인들과 순교자들이 예수를 믿으면서 거대한 정치권력에 저항하고 죽음으로 맞선 것은 덧없는 희생에 지나지 않는다. 예수를 믿을 필요도 없고, 종교다원 사회에서 꼭 기독교 신자이어야 할 이유도 없다.

맺음말: 자유주의 신학 전통

아리아라자의 기독론과 그것에 기초한 구원론은 자유주의 신학과 임마누엘 칸트의 인식론이 몰고 온 주관주의와 상대주의에 함몰되어

있다. 성서의 증언과 복음주의 신학의 명제에 대한 진위 여부를 알
수 없다고 보는 불가지론이라는 철학적 관점을 반영한다.

자유주의 신학은 19세기 유럽에서 계몽주의와 근대 과학의 발달
그리고 성서비평학의 영향으로 형성된 탈기독교적인 신학 사조이다.
이것은 다양한 유형으로 변형되어 왔다. 그 가운데 하나가 종교다원
주의이다. 이 신학은 역사적 기독교 교리와 성서 해석을 거부한다.
성서를 있는 그대로 받아들이지 않는다. 온통 의심의 눈으로 읽는다.
하나님의 말씀이라고 믿지 않고, 인간의 신(神) 경험을 담은 주관적인
기록이라고 본다. 신화, 영웅담, 민담, 전설, 소설, 연애편지처럼 상징
과 비유와 허구를 담은 책이라고 생각한다.

계몽주의의 영향을 받은 자유주의 신학자들은 하나님의 초자연적
인 활동과 특별계시보다 인간의 이성과 합리성을 신앙의 중요한 요
소로 여긴다. 따라서 예수구원 유일성 진리를 사실에 기초한 것이 아
닌 '신앙의 교리'로 간주한다. 예수를 오로지 역사적 인물, 곧 한 인간
으로 여긴다. 예수의 도덕적 가르침과 윤리적 삶을 강조한다. 예수의
신성을 부정하고, 하나님과 화해에 이르는 인간구원의 통로자인 것
을 거부한다. 성서를 성령의 감동, 영감 아래서 기록된 정직한 증언
을 기록한 것으로 여기지 않는다.

사유주의 신학은 개인의 영혼 구원보다 사회정의와 평등, 빈곤, 억
압 해결, 윤리 실천을 기독교 신앙의 핵심 목표로 본다. 성서의 권위
와 예수 그리스도의 신성을 부정한다. 아리아라자의 주장은 자유주
의 신학 전통에 충실하다.

아리아라자의 주장이 옳다면, 지적으로나 논리적으로 기독교인이
방어해야 할 것은 아무 것도 없다. 변증하거나 공격해야 할 것도 없
다. 상대방에게 개종을 권할 필요도 없고, 복음 전도를 해야 할 까닭

도 없다. '객관적 진리'를 주장함은 덧없는 일이다. 예수께서 "너희는 온 세상에 나가서, 만민에게 복음을 전파하여라"(막 16:15)고 말한 것도, 예수의 여러 가지 가르침들도, 십자가에서 죽었다가 부활한 뒤 이 땅을 떠나 하늘로 승천할 때 제자들에게 당부한 마지막 명령도 아무런 의미가 없다. "너희는 가서, 모든 민족을 제자로 삼아서, 모든 것을 그들에게 가르쳐 지키게 하여라. 보아라, 내가 세상 끝 날까지 항상 너희와 함께 있을 것이다"(마 28:19-20)라고 말한 것은 진실성이 결여된, 공연하거나 쓸데없는, 실없는 당부에 지나지 않는다.

아리아라자는 예수의 마지막 분부, 곧 지상명령(至上命令)이 다음과 같이 개정되어야 한다고 생각하는 듯하다. "너희는 가서 모든 족속으로 제자를 삼아 아버지와 아들과 성령의 이름으로 세례를 주고 내가 너희에게 분부한 모든 윤리적 가르침을 따르게 하라. 세상사 해결이 목적인 '하나님의 선교'에 전력하라. 종교 간의 대화와 종교통합에 힘쓰라. 예수구원 유일 신앙을 팽개쳐 버리라. 애수구원 유일성은 진리가 아니라고 외치라. 불변의 진리는 없다. 모든 종교는 동일동가이다. 볼지어다. 내가 세상 끝 날까지 너희와 항상 함께 있지 않으리라."

24

아리아라자의 종교론

—모든 종교는 하나님의 구원의 길이다—

1. 회개는 구원의 조건 아니다

WCC는 예수 밖에도 하나님의 구원이 있다고 한다. "하나님의 구원의 은총에는 제한을 둘 수 없다"고 선언한다. 두 종류의 구원의 길이 있다고 한다. 하나는 예수 그리스도를 통한 구원의 길이고, 다른 하나는 그 분을 거치지 않는 여러 가지 구원의 길이다.

WCC는 하나님이 모든 종교를 사랑하며, 모든 종교인을 구원한다고 한다. 기독교를 포함한 모든 종교가 구원의 길이라고 하는 종교다원주의를 표방한다.

WCC의 종교다원주의 신앙고백의 배후에는 하나님의 사랑에는 조건이 없다는 신학이 자리 잡고 있다. 웨슬리 아리아라자(Wesley Ariarajah, 1941-)는 『성서와 종교 간의 대화』(*The Bible and People of Other Faiths*, 1985) 제4장 "대화의 성서적 근거"에서 하나님이 모든 종교와 종교인을 사랑하고 구원한다고 한다. 모든 종교와 종교인 그리고 세상의 모든 것이 하나님의 소유이며, 따라서 종교 간의 대화, 곧 종교다원주의 활동이 성서적이라고 한다.[1]

아리아라자는 하나님이 모든 종교와 종교인들을 구분하지 않고 영
으로 그들에게 임재하여 활동하며, 차별 없이 모두를 사랑한다고 한
다. 하나님이 모든 사람을 동등하게 사랑하는 까닭을 다음과 같이 제
시한다.

첫째, 하나님은 사랑이다(요일 4:8). 하나님은 모든 사람을 사랑한
다. 세상의 모든 것, 모든 종교, 모든 종교인의 주인이다. 성서는 하
나님이 인간을 사랑으로 대하는 방식을 보여준다. 복음은 거부의 메
시지가 아니라 환대(hospitality)와 수용(acceptance)의 소식이다.
예수는 모든 인간, 문화, 종교를 수용하는 메시지를 외쳤다. 하나님
이 햇빛과 비를 악인과 선인에게 내려주는 것처럼, 하나님의 구원은
우리가 회개하거나 하지 않거나, 예수를 믿거나 믿지 않는 것과 무
관하다.

둘째, 하나님은 모든 인간을 사랑으로 대한다. 우리가 하나님을
받아들이기 전에 하나님이 우리를 받아준다. 하나님의 은혜는 무조
건적이다. 종교, 인종, 지역, 연령을 개의치 않고 다 받아준다. 기독
교인과 타종교인은 모두 다 하나님의 자녀이다.

셋째, 진정한 사랑에는 조건이 없다. 복음은 우리에게 회개, 곧 하
나님 중심의 새로운 삶을 시작하라고 권한다. 회개는 죄의 회개가 아
니라 자기중심의 생활에서 새로운 삶으로 전환하는 변화이다. 믿음
이란 예수의 윤리적 모델을 따르는 삶을 사는 것이다.

넷째, 하나님은 만유의 주이며, 전 인류와 모든 종교의 주(Lord)이
다. 하나님은 특정 종교의 울타리 안에 갇혀 있지 않다. 예수를 믿느
냐 믿지 않느냐에 구애받지 않고, 모든 종교인들을 사랑하고 구원한
다. 모든 종교의 예배를 받는다. 모든 종교의 신은 유일신 하나님의
다양한 현현이다. 하나님은 모든 종교인 가운데 임재한다.

다섯째, 따라서 예수를 믿지 않고 회개하지 않으면 하나님의 사랑을 받을 수 없다고 함은 하나님의 속성에 반(反)한다. "하나님이 예수 그리스도 안에서 이루신 일을 믿지 않으면 구원을 받을 수 없다"고 말함은 예수의 가르침과 상반된다. 비기독교인을 향하여 "구원을 받으려면 회개하고 예수를 믿으라"라는 조건을 제시함은 성서가 말하는 복음에 대한 현저한 왜곡이다. 하나님은 이미 모든 사람에게 구원의 손길을 내밀었다. 회개는 하나님이 내민 구원의 손길에 대한 인간적 반응 또는 응답일 뿐이다.

여섯째, 예수는 타종교에 개방적이었다. 그는 타종교를 배척하지 않았다. 유대교인들에게 기독교로 개종하라고 하지 않았다. 반드시 개종해야한다고 말하지도 않았다. 복음 메시지의 중심에는 모든 것을 받아들이는 수용 정신이 있다. 수용은 타인에게 무엇을 요구함이 아니라 자기를 내어줌이다. 다른 사람을 있는 그대로 환영하고 받아들이는 능력이다.

아리아라자는 유대인을 '타종교인'으로 설정한다. 예수께서 '타종교인'을 배척하지 않았다고 한다. 그리고 우리가 타종교를 객관적으로 관찰할 수 있다는 생각을 가짐은 옳지 않다고 한다. 힌두교, 불교, 이슬람 등 타종교가 예수 그리스도 언약 공동체 밖에 있다고 말하거나 타종교인들이 하나님이 계시한 진리를 따르지 않는 자들이라고 단정함은 매우 부당하다고 한다.[2] 타종교를 연구해 보지도 않고 내리는 총괄적인 부정적 판단은 불합리하다고 한다.

---

[1] 웨슬리 아리아라자, 『성서와 종교 간의 대화』 (서울: 감리교신학대학 출판부, 1992), 63-79.

[2] 아리아라자, 65.

아리아라자는 타종교에 대한 포용적인 자세를 가진 기독교인은 힌두교인들을 '있는 그대로' 받아들인다고 한다. 성불(成佛)하고 싶어하는 불자(佛子)를 있는 그대로 수용한다. 알라만이 유일한 신이라고 믿는 무슬림을 경계하지 않는다. 그들을 있는 그대로 받아들인다. 타종교와 타종교인을 그 상태로 받아들이는 환대와 수용이야 말로 올바른 신앙의 태도라고 한다.

아리아라자는 성서에 충실한 타종교에 대한 올바른 자세는 자신의 신앙과 불일치하는 종교를 가진 사람도 받아들이는 수용 태도라고 한다. '나와 같은 신앙을 가지지 않는 타종교인들은 받아들일 수 없다'는 배타적 태도는 복음에 불일치한다고 한다. 예수를 그리스도로 믿지 않거나 기독교 공동체에 속하지 않는 자에게 하나님의 구원을 받을 수 없다고 말함은 성서의 가르침이 아니며, 창조자 하나님이 아닌 다른 신을 따르고 믿는 헛된 믿음의 결과라고 한다.

2. 하나님이 인간을 대하는 방식

아리아라자는 성서의 핵심이 하나님이 인간을 대하는 방식이라고 한다. 하나님은 인간을 사랑으로 대하며, 복음서는 '좋은 소식'을 하나님의 사랑의 본질과 관련시킨다고 한다.[3]

아리아라자에 따르면, 하나님은 거부의 신이 아니라 수용의 신이다. 복음은 거부의 메시지가 아니라 환대와 수용의 메시지이다. 예수는 수용의 메시지를 말씀했다. 하나님은 인간이 하나님을 향하기 전에 인간을 '있는 그대로'(warts and all) 받아들인다.[4]

하나님이 인간을 받아들이는 조건은 회개가 아니다. 회개는 하나님이 이미 모든 사람에게 구원의 손길을 내민 것에 대한 인간의 응답일 뿐이다. 예수는 동시대의 사람들이 환대하지 않고 받아들이지 못한 사람을 받아들였다. 죄인 세리, 창녀, 시각 장애자, 한센인, 가난한 자, 소외된 자, 사마리아인을 받아들였다.[5]

예수의 메시지가 말하는 하나님의 본질은 하나님이 사랑으로 인간과 관계를 맺는다는 것이다. 하나님이 인간과 관계를 맺는 길은 사랑 밖에 다른 것이 없다. 사랑만이 하나님의 본질이기 때문이다.

하나님은 악한 사람에게나 선한 사람에게나 똑같이 해를 비추어 주고, 의로운 사람에게나 불의한 사람에게 비를 내려 주는 분이다(마 5:45). 그러므로 '회개하지 않고 예수 믿지 않으면 하나님의 사랑을 받을 수 없다'라는 조건 제시는 복음 메시지와 상충된다. 복음을 현저하게 곡해하는 일이다.[6]

하나님의 사랑에는 조건이 없다. 복음은 우리에게 회개, 곧 자기 중심의 생활에서 전향하여 하나님의 사랑과 그의 환대와 용납 중심의 삶을 시작하도록 권한다. 하나님이 우리를 사랑하기 때문이다.[7]

성서는 하나님의 은총의 선행성(先行性)에 대하여 말한다. 하나님은 우리가 하나님을 모시기 전에 우리를 받아 준다. 우리가 만나는 사람들은 종교, 인종, 연령을 불문하고 모두 하나님의 백성이다. 다른 사람도 나와 같은 하나님의 자녀라는 이러한 이해와 신앙만이 이웃 관계의 기본이다. 이 태도가 타종교인과의 대화의 핵심이다. 만약 다른 사람이 우리와 같은 신앙에 서 있지 않는 한 우리가 이를 받아

---

[3]아리아라자, 66.
[4]아리아라자, 67.
[5]아리아라자, 67.
[6]아리아라자, 68.
[7]아리아라자, 68.

들일 수 없다고 하면 복음의 메시지와 상충하는 결과에 이른다.[8]

만약 그리스도를 믿지 않고 또 기독교 공동체가 아닌 다른 종교 공동체에 속하는 자를 하나님의 구원의 섭리와 구원의 능력 밖에 있다고 하면, 우리는 예수 그리스도의 하나님이 아닌 다른 신을 섬기는 것이나 다름없다.[9]

하나님의 사랑에는 변함이 없다. 하나님은 모든 것을 돌보고 지배하고 모든 것 가운데 계신다. 모든 종교는 하나님께 속해 있다. 타종교인들이 하나님의 구원 밖에 있다고 하는 신앙은 성서의 가르침과 불일치한다. 타종교인에 대한 부정적인 태도는 성서의 배타적인 몇몇 구절에서 도출된 것이다.[10]

우리가 종교 간의 대화를 강조하고 종교다원주의가 옳다고 함은, 하나님이 그의 깊은 사랑으로 모든 인류를 가슴에 품어 주신다고 믿기 때문이다. 우리가 이웃을 거부하지 않고 타종교인들이 하나님의 심판 아래 있다고 말하지 않는 까닭은 간단하다. 복음은 환대와 수용과 이해의 메시지이기 때문이다.[11]

3. 예수는 타종교를 거부하지 않았다

아리아라자는 예수께서 자기 시대의 종교, 민중의 종교 유대교를 거부하지 않았다고 하면서 이를 아래와 같이 설명한다. 예수는 위선자들, 스스로 의롭다고 하는 자들을 거부했다. 외식적이고 형식적인 종교인들을 거부했다. 예수가 민중의 종교(유대교)를 거부하거나 비난했다는 증거는 없다. 예수는 규례를 따라 회당에 참석했고, 율법을 준수했다. 성전에 올라가 축일을 지켰다. 자신은 율법을 성취하려고 왔지 폐기하러 오지 않았다고 했다. 그는 민중에게, 타종교(유대교)

를 거부하라고 종용하지 않았다.[12]

예수는 타종교에 대하여 수류탄 공격전 같은 형식을 취하지 않았다. 힌두교, 불교, 이슬람교에 수류탄을 던져 박살내라고 암시하지 않았다. 당시의 종교 전통—유대교에 도전하지 않았다. 예수는 이전에 나타났던 여러 예언자들과 같이 그들 자신의 종교 전통을 향하여 본래의 목적으로 돌아가라고 권했다.[13]

예수는 유대교인 밖의 타종교인, 불자나 힌두교인을 접촉한 예가 없다. 이방인을 만난 적은 있다. 예수가 만난 가나안 여인은 이스라엘 사람보다 예수의 교훈에 더 적절하게 응답했다.[14] 예수는 가난한 사람과 이방인이 종종 유대인보다 더 자신의 가르침에 적절히 응하는 것을 보고 놀랐다(마 15:21-28). 가난한 이방인 여인은 자신의 흉악한 귀신들린 딸을 치료해 달라고 간청했다. 그녀가 "개들도 제 주인의 상에서 떨어지는 부스러기를 먹나이다"(마 15:27)라고 말하자, 예수께서는 "여자여 네 믿음이 크도다. 네 소원대로 되리라"고 했다. 그녀의 딸의 병이 나았다.

아리아라자는 딸을 치료해 달라고 한 이방 여인에 대한 예수의 태도. 바로 그것이 타종교, 타종교인에 대한 환대, 곧 수용성이라고 한다. 그는 예수께서 유대교 전통에 참가하고 계속적으로 관계를 맺었

---

[8]아리아라자, 69.

[9]아리아라자, 70.

[10]아리아라자, 70.

[11]아리아라자, 70.

[12]아리아라자, 71.

[13]아리아라자, 71.

[14]아리아라자, 73.

다고 한다. 타종교 전통인 유대교를 하나님의 구원의 지혜와 능력 밖에 있다고 생각하지 않았다고 한다.[15]

타종교를 알아보지도 않고, 이해하려고 하지도 않고, 타종교의 제의에 참가해 보려고도 하지 않고서 무조건 배격하는 기독교인의 태도는 옳지 않다고 한다.[16] 기독교는 타종교인들이 기독교에 혐오감을 가지도록 한 경향이 있다. '복음'을 자기 자신의 생활과 종교적 가치에 대한 판단 기준으로 삼지 않았다. 성서의 몇몇 배타적인 그릇된 구절들에 근거하여 예수구원 유일성을 외치며 타종교의 전통과 그 신봉자를 판단하고 거부해 왔다고 한다.[17]

4. 하나님 나라는 종교의 경계를 넘어 선다

아리아라자는 하나님 나라가 다른 무엇에도 지배당하지 않는다고 한다. 그 나라는 불가시적이며 신비적이다. 어느 누구도 그 나라의 한계나 범위를 알지 못한다. 하나님 나라가 어디에 있으며 또한 어디에는 없는가를 식별하는 것은 용이하지 않다.[18] 하나님 나라가 기독교에는 있고 타종교에는 없다는 식으로 판단함은 옳지 않다고 한다.

아리아라자에 따르면, 하나님 나라의 근본적(radical)인 본질은 종교적 경계선과 관계가 없다. 하나님의 지배는 인간 생활 속에 침투한다. 하나님 나라가 이 공동체 또는 저 공동체 등 특정 공동체 안에만 존재하는 것은 아니다. 그 나라는 모든 장소와 양식과 서로 다른 모습의 생활에 동시에 존재한다.[19]

하나님의 지배는 모든 생명과 그 생명의 모든 것을 품 안에 껴안는다. 그 같은 지배가 다만 한 종류의 종교, 곧 기독교에만 계시된다는 주장은 부당하다. 하나님은 다른 사람들, 타종교인들 가운데도 활동하고 계신다. 이것이 기독교와 타종교의 대화가 필수적인 까닭이다. 종교 간의 대화는 다른 사람들에게 접촉하고 소통하는 가장 자연스러운 방법이다.

구약성서는 하나님의 통치, 지배, 섭리가 기독교에만 제한되지 않고 보편적으로 모든 것에 미친다고 말한다. 예언자들은 하나님이 모든 종족들과 관계를 맺고 있으면서 모든 것을 지배한다고 말한다.[20]

> 땅과 그 안에 가득 찬 것이 모두 다 주님의 것, 온 누리와 그 안에 살고 있는 모든 것도 주님의 것이다. 분명히 주님께서 그 기초를 바다를 정복하여 세우셨고, 강을 정복하여 단단히 세우셨구나(시 24:1-2).
>
> 주님, 주님께서 손수 만드신 것이 어찌 이리도 많습니까? 이 모든 것을 주님께서 지혜로 만드셨으니, 땅에는 주님이 지으신 것으로 가득합니다. 저 크고 넓은 바다에는, 크고 작은 고기들이 헤아릴 수 없이 우글거립니다(시 104:24-25).

아리아라자가 이상의 주장들을 근거삼아 말하고 싶어 하는 것은 하나님이 지은 것 어느 하나도 오묘하지 않은 것이 없고, 우주 안에 존재하는 것 어느 하나도 하나님과 무관한 것이 없다는 것이다. 이

---

[15]아리아라자, 73.

[16]아리아라자, 74 .

[17]아리아라자, 74.

[18]아리아라자, 74.

[19]아리아라자, 75.

[20]아리아라자, 75.

땅에 있는 모든 종교와 종교인이 하나님의 것임을 말하고 싶어 한다. 모든 종교, 종교 제의, 예배의식은 모두 한 분 창조자 하나님이 지은 것들이다. 모두 하나님을 섬기고 예배한다고 말한다.

아리아라자에 따르면, 기독교, 유대교, 힌두교, 불교, 자이나교, 시크교, 이슬람교, 조로아스터교, 유교, 신도교 등 모든 종교는 하나님의 걸작이다. 모든 종교인은 그의 사랑과 섭리 안에 있다. 인간은 여러 가지 종교들로 나뉘어 각각의 신들을 섬기지만 하나님 편에서 보면 오직 하나의 종교 가족, 하나의 인간 가족이 있을 뿐이다.

하나님은 유일신이다. 그 분 밖에 다른 신은 존재하지 않는다. 모든 종교의 신은 한 분 하나님의 서로 다른 출현이며, 모든 종교는 결국 같은 하나님을 섬긴다. 각 종교가 각자의 신을 예배하면, 한 분 하나님이 그 예배들을 받는다 . 유일신은 모든 종교의 예배를 받는다.

종합하자면, 아리아라자에게 모든 종교는 아드바이타적으로, 비이원론적으로 하나이다. 유일신은 전 인류, 모든 민족, 각 종교의 주(Lord)이다. 그 하나님은 예수를 그리스도로 믿느냐 믿지 아니하느냐 하는 조건을 두지 않는다. 각 종교의 신은 한 분 하나님의 다양한 현현이다. 모든 종교는 유일신 활동의 열매이다. 하나님은 모든 종교의 섬김과 예배를 받고, 모든 종교의 신도에게 구원을 베푼다. 하나님은 모든 사람을 사랑하고 만인을 구원하는 만인보편구원주의자이다.

아리아라자는 신약성서의 저자들이 예수의 의미를 항상 보편적인 차원에서 포착한다고 한다. 바울은 유대교인이라는 타종교인과의 대화 속에서 아브라함, 이삭, 야곱의 신앙의 현실을 그리스도와 연결시킨다고 한다. 요한은 예수를 선재하는 말씀(로고스)의 성육신이라는 형식을 취한 것으로 표현하여 로고스가 태초부터 계셨고 타종

교를 포함한 모든 것을 창조했고, 그 모든 것들의 주(Lord)라고 했다고 지적한다.[21]

5. 로잔언약

역사적 기독교 신자들은 오직 그리스도의 종교만이 참 종교이고, 예수만이 구원이 길이라고 믿는다. 타종교에 하나님의 구원이 없다고 생각한다. 아리아라자에 따르면, 정통신앙을 가진 기독교인들의 이 주장은 타종교를 잘 모르는 탓이다. 연구해 보지 않은 까닭이다. 타종교를 알지 못하면서도 결정적이고 총괄적인 판단을 가볍게 내린 무지(無知)의 결과이다.

정통 기독교 신앙을 가진 복음주의자들은 구원받은 자와 구원받지 못한 자를 내심 구분한다. 예수 그리스도를 믿어 구원을 얻은 자와 믿기를 거부하여 구원에 참여하지 못한 자를 구분한다. 전형적인 예는 1974년에 스위스 로잔(Lausanne)에서 열린 복음주의자들의 세계선교대회에서 채택된 약 3천 단어에 달하는 "로잔언약"(The Lausanne Covenant, 1974)이다.

"로잔언약"은 복음주의 신앙을 바탕으로 국제적 선교 운동의 방향과 자세를 명확히 한 선언문이다. 이 신앙고백문은 복음을 모든 민족에게 전하는 것이 교회의 공동 책임이라고 하면서, 세계 복음화를 위한 협력과 헌신을 촉구한다. 교단, 국가, 문화권을 초월하여 전 세계 기독교인들이 서로 협력하고 연합해야 한다고 한다. 그리고 단

---

[21]아리아라자, 76.

순한 전도 활동이 아니라, 삶의 모든 영역에서 그리스도의 사랑과 정의를 실천하는 것도 포함한다. 선교, 사회 정의, 교육, 의료, 구제 활동 등 다양한 방식으로 복음을 삶 속에서 실현하자는 의미도 내포한다.

"로잔언약"은 예수구원 유일성 신앙을 천명하고, 만인보편구원주의를 거부한다. 아리아라자는 "로잔언약"이 하나님의 은총의 교리에 위배된다고 한다. "인류의 구원 문제는 그리스도가 제공하는 구원을 인간이 믿고 믿지 않는 차원에서 서술할 수는 없는 문제이고, [그것은] 그리스도가 인간사회를 향하여 하는 일과 관계가 있다"[22]고 한다. 아리아라자가 거부하는 로잔언약의 핵심 부분은 아래와 같다.

우리는 전도의 방법이 다양하지만 구세주는 오직 한 분이며, 복음도 오직 하나임을 확신한다. 우리는 자연에 나타난 하나님의 일반 계시를 통해 모든 사람이 하나님에 관한 어느 정도의 지식이 있음은 인정한다. 그러나 우리는 사람이 이것으로 구원받을 수 있다는 주장은 부인한다. 이는 사람이 자신의 불의로써 진리를 억압하고 있기 때문이다. 우리는 또한 모든 종류의 혼합주의(Syncretism)를 거부하며, 그리스도께서 어떤 종교나 어떤 이데올로기를 통해서도 동일하게 말씀하신다는 식의 대화는 그리스도와 복음을 손상시키므로 거부한다. 유일한 신인(神人, God-Man)이신 예수 그리스도는 죄인을 위한 유일한 대속물로 자신을 주셨고, 하나님과 사람 사이의 유일한 중보자이시다. 예수님 외에 우리가 구원받을 다른 이름은 없다. 모든 사람은 죄로 인해 멸망할 수밖에 없다. 그러나 하나님은 모든 사람을 사랑하시기 때문에 한 사람도 멸망하지 않고 모두가 회개할 것을 원하신다.

그럼에도 불구하고 그리스도를 거절하는 자는 구원의 기쁨을 거부하며 스스로를 정죄함으로써 하나님으로부터 영원히 분리된다. 예수를 "세상의 구주"로 전파하는 것은 모든 사람이 자동적으로 또는 궁극적으로 구원받게 된다는 말이 아니며, 또 모든 종교가 그리스도 안에 있는 구원을 제공한다고 보장하는 것은 더욱 아니다. 예수가 "세상의 구주"라는 복음을 전하는 것은 오히려 죄인들이 사는 세상을 향한 하나님의 사랑을 선포하는 것이며, 마음을 다한 회개와 신앙의 인격적인 결단으로 예수님을 구세주와 주로 영접하도록 모든 사람을 초청하는 활동이다. 예수 그리스도는 모든 이름 위에 높임을 받으셨다. 우리는 모든 사람이 그분 앞에 무릎을 꿇고 모든 입이 그분을 주로 고백하는 날이 오기를 고대한다.[23]

"로잔언약"은 복음주의, 역사적 기독교, 정통 기독교 신앙의 기독론과 구원론을 표방한다. 인간은 죄로 말미암아 멸망한 상태에 있다. 하나님은 모든 사람을 사랑하며, 한 사람의 멸망도 원치 않는다. 그리고 모든 사람이 회개하고 예수를 그리스도라고 믿어 구원받기 원한다고 한다.

복음주의와 개혁주의 신앙 전통에 따르면, 예수를 그리스도—구원자로 믿기를 거부함은 하나님과의 연합을 거부하는 것인 동시에 영원한 이별이다. 구원의 기쁨을 포기함이다. 사람은 자동적으로 또는 무조건적으로 구원을 얻을 수 없다. 예수를 그리스도—구원자로 믿

---

[22]아리아라자, 78.

[23]이 언약문은 아래의 성경 전거들을 포함하고 있다. 1:6-9; 롬 1:8-32; 딤전 2:5,6; 행 4:12; 요 3:16-19; 벧후 3:9; 살후 1:7-9; 요 4:42; 마 11:28; 엡 1:20, 21; 빌 2:9-11. 아리아라자, 77-78. "로잔언약," www.reformanda.co.kr/Archive/ 136032.

어야 구원을 받는다.

예수는 왕, 선지자, 제사장 직을 수행하여 세상을 구원할 유일의 그리스도로 보냄을 받았다. 사람은 원죄와 자범죄 때문에 죄책 아래 있다. 죄의 책임을 가진 자는 거룩한 하나님과의 연합이 불가능하다. 따라서 하나님이 예비한 특별한 방도를 거치지 않고는 자동적으로 구원을 얻지 못한다. 그러므로 회개하고 하나님이 예비한 유일의 구원의 길 예수를 주와 그리스도로 믿어야 한다.

아리아라자는 "로잔언약" 정통 구원론을 익히 알고 있다. 그는 이 신앙고백문에 예수 그리스도의 보편성에 대한 "특수한 해석"이 담겨 있다고 주장한다.[24] "보편성"이란 하나님의 구원이 모든 사람에게 주어진다는 의미이고, "특수한 해석"이란 사람이 구원을 받으려면 복음 진리 메시지를 듣고 회개하고 예수를 그리스도로 믿어야 한다는 조건을 의미한다. 위 언약문에 만인보편구원주의와 상반되는 예수구원 유일주의가 담겨 있다는 것이다.

WCC 유급 전임 신학자 아리아라자는 하나님을 보편적으로 활동하는 신으로 규정하면서 그 보편성에 근거하여 "오직 예수만이 구원의 길"이라고 하는 역사적 기독교의 주장을 거부한다. 물론 성서에 그러한 내용을 담은 구절들이 있기는 하다. 그러나 그 구절들은 성서 전체의 가르침에 위배된다. 신약성서의 몇 구절이 배타적 구원 교리를 말하는 것은 사실이지만, 그것들은 초기 기독교 공동체가 처한 특별한 상황 때문에 주어진 진실하지 않은 내용을 담고 있다. 초기 기독교 공동체가 경쟁이 치열한 종교 시장에서 자기 그룹이 처한 위기 상황을 극적으로 모면할 목적으로 창안한 것이다. 예수구원 유일성 교리가 하나님의 보편성, 곧 세상 전체를 통치하는 하나님의 나라의 본질에 저촉된다고 한다.

맺음말: 열두 가지 모순

하나님은 사랑이며, 그러므로 어느 누구에게도 형벌을 내리지 않는다는 아리아라자의 주장은 전술한 WCC 초대 사무총장 비셔트 후프트의 만인보편구원주의는 일치한다.

아리아라자의 만인보편구원주의와 종교다원주의 변증은 여러 가지 모순을 드러낸다. 첫째, 하나님의 구원은 "성서의 가르침을 따라 예수를 그리스도라고 믿는 믿음의 결과"로 주어지는 것이 아니라고 한다. 하나님은 사랑이며, 따라서 그 분은 인간의 '믿음'이라는 조건과 무관하게 모든 사람에게 구원을 베푼다고 한다. 아리아라자는 복음주의자들의 '예수를 믿어야 구원을 받는다'는 주장은 몇몇 성서 구절들에 대한 "특수한 해석"[25]의 결과이며, 타당하지 않다고 한다.

아리아라자는 만인보편구원주의가 옳고, 예수구원 유일주의는 옳지 않다고 한다. 그의 이 주장은 모든 종교적 신념들을 수용하고 아우르는 종교다원주의 구도에 부합하지 않다. 아리아라자가 자기 주장과 논리의 일관성을 유지하려면 다음과 같이 말해야 한다. "예수 믿지 않으면 구원받지 못한다는 복음주의 신념과 주장도 성서의 가르침에 충실하며, 예수구원 유일 신앙도 여러 종교의 신앙 유형 가운데 하나이다."

둘째, 하나님이 모든 종교를 다 받아들이며, 예수도 민중의 종교인

---

[24]아리아라자, 78.
[25]아리아라자, 78.

유대교(타종교)를 수용한다고 하면서, 예수만이 구원자라고 하는 식의 배타적인 구원자로 이해하는 자는 예수 그리스도의 하나님을 믿는 것이 아니라 어느 배타적인 신을 믿는 것이라고 한다. 이것은 자가당착, 곧 모순이다. 모든 종교의 신이 한 하나님의 서로 다른 아드바이타—비이원적 현현이면 종교다원주의자들의 신 만아니라 배타적 시각을 가진 복음주의자들의 하나님도 다름 아닌 한 분 하나님의 실재라고 함이 옳기 때문이다.

셋째, 영원한 형벌 교리를 부정한다. 아리아라자는 만인보편구원주의의 근거를 하나님의 무조건적 사랑에서 찾는다. 인간이 하나님을 사랑하기 전에 하나님이 먼저 인간을 사랑했다고 한다. 이 하나님의 사랑에는 변함이 없다고 한다. 하나님이 모든 것의 주이고, 따라서 그분이 모든 종교인을 다 구원한다고 한다. 타종교들의 다양한 신앙을 있는 그대로 받아들이는 환대와 수용을 '복음'이라고 한다. 아리아라자는 하나님이 사랑의 신인 동시에 엄중한 공의의 신이라는 사실을 간과한다.

넷째, 아리아라자는 하나님이 율법과 피 흘림의 희생 제사로 구성된 죄 용서, 구원의 과정, 화해의 조건을 갖추지 않는 자들까지도 무조건 사랑하고 수용한다고 한다. 성서가 분명하게 제시하는 하나님의 구원의 조건, 특성, 과정을 무시한다. 아리아자자의 주장은 하나님의 말씀에 저촉된다. "율법에 따르면, 거의 모든 것이 피로 깨끗해집니다. 그리고 피를 흘림이 없이는, 죄를 사함이 이루어지지 않습니다"(히 9:22). "사람이 한 번 죽는 것은 정해진 일이요, 그 뒤에는 심판이 있습니다"(히 9:27). 구약성서는 피의 제사를 거치는 죄 용서의 방법을 제시한다. 그리스도의 십자가 위에서 치른 희생은 인류 구원을 위한 속죄 사역의 예표이다.

다섯째, 아리아라자는 예수가 '민중의 종교'인 유대교를 거부하지 않았으며, 비난하지도 않았고, 그 종교를 버리고 기독교로 개종하라고 종용하지도 않았다고 함으로써 기독교와 유대교의 구원사적, 계시사적 연관성과 특수성을 간과한다. 기독교가 모세의 율법과 구약 성경을 공유하는 사실과 유일신 야훼를 믿는 사실을 간과한다.

여섯째, 유대교를 타종교로 설정하면서도, 예수 시대의 가나안 종교의 신들을 섬기는 종교 집단들을 '타종교'로 간주하지 않는다. 신 바알, 아세라, 아스다롯, 다곤, 몰렉, 바알세불, 아데미, 그리고 이 신들을 섬기며 당대에 거대한 신전(神殿)을 가진 종교들을 '타종교'로 여기지 않으며, 이것들을 언급조차 하지 않는다. 대규모의 민중 종교들은 제쳐두고 유대교만을 '타종교'로 여기며, 이를 '민중의 종교'라고 한다.

예수 그리스도의 생존 시에도 두로(Tyre)와 시돈(Sidon) 등 가나안의 도시들에는 대형 교회당에 견줄만한 크기의 바알 신전들이 산재했다. 아스돗과 가자 등지에는 블레셋 사람들의 신 다곤을 섬기는 신전이 있었다. 유대인들은 하나님의 언약궤를 아스돗의 다곤 신전에 모셔 놓았다. 그러자 다곤 신상이 넘어져 부서졌다(삼상 5:3-7). 몰렉 숭배는 고지대 산당에서 이루어졌다. 아세라와 아스다롯 숭배는 목상을 세우는 형태로 이루어졌다. 성서는 이러한 목상을 제거하는 종교개혁을 언급한다. 에베소의 대형 아데미 신전은 고대의 세계 7대 불가사의 가운데 하나이다. 대리석 기둥과 정교한 조각들로 장식되었다. 많은 순례자들과 관광객들이 방문했다. 왜 아리아라자는 이 민중 종교들을 간과하고 유대교만을 타종교로 간주하는가?

일곱째, 아리아라자는 거짓 종교가 있을 수 있다고 하면서도, 거짓 종교의 폭이 어느 정도인지는 언급하지 않는다. 그는 예수께서 이해한 거짓 종교란 내면적 영성을 외면적 의식으로 바꾸는 종교였다고 한다. 속이 폭삭 부패했고 악취가 나는 것들이 담겨져 있는 종교였다고 한다.

아리아라자는 지중해 연안의 이 거대한 타종교들을 자신이 일치를 추구하는 종교 간의 대화, 곧 종교다원주의 운동의 파트너에 포함시키지 않는다. 여러 집단 가운데서 어느 종교 집단이 부패하지 않고 악취 나지 않는 종교인가? 아리아라자가 언급하는 세계의 거대 종교들이 진정으로 거룩하고 순수한가? 악취와 거리가 먼 종교들인가?

여덟째, 아리아라자는 "회개란 하나님이 인간을 받아들이는 조건이 아니라 하나님이 이미 모든 사람들에게 구원의 손길을 내민 데 대한 인간의 응답일 뿐"[27]이라고 한다. 회개는 기존의 자기중심적 삶을 버리고 예수가 보여준 윤리적 모범을 따라 사는 삶, 수용의 삶의 시작이라고 한다. 복음주의자에게 회개는 자신이 죄인인 것을 인정하고 뉘우치고 대속자 예수를 믿는 신앙으로 연결된다. 하나님이 구원하기로 작정한 자들이 성령 하나님의 활동의 결과로 선물받은 믿음의 반응이다. 회개해야 할 죄란 하나님의 말씀을 순종함에 부족하게 행동하거나 고의로 어기는 짓이다.

아홉째, 타종교에 수류탄을 던져 상대편 종교 제도가 박살나도록 하는 복음전도는 하나님과 예수께서 보인 환대와 수용 정신과 일치하지 않는다고 한다. 예수께서 "나만이 그리스도이다, 그러므로 나를 따르라"고 말하지 않았다고 한다.

아리아라자에게 기독교인의 의무, 주어진 과제는 복음전도가 아니다. 타종교인에게 자기 종교의 본래의 모습으로 돌아가라고 권하는 것이라고 한다. 불자에게는 고타마 싯다르타(붓다)처럼 성불(成佛)하라고 권하고, 무슬림에게는 깊은 신심(信心)으로 카바 신전이 있는 메카를 향하여 하루에 다섯 번 절하고 기도하라고 조언하는 것이다. 힌두교 신도들에게 갠지스 강에서 더 열심히 몸을 씻고 『리그 베다』(Rigveda)의 규례에 충실하게 살라고 충고하는 것이다.

열째, 아리아라자는 예수께서 불교, 힌두교, 이슬람, 기타 민속 종교를 하나님의 지혜와 무관하거나 그분의 구원 능력 밖에 있다고 가르친 적이 없다고 한다. 타종교 전통의 진리를 알아보지도 않고, 이해하지도 못하고, 타종교 행사에 참가하지도 않으면서 '오직 예수만이 구원의 길'이라고 외침은 언어도단이라고 한다. 아리아라자에게 기독교 복음은 예수구원의 기쁜 소식이 아니다. 대속제물로 자기를 희생시킨 하나님의 아들을 믿어야 죄를 용서받고 하나님과 화해하고 연합할 있으며 그래야 구원을 받는다는 소식이 아니다.

열한 번째, 예수가 유대인들을 대한 것처럼 기독교인들이 타종교인들을 '있는 그대로' 수용해야 한다고 한다. 힌두교인들을 '있는 그대로' 받아들이고, 견성성불(見性成佛)하고 싶어 하는 불자를 '있는 그대로' 수용하라고 한다. 알라만이 유일신이라고 믿는 신심 깊은 무슬림을 '있는 그대로' 환대하고 수용하라고 한다. 종교다원주의의 기본은 다름 아닌 이 환대와 수용성이라고 한다.

아리아라자의 이같은 종교다원주의 이론과 환대와 수용 개념은 WCC의 종교다원주의 신앙고백서 "종교다원주의와 기독교인의 자아 정체성"(2006)에 고스란히 담겨 있다.

아리아라자의 주장은 베드로와 사도들의 가르침과 상충한다. 베드로는 "형제들아 우리가 어찌할꼬"라고 묻는 자들에게 "회개하십시오. 그리고 여러분 각 사람은 예수 그리스도의 이름으로 세례를 받고, 죄 용서를 받으십시오. 그리하면 성령을 선물로 받을 것입니다"(행 2:38)라고 했다. 감옥의 간수들이 바울에게 "선생님들이여 내가 어떻게 하여야 구원을 받으리이까" 하고 묻자, 베드로는 기본 조건을 제시했다. "주 예수를 믿으시오. 그리하면 그대와 그대의 집안이 구원을 얻을 것입니다"(행 16:31)라고 했다.

열두 번째, 아리아라자는 하나님 나라에 종교적 경계가 없고, 인종, 문화, 종교의 울타리를 넘어선다고 한다. 유일신은 모든 인종, 문화, 종교 안에 존재한다고 한다. 그리고 하나님 나라는 모든 장소와 종교 양식(form)에 임한다고 한다.

과연 유일신 야훼가 기독교 양식만이 아니라, 힌두교 양식, 이슬람 양식, 불교 양식, 유교 양식, 신도교 양식, 무속인 양식에 임하는가? 유일신 야훼가 각양의 종교 제의와 서로 다른 형태의 예배를 기쁘게 받는가? 하나님 나라는 모든 종교 안에 임하며, 모든 생명을 품는가? 하나님은 불의, 불순종, 거역, 반역, 부패까지도 용납하는가? 성경 그 어디에도 이 질문에 "그렇다"고 답하거나 이를 정당화할 수 있는 근거는 없다.

25

아리아라자의 증거론

—힌두교인은 개종의 대상이 아니다—

WCC는 힌두교인을 구원의 대상으로 여기지 않는다. 타종교인을 을 복음전도의 대상으로 여기지 않는다. 오히려 그들을 선교 파트너, 곧 '하나님의 선교'의 동반자로 여긴다. WCC의 선교와 증거는 예수 구원의 진리를 전하는 복음전도, 영혼구원, 십자가와 부활의 증언 활동이 아니다. 인간화, 평화, 사회정의구현, 혁명투쟁, 생물학적 생명 등 세상사 해결 활동이다. WCC는 '하나님의 선교' 활동 소식을 타종교인에게 전하는 기쁜 소식의 증언, 증거로 여긴다.

전술한 WCC 유급 전임 신학자이며 몽학선생인 스탠리 사마르타 (Stanley Samartha)는 '하나님의 선교'(missio dei)와 '종교 간의 대화' 개념을 결합하여 이 두 가지를 동시에 의미하는 새로운 용어 '증거'(witness, 증언)를 고안해 냈다. WCC의 '증거'는 예수 그리스도의 죽음과 부활에 대한 증거, 증언이 아니다. 자유주의 신학자들이 말하는 윤리 중심의 '기독교적인 것'(Christliche sache)을 이야기 해주는 활동을 의미한다. 예수 그리스도의 십자가의 도(道), 구원의 복음을 전파하고, 예수를 구원자로 믿고 따르게 하는 활동이 아니다.

WCC의 '증거'는 타종교인을 대상으로 하는 관계적이고 대화적인 접근 활동을 의미한다. 상호 존중을 바탕으로 대화와 상호 이해를 도모하는 활동만이 아니라 타종교인의 믿음, 실천, 경험을 나누며, 배우며, 공통점을 찾는 대화 활동이다. 기독교적인 것과 윤리와 윤리 실천의 이야기를 들려주는 활동이다. 기독교와 타종교의 평등성, 동등성, 존엄성을 인정하고 상호존중의 소통을 뜻한다.

사마르타의 제자이며 WCC 종교대화국의 후임자 웨슬리 아리아라자 박사(Wesley Ariarajah, 1941-)의 저서 『성서와 종교 간의 대화』(*The Bible and People of Other Faiths*, 1985)는 "바아르선언문"(1990)의 해설서에 해당한다. 그는 이 책 제5장에서 "증거와 대화"[1]라는 제목으로 예수구원 유일 진리와 같은 배타적인 교리를 배격한다. 타종교를 기독교와 등등하며 동일한 가치를 가진 종교로 존중한다. 동일동가의 지위에서 서로를 존경하는 마음과 태도로 타종교인에게서 배우고 상호 소통해야 함을 강조한다.

위 책 제6장 "대화에 의한 증거"[2]는 타종교인이 개종의 대상이 아니라 함께 여행하는 순례자로 부각시킨다. 증거란 예수 십자가와 부활 그리고 그 사건의 확실성과 의미를 증언하는 것이 아니다. 각자의 종교적 확신과 자기 종교에 대한 자신들의 헌신이 서로 만나고, 서로의 확신과 헌신 이야기를 나누는 일이라고 한다.[3]

마지막 장 제7장 "대화의 신학을 지향하여"[4]는 앞의 논의들을 요약한다. 종교다원주의를 환영하고 이를 적극 수용해야 함을 강조한다. 종교적 다원성 시대에 기독교인이 시대 상황에 발맞추어 자신을 변신해야 함을 강조한다. '하나님의 선교'의 정신을 따라 기독교와 타종교를 동일동가로 여기고 함께 세상사 해결 활동, 곧 '하나님의 일'을 해야 한다고 한다.

1. 기독교 교리는 불변의 진리 아니다

아리아라자는 위 책 제5장의 논의를 종교 간의 대화, 곧 종교다원주의 대화가 "그리스도를 증거하는 일을 거부하지 않는다"[5]는 말로 시작한다. 신약성서의 설화(說話)가 사도행전에 등장하는 기독교 증거 모델을 따르지만 이는 시대착오적 과오라고 한다.

아리아라자는 사도행전이 예수가 메시아—그리스도이며, 사도 바울이 하나님과 인간의 사이의 유일한 중보자임을 말하는 사실을 인정한다. 그러나 종교적 다원사회에 사는 현대 기독교인은 사도행전 모델을 따르지 않아야 한다고 한다. 예수구원 유일성 중심의 복음전도를 하지 않아야 한다고 한다. 예수 그리스도가 유일의 구원자라고 하는 배타적 증언은 "큰 착각"[6]이라고 한다.

복음주의자들은 베드로의 사역과 바울의 전도여행 모범을 따라 예수 구원의 복음을 전하는 활동을 타종교인을 접할 때 해야 할 표준이라고 생각한다. 아리아라자는 종교 간의 대화가 신약성서가 말하는 구원의 메시지 전달, 전도 활동이 아니라고 한다.

아리아라자는 "사도행전이 과연 오늘날 불자, 힌두교인도, 무슬림을 접촉할 때의 표준이 될 수 있는가?" 하고 묻고, "우리가 타종교인

---

[1] 웨슬리 아리아라자, 『성서와 종교 간의 대화』 (서울: 감리교신학대학 출판부, 1992), 80-93.

[2] 아리아라자, 94-108.

[3] 아리아라자, 96.

[4] 아리아라자, 109-129.

[5] 아리아라자, 81.

[6] 아리아라자, 80.

과 접촉하면서 사도행전을 모델로 삼는 것은 전적으로 잘못이다"라고 답한다. 사도행전은 과거의 사안을 다룬 당대의 문서라고 한다. "사문서(死文書)가 아니라 지금도 살아서 계속 성장, 진화, 발전하는 전승"[7]이라고 한다.

베드로는 예수 밖에는 구원이 없음을 당당히 설교했다. "이 예수 밖에는, 다른 아무에게도 구원은 없습니다. 사람들에게 주신 이름 가운데 우리가 의지하여 구원을 얻어야 할 이름은, 하늘 아래에 이 이름 밖에 다른 이름이 없습니다"(행 4:12).

바울도 그리스도께서 반드시 고난을 당하고 죽은 자들 가운데서 살아나야 한다는 것을 해석하고 증거하면서 "내가 여러분에게 전하고 있는 예수가 바로 그 그리스도이십니다"(행 17:3, 18:5)라고 했다.

아리아라자는 사도행전에 나타나는 베드로와 바울의 복음전도를 오늘날의 기독교적 증거로 이해하지 않는다. 그는 사도행전이 베드로의 설교와 바울의 예수 강론으로 구성되어 있으며, 예수가 그리스도이며, 그가 유일의 구원자, 중보자라는 것을 말하는 사도행전의 베드로의 설교와 바울의 강론 내용을 소개하고서, 베드로와 바울의 증언 문맥은 "재현 불가능한 특수한 상황"[8]이었다고 한다. 그들이 전한 메시지는 당시의 상황이 만들어낸 것이며, 그때 그 상황에 필요한 것이었다고 한다. 그러나 오늘날의 기독교인의 '증거'는 재현 불가능한 사도시대 당시의 특수 상황에서 등장한 것과 같은 내용이어야 할 까닭이 없다고 한다.

아리아라자에 따르면, 예수가 유일의 구원자라는 초기 기독교 공동체의 신앙고백은 특수 상황에서 등장한 것이다. 종교다원주의 시대의 종교 간의 대화와 기독교 증거는 성경의 모범을 따르지 않아야 한다. 특수 상황의 결과라는 사실을 고려하지 않는 기독교의 증거는

"사도행전 자체를 경시함"[9]이다. 사도행전을 전도, 곧 증거의 모델로 삼음은 사도행전 자체를 무시하는 태도이다.

왜냐하면, 사도행전은 베드로와 바울의 실제 활동과 실제 설교를 충실하게 기록한 설화집이 아니기 때문이다. 사도행전은 초대교회의 성장 과정 기록이다. 저자 누가가 자기의 의도에 따라 취사선택한 이야기 모음집이다. 사도행전에 기록된 설교는 "대관절 예수는 누구인가?"라는 유대인 공동체의 내부 논쟁에 초점이 모아져 있다. 과연 예수가 유대인들이 기다리는 메시아―그리스도, 유대인들을 로마제국의 굴레와 정치적 쇠사슬에서 풀어 해방시켜 줄 그 구원자인가 하는 것이었다.[10]

아리아라자는 예수에 대한 당시 사람들의 이해도 동일하지 않았다고 한다. 여러 가지 이견들이 있었다고 하면서, 이를 다음과 같이 소개한다. 예수가 부활했다고 믿었던 제자들과 초기 기독교인들은 십자가에 달려 죽은 예수가 예언자들이 예언한 바로 그 메시아라고 확신했다. 예수의 제자들은 모두 유대인이었고, 이 단계까지도 '크리스천'은 한 명도 없었다. 예수의 제자들은 유대교인과 함께 예배를 드리고, 함께 모세의 율법을 지키고 있었다.[11]

예수의 제자들과 초기 기독교인 가운데는 예수에 대한 여러 가지 서로 다른 이해가 있었다. 그 가운데 하나가 베드로의 설교에 등장한다. 베드로의 설교 요지는 다음과 같다. 예수는 하나님께로부터 오

---

[7]아리아라자, 81, 93.

[8]아리아라자, 82.

[9]아리아라자, 82.

[10]아리아라자, 82.

[11]아리아라자, 84.

신 분이며, 여러 가지 기적과 놀라운 일과 표징으로 그 사실을 드러냈다. 그대들은 하나님께서 미리 정한 뜻과 계획에 따라 그대들의 손에 넘어간 이 예수를 악인들의 손을 빌려 십자가에 못 박아 죽였다. 그러나 하나님은 그분을 되살리고 죽음의 고통에서 풀어 주었다. 그는 죽음의 세력에 사로잡혀 계실 분이 아니다. 하나님은 그대들이 십자가에 못 박아 죽인 이 예수를 되살려 우리의 주와 그리스도가 되게 했다(행 2:22-24, 36).

아리아라자에 따르면, 베드로의 설교 내용은 그의 사적인 견해이다. 그 설교는 유대인 사회의 분열을 초래했다. 예수가 누구인가 하는 질문에 대한 이견 때문에 갈라졌다. 유대인의 질시를 받으면서 사도들은 예수를 그리스도라고 믿는 자, 개종자, 회심자들에게 회개와 믿음의 표지인 세례를 받게 했다.

예수 그리스도의 지상명령(마 28:18-20)에 나오는 세례의 삼위일체적 표현은 예수의 직접적인 말씀이 아니라 초대교회의 고백을 예수가 말한 것처럼 표현하는 기록 형식의 결과일 가능성을 배제할 수 없다. 사도행전에서 제자들은 세례를 예수의 이름으로 베풀었다. 세례를 삼위일체 하나님의 이름으로 베풀지 않았다. 삼위일체 이름으로 베푸는 세례는 예수 죽음 이후, 시간이 상당히 흐른 뒤에 등장한 신앙 공식이다.[12]

예수의 제자들은 자신들의 예수 부활이라는 신앙고백, 곧 사실이 아닌 '믿음'을 타인에게 증거해야 한다고 느꼈다. 이 과정을 거쳐 예수가 메시아—그리스도로 부상되었다. 예수를 유대인들이 기다리던 그 메시아로 부상시킨 제자들은 "대단히 용감했다."[13] 예수의 제자들은 메시아 시대가 순식간에 도래할 것이라고 믿었다. 그러나 그 시대는 아직도 도래하지 않았다.

예수의 제자들은 예수가 부활했다고 했다. 유대인들에게 이를 기독교의 핵심 주장으로 부각시켰다. 바울은 실라와 디모데가 마게도니아에서 고린도로 내려 온 뒤로 유대인들에게 예수가 그리스도라는 것을 증언했다(행 18:5). 그러자 예수의 부활을 사실이라고 믿고 예수가 메시아—그리스도라는 것을 확신하는 자들과 이를 거부하는 자들 사이에 논쟁이 벌어졌다. 바울과 바리새파 유대인들은 죽은 사람의 부활을 믿었고, 사두개파 유대인들은 믿지 않았다.

바울은 "그 도(道)를 따르는 사람"(행 9:2)을 핍박한 자였다. 그는 회심하고서 예수의 도의 강력한 신봉자로 변신했다. 여기저기 흩어져 있는 유대인들이 정기적으로 모여 예배하는 회당을 찾아가 설교했다. 유대인들에게 선지자들이 그리스도가 반드시 고난을 당하고 죽은 자들 가운데서 부활할 것이라고 예언했다고 말했다. "내가 당신들에게 권하는 이 예수야말로 그 그리스도"라고 증거하고 이를 논증했다. 그러자 유대교에 가담한 '하나님을 경외하는 자들,' 곧 이방인으로 유대교에 가입한 자들이 적극적인 반응을 보이며 예수를 믿었다. 그들 가운데 믿는 자의 수가 증가했다.

아리아라자는 예수가 그리스도라는 허위사실이 당시 상황에서 발전, 진보, 진화 과정을 거쳐 초기 기독교 안에 신앙고백으로 자리를 잡았다고 한다. 사실(fact)과 신앙고백은 같지 않다고 한다. 그는 예수가 유일의 그리스도—구원자라는 교리는 당시 상황이 만들어낸 것이며, 절대적인 진리가 아니라고 한다. 예수구원 유일성 사상은 유대인 문화를 가진 자들과 유대교에 가입한 이방인들 사이에서 점차 발

---

[12]아리아라자, 96.
[13]아리아라자, 84.

전하고 진화한 허구적인 교리라고 한다. 이 교리는 만고불변의 진리가 아니며, "재현 불가능한 특수한 상황"에서 만들어진 것이라고 한다. 그러므로 그 사상을 "오늘날 우리가 힌두교나 불교나 이슬람교의 관계에 적용하는 것은 잘못"이라고 한다. 사도행전에 등장하는 인물들의 배경, 기독론 교리의 발전 상황은 "오늘날 우리가 [만나는] 무슬림, 힌두교도, 불자와 전혀 다르다"[14]고 한다.

아리아라자에 따르면, 바울은 자신이 처한 특수한 상황에서 매우 배타적이고 비타협적인 설교를 했다. 예수가 유일의 구원자이며, 이를 "받아들일 것이냐 받아들이지 않을 것이냐" 하는 식으로 설교했다. 이곳저곳의 유대인 회당들을 방문하면서 자신이 확신하는 배타적 신념인 예수가 그리스도이며, 유일무이의 구원의 길이라는 교리를 가르쳤다.[15]

아리아라자는 예수를 '그리스도'라고 호칭한 바울의 그리스도 개념이 유대교가 말하는 메시아—그리스도와 같지 않은 의미를 지니고 있었다고 한다. 바울의 그리스도의 개념은 기독교인 사이에서 발전하고 진화한 것이었다. 바울이 말하는 그리스도는 유대인이 기다리던 메시아가 아니었다. 예수는 "하나님의 은혜의 손에 인도되어 그리스도를 믿음으로써 사람은 하나님 앞에서 의롭다고 인정받는다"(로마서 5장)는 개념의 구원자였다. 바울이 말한 그리스도는 하나님의 성육신(빌립보서 2장)이며, 새 사람(고린도전서 15장)이며, 인간을 하나님과 화해시키고 인간이 치러야 할 죄의 대가를 치룬 자(고린도후서 5장)였다고 한다.

아리아라자는 바울이 자신의 유대교 신학과 내면적인 대화를 하는 고충 경험을 서신서들에 기록했다고 한다. 자신이 확신하는 새로운 신앙을 조상들에게서 이어받은 것이라면서 이 둘을 관련시켰다고 한다. 예수에 대한 배타적인 주장, 곧 예수구원 유일성 교리는 이와 같은 특수 상황에서 만들어진 것이라고 한다.[16] 그리스도의 의미에 관한 바울의 새로운 고백과 이해는 이러한 맥락에서 나온 것이라고 한다. 예수가 그리스도이며, 유일의 구원자라는 바울의 주장은 상대적인 것이지 절대적인 진리가 아니라는 의미이다.

아리아라자에 따르면, 마태는 예수의 생애 이야기를 기록하면서 언제나 유대교 경전을 이용했다. 요한은 예수의 생애와 그의 교훈의 초점을 예수가 참 메시아, 곧 인간을 구원하려고 하나님의 보냄을 받은 자라는 데 두었다. 바울은 율법에 기초를 둔 하나님과의 조화의 시대가 끝나고, 하나님이 그리스도를 통하여 인류를 은혜로 구원하기로 했다고 말했다. 히브리서의 메시지도 이와 같은 호교론에서 그 정점을 이룬다. 예수가 이스라엘 종교 제도의 모든 것을 완성하고 대체한다고 했다.[17]

이상의 논의에서, 아리아라자는 예수의 제자들 사이의 예수 이해가 똑같지 않았으며, 그것조차 점차로 다르게 진화했다고 한다. 이 사실을 아는 것이 기독교의 증거와 종교 간의 대화 논의에 매우 중요하다고 한다. 우리가 전수한 여러 가지 기독교 전통의 중요한 부분은 사실 기록이 아니라 여러 가지 신앙 지식, 신앙 고백, 신앙 경험, 주관적인 이해 등으로 구성되어 있다고 한다. 어느 것 하나도 '객관적인 사실'이 아니라고 한다. 이 점이 현대에 사는 우리에게 강력한 무엇

---

[14]아리아라자, 88.

[15]아리아라자, 88.

[16]아리아라자, 92.

[17]아리아라자, 92.

인가를 말하고 있다고 한다. 그러므로 성서를 읽을 때 문자 그대로, 표면적으로 이해할 것이 아니라 그 안에 있는 각양각색 자료들의 성질을 잘 이해하고 개념의 발전과 진화 과정을 세세히 살피는 것이 중요하다고 한다.[18]

그리고 성서의 기록은 "새로운 상황 아래서 의미를 채택하기도 하고 재해석하기도 하며 또는 내어 버리기도 한 실례가 있다"고 한다. "따라서 오늘날 우리가 타종교인과 접촉할 때 사도행전을 모델로 삼는 것은 전적으로 잘못"[19]이라고 한다. 예수구원 유일 교리가 사도행전의 전승, 곧 특수 상황에서 발전 과정을 거쳐 형성, 정착되었으므로, 이를 절대적인 진리로 여김은 옳지 않다고 한다. "우리가 오늘의 시대, 종교다원주의 시대에서 다른 사람들, 타종교인들과 생활할 때 그리스도를 섬기며 따른다는 참 의미가 무엇인가를 진지하게 찾아보지 않으면 안 된다"[20]고 한다.

2. 증거의 내용은 예수구원 유일성 아니다

아리아라자는 제6장 "대화에 의한 증거"에서 힌두교인은 개종의 대상이 아니라고 하면서, 그들을 기독교인과 함께 영적인 여행을 하는 동반 순례자로 설정한다. 기독교인이 타종교인에 대한 증거, 곧 전도해야 할 내용의 핵심은 기독론, 특히 예수구원 유일성 교리가 아니라고 한다.

아리아라자는 힌두교 맥락에서 증거와 관련하여 자신이 생각하는 복음주의자들의 천박성을 지탄한다. 자신이 만난 '복음십자군'이라는 전도단을 예로 들면서, 전도자들이 힌두교의 교훈에 대한 옳지 못한 지식과 천박한 이해를 가지고 있었다고 한다. 그들이 무지했던 것은 "힌두교는 생동력 있는 산 종교이며 [기독교인이] 거기서 배울 것이 많으며, 그러므로 [그 종교를] 존중해야 한다"[21]고 한다는 사실이었다고 한다.

아리아라자가 만난 '복음십자군'은 자신들이 예수 그리스도로부터 모든 민족을 제자로 삼으라는 명령을 받았다고 확신했다. 그들은 예수께서 제자들에게 준 명령을 자신들에게 준 명령으로 이해했다. '복음십자군'은 바울이 "내가 복음을 전하지 않으면 저주를 받아 마땅하다"(고전 9:26)라고 한 말을 기억하고 있는 것 같았다. 아리아라자는 그들이 그리스도를 증거해야 할 의무를 자신들이 지니고 있다고 생각했다고 한다. '복음십자군'이 모든 민족을 제자로 삼고 아버지와 아들과 성령의 이름으로 세례를 베풀라고 한 예수의 제자들에게 준 명령을 자기들에게 준 명령으로 해석한 것은 오해였다고 한다.[22] 예수의 지상 명령은 당대의 사도들에게 준 것이지 오늘날의 그리스도인들에게 명한 것이 아니라는 것이다.

아리아라자에 따르면, 많은 기독교인들이 "다른 사람들의 복음을 들으려 하지 않고" 자기 자신이 무엇인가를 그들에게 증거해야 한다는 강한 책임감과 부담감을 가지고 있다. 이웃을 잘 이해하고 그들을 사랑하며 함께 삶을 나누어 가지는데 관심이 있는 것이 아니라, 예수 구원 유일 교리를 진하려고 타종교인을 설득하여 개종자를 얻고 교

---

[18]아리아라자, 92.

[19]아리아라자, 93.

[20]아리아라자, 93.

[21]아리아라자, 95.

[22]아리아라자, 96.

회 구성원 수를 증가시키는 일에 큰 관심을 가지고 있다.

기독교인이 타종교인을 개종시키려 함은 성서를 대단히 잘못 이해한 결과이다. 예수의 활동과 업적에 대한 성서의 기사에 비추어 보아 그러하다. 예수의 성육신, 자기희생, 하나님 나라의 표적, 교훈 등은 도저히 용납할 수 없는 사람을 용납하고, 우리의 삶과 생애를 타인과 나누어 가지는 등 윤리적인 실천과 관련되어 있다.[23]

마태복음 28장의 제자 파송의 기사를 '기독교 증거'의 근거로 삼을 경우에 생기는 문제가 심각하다. 제자 삼기와 개종이 동일한 의미로 해석되어 버리고 만다. 기독교의 증거를 곡해하여 사람을 한 종교 단체로부터 다른 종교 단체로 이동시키라는 것으로 생각할 수 있다. 성서는 대체적으로 기독교 신자를 대상으로 말한다. 타종교인, 개종 후보자를 향해 말하지 않는다.

예수는 사람들을 하나의 종교공동체에서 다른 종교공동체로 이동시키지 않았다. 그가 외친 회개란 자기중심의 생활에서 하나님 중심의 생활로 바꾸는 것이었다. 하나님과 이웃과의 관계를 철저히 갱신하는 일이다. 하나님의 왕적(王的) 지배가 우리의 삶 속에 들어와서 윤리적인 실천과 함께 사람들에게 그 가치관을 따르는 삶을 영위하는 것이었다. 그것이 예수께서 가르친 회개였다. 예수는 유대교 사회의 구성원을 개종시켜 그와 대립하는 새로운 공동체 설립의 일원으로 유도하는 따위의 활동에 아무런 관심을 보이지 않았다.[24]

복음주의자들의 '증거'의 메시지는 신자와 불신자, 기독교인과 타종교인을 구별하는 기준으로 작동한다. 기독교의 교리를 들어보지 않은 지역 사람들과 선교사나 설교자가 들어가지 않은 곳의 사람들, 그리고 복음이 전해 진 적이 없는 지역의 사람들과 타종교인들을 하나님과 무관한 사람들로 여긴다.

하나님의 손은 복음을 들어보지 못한 사람들에게 그들이 사는 지역이나 타종교인들에게 오래 전에 이미 뻗어 있었다. 타종교인들은 "아직 빛 가운데로 나아오지 못한 사람들이 아니다."[25] 그리고 "하나님의 영은 그들 가운데 이미 진리의 빛을 비추고, 구원 활동을 하고 계신다."[26]

사마르타가 저술한 WCC의 『대화 지침』(1979)은 '증거'와 '종교' 간의 대화를 모순 관계로 여기지 않는다. "우리는 확신을 가지고 대화 상대에 대하여 사람을 낚는 일이 아니라 마음속으로 함께 순례자의 길에 동참할 자로 여긴다"(p.11)라고 정의한다.

아리아라자는 이상의 논의 끝에 "우리의 이웃(타종교인들)도 하나님의 자녀들이다"라고 한다. 그러므로 우리는 타종교인에게 존경하는 태도와 마음가짐을 가져야 하고, 기독교의 "증거(복음전도)는 한 종교가 다른 종교를 조작(操作)하는 것이 아니라 자기들이 이해한 신앙 경험과 종교 진리를 진지하게 나누어 가짐이다"[27]라고 한다.

아리아라자에 따르면, 복음주의자들은 복음 메시지의 유효성이 설교자가 어떤 사람인가에 달려 있지 않고 그가 전하는 메시지 자체에 있다고 본다. 그러나 힌두교인들은 메시지와 설교자, 진리와 그것을 전하는 자를 분리하여 생각하지 않는다. 정신적인 고차원적 경험을 거친 사람이어야 타인에게 무엇을 말하고 나누어 줄 수 있는 권위를

---

[23]아리아라자, 97.

[24]아리아라자, 98.

[25]아리아라자, 98.

[26]아리아라자, 99.

[27]아리아라자, 100.

가지고 있다고 생각한다. 그리스도에 대한 교리 조항을 제시하는 것만으로는 힌두교인을 움직일 수 없다. 설교자, 증거자의 윤리적 권위가 그가 전하는 메시지의 진위를 판별하는 기준이다.

그러므로 기독교인의 증거는 그리스도에 관한 절대적이고 배타적인 주장, 곧 예수를 믿어야만 구원을 받으며, 예수만이 구원자라는 것을 전제로 하지 않아야 한다. 예수를 절대화하는 주장은 기독교의 증거를 오히려 방해한다. 힌두교인에게 "예수 그리스도는 유일의 구원의 길입니다. 그를 통하지 않고서는 구원을 얻지 못합니다"라고 말하면, 그의 눈에는 복음주의자가 속좁고 교만하고 또 암묵적으로 다양성을 거부하는 옹졸한 사람으로 비쳐진다.[28]

힌두교인은 배타적인 교리 설명이나 그러한 개념의 증거를 타당한 것으로 여기지 않는다. 그에게 배타적인 예수구원 교리를 받아들이라고 강요함은 무례한 일이다. 기독교 증거의 가장 중요한 것은 윤리적 삶이다. 따라서 [종교다원주의적] 기독교 증거의 가장 큰 장애물은 예수를 절대화 하는 배타적 교리, 곧 예수구원 유일주의를 증거하는 활동이다.[29]

모든 피조물은 하나님 안에서 살아 움직인다. 하나님은 모든 것에서 자신을 증거한다. 힌두교 신자들은 약 4천 년 전부터 생명의 신비와 하나님과의 관계를 이해하는 정신적 전통을 가져 왔다. 여러 세기에 걸쳐 하나님과 관계를 맺는 시도를 해 왔다. 명상, 선행, 요가, 예배 등이다. 힌두교에는 하나님을 경험하고 신에게 진력 봉헌한 위대한 정신적 거인들이 있다. 여러 세기에 걸쳐 가꾸어 온 생동하는 정신적 전통이 있다. 어느 누구도 그 속에서 하나님의 은혜와 사랑을 경험할 수 있다는 사실을 부정할 수 없다.[30]

이상의 논의에서 아리아라자가 강조하는 '하나님'은 역사적 기독교의 유일신이 아니다. 그가 말하는 하나님은 힌두교 아드바이타 개념의 다신적 유일신, 곧 만신총합 유일신이다.

아리아라자는 힌두교인이 영적, 정신사적 탁월성을 배경으로 가지고 있다고 하면서, "힌두교인에게는 복음이 필요하지 않다"고 하며, "기독교인이 힌두교인에게 증거할 것은 아무 것도 없다고 한다. "힌두교인은 기독교를 포함한 다른 종교들이 가지고 있는 높은 이상을 이미 가지고 있다"[31]고 한다.

아리아라자에 따르면, 복음주의자는 자신이 복음을 담은 보따리(Package deal)를 가지고 있다고 착각한다. 그리스도, 기독교의 진리, 구원 지도, 구세주, 하나님의 아들, 구속 주, 영생 등을 담은 보따리를 풀어제쳐 그 안에 있는 것을 타인에게 주려고 한다. 자기가 전하는 복음 메시지를 듣는 사람에게 그것을 주면서 받아들이라고 한다.[32] 이와 같은 복음주의자의 행태, 자기의 보따리에 들어있는 것을 타종교인에게 강제로 떠맡기려는 태도와 사고방식은 이롭지 않다.

예수의 제자들조차 그리스도가 누구인가에 대해 다양한 이해를 가지고 있었다. 시간이 경과함에 따라 그 이해 가운데 하나가 교리로 성장, 진화, 발전했다. 기독교 교리는 하늘에서 떨어진 것이 아니며, 절대적인 것도 아니다.

아리아라자는 자신이 예수 그리스도의 생애에서 배운 가장 중요한

---

[28]아리아라자, 102.
[29]아리아라자, 104.
[30]아리아라자, 104.
[31]아리아라자, 105.
[32]아리아라자, 106.

교훈은 다름 아니라 그분이 사람들과 접촉할 때 보인 성실성과 윤리성이었다고 한다. 이 말에 이어서 또 다시 "힌두교인은 개종의 대상이 아니다. 함께 순례하는 사람이다"[33]라고 한다. 힌두교인도 기독교인인 당신과 마찬가지로 하나님의 측량할 수 없는 사랑과 은총 아래 있는 형제자매라고 한다. 그러므로 우리가 모든 종교인이 평등성, 동등성, 구원 유효성을 가졌다고 이해함이 마땅하다고 한다.

아리아라자와 WCC가 말하는 기독교의 '증거'는 이처럼 역사적 기독교 선교의 핵심인 구원의 기쁜 소식을 전하는 '복음전도' 활동이 아니다. '증거'는 타인, 타종교인들과 더불어 우리의 삶에 하나님이 베풀어 준 결정적인 충격을 나누어 가지는 활동이다. 상대방이 자기의 [윤리적] 경험을 증거할 때 우리는 진지하게 그것을 경청하고 배우고 받아들인 준비를 해야 한다. 이와 같이 우리도 타종교인의 증거에 의하여 하나님의 한량없는 풍성한 은혜를 받게 될 것이라고 한다. 기독교인이 타종교인에게서 배우려는 태도를 유지함은 성서적 신앙에 부합한다고 한다.[34]

3. 새 시대, 새 기독론

아리아라자는 위 책의 마지막 장(제7장) "대화의 신학을 지향하여"에서 사도행전과 초기 기독교 공동체처럼 우리가 시대의 변화, 곧 종교적 다원성 상황에 발맞추어 자신을 변신하고 진리를 승화, 진화, 발전시키는 일에 발버둥 쳐야 함을 강조한다.

아리아라자는 성서가 종교 간의 대화를 지지하고 또 적극 장려한다고 한다. 그것이 성서의 중심 정신이라고 한다.[35] 그는 성서가 종교 간의 대화, 종교다원주의 활동을 정당화한다는 자신의 주장이 설득력을 가지기 쉽지 않다는 사실을 알고 있는 탓인지, 그는 이 주제에 대한 치밀한 논의를 하지 않고 대신 이 책의 앞부분 논의를 아래와 같이 요약 정리한다.

어느 누구도 진리를 독점할 수 없다. 독점 가능하다고 주장할 수 없다. 누구나 자의적으로 성서를 해석하는 경향이 있다.[36] 때로는 교회가 처한 역사적 상황이 성서 해석에 영향을 미친다. 교회는 부당한 것을 성서적 권위를 인용하여 정당하다고 공언한다. 대표적인 예는 남아공화국의 인종차별 정책(Apartheid)이다.[37]

성서는 공동체가 직면하는 모든 문제에 특정한 지침을 내리는 정적(靜的) 법률서가 아니다. 성서는 기독교 공동체가 삶의 현장에서 신앙을 위해 발버둥친 기록이다. 이처럼 20세기 말에 사는 우리도 우리의 시대와 상황에서 성서와 함께 발버둥 쳐야 한다. 종교다원주의야말로 종교적 다원주의 시대에서 기독교가 발버둥친 결과이다.[38]

종교다원주의의 가장 큰 걸림돌은 성서의 기독론, 특히 예수구원 유일 신앙이다. 복음주의자들은 성서를 움직임이 없는 법률서로 여기는 경향을 보인다. 법조문처럼 받아들인다. 불변의 진리를 담고 있다고 하면서 그 내용을 무조건 받아들이라고 한다.

복음주의자들은 성서의 구절들을 진리 판별의 표준적 권위로 여긴다. 성서 여기저기에 산재(散在)해 있는 구절들과 바울과 베드로가 각

---

[33] 아리아라자, 108.

[34] 아리아라자, 109.

[35] 아리아라자, 109.

[36] 아리아라자, 109.

[37] 아리아라자, 110.

[38] 아리아라자, 110.

각 특정 문맥 가운데서 발언한 예수구원 유일성 구절을 절대화 한다.[39]

성서는 신앙과 믿음으로 순종한 사람들의 이야기를 담은 설화 모음집이다. 성서는 이스라엘과 교회가 하나님과의 관계를 이해하고 실천에 옮기려고 발버둥친 이야기를 담고 있다. 우리의 신앙 선배들의 신앙 순례에 대한 흥미진진하고 영적으로 풍요한 설화 모음집이다.[40]

예수의 제자들은 예수 이야기의 소재(素材)를 선택하고 신약성서에서 그 내용을 편집했다. 그것은 예수의 생애와 교훈을 해석하여 엮은 초기 기록이다. 기독교 공동체의 탄생과 성장의 기록이다. 예수구원 유일성을 말하는 요한, 바울, 히브리서 저자들은 예수에 대한 사실을 기록한 것이 아니라 자신들이 관계를 맺고 있던 초기 예수공동체의 예수 이야기, 곧 '신앙고백'을 기록했다. 신앙고백은 사실 기록이 아니라 자신이 믿고 싶은 것을 담은 것이다. 신약성서는 예수의 의미를 열심히 해석하고 자기 나름대로 이해한 내용을 담고 있다.[41] 그리스도로 알려진 한 위인을 이해하려고 발버둥친 초기 기독교 공동체의 기록이다.

성서는 법전이 아니다. 그리스도를 이해하려고 안간힘을 쓴 흔적이다. 예컨대, 사도행전 제15장의 예루살렘 공의회의 기록은 교회가 새로운 상황에서 몸부림친 이야기이다.[42] 교회는 헬라적 배경과 유대교 전통 밖에 있는 '이방인'을 영입해야 하는 상황에 직면하여 새로운 것을 결정했다. 이방인 기독교인은 할례를 받을 필요가 없으며 율법을 지키도록 강요할 필요도 없다고 했다. 그리고 유대적 배경을 가진 기독교인들의 교제를 어렵게 만드는 식사 습관과 품행을 삼가하도록 했다.[43]

예루살렘 공의회의 기록은 교회가 새로운 상황에 직면했을 때 어떻게 자신들의 신념과 실천을 재검토하고 재구축하려고 몸부림쳤는가를 보여준다.

20세기의 기독교는 종교다원주의 상황에 진입했으므로, 사도행전 모델을 따라, 우리는 모든 종교의 동등성, 평등성, 구원 유효성을 인정하는 변화를 받아들이는 노력을 해야 한다. 예루살렘 공의회의 결정을 20세기 후반의 기독교가 새로운 비전을 가진 종교로 거듭나야 할 과제, 곧 종교적 다원성 현상에 대한 기독교 대응의 예표이다.[44]

기독교 진리는 하나님의 계시의 결과가 아니라 교회의 상대적인 노력의 유산이다. 타종교, 타문화와 접촉하면서 발전되어 왔다. 교회는 처음부터 타종교와의 관계 속에서 살아 왔다. 교리는 유대교, 헬라, 로마 세계의 종교, 문화, 철학과 접촉하면서 발전했다. 바울은 속죄, 구원, 화해, 구속 등의 개념으로 그리스도의 죽음을 이해했다.

요한은 헬라의 지혜문학의 전통의 핵심인 로고스 개념을 도입하여 예수가 선재(先在)하는 분이며, 하나님의 로고스—말씀이라고 설명했다. 히브리서 기자는 예수를 '새 언약의 중보자'라고 하면서 "첫 언약 때에 범한 죄에서 우리를 속량하려고 죽으시고 부름을 입은 자로 하여금 영원한 기업의 약속을 얻게 하려 했다"(히 9:13)고 말한다.

이처럼 기독교 신학은 다양한 철학적·문화적 접촉으로 진화, 변화, 성장해 왔다. 타종교와 타문화와의 접촉으로 이루어졌다.[45]

---

[39]아리아라자, 111.
[40]아리아라자, 111.
[41]아리아라자, 112.
[42]아리아라자, 112.
[43]아리아라자, 113.
[44]아리아라자, 113.
[45]아리아라자, 114.

이상의 논의와 각장의 요점을 정리한 끝에, 아리아라자는 오늘날 교회가 본질적으로 전혀 새로운 상황인 종교 다원성 시대에 진입했음을 강조한다. 종교다원주의를 환영해야 한다는 것이다. 인류 역사상 매우 중요한 새로운 시대에 진입했다고 하면서, 그 특징을 세 가지 단계로 구분한다.

첫째, 식민주의 지배로부터 탈출한 아시아와 아프리카의 종교들은 자신의 고유한 종교 전통을 기독교 신앙에 대한 보편적인 대체안으로 여겼다. 제국의 멸망과 더불어 그 제국들의 종교 전통과 야심도 멸망했다는 사실을 인식하고 있다.

둘째, 종교적 다원성 현상은 우리 시대의 현실이다. 유럽의 무슬림 수는 기독교인 수보다 더 많다. 기독교인들이 타종교인들과 함께 하는 진실한 인간 사회를 수립할 필요가 생겼다. 기독교가 다수의 신도를 가진 타종교와 손을 잡을 필요가 있다.

셋째, 기독교는 타종교에도 어떤 풍요로운 것이 있음을 깨달았다. 기독교인이 그동안 이교 활동으로 간주한 우상숭배와 미신 종교로 여겨 물리쳤던 불교의 명상이나 힌두교의 요가에 강한 흥미를 보인다. 이슬람 공동체와 그들의 신심과 기도에 대한 흥미를 보인다.[46]

종교적 다원화 현상을 위협적인 현실로 느끼거나 거부하지 않고 함께 공존해야 할 현실로 받아들이는 경향이 우리 사회 안에 고조되고 있다. 현 시대는 타종교에 대한 신학적 적의(敵意)나 타종교인을 포섭하거나 개종시키려는 발상을 가질 수 없는 상황으로 바뀌었다. 우리는 "새 포도주가 있기에 새 가죽부대가 필요한 시점에 있다."[47]

교회가 타종교인들과의 관계에 대하여 새로운 신학적 근거를 발견하는 노력을 기울여야 할 시점에 이르렀다. 기독교인이 예수에게 헌신하는 동시에 타종교인들의 헌신과 증거에 열린 자세를 가지는 것이 필요하다. 서로 돌보아 주는 공동체, 모든 사람이 정의와 평화를 위해 함께 일하는 공동체를 창출할 수 있는 신학이 필요하다.[48]

아리아라자는 이러한 상황에서도 복음주의자들이 그리스도가 하나님의 완전하고 궁극적이고 최후의 결정적인 계시라고 주장함을 안타까워한다.[49] 시대의 흐름을 따라 변화를 꾀하려고 몸부림치지 않고, 다만 "나를 거치지 않고서는, 아무도 아버지께로 갈 사람이 없다"(요 14:6)는 말만 되풀이 한다고 불만을 터트린다. "이 예수 밖에는, 다른 아무에게도 구원은 없습니다. 사람들에게 주신 이름 가운데 우리가 의지하여 구원을 얻어야 할 이름은, 하늘 아래에 이 이름 밖에 다른 이름이 없습니다"(행 4:12)라는 성서 구절만을 외친다고 불평한다.

아리아라자에 따르면, 복음주의자들 때문에 하나님은 주변으로 밀려나고 인간 예수가 중심 자리를 차지했다. 만물의 창조자이며 종교를 포함한 모든 것의 소유주인 하나님이 자리를 빼앗기고 밀려나고 말았다. 선교지에서는 사람들에게 개종을 강요하는 선교 이론이 득세했다.[50] 이러한 태도는 성서 전체의 교훈에 모순된다. 성서 메시지의 중심은 예수가 아니라 하나님이다. 구약성서의 이스라엘의 설화들은 하나님의 임재를 경험한 설화로 채워져 있다.[51] 복음주의자들은 하나님을 주변으로 몰아내고 그분이 있어야 할 자리에 인간 예수를 대체했다.

---

[46]아리아라자, 115.

[47]아리아라자, 116.

[48]아리아라자, 117-118.

[49]아리아라자, 119.

[50]아리아라자, 119.

[51]아리아라자, 120

예수의 생애는 언제나 하나님과 관련되어 있었다. 우리가 아브라함의 신앙과 모세의 순종을 존경하는 것은 하나님 중심의 관계 때문이다.[52] 성서 자체는 명확한 기독론을 가지고 있지 않다. 정통 기독론은 초기 기독교인들의 예수의 생애, 죽음, 부활에 대한 '자기 이해'와 '신앙고백'의 결과이다. 이 이해와 고백은 자신들이 너무나 깊은 의미를 가진 예수를 만나고 있다는 자각이 성장하고 진화한 결과이다.

요컨대, 아리아라자는 정통 기독론을 절대적인 진리가 아니라고 하면서, '다른 길은 없다,' '다른 구원자는 없다'라는 소극적 전제를 가진 정통 기독론은 버려야 한다고 말한다. 진리란 어떤 인간의 손도 미치지 못하는 곳에 있다고 한다.[53] 종교다원주의 시대는 이 시대에 필요한 기독론의 개발을 요청한다고 한다.[54]

아리아라자는 '그리스도 밖에는 구원이 없다'는 교리가 어느 단계에서 '교회 밖에는 구원이 없다"는 교리로 발전했다고 한다. 기독교 사회는 언제나 자기 자신을 '구원받은 자'로 여기고, '구원받지 못한 세상' 또는 타종교인과 대립하려는 유혹을 받아왔다고 한다. 이와 같은 이해는 교회와 타종교인들의 관계를 왜곡하고 손상시키는 결과를 가져왔다고 한다.[55]

아리아라자는 타종교인과 관련하여, 우리 가운데 어느 누구도 하나님 나라의 경계를 알 수 없다고 한다. 누가 그 왕국에 속하며 또 속하지 않는지 알 수 없으며, 다만 사람의 마음 속 비밀을 알고 있는 하나님 밖에는 아무도 모른다고 한다.

아리아라자는 이 지점에서 하나님의 왕국과 성령을 연결시킨다. "성령은 스스로의 의지로 활동한다. 성령은 사람 마음에 접촉하여 우리가 알 수 없는 방법으로 상황을 포착하여 어디서나 사람들의 마음 속에서 활동하는 하나님의 역사를 분별할 수 있는 가능성을 열어 준

다. 성령은 모든 생명을 움직이고 지배한다. 성령의 재창조 활동은
타종교인들과의 관계에 많은 가능성을 열어준다"[56]고 한다.

성령이 타종교 안에도 활동한다는 아리아라자의 이 주장(1985)은
사마르타에게서 온 것이다. 이것은 WCC의 종교다원주의 선언 "바아
르선언문"(1990)의 기반이다. 이 선언문은 "예수와 성서의 해석자인
성령(요 14:20)께서 우리를 인도하여 기존의 타종교 전통을 새롭게
이해하도록 도울 뿐 아니라, 이웃과의 대화를 통해 우리가 성숙함에
따라 새로운 지혜와 통찰을 거듭 밝혀 줄 것을 믿는다"고 고백한다.

아리아라자는 윤리 활동과 '하나님의 선교'를 동일시한다. 성서
가 '교회의 선교'가 아니라 오로지 '하나님의 선교'를 말한다고 한다.
기독교의 인류에 대한 봉사와 모든 종교의 예배 활동은 경계가 없는
'하나님의 선교'의 일부분이라고 한다. "기독교인의 활동은 '하나님
의 선교'의 일부분이며, 이러한 사실에 대한 자각은 [기독교인이] 타
종교인과 손을 맞잡고 보다 의식적으로 일할 수 있게 만들어 준다"[57]
고 한다.

아리아라자는 '하나님의 선교'가 하나님의 은총과 사랑 안에 들어
온 다른 모든 사람들로 하여금 타종교인과 함께 동반자로 살며, 함께
순례의 길을 걷게 한다고 치하한다. WCC의 '하나님의 선교'와 관련
하여 "성서가 보여주는 하나님 이해는 우리가 생각하고 있는 것보다

---

⁵²아리아라자, 121.
⁵³아리아라자, 123.
⁵⁴아리아라자, 124.
⁵⁵아리아라자, 125.
⁵⁶아리아라자, 126.
⁵⁷아리아라자, 126.

는 훨씬 개방적이고 관대하며 포괄적이다. 성서는 우리를 자아에서 해방하여 다른 사람(타종교인)과 함께 같은 공동체에서 살 수 있도록 만들어 주는 교훈을 담고 있다"[58]고 한다.

아리아라자는 종교다원주의가 성서적이라고 하면서 다음 문장으로 위 책의 논의를 마무리한다. "오늘날 이웃과 함께 살아감에 있어서 우리에게 필요한 것은 융통성이 통하지 않는 완강하고 고집스러운 생각을 거부하고 [타종교에 대하여] 그리스도의 마음으로 항상 양보하여 스스로 희생할 용의(기독교의 핵심 교리를 포기할 마음)가 있는 신학이다."[59]

맺음말: 기독교와 자유주의

이상은 아리아자가 WCC에 주입한 이 단체의 종교다원주의 사상의 기반이다. 선임자 사마르타가 저명한 종교다원주의자들의 이론을 빌려 정립한 이론에 자기 나름의 자유주의 신학과 탈기독교적인 성경해석을 대입하여 구체화한 이론이다. 아리아라자는 기독교를 도덕 중심의 윤리 실천 공동체로 이해한다. 진정한 기독교 신앙은 자기의 욕망을 소멸시키고 타인을 위한 삶과 행동을 하는 것이라고 한다. 기독교 신앙의 핵심은 윤리실천이며, 이 맥락에서 원수 사랑의 정신으로 타종교와 타종교인을 사랑하는 것이라고 한다.

미국 프린스턴신학교의 그레이스앰 메이첸(Gresham Machen, 1881-1937)은 『기독교와 자유주의』(*Christianity and Liberalism*, 1923)에서 역사적 기독교와 20세기 초에 인기를 끌던 자유주의 신학을 추종하는 신종 기독교가 양립할 수 없다고 한다. 자유주의 신학은 기독교의 단순한 변형이 아니라 기독교와 근본적으로 '다른 종교'라고 한다. 겉보기에는 같아보이나 뿌리가 다른 종교, 곧 자유주의 신학이라고 일컫는 종교라고 한다.

메이첸의 논점은 칸트의 인식론의 영향을 받은 자유주의 신학이 인간 이성의 기능을 강조하고 도덕적 발전과 사회 윤리를 신앙의 중심에 둔다는 것이다. 반면, 하나님의 특별계시와 그것에 근거한 교리와 진리를 강조하는 역사적 기독교의 핵심 신념을 훼손한다는 것이다.

메이첸에게 진정한 기독교는 그리스도의 성육신, 십자가의 대속적 죽음과 부활 그리고 그것을 통한 하나님의 구원과 같은 영적 초자연적 사건에 기초한다. 이러한 진리에서 벗어나는 신학은 신학의 개혁이나 현대화가 아니다. 하나님의 본성, 성서의 권위, 그리스도의 신성과 인성, 구원의 의미와 같은 필수 교리에서 벗어남은 기독교 신앙 자체를 부정함이다.

메이첸은 정통 기독교가 역사적 사실과 신적 계시에 근거하고 있음을 옹호하면서, 자유주의 신학이 주관주의와 상대주의라고 하는 현대 인본주의 철학에 기초해 있다는 사실을 정확히 파악한다. 역사적 기독교와 자유주의 신학이라는 신종 기독교는 교회 안에서 공존할 수 없다고 한다. 하나님, 그리스도, 구원 등에 대한 이해가 근본적으로 다르기 때문이라고 한다.[60]

메이첸은 독일 마르부르크대학교에서 당대의 저명한 자유주의 신학자 빌헬름 헤르만(Wilhelm Herrmann, 1846-1922)에게 사사

---

[58]아리아라자, 128.

[59]아리아라자, 129.

[60]그레이스앰 메이첸, 『기독교와 자유주의: 정통 기독교의 본질을 말하다』, 황영철, 원광역 공역 (서울: 복있는 사람, 2019).

했다. 헤르만은 알버트 리츨(Albrecht Ritschl, 1822-1889)의 자유주의 사상에 깊은 영향을 받았다. 리츨은 임마누엘 칸트의 인식론에 충실하게 기독교의 핵심을 예수의 윤리적 삶과 가르침으로, 하나님의 나라를 도덕적이고 실천적인 공동체로 이해했다. 칸트와 리츨의 제자 헤르만은 하나님을 윤리적 이상 실현을 위한 선한 능력(the power of goodness)으로 이해했다. 예수를 윤리성에 기초한 이상적 인간 모델(an exemplary man)로 여겼다.

헤르만은 하나님을 명제와 반명제, 교의와 비판, 긍정과 부정, 베일을 벗는 것과 가리는 것, 객관성과 주관성 등 대립되는 두 가지 반대 진술을 종합하여 종합명제에 도달하는 변증법 방식으로 접근했다. 자신이 자유주의 신학의 아버지 슐라이어마허(Friedrich Schleiermacher)와 리츨에게 빚을 졌다고 하면서, 개인 안에서 일어나는 신에 대한 종교적 경험을 강조했다.

헤르만의 신학 강의 교실에는 메이첸과 칼 바르트(Karl Barth) 그리고 루돌프 불트만(Rudolf Bultmann)이 함께 공부를 하고 있었다. 바르트는 나중에 자유주의 신학을 거부하면서도 그 틀을 완전히 벗어나지 않는 신정통주의 신학의 주자로 활동했다. 불트만은 실존주의를 신학에 도입하여 성서의 비신화화 작업의 필요성을 주창했다. 개혁주의 정통신학자 메이첸은 프린스톤신학교에서 자유주의 신학자들과 신학 충돌을 겪다가 정통신학을 지향하는 필라델피아의 웨스트민스터신학교를 출범(1929)시켰다.

신약성서의 예수 그리스도는 현대 신학자들이 각색하고 재구성한 윤리 모델이 아니다. 제자들의 기억에만 살아남은 인물이 아니다. 예수는 속죄 사역을 완성한 뒤에도 선지자들과 사도들에게 자신을 계시했다. 지금도 영으로 하나님이 구원하기로 작정한 자들 가운데 임재하여 그들을 예수의 십자가 구원 사역으로 연결시킨다. 그들의 눈을 열어 예수 그리스도와 하나님의 진리를 직면하게 한다. 성령 하나님은 예수를 그리스도로 믿는 자에게 내주하고 동행한다.

기독교인에게서 윤리적 삶과 가르침을 배제하면 기독교인이라고 할 수 없다. 윤리 부재의 기독교는 상상조차할 수 없다. 성서의 가르침의 많은 부분이 윤리와 도덕적 삶에 관련되어 있다. 예수는 "나무가 좋으면 그 열매도 좋고, 나무가 나쁘면 그 열매도 나쁘다. 그 열매로 그 나무를 안다"(마 12:33)고 했다. 윤리적 열매를 보아 하나님의 자녀인가를 알 수 있다는 말이다. 그리스도를 본받는 윤리적 삶은 기독교인의 거룩한 과업이다.

그러나 그리스도를 본받음이 기독교 신앙의 전부가 아니다. 인간에게 구원을 제공하는 것은 윤리 실천이 아니다. 그리스도의 윤리 가르침과 윤리적 삶을 본 받음은 인간을 영원한 생명으로 연결시키지 못한다. 윤리는 개인적이든 공동체적이든 사회적이든 간에 인간을 구원으로 이끌지 못한다. 윤리적 실천 자체의 성공에도 도움을 주지 못한다.

인간은 근본적으로 하나님의 진노 아래에 있다. 죄의 쓴 뿌리를 가지고 있다. 성령이 주는 선물인 믿음에 따라 오로지 예수 그리스도의 공로를 믿음으로 죄 사함을 받고, 무죄하다는 하나님의 법정적 선언, 곧 칭의를 얻을 수 있다. 우리는 성령의 능력에 사로잡혀 하나님과 동행할 때 죄에서 멀어질 수 있다. 예수를 그리스도로 믿고, 회개하고, 중생할 때 비로소 하나님이 원하는 윤리적 삶, 성화의 시작이 가능하다.

기독교의 핵심은 유일의 중보자 예수를 주와 그리스도—구원자로 믿어 하나님과 화목하고 연합하는 일이다. 베드로는 외친다. "주 예수를 믿으시오. 그리하면 그대와 그대의 집안이 구원을 얻을 것입니다"(행 16:31). 하나님은 이 복음을 받아들이고 예수를 자신의 구원자로 영접하고 믿고 신뢰하는 믿음을 기쁘게 여긴다. 그들은 하나님의 자녀로 받아들인다.

기독교 복음 전도자의 증거(증언)은 예수 그리스도를 통해 구원 받는 길을 제시하는 복음전도 활동이다. 인간은 예수를 구원자로 믿고 중생하는 관문을 거쳐야 살아계신 하나님과 연합하고, 그 분이 기뻐하는 윤리적 삶을 시작할 수 있다. 그리스도의 대속사역으로 영원한 생명(zoe)을 선물로 얻은 자가 윤리적 삶을 시작할 수 있다. 영적인 중생을 경험한 자가 산상수훈의 가르침을 따르고, 예수를 본받는 삶을 살 수 있다.

기독교인에게 윤리와 윤리 실천은 매우 중요한다. 그러나 기독교의 핵심을 윤리로 규정하고, 기독교의 사명을 윤리적 증거에 제한함은 언어도단이다. 하나님의 나라를 윤리적인 무엇으로만 이해하는 신학은 초등 학문이다. 정작 중요한 진리(esse)를 배제하고, 주변적인 것(bene-esse)에 연연하는 결과를 낳는다. 윤리적 실천, 곧 폭 넓은 사회적 공동체적 윤리 활동은 기독교인의 삶의 필수 요소이다. 그러나 선행되어야 할 것이 있다. 믿음, 회개, 죄 용서 받음, 중생, 칭의, 하나님과의 연합, 양자됨, 그리고 성화로 이어지는 구원이다.

자유주의 신학자들은 십자가 중심의 기독교를 '근본주의'라고 폄하한다. 복음주의 신학을 반지성적이고 비현실적인 신학 유형으로 여긴다. 그리스도의 계시(갈 1:12)를 받아 체계화된 기독교 진리를 '왕따'시킨다. 특히 바울의 교리 가르침을 싫어한다. 예수가 하나님과 인간 사이의 유일의 중보자라는 진리와 이신칭의(以信稱義) 교리를 바울이 이방인 선교 목적으로 억지로 만들어낸 것으로 여긴다. 바울이 윤리적 모범이며 도덕적인 교사인 예수를 다시 포장하여 유대 민족이 대망하던 메시아로 각색하고 상품화했다고 한다. 바울이 예수가 창출한 생명문화 공동체 운동을 십자가 운동, 예수 구원운동, 이신칭의 운동으로 오도(誤導)했다고 한다.

역사적 기독교가 아닌 이종(異種) 기독교는 윤리 중심의 자유주의 신학을 따른다. 이 그룹은 저주받은 나무(십자가)에 달려 죽은 구원자의 대속 사역과 구원 진리에 관심을 가지지 않는다. 예수께서 십자가에서 자신을 희생제물, 화목제물로 바쳤다는 십자가의 도(道)와 이신칭의 진리를 거부한다.

아리아라자의 종교다원주의는 모든 종교의 평등성, 동등성, 구원 유효성을 강조한다. 그의 주장은 시종일관 예수가 유일의 중보자라는 역사적 기독교 진리가 옳지 않다는 것이다. 기독교의 본질을 윤리와 윤리적 실천 또는 기독교적인 삶에 둔다. 십자가의 복음과 구원과 영생의 진리를 믿지 않는 자가 강조할 '기독교적인 것'은 윤리, 착한 일, 세상사 해결 이상일 수 없음을 보여준다.

아리아라자는 요한복음, 사도행전, 바울서신, 히브리서가 말하는 예수구원 유일 교리를 당시의 교회가 변화하는 현실에 적응하려고 발버둥 치며 만들어 낸 허구로 여긴다. 구약성서와 신약성서 전체를 관통하는 하나님의 구원사와 계시사 그리고 '새 언약' (New Testament)의 중보자 예수 그리스도의 고유한 역할을 거부한다.

신약성서가 말하는 예수 그리스도는 구약의 제사장들과 달리 하늘에 있는 참 성소에서 사역하는 대제사장이며, 짐승의 피가 아닌 자신의 피로 영원한 속죄를 이루었다. 이 새 언약은 모세를 통해 주어진 옛 언약과는 달리, 사람의 마음의 비석에 하나님의 율법이 새겨지고, 하나님과의 인격적인 관계 속에서 죄 사함이 주어지는 약속이다. 예수는 이 언약의 보증이며, 중보자이다. 예수는 인간과 하나님 사이를 화목하게 하며, 하나님께 직접 나아갈 수 있는 길을 열었다.

히브리서는 예수를 "새 언약의 중보자"(히 9:15)로 명한다. 그가 죽음을 거쳐 첫 언약 아래에 있는 죄를 범한 자들의 죄값을 대속했다고 설명한다. 이는 예수가 선지자나 도덕적 교사로서가 아니라, 인류의 죄를 대속하려고 스스로 희생 제물이 되었고, 하나님이 이를 거쳐 영원한 기업을 약속받게 했음을 의미한다. 따라서 예수 그리스도는 단순한 종교 지도자를 넘어, 하나님의 구속 역사를 완성한 유일의 그리스도이다. 그의 사역을 거쳐 그 예수를 그리스도로 믿는 자는 자유롭게 하나님께 나아가 은혜를 받을 수 있다. 아리아라자는 이 명백한 진리를 거부한다.

WCC의 몽학선생 사마르타와 아리아라자가 증거하고 싶은 것은 예수는 윤리교사, 이상적 윤리모델이었으며, 하나님과 인간 사이의 유일의 중보자가 아니었다는 것이다. 우리가 이들의 사상을 심도 있게 소개하고 논의한 까닭은 이것이 WCC의 종교다원주의 다원주의 신앙고백의 신학적 기반이기 때문이다.

아래에서 검토할 WCC의 종교다원주의 신앙고백 문서들은 이 단체의 유급 전임 신학자 스탠리 사마르타와 웨슬리 아리아라자가 도합 20여 년에 걸쳐 제네바에서 발전시킨 사상을 담고 있다. WCC의 몽학선생들은 저명한 종교다원주의자 칼 라너, 라이문도 파니카, 존 힉의 사상 등을 받아들여 힌두교 아드바이타 세계관, 자유주의 신학, 20세기 후반의 시대정신, 그리고 평등전제주의에 기초하여 탈기독교적인 신학이론을 만들고 그것을 이 단체 안에 주입했다.

제5부

신앙고백

26

바아르선언문

―하나님의 구원의 은총에는 제한이 없다―

"바아르선언문"(1990)은 WCC 종교대화국이 만든 종교다원주의 신앙고백 문서이다. WCC의 종교 간 대화 운동의 타종교에 대한 접근 원리와 방식 그리고 종교다원주의 이론을 담고 있다. 하나님의 구원이 기독교의 독점물이 아니며, 구원을 주도하는 하나님의 성령은 인종, 문화, 종교에 제한 없이 활동한다고 명시한다. 타종교인들에게도 성령의 열매들이 있고, 따라서 "하나님의 구원을 예수 그리스도를 향한 명시적 인격적 위임에 국한시키는 신학을 넘어서야 할 필요가 있다"고 고백한다. 하나님의 구원은 예수에 대한 믿음이라는 제한을 넘어서며, 모든 종교가 다 구원의 길이라고 선언한다.

WCC 종교대화국은 프로테스탄트교회, 동방정교회, 로마가톨릭교회의 종교다원주의 신학자들을 초대하여 스위스 바아르에서 일주일 동안 함께 대화하고 검토하는 과정을 거쳐 이 선언문을 공식화했다. 문서 작성자 웨슬리 아리아라자 박사(Wesley Ariarajah, 1941-)는 WCC 종교대화국의 책임자이다. 몽학선생, 곧 유급 전임 신학자로 1981년에 재직을 시작하여 10년 동안 이 단체의 종교다원주의 신앙고백을 강화에 진력했다. 재직을 시작하고서 1985년까지 종교다원주의 신앙고백서에 해당하는『성서와 종교 간의 대화』(*The Bible and People of Other Faiths*, 1985)를 저술했다. WCC가 출간한 이 책은 1990년에 발표된 "바아르선언문"(1990)의 해설서에 해당한다. 아리아라자는 그 뒤, 4-5년 동안(1986-1990) "바아르선언문" 작성에 심혈을 기울인 것 같다. 그 밖에는 이렇다할 연구 업적이 없다.

아리아라자의 종교다원주의와 그가 작성한 "바아르선언문"은 저명한 종교다원주의자들, 특히 라이문도 파니카와 존 힉의 사상 그리고 선임자 스탠리 사마르타의 종교다원주의 신학의 요점을 종합한 것이다.

여러 나라의 종교다원주의자들이 위 선언문을 최종 검토하려고 1990년 초, 스위스의 자그마한 도시 바아르에 회합하여 한 주간 동안 숙고하는 과정을 거쳤다. 이 모임에 참가한 종교다원주의자들이 WCC가 1985년에 출간한 아리아라자의 위 책을 숙지하고 있었을 것은 자명하다.

WCC 종교대화국이 주선한 바아르 종교다원주의 모임은 성령의 역사가 기독교를 넘어 모든 종교들에 역사하며, 하나님의 구원에 제한이 없음에 합의했다. 종교대화국은 "바아르선언문: 종교다원주의에 대한 신학적 관점"(Baar Statement: Theological Perspective of Religious Plurality, 1990)이라는 제목의 이 신앙고백 문서를 WCC 총회에 공식 보고했다.

1. 힌두교인의 기도를 듣는가?

WCC는 제6차 총회(뱅쿠버, 1983) 이후, 종교다원주의 신학 정립을 적극 추진했고, 수용 가능성을 모색해 왔다. 1981년에 WCC

의 종교대화국 책임자 직을 시작한 아리아라자는 "바아르선언문"을 작성하고 토론을 거쳐 최종화했고, 이를 WCC 총회에 보고했다. 아리아라자는 이 선언문을 자신이 4년 동안 WCC가 "이웃 종교와 나의 신앙: 종교 간 대화를 통한 신학적 발견들"(My Neighbour's Faith and Mine: Theological Discoveries through Interfaith Dialogue)이라는 주제로 연구한 프로젝트의 결과라고 밝힌다.

WCC는 "바아르선언문"을 로마가톨릭교회의 종교다원주의 선언에 자극을 받아 작성했다. WCC는 "예수 밖에도 구원의 길이 있다"[1]는 신앙고백은 로마가톨릭교회 제2차 바티칸공의회의 세 개의 공식 문헌 내용과 일치한다. (1) "우리시대: 비그리스도교 선언"(Nostra Aetate)은 타종교와의 관계를 다루며, 모든 인류가 하나님의 구원 계획에 포함될 수 있음을 선언한다. (2) "교회헌장"(Lumen Gentium)은 교회에 대한 설명을 하면서, 그리스도를 모르는 사람들도 구원에 이를 가능성을 열어둔다. (3) "종교 자유에 관한 선언"(Dignitatis Humanae)은 모든 인간이 자신의 양심에 따라 종교를 선택하고 실천할 자유가 있음을 명시한다. 인간의 자유와 진리를 탐구할 권리를 인정하며, 다른 종교인에 대한 관용과 존중을 촉구한다.

아리아라자는 "바아르선언문"을 발표하면서, WCC 종교대화국이 발행하는 『최근 대화』(Current Dialogue) 제18호(1990년 6월)에 이 선언문을 소개하는 글을 발표했다. 이 글의 제목 "종교다원주의에 대한 신학적 관점"(Theological Perspective of Religious

---

[1] 최덕성, 『교황신드롬』(서울: 본문과현장사이, 2014): 제2장, "예수 없이도 구원받는가?" 17-30이 상론한다.

Plurality)은 "바아르선언문"의 부제와 동일하다. 아리아라자의 이 글은 "하나님은 내 이웃인 힌두교인의 기도를 듣는가?"라는 질문으로 시작한다. 창조주 하나님은 힌두교도의 기도를 듣는가? 신심 깊은 불자와 무슬림에게도 동일한 질문을 할 수 있다. 하나님은 불교 사찰에서 108 참회문을 외우며, 불상을 향하여 절을 하는 불자의 기도를 듣는가? 하나님은 매일 다섯 번씩 정해진 시간에 메카를 향하여 엎드려 기도하는 무슬림의 기도를 듣는가?

아리아라자는 "이 간명한 질문에도 기독교인들은 어쩔 줄 몰라 한다"고 지적한다. "대체로 기독교인들은 타종교인들과 관련된 신학적 물음들을 무시해 온 것이 사실이다. … 이러한 망설임의 이면에는 적지 않은 신학적 쟁점들이 얽혀 있다. 하나님의 자기 계시는 자연 그리고 인간의 역사와 경험 가운데서 이루어지는가? 또는 어느 선택된 특정 역사의 주역으로 등장하는 선민의 역사적 경험을 통해서만 이루어지는가?" 하고 묻는다.

아리아라자는 자신의 위 질문, "하나님은 내 이웃인 힌두교인의 기도를 듣는가?"에 아래와 같이 답한다. 하나님의 구원 사역이 일반 역사와 타종교인의 삶 속에 임재하여 활동한다고 한다.

이 질문에 답하려면 하나님이 누구인가를 적절하고 실제적으로 이해하는 것이 중요하다. 근원적인 물음은 기독교 신앙 자체에 내재해 있다. 예수의 삶과 죽음 그리고 부활에 드러난 하나님의 구원 사역은 일반 역사에 임재하여 활동하는 하나님과 어떤 관계를 갖고 있는가? "땅과 그 풍성함은 다 주의 것이다"라고 하는 엄명(嚴命)과 "나로 말미암지 않고는 아무도 아버지께로 올 자가 없다"는 요한의 기록은 어떻게 상호 조화할 수 있는가?

현대 에큐메니칼 운동 시작 이래로 이 질문들은 교회와 선교 활동에 관심을 끌어오고 있으며, [종교 간의] 대화를 훈련하고, 그 가치와 의의를 숙고하는 가운데 새로운 긴박감을 띤 주제로 등장했다. 타종교인들과의 관계는 신학적 근거 위에서 정립되는 것이 바람직할 것이다.

기독교인의 사고(思考)에 영향을 주는 종교 신학의 태반은 선교의 열정이 절정에 달했을 때 구체화된 것이다. 타종교를 탐구하는 태도는 선교적 명령에 봉사하고 타종교의 희생에 근거한 교회 확장을 정당화하는 명분을 줄 뿐이다. 예컨대 이웃을 만나는 창조적인 경험에 근거한 종교 신학이 아니라 유아론적(唯我論的), 유아독존적 지상 명제에서 연역해 낸 결과물이었다.

선교적 열정에 기울어진 종교신학을 뒷받침하는 또 다른 변수는 성서를 자의로 선택하여 읽는 버릇이다. 1910년의 에딘버러 총회, 1928년의 예루살렘 총회, 그리고 1938년의 탐바람 총회 때마다 타종교의 의의를 부인하는 중론에 도전하는 항의들이 있었다. 그러나 지금까지도 주로 선교 지향적인 종교 신학이 강하게 영향을 행사하고 있다.

계속적으로 전통적인 기독론을 강조하고 선교를 강조하는 목소리에 대해 종교다원주의를 수용해야 한다는 목소리가 있었지만, 지금까지도 주로 선교 지향적인 종교 신학이 강하게 영향력을 행사하고 있었다.

종교 간의 대화가 쟁점으로 부각된 것은 WCC 제5차 총회(나이로비, 1975)와 제6차 총회(뱅쿠버, 1983) 때였다. 주로 타종교의 신학적 의의에 관한 대화 가운데서 밝혀진 묵시적인 가정 때문이었다. 예컨대, 뱅쿠버 총회에서는 타종교인들의 삶 속에 하나님의 임재와 활동을 부인하는 태도가 지배적이었다. 불교나 이슬람교나 힌두교의 삶 속에 하나님의 임재와 활동이 있다고 하는 종교다원주의 목소리를 억압하는 움직임이 강했다.

그러나 이 입장은 곧장 달라졌다. WCC 종교대화국은 4년 동안에 걸쳐 "내 이웃의 신앙과 나의 신앙 종교 간의 대화를 통한 신학적 발

견들"이라는 주제의 연구 프로그램을 수행했다.[2]

아리아라자는 위 글에서 "바아르선언문"을 공표하기 전 4년 동안 자신이 이 선언문 연구 프로그램 작업을 했다고 밝힌다. 이 선언문의 실제 작성자가 WCC 종교대화국 책임자이며 유급 전임 신학자 아라아라자 자신이라는 것이다.

WCC 종교대화국은 이 문서를 공식 확정하는 단계에서 종교다원주의를 지지하는 신학자들과 교회 지도자들을 초빙하여 한 주간 동안 스위스 바아르에서 회합했다. 종교다원주의의 의의와 그것에 관련된 신론, 기독론, 구원론, 성령론, 특히 세상과 다양한 종교들 안에서 활동하는 성령에 대해 토론했다.

위 인용문의 행간에서 드러나는 것은 아리아라자의 『성서와 종교 간의 대화』(1985)의 역할이다. 이 책의 요지와 "바아르선언문" 내용은 정확히 일치한다. 스위스 바아르에 초대받은 종교다원주의자들과 WCC 스탭 3명은 WCC가 출간한 위 책(1985)을 충분히 이해한 인물들이다.

"바아르선언문"에 서명한 종교대화국 위원들과 초대를 받은 종교다원주의자들은 한 주간 동안 바아르에서 회합을 가졌다. 케냐, 미국(4명), 영국, 이탈리아, 바티칸(2명), 스웨덴, 일본, 사이프러스, 사우스 아프리카, 프랑스, 루마니아, 홍콩, 브라질, 캐나다, 인도네시아, 스위스의 인사들이 가담했다. 저명한 종교다원주의자 폴 니터 박사(Paul Knitter)도 참가하여 이 문서에 서명했다. 니터는 "신 중심주의적 종교다원주의"(Theocentric Pluralism)를 주창하면서 모든 종교가 신을 향한 다양한 길이라고 주장한다.

참석자들의 직분은 다양하다. 신학교수, 종교학자, 종교학 연구소

책임자, 목회자, 바티칸의 종교 간 대화국 책임자, 감독, 대주교, 교회협의회 총무 등이다.[3]

"바아르선언문"의 핵심은 제2차 바티칸공의회(1963-1965)의 "우리시대: 비그리스도교 선언"(비기독교 종교들에 대한 교회의 입장 선언)과 비슷하다. WCC의 일부 신학자들은 바아르선언문과 관련하여 타종교인들에 대한 로마가톨릭교회와 프로테스탄트교회의 신학적 입장이 일치에 이르렀다는 탄성을 지르기도 했다.

"바아르선언문"의 핵심은 다섯 가지이다. 첫째, 모든 인간은 언제 어디서나 그들 가운데 임재하여 활동하는 하나님께 응답해 왔으며, 그 만남을 고유한 방식으로 증언해 오고 있다. 구원, 완전성, 깨달음, 인도, 그리고 휴식과 해방을 추구하고 발견한 신앙적인 역정(歷程)은 이 증언들 속에 메아리치고 있다.

둘째, 모든 나라와 민족들 가운데 구원하는 하나님의 역사는 항존(恒存)한다. 예수 밖에도 하나님의 구원이 있다. 하나님의 구원의 은총에 제한을 둘 수 없다.

셋째, 각 종교는 하나님께서 각 나라와 민족과 관계하는 다양한 방식의 결과일 뿐 아니라 인류의 다양성과 풍성함이 표현된 것이다.

넷째, 성령은 타종교에도 역사한다. 타종교의 가르침 안에 지혜와 진리가 있고, 그들의 삶 속에 사랑과 경건이 있는 이상, 이는 우리 가운데 발견되는 지혜 통찰, 지식, 이해, 사랑, 경건과 마찬가지로 성령

---

[2]Wesley Ariarajah, "Theological Perspective of Religious Plurality," *Current Dialogue* 18 (June 1990); 한글 번역문, "바아르선언문 배경 설명," http://www.reformanda.co.kr.

[3]"바아르선언문," 온라인 신학저널 『리포르만다』, http://www.reformanda.co.kr.

의 선물이다. 하나님의 신은 인간이 이해할 수 없는 방식과 예측 불가능한 장소에서 활동한다.

다섯째, 타종교의 증언들은 인류의 아버지요, 만유의 주(Lord)에 대한 성서적 메시지를 반영한다.

2. 바아르선언문 전문

아래는 "바아르선언문"(1990) 전문을 한글로 번역한 것이다. '종교적 다원성'(religious plurarity)을 문맥과 뉘앙스에 어울리는 '종교다원주의'로 번역했다. 종교적 다원성을 종교다원주의로 번역한 것은 한국인 종교다원주의자 변선환 박사가 감수한 아리아라자의 위책 한글 번역판의 예를 따른 것이다.

바아르선언문: 종교다원주의에 대한 신학적 견해

WCC의 종교대화국은 "이웃의 신앙과 나의 신앙 – 종교 간 대화를 통한 신학적 발견"이라는 주제로 4년 동안의 연구 프로그램을 진행했다. 이 연구의 정점에서, 동방정교회, 프로테스탄트교회, 로마가톨릭교회의 대표자들이 모여 이러한 문제들에 대해 반성하는 시간을 가졌다. 일주일 동안 종교다원주의의 중요성, 그리스도론, 세상에서 성령의 활동을 이해하는 문제 등과 같은 질문들에 대해 치열한 논의가 이루어졌다. 이 문서는 1990년 1월 스위스 취리히 근처 바아르에서 열린 모임에 참석한 회원들이 최종 검토를 마무리한 선언문이다. 이 모임은 종교다원주의 주제에 대한 논의를 담은 이 문서를 1991년 2월 캔버라에서 열린 WCC 제7차 총회에 통보했다.

I. 서론

WCC 중앙위원회가 1971년에 아디스아바바에서 회동하여, 대화란 "모든 교회가 함께 걸어 가야할 공동의 장정(長征, common adventure)으로 이해되어야 한다"고 천명했다. 그 뒤, 타종교인들과의 대화는 WCC 주요 사업이 되어왔다.

1975년 나이로비에서 개최된 WCC 총회 이후 이 공동의 장정은 주로 '공동체 안에서의 대화'(dialogue in community)로 인식되어 오고 있다. 이는 우리 기독교인들과 생활의 터전을 함께 공유하고 있는 타종교인들과 대화의 장을 트는 것을 뜻하며, 이로써 평화와 정의, 자연과 인간의 관계 등의 문제에 대한 통찰을 교류할 수 있을 것이다.

지구 공동체 안에서 복잡한 공동의 문제들에 대면하는 우리들은 유아론적(唯我論的) 신앙관만을 고집할 수 없음을 거듭 확인한다. 세계의 다양한 종교 전통들이 이러한 문제를 해결하기 위하여 많은 영감(靈感)과 지혜를 함께 나눌 수 있음은 자명하다.

WCC의 『대화 지침』(Guidelines on Dialogue, 1979)이 명문화하듯이, 우리들은 [인류] 공동체 안에서의 대화의 중요성을 꾸준히 확인해왔다. 중앙위원회가 채택한 지침을 잠깐 상기해보자. "대화의 장을 열기 위해 우리의 정신과 마음을 타인에게 개방하는 자세가 필요하다. 이는 용기와 깊은 소명감(召命感)을 요하는 결단인 것이다"(중앙위원회, 킹스턴, 자마이카, 1979).

우리는 대화의 실천에서 유래하는 제반 신학적 물음들의 긴박성을 인지하고 각별한 관심을 표명해왔다. 『대화 지침』이 제안하듯이, "타종교인들과 신실한 [인류] '공동체 속의 대화'에 참여하는 모든 기독교인들은… 하나님의 활동 역사에서 이들 이웃이 차지하는 위상의 문제를 진지하게 묻지 않을 수 없다. 이 물음들은 이론으로 끝나는 것이 아니라, 기독교인들과 같은 삶의 터전을 공유하지만 다른 길을 걷고 있는 수많은 형제자매들의 삶의 역정(歷程)이 하나님의 섭리와 어떠한 관계를 맺고 있는지를 고민하는 행위이다"(『대화 지침』, p.11).

타종교와의 대화는 다양한 종교의 전통들이 한 분이신 삼위일체 하나님의 신비와 어떻게 연계될 수 있는가 하는 물음을 제기한다. 종교 간의 대화가 타종교인들과의 관계뿐만이 아니라 기독교 신학 자체를 위해서도 중요한 시사를 함축함은 자명하다.

타종교인들과의 만남은 어제 오늘의 일이 아니다. 신학자들은 수시로 종교적 다원성의 문제를 안고 씨름해 왔다. 초창기(1910년 에든버러)부터 현대 기독교 에큐메니칼 운동은 기독교의 메시지가 타종교인들에게 어떠한 의미를 줄 수 있는지를 고민해 왔다.

오늘날 우리는 종교적 다원성에 대한 보다 깊은 인식과 이해를 교감하게 되었으며, 보다 적절한 종교 신학의 형성을 위한 '공동의 장정'으로 진입할 수 있게 되었다. 이러한 신학은 지금 절실히 필요하다. 이에 부합하는 새로운 신학이 계속 부재한다면, 타종교인들의 신앙적 삶 속에서 확인되는 심오한 종교적인 경험을 이해하거나 적절하게 전달할 수 없을 것이기 때문이다

II. 종교 다원성에 대한 신학적 이해

종교 다원성에 대한 우리의 신학적 이해는 태초부터 만물 가운데 임재하여 활동하는 살아계신 창조주 하나님에 대한 신앙에서 출발한다. 성서는 그 분이 모든 나라와 민족의 하나님이며 그 사랑과 은혜가 전 인류를 포용한다고 증언하고 있다.

예컨대 노아와의 언약은 곧 모든 피조물과의 계약으로 이어진다. 각각의 고유한 지혜와 이해의 전통에 따라 각 나라를 인도하는 하나님의 지혜와 정의는 명실공히 땅 끝까지 미친다. 하나님의 영광은 일체 피조물에 편재(偏在)해 있는 것이다.

언제 어디서나 인간들은 그들 가운데 임재하셔서 활동하는 하나님께 응답해 왔으며 그 만남을 고유한 방식으로 증언해 오고 있다. 구원, 완전성, 깨달음, 인도, 그리고 휴식과 해방을 추구하고 발견한 신앙적인 역정(歷程)은 이 증언들 속에 메아리치고 있다.

그러므로 우리는 이 같은 증언들에 지극히 진지한 태도로 임해야 할 것이며, 모든 나라와 민족들 가운데 구원하는 하나님의 역사가 항존(恒存)하고 있었음을 자각한다.

기독교인인 우리의 증언은 예수 그리스도를 통해 경험한 구원의 사역에 언제나 그 초점이 모아지는 것이 당연하겠지만, 동시에 우리는 "하나님의 구원의 능력을 제한할 수 없다"(CWME, 산안토니오 1989). 타종교인들을 이웃으로 하는 우리의 증언은 "하나님께서 그들 가운서 행하는 일들을 인정하는 포용성을 근거로 해야만 한다"(CWME, 산안토니오 1989).

우리는 종교 전통의 다원성을 하나님께서 각 나라와 민족과 관계하는 다양한 방식의 결과일 뿐 아니라 인류의 다양성과 풍성함이 표현된 것으로 이해한다. 우리는 하나님께서 각자의 종교적인 모색과 발견 가운데 함께 계셨음을 인정한다. 그들의 가르침 속에 지혜와 진리가 있고, 그들의 삶 속에 사랑과 경건이 있는 이상, 이는 우리 가운데 발견되는 지혜와 통찰, 지식과 이해, 사랑과 경건과 마찬가지로 성령의 선물임을 분명히 밝힌다. 또한 그들이 정의와 해방을 위해서 우리와 협력하여 고민할 때, 하나님께서 그 가운데 함께 하실 것이다.

종교의 다원성 안에 현존하는 만유의 주 하나님을 신앙한다면, 그분의 구원 사역이 어느 특정한 대륙·문화·민족에 국한된다는 편협한 사고를 더 이상 고집할 수 없다. 세계의 여러 민족과 나라가 보존해 온 각기 고유한 종교적 증언들을 무시하는 처사는, 인류의 아버지요 만유의 주라는 성서적 메시지를 결국 부인하는 결과에 이른다.

"하나님의 신은 인간이 이해할 수 없는 방식과 예측 불가능한 장소에서 활동한다. 그러므로 이웃과의 대화를 통해 기독교인들은 그리스도의 신비한 부(富)를 깨닫고, 인간을 대하는 하나님의 경륜을 경험하게 되는 것이다"(CWME-선언).

기독교 신앙은 우리에게 종교 다원성의 전 영역을 진지하게 검토할 것을 요청한다. 종교 다원성은 극복해야할 장애가 아니다. 오히려 "모든 것이 하나님께 굴복당할 그때에는, 아들까지도 모든 것을 자기에게 굴복시키신 분에게 굴복하실 것입니다. 그래서 하나님은 만유의 주님이 되실 것입니다"(고전 15:28). 이 때를 대망하는 우리 기독교인들에게는 이것이 하나님과 이웃을 더 깊이 만날 수 있는 호기(好機)인 셈이다.

"하나님께서 타종교인들에게 주신 지혜와 사랑과 힘(뉴델리보고서, 1961)을 새롭고 더 원숙하게 이해할 수 있도록 우리가 예수 그리스도를 통해 알게 된 하나님을 타종교인들의 삶 속에서도 만날 수 있는 가능성을 개방해야만 할 것이다"(CWME 보고서, 산안토니오 1989, 제29항). 우리 주 예수 그리스도의 유일한 하나님 아버지를 증언할 수 없는 곳은 어디에도 없다(행전 14:17).

III. 종교 전통 속의 애매성

종교 전통 안에 있는 지혜, 사랑, 동정심, 그리고 영적인 통찰 등의 긍정적인 면모 이면에는 사악함과 어리석음이 공존해 있음을 슬프지만 정직하게 인정해야할 것이다. 흔히 종교가 다양한 방식으로 압제와 소외의 체제를 지지해 왔음도 잊지 말아야할 것이다.

명실상부 정당한 종교 신학이라면 인간의 사악함과 죄 그리고 이상에 부합하지 못하고 영적인 통찰에 불순종하는 삶의 자세를 진지하게 검토해야만 한다. 따라서 우리는 성령의 역사로 말미암아 끊임없이 하나님의 지혜와 목적을 깨닫게 된다.

Ⅳ. 기독론과 종교다원주의

다른 종교의 길을 걸어온 이웃들의 삶 속에서 선(善)과 진리와 경건함을 보고 경험한 우리는 『대화 지침』(1979)이 제기하는 질문, 곧 인류를 향한 하나님의 보편적 구속의 활동과 이스라엘 역사와 예수의 사역을 통한 특수한 구속의 활동에 대한 문제를 매우 진지하게 대면해야만 한다(제23항). 우리는 구원을 예수 그리스도를 향한 명시적 인격적 위임(the explicit personal commitment)에만 국한시키는 신학을 넘어서야 할 필요를 느낀다.

우리는 말씀이 육신이 되신 예수 그리스도 속에서 전체 인류 가족은 결정적인 결속과 계약 안에서 하나님과 결합되어 있다는 것을 긍정한다. 모든 피조물과 인류 역사 가운데 현존하는 하나님의 구속의 활동의 현존은 그리스도의 사건에서 그 초점에 이르고 있다.

예수의 말씀과 행위, 그의 선포, 그리고 치유와 봉사의 사역을 거쳐 하나님께서는 이 땅 위에 자신의 영역을 정초(定礎)한다. 이 일은 어느 특정한 문화와 공동체에 국한 될 수 있는 것이 아니다. 이스라엘에 국한되지 않았던 예수의 손길과 태도는 이를 입증한다. 그는 사마리아 여인과 대화를 나누었으며, 영과 진리로써 하나님을 섬기려는 모든 이들을 수용했다(마 8:5-11). 예수는 시리아-페니키아 계동의 가나안 여인의 신앙을 보고 치유의 기적을 베풀기도 했다(마 15:21-28).

예수의 지상 사역을 통해 나타난 하나님의 구원이 일면 제한된 것처럼 나타나는 것도 사실이지만(참고, 마 10:23), 그의 죽음과 부활, 그리고 유월절의 신비를 통해서 이 제한은 초극(超克)된다. 십자가와 부활은 하나님의 신비한 구원의 역사에 내재한 보편적 차원을 우리에게 일깨운다.

이 구원의 신비는 그 완결을 향한 하나님의 섭리와 계획에 따라 다양한 방식으로 중계되고 매개된다. 자신들을 영적으로 권면하고 계도하는 종교적 전통에 따라 성실한 삶을 살아가는 많은 이들이 교회 밖에 있으며, 이들에게도 하나님이 베푸는 구원의 섭리가 있다. 예수 사건은 우리를 위하여 역사에 드러난 가장 분명한 구원의 징표이다(딤전 2:4).

V. 성령과 종교다원주의

우리는 이 문제를 숙고하면서 창조, 육성, 도전, 갱신, 보전의 사역을 맡아 땅 위를 운행하는 성령과 그 활동에 특히 관심을 가져왔다. 마치 "바람이 임의로 불듯이"(요 3:8), 우리의 정의(定義)와 규정, 그리고 제한을 넘어서서 활동하는 성령의 사역을 인위적으로 구속(拘束)할 수 없는 것이다.

우리는 만물 가운데 현존하는 성령의 경륜(economy)에 찬탄하며 희망과 기대에 부풀게 된다. 인간들이 예측할 수 없는 방식으로 운행하는 성령의 자유로움, 무질서 속에서 질서를 이루어 내며, 지구의 표면을 새롭게 하는 성령의 능력, 그리고 진리와 평화와 정의를 희구하는 인류를 격려하고 그 가운데 활동하는 성령의 능력을 우리는 확인한다. 사랑, 기쁨, 평화, 인내, 친절, 선(善), 신실(信實), 온유, 그리고 자기 절제에 속한 모든 것은 실로 성령의 선물로 인정되어야 마땅하다(갈 5:22-23, 참고 롬 14:17).

그러므로 『대화 지침』(1979)의 질문, 곧 "교회 밖에서 성령의 사역을 거쳐 활동하는 하나님의 구원 섭리를 이해하는 것이 정당하며 유익한가?"(제23항)에 우리는 긍정적인 답변을 선택해야 한다. 타종교인들의 삶과 전통 속에 성령 하나님께서 활동하심을 고백하는 것은 너무나 당연하다.

타종교의 선(善)함과 진리를 해석하고, 우리와 다른 것들을 분별할 수 있는 것은 성령의 영역을 통해 가능하다. 우리의 "사랑이 지식과 모든 통찰력으로 더욱 더 풍성하게 되어서"(빌 1:9-10) 가장 좋은 것이 무엇인가를 분별할 수 있다.

예수와 성서의 해석자인 성령(요 14:20)께서 우리를 인도하여 기존의 종교 전통을 새롭게 이해하도록 도울 뿐 아니라, 이웃과의 대화를 통해 우리가 성숙함에 따라 새로운 지혜와 통찰을 거듭 밝혀 줄 것을 믿는다.

VI. 종교 간의 대화: 신학적 전망

우리는 타종교인들의 세계 속에 현현되는 구원의 신비를 인식함으로써 종교 간의 대화에 임하는 우리의 자세를 구체적으로 정비(整備)할 수 있다.

우리와 다른 그들의 종교적 확신까지도 존중하고, 하나님께서 성령을 통해 그들 가운데 성취했고 또 성취할 일들을 존경하는 자세는 이제 무엇보다 필요한 조건이 되었다. 그러므로 종교 간의 대화란 일방통행이 아니라 쌍방통행의 교차로다. 우리는 개방적인 정신으로 대화에 임하고, 자신들의 종교적 확신을 신실하게 증언하는 타종교인들로부터 배울 자세를 확립해야 할 것이다.

진정한 대화는 쌍방의 지평을 넓혀주면서, 각자를 거쳐 말씀하는 하나님을 향한 보다 깊은 회심으로 인도할 것이다. 또한 우리는 타종교인들의 증언을 통하여 지금까지 접하지 못한 하나님의 신비를 다각도로 체험하게 될 것이다.

그러므로 대화를 거쳐서 신앙적인 삶의 깊이를 더할 수 있으리라는 것은 장황하게 부언할 필요가 없다. 우리는 타종교인들과 협력하는 태도야말로 진리에 대한 경험과 이해를 보다 깊게 할 것을 믿어

의심치 않는다.

우리의 소명 의식은 종교 간의 대화를 통해 기존 신학의 방법을 개혁해야 할 필요성을 절감한다. 우리가 지향해야 할 대화적 신학과 인간 해방의 실천을 통해 진정한 신학의 장(locus theologicus), 곧 신학 작업의 원천과 근거가 형성될 것을 믿는다. 종교다원주의와 대화적 실천의 도전은, 기독교 신앙의 신선한 이해, 새로운 질문들, 그리고 보다 나은 표현을 규명해 가야 할 우리 기독인들이 마땅히 서야 할 자리의 한 부분이다.

3. WCC의 공식 문서인가?

WCC 제10차 총회(부산, 2013) 개최를 반대하는 한국교회 구성원들의 저항의 목소리는 여러 가지 형태로 나타났다. 학회, 학술논문 발표회, 기자회견, 저술, 지역별 강연, 아스팔트 광장 시위가 이어졌다. 총회가 열리고 있는 행사장 부산 벡스코 주변에서는 거센 항의 시위가 지속되었다. 벡스코 마당에는 필자에게 신학을 수학한 어느 여학생이 "WCC가 교회를 죽인다"(WCC KILLS CHURCH)라는 글자가 새겨진 형광판을 들고 여러 날 조용한 시위를 했다.

이 시위는 총회 참석자 다수에게 충격을 주었다. WCC 세계선교와전도위원회(CWME) 의장 코오릴로스 주교(Geevargjese Mor Coorilos)는 부산총회(2013)가 열리는 벡스코에서 "반대자들이 WCC가 교회를 죽인다고 표현하는 것을 보고 솔직히 충격 받았다"[3]고 했다.

WCC 반대운동의 반대 핵심 이유 가운데서 가장 중요한 것은 세계교회협의회라는 이름을 가진 이 단체가 예수 밖에도 구원이 있다고 하는 종교다원주의를 표방한다는 것이었다.

WCC가 종교다원주의를 표방한다는 사실을 한국교회에 본격적으로 알린 것은 필자였다. 『WCC, 무엇이 문제인가?』(2010)와 『신학충돌』(2012) 등 7권의 저서와 여러 편의 논문들로 종교다원주의가 기독교의 블랙스완(Black Swan)임을 경고했다. 이 단체의 부산 총회를 앞두고 열린 "WCC 신학검증토론"(장신대 명예교수 이형기와 필자)과 "WCC 찬반토론"(서울장신대 교수 정병준과 필자)은 WCC가 종교다원주의를 표방한다는 사실을 널리 알렸다. 위 두 차례에 걸친 토론 영상은 위와 같은 제목으로 유튜브 채널에 게시되어 있다.

이러한 노력은 여러 해 뒤, 예장 통합과 대한기독교감리회의 여러 차례에 걸친 WCC 탈퇴 논의로 이어졌다. 탈퇴는 결행되지 않았다.

WCC에 가담하는 교회에 속한 일부 신학자들은 이 단체가 종교다원주의를 지지하지 않는다고 주장한다. 그리고 종교다원주의 신앙고백을 담고 있는 "바아르선언문"(1990)을 WCC의 공식문서가 아니라고 주장하기도 한다. WCC 총회가 이를 공식 채택한 바 없다고 한다.

장로회신학대학교의 변창욱 교수(선교학)는 "바아르선언문"이 WCC 종교대화국의 '연구보고서'에 지나지 않는다고 말한다. "복음주의 진영의 기독교인들이 이 문서를 WCC의 공식 문서로 잘못 이해하여 WCC가 종교다원주의 신학을 퍼뜨리고 있다고 주장한다"[4]

---

[3]"WCC 선교 분과 의장, 종교다원주의 의혹은 오해," 『뉴스앤조이』, (2013. 11.08.).

[4]변창욱, "보수진영의 WCC 비판과 종교다원주의 논쟁: IMC와 WCC 선교문서를 중심으로," 『교회와 신학』, 장로회신학대학교 교수논문집, 제82집 (2019), 173-196.

고 말한다. 우리가 종교적 다원 사회에 산다는 것을 WCC가 강조하지만, 이 단체가 종교다원주의를 공식적으로 인정하거나 수용하지는 않는다고 한다. 종교다원주의자들도 WCC에 참여할 수 있으며, 위 성명서는 그들 개인의 견해를 표현한 것일 뿐, WCC의 공식 입장문이 아니라고 한다.

"바아르선언문"은 WCC 종교대화국이 작성 발표한 신학 성명이다. 이것은 1990년 이후로 WCC의 타종교들과의 관계에 대한 문서로 사용되어 왔다. 이 단체의 종교 간 대화의 기본 원칙과 방향 그리고 과연 타종교에 하나님의 영의 역사와 구원이 있는가 등의 주제를 담고 있다. WCC의 신학, 선교, 실천의 접근 방향과 현주소를 보여주는 중요한 지표이며, 이 단체의 신앙 확언(確言) 문서이다.

"바아르선언문"은 WCC의 종교 간 대화와 신학과 실천에 깊이 뿌리를 내리고 WCC의 방향을 제시하는 역할을 해 오고 있다. WCC의 종교다원주의적 종교 간의 이해, 대화, 관계 형성에 중요한 역할을 하고 있다. 이 단체의 여러 가지 다른 활동과 신학에 영향을 미쳐 왔다. WCC는 이것을 종교 간의 대화의 틀과 지침으로 활용하고 있다.

이 문서를 WCC와 무관한 선언서라고 함은 옳지 않다. 그 까닭들은 아래와 같다.

첫째, WCC 총회가 종교대화국의 보고를 받은 문서이다. "바아르선언문"의 머리말은 "종교다원주의 주제에 대한 논의를 담은 이 문서를 1991년 2월 캔버라에서 열린 WCC 제7차 총회에 통보했다"고 명시한다. WCC 총회가 자신과 무관한 문서를 공식적으로 통보받을 까닭이 없다.

둘째, WCC는 이것을 현재까지 자신의 홈페이지에 당당히 게시하고 있다. 자신과 무관한 문서를 공식 홈페이지에 게시할 까닭이 없다.

WCC가 자신의 신학적 입장과 상반된 신학 문서이며 지속적인 부정적 비판을 자아내는 신학을 담은 신앙고백 문서를 35년이 지난 지금까지 홈페이지에 공식 게제하고 있다.

셋째, WCC의 신앙직제국, 선도선교국, 삶과봉사국, 종교대화국은 이 단체를 구성하는 기구들이다. 전체는 부분을 반영하고 부분은 전체를 구성한다. 한 나라의 정부 산하 국방부, 교육부, 노동부가 결의하고 시행하고 표방하는 것들은 국가 무관하다고 할 수 없다는 것과 같은 이치이다.

넷째, "바아르선언문"은 WCC 중앙위원회가 수용한 아디스아바바 문서(1971)와 치앙마이 문서(1977) 그리고 『대화 지침』(1979)의 연장이다. 동일한 신학적 내용을 담고 있다.

다섯째, 이 선언문은 WCC 총회와 중앙위원회가 공식 결의를 거쳐 수용한 여러 가지 문서들에 영향을 미쳐 왔다. 아래의 두 장에 걸쳐 다룰 WCC의 공식 문서들은 "바아르선언문"의 요지를 옮겨 담는다. WCC의 공식문서 "종교다원주의와 기독교인의 자아정체성"(2006)은 "바아르선언문"의 후속 문서이다.

WCC 중앙위원회는 이 문서를 2002년 8월 26일부터 9월 3일까지 열린 제네바 모임에서 공식 수용했다. WCC 제9차 총회(포르토 알레그레, 브라질, 2006)가 이것을 최종 공표했다. 다양한 교파 배경과 서로 다른 맥락의 종교학자, 선교학자, 조직신학자 약 20명이 2년 동안 작업하여 만든 것이다. WCC의 종교다원주의 신학의 발전 과정을 간추려 소개하는 형식의 신학 문서이다.

여섯째, WCC는 이 문서와 자신이 무관하다고 하는 성명을 발표한 적이 없다. 복음주의자들의 비난에 개의치 않는다.

일곱째, WCC 제10차 총회(부산, 2013)가 일방적으로 공표한 "선

교와 전도 선언서: 함께 생명을 향하여"(2013)는 『대화 지침』(1979)의 종교 이해와 종교다원주의 전통을 고스란히 이어오는 "바아르선언문"(1991)의 요지를 담고 있다. "하나님의 구원하는 은총에 제한을 둘 수 없다"는 종교다원주의를 확고히 천명한다. "바아르선언문"이 WCC와 무관한 문서이며, "WCC 소위원회의 연구 보고서에 지나지 않는 문서"이면, 왜 WCC 제10차 총회가 그것의 요점을 담은 고백문서(2013)를 토론 없이 공표했겠는가?

여덟째, "바아르선언문"은 WCC가 '모신' 종교다원주의 신학자 스탠리 사마르타와 웨슬리 아리아라자의 20년 동안의 연구와 노력의 결과이다. 누가 그들에게 고액 급료를 주었는가? 한국교회 신자들이 바친 헌금 일부도 예수구원 유일 신앙을 부정하는 신학이론을 구축하고 종교다원주의 신앙고백을 지도한 몽학선생들의 고액 급료로 주어졌을 것은 자명하다.

확증편향은 특정 정보의 편향적 수용심리이다. 자신의 가치관이나 기존의 신념 또는 판단 따위에 부합하는 정보에 주목하고 그 밖의 정보나 전체적인 사실을 무시하는 사고 유형이다. 아전인수(我田引水)는 사실을 알지 못하고 자기의 가치관이나 신념으로 판단한 것을 사실이라고 믿는 확증편향이다. 견강부회(牽强附會)는 사실이 아님을 알면서도 이치에 맞지 않는 까닭들을 구실삼아 마치 옳은 것인양 끌어대는 확증편향이다.

변창욱이 위 문서를 일컬어 "WCC 소위원회의 연구 보고서에 지나지 않는다"고 함은 설득력이 없다. 그의 주장이 아전인수이든, 견강부회이든, 사실호도(事實糊塗)인 것은 틀림없다. WCC 회원 교회 구성원 신학자의 확증편향이다.

27

종교다원주의 신앙고백 문서들

—예수 밖에도 하나님의 구원의 길이 있다—

신앙고백서(Confession of Faith)는 종교개혁 이후에 등장했다. 기독교 공동체의 신앙을 정의하고 공개적으로 명시하는 기능을 가진 권위 있는 문서이다. 교회, 교단, 선교회, 기독교 단체가 자신들이 믿는 바를 체계적으로 정리하고 선언한 공식 문서이다. 신경(Creed)보다 폭넓은 내용을 담고 있다. 교리, 신학, 신념, 원칙, 윤리, 실천 등에 대한 공동의 고백과 헌신을 천명하거나, 하나님, 인간, 그리스도, 구원, 교회, 기독교인 삶과 실천에 대하여 진리라고 믿는 내용을 명확하게 표현한 문서이다.

신앙고백서는 사도신경, 니케아 신경, 아타나시우스 신경 등 간단한 신조문을 포함하지만, 일반적으로 더 구체적인 내용을 지닌다. 하나님, 예수 그리스도, 성령, 구원, 교회, 성례, 선교, 실천, 기타 중요한 교리와 고백을 담는다.[1] 하이델베르크 요리문답, 벨직신앙고백서, 도르트신조, 웨스트민스터신앙고백서 그리고 바르멘선언, 신사참배 거부운동의 장로교인 언약, 스코틀랜드 언약 등이다. 교회헌장, 목회서신, 매니페스토(manifesto), 윤리강령, 성명, 확언, 지침, 보고서도 신앙고백 문서이다.

WCC는 종교다원주의 신앙고백을 담은 여러 가지 문서들을 가지고 있다. 살아 있는 신앙과 이데올로기를 가진 사람들과의『대화 지침』(1979), "바아르선언문"(1990), "공동 이해와 비전"(1997), "오늘날의 일치 상황에서 선교와 복음 전도"(2000), "종교다원주의와 기독교인의 자아정체성"(2006), "선교전도선언서: 함께 생명을 향하여"(2013) 등이다. 이 문서들은 하나님의 구원이 타종교들 안에도 있다고 선언한다. WCC의 몽학선생 스탠리 사마르타와 웨슬리 아리아라자의 종교다원주의 사상을 함축적으로 반영한다.

1. 대화 지침

(Guidelines on Dialogue with People of Living Faiths and Ideologies, 1979)

WCC의 살아 있는 신앙과 이데올로기를 가진 사람들과의『대화 지침』(1979)은 중앙위원회가 받아들인 이 단체 최초의 종교다원주의 문서이다. WCC의 몽학선생 스탠리 사마르타가 작성한 것이다. WCC 종교다원주의 신앙고백의 서곡에 해당한다.

오늘날을 상대주의 시대, 종교적 다원성 시대로 규정하는 WCC의 중앙위원회는 이집트의 수도 아디스아바바 모임(1971)에서 스탠리 사마르타의 발제문 "계속되는 기독교적 관심사인 대화"(Dialogue as a Continuing Christian Concern)를 "대화에 대한 임시 정책 성명과 지침 "(Interim Policy Statement and Guideline to Dialogue, 1971)이라는 제목으로 바꾸어 채택했다.[2] 사마르타의 발제문에 담긴 "여섯 가지 원칙"을 "종교 간의 대화 여섯 가지 원칙"이라는 제목으로 바꾸어 WCC의 공식 입장으로 받아들였다.

당시의 WCC 중앙위원회 위원장 마다틸파람필 토마스(1916-1996)는 사마르타와 동일한 종교다원주의 세계관을 가지고 있었다. 그는 힌두교 베단타 아드바이타 비전을 가진 마하트마 간디와 힌두교 유형의 종교다원주의 종단 '라마크리슈나 미션'의 교주 라마크리슈나의 영향을 받은 인물이다.

사마르타는 제네바 본부에서 유급 전임 신학자로 일하면서 WCC를 위한 종교다원주의 신학을 정립했다. 사마르타가 작성한『대화 지침』(1979)은 기독교와 타종교 간 대화의 파트너 관계를 다루지만, 실상 예수구원 유일 신앙을 내팽개치는 내용을 담고 있다. WCC는 종교 간의 대화의 상대를 "살아 있는 신앙을 가진 자들"(people of living faiths)과 "살아 있는 이데올로기(living ideologies)를 가진 자들"로 규정한다. 전자는 타종교인들을, 후자는 공산주의자들을 지칭한다. WCC는 공산주의를 하나의 종교로 여기면서 그들과 일치를 추구했다. 용공주의 활동을 용인해 왔다.

WCC 중앙위원회 태국 치망마이 모임(1977)은 아디스아바바 모임에서 받아들인 사마르타의 "[종교 간] 대화에 대한 임시 정책 성명과 지 침"(Interim Policy Statement and Guideline to Dialogue, 1971)[3]의 "여섯 가지 원칙"을 발전시킨 "살아있는 신앙과 이데올로

---

[1]한국교회의 "장로교인 언약"은 신사참배거부 항쟁자들의 신앙고백서이다. 나치 치하의 "바르멘 신학선언"에 견줄만한 신앙고백서이다. 최덕성,『장로교인 언약과 바르멘 신학선언』(서울: 본문과 현장사이, 2000). "장로교인 언약"은 한글로 작성된 것이다. 나중에 영문으로 번역되었다.

[2]Stanley Samartha, *Between Two Cultures: Ecumenical Ministry in a Pluralist World* (Geneva: WCC Publications, 1996), 72-73.

[3]Samartha, *Between Two Cultures,* 73.

기를 가진 사람들과의 대화 지침"(Dialogue with People of Living Faiths and Ideologies, 1977)을 받아들였다. 사마르타가 여러 해 동안 연구하고 발전시킨 이 지침은 WCC가 저명한 종교다원주의자들의 사상을 도입하는 첫 물꼬를 틀었다. 중앙위원회 킹스톤 모임(1979)은 이것을 약간 보완했고, WCC가 그 해에 책으로 출판했다.[4]

위 『대화 지침』(1979)에 등장하는 '대화'는 일상적인 개념의 상호 간의 의사소통을 의미하지 않는다. 상호협력이나 공동의 연대 목적의 종교 간의 대화가 아니다. 자기의 종교, 자기의 신앙을 절대적이라고 생각하는 것을 포기하는 대화이다. 위 문서의 서문은 기독교가 글로벌 공동체의 일원이며, 타종교들과 마르크스주의와 대화를 아니 할 수 없다는 요지를 담고 있다. "왜 글로벌 공동체에서의 대화가 중요한가?"라는 질문으로 시작하여 다음과 같은 종교다원주의 신학을 제시한다.

제1항. "하나님은 모든 것과 모든 인류의 창조자이며, 처음부터 창조한 모든 생명체들 사이의 관계를 원했다. 따라서 우리의 대화는 [타종교를 포함한] 인류 공동체에 대한 성찰에서 시작한다."

이 항은 하나님이 모든 것을 창조한 분이라고 선언한다. 이 창조된 것 안에는 타종교들과 타종교인들과 공산주의자들이 포함되어 있다. 하나님은 천하 만물을 창조한 뒤에 그것들은 자신과 상관없다고 하며 버려두지 않는다. 그 모든 생명체 안에 생명을 불어넣은 그분은 그것들을 보호하고, 돌보고, 사랑한다. 하나님은 태초부터 자신과 모든 것들 간의 관계를 원했으므로, 예수를 그리스도로 믿는 자만 아니라 모든 사람, 모든 종교인과의 관계를 원한다.

WCC는 마르크스주의를 포함한 다양한 이데올로기를 가진 사람들과 일치를 원한다. 낡은 기독론, 곧 예수를 유일의 구원자로 믿는 정통 기독론은 종교 간 대화를 방해한다. 세상의 변화에 따라 기독교도 변해야 한다. 버릴 것은 버리고 포기할 것은 포기해야 한다. 기독교는 예수구원 유일 신앙을 폐기해야 한다. 모든 종교가 동일동가가 아니라고 하는 배타주의 발상을 버려야 한다고 한다.

제7항. "기독교인들의 인류 공동체의 다양성의 풍요로움에 대한 인식이 깊어진다. 여러 종교들 덕분에 얻은 풍요로움에 감탄하지 않을 수 없다. 기독교 전통 너머에 있는 더 깊은 가치에 대한 풍요로움에 감사하지 않을 수 없다."

WCC는 이 항에서 인류 공동체의 다양성, 종교적 다양성, 이데올로기의 다양성에 감사한다. 기독교만 풍요로운 가치를 가지고 있는 것이 아니다. 기독교라는 종교 너머에 있는 종교공동체들, 타종교들이 가지고 있는 더 깊은 가치의 풍요로움에 감사하지 않을 수 없다고 한다.

제11항. "복음은 어떤 특정 문화(종교)에 제한될 수 없으며, 성령의 영감을 통해 모든 문화에 그리고 모든 문화 위에 빛을 비춘다."[5]

WCC는 하나님의 구원의 복음이 유럽인과 북미와 대양주의 백인들 그리고 그들의 종교 기독교와 기독교인들에게만 제한적으로 유효한 것은 아니라고 한다. 하나님의 성령이 기독교인만 아니라 기독교 너머에 있는 모든 타종교인들에게 빛을 비추고, 영감을 제공하며, 복음은 성령의 영감을 통해 전 인류와 모든 종교에 빛을 비춘다고 한다.

---

[4]WCC, "Guidelines on Dialogue with People of Living Faiths and Ideologies," (CCBI Publication, 1979), 이하 『대화 지침』, 1979.

[5]"The Gospel cannot be limited to any particular culture, but through the inspiration of the Holy Spirit sheds its light in them all and upon them all."

제15항. "우리 그리스도인은 모험과 위험을 감수할 수 있는 확신과 용기를 가지고 '하나님의 선교'(missio dei)에 완전히 헌신하고 참여하고자 한다."

WCC는 예수를 믿어야 구원을 받는다고 하는 따위의 조건을 제거하고 예수구원 유일 신앙을 버리는 모험과 그것으로 말미암은 비난의 위험을 감수하는 확신과 용기를 가지고서 '하나님의 선교'에 매진하고자 한다. 예수구원의 복음이라는 배타적인 교리를 버리고, 기꺼이 인간화, 인권, 평화, 생물학적 생명 등 세상사 해결에 진력하는 '하나님의 선교'에 매진하겠다고 한다.

제16항. "그리스도인들은 자신과 타종교의 신앙과 이데올로기에 헌신하는 사람들과 함께 공동체를 이루어 살아간다."

WCC는 우리가 기독교인이 아닌 사람들, 타종교와 다른 이데올로기를 가진 가족과 함께 살고 있다고 하면서, 인간적 배려를 표현하고 상호 이해를 모색하는 종교 간의 관계 구축이 필요하다고 한다.

제18항. "[종교 간의] 대화는 '하나님과 이웃을 네 몸같이 사랑하라'는 명령에 대한 적극적인 응답이다."

WCC는 이 항에서 하나님이 기독교인만 사랑하는 것이 아니라 모든 종교, 모든 종교인을 사랑한다고 한다. 따라서 기독교인도 모든 종교와 모든 종교인을 사랑해야 한다. 자기 신앙을 포기하지 않거나 예수구원 유일 신앙을 폐기하지 않는 것은 사랑의 응답이 아니라고 한다.

제22항. "[종교 간의] 대화의 목적은 살아있는 신앙(타종교 신앙)과 이념을 최저 공통 분모로 축소시키는 것이 아니며, 단순한 상징과 개념의 비교와 논의를 넘어서서, 인간 삶의 가장 깊은 수준에서만 발견되는 영적 통찰과 경험 간의 진정한 만남을 가능하게 한다."

　WCC는 타종교인과 공산주의가 제기하는 신학적 질문에 창의적으로 대응하려면 각 종교가 동일동가의 공동체라는 사실에 근거하여 각 종교의 통찰과 경험들의 진정한 만남이 이루어져야 한다고 한다.

　제23항. "온 인류를 향한 하나님의 보편적 창조-구속 활동과 이스라엘 역사와 예수 그리스도의 인격과 사역에 나타난 하나님의 특별한 창조와 구속 활동 사이의 관계는 무엇인가? 성령의 활동에 대한 성경적 견해와 기독교적 경험은 무엇이며, 교회 밖에서 행하는 하나님의 일을 성령의 역사를 이해하는 것이 옳고 도움이 되는가?"

　이 질문은 WCC의 성서관과 구원관에 대한 중요한 함의를 지니고 있다. 하나님의 우주적 창조와 그 우주를 사랑하고 돌보는 일반 은총 활동과 이스라엘 역사와 예수 그리스도의 사역에서 드러난 하나님의 특별한 새 창조사역, 곧 구속 활동 사이에 무슨 관계가 있는가 하고 묻는다. 기독교인들이 성경의 권위에 호소하지만, 다른 신앙과 이념을 가진 사람들, 곧 타종교인들과 공산주의자들이 접근할 때도 성경을 기준 삼아야 하는가? 대화의 파트너들이 서로 다른 출발점과 규범을 가지고 있지 않은가? 이 난제를 어떻게 해결할 것인가?

　WCC는 기독교인에게는 성경이 통하지만 다른 종교인에게는 통하지 않는다고 한다. 그러므로 이 권위의 문제를 어떻게 해결할 것인가 하고 묻고 성령께서 교회 밖에서도, 예수 그리스도를 통하지 않고서도 역사한다고 답한다. 그렇다면 하나님의 역사를 다루는 성령 교리는 종교 간의 대화에 무슨 도움이 되는가 하고 되묻는다.

　"바아르선언문"(1990)은 11년 전에 출간된 『대화 지침』(1979) 제23항이 던지는 위 질문을 인용하면서 아래와 같이 답한다.

　우리는 긍정적인 답변을 선택해야만 한다. 타종교인들의 삶과 전통 속에 성령이신 하나님께서 활동하심을 고백하는 것은 너무나 당연하다. … 종교다원주의는 기독교인들과 같은 삶의 터전을 공유하지만 다른 길을 걷고 있는 수많은 형제자매들의 삶의 역정(歷程)이 하나님의 섭리와 어떤 관계를 맺고 있는지 고민하는 행위이다. … 인류를 향한 하나님의 보편적 구속의 활동과 이스라엘 역사와 예수의 사역을 통한 특수한 구속의 활동에 대한 문제를 매우 진지하게 대면해야만 한다. … 우리는 구원을 예수 그리스도를 향한 명시적 인격적 위임(the explicit personal commitment)에만 국한(제한)시키는 신학을 넘어서야할 필요를 느낀다. … 우리는 성령의 사역을 통해 예수 그리스도 밖에서 활동하는 하나님의 구원과 은총의 섭리가 존재한다는 것에 동의한다.

WCC의 『대화 지침』(1979)의 위 질문에 대한 "바아르 선언문"(1990)의 답은 예수 밖에도 성령의 역사와 하나님의 구원의 은총이 있다는 것이다. 타종교 전통 안에 성령 하나님께서 활동하고 있다. 따라서 그들 가운데도 하나님의 구원이 있는 것은 너무도 당연하다고 한다. 하나님의 구원을 예수에게 제한하는 예수구원 유일 신앙, 예수구원 유일주의를 폐기처분해야 한다고 한다.

2. 선교와 전도: 에큐메니칼 확언

(Mission and Evangelism: An Ecumenical Affirmation, 1982)

이 문서는 WCC 중앙위원회가 승인한 것이며, 이 단체의 선교와 전도 개념에 지속적인 영향을 미쳤다. 인간화, 인권, 정의, 평화, 타종교와의 대화를 포용하는 선교의 비전을 촉진한다.

WCC 선교전도국의 선교와 전도에 대한 위 확언 문서는 종교 간의 대화가 일방통행이 아니라 쌍방통행임을 선언한다. 종교다원주의를 명시적으로 천명한다.

제41항. "기독교인들은 예수 그리스도 안에서의 하나님의 구원의 메시지를 모든 사람과 모든 민족에게 전할 책임이 있다. 기독교인들은 다른 종교적 신념과 이념적 확신을 가진 이웃들과의 관계 속에서 증언을 한다. [구원의 메시지는] 진정으로 예수 그리스도를 따르며, 타인에게서 독특함과 자유를 존중하고 긍정하는 것을 의미한다. 우리는 기독교인으로서 자주 타인의 최악의 면을 찾고, 다른 종교들에 대해 부정적인 판단을 내려 온 것을 참회한다. 우리는 기독교인으로서 이웃들에게 겸손하고 회개하는 기쁜 마음으로 증언하는 법을 배우기를 희망한다."

WCC는 기독교인들이 타종교의 신념과 이념적 확신을 가진 이웃들과의 관계 속에서 증언을 한다고 한다. 진정한 증언이란 타인의 독특함과 자유를 존중하고 긍정하는 것을 의미한다. 기독교인이 타종교인의 좋은 면이 아니라 최악의 면모를 찾고 또한 부정적인 판단을 내리는 것을 지적하면서, 이를 참회한다고 밝힌다. 이웃 종교인들에게 겸손한 태도와 회개하는 마음으로 배우고자 한다고 밝힌다.

제45항. "대화는 다른 신앙과 이념을 가진 사람들의 삶의 만남이다. 증언은 일방적인 과정일 수 없으며, 쌍방 간에 이루어지는 것이 필수적이다. 그 과정에서 기독교인들은 이웃들의 가장 깊은 확신 일

6"Witness cannot be a one-way process, but of necessity is two-way; in it Christians become aware of some of the deepest convictions of their neighbors."

부를 알게 된다.[6] 이 때 기독교인들이 열린 마음과 신뢰 속에서 참 증언을 할 수 있다. 모든 사람을 자신에게로 부르는 그리스도에 대한 자신의 헌신을 설명할 수 있는 기회이다."

WCC는 종교 간의 대화가 일방통행이 아니고 쌍방통행이라고 한다. 그리스도인들은 대화를 거쳐 이웃의 가장 깊은 확신을 알게 된다. 오랫동안 기독교는 가르치기만 했지 배우려고 하지 않았다. 이제부터의 대화는 기독교의 윤리를 타종교인에게 전해주고 또 그들에게 있는 좋은 윤리를 받아들이는 과정이다. 이러한 의미에서 종교 간의 대화는 일방통행이 아니라 쌍방통행이다. 대화에 방해되는 것, 곧 우리에게 있는 장애물, 특히 예수구원 유일성 교리를 버리고 타종교인들에게 있는 좋은 것들을 취함이 옳다. 타종교도 기독교에서 배울 것은 배워야 하지만, 기독교도 타종교에게서 받아들일 것은 받아들여야 한다고 한다.

기독교가 버려야 할 가장 중요한 것은 무엇인가? 기독교와 타종교 간의 대화의 장애물은 WCC 몽학선생 스탠리 사마르타와 웨슬리 아리아라자가 힘주어 강조한 그것이다. 예수께서 "나는 길이요, 진리요, 생명이다. 나를 거치지 않고서는, 아무도 아버지께로 갈 사람이 없다"(요 14:6)고 말한 배타적이고 독선적인 주장이다. "이 예수 밖에는, 다른 아무에게도 구원은 없습니다. 사람들에게 주신 이름 가운데 우리가 의지하여 구원을 얻어야 할 이름은, 하늘 아래에 이 이름밖에 다른 이름이 없습니다"(행 4:12)라는 교리는 장애물이다. 이를 버려야 한다는 것이다.

WCC는 예수 이름 외에 천하의 구원을 얻을 만한 다른 이름을 우리에게 주신 적이 없다고 하는 베드로의 고백을 버려야 한다고 한다. "하나님은 한 분이시요, 하나님과 사람 사이의 중보자도 한 분이시니, 곧 사람이신 그리스도 예수이십니다"(딤전 2:5)라는 바울의 가르침도 내동댕이쳐야 한다고 한다. 예수구원 유일성 교리가 종교 간의 대화의 최대의 장애물이므로, 이 걸림들을 버려야 쌍방통행이 가능하다고 한다.

3. 산 안토니오 보고서
(San Antonio Report, 1989)

WCC 선교전도국의 "산 안토니오 보고서"는 종교다원주의와 관련된 진전된 진술을 담고 있다.[7] 이 문서는 종교다원주의 선언인 "하나님의 구원의 은총과 능력에는 제한이 없다"는 신앙고백을 명료하게 천명한다.

제1항. "모든 나라와 민족들 가운데 구원하는 하나님의 역사가 항존(恒存)해 있었음을 자각한다. 기독교인으로 우리가 증언할 것은 예수 그리스도를 통해 경험한 구원과 그 사역에 언제나 초점이 모아지는 것이 당연하지만, 동시에 우리는 '하나님의 구원의 능력을 제한할 수 없다.' 타종교인들을 이웃으로 가진 우리의 증언은 '하나님께서 그들 가운데서 행하시는 일들을 인정하는 포용성'을 근거로 해야만 한다."

이 항은 "모든 나라와 민족들 가운데 구원하시는 하나님의 역사가 항존함을 자각한다"고 고백한다. "모든 나라와 민족들 가운데 구원하는 하나님의 역사가 항존한다"는 이 문구는 종교다원주의의 서론 격

---

[7]WCC, *The San Antonio Report: Your Will Be Done: Mission in Christ's Way,* (Geneva: WCC, 1990).

진술이다. 이 선언은 항존하는 하나님의 구원의 대상이 하나님의 구원 계획 속에 있는 자뿐만이 아니라 무제한적이라는 의미를 지니고 있다. 이 문서는 "우리는 하나님의 구원하는 능력에 제한을 둘 수 없다"(We ... cannot set limits to the saving power of God)고 고백한다. 기독교 밖에도 하나님의 구원이 있다고 하는 종교다원주의 신앙고백을 확고하게 선언한다.

WCC의 여러 문서들은 이 종교다원주의 문구를 반복한다. WCC 제10차 총회(부산, 2013)가 일방적으로 공표한 "선교선언서: 함께 생명을 향하여" 제80항은 이 문구를 고스란히 담고 있다. 하나님의 구원에는 종교적 제한이 없다고 한다. 성령이 타종교인들 가운데서도 역사하는 사실을 인정한다고 한다. 만물에 생명(bios)을 부여하는 성령의 역사를 언급하면서, 하나님의 구원 활동과 성령의 역할을 서술한다. 성령의 구원 역사와 하나님의 구원이 기독교인에게만 주어지는 것이 아니라 모든 종교의 신자들에게 주어진다고 고백한다. 성령이 타종교인 안에서도 활동하며, 하나님의 구원이 타종교, 종교인들 안에서도 존재한다는 의미이다.

제2항. "하나님의 신은 인간이 이해할 수 없는 방식과 예측 불가능한 장소에서 활동한다. 그러므로 이웃과의 대화를 거쳐 기독교인들은 그리스도의 신비한 부(富)를 깨닫고, 인간을 대하는 하나님의 경륜을 경험하게 되는 것이다."

이 항은 하나님의 영이 인간이 이해할 수 없는 방식과 예측 불가능한 장소에서 활동한다는 주장이 신학적으로 정당하다고 한다. 성령하나님은 기계적인 방식으로, 똑같은 패턴으로만 역사하는 분이 아니며, 인간의 예측을 넘어서는 방식으로, 상상을 초월하는 장소에서 활동한다고 한다. 이 문서가 말하는 요점은 하나님의 구원하는 역사,

성령의 구원 역사가 기독교 안에만 있는 게 아니라는 것이다.

이 문서 이 항이 언급하는 경륜은 하나님이 이 세상을 거느리고 어거(馭車)하는 활동을 뜻한다. 하나님은 세상을 거느리고 통솔한다. 하나님의 구원 활동이 예수를 믿는 자들에게만 주어지는가? WCC 선교전도국의 이 보고서는 하나님의 경륜이 기독교라는 울타리를 넘어 모든 인간에게 해당되고, 모든 종교에 적용된다고 한다. 하나님께서 성령의 활동을 거쳐 모든 인간에게 구원을 베푼다는 것이다

제3항. "기독교 신앙은 우리에게 종교 다원성의 전 영역을 진지하게 검토할 것을 요청한다. 종교적 다원성은 극복해야할 장애가 아니다. 오히려 '하나님께서 모든 것 가운데 모든 것이 되실'(고전 15-18장) 때를 대망하는 우리 기독교인들에게는 하나님과 이웃을 더 깊이 만날 수 있는 호기(好機)인 셈이다. '하나님께서 타종교인들에게 주신 지혜와 사랑과 힘'(뉴델리보고서, 1961)을 새롭고 보다 원숙하게 이해할 수 있도록 우리가 예수 그리스도를 통해 알게 된 하나님께서 타종교인들의 삶 속에서도 만나실 수 있는 가능성을 우리는 개방해야만 할 것이다. 우리 주 예수 그리스도의 유일하신 하나님 아버지를 증언할 수 없는 곳은 어디에도 없다"(행 14:17).

이 항은 "하나님께서 타종교인들에게도 주신 지혜와 사랑과 힘"이라는 선교전도국의 뉴델리 보고서(1961)를 인용하면서, 하나님께서 타종교인의 삶 속에서도 역사하므로 기독교는 그러한 개방성을 유지해야 한다고 한다. 하나님을 증언할 수 없는 곳은 이 세상 어디에도 존재하지 않기 때문이라고 한다. 모든 종교가 하나님이 주신 지혜와 사랑을 소유하고 있으므로 기독교가 타종교에 자신을 개방해야 한다고 한다.

4. 바아르선언문

(Baar Statement, 1990)

"바아르선언문"(1990)은 WCC 종교대화국의 책임자 웨슬리 아리아라자의 주도로 만들어진 이 단체의 종교다원주의 신앙고백 문서이다. 산 안토니오 보고서(1989) 이후에 등장한 종교다원주의 신학 선언 문서이다. 세계 복음화에 대한 상호 이해와 협력을 증진할 목적으로 종교 간의 서로의 신학적 차이를 인정하는 내용이다. 선교가 단순한 개종 활동이 아니라, 하나님의 사랑과 정의를 전 세계 속에서 실현하는 포괄적 사명임을 확인한다. 다양한 종교 전통 간의 대화와 연대의 길을 열었다는 점에서 중요한 의미를 갖는 문서이다. 전술한 바와 같이 이 문서는 "하나님의 구원의 은총에는 제한이 없다"는 요지의 종교다원주의를 노골적으로 표방한다.

5. WCC의 공동 이해와 비전

(Towards a Common Understanding and Vision of the World Council of Churches, 1997)

"WCC의 공동 이해와 비전"이라는 신앙고백 문서는 WCC 신앙직제국이 작성하고, WCC 중앙위원회가 채택한 것이다. 중앙위원회가 1991년 제7차 WCC 총회와 1998년 제8차 총회 사이에 지속적으로 논의한 8년 이상의 연구와 협의의 결과이다.

제1장은 "공동의 이해와 비전"의 과정과 맥락을 설정하고, 특히 세계평의회가 설립된 이후 반세기 동안 일어난 변화의 일부를 설명한다. WCC 에큐메니칼 운동의 성격과 목적을 명시한다. 제2장은 이

운동의 의미를 탐구한다. 제3장은 종교다원주의 맥락의 WCC의 '자기 이해'를 논한다.

제2.6항. "최근 들어, 특히 아시아뿐만 아니라 라틴 아메리카의 교회들에서 '폭넓은 에큐메니즘'(Wider ecumenism) 또는 '거대 에큐메니즘'(macro ecumenism)의 필요성에 대한 목소리가 커지고 있다. 이는 기독교 공동체를 넘어 다른 종교와 문화 전통에까지 에큐메니칼 운동을 확장해야 한다는 이해를 담고 있다."

이 항은 WCC가 이 단체에 가담하는 교회들이 목소리를 높여 '폭넓은 에큐메니즘,' '거대 에큐메니즘'의 필요성을 논의하고 있다고 밝힌다. 기독교 공동체를 넘어서는 에큐메니즘, 곧 세계종교 통합운동이나 타종교와 타문화 전통에 열려 있는 에큐메니칼 운동을 촉구한다. WCC가 기독교인들과의 연합이나 기독교회들의 일치, 심지어 로마가톨릭교회와의 일치를 훨씬 넘어서서 불자, 힌두교인, 무슬림, 유생을 포함한 타종교인들까지도 포괄하는 일치운동으로 나아가야 한다고 한다. WCC 에큐메니칼 운동이 세계교회 연합운동을 넘어 세계종교 일치운동을 지향함을 증언한다.

6. 오늘날의 일치 상황에서 선교와 복음전도

(Mission and Evangelism in Unity Today, 2000)

"오늘날의 일치 상화에서 선교와 복음전도"는 선교전도국이 1999년에 받아들인 WCC의 선교와 전도 성명서이다. "하나님의 구원의 능력에 제한을 둘 수 없다"(We cannot set limits to the saving power of God)고 선언한다. 모든 종교에 하나님의 구원이 있다고 한다.

제58항. "이 도전들은 필연적으로 다른 종교적 신념을 가진 사람들 사이에서 증언의 본질과 구원의 본질에 관한 신학적 질문을 제기한다. 더 넓은 에큐메니칼 운동 안에서 이에 대한 합의는 거의 이루어지지 않았다. 산 안토니오 선교대회와 살바도르 선교대회에서 이 상황은 다음과 같은 확언들로 요약되었다: '우리는 예수 그리스도 외에 다른 구원의 길을 제시할 수 없지만, 동시에 하나님의 구원의 능력에 한계를 둘 수 없다.' 이 두 진술 사이에는 긴장이 존재하며, 이 긴장은 아직 해결되지 않았다."

WCC는 예수 그리스도 밖에 다른 구원의 길을 제시하는 것은 어렵지만, 동시에 하나님의 구원의 능력에 제한을 둘 수 없다고 선언하면서, 이 두 진술 사이에는 긴장이 존재한다고 한다. "하나님의 구원의 능력에 제한을 둘 수 없다"라고 함은 타종교에도 구원이 있다는 의미이다. 이것은 WCC의 명료한 종교다원주의 선언이다.

제59항. "선교에 참여하는 사람들 사이에서는 하나님이 교회 밖에서도 일하고 계신다는 인식이 점차 확산되고 있다(물론 이에 대한 도전도이 없지 않다). 하나님이 각 종교 공동체에서 어떻게 일하고 계시는지는 정확히 정의하기 어렵다. 그러나 선교에 참여하는 사람들은 다른 종교 전통을 가진 사람들 사이에서도 하나님의 존재와 활동의 '일면'을 발견한다. 현대의 경험은 고대의 전통과 만난다. 초기 기독교 신학자들, 예를 들어 순교자 저스틴이 세상의 문화 속에서 '말씀의 씨앗'을 이야기했으며, 또 다른 신학자 가이사랴의 유세비우스는 '복음적 준비'라는 용어를 사용했다. 교황 바오로 6세의 복음화 회칙과 살바도르 문서도 이것을 언급한다."[8]

이 항은 WCC 선교에 참여하는 사람들이 교회 밖에서도 하나님이 일하고 계신다고 인식하고 있으며, 그 선교에 참여하는 사람들은 다른 종교 전통을 가진 사람들 사이에서도 하나님의 존재와 활동의 '일면'을 발견한다고 한다. 하나님의 현존과 구원과 성령의 역사가 유대-기독교에만 있는 게 아니라 타종교 안에도 있다고 한다. 구원의 길이 하나 이상이라는 것이다. 이 종교다원주의 신앙고백 진술은 WCC의 여러 문서들에 동장한다.

제63항. "우리 시대의 가장 큰 도전 가운데 하나이며 기독교 메시지의 핵심을 건드리는 도전은 특히 서양 철학자와 과학자들 사이에서 발전된 상대주의의 현상이다. 포스트모던적 사고는 절대적이고 보편적인 진리의 개념을 정치적·사회적·경제적, 심지어는 종교적 영역에서도 철저히 의문시 하고 이를 거부한다. 진리는 오히려 개인의 선호, 경험, 선택을 통한 개인적인 분별의 문제로 여겨진다. 객관적이고 보편적이며 절대적인 '진리' 대신, 서로 병렬적으로 공존하는 '진리들'이 존재한다고 본다."

이 항은 종교다원주의 유형의 사고를 하는 WCC의 문화적, 사상적 배경을 설명한다. 포스트모더니즘과 관련하여 어느 종교나 어느 개인도 절대적인 진리를 가질 수 없다고 한다. WCC가 절대적인 진리의 실재를 거부하는 현대 사상에 발맞추어 나가고 있음을 말한다. 객관적이고 보편적이며 절대적인 진리 대신 병렬적으로 공존하는 여러 가지 진리들이 존재한다고 한다. 모든 종교 진리가 동등하다고 보

---

[8]"Among people engaged in mission, there is a growing (though not unchallenged) recognition that God is at work outside the churches though exactly how God is at work in any religious community is impossible to define. But people in mission do indeed discover 'glimpses' of God's presence and activity among people of other religious traditions."

는 종교다원주의 진리관을 의미한다.

제64항. "이러한 진리에 대한 이해와 접근은 특히 산업화된 국가의 일상 생활에 많은 영향을 미칠 뿐만 아니라 교회의 증언과 에큐메니칼 운동 참여에도 깊은 영향을 미친다."

제65항. "이 접근 방식은 전통적인 기독교 선교 패턴에 도전한다. 이러한 세계관을 옹호하는 사람들은 현 시대의 현실에 더 적합한 새로운 선교 이해, 스타일, 실천을 요구한다. 그들은 기독교를 구원에 이르는 유일의 진리라고 하는 '오만한' 태도를 버리고, 다양한 종교나 창조물 전반에서 발견되는 여러 진리 가운데 하나로서 더 겸손하고 품위 있게 제시할 것을 요청한다. 이들은 다른 진리들도 유사한 가치와 최종 목표를 가지고 있으며, 개인의 선택만이 그들 간의 질적 차이를 만든다고 주장한다."[9]

WCC는 역사적 기독교를 향하여 자신이 구원에 이르는 유일한 길, 유일의 진리 공동체라고 하는 '거만한 태도'를 버리라고 한다. 기독교 진리는 여러 진리들 가운데 하나이며, 그러므로, 기독교만이 구원에 이르는 유일한 진리를 전하는 것으로 여기는 오만한 태도를 폐기하라고 한다. 기독교 진리가 여러 종교와 창조물 일반에 발견되는 많은 진리 가운데 하나라는 것을 인정하라고 한다.

제66항. "에큐메니칼 분야의 일치, 합의, 사도적 진리와 같은 개념들이 의문시되며, 일부의 사람들은 이러한 용어들이 부정적인 의미로 받아들이기도 한다. 최근의 에큐메니칼 비전은 다양한 진리들을 한 지붕 아래에 수용할 수 있는 새로운 패러다임과 이미지를 모색한다. 이는 서로 다른 [종교] 진리들을 융합하여 하나의 공통적이고 구속력 있는 사도적 진리에 도달하려는 과정에서, 어떤 [종교] 진리도 희석되거나 소멸되지 않도록 하는 것을 목표로 한다."[10]

WCC는 폭넓은 개념의 에큐메니칼 비전을 가지고 다양한 종교 진리들을 한 지붕 아래에 수용하는 새로운 패러다임을 모색한다. 소멸되지 않는 진리를 가진 세계종교 일치를 추구한다고 한다.

제67항. "상대주의가 제기한 도전에 대한 방향 설정과 부분적인 응답들이 제시되었지만, 더 명확하고 일관된 응답이 여전히 필요하다. 기독교인들이 선포하도록 부름 받은 복음의 진리, 곧 예수 그리스도의 유일성에 관한 진리, '길이요 진리요 생명'인 예수(요 14:6)에 대한 진리와 '복음 이전의 복음' 진리 사이에는 어떤 관계가 있는가? 또한 이러한 관계는 교회의 일치에 어떤 영향을 미치는가? 이 질문은 복음의 절대적 진리와 다른 종교 전통들 안에서 발견되는 진리들 간의 긴장 속에서, 교회가 어떻게 일치와 복음 선포의 사명을 이어갈 수 있을지를 고민하게 만든다."

WCC는 이 문서에서 에큐메니칼 운동은 모든 종교들의 진리, 곧 이 세상의 모든 진리들을 하나의 우산 안에 둘 수 있는 새로운 일치 방법을 모색한다고 밝힌다. 그리고 상대주의에 대한 WCC의 방향과 대응을 제시한다. WCC는 기독교의 복음 진리, 곧 예수 그리스도의 구원 유일성에 관한 진리와 '복음 이전의 복음,' 곧 기독교 이전에 존재한 힌두교의 복음, 불교의 복음 등, 기독교보다 더 오랜 역사를 가

---

[9]"They ask to give up the 'arrogant' attitude of conveying Christianity as the only truth leading to salvation and request that it be presented rather more humbly and decently as one of many truths found in various religions or in creation in general."

[10]"A more recent ecumenical vision includes the search for a new paradigm and image which could accommodate a diversity of truths under the same roof without diluting or annihilating any in the process of trying to bring them into convergence, for the sake of reaching one common and binding apostolic truth."

진 종교들의 복음을 진지하게 고려한다. 기독교의 복음과 힌두교와 불교의 복음 사이에는 어떤 관계가 있는가를 탐색할 필요가 있다고 한다.

임마누엘 칸트의 인식론과 직결된 상대주의 진리관은 기독교 진리가 절대적이라는 것을 거부하게 만들고, 종교다원주의자들과 WCC로 하여금 상대주의 진리관을 수용하게 했다. 예수께서 자신이 길이며, 진리이며, 생명이라고 말씀했지만, WCC는 예수 이전에 있었던 힌두교의 복음, 불교의 복음 등을 중요시하고 이것들이 기독교의 복음과 어떤 관계를 가지는가에 대하여 연구를 하고 있다고 한다. WCC는 기타 고대 종교들을 포함한 타종교의 이야기를 기독교의 복음과 대등한 위치에 둔다.

7. 종교다원주의와 기독교인의 자아정체성
(Religious Plurality and Christian Self-Understanding, 2006)

"종교다원주의와 기독교인의 자아정체성"(2006)은 WCC 중앙위원회가 2002년에 채택하고, WCC 총회가 2006년에 공식 공표한 문서이다. 종교적으로 다양한 세상 속에서 기독교인들이 자신의 신앙을 어떻게 이해할 것인가를 성찰한다. 종교다원주의를 기독교에 대한 도전으로 보지 않고, 기독교의 정체성, 선교, 종교 간 대화에 함께 이바지할 수 있는 기회로 인식해야 한다고 한다. 이 신앙고백 문서는 WCC의 종교다원주의 몽학선생, 유급 전임 신학자 스탠리 사마르타와 그의 직임을 이어받은 웨슬리 아리아라자의 종교다원주의 이론, 개념, 성서해석 등을 대폭 받아들인다. 다음 장에서 상론한다.

8. 선교전도 선언문: 함께 생명을 향하여

(Mission and Evangelism: Together toward Life, 2013)

이 문서는 선교전도국이 2012년에 만들어 WCC 중앙위원회를 거쳐 제10차 총회(부산, 2013)가 공식 발표한 것이다. WCC 선교전도국 총무 금주섭 박사가 책임 편집자(chief editor)로 작성한 것이다. "하나님의 구원의 은총에는 제한이 없다"는 유명한 종교다원주의 신앙고백문을 담고 있다.

제80항. "증언(martyria)은 복음 전도를 통해 구체적인 형태를 띤다. 이는 온 인류에게 온전한(whole) 복음을 온 세상에 전하는 것이다. 그 목적은 세상의 구원과 삼위일체 하나님의 영광이다. 복음전도(Evangelism)는 하나님의 구원의 은총에 한계를 두지 않으면서(without setting limits to the saving grace of God), 예수 그리스도의 성육신, 고난, 부활의 중심성(centrality)을 분명하게, 명확하게 드러내는 선교 활동이다. 이 복된 소식을 아직 듣지 못한 모든 사람에게 나누며, 그들이 그리스도 안에서의 삶을 경험하도록 초대하는 것을 목표로 한다."[11]

WCC는 '증언'을 전 인류에게 '전체 복음'을 전하는 활동으로 이해한다. '전체 복음'에는 진리 선언, 곧 진통적 기독교의 케리그마 선포와 개인의 영혼 구원 활동이 담겨 있지 않다. 이 문서가 언급하는 '온전한 복음의 증언'은 '하나님의 선교'를 의미한다. 인간화, 샬롬, 생물

---

[11]"Evangelism is mission activity which makes explicit and unambiguous the centrality of the incarnation, suffering and resurrection of Jesus Christ without setting limits to the saving grace of God."

학적 생명, 인권투쟁, 환경보호, 공해 억제, 오염방지 등 글로컬(글로벌+로컬) 세상사 해결 활동을 의미한다.

이 문서가 "하나님의 구원의 은총에 제한이 없다"고 선언함은 예수 밖에도 구원의 길이 있다는 종교다원주의 선언이다. 구원의 길이 하나 이상이라는 것이다. WCC의 복음전도는 복음주의자들이 생각하는 복음전도 활동을 의미하지 않는다. 예수구원 유일 진리에 대한 메시지 전달이 아니다. WCC가 말하는 '복음전도'는 모든 사람들에게 예수가 보인 모범적인 윤리적 삶의 경험 또는 제자도에 초대함을 의미한다.

WCC는 이 문서를 책으로 출간하여 부산 총회 참가자들에 대량 배부했다. 이 문서의 대표 저자인 당시의 선교전도국 총무 금주섭은 2021년경 10년 동안의 제네바 사역을 마치고 장로회신학대학교 특임교수로 재직하면서 "WCC는 종교다원주의를 지지하지 않는다"고 공언(公言)했다. 예장 통합이 발행한 『복음적 에큐메니칼 신앙: 대한예수교장로회 통합(KPC)의 뿌리와 정체성』, 2021)[12]에서 이를 주장했다. 그리고 다수의 목회자들을 대상으로 행한 "WCC 바른 이해 세미나"(2021.06.30.) 등에서 동일한 주장을 펼쳤다.[13] 『한국기독공보』, 『기독교방송』 등은 그의 사실 호도를 진실인 것처럼 영상으로 보도했다.

예장 통합 에큐메니칼 위원회 위원 경기중앙교회 목사 이춘복은 "WCC의 오해와 진실"라는 제목의 주일예배 설교(2021.05.23.)에서 약 30분 동안 금주섭의 사실호도 내용을 사실인 것처럼 선전했다.[14] WCC가 종교다원주의를 지지하지 않으며, 종교 간의 대화는 박해받는 지역의 기독교인들의 신앙의 자유를 보장하려는 활동이라고 했다.

제83항. "복음전도는 자신의 신앙과 확신을 다른 사람들과 나누

고, 그들이 다른 종교적 전통을 따르든지 이와 상관없이 그들을 제자도로 초대하는 일이다."[14]

WCC가 말하는 복음전도는 복음주의 개념의 복음전도 활동이 아니다. 예수 구원의 메시지를 전하여 믿고 죄 사함 받고 하나님의 구원을 선물 받게 하는 복음 전달 행위가 아니다. 구원을 믿음, 회개, 중생, 칭의, 하나님의 자녀 됨, 성화의 결과로 여기지 않는다. 복음전도는 예수 믿고 하나님과 화목하는 구원이 아니며, 기독교로 개종하라는 전도활동이 아니다. 예수의 윤리적 모범을 따라 살라고 권하는 활동이다. 타종교인이 자신의 종교 전통을 고수하든지 하지 않든지 간에, 그들을 예수의 제자도, 곧 윤리적 삶으로 초대하는 일이다. 이 항의 '타종교 전통들'은 여러 가지 종교와 다양한 종교인의 신앙을 의미한다.

제93항. "오늘날의 다원적이고 복잡한 세상에서 우리는 다양한 신앙, 이념, 확신을 가진 사람들과 마주하게 된다. 우리는 생명의 성령께서 기쁨과 충만한 삶을 가져다주신다고 믿는다. 그러므로 하나님의 성령은 생명을 긍정하는 모든 문화(힌두교 문화, 불교문화, 이슬람 문화 등)와 그 종교 안에서 발견될 수 있다. 성령은 신비로운 방식으로 활동한다. 우리는 다른 신앙 전통 속에 역사하는 성령의 활동을 완전히 이해하지 못한다. 우리는 다양한 생명을 살리는 영성들 속에

---

[12] 총회에큐메니칼위원회 편, 『복음적 에큐메니칼 신앙: 대한예수교장로회 통합(KPC)의 뿌리와 정체성』(서울: 한국장로교출판사, 2021).

[13] www.youtube.com/watch?v=mEgFGAO3PhY&t=134s.

[14] "Evangelism is sharing one's faith and conviction with other people, inviting them to discipleship, whether or not they adhere to other religious traditions."

내재된 가치와 지혜를 인정한다. 따라서 진정한 선교는 '타자'를 선교의 대상이 아닌, 동반자로 삼는다."

WCC는 이 문서에서 성령 활동을 종교다원주의 활동과 동일시 하고, 이를 WCC의 신앙으로 고백한다. 하나님의 영이 생명을 긍정하는 모든 문화 속에서 발견된다고 한다. 거룩한 영은 신비로운 방법으로 일한다. 그렇기에 우리는 다른 신앙 전통들 안의 성령의 활동을 온전히 이해하지 못하지만, 생명을 살리는 다양한 종교적 영성들, 타종교의 영성 안에 고유한 가치와 지혜가 있음을 인정한다고 한다. 그러므로 WCC의 진정한 선교는 타종교인들을 선교의 동반자로 여기는 반면 개종의 대상으로 삼지 않는다고 한다.

제94항. "[종교 간의] 대화는 생명의 긍정과 창조의 온전함이라는 측면에서 우리의 공동의 삶과 목표를 확인하는 방법이다. 종교적 차원의 대화는 이미 앞서 계시고, 각자의 맥락 속에서 사람들과 함께 하는 하나님을 만날 기대를 가지고 시작할 때에만 가능하다. 하나님은 우리가 도착하기 전에 이미 그곳에 계신다(행 17장). 우리의 임무는 하나님을 그곳에 데려가는 것이 아니라 이미 먼저 그곳에 계신 하나님을 증언하는 것이다.[15] 대화는 각자가 자신을 온전히 드러내며, 열린 마음과 인내심, 그리고 존중을 가지고 솔직하게 만날 수 있는 기회를 제공한다."

WCC는 이 항에서 종교적 차원의 대화가 우리보다 앞서서 구체적인 삶의 정황 속에서 사람들과 함께 해 온 하나님을 만난다는 기대와 더불어 시작할 때만 가능하다고 한다. 기독인의 임무가 하나님을 선교지에 모셔가는 것이 아니라 이미 우리보다 앞서 가 계시고 그것에서 '하나님의 선교'(인간화, 샬롬, 세상사 해결 활동 등)를 하고 있는 그 하나님을 증언하는 것이라고 한다. 예수구원의 복음을 들어보지 않는 자들, 그들의 선조들이 섬겨온 그 신을 섬기면 창조주 하나님이 예배를 받는다는 것이다. 창조주 하나님이 타종교와 이방 종교의 신들의 예배를 받아왔고 계속 받는다는 것을 의미한다.

WCC는 이 항에서 종교다원주의를 선명하게 고백한다. 성령이 신비로운 방법으로 다른 신앙 전통들, 곧 힌두교, 불교, 이슬람 안에 구원 활동을 하고 있다, 그러므로 선교는 다른 신앙을 가진 자들을 개종시키는 것이 아니라 그들을 '하나님의 선교'의 동반자로 만드는 것이라고 한다.

WCC는 '종교 간의 대화'를 타종교 안에 이미 계신 하나님을 만난다는 기대와 더불어 시작한다고 한다. 종교 간의 대화에서 다른 종교 안에 이미 계신 기독교의 하나님을 만난다면 개종이 불필요하다. 전도자가 산 넘고 물 건너 예수 그리스도의 죽음과 부활과 구원의 복음을 전해야 할 이유가 없다. 예수가 그리스도이며, 그 분을 믿으면 구원을 선물로 받는다는 이신칭의(以信稱義)의 복음을 전해야 할 까닭이 없다. WCC는 고액의 선교 비용으로 사람들에게 예수의 윤리를 소개하고 그 윤리적 삶을 따르라 하며 그것을 선교로 여기고 예수의 제자도에 초대하는 임무 수행에 목숨을 걸라고 한다.

WCC는 모든 종교에 하나님이 계신다고 한다. 잡신과 기독교 안에서 구원을 행하는 구원의 하나님을 구별하지 않는다. 하나님의 섭리적 사역과 일반은총 차원의 활동과 특별은총 차원의 구속 활동을 구별하지 않는다. WCC는 이 구분 철폐와 더불어 예수구원 유일 신앙을 버리고, 만인보편구원주의로 나아간다. 그리스도의 영과 하나님의 영

---

[15]"God is there before we come (Acts 17) and our task is not to bring God along, but to witness to the God who is already there."

(성령)은 타종교 안에서도 역사하며, 타종교인 안에서도 구원 활동을 펼치고 있는 영이라고 함은 종교다원주의에 충실한 고백이다.

제95항. "특히 중요한 것은 다양한 신앙을 가진 사람들 간의 대화이다. 이는 다종교 맥락에서뿐만 아니라 특정 신앙이 다수를 차지하는 곳에서도 마찬가지로 중요하다. 소수 집단의 권리와 종교의 자유를 보호하고, 모든 사람들이 공동선을 위해 기여할 수 있도록 하는 것이 필요하다. 종교의 자유는 모든 인간이 하나님의 형상대로 창조되었다는 존엄성에서 비롯되므로 반드시 지켜져야 한다(창 1:26). 모든 종교와 신념의 신자들은 동등한 권리와 책임을 가진다."

이 항은 종교 간의 대화가 소수 집단의 권리와 종교의 자유를 보호하고, 모든 사람들이 공동선을 위해 기여할 수 있도록 하는 데 필요하다고 고백한다. 종교의 자유와 하나님의 형상인 인간의 존엄성 등을 다루며, 모든 종교, 신념, 각 종교인들이 동등한 권리와 책임을 가지고 있음을 강조한다.

제97항. "복음은 다양한 맥락 속에서 구체적인 문화, 정치, 종교 실체들과 관계하면서 서로 다른 콘텍스트 안에 뿌리를 내린다. 복음이 그러한 다양한 실체들 안에 뿌리를 내리려면, 그 사람들과 문화적, 상징적 생명(삶) 세계를 존중하는 것이 필수적이다. 그래서 그리스도가 그곳에 어떻게 이미 현존하는지(how Christ is already present) 그리고 하나님의 성령이 어디서 이미 활동하고 있는지(where God's Spirit is already at work) 분별하기 위해 복음 증거는 더 폭넓은 콘텍스트에 참여하는 대화로 시작해야 한다."

WCC가 이 항에서 말하는 복음전도는 복음주의자들이 생각하는 구원의 기쁜 소식이나 그것을 전하는 일이 아니다. 성령이 모든 인간과 종교들 안에 일하며 구원의 활동을 하고 있다는 소식을 의미한다.

모든 종교의 동등성, 평등성, 구원 유효성을 뜻한다.

WCC는 하나님의 성령이 어디서나 활동하고 있다고 한다. 기독교 복음이 그곳에 들어가기 수천 년 전부터 인도에 그리스도가 이미 현존해 있었고, 하나님의 성령이 갠지스 강변의 힌두교인들에게 구원 활동을 하고 계셨다는 것이다. WCC는 우리가 이 사실과 타종교들을 인정하고 타종교인들을 포함하는 더 크고 더 폭넓은 콘텍스트의 에큐메니칼 활동에 참여해야 한다고 한다.

제110항. "우리는 생명을 위한 [종교 간의] 대화와 협력이 선교와 전도의 필수적인 요소임을 확언한다. 진정한 전도는 모든 인간을 하나님의 형상으로 존중하며, 그들의 종교와 신앙의 자유를 존중하는 방식으로 이루어져야 한다. 폭력적 수단, 경제적 이익 제공 또는 권력 남용에 의한 개종주의(Proselytism) 행위는 복음의 메시지에 반(反)한다. 전도를 할 때는 다른 신앙을 가진 사람들 간의 존중과 신뢰의 관계를 구축하는 것이 중요하다. 우리는 모든 인간 문화를 존중하며, 복음이 어떤 특정 집단의 소유물이 아니라 모든 사람을 위한 것임을 인정한다. 우리의 임무는 하나님을 데려가는 것이 아니라, 이미 그곳에 계신 하나님을 증언하는 것이다(행 17:23-28). 성령과 함께 할 때 '함께 생명을 향하여' 일하기 위해 우리는 문화적, 종교적 장벽을 넘어서 생명을 위해 함께 일할 수 있다."

이 항의 '생명'은 예수를 믿음으로 주어지는 영원한 생명(zoe)이 아니다. 생물학적인 생명(bios)을 의미한다. WCC는 선교 유예를 선언했고, 개종전도를 금한다. 선교와 개종전도가 복음 메시지에 역행한다고 생각하기 때문이다. 타 교파 교회와 타종교의 양 우리에 있는 양 떼를 훔치는 일을 하지 말라고 하는 권고를 넘어서 타종교인에게 개종을 요구하지 말라고 한다. 복음이 들어가기 전에 이미 그리스도께서 피선교지마다 현존하고 있고, 성령의 구원 사역이 토착 종교 안에서 이루어져 있다고 하면서 따라서 개종을 요구하지 말라고 한다.

WCC는 타종교의 신앙을 가진 사람들과 존경과 신뢰의 관계를 정립하는 것이 중요하다고 한다. 각각의 문화와 종교의 가치를 존중하라고 한다. 복음이 특정 그룹의 전유물일 수 없으며, 그것을 모든 사람들을 위한 것이기 때문이라고 한다.

WCC에 따르면, 복음은 특정 지역 사람이나 기독교인의 전유물일 수 없다. 문화는 종교를 포함한다. 각 사람의 모든 문화의 가치를 존중하라는 것은 모든 종교를 동일동가의 종교공동체로 인정한다는 의미이다. WCC는 기독교만이 진리를 전유하고 있다고 말할 수 없음을 고백한다. '하나님의 선교'는 하나님을 선교지로 모셔가는 것이 아니라 이미 그곳에 계시는 하나님을 증언하는 것이라고 한다. 하나님이 이미 피선교지에 계시므로, 복음주의자가 생각하는 복음전도는 필요하지 않다고 하는 의미이다.

WCC는 성령과 연합한 자들은 함께 생명을 향하여 일하려고 문화적 종교적 장벽을 넘어설 수 있다고 한다. 성령과 연합한 우리는 함께 생명을 향하여 타종교인, 곧 불자, 무슬림, 힌두교도, 유생, 토속 신앙인, 무속 종교인들과 함께 문화적 종교적 장벽들을 넘어 설 수 있음을 의미한다. 예수구원 유일 신앙에 따라 "주 예수를 믿으라. 그리하면 너와 네 집이 구원을 얻으리라"고 하는 바리케이드(barricade)를 없애야 한다고 한다. 그제야 세계종교를 통합하는 온전한 에큐메니칼 노력이 결실을 맺을 수 있다고 한다.

28

종교다원주의와 기독교인의 자아정체성

—모든 종교는 하나님의 걸작이다—

1. 종교다원주의 신앙고백문

"종교다원주의와 기독교인의 자아정체성"(Religious Plurality and Christian Self-Understanding, 2006)은 종합적인 WCC의 종교다원주의 신앙고백서이다. 이 단체의 중앙위원회가 주도하여 신앙직제국, 선교전도국, 종교대화국의 자문위원들이 함께 연구한 것이다. WCC 에큐메니칼 신학, 종교학, 선교학에 정통한 20여 명의 신학자들이 두 해 동안 만들었다.

WCC 중앙위원회는 이 신앙고백 문서를 2002년 8월 26일부터 9월 3일까지 열린 제네바 모임에서 공식 채택, 수용했다. WCC 제9차 총회(포르토 알레그레, 2006)는 이를 최종 공표했다. 이것은 "바아르 선언문"(1990)의 후속 확대 문서이다.

WCC가 공표한 이 종교다원주의 신앙고백서의 핵심은 10가지이다. 첫째, 우리의 시대가 종교에 대한 다원적 이해, 곧 종교다원주의를 요청한다. 이 세상은 더 이상 단일 종교 중심의 세계가 아니다. 다양한 종교들이 공존하는 종교다원주의적 세상이다. 따라서 기독교는 다른 종교들과 공존하며 일치와 대화 속에서 자아정체성을 재정립해야 한다.

둘째, 하나님의 계시(啓示)는 모든 종교에 존재한다. 특정한 종교에만 국한되지 않는다. 이 계시는 각 종교 전통 안에 다양한 방식으로 나타난다. 신의 계시는 특정 텍스트나 종교 전통에 갇혀 있지 않다.

이 주장은 역사적 기독교 신학의 '특별계시' 개념에 도전한다. 전통적인 기독교 신학이 말하는 특별계시, 곧 성서와 예수 그리스도 안에서 주어진 유일무이한 계시의 절대성을 상대화시킨다.

셋째, 하나님의 구원의 은총에는 제한이 없다. 예수를 믿어야만 구원을 받는다고 말함은 옳지 않다. 하나님의 구원에 어떤 조건을 제시함은 신의 은총을 특정 신앙고백이나 교리 체계 안에 가두려는 불순한 시도이다. 하나님의 은총은 훨씬 더 넓고, 자유롭고, 우리가 예상하지 못한 방식으로도 역사한다. 다양한 타종교 전통 안에서도 하나님의 생명 주시는 능력과 구원의 손길이 활동하고 있다는 증언들이 있다. 따라서 우리는 하나님의 주권과 사랑을 신뢰하면서, 그분의 구원이 어디에서 어떻게 임하는지를 겸손히 헤아려야 한다.

넷째, 하나님은 모든 민족과 모든 인간 삶의 주인이고 만물의 창조자이다. 다양한 종교들 안에 현존하고 활동한다. 하나님은 기독교와 기독교인만의 하나님이 아니라 모든 민족과 문화와 종교의 주인이다. 전 인류의 창조주이며, 주권자이다. 다양한 종교 안에 현존하고 활동한다. 이는 종교 간 대화와 협력을 정당화하는 기반이다.

다섯째, 세상의 모든 종교는 하나님의 걸작(傑作)이다. 모든 것이 하나님의 작품이듯이, 힌두교, 불교, 이슬람교, 유대교, 기타 민속 종교들, 기독교 밖의 다양한 종교 전통들도 하나님의 위대한 작품이다. 각 종교는 단순히 인류의 문화적 산물이 아니라, 하나님의 섭리 안에 포함된 창조적 표현이다.

여섯째, 하나님은 모든 종교의 예배와 영광을 받는다. 모든 종교는 하나님의 활동의 결과물이며, 구원의 길이다. 그러므로 "세계의 모든 나라들과 민족들 사이에서 발견되는 다양한 여러 종교들의 증언을 진지하게 받아들여야 한다. 이를 받아들이려 하지 않는 시도는 만물의 창조주이며 인류의 아버지인 하나님께 대한 성서적 증거를 부인하는 것과 같다."

일곱째, 성령은 기독교 밖에서도 역사한다. 성령의 열매는 "사랑과 희락과 화평과 오래 참음과 자비와 관대함과 충성과 온유와 절제"(갈 5:22-23, 롬 14:17 참고)이다. 이 열매들은 타종교 안에도 있다.

성령의 열매들이 있다는 것은 그 종교 안에 하나님이 활동하고 또 그분이 그 종교의 신도들을 구원한다는 뜻이다. 이것은 스탠리 사마르타의 성령론을 고스란히 반영한다. 그리고 몽학선생 아리아라자를 거쳐 "바아르선언문"의 핵심으로 자리 잡고 있는 주장이다.

여덟째, 우리는 구원의 권한 자가 아니다. 우리는 다만 하나님의 구원에 참여할 뿐이다. 구원을 하거나 하지 않는 것은 우리가 결정할 사안이 아니다. 타 종교에 구원이 있는가 없는가 여부는 하나님이 결정한다. 그것은 하나님의 의사와 섭리에 달렸다. 타종교에 구원이 없다고 말할 수 없다.

아홉째, 기독교가 진리를 독점한다는 발상은 터무니없다. 기독교만이 유일한 진리를 소유하고 있다는 것은 오늘날 다원적인 세계에 어울리지 않는 매우 협소하고 배타적 발상이다. 특정 종교나 교리가 진리를 독점할 수 없다. 인류의 다양한 문화와 역사 속에서 진리에 대한 탐구와 깨달음은 끊임없이 이루어져 왔다. "오직 예수 구원"이라는 교리는 오히려 복음의 보편성과 사랑의 정신을 훼손한다. 다양한 종교와 철학은 저마다의 방식으로 인간의 궁극적 문제에 답하려고 하며, 그 안에도 깊은 진리와 도덕적 통찰이 존재한다. 기독교가 참된 신앙이라면, 타종교와의 대화를 거쳐 진리를 더욱 겸손하게 성찰하고 확장할 수 있어야 한다. 구원은 특정 신념 체계의 경계 안에 가둘 수 없는, 더 깊고 넓은 하나님의 은총의 선물이다.

열째, 나그네, 이방인, 낯선 자를 환대함이 옳다. 초대자(host)와 손님(guest)의 개념을 가지고 타종교를 환대하라. 타종교의 진리를 환대하고 공유하라.

이 문서는 저명한 종교다원주의자들의 사상과 스탠리 사마르타와 웨슬리 아리아라자의 주장을 고스란히 수용한다. 아리아라자의 주장, 신학이론, 성서해석, 성서구절 인용, 비유 등을 통째로 담고 있다. 그리고 WCC가 종교다원주의 신앙고백을 하기까지의 여정(旅程)을 소개한다. 마지막 부분의 환대(hospitality)는 타종교와 타종교인에 대한 수용을 강조한 아리아라자의 '종교론'을 확대 서술한 것이다.

WCC 홈페이지에 이 문서를 게시한 자는 "종교다원주의에 대한 신학적 논의가 WCC의 의제에 여러 번 제기되었고, 1989년의 산 안토니오 세계선교전도대회와 1990년의 '바아르선언문'에서 일정한 합의에 도달했다"고 밝힌다. 이 과정을 거쳐 WCC가 종교다원주의를 수용했다는 것이다. 이 문서의 내용은 WCC가 20년 이상 유급 전임 신학자들을 '모셔서' 연구한 결과를 담은 것이라고 하면서, 비판의 여지가 없다는 자신감을 보인다. 게시자는 비판할 게 있으면 해 보라는 요지의 문구를 덧붙인다.

위 문구에 등장하는 "일정한 합의"란 하나님의 구원에는 제한이 없고, 타종교에도 성령이 활동하며, 구원의 길이 하나 이상이라는 종교다원주의 신앙고백에 합의했음을 뜻한다. 타종교에도 성령의 열매가 있는 것을 보아 하나님이 그들 가운데서도 역사하고, 또한 타종교의 예배를 받으며, 창조자 하나님이 타종교인들에게도 구원을 베풀고 있다는 것이다. WCC의 구성원 또는 회원교회들이 이러한 종교다원주의 신학이 옳다고 하는 합의에 도달했다는 것이다.

이 종교다원주의 신앙고백서가 '서문'에서 앞세우는 네 개의 성서 구절들을 웨슬리 아리아라자가 『성서와 종교 간의 대화』(*The Bible and People of Other Faiths*, 1985)에서 종교다원주의가 성서적이라고 강변하면서 인용하거나 근거로 삼은 것들이다. WCC가 아리아라자의 종교다원주의 이론을 충실히 따르고 그것을 적극 수용함을 시사한다. 사마르타와 아리아라자의 종교다원주의 사상이 WCC의 신앙고백으로 자리 잡고 있음을 증언한다.

첫째, "땅과 그 안에 가득 찬 것이 모두 다 주님의 것, 온 누리와 그 안에 살고 있는 모든 것도 주님의 것이다"(시 24:1).

WCC는 이 구절을 "모든 사람과 모든 종교인이 다 여호와의 것이다"라는 의미로 풀이한다. 땅에 있는 모든 인간과 종교와 종교인을 포함한 모든 것이 다 하나님께 속해 있다고 하는 종교다원주의 전제에 결부시킨다. 이 문서는 인간이 타락한 결과로 인간의 상태가 어떻게 되었으며, 어떤 운명에 처해졌는가를 말하지 않는다. 하나님이 어떤 눈으로 타종교인들을 대하며, 그들에게 무엇을 요구하며, 언제까지 기다리는가를 언급하지 않는다.

둘째, "해가 뜨는 곳으로부터 해가 지는 곳까지, 내 이름이 이방 민족들 가운데서 높임을 받을 것이다. 곳곳마다 사람들이 내 이름으로 분향하며, 깨끗한 제물을 바칠 것이다. 내 이름이 이방 민족들 가운데서 높임을 받을 것이기 때문이다. 나 만군의 주가 말한다"(말 1:11). 열국의 각 종교인이 신들에게 분향하고 정결한 예물을 드리는 모든 종교 행위가 실상 창조주 야훼께 바치는 예배라고 말하고 싶어 한다.

셋째, "베드로가 입을 열어 말하였다. '나는 참으로, 하나님께서는 사람을 외모로 가리지 아니하시는 분이시고, 하나님을 두려워하며, 의를 행하는 사람은 그가 어느 민족에 속하여 있든지, 다 받아 주신다는 것을 깨달았습니다'"(행 10:34-35).

넷째, "베드로가 입을 열어 말하였다. 나는 참으로, 하나님께서는 사람을 외모로 가리지 아니하시는 분이시고, 하나님을 두려워하며, 의를 행하는 사람은 그가 어느 민족에 속하여 있든지, 다 받아 주신다는 것을 깨달았습니다"(행 10:34-35).

WCC는 이 구절을 앞세워 인간이 예수를 믿든지 믿지 않든지 간에, 하나님은 다양한 신, 만신, 잡신을 예배, 경외하고 의를 행하는 모든 사람들을 다 받아들인다고 말한다. 전술했듯이, 아리아라자는 고넬료가 기독교로 개종하기 전에 이방 신에게 예배했다면서 이 성서 구절을 로마의 만신전에서 로마인이 신을 경외하고 의를 행하는 것에 적용했다. 잡신총합의 유일신이 이를 귀히 여겨 고넬료에게 특별한 무엇을 베풀었다는 의미로 해석한다.

2. 핵심 내용

WCC의 종교다원주의 신앙고백서 "종교다원주의와 기독교인의 자아정체성"(2006)은 총 47개 문항으로 구성되어 있다. 아래는 필자가 각 항의 요점들을 간명하게 정리한 것이다. 종교다원주의에 직결된 6개 문항들은 번역 전문(全文)을 싣는다. 이 문서의 "우리"는 WCC와 이 단체를 구성하는 세계 교회들을 의미한다.

제1항. '서문'이 인용한 시편 기자, 선지자, 베드로의 경험은 세상

에서 하나님의 임재와 활동을 분별하게 한다. 하나님은 모든 종교와 세상 모든 것에 임재하고 현존하며 활동하고, 모든 종교의 예배를 받는다. "종교가 다양한 세상에서 이러한 신앙적 확신을 어떻게 이해해야 할까?" (이 항은 WCC의 이 종교다원주의 신앙고백는 다신적 유일신론, 곧 잡신총합 유일신론(Polytheistic Monotheism)을 향해 성문을 연다. 역자 주).

제2항. 오늘날의 기독교인은 종교다원주의 사회에 살고 있다. 다원성과 그것이 지속적으로 일상생활에 미치는 영향은 우리로 하여금 타종교 전통들의 신앙인들을 이해하고 그들과 관계를 맺는 새롭고 적절한 방법 모색을 요청한다. (종교 간의 평등성, 동등성, 구원 유효성을 인정하는 태도 변화가 필요하다. 역자 주).

제3항. 모든 종교 공동체가 새로운 만남과 관계로 재편되고 있다. 종교는 하나의 고정된 실체로 남아 있는 것이 아니라 계속 다른 종교와 문화와 사상과 결합되면서 재편되고 있다. 모든 종교가 재편을 경험하고 있다.

제4항. 대부분의 종교들은 정치권력과 특권과 타협하고 폭력에 가담하여 인류의 역사를 훼손한 역사를 가지고 있다. 고통스러운 내부 분열과 외형적 다양성을 보여준다. 기독교도 예외가 아니다. 타종교도 마찬가지이다.

제5항. 세상을 휩쓸고 있는 폭력 문화를 감안할 때, 분열된 인간 공동체를 치유하고 온전함을 가져다주는 사명은 우리 시대의 종교가 직면한 가장 큰 도전이다.

제6항. 세계의 종교 상황은 유동적이다. 서유럽 지역의 제도화된 기독교—교회는 쇠퇴하고 있다. 힌두교인, 무슬림, 불자, 시크교도 등이 이 지역으로 이동한다.

제7항. 복음주의 교회와 오순절주의 교회는 세계의 일부 지역에서 빠르게 성장하고 있다. 기독교가 세계의 일부 지역에서는 쇠퇴하는 것처럼 보이지만 다른 지역에서는 역동적인 세력으로 나타나고 있다. (부흥하는 교회들로 인한 '지형변화'란 대부분 WCC와 무관한 복음주의적인 교회들에서 이루어지고 있다. WCC가 마치 이를 이 단체 구성 교회들의 현상으로 언급함은 어불성설이다. 역자 주).

제8항. 이 지형변화 현상은 우리에게 세상의 종교들 사이의 창의적이고 긍정적인 관계 정립에 이바지하는 영적 분위기와 신학적 접근 방식을 개발하도록 도전한다.

제9항. 종교들 간의 문화적·교리적 차이는 종교 상호 간 대화를 항상 어렵게 만든다.

제10항. 목회는 기독교인들을 종교다원주의 세상에서 살 수 있도록 준비시키는 사명을 지니고 있다. 종교적 '이중 소속'(double belonging)의 가능성도 그 사명 가운데 하나이다. 불자-기독교인, 기독교인-불자, 무슬림-힌두교인, 힌두교인-무슬림, 힌두교 기독교인-기독교 힌두교인이 가능하다.

제11항. 하나님께 속한 모든 백성, 전체 인류에 대한 하나님의 관계의 신비 그리고 사람들이 이 신비에 반응하는 다양한 방식, 다양한 종교 현상은 우리를 종교다원주의와 우리 자신의 정체성에 대하여 더욱 완전한 탐구를 하도록 초대한다.

제12항. 흔히 종교적 삶을 '영적 여행'이라고 일컫는다. 영적 여정은 종교 전통을 풍요롭게 하고 예리하게 형성한다. 기독교, 불교, 이슬람, 힌두교의 발전은 영적 여행을 거쳐 이루어졌다.

제13항. 동방정교회는 종교혼합주의의 유혹에 저항하려고 고군분투해 왔다. 유럽 기독교는 침략주의 제국의 종교였으며, 박해를 가하

는 다수 세력에 가담해 왔다.

제14항. 종교개혁운동은 성서적 신앙고백과 교파 교회의 확산으로 서유럽 기독교의 모습을 크게 변화시켰다. 계몽주의는 근대화, 세속화, 개인주의, 교회와 국가의 분리와 함께 문화적 대혁명을 일으켰다.

제15항. 기독교는 여러 가지 문화, 종교, 철학 전통 사이에 살아가면서 현재와 미래의 도전에 대응하는 노력을 계속해 왔다. 이 맥락에서 우리의 신학적 대안은 다름 아닌 종교다원주의이다.

이 문서는 제15항과 제16항 사이에 "종교, 정체성, 문화"라는 소제목을 붙이고 있다.

제16항. 타종교들의 발전 과정도 이와 비슷한 난관을 겪었다. 유대교, 이슬람교, 힌두교, 불교는 단일 집단이 아니다. 기독교 안에도 여러 교파들이 있고, 불교 안에도 여러 그룹이 존재한다.

제17항. WCC는 이 난제, 곧 종교적 다양성을 해결하는 현대 에큐메니칼 운동의 풍부한 유산을 가지고 있다.

제18항. 기독교인들은 하나님의 사랑 메시지를 다른 종교인들과 공유하는 것을 기뻐한다. 현대 에큐메니칼 운동은 하나님이 타종교인들에게도 임한다는 깨달음에 직면했다. 하나님의 계시는 다른 종교와 문화에도 존재한다. 이 견해에 불일치하는 생각을 가진 사람도 있을 것이다.

제19항. WCC의 종교 간의 대화 프로그램은 타종교의 현실을 존중하고 그 고유성과 정체성을 확인하는 일의 중요성을 강조해 왔다. 모든 종교는 보편적인 진리를 지니고 있다. 자기 종교의 진리와 다른 사람, 타종교의 진리 주장은 상충될 수 있다.

제20항. WCC는 '하나님의 선교' 개념을 도입했다. '하나님의 선교'는 종교다원주의와 상호 작용한다.

제21항. 무슬림이 다수인 국가에서 처음으로 열린 WCC의 신앙직제국 모임(쿠알라룸푸르, 2004)은 "신앙의 여정"을 "서로를 받아들이는 비전에서 영감을 받아 고무된 여행"이라고 정의했다. 교회 너머에 하나님의 유효한 구원의 징표가 있는가 하는 문제를 제기했다.

제22항. WCC의 세 가지 실용적인 흐름들은 모두 종교다원주의 신학과 관련된 질문을 다루는 것으로 수렴된다. 이 사실은 의미심장하다. (세 가지 실용적인 흐름이란 신앙직제국, 삶과봉사국, 선교전도국을 지칭한다. 이 흐름들은 모두 종교대화국이 표방하는 종교다원주의와 '종교신학'으로 수렴된다. 역자 주).

제23항. 산 안토니오에서 열린 세계선교대회(1989)에서 WCC는 타종교에도 하나님의 구원이 존재한다는 기독교인들의 합의를 도출했다. 이 대회는 타종교인들의 삶에 임재하는 하나님과 그 분의 사역(work)에 대한 확언(確言) 사이의 긴장을 인식했다. 그래서 "우리는 이 긴장을 높이 평가하고 그것을 해결하려고 시도하지 않는다"고 선언했다. 성령 하나님이 기독교인 가운데도 은사를 베풀고 성령의 열매를 맺게 하지만 타종교인, 이맘, 사제, 승려에게도 동일한 성령의 열매를 맺도록 역사한다. WCC는 이 긴장을 높이 평가한다. (WCC가 하나님의 구원이 타종교인에게도 주어진다는 합의를 도출했으며, 이것이 성서가 확언하는 것과 불일치하지만, WCC는 이 둘의 긴장을 오히려 높이 평가한다. 역자 주).

제24항. 스위스 바아르(Baar)에서 모인 WCC 종교다원주의 모임은 산 안토니오 보고서 내용을 넘어서는 중요한 성명 "바아르선언문"(1990)을 발표했다. 하나님이 모든 종교의 창조자이며 유지자로 활동한다는 기독교 신앙의 함의(the implications)를 이끌어냈다. 이 문서는 다음과 같이 종교다원주의를 확언(affirm) 한다. "만물의

창조주인 하나님이 다양한 종교에 현존하고 그 안에서 활동한다는 확신은 하나님의 구원 활동이 어느 한 대륙, 문화 유형 또는 사람들의 그룹에만 국한된다고 상상할 수 없게 한다. 전 세계의 여러 나라들과 민족들 사이에서 발견되는 다양한 여러 종교들의 증언을 진지하게 받아들이려 하지 않는 시도는 만물의 창조주이며 인류의 아버지인 하나님에 대한 성서적 증거를 부인하는 것과 같다."

제25항. WCC 제9차 총회(포르토 알레그레, 2006)의 주제인 "하나님, 당신의 은총으로 세상을 변화시키소서"는 이와 같은 과제에 대한 탐구를 요청한다.

제26항. 성서 안에 있는 여러 가지 사상 줄기들은 우리로 하여금 이과제에 도전하게 한다(The many streams of thinking within the scriptures make our task challenging). 성서가 말하는 증거의 다양성을 인정하면서 우리는 환대(hospitality)라는 주제를 해석학적 열쇠와 토론의 출발점으로 선택한다. 성서는 "예수가 하나님과 인간 사이에 유일한 중보자"라고 한다. 그러나 동시에 "땅과 그 안에 있는 모든 것과 모든 세계가 거기에 거하는 모든 사람이 다 여호와의 것"이라고 한다. "내가 길이요 진리요 생명이니 누구든지 나로 말미암지 않고는 아버지께로 이룰 자가 없다"고 한다. 그러나 "해 돋는 데서부터 해지는 데까지 내 이름이 만국 중에 크며 각지에서 내 이름을 위하여 분향하며 정결한 예물을 드리며 내 이름이 열국 중에 크도다"라고 한다. "예수가 하나님과 인간 사이에 유일한 중보자"라는 말이 있는가 하면, 하나님은 이방 종교인 고넬료가 자기 종교의 방식에 따라서 하나님을 경외하며 의를 행하는 것을 보고 그를 인정하고 받아들인다고도 한다. 그러므로 WCC는 성서가 다양한 증거를 하고 있음을 인정한다. 이 주제에 대한 토론과 해석의 열쇠 또는 출발점은 다

양성에 대한 환대이다. (WCC는 아리아라자의 타종교에 대한 환대와 수용 이론과 주장을 고스란히 받아들인다. 역자 주).

제27항. [전문] "종교다원주의에 대한 우리의 신학적 이해는 만물을 창조한 한 분 하나님, 곧 태초부터 모든 창조물에 현존하고 활동하는 살아 계신 하나님에 대한 믿음에서 시작한다. 성서는 하나님이 모든 민족의 하나님이며 모든 인류를 사랑하고 긍휼히 여기는 하나님임을 증언한다. 우리는 노아언약에서 결코 깨어지지 않는 하나님과 모든 창조물과의 확고한 계약을 본다. 우리는 하나님께서 지혜와 총명의 전통들(타종교들, 역자 주)을 통해 열방을 인도할 때 하나님의 지혜와 정의가 땅 끝까지 확장됨을 본다. 하나님의 영광은 모든 피조물을 관통한다. 히브리 성서(구약성서)는 말씀 또는 지혜와 성령을 통해 인류 역사 전체에 걸쳐 임하는 하나님의 보편적인 구원을 증언한다." (모든 종교는 하나님의 구원의 길이다. 그분의 세상 돌봄 활동의 결과이다. 역자 주).

제28항. 신약성서에서 사도 바울은 하나님 말씀의 성육신을 환대와 타자에 대한 삶의 방향 전환이라는 용어로 언급했다. 우리의 신앙고백의 핵심은 그리스도의 자기 비움과 그가 기꺼이 우리의 인성을 취한 사실이다. 성육신의 신비는 예수 그리스도께서 전 인류, 모든 인간 가족을 끊을 수 없는 끈과 언약으로 하나님께 결합시켜 주었다는 고백으로 이끈다. (예수를 믿어야만 하나님의 자녀가 되는 것이 아니라 예수의 성육신 자체가 모든 인류, 인간 가족 전체를 끊을 수 없는 끈과 언약으로 묶었다. 역자 주).

제29항. 복음은 원수까지도 사랑하고 그들에게 복이 임하기를 구하라고 명한다. 우리는 기독교인으로서 그리스도 안에 있는 우리의 정체성과 바로 그 정체성에서 나오는 자기 비움(Konotic)의 자세와

사랑으로 타자에게 마음의 문을 여는 일 사이에서 올바른 균형을 가질 필요가 있다. (타종교와 타종교인에게 마음을 여는 것은 예수의 자기비움의 정신에 부합한다. 역자 주).

제30항. 예수는 공생애를 거쳐 자기 전통에 속한 사람들을 치유했을 뿐만 아니라 "주 다윗의 자손이여 나를 불쌍히 여기소서 내 딸이 흉악하게 귀신 들렸나이다"(마 15:22)라고 말하는 가나안 여인의 큰 믿음에 응답했다. 이로써 예기치 않은 방법으로 사회적 희생자들에 대한 열린 마음, 낯선 사람들에 대한 환대, 타자를 수용하는 것 등이 옳음을 확인시켜 주었다.

제31항. 예수께서 사회의 주변부 사람들에게 환대를 베풀었음에도 그 자신이 거절을 당했고 또한 종종 환대를 필요로 했다는 사실은 의미심장하다. 성서는 환대를 일차적으로 모든 사람의 존엄성에 대한 확언에 기초하여 타자에게 근본적으로 마음의 문을 개방하는 것이라고 말한다.

제32항. [전문] "성령은 우리가 타자에게 그리스도의 열린 마음을 실천하도록 돕는다. 성령은 창조, 양육, 유지, 도전 그리고 새롭게 하고, 변화시키려고 지상에 운행해 왔고, 지금도 운행한다. 우리는 성령의 활동이 '바람이 임의로 불듯이'(요 3:8), 이와 동일한 방식으로 우리의 정의, 설명, 제한을 초월함을 고백한다." ("정의, 설명, 제한을 초월한다"고 함은 예수가 유일한 그리스도가 아니며, 유일한 구원의 길이 아니며, 하나님과 인간 사이의 유일한 중보자도 아니며, 예수를 믿어야 구원을 받는다는 등의 제한을 넘어선다는 의미이다. 예수구원 유일 신앙은 필요하지 않다는 것이다. 역자 주). "우리의 희망과 기대는 성령의 '경륜'이 전체 피조물(타종교들 포함, 역자 주)과 관련되어 있다는 우리의 믿음에 뿌리를 두고 있다. 우리는 하나님의 영

이 우리가 예측할 수 없는 방식으로 움직인다고 이해한다. 우리는 성령의 양육하는 능력이 인간 내부에서 역사하고 진리와 평화와 정의를 갈망하고 추구하는 모든 인간에게 보편적인 영감을 주고 있음을 본다(롬 8:18-27). '사랑과 희락과 화평과 오래 참음과 자비와 관대함과 충성과 온유와 절제'(갈 5:22-23, 롬 14:17 참조)는 어디에서나 성령의 열매이다. (WCC는 이 항이 언급하는 성령의 9가지 열매가 기독교인을 넘어불교의 고승, 선승, 학승에게도 있다고 한다. 사랑, 기쁨, 화평, 오래 참음, 자비, 인내, 온유, 절제 등의 열매들이 있다. 모두 성령의 열매이며, 성령이 그들 가운데도 활동하고 있으며, 따라서 이 사실은 하나님의 구원의 은혜가 그들에게도 주어진다는 증거라고 한다. 역자 주).

제33항. [전문] "우리는 이 포괄적인 성령의 역사가 '살아있는 신앙의 사람들'(각 종교인, 역자 주)의 삶과 전통에도 존재한다고 믿는다. 모든 사람들은 항상 어디서나 그들 가운데 계신 하나님의 임재와 활동에 반응해 왔으며, 살아 계신 하나님과의 만남을 증언해 왔다. 이러한 증언은 그들이 온전함, 깨달음, 신적 인도, 안식, 해방을 추구하고 발견함에 대하여 말한다. 이것이 우리 그리스도인들이 그리스도를 거쳐 경험한 구원에 대한 증언 콘텍스트이다. 타종교들인 우리의 이웃 종교에게서 이루어지는 이 증거 사역은 "하나님이 그들, 곧 타종교인들 가운데서 행하고 계시고 또 행하신 일에 대한 확증"을 전제로 한다"(CWME, San Antonio 1989). (이 항의 "증거 사역"이란 하나님이 타종교들 가운데 사랑, 은혜, 구원의 활동을 하고, 성령의 열매를 맺는 등의 활동을 하고 있다고 증언함을 의미한다. 역자 주).

제34항. "다양한 종교들은 하나님께서 여러 민족과 나라와 관계를 맺는 다양한 방식의 결과이며, 하나님의 은혜로운 선물에 대한 인류

의 풍요롭고 다채로운 응답의 표현이다.” 진리의 영 성령께서 기존의 믿음의 유산을 종교다원주의적으로 이해하도록 인도할 것이다. 타종교인에게 더 많이 배우도록 타종교의 신성한 신비(divine mystery)에 대한 신선하고 예상치 못한 통찰력을 얻게 할 것이다. (다양한 종교는 모두 유일신의 현현이다. 성령은 우리에게 기존의 믿음을 버리게 하고, 아드바이타적 종교 이해에 필요한 통찰을 준다. 역자 주).

第35항. 따라서 우리는 모든 사람들(타종교인 포함, 역자 주)을 열린 마음으로 환대한다. 우리는 하나님의 너그러운 사랑의 환대를 받은 사람들이다.

第36항. 환대는 “이웃을 내 몸과 같이 사랑하라”는 계명의 실행이며 하나님을 새롭게 발견할 수 있는 기회이다.

第37항. 환대는 또한 우리가 그리스도인 가족 안에서 서로를 대하는 방법이기도 하다.

第38항. 환대 실천에는 큰 용기가 필요하다.

第39항. [전문] “그리스도인들은 타종교인들과 공존하는 법을 배울 뿐만 아니라 그들의 만남을 통해 변화되기도 했다(타종교인과 만남을 통하여 기독교인들이 가지고 있는 신앙을 버려야 할 수도 있고 타종교에서 배울 것을 배워야 한다는 것을 의미한다. 기독교 안에 예수구원 유일성이라는 기독론을 버리고 모든 종교가 동일동가라 하는 사실을 배우는 변화가 일어나기도 한다. 역자 주). 우리는 세상(타종교, 역자 주)에 있는 하나님의 임재에 대한 알려지지 않은 측면을 발견했고, 우리 자신의 기독교 전통에서 무시되어 온 요소를 발견했다. 우리는 또한 타인에게 더 잘 반응하도록 가르치는 성서의 많은 구절을 더 많이 인식하게 되었다.” (아리아라자가 성서로 종교다원주의의 정당성을 변증하기까지, WCC는 성서가 종교다원주의를 지지한다는 생각을 하지 못했다는 것이다. 역자 주).

제40항. 낯선 사람(타종교인)에 대한 실제적인 환대와 나그네를 환영하는 태도는 상호 변화와 화해의 공간을 만든다.

제41항. 사도행전의 베드로와 고넬료의 만남에 대한 누가의 이야기에도 상호 변화가 담겨 있다. 베드로의 회심과 고넬료의 회심은 상호보완적이었다. (이 항은 아리아라자가 종교다원주의를 '성서적'으로 정당화하려고 시도한 '베드로의 회심' 이야기와 억지 해석을 고스란히 옮겨온다. 역자 주).

제42항. 타종교와 타종교인에 대한 환대는 기독교인들이 다른 사람들을 하나님의 형상대로 창조된 존재로 받아들일 것을 요구한다. 하나님이 다른 사람들을 변화시키려고 우리를 사용하는 것처럼 하나님께서 우리를 가르치고 변화시키려고 다른 사람들, 타종교인들을 사용하며, 그들을 가쳐 우리에게 말씀다는 사실을 알도록 요구한다.

제43항. '타자'에 대한 개방성은 그것이 우리를 변화시킬 수 있는 것처럼 '타자'를 변화시킬 수 있다. "타자에 대한 개방성"은 종교 간의 대화를 거쳐 서로가 변화하고, 각각 버릴 것은 버려야 함을 의미한다. 기독교인이 버려야 할 것은 예수구원 유일 진리, 곧 예수가 하나님과 인간 사이의 유일한 중보자라는 교리이다.

제44항. 인류 종교들의 거대 다양성은 진리를 찾으려고 떠나는 사람들의 성취를 향한 여행 또는 순례이다. 우리는 서로에게 나그네(낯선 사람)이다. 그럴지라도 '종교적 환대'가 필요한 우리의 길은 타종교들과 교차하는 순간이 있다.

제45항. 타종교와 타종교인에 대한 환대 정신이야말로 자기의 종교적 신념과 상관없이 사회의 주변부로 밀려난 모든 사람들과 우리를 연대시켜 준다.

제46항. [전문] "우리는 인간의 제한성과 언어의 한계로 말미암아, 어느 공동체도 하나님께서 인류에게 베푸는 구원의 신비를 샅샅이 헤아릴 수 없음을 인정한다(기독교만이 진리를 독점한다는 발상은 틀렸다. 역자 주). 과거의 분석에 의하면, 우리의 모든 신학적 심사숙고는 우리 자신의 경험에 의해 제한되어 있다. (기독교 신학과 교리는 절대적인 진리가 아니다. 성경의 증언은 사실 증언이 아니다. 역자 주). 신학과 교리가 이 세상을 고치는 하나님의 사역의 범위를 온전히 설정할 것이라는 희망을 가질 수 없다"(예수를 믿어야 구원을 얻는다고 말할 수 없다. 역자 주).

제47항. [전문] "구원이 하나님께, 오직 하나님께 속한다고 우리가 말할 수 있는 것은 바로 이러한 겸손 때문이다. 구원을 소유한 것은 우리가 아니다. 우리는 그것에 참여할 뿐이다. 구원을 베푸는 주체는 우리가 아니다. 우리는 다만 그것을 증거할 뿐이다. 누가 구원을 받을 것인지는 우리가 결정하지 않는다. 우리는 그것을 하나님의 섭리에 맡길 뿐이다(타 종교에 구원이 없다고 할 수 없고, 반드시 예수를 믿어야만 구원을 받는다고 말할 수 없다. 역자 주). 우리를 구원으로 초대하는 구원의 주인(host)은 하나님이다. 새 하늘과 새 땅에 대한 종말론적 환상 속에서, 우리는 우리에게 '주인'이기도 하고 '손님'이기도 한 하나님의 강력한 상징을 가지고 있다. '하나님이 그들(타종교인)과 함께 계실 것이요, 그들은 하나님의 백성이 될 것이다. 하나님이 친히 그들과 함께 계시리라'(계 21:3)." (WCC는 이 성서 구절의 "그들"은 이웃 종교인, 타종교인, 예수 믿지 않는 사람들을 지칭하는 것으로 이해한다. 이 계시록 본문의 "그들"은 "다만 어린 양의 생명책에 기록되어 있는 사람들"(계 21:27)이다. 비겁한 자들과 신실하지 못한 자들과 가증한 자들과 살인자들과 음행하는 자들과 마술쟁이들

과 우상 숭배자들과 모든 거짓말쟁이들이 차지할 몫은 불과 유황이 타오르는 바다뿐이라고 한다. 역자 주).

맺음말: 후속 확대 문서

"종교다원주의와 기독교인의 자아 정체성"(2006)은 다른 해석을 허용하지 않는 배타적인 종교다원주의 신앙고백서이다. "바아르선언문"(1990)의 후속 확대 문서답게 전통적인 기독교 교리와 관습에 대한 재평가와 포기를 요구한다. 기독교인과 타종교의 신앙을 가진 사람들과 관계를 맺을 종교다원주의 신앙고백을 천명한다. 이 문서는 아래의 네 가지의 명확한 사실을 확인시켜준다.

첫째, 예수구원 유일성 진리를 내팽개친다. 모든 종교를 동일동가의 종교공동체로 여긴다. 정통 기독교의 구원 교리를 거부한다. WCC는 모든 종교의 동등성, 평등성, 구원 유효성을 강조한다.

둘째, 아리아라자의 종교다원주의 이론과 그가 동원하는 여러 가지 성서 구절들, 요나와 고넬료의 이야기, 가나안 여인, 노아언약, 만인보편구원주의 등을 고스란히 수용한다. 라이문도 파니카와 존 힉등 저명한 종교다원주의 사상가들의 이론을 수용한 사마르타의 주장을 포함한다.

셋째, 자유주의 신학, 20세기 시대정신, 평등주의라는 이름의 평등전제주의 그리고 힌두교 아드바이타—비이원성 세계관에 충실하다. 다신적 유일신론—만신총합 유일신론에 크게 의존한다.

넷째, 이 신앙고백 문서의 성서 인용과 해석은 아전인수격이다. 종교다원주의 신론과 자유주의 신학 전통에 따라 해석한다.

29

에큐메니칼 성경관

—성경은 하나님 말씀이 아니다—

1. 에반젤리칼과 에큐메니칼

학계(學界)는 로마가톨릭교회, 동방정교회, 프로테스탄트교회, 기타 소그룹들을 지칭하는 포괄하여 기독교(Christianity)라고 일컫는다. 한국에서는 프로테스탄트교회를 '기독교'로, 로마가톨릭교회를 '천주교'라고 지칭한다. 16세기 말과 17세기 초, 로마가톨릭 예수회 선교사들이 중국에서 기독교의 신(神)을 표현할 단어를 찾다가 선택한 '천주'(天主, 하늘의 주인)에서 비롯된 명칭이다.

프로테스탄트교회는 루터교, 개혁교회, 영국국교회, 감리교회, 침례교회, 오순절 교회 등 다양한 교파, 교단들로 구성된다. WCC는 진보계 프로테스탄트교회들과 동방정교회들의 연합체이다. 로마가톨릭교회는 이 단체의 정회원 교회가 아니다. 그러나 이 단체의 산하 기구들에 회원으로 가담하여 왕성하게 활동하고 있다.

신학 전통에 따라 프로테스탄트교회를 대별하면 에반젤리칼(Evangelical)과 에큐메니칼(Ecumenical)로 나뉜다. 전자인 복음주의 그룹은 예수구원의 복음과 성경의 높은 권위를 강조하는 역사적 기독교 전통을 유지한다. 후자인 자유주의 신학 그룹은 기독교를 윤리공동체로 인식하면서 세상사 활동을 강조한다. 성경에 높은 권위를 부여하지 않는다.

복음주의는 자유주의 신학에 대응하여 예수 그리스도가 유일한 구원의 길이라고 믿는 다양한 기독교 그룹과 신학을 일컫는 포용적인 용어이다. 복음주의자는 성경이 하나님의 말씀이며 신앙과 행위의 최종적인 권위라고 믿는다. 성경 내용을 실제로 있었던 사실 기록이라고 보는 실재주의(Realism) 견해를 유지한다. 성경을 정면으로 대하고 그것의 증언을 사실 기록으로 믿는다. 하나님의 천지창조, 로고스의 성육신, 예수께서 일으킨 초자연적 기적들, 그리스도의 부활을 실제로 일어난 사실이라고 믿는다.

복음주의 기독교인은 성경을 하나님의 계시를 담은 기록이라고 믿는다. 성경이 성령 하나님의 영감 아래 기록되었으며, 하나님의 자녀들이 그것을 읽을 때 신적인 빛이 마음을 비추어 그 말씀을 사실로 받아들이게 한다고 확신한다. 성경을 완전한 하나님의 말씀인 동시에 완전한 인간의 책이라고 믿는다. 완전한 인간의 책이기에 성경에 대한 건전한 비평적 연구 가능성을 인정한다.

신복음주의(Neo-Evangelicalism)는 20세기 중반에 등장한 프로테스탄트 신학의 한 흐름이다. 복음주의 원칙을 유지하면서도 열린 태도로 성경에 대한 현대 비평적 접근을 강조한다. 1950년대에 칼 헨리, 빌리 그래함 등이 지도자로 활약했다. 복음 전파와 기독교인의 사회적 책임과 문화적 참여를 중요하게 여긴다. 성경의 권위를 인정하면서 역사적, 과학적, 학문적 연구 결과와 대화를 하고 더 넓은 사회적 지평을 신학에 반영한다.

복음주의 범주에 포함되는 대표적인 신학 유형은 개혁주의 신학(Reformed Theology)이다. 이를 개혁파 정통주의(Reformed Orthodoxy)라고도 일컫는다. 이 신학 전통은 바울, 어거스틴, 칼빈, 칼빈주의로 이어지는 역사적 기독교 신앙의 연장이다. 하나님의 주권, 예수의 대속사역, 그리스도 구속의 완전성, 성령의 구원 활동, 하나님의 특별계시, 오직 성경, 오직 믿음, 오직 은혜, 이신칭의, 성화 등을 중요하게 여긴다. 성경의 절대적 권위를 강조하며, 합리적이고 체계적인 교리와 신학을 중시한다.

신정통주의(Neo-Orthodoxy)는 자유주의 신학에 대한 반발로 20세기 초반에 나타났다. 성경을 하나님의 말씀으로 보지 않고, 신의 말씀을 경험하게 하는 수단으로 여긴다. 하나님의 말씀이 오로지 인간의 책인 성경을 수단으로 주관적·현재적으로 독자에게 임한다고 본다. 이는 종교개혁 신학에 충실한 개혁파 정통주의—개혁주의 신학이 성경을 하나님의 특별계시의 기록이며 '객관적' 진리를 담고 있다고 이해하는 것과 다르다.

복음주의의 한 유형인 근본주의(Fundamentalism)는 20세기 초 미국에서 등장한 초교파적 신학 유형이다. 성경의 문자적 해석과 기독교의 기본적인 교리를 절대적 진리로 믿는다. 성경의 권위를 강조하고 신앙의 순수성을 보호하는 성향을 지니고 있다. 성경에 대한 모든 현대적 접근을 거부하는 반지성적인 신학이라는 평가를 받는다. 자유주의 신학 오리엔테이션을 가진 신학자들은 종종 복음주의를 '근본주의'로 일컫는다.

오순절주의(Pentecostalism)는 20세기에 등장한 신앙과 신학 흐름이다. 복음 전파와 그리스도의 구속의 메시지와 함께 신앙의 역동성을 강조한다. 성령의 현존 역사와 은사 체험과 그것의 지속성을 강조한다. 그리고 성경을 중요하게 여긴다.

종교다원주의는 자유주의 신학의 버금 무리(亞流)이다. 예수를 이상적인 윤리적 모범, 인민 해방자, 사회 혁명가로 이해한다. 예수의 신성과 구원 유일성을 부정한다. 예수를 인류 구성원 가운데 한 명으로 이해하며, 그 이상은 아니라고 본다. 성경을 신화와 상징을 담은 오류투성이 책이며, 당대의 여러 가지 조건과 시대적 한계를 지닌 종교 경전들 가운데 하나로 여긴다.

종교다원주의는 자유주의 신학 전통에 따라 성경의 권위에 대한 극심한 부정적인 인식을 지니고 태동했다. 하나님의 초월적, 초자연적 활동을 인정하지 않으며, 자연법칙을 중시한다. 예수가 하나님의 아들임을 언급하는 성경의 여러 사건들과 기적 이야기와 기타 근거들을 신화, 은유, 허구(fiction)로 해석한다. 성경 기록을 실제로 일어난 역사적 사실 기록이 아니라 신화, 민담, 전설, 은유, 비유, 상징을 기록한 것으로 이해한다. 소설처럼 '사실'이 아니라 '신앙'을 기록한 책이라고 본다.

복음주의 전통과 자유주의 신학 전통의 가장 큰 차이는 진리 판별의 기준(criterion)과 권위(authority)이다. 전자는 진리 절대주의에 따라, 후자는 진리 상대주의 인식 구도에 따라 성경을 이해한다. 전자는 신본주의, 후자는 인본주의 특징을 지닌다.

복음주의 교회들은 성경 진리를 절대적이고 불변하는 하나님의 말씀이라고 믿는다. 성경을 하나님의 특별계시의 기록이며, 그 내용이 역사적·도덕적·신학적으로 모두 진실하다고 믿는다. 성경이 말하는 진리가 인간의 경험과 사회 상황과 역사 이해에 따라 변한다고 생각하지 않는다.

복음주의는 하나님의 말씀인 성경이 영원히 변하지 않으며, 만인에게 적용되어야 할 보편적인 진리라고 본다. 말씀이 신앙과 행위의 최고, 최종의 기준이라고 믿는다. 성경이 오류 없는 하나님의 말씀이며, 하나님의 계시 진리를 담고 있다고 믿는다. 완전한 인간의 책인 동시에 성령의 감동 아래서 유기적으로 기록된 완전한 하나님의 말씀이라고 확신한다.

자유주의 전통을 따르는 종교다원주의는 진리를 상대적인 것으로 이해한다. 성경을 특정 시대, 문화, 상황을 반영하는 것으로 여기면서 인본주의 관점으로 해석한다. 인간 경험과 이성적 비평을 성경 본문 보다 더 중요하게 여긴다. 성경의 메시지를 진리로 여기지 않으며, 인간의 해석이 필요한 단순 기록으로 여긴다. 이성을 '절대 판단자'로 추앙하며, 부정적 심성과 반골기질 그리고 비신앙적 전제에 기초한 의심의 해석학을 따른다.

종교다원주의는 진리를 불변하는 것으로 여기지 않는다. 각 시대의 윤리적·사회적 변화에 따라 진리에 대한 새로운 이해와 해석이 가능한 것으로 본다. 성경을 인간의 종교적 경험을 반영한 상대적인 가치를 지닌 문서로 본다, 신학을 시대의 변화에 맞춰 변개하고 진화시켜야 한다고 생각한다. 진리를 인간의 이성과 경험으로 재해석해야 한다고 한다. 종교다원주의를 받아들여야 함은 우리가 종교적 다원시대에 살고 있기 때문이라고 한다. 콘텍스트가 텍스트를 결정하는 형태이다. 오목눈이 새 둥지에 탁란한 뻐꾸기 새끼처럼, 정통신학을 진리의 터에서 밀어낸다. 복음주의 기독교인들을 미성숙하고 무지하고 미신적인 구태의연한 낡은 사고를 가진 자들로 여긴다.

2. 유기적 영감과 축자 영감

기독교 신앙의 표준과 권위와 관련하여, WCC가 제기하는 근원적인 질문은 세 가지이다. 첫째, 성경은 기독교 신앙과 삶의 최종적인 권위인가? 둘째, 성경은 변치 않는 진리를 담고 있는가? 셋째, 기독교가 진리를 독점할 수 있는가?

WCC의 유급 전임 신학자 스탠리 사마르타와 웨슬리 아리아라자는 이 질문에 '아니오'라고 답한다. 그렇다면 이 몽학선생들과 그들을 종교대화국 책임자로 '모신' WCC는 성경을 무엇이라고 생각하는가? 이들은 성경을 하나님의 말씀이라고 믿는가? 그렇지 않다. 성경을 신앙과 행위의 최종 권위로 여기지 않는다. 특히 성경 무오성 교리를 혐오한다.

복음주의는 성경이 유기적 영감(organic inspiration)과 축자 영감(plenary inspiration)으로 기록되었다고 믿는다. 유기적 영감은 영감의 방법(method)을 일컫는다. 성경이 받아쓰기 형태의 기계적인 방식으로 주어지거나 기록된 것이 아니라는 의미이다. 성령 하나님께서 성경 기록자들에게 유기적으로 영감을 주어 하나님의 말씀을 기록하게 했다는 것이다. 성경 저자들이 자기의 혈통, 시대, 교육, 환경, 정치 상황, 사건, 세계관 등의 연관성 속에서 성경을 기록자 자신의 언어로 기록했지만, 하나님께서 그 모든 내용에 영감을 미치고, 저자를 효율적으로 사용하여 기록하게 했고, 죄의 오염을 받지 않도록 간섭하고 인도했다고 확신하는 견해이다.

축자(逐字) 영감 또는 완전 영감은 영감의 범위(scope)를 일컫는다. 성경의 모든 책이 하나님의 영감에 따라 기록되었다고 본다. 성경의 일부분이나 기본 메시지나 구원 진리만 영감을 받은 것이 아니라 모든 내용이 하나님의 지도와 영감 아래서 기록되었다는 것이다.

복음주의는 성경이 하나님의 말씀인 동시에 인간의 기록이라고 믿는다. 하나님의 책인 동시에 인간의 책이라고 확신한다. "성경은 하나님의 말씀이다"라는 정의에서 중요한 것은 '이다'(is)라는 존재를 나타내는 동사이다. 성경의 내용이 하나님의 말씀이라는 의미이다.

자유주의 신학 추종자들은 성경이 하나님의 말씀 일부분을 담고 있다(contain)고 한다. "야훼께서 가라사대"라면서 인용된 부분만이 하나님의 말씀이라고 한다.

신정통주의 (바르트주의 신학)는 성경이 하나님의 말씀이 아니라고 한다. 성경은 종이와 글자로 구성된 인간의 책이라고 한다. 그렇다면 성경은 무엇인가? 그 책의 메시지를 주관적으로 우리 속에 전달되고 체험되고 고백되게 하는 수단, 도구(instrument)이다. 하나님의 말씀은 책이 아니라 독자 마음 안에 주관적으로 주어지는 무엇이다. 그 때 성경은 하나님의 말씀이 된다(become). 성령 하나님이 성경을 도구로 이용하여 우리에게 하나님의 말씀을 경험하게 한다. 성경이 하나님의 말씀은 아니지만 하나님의 말씀을 경험하게 하는 수단이므로 그 점에서 가치를 지닌 책이라고 한다.

개혁주의 신학은 성경이 완전한 인간의 책인 동시에 성령 하나님의 감동으로 기록된 하나님의 말씀이라고 믿는다. 성경이 담고 있는 메시지와 진리는 인간이 그것을 체험하거나 주관적으로 이해하는 것과 무관하게 그 책을 하나님의 말씀이라고 믿는다. 성경을 읽고 그 메시지에 감동을 받는 것이 중요하다. 그러나 시각 장애자가 태양을 볼 수 없다고 하여 태양이 존재하지 않는다고 말할 수 없다. 우리가 그것을 읽을 때 주관적으로 감동을 받는 여부를 떠나 성경에 담긴 진리의 메시지를 하나님의 말씀이라고 확신한다.

성서비평학은 성경을 이성적으로 검토하고 분석하는 학문 활동이다. 자유주의 신학자들은 부정적 전제와 인본주의 시각으로 성경을 비판한다. 보수주의자들은 비평 활동 자체를 거부하기도 한다. 신중한 복음주의자, 개혁주의 신학자는 비평학을 가치중립적인 학문으로 여긴다. 성경이 하나님의 말씀이라는 전제 아래서 비평학을 학문 연구의 참고 도구로 사용한다.

기독교 신학에서 중요한 것은 전제(前提)이다. 성경이 하나님의 말씀이라고 하는 선이해를 가지고 성서비평학을 이용하면 그것은 거룩하고 완전한 하나님의 말씀이라는 결론에 이른다. 성경을 한낱 인간의 문서 또는 허구라는 전제를 가지고 성서 비평학을 도입하면 이와 반대의 결론에 이른다.

종교다원주의자들은 자유주의 신학 이론을 따라 성경을 인간 문학서와 다름없는 책이며, 편집된 문서로 간주한다. 근거 없는 가상의 문서들(J, E, D, P)에 집착한다. 구약성경 처음 다섯 권인 창세기, 출애굽기, 레위기, 민수기, 신명기의 기원에 관한 가설 문서(D, documentary hypothesis)에 호소한다. 예컨대 모세오경을 한 명의 저자가 아닌 여러 사람들이 저술했고 그것을 나중의 사람들이 편집한 것이라고 주장한다.

이 가설 문서들은 실재하는 것들이 아니다.[1] 이것을 보거나 접한 사람은 아무도 없다. 자유주의 신학자들, 성경비평 학자들은 모세오경 각 권의 차이점, 모순처럼 보이는 점들을 설명하려고 성경 각권의 출처와 저자가 지닌 독특한 관점과 목적을 분석한다. 성경이 여러 가지 문서들의 결합이고, 사람들의 종교적 상상력이 그러한 내용의 문서들을 만들어 냈다고 본다. 이처럼 자유주의 신학은 철저히 인본적인 전제를 가지고 성경에 접근한다.

자유주의 신학자들은 신약성경 복음서들이 퀴엘레(Q)라는 자료를 바탕삼아 기록되었다고 한다. 이것을 예수의 가르침을 담은 마태복음과 누가복음에만 나타나지만 마가복음에는 없는 예수의 말씀 모음집이라고 추정하는 가상의 문서라고 한다. '큐(Q) 문서'라는 명칭은 독일어(Quelle)에서 유래했다. 예수의 설교와 가르침을 담은 가상의 어록이다. 신약성경 본문에서 관찰된 문학적 특징을 따라 추정한 문서이다. 이 문서를 직접 보았거나, 읽었거나, 소유한 사람은 아무도 없다. 가정, 가설에 근거한 주장은 허구이다. 그럼에도 자유주의 신학자들과 종교다원주의자들은 '큐(Q) 문서'라는 가상 문서에 집착한다. 실재하지 않는 것을 근거로 역사적 기독교의 성경관에 도전하고, 하나님의 특별계시 진리를 폄론한다.

3. WCC 성경관, 핵심 10가지

필자는 "세계교회협의회의 에큐메니칼 성경관"이라는 제목의 학술논문을 한국복음주의 조직신학회에서 발표했다.[2] 이 논문은 "성경

---

[1] J (야훼 문서): 이 출처는 하나님을 '야훼'(YHWH)로 부르기 때문에 이렇게 불린다. 남쪽 유다 왕국에서 기원했으며, 기원전 10세기경에 쓰인 것이라고 한다. 하나님을 생생하고 인간적인 모습으로 묘사하는 특징을 지녔다고 한다.

E (엘로힘 문서): 하나님을 '엘로힘'으로 지칭하는 이 문서를 북쪽 이스라엘 왕국에서 기원했으며, 기원전 9세기경에 쓰인 것으로 추정한다. 하나님을 추상적인 모습으로 묘사하는 경향을 지니고 있다고 한다.

D (신명기 문서): 주로 신명기와 관련된 문서로, 법, 언약, 도덕성에 관한 주제에 집중한다고 한다. 이 문서는 기원전 7세기경 유다에서 요시아 왕의 종교 개혁 시기에 쓰인 것으로 가정한다.

P (제사장 문서): 제사, 율법, 계보, 제사장 역할에 중점을 둔 문서이다. 바벨론 유수 기간 또는 그 이후인 기원전 6세기경에 작성된 것으로 추정하며, 체계적이고 형식화된 종교 생활을 반영하는 문서라고 한다.

[2] 최덕성, "세계교회협의회의 에큐메니칼 성경관," 『조직신학연구』 14 (2011 여름), 127-153. 한국복음주의 조직신학회 제22차 학술 논문발표회(2011.5.28.).

불신주의: 성경은 하나님의 말씀인가?"라는 제목으로 필자의 책『신학충돌: 기독교와 세계교회협의회』(2012)에 포함되어 있다.[3]

이 글은 WCC의 성경관을 담은 중요한 다섯 권의 책을 분석한다. (1) 성경의 중심이 예수 그리스도라는 요지를 담은 "워드햄문서"(1949), (2) 로마가톨릭교회의 전통과 프로테스탄트교회의 성경관의 관계를 정립한 "몬트리올 보고서: 전통과 성경"(1963), (3) 역사 비평학을 성경 연구에 도입하여 성경을 부정적으로 평가한 "브리스톨 문서: 역사-비평 방법"(1967), (4) 성경이 무엇이며, 성경의 권위는 무엇이며, 그 권위가 어디에서 오는가를 다룬 "루뱅 문서: 성경의 권위"(1971), (5) 성경을 의심의 눈으로 해석할 것을 천명하면서 로마가톨릭교회의 전통을 수용하는 "산티아고 문서: 의심의 해석학"(1993)이다.

이 논문은 73개의 전거(典據)를 제시하면서 논지와 논의의 신뢰성, 신빙성, 정당성을 확보한다. 필자가 위 글 말미에 간추려 적은 WCC의 에큐메니칼 성경관의 핵심 10가지는 다음과 같다.

첫째, WCC 성경관은 구약성경과 신약성경을 역사서와 문학작품으로 취급하는 자유주의 신학의 성경관, 급진주의 성경관, 신정통주의(바르트주의) 성경관의 조합이다.

둘째, 성경은 하나님의 말씀이 아니다. 성경과 하나님의 말씀은 동일하지 않다. 성경의 내용은 절대적인 진리가 아니다. 하나님의 특별계시의 결과도 아니다. 성령의 영향력 아래에서 성경은 우리 안에서 하나님의 말씀이 된다(become). 성경은 기독교 신앙의 최종적인 표준 또는 권위가 아니다. 신앙과 행위의 최종적인 권위는 개인의 주관적 감동과 경험이다.

셋째, 하나님의 계시는 성경을 읽는 독자의 실존적 체험으로 임한다. 성경은 하나님의 말씀을 경험하게 하는 수단(instrument)이다. 중요한 것은 성경이라는 책의 내용이 아니라 이것을 읽거나 그 이야기를 들을 그 때 우리 안에 일어나는 주관적인 경험이다,

넷째, 성경은 무오(無誤)한 하나님의 말씀이 아니다. 성경은 문학서, 역사서와 마찬가지로 오류 있는 인간의 책이다. 성경은 절대적인 권위를 가진 책이 아니다. 상대적인 권위만을 가지고 있다. 성경은 불량품이다. 성경은 성령 하나님의 영감을 받은 말씀이 아니다. '영감 받은 말씀'이라는 것은 존재하지 않는다. 성경은 다만 현대인의 삶의 이야기들의 의미를 가늠하게 하는 영감된 증언(inspired testimony)을 담고 있을 뿐이다.

다섯째, 성경은 종교 전통의 산물이다. 성경 본문들은 오랜 역사를 가진 전통의 일부이다. 그러므로 올바른 진리 해석은 '해석학적 에큐메니칼 수렴'을 거쳐 정합성의 해석학과 의심의 해석학으로 해석해야 한다. A와 B와 C가 모두 동의하는 방식, 곧 정합성이라는 해석 방식을 따라야 한다. 성서를 단순한 문서로 여기고, 의심의 해석학에 따라 그 내용을 의심하면서 비판적으로 접근해야 한다.

여섯째, 성경은 하나님의 말씀이 아니다. 주관적으로 하나님의 말씀을 경험하게 하는 보조적 역할을 하는 도구, 수단이다. 성경의 권위는 성경 그 자체에 있지 않다. 성경을 읽는 사람들이 그것에 권위를 부여하는 교회의 신앙문서이고, 독자와 하나님의 말씀과의 만남의 도구이기 때문에 성경은 권위를 가진다. 이처럼 성경은 부수적인 권위만을 지니고 있다.

---

[3] 최덕성, 『신학충돌: 기독교와 세계교회협의회』(서울: 분문과현장사이, 2012), 321-360.

일곱째, 성경은 신앙과 생활의 최종적인 규범 또는 표준이 아니다. 성경은 기독교인에게 부과된 신행(信行)의 규범이 아니다. 우리의 삶 속에서 발생하는 모든 문제들에 대한 해답도 아니다. 다만 독자의 특별한 경험을 해석하는 과정에서, 성경은 비로소 우리의 기초적인 규범이며 시금석 역할을 한다. 성경은 우리의 주관적인 경험에 대한 해석을 돕는다. 성경을 단순한 문학서, 역사서, 종교경전 그 이상이 아니다.

여덟째, 자기의 성경관과 성경 해석을 고집하지 않아야 한다. 왜냐하면, 다양한 형태로 역사하는 성령이 알려주는 진리를 짐짓 상실할 수 있기 때문이다. 기독교 공동체의 통일성과 다양성은 모두 성령으로부터 흘러나온다. "다른 교회들의 목소리에 귀 기울일 준비가 되어 있지 않은 교회는 다른 교회들 안에서 역사하는 성령의 진리를 상실할 위험을 기꺼이 감수해야 한다."[4]

아홉째, '오직 성경' 원리에 연연하면서 성경의 권위를 강조하며 성경에 절대성을 부여함은 세계교회들의 일치와 세계 종교들과의 일치를 방해하는 장애물이다. 종교개혁자들의 가르침은 우리에게 더 이상 필요하지 않다. 성경이 가르치는 분명한 진리도 의심의 눈으로 바라보아야 한다. 모든 역사적인 교회들의 전통과 성경 해석을 용인하고 수용할 수 있어야 한다. '오직 성경'(sola scriptura)은 의미 없는 구호에 지나지 않다.

열째, 기독교 신앙은 거룩한 유전(遺傳), 곧 전통을 거쳐 전수된다. 기독교 신앙은 성경만이 아니라 구전, 전승을 거쳐서도 전수된다. 로마가톨릭교회가 주장하는 것처럼 성경과 전통—성전(聖傳)은 모두 중요하다.

4. 성경관과 신학 충돌

현대 기독교 세계는 복음주의 그룹과 자유주의 신학 그룹의 충돌을 경험하고 있다. 정통주의 신학과 자유주의 신학, 바울기독교(안디옥 기독교)와 예수기독교(예루살렘 기독교)가 충돌한다. 이 대립과 갈등의 중심에는 성경관이 있다. 성경을 신앙과 행위의 최종 권위 또는 표준(criteria)이라고 믿는 성경관과 이를 거부하는 성경관이 충돌한다.

한국장로교회는 성경관 때문에 갈등과 분열의 진통을 겪었다. 복음주의, 개혁주의 신학을 따르는 신자들은 성경이 하나님의 특별한 계시와 영감 아래 기록된 무오(無誤)한 말씀이라고 믿는다. 성경을 신앙과 행위의 최고, 최종, 유일의 표준이라고 고백한다. 다수의 한국 기독인들은 '오직 성경' 원리를 인정하며, '성경은 하나님의 말씀이다'라고 믿는다.

예장 통합 교단의 "새 신앙고백서"라고 일컬어지는 "21세기 대한예수교 장로회 신앙고백서"(2011)는 개혁주의 정통신학의 성경관에 도전한다. '성경은 하나님의 말씀이다'라고 확신하는 역사적 기독교 신학에서 이탈한다. 장로회신학대학교 이형기 교수가 주도하여 작성한 이 고백서는 신정통주의 신학을 근간으로 삼는다.

위 대학교의 김중은 교수(구약신학)는 예장 통합의 새 신앙고백서

---

[4]WCC, *A Treasure in Earthen Vessels: An Instrument for an Ecumenical Reflection on Hermeneutics* (Geneva: WCC Publications, 1993), para. 58,

[5]김중은, "21세기 한국 장로교회의 진로와 신학노선에 대한 인식과 전망: 장로회신학대학교에서의 경험을 중심으로," 2005, *Wholistic Theology*, PCTS, 2010, http://hopeinx.tistory.com/36.

가 기존 신앙고백서인 웨스트민스터신앙고백 중심의 복음주의 신앙과 어울리지 않는다고 지적한다. "새 신앙고백서"를 작성한 동료 신학자의 신학의 변질을 문제 삼는다. 예장 통합의 새로운 신앙고백서가 신학적 변질 과정을 거친 것이라고 한다.

김중은에 따르면, 이형기가 추종하는 WCC의 성경관과 자유주의 신학의 성경관은 로마가톨릭교회의 교리와 타협하면서 '오직 성경'이라는 개혁교회의 신앙과 개혁주의 신학의 기초를 흔든다.

김중은은 성경관 논의에서, 자신이 총장으로 봉사하는 장로회신학대학교와 예장 통합 교단의 신앙과 신학노선을 양두구육(羊頭狗肉) 같다고 한다. 자신의 신학이 입술로는 '개혁교회 전통의 복음주의'가 분명하다고 말하지만 실상은 그렇지 않다고 한다. 양고기 간판을 내걸고서 개고기를 파는 형국이라고 한다.[5]

김중은은 WCC의 신학과 자유주의 신학에 기초한 에큐메니칼 성경관이 한국교회 안에 깊숙이 파고들었음을 지적한다. 이질적인 신학이 교회 안에서 상호 반목하는 갈등 요인으로 작용하고 있다고 한다. 이 요인을 기존의 복음주의(개혁신학) 성경관이 아니라 WCC가 가져온 에큐메니칼 성경관이라고 한다.

WCC는 1960년대에 신학 패러다임을 급격하게 바꾸었다. 가장 뚜렷한 신학 패러다임의 전환은 두 가지 영역에서 일어났다. 첫째는 '하나님의 선교'라는 선교관이고, 둘째는 에큐메니칼 성경관이다. WCC의 문서들에 따르면, 성경은 하나님의 말씀이 아니다. 성경은 하나님의 특별계시를 기록한 책도 아니다. 하나님의 영감으로 기록된 신언(神言)의 책이 아니다. 신앙과 행위의 유일의 표준도 아니다.

WCC는 성경을 전통(전승, 유전)의 산물로 여긴다. 성경이 이스라엘 민족 종교와 초기 기독교 공동체의 이야기, 민담, 설화를 담고 있다고 한다. 그래서 성경이 일반적인 문학서와 역사서 등과 마찬가지로 많은 오류를 지니고 있다고 한다. 성경의 권위는 그 자체에 있지 않고 성경 외적인 요소들에 있다고 한다. 전술했듯이, 성경은 기독교 신앙 지식을 제공하며, 성령께서 그것을 읽는 독자의 마음에 하나님의 말씀을 들려주는 수단, 도구, 매체(媒體)이며, 그러한 역할을 한다는 점에서 중요한 책일 뿐이라고 한다.

WCC는 성경을 역사서와 문학서와 동일하게 취급한다. '의심의 해석학' 원리에 따라 '상호존중의 원칙'으로 해석한다. 자유주의 신학의 성경 해석의 관점과 로마가톨릭교회의 성경관과 동방정교회의 성경 이해를 종합하여 성경을 해석한다. 그 결과로 WCC는 하나님의 말씀이 명백하게 가르치는 진리조차 의심하고 상대화한다. 성경이 명백하게 말하는 진리를 진리 아니라고 한다. 어느 누구도 절대적인 진리를 가질 수 없다고 한다.

WCC는 교회들의 '일치를 위한 일치'를 모색할 목적으로 '오직 성경'이라는 역사적 기독교 신앙의 정박지(碇泊地)를 버렸다. 로마가톨릭교회와 일치를 도모하려고 프로테스탄트 신앙의 대 원칙을 포기했다. 종교다원주의는 이 틈바구니를 비집고 WCC 안에 진입하여 자리를 잡았다.

WCC는 '오직 성경' 원리를 버린 결과로 성경을 하나님의 말씀이라고 믿는 복음주의 교회들과의 일치가 불가능해졌다. '맷돌 줏으려다 집돌 잃는 격'이다.

WCC가 수용하는 에큐메니칼 성경관은 종교다원주의, 종교대화주의, 종교혼합주의, 사회구원 지상주의, 선교모라토리움, 개종전도금지주의, 로마가톨릭주의, 우남상탐(Unam Sanctam) 개념의 가시적 교회 일치주의, 복음 부재의 '하나님의 선교' 등의 출발점이다. 이

성경관은 이 단체가 1990년대부터 거론해 온 타종교와의 일치 목적의 '거대 에큐메니즘'과 '폭넓은 에큐메니즘'의 통로이다. 기독교 신앙공동체를 넘어 타종교들과의 일치를 지향하고 종교에큐메니칼 운동으로 나아가는 대로(大路)이다.

필자는 위 논문 마지막에 WCC의 에큐메니칼 성경관의 특징 세 가지를 소개한다. 첫째, WCC는 '오직 성경' 원리를 부정한다. WCC는 "교회의 본질과 사명"(2006)이라는 문서에서 이 단체의 고유한 성경관이 역사적 기독교 견해에서 이탈함을 보여준다. 이 문서는 "교회는 하나님의 말씀에 그 중심을 두고 있고, 그것에 근거하고 있다"고 한다. 이 문구의 "하나님의 말씀"은 성경을 지칭하지 않는다. WCC에 따르면, 신적인 말씀은 증언되고 선포된다. 성경은 하나님의 말씀이 아니다. 성경을 수단으로 교회의 설교, 증거, 행동 안에서 들려지고 선포되어지는 것이 하나님의 말씀이다. 이처럼 WCC의 문서들이 언급하는 '하나님의 말씀'은 역사적 기독교가 말하는 성경이 아니다.

둘째, WCC는 신학적 현대주의와 종교다원주의의 진리 패러다임을 따른다. 이 단체의 신학과 성경관에는 역사적 기독교와 근본적으로 다른 진리 패러다임이 작동하고 있다. 이 단체를 통제하는 것은 진리는 고정되어 있지 않으며 절대적이지 않고 보편적이지도 않다고 보는 상대주의 사고 유형이다.

WCC는 성경이 진리를 고정불변의 실체로 보는 1세기 지중해 연안의 제한된 세계관과 그릇된 진리관을 반영한다고 불평한다. 진리 상대주의 눈으로 세상을 보면 각 종교, 종파의 진리와 문화의 이데올로기는 절대적이 아니라 상대적이다. 보편적이 아니라 특수하다. 따라서 WCC는 다양한 요소들의 개별성, 특수성, 다양성, 평등성을 인정하고 상호 존중하는 자세가 필요하다고 천명한다.

필자는 하나님의 특별계시로 주어진 것만이 인간의 한계를 넘어서는 '절대적인 진리'일 수 있다고 믿는다. 특정 진리가 참이면 진리의 특성상 그것은 절대적이며 배타적일 수밖에 없다. 하나님의 진리가 특별계시로 주어졌다면 그것은 인간의 인식 범주에 고립되거나 제한되지 않는 절대적인 성질의 실재이다.

성경에 충실한 개혁주의 신학, 정통신학, 복음주의 전통에 따르면, 특별계시로 주어진 하나님의 말씀인 성경은 하나님의 진리를 담고 있다. 하나님의 특별계시는 초자연적이며, 초역사이다. 인간 이해의 범주를 넘어선다. 참 진리는 절대적이며, 고정되어 있고, 불변한다. 성경의 진리만이 진리의 영이 우리를 인도하여 이르게 하는 "모든 진리"(요 16:13)이다. 하나님이 특별계시채널로 주어진 것 만이 "모든 진리"에 해당한다.

하나님의 영은 우리를 진리 가운데로 인도한다. 개혁신학은 역사적으로 조건지어진 교리들을 비평적으로 분석한다. 성경으로 그것의 진위를 검증한다. 성경으로 성경을 해석한다. WCC는 이러한 역사적 기독교의 유서 깊은 성경관을 송두리째 거부한다.

셋째, WCC는 인본주의 사고 패러다임에 기초한 자유주의 신학과 신정통주의 신학과 급진주의 신학의 성경관을 하나로 엮어 엉거주춤하게 조합한다. 이것이 WCC의 에큐메니칼 성경관의 실체이다.

WCC는 에큐메니칼 성경관에 기초하여 로마가톨릭교회와 교회일치를 모색한다. 모든 형태의 역사적 교회들을 신앙무차별주의적으로 포용하는 사실상 무조건적인 일치에 몰두한다. 그 결과로 종교개혁신학, 개혁주의 정통신학, 복음주의 신학과 일치할 수 없는 상태이다. 역사적 기독교 신앙의 정박지를 버렸기 때문이다.

WCC는 세계 프로테스탄트 교회들의 협의체로 출범했다. '세계교회협의회'라는 이 세계적인 기독교 에큐메니칼 단체는 성경 불신주의와 진리 상대주의 시류에 따라 '일치를 위한 일치'를 추구해 왔다. 그 결과로 '오직 성경' 원리를 버렸다. 성경에 충실한 교리와 삶을 가진 복음주의 교회들과 불일치하는 결과를 초래했다.

WCC가 택한 '상호존중'이라는 합산(合算)의 방식은 배타적인 감산(減算)의 결과를 낳았다. 여러 종파의 성경관과 신학적 주지들을 한 울타리에 다 집어넣으려다가 오히려 역사적 기독교 노선의 복음주의, 개혁주의 신학, 정통신학 전통을 따르는 교회들과 일치가 불가능하게 되었다. 개혁주의 신학을 포함하는 복음주의(에반젤리칼) 그룹은 로마가톨릭교회가 앞세우는 '인간들의 전통'을 하나님의 계시 채널로 인정하지 않는다.

교회가 WCC의 에큐메니칼 성경관을 수용하면 '성경이 성경을 해석한다'는 역사적 기독교 신학의 성경해석 원리가 밀려나게 된다. WCC는 성경이 분명하게 가르치는 진리들도 '의심의 해석학'의 대상으로 여긴다. 기독교의 핵심 교리들을 의심의 눈으로 바라본다. '오직 성경'이라는 원리와 그것에 토대를 둔 성경적 진리, 그리고 예수 구원 유일 신앙을 모호하게 만들거나 포기하게 한다.

개혁주의 신학을 포함한 복음주의는 성경의 권위를 성경 자체의 신적 성질, 교리의 유효성, 문체의 장엄성, 모든 부분의 일치 등에서 찾는다. 하나님의 계시 진리를 담고 있고, 하나님께 영광을 돌리는 성경 전체의 목적, 인간 구원의 유일한 방법을 보여주는 충분한 발견, 여러 가지 비교할 수 없는 탁월성, 전체적 완전성 등에 호소한다. 그래서 성경이 하나님의 영감으로 기록된 하나님의 말씀이며, 무오(無誤)한 특별계시의 말씀이라고 믿는다.

자유주의 신학의 버금무리인 종교다원주의는 WCC의 포용주의, 다원주의, 신앙무차별주의라는 틈새를 비집고 이 단체에 진입하여 당당히 신앙고백으로 자리 잡고 있다. 종교다원주의 성경관, 곧 에큐메니칼 성경관의 요점은 성경이 절대적인 진리가 아니라는 것이다. 다양한 종교들이 각자 고유한 방식으로 참 진리에 접근하고, 각 종교가 모두 진리의 일부분을 지니고 있다고 한다. 기독교만이 구원의 유일한 길이라고 믿지 않는다.

종교다원주의는 기독교 성경과 타종교 경전들을 동일선상에서 이해한다. 성경에 담긴 진리를 다양한 종교 전통들이 말하는 진리들 가운데 하나로 간주한다. 성경의 진리는 특정 문화나 시대에 맞게 형성된 신앙의 표현이며, 보편적이고 상대적인 것이라고 한다. 따라서 다양한 해석이 가능하다고 한다. 이와 같은 접근은 역사적 기독교 신학이 신뢰하는 성경의 권위나 복음주의의 배타적 구원 진리, 곧 예수구원 유일 신앙과 매우 대조적이다.

WCC의 에큐메니칼 성경관은 기독교의 존립을 위협하는 독성을 지니고 있다. 이것은 교회가 마음을 넓혀 포용하고 관용할 수 있는 주변적이거나 부차적인 사안이 아니라 기독교를 무너뜨릴 수 있는 사안이다. 에큐메니칼 성경관을 수용하는 기독교는 더 이상 진정한 의미의 기독교가 아니다.

에큐메니칼 성경관은 복음주의와 자유주의 신학 사이에 일어나는 신학 충돌의 정점(頂點)이다. 그리스도의 교회를 허무는 강력한 힘을 가지고 있다.

종교다원주의는 WCC 안에 진입하여 자유주의 신학에 입각한 에큐메니칼 운동과 행보를 같이하면서 이 단체의 주도적인 역할을 하는 유럽, 북미, 대양주의 주류 교회들을 쇠잔하게 했다. 이 교회들의 퇴락의 가장 중요한 원인은 자유주의 신학과 인본주의 그리고 종교 다원주의이다.

종교다원주의는 기독교의 블랙스완(Black Swan)이다. 블랙스완은 기존의 경험, 통계, 예측 모델로는 설명하거나 예측하기 어려운 극단적인 사건을 의미한다. 이러한 사건들은 대부분 사람들이 그 가능성을 무시하거나 지나치게 낮게 평가하기 때문에 사전에 대비하기 어렵다. 블랙스완 사건이 일단 발생하면 사회, 경제, 정치 등 다양한 분야에 걸쳐 매우 큰 충격과 파장을 불러온다. 예를 들어, 2008년 글로벌 금융위기나 2020년에 시작된 코비드 19 팬데믹과 같은 사건들이 그 대표적인 사례이다. 블랙스완은 인간 인식 능력의 한계, 맹신, 방관 또는 과도한 확신이 불러오는 결과이다. 기존 질서를 무너뜨리고 새로운 현실을 만들기도 한다. 블랙스완에 희생되지 않으려면 현안에 대한 경각심과 대응 전략이 중요하다.

WCC는 에큐메니칼 성경관에 따라 종교다원주의를 받아들인다. 하나님의 구원의 은총에 제한이 없다고 한다. 예수 밖에도 하나님의 구원이 있다고 한다. 모든 종교는 동일동가라고 한다. 모든 종교가 다 구원의 길이라고 한다. 성경을 진리의 보고로 여기지 않는다. WCC는 세계교회들을 향하여 성경의 핵심 진리인 예수구원 유일 신앙을 쓰레기통에 집어넣으라고 한다. 예수를 그리스도로 믿어야 할 까닭을 제거(除去)한다.

제6부

구원의 길

30

종교의 연원

—모든 종교는 동일동가인가?—

1. 도킨스와 프로이드

옥스퍼드대학교의 석좌교수 리차드 도킨스(Richard Dawkins)의 『만들어진 신』(*The God Delusion*, 2007) 서문은 아래의 글을 담고 있다. 평화운동 음악가 존 레논(John Lennon)의 노랫말을 모방한 것이다. 해학적인 조롱 의도로 저작물의 스타일을 흉내낸 작품이다. 종교가 없어야 세상이 평화롭고 인간이 행복해질 수 있다는 요지이다.

상상해 보라, 종교 없는 세상을. 자살 폭파범도 없고, 9·11 사건, 런던폭탄테러, 십자군, 마녀사냥, 화약음모사건(1605년 영국 로마가톨릭교도가 계획한 국왕 제임스 1세 암살미수 사건), 인도 분할, 이스라엘과 팔레스타인 전쟁, 세르비아와 크로아티아와 보스니아에서 벌어진 대량학살, 유대인을 '예수 살인자'라고 박해하는 일, 북아일랜드 분쟁, 무슬림의 명예살인, 머리에 기름을 바르고 번들거리는 양복을 배입은 채 텔레비전에 나와 순진한 사람들의 돈을 우려먹는 전도사들의 "신(神)은 당신의 재정이 거덜 날 때까지 기부하기를 원한다"

고 하는 말을 상상해 보라.[1]

도킨스는 종교를 해악이라고 하면서, 신을 믿어야 할 까닭이 없다고 한다. 유일신 종교를 부정한다. 범신론, 자연신론, 뉴에이지 운동, 과학 우월론 따위에도 우호적이지 않다. 그가 원하는 것은 과학이 새로운 신으로 군림하는 사회가 아니다. 종교의 힘이 필요하지 않는 이성적인 사회 건설이다.

도킨스는 무신론 과학자이다. 십자군 전쟁부터 9.11테러 사건까지 종교가 사회에 끼친 심각한 해악과 신에 대한 믿음의 비합리성을 주장한다. 구약성서의 성적 편견에 집착하는 폭군에서부터 일부 계몽주의 사상가들이 선호하는, 온순하지만 비논리적인 천상의 시계공에 이르기까지 모든 형태의 신을 조사한다.

도킨스는 종교의 주요 주장들의 비합리적인 면을 지적하고 최고의 신적 존재가 있을 가능성이 없음을 논한다. 종교가 어떻게 전쟁을 촉진하고, 편협성을 조장하고, 어린이를 학대하는가 등에 대한 역사적, 현대적 증거들을 제시한다. '망상의 신'에 대한 믿음이 치명적임을 보여주는 사례들을 제시한다. 무신론이 개인과 사회에 미치는 이로운 점에 대한 흥미로운 통찰을 제공한다.

도킨스의 논의의 두드러진 특징은 두 가지이다. 첫째, 신의 존재를 증명하는 기존의 논증을 집중적으로 반박한다. 신이 존재하지 않는 것은 '거의 확실하다'고 한다. '확실하다'라고 하지 않고 '거의 확실하다'고 한다. 과학적인 방법으로 신의 부재를 검증할 수 있는 수단이 없기 때문이다. 그가 신이 존재한다는 기존의 논증을 비판하지만, 신이 절대로 존재하지 않는다는 것을 증명할 수 없으며, 다만 존재할 확률이 낮다는 것을 의미한다.

둘째, 종교를 인간 삶과 사고의 진화의 부산물(by-product)이라고 한다. 신이나 종교가 없어도 인간은 행복할 수 있고 도덕적일 수 있다고 한다. 종교는 인간의 합리적 지식에 적대적이고, 세상에 불행을 가져온다고 한다. 무신론자가 더 합리적이며, 무종교인이 더 건강하다는 증거라고 한다.

영국의 복음주의 신학자 알리스터 맥그래스(Alister McGrath)는 『도킨스의 망상: 만들어진 신이 외면한 진리』(*The Dawkins Delusion?* 2010)[2]를 저술했다. 도킨스가 기독교에 대해 지나치게 '오버'했다고 한다. 유물론적 세계관으로만 종교를 바라보며, 과학 이외의 분야에서 활발히 논의되어 온 종교와 철학 주제에는 탁월성을 보이지 않는다는 것을 지적한다. 과학계의 의견에조차 미치지 못한다고 한다.

근대 비교종교학의 시조로 불리는 독일인 막스 뮐러(Max Müller, 1823-1900)는 진정한 종교는 실천하고 생동적으로 행동한다고 한다. 옥스퍼드대학교에서 언어학과 종교학을 가르친 그는 종교가 논리나 형이상학적 천착과 거의 관계가 없다고 했다. 종교는 신 앞에서의 삶이며, 그러한 삶은 거듭남이라고 표현할 수 있는 것에서 나온다고 했다. 종교의 본질을 '가치 체험'과 '가치 생활'로 규정했다. 종교가 이끄는 새로운 삶은 인간이 이전보다 더 높은 단계의 가치를 체험함으로써 전보다 더 가치 있는 생활을 하는 것이라고 했다.[3]

---

[1]리처드 도킨스, 『만들어진 신』, 이한음 역 (서울: 김영사, 2008).

[2]알리스터 맥그래스, 조애나 맥그래스, 『도킨스의 망상: 만들어진 신이 외면한 진리』, 전성민 역 (파주: 살림, 2008).

[3]Max Müller, *Introduction to the Science of Religion* (London: Spottiswoode, 1870); Max Müller, *Lectures on the origin and growth of religion* (London: Longmans, Green & Co., 1878).

지그문트 프로이드(Sigmund Freud)의 『종교의 기원』(*The Future of an Illusion*, 1927)[4]은 종교의 기원, 본질, 인간 삶에서의 역할을 심리학 관점에서 탐구한 작품이다. 프로이드는 인간의 정신과 심리 구조를 종교적 믿음과 연관시켜 설명하면서 종교를 비판적으로 파악한다.

프로이드는 종교를 인간의 근본적인 심리 욕구의 결과로 본다. 인간은 자연과 삶의 위험, 고통, 죽음에 대한 불안과 두려움을 느끼며, 이를 완화하려고 초월적인 존재(신)를 상정한다는 종교의 심리적 기원설을 주장한다. 이러한 신념은 부모, 특히 아버지의 보호를 받으려는 어린 시절의 욕망이 확대된 결과로 해석한다.

프로이드는 종교를 환상(illusion)이라고 규정하며, 이를 인간의 소망 충족의 산물이라고 한다. 종교적 신념은 현실의 고통을 덜 목적으로 만들어진 일종의 심리적 위안이라면서, 종교는 비과학적이고 합리적이지 않다고 한다. 종교가 문명 형성에 중요한 역할을 했음을 인정하면서도 인간 성숙과 이성을 방해하는 요소로 작용한다고 한다. 종교가 윤리적 행동의 기반을 제공하지만, 이성적 사고의 발전을 저해하는 구속력으로 작동한다고 비판한다.

프로이드는 종교를 버리고 과학적 사고와 합리적 세계관으로 그것을 대체해야 한다고 주장한다. 과학이 인간 삶의 문제에 더 정확하고 유효한 답을 제공할 수 있다고 한다. 프로이드는 종교가 인간 사회에서 언젠가는 사라질 것이라고 전망한다. 사람들이 종교적 환상을 벗어나 이성과 과학의 길을 선택할 때라고 한다.[5]

2. 종교의 기원

영원히 살고 싶어 하는 인간의 갈망은 예나 지금이나 한결같다. 원시인들에게도 인생의 궁극적 목적에 대한 탐구의 흔적이 있다. 원시인들은 그들 나름대로 인생에 대한 물음을 어떤 초월적 힘에 대한 경외(敬畏)에서 찾았다. 마침내 죽어야 할 운명에 놓여 있는 인간은 그 허무함과 무상을 극복하려고 영생의 삶을 믿었다. 이 사실은 장례예식과 무덤의 여러 가지 상징들에서 드러나고 있다.

어느 철학자는 "종교가 전혀 없는 사람이 있는지 찾아보라. 만약 있다면 틀림없이 어느 정도 짐승과 다르지 않을 것이다"라고 말했다. 인간은 오래전부터 인생과 우주와 신에 대한 질문을 던지고 해답을 추구해 왔다. 시초부터 종교를 가지고 살았으며, 현재도 문명인이든, 미개인이든 대부분의 사람은 신을 믿고 종교를 가지고 살고 있다. 인간은 근본적으로 종교적 존재이다.

세상의 종교들은 몇 가지 공통적인 질문들을 가지고 있다. 우주 만물과 인간의 근원은 무엇인가? 인간은 도대체 무엇이며, 인생의 의미는 무엇인가? 선과 악은 무엇인가? 왜 인간의 희로애락은 엇갈리는가? 그 엇갈림의 원인은 무엇인가? 인생의 참 행복은 무엇인가? 인간에게 쏟아지는 불행, 재앙을 피할 길은 무엇인가? 왜 인간은 죽음을 피할 수 없는가? 죽음 뒤에 영생이 있는가? 인간과 우주만물의 근원은 무엇인가? 과연 신은 존재하는가? 신을 어떤 방식으로 예배해야

---

[4] 지그문트 프로이드, 『종교의 기원』, 이윤기 역 (서울: 열린책들, 2004).

[5] Sigmund Freud, *The Future of an Illusion* (1927) (New York: W. W. Norton & Company, 1989). 이 주제를 다루는 책들은 다음과 같다. Daniel L. Pals, *Seven Theories of Religion* (New York: Oxford University Press, 1996); Barbara King, *Evolving God: A Provocative View on the Origins of Religion* (New York: Doubleday Publishing, 2007); Albert Churchward, *The Origin and Evolution of Religion* (Chicago: Lushena Books, 2012).

하는가? 종교들은 이 질문들에 대한 각각 나름의 답을 가지고 있다.

종교는 인간의 삶, 영혼, 정신의 가장 깊은 근원과 접촉한다. 인간의 사상을 지배하고, 감정을 자극하고, 행동을 지도한다. 종교는 탁월한 감화력을 지니고 있다. 반면, 인간을 노예로 삼는 성질을 지니고 있기도 하다. 종교는 인간에게 최대의 축복일 수 있고, 가장 해로운 악일 수 있다. 행복의 요람일 수 있고, 인민의 아편일 수도 있다.

인간은 시초부터 종교적 존재로 살아왔다. 햇빛, 비, 바람, 자연을 움직이는 절대자를 의식해 왔다. 초월적인 힘을 가진 절대자와 대면한다는 의식을 지녀왔다. 원시인, 현대인, 미개인, 문명인은 모두 종교성—종교심을 가지고 있다. 세상 만물을 다스리는 초월적 존재에 대한 경외심을 가지고 살고 있다.

인간은 죽음으로 끝나는 인생 무상(無常)과 허무를 극복하고 싶어 한다. 영원히 살고 싶어 한다. 영생, 극락, 천국, 지옥 등을 화두삼아 사후세계가 있다고 하기도 하고 없다고 하기도 한다. 인간이 죽으면 영혼이 소멸되고 만다고 생각하기도 한다. 왕릉, 동굴, 무덤 안에 있는 부장품, 조각, 예술품들의 종교적 표현들은 인간이 끊임없이 영생을 추구해 왔음을 증언한다.

과학이 발달하면 종교가 사라질 것이라는 생각은 오판이다. 과학은 천지만물과 인간의 기원과 인생의 의미를 설명하지 못한다. 과학은 생명의 기원, 인간의 자유, 존재의 이유, 죽음과 사후세계에 대하여 아무 말도 하지 못한다.

과학은 불확실성에 기초해 있다. 진화론은 자연과 인간의 진화를 설명하지 못한다. 무기물이 유기물로 바뀌는 과정을 증명하지 못한다. 진화론자는 생명의 기원이 억겁의 우연에서 비롯되었다고 한다. 왜 세상 만물이 우연의 돌연변이를 거듭했으며, 왜 선한 방향으로만 억겁의 돌연변화를 거쳐 진화해 왔는가에 대한 답을 제시하지 못한다. 과학은 생명체의 기원과 진화를 기껏해야 우연에 호소할 뿐이다. 우연은 과학이 아니다.[6] 우연에 호소하는 과학은 과학이 아니라 종교이다.

종교가 인생 문제에 과학적인 해답을 제시하지 못하지만, 인생에 대한 답은 과학적인 탐구에서 나오는 것이 아니다. 믿음에서 나온다. 종교는 과학의 차원을 넘어선다.

종교는 '인간과 절대자'의 관계 영역에 해당한다. 종교는 세 가지 요소로 구성된다. 첫째, 종교의 대상인 절대자에 대한 종교적 교의(敎義, dogma), 둘째, 종교행위를 하는 인간, 따라서 인간이 지켜야 하는 윤리, 셋째, 무한의 절대자 신과 유한한 인간의 관계를 구체화하는 종교의식(儀式), 곧 예배, 기도, 찬미 등이다. 이 세 가지 가운데서 가장 기본적인 것은 믿음의 내용인 교의이다. 종교윤리와 종교의식은 교의—교리에서 나온다.

종교는 인간 존재와 삶의 필요불가결의 구성 요소다. 인간의 보편적 현상이다. 종교인은 초월적, 선험적, 영적인 존재에 대한 믿음을 공유한다. 종교는 신앙 체계와 문화 체계(cultural system)이기도 하다. 종교인은 초월적인 대상인 신과 세계에 대한 궁극적인 신앙을 가진 사람이다. 일정한 도덕성을 유지하며, 어떻게 살아가야 하는가에 대한 믿음을 갖고 있다.

종교는 인간과 우주의 질서에 대한 나름의 설명을 제공한다. 인본주의를 비롯한 현대철학을 지지하는 지성인들은 종교를 비이성적인 현상이라고 비판한다. 종교가 삶의 불확실성을 줄여주고 심신의 안정을 가져다주는 심리적인 효과 정도의 기능이 있음을 인정한다.

---

[6]최재천, "생명의 기원: 우연," 유튜브 동영상, youtu.be/bHwhtP5oHfM.

종교의 기원은 신학과 종교학만이 아니라 인류학, 사회학, 심리학, 언어학, 진화생물학 등 여러 영역들이 얽힌 다차원적인 주제이다.

종교의 연원에 대한 이론은 여러 가지이다. 첫째, 인간의 심리적 필요에서 연원했다는 이론은 종교가 죽음, 자연 재해, 질병 등 삶의 불확실성에 대처하려고 등장했다고 본다. 종교가 인간 존재의 목적, 삶의 이유, 죽음 이후에 대한 답을 제공한다고 생각한다.

둘째, 인간이 집단 결속력을 강화하려는 필요에 의해 종교가 생겨났다는 이론이다. 종교가 집단 안에서 사회적 유대와 협력을 강화하는 메커니즘으로 진화했다고 본다. 공동의 신념과 의식을 공유하면서 단결과 신뢰를 증진시켜 생존에 유리한 이점을 얻을 목적으로 생겨났다고 한다. 그래서 종교가 집단의 생존에 해로운 행동을 억제하는 도덕적 규범을 장려하여 질서를 유지하는 데 기여한다고 한다.

셋째, 종교를 문화 발전의 산물로 보는 이론이다. 초기 인류는 자연 현상을 설명하려고 신화, 민담, 설화를 만들었으며, 이것이 종교 체계로 발전했다고 한다. 종교적 상징과 의식이 중요한 사건을 기념하고 전통을 전수하며 공동체의 정체성을 강화하는 역할을 했다고 본다.

넷째, 종교의 기원을 유물론과 사회경제적 이론으로 파악하기도 한다. 조직화된 종교가 권력 구조를 정당화하고 토지나 재산과 같은 자원을 통제하는 수단의 필요에 따라 등장했다고 본다.

다섯째, 종교의 신비적이고 체험적인 기원 이론이다. 초기 인류는 꿈을 꾸고 명상을 하거나 두려움을 이기려고 환각성 물질을 섭취하는 동안 심오한 영적 체험을 했을 것으로 본다. 이것이 초자연적인 존재에 대한 믿음으로 이어져 변화된 의식 상태를 경험했다고 한다.

여섯째, 종교가 삶의 신비에 대한 내재된 호기심에서 기인했다고 보는 이론이다. 우주의 중심에서 자신의 위치를 확보하려는 인간의 보편적 욕구가 종교를 만들어 냈다고 한다.

3. 종교와 신

종교의 핵심은 신—하나님이다. 예외적으로 신을 인정하지 않는 불교와 신을 그다지 중요하게 여기지 않는 유교가 있지만, 절대다수의 종교의 중심에는 신이 자리 잡고 있다.

신은 물리적 세계를 초월하는 형이상학적 존재이다. 감각적 관찰이나 과학적 실험으로 이를 증명할 수 없다. 신을 과학적인 증명이나 경험으로 직접 관찰하는 것은 불가능하다. 따라서 철학적으로, 논리적으로 신의 존재나 부재를 증명하는 것은 불가능하다. 신은 주로 신학과 철학의 탐구 영역이다. 신의 존재 또는 부재 규명에는 모두 독특한 어려움과 한계가 있다.

어떤 것이 존재하지 않음을 증명하는 일은 존재함을 증명하는 것보다 더 어렵다. 보이지 않는 것을 증명하려면 모든 가능성을 검토해야 하기 때문이다. 신의 부재 증명은 매우 어렵다. 신의 부재를 확실히 증명하려면 태양계와 계속 팽창하는 우주와 몇 개의 태양계까지 모든 영역을 과학적으로 관찰해야 한다. 이는 물리적으로 불가능하다.

신의 존재를 증명하려고 종종 우주론적 논증, 목적론석 논증, 도덕적 논증과 같은 철학적 논증 방법을 동원한다. 이러한 논증은 반론을 완전히 배제하지 못하는 까닭으로 성공할 수 없다. 신의 부재를 주장하려면 악의 문제, 과학적 설명의 충분성, 신이라는 존재의 불필요성을 합리적으로 논의해야 한다. 그러나 이는 신의 부재를 증명하기보다는 신의 필요성을 줄이는 논리에 지나지 않는다. 신의 부재를 증명하는 것은 불가능하다. 신에 대한 인식은 개개인의 신념 체계, 철학적 관점, 종교적 배경, 개인적 신 체험에 따라 결과가 달라진다.

학문의 첫 번째 원칙은 확실하게 알 수 없고, 검증할 수 없고, 근거를 가지고 말할 수 없는 것에는 침묵해야 한다는 것이다. 무신론자의 영역 주변을 서성이는 무신론은 생물진화론에 직결되어 있다. 무기물은 어떻게 어느 날 우연히 유기물이 되었는가? 만물과 생명체의 기원은 무엇인가? 인류, 자연과 생명체, 지구, 우주가 억겁의 우연과 긍정적인 돌연변이로 현재의 상태로 진화했는가? 무신론과 진화론은 이 질문에 답하지 못한다.

4. 기독교의 종교 이해

로마의 철학자 키케로(Cicero, BC 106-43)는 "신의 본성에 관하여"라는 글에서 종교(religion)를 뜻하는 라틴어 렐리기오(religio)가 '어떤 것에 마음을 집중한다,' '무엇을 세심히 고려하다'는 의미를 가진 렐레게레(relegere)에서 파생된 단어라고 했다. 종교를 '신들에게 또는 신들의 말에 마음을 집중하는 일'이라고 정의했다.

유럽인들에게 종교는 끊임없이 신을 예배하고, 열심히 살펴보고, 관찰을 반복하는 활동을 의미한다. 로마제국 시대의 기독교 변증가 락탄티우스(Lactantius, 240-320)는 '결합하다,' '단단히 묶다'라는 뜻을 가진 렐리가레(religare)를 근거삼아 종교란 '신과 결합하는 것,' '신과 단절된 관계를 다시 회복하는 것'이라고 정의했다.[7] 철학자들은 종교를 궁극적 실재, 제일 원리, 초자연적 영적 존재, 초월적인 힘을 함축하는 '의례와 믿음 체계'로 규정한다.

동양인에게 종교는 세상에서 가장 먼저 가르치고 배워야 하는 가장 중요한 진리, 으뜸 가르침이라는 의미이다. 종교라는 글자는 으뜸

'종'(宗)과 가르칠 '교'(敎)의 합성어이다.

기독교는 창조주 유일신 하나님을 믿는다. 기독교인들은 하나님을 종교의 기원이라고 생각한다. 창조자, 절대자, 전지전능자 신은 무소부재하고, 편재하는 지존의 존재이다. 그 하나님은 우주 안팎에 유비쿼터스(ubiquitous) 방식으로 편재한다. 하나님은 사람을 자기의 형상을 따라 창조했다, 창조 때 인간에게 하나님을 경외하는 마음을 심어주고, 창조주 하나님과 소통하며 살도록 했다.

사람은 하나님의 하는 일을 측량조차 할 수 없다. 구약성경 지혜 문학은 하나님이 인간의 지식과 예측에 한계를 두었으며, 인간이 하나님을 의지하도록 했다는 메시지를 담고 있다. 하나님은 인간에게 시간과 미래의 일을 이해하거나 측량할 수 없게 했다. "하나님은 모든 것이 제때에 알맞게 일어나도록 만드셨다. 더욱이, 사람들에게 과거와 미래를 생각하는 감각을 주셨다. 그러나 사람은, 하나님이 하신 일을 처음부터 끝까지 다 깨닫지는 못하게 하셨다"(전 3:11).

종교의 핵심은 인간이 하나님을 경외하는 일이다. 경외심은 두려움과 사랑과 기쁨이 결합된 숭배, 존경, 경탄의 마음이다. 하나님은 인간에게 창조자를 경외하는 마음, 영원을 사모하는 마음, 곧 종교성을 심어 놓았다. 종교성은 지음을 받은 인간이 창조주 하나님과 관계를 유지하는 자연적 본성이다. 종교의 본질은 창조자 하나님에 대한 인간의 의무인 신앙, 예배, 실천, 자발적 영적 관계의 유지이다.

인간의 지성, 감성, 의지를 포함한 전인(全人)은 종교심을 지니고 있다. 마음과 영혼은 종교를 담는 그릇이다. 마음은 양심과 도덕성과 지·정·의의 요람이다. 마음은 영혼의 인격적 기관이다. 인간의 삶, 사

---

⁷헤르만 바빙크, 『개혁교의학』 1, 박태현 역 (서울: 부흥과개혁사, 2011), 331.

상, 의욕, 정서는 마음에서 나온다. 인간의 행복은 창조자 하나님과 인간 자신의 관계가 정상적으로 유지되는 상태에 주어지는 선물이다.

하나님의 형상대로 지음을 받은 인간은 창조자의 계시(啓示)를 이해하고 순종할 수 있는 능력을 소유하고 있었다. 인간의 영안이 죄와 타락으로 어두워지기까지는 그러했다.

영적 암매(暗昧) 상태의 인간에게는 창조자 하나님은 불가해한 존재이다. "네가 하나님의 깊은 뜻을 다 알아낼 수 있느냐? 전능하신 분의 무한하심을 다 측량할 수 있느냐?"(욥 11:7). 그래서 하나님은 계시라는 채널을 거쳐 인간에게 다가온다. "하나님께서는 성령을 통하여 이런 일들을 우리에게 계시해 주셨습니다. 성령은 모든 것을 살피시니, 곧 하나님의 깊은 경륜까지도 살피십니다"(고전 2:10). 계시는 불가해한 하나님을 인간이 어느 정도 인식할 있는 유일한 채널이다. 계시는 감춰진 것을 열어 보여주는 것과 같다.

인간은 자연현상에서도 하나님의 계시 메시지를 어느 정도 인지할 수 있다. 자연, 자연현상, 역사 사건에서도 신적 메시지를 어느 정도 감지할 수 있다. 일반적인 정신 구조도 자연계시나 일반계시를 어느 정도 간파할 수 있다. "하늘은 하나님의 영광을 드러내고, 창공은 그의 솜씨를 알려 준다"(시 19:1). 자연을 통한 하나님의 계시의 메시지는 하나님이 우주만물을 창조한 분이고, 살아 계신 그 하나님이 자신의 능력으로 우주만물과 세상을 돌보고 계신다는 진리를 전해준다.

인간은 어느 시점에, 어느 특별한 사건 때문에 일반 계시—자연 계시로 전달되는 하나님의 뜻을 충분히 알 수 없게 되었다. 그 사건은 다름 아니라 인류의 대표자 아담의 불순종과 타락이 가져온 죄와 그것으로 말미암는 부패이다. 그것은 피조물 전체와 전 영역에 악한 영향을 미쳤다. 죄는 신과 인간의 정상적인 관계 유지를 방해한다.

인간의 타락에도 불구하고 사람은 자연에서 신적 기원과 특징을 읽을 수 있다. 자연은 창조자 하나님의 위대힘을 증언한다. 바뀐 것은 자연이라는 텍스트를 읽는 인간의 눈이다. 인간의 눈은 죄로 말미암아 시력을 상실했다. 영적인 시력 상실은 인간의 지, 정, 의가 죄로 말미암아 부패하고 오염되어 어두워졌음을 의미한다. 타락한 인간은 자연이 말하는 하나님의 계시를 온전히 이해할 수 없다. 하나님이 피조물에 새긴 창조자의 메시지와 역사적 사건이 말하는 신의 음성을 정확히 알아들을 수 없다.

인간은 영적인 시각장애, 청각장애, 인지장애자이다. 어느 누구도 죄가 인간과 세상에 미친 악영향을 부정할 수 없다. 인간은 죄성과 영적 어두움 때문에 의와 불의를 바꾸고, 비진리로 진리에 반항하며, 허위로 진실을 가장한다. 거짓을 참이라고 하고, 참을 거짓이라고 한다. 영원을 사모하도록 설계된 인간의 마음은 죄와 타락 때문에 `창조자 하나님이 증오하는 우상을 만들고 마귀를 섬기는 데 열성을 다한다.

세상의 다양한 종교들은 이 지점, 이 상황에서 등장했다. 하나님이 부여한 종교성은 여러 가지 자연 종교들을 만들어 냈다. 죄성을 가진 인간, 창조자와 단절된 인간은 하나님의 뜻, 신의 계시, 불변의 진리와 무관한 자연종교들을 등장시켰다. 인간의 지적 호기심과 종교성은 철학자들로 하여금 지존의 일자(一者, One), 궁극의 신적 실재(Ultimate Divine Reality), 부동의 원동자(Unmoved Mover), 제1원인(The First Cause)를 생각해 내게 했다. 신을 더듬어 찾아보려는 마음과 영적 어두움은 다양한 자연 종교들의 연원이다.[8]

인간은 타락과 원죄로 말미암아 하나님과 사물을 정확히 파악하는 영적 시력을 상실했다. "그 빛이 어둠 속에서 비치니, 어둠이 그 빛을 이기지 못하였다"(요 1:5). "그들은 자기들 속에 있는 무지와 자기들의 마음의 완고함 때문에 지각이 어두워지고, 하나님의 생명에서 떠나 있습니다"(엡 4:18).

인간은 죄 때문에 하나님에게서 단절되었고, 영적인 무지 속에 살고 있다. 하나님을 대면할 수 없는 상태에서도 여전히 영원한 것을 사모하는 종교성을 가진 탓으로 우상, 곧 가짜 신을 섬기고 예배한다. 허위와 공허에 복종한다. 허상들 만들거나 자기 생각을 투영하여 그것을 신으로섬기고 예배한다. 미신과 맹신에 사로잡힌다. 귀신, 잡신, 마귀에게 제물을 바친다. 하나님의 계시 안에서 바울은 말한다. 우상에게 바친 제물은 무엇입니까? 아무 것도 아닙니다. 이방 사람들이 바치는 제물은 귀신에게 바치는 것이지, 하나님께 바치는 것이 아닙니다. 여러분이 귀신과 친교를 가지는 사람이 되는 것을 나는 바라지 않습니다"(고전 10:19-20).

다양한 종교들이 생겨난 것은 하나님과 인간의 관계 단절과 와해가 낳은 결과이다. 영적인 인지장애자들은 그 상태에서 영원을 사모하는 마음, 종교성, 영적 갈망을 가지고 하나님을 더듬어 찾거나 종교적 갈망을 채우는 길을 찾는다. 다양한 종교는 인간의 타락과 죄성 그리고 영원을 사모하는 마음, 곧 타고난 종교성에서 태동했다.

5. 유일신의 특별계시

각 종교인은 자기의 종교가 옳으며, 최선의 종교공동체라고 믿는다. 모든 종교는 등등한 가치를 가진 종교공동체인가? 모든 종교가 다 하나님의 구원에 이르는 길인가? 하나님의 구원의 은총에는 제한이 없는가? 평등주의 시각으로 종교에 접근하는 것이 옳은가?

세상에는 헤아리기 어려울 정도로 많은 종교들이 존재한다. 종교다원주의자들은 모든 종교가 동일동가라고 한다. 모든 종교의 평등성, 동등성, 구원 유효성을 인정한다. 기독교, 힌두교, 이슬람, 불교, 무속종교, 마르크스주의가 모두 동일한 본질, 위격, 가치를 지니고 있다고 한다. 하나님의 구원이 기독교에만 주어지는 것이 아니며, 신의 구원하는 은총에는 종교적 제한이나 조건이 없다고 한다.

일부 기독교인들은 '기독교는 종교가 아니다'라고 한다. 기독교가 다른 종교들과 동등하지 않다고 한다. 기독교가 종교가 아니라는 말은 반어법(反語法) 수사(修辭)이다. 기독교야말로 신과 인간의 관계를 옳게 설정하는 유일의 진정한 종교라는 의미이다.

하나님을 믿고 그를 예배하는 일은 인간 존재의 으뜸가는 과제이다. 창조주 하나님은 창조된 인간에게 책임을 묻는다. 죄에 대한 책임을 묻는다. 사람이 한 번 죽는 것은 정해져 있다. 그 후에는 하나님의 심판이 있다. 예수를 그리스도로 믿으면 하나님께서 그 예수의 대속사역의 공로를 근거로 우리에게 칭의(Justification)를 선물한다. 칭의는 하나님의 법정에서 인간에게 내리는 무죄 선언이다.

창조자 하나님을 믿는 종교인은 자신이 죄인이라는 사실을 시인한다. 죄를 용서받는 유일한 길은 예수의 이름을 부르는 것이다(행 2:21; 롬 10:13). 성령은 세상의 모든 생명체에 생명을 주고 돌보지만, 하나님이 영생을 베풀기로 작정한 자들(행 13:48)의 마음에 하나님의 아들 구원자 예수를 믿는 믿음을 선물한다. 평안과 영생을 제공한다.

타종교인들에 대한 존중과 배려는 누구에게나 의무 사안이다. 모

8연원(淵源)은 '못 연'(淵)과 '근원 원'(源)의 합성어이다. 수많은 물줄기가 생겨나는 원천 또는 사물의 근원, 어떤 것의 기원, 근원을 의미한다.

든 종교인은 신이 부여한 영원을 사모하는 마음을 가지고 자기 나름대로 내재된 종교성을 따라 무엇인가를 섬기고 예배한다. 대부분의 타종교인들은 진실한 양심을 가지고 바르게 사는 삶을 추구한다.

그러나 바른 삶과 선행은 죄를 씻거나 구원을 주지 못한다. 인간은 죄 때문에 하나님과 올바른 관계를 가질 수 없다. 창조자 하나님과 인간의 관계 회복의 길은 하나님이 마련한 길 뿐이다. 하나님이 마련한 인간 구원의 길인 예수 그리스도를 거쳐야만 인간은 하나님께 나아갈 수 있다.

하나님의 특별계시의 기록인 성경은 하나님의 구원의 길이 한 가지 뿐이라고 한다. "하나님은 한 분이시요, 하나님과 사람 사이의 중보자도 한 분이시니, 곧 사람이신 그리스도 예수이십니다"(딤후 2:5). 예수께서 직접 말씀했다. "나는 길이요, 진리요, 생명이다. 나를 거치지 않고서는, 아무도 아버지께로 갈 사람이 없다"(요 14:6). 구약성경과 신약성경의 초점은 유일의 구원자 예수 그리스도에 모아져 있다. 예수는 인간이 하나님을 만날 수 있는 유일의 채널이다.

WCC의 종교다원주의 신앙고백과 관련하여 역사적 기독교 신앙의 진정성에 대한 우리의 논의는 모든 종교가 동일동가라고 하는 주장을 증명할 아무런 근거가 없다는 결론에 이른다.

모든 종교가 동등성, 평등성, 구원 유효성을 가졌다고 하는 평등주의 개념은 자유주의 신학, 제2차 세계대전 이후의 20세기 시대정신과 반식민주의, 그리고 칸트의 인식론의 결과인 포스터모더니즘(해체주의, 탈구조주의) 철학이 만들어 낸 세속 사상이다. 종교와 구원에 평등주의를 대입하고 이를 절대시하는 평등주의 파시즘, 곧 평등전제주의의 산물이다.

어느 종교나 심오하고 고상한 일부 요소를 지니고 있다. 그러나 창조자 하나님의 계시와 구속사역 그리고 성령의 구원 활동과 무관한 종교는 인간을 하나님과 연합시키지 못한다. 하나님이 마련한 특별 계시 채널로 알려준 진리, 율법, 의례(儀禮), 구원의 길이 아닌 각 종교들의 제의는 자연종교의 범주를 넘지 못한다. 하나님은 모든 인간을 사랑하고 돌본다. 성령 하나님은 살아 있는 모든 생명체에게 생명을 부여한다. 영생으로 연결되는 구원은 오로지 하나님이 마련한 길을 거쳐 주어진다. 그러나 구원은 예수를 주와 그리스도—구원자로 믿고 시인하는 자의 몫이다(요 3:16).

예수의 사도 바울은 하나님의 특별계시 안에서 종교성에 대하여 다음과 같이 말한다.

하나님의 진노가, 불의한 행동으로 진리를 가로막는 사람의 온갖 불경건함과 불의함을 겨냥하여, 하늘로부터 나타납니다. 하나님을 알 만한 일이 사람에게 환히 드러나 있습니다. 하나님께서 그것을 환히 드러내 주셨습니다. 이 세상 창조 때로부터, 하나님의 보이지 않는 속성, 곧 그분의 영원하신 능력과 신성은, 사람이 그 지으신 만물을 보고서 깨닫게 되어 있습니다. 그러므로 사람들은 핑계를 댈 수가 없습니다(롬 1:18-20).

사람들은 하나님을 알면서도, 하나님을 하나님으로 영화롭게 해 드리거나 감사를 드리기는커녕, 오히려 생각이 허망해져서, 그들의 지각없는 마음이 어두워졌습니다. 사람들은 스스로 지혜가 있다고 주장하지만, 실상은 어리석은 사람이 되었습니다. 그들은 썩지 않는 하나님의 영광을, 썩어 없어질 사람이나 새나 네 발 짐승이나 기어 다니는 동물의 형상으로 바꾸어 놓았습니다(롬 1:21-23).

그러므로 하나님께서는, 사람들이 마음의 욕정대로 하도록 더러움에 그대로 내버려 두시니, 서로의 몸을 욕되게 하였습니다. 사람들

은 하나님의 진리를 거짓으로 바꾸고, 창조주 대신에 피조물을 숭배
하고 섬겼습니다(롬 1:24-25).

자연인은 죄 때문에 창조주 하나님과의 교제에서 단절되었다. 영
적인 무지와 지적인 흑암 속에 산다. 진리를 왜곡하고 거짓을 만든
다. 거짓을 참이라고 믿고, 참을 비진리라고 믿는다. 하나님이 아닌
가짜 신들을 예배한다. 허상을 만들어 신으로 섬기고 그것에 절을 한
다. 귀신, 잡신, 마귀에게 제물을 바친다. 악한 영에 사로잡힌다. 미신
에 빠지기도 한다. 인간의 죄와 타락은 다양한 종교들을 등장시켰다.

자연종교와 자연종교인은 기독교 진리의 접촉점(contact point)
의 일부 요소를 지니고 있다. 자신이 하나님의 자손임을 느낀다. 바
울은 이를 다음과 같이 설명한다. "여러분의 시인 가운데 어떤 이들
도 '우리도 하나님의 자녀이다' 하고 말한 바와 같이, 우리는 하나님
안에서 살고, 움직이고, 존재하고 있습니다"(행 17:28).

자연인도 하나님을 찾고 탐구한다. "이렇게 하신 것은, 사람으로
하여금 하나님을 찾게 하시려는 것입니다. 사람이 하나님을 더듬어
찾기만 하면, 만날 수 있을 것입니다. 사실, 하나님은 우리 각 사람에
게서 멀리 떨어져 계시지 않습니다"(행 17:27). 그리고 자연에서 하
나님의 영원한 능력과 신성을 본다(롬 1:19-20). 본성으로 율법을 의
식한다. "율법을 가지지 않은 이방 사람이, 사람의 본성을 따라 율법
이 명하는 바를 행하면, 그들은 율법을 가지고 있지 않아도, 자기 자
신이 자기에게 율법입니다"(롬 2:14).

요컨대, 자연종교의 채널로는 인간이 창조자 하나님을 감지할 수
있으나 참 하나님과 올바른 관계를 가질 수 없다. 자연계시 또는 하
나님의 일반은총 채널로는 창조자 하나님에 대한 지식과 그분의 뜻

과 구원의 도리를 정확히, 명료하게, 충분히 알 수 없다.

창조자 유일신 야훼는 특별계시의 방법으로 인간에게 자신에 대한 지식과 구원의 진리를 알려주었다. 인간이 하나님을 만나고 예배할 수 있는 길을 계시했다. 하나님은 인간을 사랑하여 인간이 신의 메시지를 알아듣고 이해할 수 있는 길을 마련했다. 기독교는 이 신적 채널을 일컬어 특별계시라고 한다.

왜 인간에게 하나님의 특별계시가 필요한가? 왜 우리는 하나님이 마련하고 계시로 알려 준 구원의 길을 따라야 하는가? 인간의 불순종과 타락으로 말미암아 영적인 시각 장애자, 청각 장애자, 인지 장애자 상태이기 때문이다. 일반계시로는 영적 세계와 사물에 관한 온전한 지식을 가질 수 없다. 자연만물이 들려주는 하나님의 일반계시를 이해할 수 없다. 인간은 죄 아래서 암흑, 무지, 오류, 불신앙의 권세에 종속한 탓으로 의를 불의로, 진리를 허위로 바꾼다.

하나님의 특별계시는 인간의 인식 능력에 맞춘 신적 채널이다. 이스라엘의 역사, 예언자들, 예수 그리스도, 사도들과 그들의 가르침을 채널 삼아 하나님의 진리를 인간에 전달했다. 특별계시는 하나님과 인간의 관계 회복의 길을 제시한다. 영적인 시각장애, 청각장애, 인지장애를 극복하고 신의 메시지를 접할 수 있는 유일한 통로이다. 성경은 진정한 종교가 무엇인가를 말해주는 하나님의 특별계시의 기록을 담은 보고(寶庫)이다. 죄의 권세 아래 있는 인간이 구원받을 수 있는 길, 종교의 본질인 신과 인간의 관계 회복의 방법, 하나님과 인간의 생명적인 친교의 길을 알려준다.

하나님은 인간을 구원하려고 여러 가지 방법으로 인간에게 다가왔다. 구약성경 시대에는 자기를 직접 현현하거나 임재하거나 불과 연기 그리고 구름 속에서 나타났다. 폭풍우와 미풍으로 말씀했다. 직접적인 음성으로 자신을 계시했다, 우림과 둠빔으로 자기를 알렸다. 선지자들에게는 꿈과 환상으로, 자기 백성에게는 내적 조명으로 자신의 메시지를 전달했다.

기독교는 수직적인 신의 특별계시와 수평적인 일반계시가 상호관련성을 지니고 있다고 본다. 위로부터의 계시는 아브라함의 종교가 인근 문명권의 타종교들과의 대화, 접촉을 거치면서 유기적으로 명확하게 드러난 측면이 없지 않다. 하나님의 특별계시의 역사는 이스라엘 인근의 타종교들과의 만남이라는 콘텍스트를 포함한다.

특별계시의 과정에서 일어난 하나님 활동의 절정은 예수 그리스도의 성육신에서 이루었다. 삼위일체 하나님의 제2위인 예수의 행적과 가르침은 특별계시의 진수이다. 예수가 그리스도라는 사실을 보여줄 의도의 이적, 초자연적 활동은 하나님의 특별 권능의 나타남이며, 신의 특별 임재의 상징이다.

신약성경 시대의 하나님은 그리스도 안에 있는 자기 백성들에게 거룩한 기름 부음을 베푸는 방식으로 자신을 계시했다. 기름 부음이란 믿음 주심을 의미한다. "여러분은 거룩하신 분에게서 기름 부으심을 받아, 모든 것을 알고 있습니다"(요일 2:20).

사도 시대 이후, 하나님의 특별계시의 메시지는 기록 형태로 주어져 있다. 성경 66권은 하나님의 계시의 메시지를 담은 거룩한 책이다. 성경은 모세의 율법, 예언자들의 예언서, 사도들의 복음서와 서간들로 구성되어 있다. 하나님의 특별계시는 이스라엘 역사, 선지자들의 예언, 예배 의식, 여러 가지 이적들, 예수의 생애와 가르침, 사도들의 가르침과 행적 등으로 진행되었다.

성경은 하나님의 계시사(啓示史)와 구속사(救贖史)의 기록이다. 구약시대와 신약시대를 거쳐 여러 세기 동안 점진적으로 전개되었다.

구원 진리는 점진적으로 명확하게 나타났다. 구약성경은 그 진리를 예표(豫表, type)의 형태로 제시하고, 신약성경은 그 예표의 실체와 성취를 웅대하게 드러냈다. 하나님의 특별계시는 사도들의 활동 마감과 더불어 종료되었다. 성령은 지금도 하나님의 자녀들과 함께 한다. 성령의 자기 백성과의 내주동행(內住同行)은 지속된다.

성경은 인간 구원의 길, 곧 죄인이 거룩한 하나님과 연합하고 신의 자녀로 살아가는 데 필요한 윤리 규범을 제시한다. 구약성경과 신약성경 66권은 하나님의 특별계시를 담은 인간의 행복헌장이다. 성령하나님은 우리가 성경을 읽거나 그 메시지를 들을 때, 우리들 가운데, 우리 안에 역사(役事)한다. 기독교 2천년의 역사는 하나님의 자녀들 안에서 그리고 세상의 모든 생명체 안에 생명을 부여하고 그것들을 통제하고 돌보며, 죄인에게 예수 십자가의 복음을 적용시켜 구원을 받게 하는 성령 하나님의 활동 이야기이다.

성경은 참 종교와 가짜 종교를 구분한다. 하나님을 어떻게 예배해야 하며, 인간의 구원이 어떻게 주어지는가에 대한 하나님의 비책(祕策)을 알려준다. 인간이 하나님과 관계를 회복하는 방법을 제시한다. 죄의 문제를 해결하고, 하나님 예배와 그분이 원하는 거룩한 삶을 유지하는 방법과 영생의 길을 안내한다.

맺음말: 기준과 권위

역사적 기독교는 성경을 하나님의 말씀이라고 믿는다. 하나님의 특별계시의 기록이며, 신앙과 행위의 최종 권위(the final authority)라고 고백한다. 종교다원주의자들은 예수구원 유일 신앙을 수호하는 역사적 기독교 신앙을 배타주의라고 일컫는다.

복음주의는 기독교만이 참 종교이며, 하나님의 특별계시 진리를 가지고 있다고 믿는다. 그 계시 진리의 가르침에 따라 하나님이 인간에게 구원에 이르는 유일한 길을 주셨다고 확신한다. 복음전도와 구원의 기쁜 소식을 전하는 선교에 열성을 보인다. 자신의 시간과 재물을 복음전도와 선교와 교회 활동에 던진다.

종교다원주의자들은 이러한 복음주의 신앙을 근본주의라고 일컬으며 얕본다. 기독교의 경전을 신의 절대 계시를 담은 오류가 없는 책이라고 믿는다고 조롱한다. 뜨거운 회심 체험을 한 복음주의자들을 자기 경험을 근거로 복음주의 신앙을 절대적인 것으로 여긴다고 비난한다.

종교다원주의 신학자 김경재 박사(한신대학교 신학대학원)는 이와 같은 비난에 앞장서는 대표적인 인물이다. 근본주의 신앙의 결정적 단점이 타종교에 대한 개방적 태도 자체를 단죄하는 것이라고 한다. "자폐증 환자처럼 타종교에 무지하거나 단편적 지식을 가지고 마음대로 재단하는 오류를 범한다"[9]고 한다. 타종교를 비진리 종교라고 하거나 우상 종교라고 폄훼하고, 정복주의 태도를 취하며, 그 결과로 종교 간 분쟁을 일으키고, 심지어 정치적 분쟁의 원인을 제공하기도 한다고 비난한다.

김경재는 복음주의 기독교인들이 궁극적 실재(하나님)를 자기가 귀의하는 종교의 울타리와 자기 종교의 경전 안에 제한시키는 결정적 오류를 범한다고 비판한다. 종교가 지녀야 할 평화 지향적 개방성이라는 조건을 무시한다고 한다. 곤궁에 처한 생명들을 살리고 돕는 윤리적 실천이 결여되어 있다고 한다. 자기 종교와 다른 종교 간의 질적 차이를 강조하고, 참 종교와 거짓종교라는 이분법적 독단을 신앙이라는 이름 아래 남용한다고 비판한다. 역사적 기독교를 문화제

국주의 시대의 유물이라고 폄론한다.[10]

자유주의 신학자들은 특정 종교가 하나님의 진리와 말씀―로고스를 독점할 수 없다고 한다. 하나님의 보편적 구원의지는 특수계시라고 하는 이스라엘의 역사와 예수 그리스도와 사도들의 역사를 넘어선다고 한다. 하나님의 보편적 계시가 모든 문화, 민족, 종교 안에 존재해 왔다고 한다. 기독교의 구원과 불교의 해탈을 동일시한다.

20세기 후반에 등장한 종교다원주의는 다양한 종교들의 역동적 실재성을 인정한다. 인간의 종교 체험을 포함한 모든 인식 행위와 경험이 역사적으로나 문화적으로 제한을 받으며, 또한 상대적이라고 본다. 해석학적 통찰을 강조하면서 모든 종교의 동등성, 평등성, 구원 유효성을 주장한다. 모든 종교가 다양한 구체적 삶의 자리에서 형성되고 고백된 구원의 길이라고 한다.

종교다원주의자들은 어느 누구도 우주적인 하나님을 특정 종교, 문화, 종족, 인종, 언어에 가둬 놓을 수 없다고 한다. 어느 누구도 자기 종교의 가치 규범을 가지고 타종교를 판단할 수 없다고 한다. 각 종교가 지닌 다양한 특징을 존중하고, 그들 나름의 구원의 길의 유효성을 인정한다. 모든 종교들을 동일동가의 신앙공동체로 여기면서 종교들이 상호 존중하며, 타종교에게서 배우고, 함께 평화 유지와 세상사 해결에 이바지함이 마땅하다고 한다.

종교다원주의자들은 모든 종교가 우주적인 하나님의 소유이며, 모두 다 구원의 길이며, 종교인 각자가 자기 종교에 귀의(歸依)하는 차원을 넘어 종교통합에 이바지해야 한다고 한다.

---

[9]김경재, 『이름없는 하느님』 (서울: 도서출판 삼인, 2002), 248.
[10]김경재, 249.

이러한 마당에, 유서 깊은 기독교 전통과 그 유형의 신앙을 가진 자들은 왜 예수구원 유일성이라는 배타적 신앙이 옳다고 하는가? 왜 복음주의자들은 진리와 구원에 관한 관용, 포용, 타협을 거부하는가?

정통 기독교인도 타종교 안에 일련의 희미한 철학적·도덕적·영적 차원의 진리가 존재함을 인정한다. 숭엄한 사랑과 경건한 삶과 진리의 외양(外樣)들이 있음을 인정한다. 지구촌의 평화 유지, 인간화 활동, 공해방지, 기후위기 관리, 전쟁과 핵무기 억제 등 세상사 해결을 위한 종교 간의 대화와 협력과 연대를 마다하지 않는다.

복음주의자들이 종교다원주의를 거부하는 까닭은 그것이 진리가 아니기 때문이다. 하나님의 계시 진리에 불일치하기 때문이다. 성경에 일치하지 않기 때문이다.

하나님이 인간에게 베푸는 지복(至福)은 물질적 풍요나 건강이나 만사형통 이상이다. 하나님과의 관계 회복을 거쳐 얻는 영적 축복과 영원한 생명이다. 인간이 누릴 수 있는 가장 큰 복은 예수 그리스도를 믿는 믿음을 선물 받고 하나님과 영적으로 연합하는 것이다.

하나님의 구원의 은혜가 개인에게 임하면 그는 하나님의 특별계시의 기록인 성경의 말씀에 감동을 받는다. 성경을 신앙과 행위의 최고 최종 권위로 받아들인다. 성경의 가르침에 따라, 예수 그리스도가 구원의 길이며, 하나님과 연합할 수 있는 유일한 통로라고 확신한다. 예수 그리스도가 하나님과 인간 사이의 유일한 중보자라는 하나님의 말씀을 진리로 믿는다. 하나님의 특별계시에 대한 이 신앙과 구원은 궁극적으로 하나님의 주권적인 은혜와 사랑의 선물이다.

31

왜 유대 민족 신을 믿어야 하는가?

—이스라엘 없이는 구원 없다—

한국인이 신을 섬길 바에는 조상들이 믿어온 하느님을 믿고 섬기지, 왜 저 멀리 있는 중동 지역 사막 사람들의 신, 이스라엘의 하나님을 섬겨야 하는가? 왜 한국의 기독교인은 유대인들의 하나님, 이스라엘 종교의 신 야훼를 자신의 하나님으로 믿는가? 왜 세계의 모든 사람이 이스라엘의 민족신 야훼를 믿어야 하는가?

'이스라엘,' '유대인,' '히브리인'은 동의어이다. '이스라엘'은 고대 유대 민족과 국가를 의미하는 동시에 야곱의 후손 열두 지파의 자손을 지칭한다. '유대인'은 유대교를 믿는 민족의 종교 집단 구성원을 의미한다. '히브리인'은 고대 중동의 아브라함의 후손, 유대 민족의 조상을 지칭한다. 이 세 가지 명칭은 역사적·문화적·종교적 맥락에 따라 달리 표현된다.

구약성경에는 현대인의 상식인 민주주의 원리, 인권법, 윤리 기준으로는 도저히 납득할 수 없는 일들이 등장한다. 이해할 수 없는 일들이 야훼의 이름으로 일어났음을 기록한다. 예컨대, 유대인의 민족신은 전쟁과 피 그리고 피 흘리는 제사를 좋아하는 신이다. 성장한 독자(獨子)를 제물로 바치라고 요구한다.

기원후 2세기에 마르시온(Marcion)은 유대인들의 신 야훼가 열등하며 편협한 신이라고 했다. 구약성경의 하나님은 예수 그리스도의 하나님이 아니다. 야훼는 열등한 그룹에 속하는 물질세계의 창조자이다. 복수(復讐)를 마다하지 않으며, 전쟁을 좋아하고, 죄인에게 영원한 형벌을 주는 심판자이다. 예수께서 말씀한 하나님은 사랑과 자비와 은총의 신과 같지 않다. 그래서 마르시온은 유대민족을 언급하지 않는 누가복음과 바울서신 등 일부만을 편집하여 새로운 성경을 만들었다. 로마에 마르시온교회를 설립(기원후 144)했다. 전술했듯이, 보편교회는 마르시온의 사상을 정죄했다.

한국의 기독교인들은 "시온의 영광이 빛나는 아침"이라는 찬송을 즐겨 부른다. 이 찬송 가사에 나오는 '시온'은 이스라엘의 고도(古都) 예루살렘을 가리킨다. 왜 한국인은 '서울의 영광이 빛나는 아침'이나 "돌아와요 부산항에"를 노래하지 않고, 예루살렘의 상징인 시온의 영광이 빛나는 아침을 노래하는가?

한국에는 환인(桓因), 환웅(桓雄), 단군(檀君)을 신으로 섬기는 사람들이 있다. 한국인이 중동 지중해 연안의 작은 나라, 소수 민족의 신을 믿어야 하는 까닭은 무엇인가? 신약성경에는 '야훼'라는 이름이 나타나지 않는다. 구약성경의 야훼와 신약성경이 말하는 하나님은 동일한 신인가? 왜 만인이 이스라엘의 신 야훼를 섬겨야 하는가? 창조자 야훼는 정말 유일한 신인가?

1. 명창 박동진 옹

한국의 인간문화재 명창 박동진 선생(1916-2003)은 하나님의 아들 예수 그리스도의 복음을 판소리 가락으로 풀어내어 기독교 선교의 열의를 가진 기독교인이다.

세상 임금 날 때에도 귀한 일이 많다마는, 어떤 임금님은 세상에 태어날 때, 오색 빛깔 무지개의 청룡 황룡이 굽이를 치고, 봉황이 쌍쌍 짝을 지어 날개 치며 날아들어, 복천 왕 제천 만만 절을 한다는데, 만왕의 왕 우리 주님이 세상 나심을 들어보오. 하늘 위의 높은 보좌 스스로 내치시고, 암흑 세상 백성들 죄 없애 건지시려고, 내려오심이 그 아닌가. 어이 태어나실 때부터 인간 세상 친히 업고 구원하려고 그랬던가.

때는 기원전 5년 우리나라로 치면 백제 태조 온조 왕이 도읍을 한산에 옮겨 놓고 한강 서북쪽에다가 성을 쌓던 그때였다. 이스라엘 백성들이 바벨론 포로 생활에서 들어와서 나라를 세우고자 했지만 옳게 이룩하지 못한 이 무렵에, 신흥 로마제국 말발굽 밑에서 이 밟히고 그 앞잡이 세금바지로 하여금 쥐어 짜일 때로 짜이면서, 그래도 끈기 있게 살아가는 것은 언제나 이 메시아의 탄생이 있으실까 함일러라.[1]

한국인 박동진은 이스라엘 민족 신을 자신의 하나님으로 믿는다. 유대 민족 계보에서 등장한 예수를 그리스도—구원자라고 목소리 높여 고백한다. 그 메시아의 탄생을 판소리로 외친다. 왜 그는 대부분의 나라들은 종교의 자유를 보장한다. 이 마당에 한국인이 지중해 세계의 변방 사막지대의 이스라엘 민족 신 야훼를 '우리의 하나님'으로 믿고 고백해야 할 이유는 무엇인가? 자기 조상이 섬기던 신을 믿는

------

[1] 박동진, 판소리, 들머리, 『예수의 일생』, 녹취록, 1988.

것이 더 자연스럽지 않은가?

이 질문에 대한 답은 간단하다. 이스라엘은 기독교 신앙의 텃밭이다. 창조주 유일신 야훼는 사랑의 하나님이다. 은혜와 사랑으로 우리를 고이시는 분이다. 야훼는 역사의 주관자이고 심판자이다. 성경이 말하는 하나님은 사랑과 의를 동시에 가진 분이다. 인간을 무조건 사랑하기만 하는 것이 아니라 의로 심판하는 심판자이다. 인간의 범죄로 말미암아 하나님의 의(정의)가 훼손되었다. 인간은 스스로 그 죄의 댓가를 치를 수 없다.

하나님은 의와 사랑을 동시에 만족시킬 방식으로 인간구원의 역사를 시작했다. 완전한 하나님이자 동시에 완전한 인간인 구원자만이 인간을 대신하여 하나님의 의를 만족시킬 수 있고, 하나님은 그것에 근거하여 인간에게 사랑을 베풀 수 있었다. 창조자 야훼는 이스라엘을 인류 구원의 도구로 선택했다. 그 민족의 계보에서 구원자인 그리스도가 태어나도록 설계했다.

왜 하나님은 하필이면 유대 민족을 선택했는가? 왜 구원자가 이스라엘 족속의 계보에서 태어나도록 설계했는가? 간단히 말하자면, 창조자 하나님의 구원자 보낼 계획과 민족 선택은 그 분의 주권적 의지의 결단이었다.

하나님이 이스라엘을 선택한 것 그들이 다른 민족보다 강대하거나 재주가 남다른 까닭이 아니었다. 이스라엘은 연약하고 가련하고 학대받는 인류의 표본이었다. 그들의 조상은 거만하여, 목이 뻣뻣하고, 고집이 세고, 주님의 명령을 지키지 않았다(느 9:16). 그들은 하나님께 반역하는 백성이었다(렘 5:23).

그럼에도 하나님은 이스라엘을 선택했다. 야훼의 이름을 드러내고, 메시아의 등장을 예비하며, 구원의 복음을 온 인류에게 전달하는 역할을 하도록 선택했다. 이 땅의 모든 민족이 이스라엘의 하나님을 빌어야 하며, 야훼가 창조자이며 유일의 참 하나님이라는 것을 알리게 했다. 야훼가 모든 민족과 열방과 온 우주의 주권자임을 알리게 했다. "야훼께서 지으신 뭇 나라가 모두 와서, 주님께 경배하며 주님의 이름에 영광을 돌립니다"(시 86:9). 이스라엘의 하나님 야훼는 거듭 "나 밖에 다른 신은 없다. 나는 공의와 구원을 베푸는 하나님이니, 나 밖에 다른 신은 없다"(사 45:21)고 말한다.

인류가 이스라엘의 하나님을 믿고 섬겨야 하는 까닭은 유대인의 문화, 관습, 정신이 우수하기 때문이 아니다. 하나님은 이스라엘 민족 채널로 특별한 계시를 인간에게 선물했다. 그 민족의 역사를 거쳐 하늘의 뜻을 알려주었고, 그 민족의 계보에서 인류를 구원할 메시아—그리스도—구원자를 보냈다.

하나님은 아브라함과 그 후손의 삶과 역사를 거쳐 메시아의 길을 예비했다. 때가 이르자 구원자를 보내어 모든 민족이 구원을 받을 수 있게 했다. 이스라엘의 계보를 거쳐 오신 예수 그리스도를 믿으면 죄의 용서를 받고 하나님과 연합하고 영생을 얻을 수 있게 했다. 그래서 이스라엘 없는 하나님의 구원은 존재하지 않는다.

예수 그리스도는 이스라엘의 하나님 야훼가 참 신이라고 알려주셨다. "일찍이, 하나님을 본 사람은 아무도 없다. 아버지의 품속에 계신 외아들이신 하나님께서 하나님을 알려주셨다"(요 1:18). 하나님이 자기의 이름이 야훼임을 모세에게 알리면서 "나는 너의 조상의 하나님, 아브라함의 하나님, 이삭의 하나님, 야곱의 하나님이다"(출 3:6)라고 했다. 예수께서는 이 출애굽기 본문을 자신에게 적용하면서, "하나님께서는 '나는 아브라함의 하나님이요, 이삭의 하나님이요, 야곱의 하나님이다'라고 말씀하셨다. 하나님은 죽은 사람의 하나님이 아니라,

살아 있는 사람의 하나님이시다"(마 22:32)라고 말씀했다.

예수는 구약성경을 하나님의 말씀으로 인정했고, 아브라함과 이삭과 야곱의 하나님 야훼가 참 신이라고 했다. 예수는 모세에게 나타나서 아브라함과 언약을 맺었던 그 하나님, 그리스도와 새 언약을 맺은 하나님, 그 신이 다름 아닌 자기 자신이며, 자신이 참 하나님임을 우리에게 알려 주었다.

예수는 새 언약의 중보자(히 8:6; 9:15; 12:24)이다. 요한은 로고스, 곧 성육한 예수 그리스도가 창조주 하나님이라고 말한다(요 1:3). 잠언서는 하나님의 '지혜'라는 이름을 가진 '로고스,' 곧 예수를 창조자로 설정한다. 그를 천지 창조의 명공(名工)이라고 칭한다(잠 8:22-30). 예수는 하나님을 "천지의 주재이신 아버지"라고 일컬었다. "하늘과 땅의 주님이신 아버지, 이 일을 지혜 있고 똑똑한 사람들에게는 감추시고, 어린아이들에게는 드러내어 주셨으니, 감사합니다"(마 11:25). 예수께서 알려준 하나님은 하늘과 땅의 주인이다. 단군을 신으로 섬기는 한국의 무속인이 단군을 "하늘과 땅의 주 하나님"이라고 부르지 않는다.

예수는 우리에게 이스라엘의 신 야훼가 공중에 나는 새와 들에 피는 백합화를 먹이고 입히고 자라게 하는 분이라고 알려준다(마 6:28). 하나님은 영(Spirit)이므로, 인간은 신을 직접 대면할 수 없다. 다만 성육한 하나님인 예수 그리스도를 거쳐 야훼의 뜻을 알 수 있다. 예수께서 빌립에게 말했다. "내가 이렇게 오랫동안 너희와 함께 지냈는데도, 너는 나를 알지 못하느냐? 나를 본 사람은 아버지를 보았다. 그런데 네가 어찌하여 '우리에게 아버지를 보여 주십시오' 하고 말하느냐?"(요 14:9).

하나님은 이스라엘 조상 아브라함, 이삭, 야곱 등 족장들의 역사를 통해 자기를 계시했다. 모세에게 자기를 알리고, 다윗에게 자기를 드러내고, 예레미야에게 새 언약을 알려주겠다고 했다. 예수 그리스도는 다름 아닌 그 새 언약의 중보자이다.

중보자 예수 그리스도를 거쳐 체결된 굳센 새 언약은 하나님의 신실함의 진면목(眞面目)이다. 이 언약은 야훼가 유대인의 하나님만이 아니라 모든 인류의 하나님이라는 사실을 말한다. "하나님께서는 우리를 부르시되, 유대 사람 가운데서 만이 아니라, 이방 사람 가운데서도 부르셨습니다"(롬 9:24).

예수 그리스도는 모든 민족의 구원의 통로이다. 하나님의 사랑은 민족의 경계를 넘어선다. 어느 민족이나 예수 안에 있으면 하나님의 자녀이다. "여러분이 그리스도께 속한 사람이면, 여러분은 아브라함의 후손이요, 약속을 따라 정해진 상속자들입니다"(갈 3:29).

바울은 구약성경을 인용하면서 하나님이 이방인 가운데서도 자기 백성을 부른다는 사실을 말함을 지적한다. "하나님이 호세아의 글 속에서 하신 말씀과 같습니다. '나는, 내 백성이 아닌 사람을 내 백성이라고 하겠다. 내가 사랑하지 않던 백성을 사랑하는 백성이라고 하겠다'고 했습니다"(롬 9:25).

하나님은 아브라함, 이삭, 야곱, 모세, 다윗을 거쳐 자기 백성을 부르고 그 백성을 통로 삼아 모든 인류에게 하나님이 어떤 분인가를 보여주었다. 예수 그리스도 안에서 새 언약의 백성의 범위를 확대했다. "'너희는 내 백성이 아니다' 하고 말씀하신 그 곳에서, 그들은, 살아 계신 하나님의 자녀라고 일컬음을 받을 것이다"(롬 9:26).

야훼는 모든 인류와 창조물의 주(Lord)이다. 자기 백성을 "유대인 중에서만 아니라 이방인 중에서도 부르신다"(롬 9:24). 하나님은 유대인과 헬라인을 차별하지 않는다. "하나님의 의는 예수 그리스도를 믿는 믿음을 통하여 오는 것인데, 모든 믿는 사람에게 미칩니다. 거기에는 아무 차별이 없습니다"(롬 3:22). "거기에는 그리스인과 유대인도, 할례 받은 자와 할례 받지 않은 자도, 야만인도 스구디아인도, 종도 자유인도 없습니다. 오직 그리스도만이 모든 것이며, 모든 것 안에 계십니다"(골 3:11). "유대 사람이나, 그리스 사람이나, 차별이 없습니다. 그는 모든 사람에게 똑같이 주님이 되어 주시고, 그를 부르는 모든 사람에게 풍성한 은혜를 내려주십니다. 주님의 이름을 부르는 사람은 누구든지 구원을 얻을 것입니다"(롬 10:12-13).

하나님은 시온, 곧 예루살렘에서 자신의 영광을 드러내고 온 세계 사람, 인종, 계급, 신분의 차별 없이 모든 인류를 그분의 영광 가운데로 부른다. 야훼는 유대인만의 하나님이 아니라 모든 인류의 하나님이다. 그의 이름을 부르는 모든 사람에게 풍성한 은혜를 내려준다. 주님의 이름을 부르는 사람은 누구든지 구원을 선물로 받을 수 있다.

구약성서는 이 하나님의 뜻을 계시하고, 예수 그리스도께서는 이 사실을 우리에게 확인시켜 준다. 예수의 사도 바울과 신약성경의 저자들은 이 사실을 우리에게 깨우쳐준다. 기독교인은 야훼를 참 하나님으로 믿고 유일신이라고 고백한다.

바울은 이스라엘과 구원이라는 주제와 관련하여 정작 중요한 것이 예수를 그리스도로 믿는 일이라고 말한다. "당신이 만일 예수는 주님이라고 입으로 고백하고, 하나님께서 그를 죽은 사람들 가운데서 살리신 것을 마음으로 믿으면 구원을 얻을 것입니다. 사람은 마음으로 믿어서 의에 이르고, 입으로 고백해서 구원에 이르게 됩니다. 성경은 '그(예수)를 믿는 사람은 누구나 부끄러움을 당하지 않을 것이다' 하고 말합니다"(롬 10:11).

2. 몽학선생의 막장 질문

감리교 목사, WCC의 몽학선생 웨슬리 아리아라자는 종교다원주의를 이 단체에 본격적으로 주입한 신학자이다. 그는 하나님이 이스라엘을 구원의 도구로 선택했다는 성경 말씀을 부정하면서, 복음주의자들을 향하여 두 가지 막장 질문을 한다.

첫째, 왜 지구상의 모든 민족이 이스라엘의 하나님을 믿어야 하고, 왜 유대인 예수를 유일의 구원자로 믿어야 하는가? 둘째, 왜 예수가 하나님과 인간 사이의 유일한 중보자인가? 각 종교마다 그리스도가 있는데, 왜 오직 기독교의 그리스도가 유일의 구원자이며, 각 종교마다 진리가 있는데, 왜 오직 기독교가 구원 진리를 독점한다고 하는가?

아리아라자는 "과연 하나님께서 이스라엘 백성에게 특별한 임무를 맡기려고 모든 민족 가운데서 이스라엘을 선택한 것일까?"라고 묻고서, "유감스럽지만 이 물음에 대한 객관적인 대답은 없다"고 답한다. 유대인들은 자신들이 선택받은 민족이라고 한다. 그러나 "힌두교도에게 이와 같은 주장은 매우 이상하게 받아들여지고 있다."[2] "어찌하여 하나님은 다른 민족들까지도 선택하여 특별한 관계를 맺지 않는가? 왜 아직까지도 그러한 관계를 맺지 않는가? 다른 종교의 경전 가운데도 하나님은 그의 의지를 나타내고 있고, 모든 민족을 향하여 그의 빛을 비취라고 하였는데 이와 같은 신앙과는 어떤 모양으로 접촉하면 좋을 것인가?"[3]라고 한다.

---

[2] 웨슬리 아리아라자, 『성서와 종교 간의 대화』, 김덕순 역, 변선환 감수 (서울: 감리교신학대학 출판부, 1992), 26.

아리아라자는 이스라엘이 스스로 하나님과 특별한 관계를 가지고 있다고 믿는 것을 존중하지만 그들의 주장, 곧 자신들이 선택받은 민족이라는 사실을 "증명할만한 객관적인 증거가 없다"[4]고 하면서 이 사실을 부정한다. 아리아라자에 따르면, 이 주장을 반박할 만한 증거도 없다. 히브리 경전은 이스라엘 백성이 하나님의 선택을 받은 언약의 백성이라고 말한다. 따라서 이스라엘의 신앙이 옳다고 판단하는 것도, 그렇지 않다고 반증하는 것도 마땅찮다. 승인도 거부도 곤란하다. 이스라엘 족속들은 하나님이 자기 민족을 선택했다고 하지만, 확실한 것은 그것이 그 민족의 자기 이해(self-understanding)에 지나지 않는다는 사실이다.[5] 이스라엘 민족의 주장은 주관적 경험이며, 그 같은 경험과 무관한 타종교인에게는 무의미하다.[6] 그와 같은 주장은 이스라엘 공동체 바깥 세계에서는 무가치하다.

아리아라자는 힌두교인들이 여러 민족 가운데서 한 민족만을 신이 선택했다는 것을 인정하지 않는다고 한다.[7] 기독교 신자는 하나님의 이스라엘 선택이 예수 그리스도의 새로운 공동체를 위한 준비 단계였다고 말하지만 타종교들은 그렇게 생각하지 않는다고 한다.

자유주의 신학에 충실한 아리아라자의 주장을 통제하는 것은 평등주의라는 이름의 평등전제주의이다. 모든 종교가 평등하다는 전제가 그의 사상을 전제군주처럼 사로잡고 있다. 그래서 그는 성서의 기록이 이스라엘의 "자기이해의 반영"[8]이라고 한다. 성서가 기본적으로 유대인들과 기독교인들의 신앙과 역사 문서임을 인정하면서도 유대인들과 기독교인들의 주관적인 자기 생각을 담고 있다고 한다.

전술했듯이, 아리아라자는 하나님이 모든 민족의 신이며, 보편적인 주라고 하면서, 세 가지 근거를 댄다. 첫째, 창세기 19장까지의 이야기가 하나님이 모든 민족의 신, 곧 보편적인 주라는 사실을 말하고 있다. 둘째, 아모스서가 이스라엘만이 아니라 모든 민족이 하나님의 심판 아래 놓여 있음을 말한다. 다메섹, 에돔, 모압, 이스라엘, 에티오피아, 이집트, 블레셋, 아람을 언급한다.[9] 셋째, 이스라엘의 예언자들이 하나님을 모든 나라의 주라고 말한다. 성서의 여러 본문이 하나님이 모든 나라와 백성들 위에 서 계신 보편적인 주라고 한다.

아리아라자는 하나님이 이스라엘을 선택했다는 유대인의 주장은 그들의 자기이해에 지나지 않으며, 주관적 경험이며, 신앙고백에 불과하다고 한다.

전술했듯이, 아리아라자의 논의는 다음과 같은 선언으로 귀결된다. "기독교의 하나님, 힌두교의 하나님, 이슬람교의 하나님이 따로 존재하는 것이 아니라 오직 한 분이신 하나님에 대한 기독교의 이해, 힌두교의 이해, 이슬람교의 이해가 있을 뿐이다."[10] 아리아라자는 성서가 "유일신(唯一神)에 대하여 가르치고 있지, 또 다른 신이 존재한다고 가르치지 않는다"[11]고 한다. 한 분 하나님이 각 종교, 민족, 역사, 문화 맥락마다 다르게 현현한다고 한다. 이 주장은 힌두교 아드바이타—비이원적 세계관에 따른 다신적 유일신론, 곧 잡신총합 유일신론을 충실히 반영한다.

---

[3]아리아라자, 26.

[4]아리아라자, 26.

[5]아리아라자, 26.

[6]아리아라자, 27, 31.

[7]아리아라자, 27.

[8]아리아라자, 26, 27, 31.

[9]아리아라자, 30.

[10]아리아라자, 33.

[11]아리아라자, 33.

아리아라자의 신학과 WCC 종교다원주의 신앙고백을 관통하는 신념은 두 가지이다. 첫째, 절대적인 진리는 존재하지 않는다는 것이다. 이것은 인간 이성의 제한성을 강조하는 임마누엘 칸트의 인식론과 결합한 자유주의 신학의 확신이다. 그래서 기독교가 진리와 구원을 독점할 수 없다고 한다. 20세기 시대정신, 평등전제주의를 반영한다. 둘째, 이스라엘의 하나님과 각 종교의 신은 동일하다는 것이다. 성경의 신을 다신적 유일신, 잡신총합 유일신의 하나님으로 이해한다. 모든 종교의 신은 유일신의 다양한 '아바타'이며, 따라서 모든 종교는 동일동가이며, 평등하다는 힌두교의 아드바이타 세계관을 반영한다.

3. 구원사와 계시사

하나님의 특별계시의 기록인 성경이 말하는 아브라함부터 예수까지의 이스라엘 민족사는, 전술했듯이, 하나님의 인류 구원사(救援史)인 동시에 계시사(啓示史)이다. 구원자 예수 그리스도는 아브라함과 다윗의 계보에서 성육(成肉)하여 이 세상의 역사 안에 진입했고, 대속자로서 인류의 죄를 짊어졌다. 십자가에 달려 죽음으로써 인류 구원의 길을 열었다. 하나님의 구원은 이스라엘 계보 안에서 도성인신(道成人身)한 예수 그리스도를 거쳐 주어진다.

하나님은 인류 구원 계획을 세우고 자기의 주권(主權)으로 이스라엘 민족을 구원의 도구로 사용했다. 모든 민족이 이스라엘 덕분에 구원의 복을 받도록 설계했다.

유대민족의 역사는 예수 그리스도의 십자가와 부활 그리고 오순절 성령강림을 거쳐 기독교 역사로 이어진다. 하나님은 예수를 그리스도로 믿는 사람 모두에게 풍성한 은혜를 내려준다. 유대인도 예수를 그리스도—구원자로 믿어야 하나님의 구원을 받을 수 있다. 이스라엘의 선택과 구원은 다른 사안이다. 아브라함의 계보에서 태어난 사람들 가운데는 야훼의 의도를 따르지 않은 자들도 있다. 그래서 바울은 속사람이 성령으로 마음에 할례를 받은 자가 진정한 유대인임을 강조한다.

> 겉모양으로 유대 사람이라고 해서 유대 사람이 아니요, 겉모양으로 살갗에 할례를 받았다고 해서 할례가 아닙니다. 오히려 속사람으로 유대 사람인 이가 유대 사람이며, 율법의 조문을 따라서 받는 할례가 아니라 성령으로 마음에 받는 할례가 참 할례입니다. 이런 사람은, 사람에게서가 아니라, 하나님에게서 칭찬을 받습니다(롬 2:28-29).

바울은 이방인이 구원받을 수 있음을 말하면서, 이것이 '창세 전'에 결정된 것이라고 한다. 이스라엘의 민족적 국가적 선택 받음이 그 민족 집단의 구성원 모두의 구원을 의미하지 않는다. 이방인 가운데도 민족적인 선택의 대상은 아니지만, '창세 전부터' 구원이 정해져 있었던 자들도 있었다(엡 1:4).

온 세상의 구원자 야훼(성부, 성자, 성령)는 스스로 존재하는 유일신이다. 이스라엘 백성을 세워 하나님과 그가 계시하는 진리를 열방에 알리게 했다. 야훼가 누구이며 그 분이 무엇을 했으며, 어떤 속성을 지닌 분인가를 인류에게 알리게 했다. 현재와 장차 올 일을 설명하는 일을 이스라엘과 그 민족 집단과 율법과 예표의 성취(fulfillment), 완성(consumation)인 예수 그리스도와 그 분의 신앙고백 공동체에 맡겼다.

나는 시작이요, 마감이다. 나 밖에 다른 신이 없다. … 너희는 떨지 말
아라. 겁내지 말아라. 내가 예전부터 너희에게 이미 예고하여 주지
않았느냐? 나는 예고하였고, 너희는 이것을 증언할 나의 증인들이다.
나 밖에 다른 신이 또 있느냐? 다른 반석은 없다(사 44:6-8).

하나님이 이스라엘을 선택한 것은 만민 가운데서 자기의 백성을
구원하려는 특별한 목적 때문이다. 야훼는 아브라함과 그 후손을 수
단삼아 세계 모든 민족 가운데서 자기 백성을 구원한다. 다윗 왕의
계보에서 예수 그리스도를 지구로 보내어 자신의 사랑을 역사 안에
서 구현했다. 목이 뻣뻣한 한 민족을 택하여 인류가 구원을 받을 수
있는 길을 마련했다. 누구든지 유대인으로 오신 예수를 그리스도로
믿으면 구원을 받을 수 있다.

4. 야훼는 민족 신인가?

이스라엘의 신 야훼는 하늘과 땅을 창조한 분이다. 우주의 주권자
이다. 지구의 땅 한 평, 우주의 한 뼘의 공간, 바다의 한 방울의 물도
그 분의 소유가 아닌 것은 없다.

야훼는 모든 인류의 주이다. 인간이 타락과 죄로 말미암아 하나님
과 단절된 상태에 이르자 그 관계를 회복하고 그들을 구원할 목적으
로, 하나님은 인류 구원의 계획을 세우고, 아브라함과 그 자손 이스
라엘을 도구로 선택했다. 이스라엘을 세워 하나님의 능력을 나타내
고, 야훼 이름을 온 땅에 전파하게 하려고 했다(롬 9:18).

야훼는 전 인류의 하나님이다. 특정 민족의 역사를 거쳐 인류 구원

의 길을 열었다. 그 민족을 통로 삼아 인류에게 보편적인 도덕적 기준, 곧 십계명, 율법서, 역사서, 지혜서를 주었다. 이것들은 인류 공통의 윤리적 기반이며, 행복헌장이다.

이스라엘 중심의 하나님의 구원의 역사는 하늘의 뜻을 인간에게 알리는 계시 역사이기도 하다. 이스라엘을 구원사와 계시사의 도구로 삼은 것은 하나님의 주권적인 결정이었다. 하나님의 무조건적인 선택이었다(롬 9:12). 하나님의 선택은 이스라엘을 부르는 분의 뜻과 자비에 달려 있다(롬 9:16).

왜 하나님은 수많은 민족들을 제쳐두고 유대 민족을 선택하여 구원사의 도구로 삼았는가? 왜 이스라엘 민족에게만 자신을 계시했는가? 이 질문은 자체적 모순을 지니고 있다. 특정 민족을 선택하고 부르는 분은 우주 만물과 만인의 주 하나님이다. 주권자의 선택과 결정을 탓할 자격을 가진 자는 없다. 사람이 무엇인가? 인간이 무엇이기에 창조자 하나님께 감히 그 분의 선택과 결정에 대하여 이 같은 질문을 하는가?

지음을 받은 자가 주권자인 하나님께 왜 이스라엘을 인류 구원과 자기 계시의 도구로 선택했는가라고 말하는 것은 난센스이다. 하나님이 한 민족을 선택하여 자기의 진리와 풍성한 영광을 인류에게 알리고자 했더라도, 그래서 어떻다는 말인가? 토기장이가 흙 한 덩이를 둘로 나누어서, 하나는 귀한 데 쓸 그릇을 만들고, 하나는 천한 데 쓸 그릇을 만들 권한이 없는가?(롬 9:21). 세상 만물의 주 야훼는 주권적으로 이스라엘을 구원사의 주역으로 선택하고, 그 민족을 통해 자신을 계시사를 진행했다. 그의 선택과 결정은 지음을 받은 자가 불평하거나 의문을 제기할 사안이 아니다.

하나님이 이스라엘을 구원과 계시의 도구로 선택한 것은 오로지 자기의 구원 계획을 성취하고 능력과 신실함을 전 인류에게 보여주기 위한 주권적인 결단이었다. 이스라엘을 택한 것은 인류를 구원할 목적이었다. "내가 이 일을 하려고 너를 세웠다. 곧 너로 말미암아 내 능력을 나타내고, 내 이름을 온 땅에 전파하게 하려는 것이다"(롬 9:17).

이스라엘은 하나님의 법과 언약을 받은 '본보기 민족'이다. 그들의 실패와 회복의 과정은 다른 민족들에게 주는 교훈이며 희망의 원천이다. 예수 그리스도를 거쳐 주어지는 하나님의 구원과 계시는 더 이상 특정 민족에게만 국한되지 않는다. 그것은 전 인류에게 확장된다. 하나님의 구원의 계획이 처음에는 이스라엘에서 시작되었지만, 궁극적으로 모든 사람을 위한 것이다(갈 3:28).

5. 법키스(BUPKIS)

왜 하나님이 이스라엘을 선택했는가 하는 질문에 대한 어느 해학적인 이야기를 들어보자. 인류가 바벨탑 사건으로 흩어진 뒤 하나님은 자신의 법을 세상에 전하고 사람들이 어떻게 살아야 하는가를 보여줄 표준을 세울 민족을 찾았다. '법키스'(bupkis)라는 독특한 것을 가진 민족이 필요했다. 하나님은 세상을 돌면서 진정으로 '법키스'를 가진 민족을 찾기 시작했다. 이것은 슬라브어족 계통의 유럽 유대인 디아스포라들이 사용하는 독특한 명칭이다.

먼저 하나님은 중국인을 살펴보았다. 당시 그들은 과학을 발전시키고 있었으며 수가 많아지고 있었다. 그들이 많은 것을 가지고 있었지만 법키스를 가지고 있지는 않았다. 그래서 하나님은 아시리아 사람들을 살펴보았다. 그들은 훌륭한 군대를 보유하고 있었고, 수학의 기초를 발전시키고 있었다. 그러나 그들에게도 법키스는 없었다. 안타깝게도 다른 모든 민족에게도 마찬가지였다. 어떤 민족은 부(富)를 가지고 있었고, 또 다른 민족은 교육 제도를 가지고 있었다. 또 다른 민족은 훌륭한 건축물을 가졌고, 또 도시를 건설하기 시작했다. 그 많은 민족 가운데도 '법키스'를 가진 민족은 없었다.

그러다가 하나님은 마침내 '법키스'를 가진 족속을 발견했다. 유대인의 조상 히브리인이었다. 그들은 전 세계에서 가장 작고, 약하고, 가난하며, 무지했다. 사막지대에서 염소를 기르는 무리였다. 하나님은 "드디어 찾았다! 이 사람들은 진짜 법키스를 가지고 있구나!"라고 말했다. 그래서 그들을 선택했다. "내 법을 따르라. 그러면 너희를 위대한 민족으로 만들어주겠다"고 했다.

'법키스'는 '아무 것도 없음'(nothing)을 의미한다. 하나님이 만약 이미 성공의 기반을 가진 민족에게 자신의 법을 준다면, 인류는 그 성공이 하나님을 따른 결과가 아니라 그들이 이미 소유하고 있는 능력과 성취한 것에서 비롯된 것이라고 생각할 것임을 알고 계셨다. 만약 중국인들을 선택했다면 그 민족은 인구 수가 많기 때문에 자신들의 세력으로 성공했다고 생각했을 것이다. 만약 아시리아 사람들을 선택했으면 그들은 강한 군대를 가지고 있기 때문에 자신들의 힘으로 성공했다고 자랑했을 것이다.

다른 민족들은 이미 성공할 수 있는 기반을 가지고 있었다. 그래서 하나님은 그들을 선택하지 않았다. 그러나 유대인을 선택한다면, 그들의 성공이 스스로 이룩한 것이 아님을 누구도 부정할 수 없는 처지였다. 왜냐하면 그들은 아무 것도 가진 것이 없었기 때문이다.

이 이야기는 왜 하나님이 인류 구원을 위해 하필이면 이스라엘을 선택했는가 하는 질문에 대한 심오한 신학적 아이디어를 담고 있다. 하나님의 선택이 이스라엘의 힘, 부, 문화적 성취에 근거한 것이 아니라, 오히려 그들의 '아무 것도 없음,' 곧 세속적인 힘의 부족, 연약성, 자립심 부족 때문이었다는 것이다.

법키스 이야기는 히브리 성경의 핵심 주제와 일치한다. 하나님은 약하고 보잘 것 없는 무리를 선택하여 그들의 성공이 자신들의 능력이 아니라 하나님의 은혜의 결과임을 알도록 했다. 인간의 연약함과 하나님에 대한 의존은 하나님의 능력이 드러나는 무대라는 성경적 원칙을 반영한다. 이스라엘 민족이 하나님의 선택을 받은 것은 그들이 '법키스'를 가졌기 때문이었다. 이스라엘의 정체성과 복은 오로지 하나님에게서 왔음을 상기시킨다. 그리고 겸손이 중요함을 시사한다.

법키스 이야기는 하나님의 이스라엘 선택이 그들만을 위한 것이 아니라 세상을 위한 것이었음도 강조한다. 하나님은 이스라엘을 거쳐 이루어질 인류 구원 계획을 세웠다(신 7:7). 이스라엘은 "열방의 빛"(사 49:6)이다. 하나님은 이스라엘을 "그의 백성"(신 7:6), "귀한 소유"(시 135:4), 자신의 "눈동자"(슥 2:8)로 삼았다.

> 나 야훼가 의를 이루려고 너를 불렀다. 내가 너의 손을 붙들어 주고, 너를 지켜 주어서, 너를 백성의 언약과 이방의 빛이 되게 할 것이다(사 42:6-7).
>
> 야훼께서 이렇게 말씀하신다. "네가 내 종이 되어서, 야곱의 지파들을 일으키고 이스라엘 가운데 살아남은 자들을 돌아오게 하는 것은, 네게 오히려 가벼운 일이다. 땅 끝까지 나의 구원이 미치게 하려고, 내가 너를 뭇 민족의 빛으로 삼았다"(사 49:6).

창조자 야훼 하나님은 이스라엘을 선택하여 모든 인류에게 자신의 성품과 사랑을 드러냈다. 단순히 이스라엘 족속만을 위한 계획이 아니었다. 온 세상 사람을 향한 구원 계획이었다. 그래서 바울은 자신의 동족에 대하여 다음과 같이 칭송한다.

> 내 동족은 이스라엘 백성입니다. 그들에게는 하나님의 자녀로서의 신분이 있고, 하나님을 모시는 영광이 있고, 하나님과 맺은 언약들이 있고, 율법이 있고, 예배가 있고, 하나님의 약속들이 있습니다. 족장들은 그들의 조상이요, 그리스도도 육신으로는 그들에게서 태어나셨습니다. 그는 만물 위에 계시며 영원토록 찬송을 받으실 하나님이십니다. 아멘(롬 9:4-5)

이스라엘은 하나님의 말씀 받아 그것을 세상에 나누어주는 일을 하도록 선택을 받았다. 하나님은 이스라엘 민족의 계보에서 세상(요 3:16)을 구할 구세주를 예비했다(눅 24:44).[12] 히브리 성경(구약성경)에 기록된 이스라엘의 이야기는 모든 인류가 하나님께 돌아오도록 하는 보편적인 메시지이다.

'법키스' 이야기는 아울러 하나님이 신실한 분임을 강조한다. 이스라엘이 실수했을 때조차, 그들의 위대함이 아니라 하나님의 약속과 은혜 덕분에 그들은 여전히 하나님의 백성으로 남아 있었다. 하나님의 신실함은 이스라엘의 약함에서 드러났다.

---

[12]David Novak, *The Election of Israel: The Idea of the Chosen People.* (Cambridge: Cambridge University Press, 1995). 저자는 유대교 신학과 법에 등장하는 선택 사상의 발전을 탐구하고, 고전적인 이스라엘 선택 교리를 현대적으로 복원한다. 선택의 철학적 함의를 조사하고, 선택과 계시의 상관관계를 파악한다. 선택 개념이 오늘날 유대인들에게 무엇을 의미하며, 비유대인들이 그것을 어떻게 이해해야 하는가를 논한다.

하나님의 사역은 종종 인간의 역량과 노력이 끝나는 곳에서 시작된다. 하나님의 사랑 베풀어 줌은 인간의 업적 때문이 아니라 그의 주권적인 은혜라는 점을 일깨워준다.

하나님이 아브라함과 맺은 언약은 이스라엘이 하나님에 대한 신실함, 정의, 윤리적 삶을 거쳐 다른 민족들에게 본이 되게 할 목적만이 아니었다. 야훼는 이스라엘을 선택받은 민족으로 확립하고, 이를 거쳐 하나님의 축복이 그 민족의 계보에서 모든 민족에게 흘러가도록 하겠다고 약속했다(창 12:1-3).

6. 이스라엘과 교회―기독교

기독교 정통신학 또는 복음주의 기독교는 하나님의 이스라엘 선택을 인류 구원 계획의 일환이라고 정의한다. 하나님의 구원사는 예수 그리스도의 오심으로 절정에 달했다. 메시아에 대한 언약은 이스라엘 민족의 계보 안에서 예수 그리스도에게로 이어졌다.

기독교 정통신학은 이스라엘의 역할을 예수의 오심과 모든 사람들에게 하나님의 약속을 확장하기 위한 준비 과정으로 이해한다. 이스라엘을 선택하고 언약을 맺은 것은 새 언약의 중보자 예수 그리스도를 거쳐 인류에게 하나님의 사랑과 은혜를 나타낼 목적이었다. 이스라엘의 역사는 실패와 고난을 포함하지만, 그러한 역사 속에서 하나님의 신실함과 자비가 드러난다. 유대인들은 하나님의 인류 구원의 도구로 선택된 백성이다(신 4:37; 7:6-7).

일부 학자들은 이스라엘이 고대 문명의 교차로에 위치해 있었다는 지리적·문화적 맥락을 언급하면서 하나님이 그들을 영적·윤리적 원칙을 전파하기 위한 중요한 바퀴축(hub)으로 삼았다고 보기도 한다

하나님의 인류 구원의 역사는 이스라엘을 거쳐 오신 메시아의 등장에서 절정을 이루었다. 아브라함에서 시작하는 예수의 족보는 유대 민족, 유다 지파, 다윗의 가문으로 좁혀진다. 하나님은 성육신과 동정녀 탄생이라는 기적으로 이사야의 예언을 성취했다(사 7:14; 마 1:22-23). 때가 찼을 때, 하나님은 예수의 대속의 죽음을 거쳐 인류를 죄의 저주에서 구원했다(갈 4:4). 예수는 유대인의 메시아로 오셨지만, 성경은 그분이 이스라엘만이 아니라 온 세상의 구세주로 오셨음을 증언한다(요 4:42).

하나님은 아브라함과의 약속을 끝까지 지켰다. 이스라엘은 종종 하나님의 호의를 잃을 행동을 했지만, 하나님은 그들에게 복을 베풀었고 인류가 예수 그리스도 안에서 그 복을 받을 수 있게 되었다.

인류가 이스라엘의 하나님을 믿어야 하는 까닭은 무엇인가? 그 답은 간단하다. 하나님은 이스라엘 민족을 거쳐 자신의 성품을 드러내고, 자신의 말씀을 계시했다. 그리고 그리스도, 곧 구원자를 보냄으로써 세상을 구원하겠다는 약속을 지켰다. 하나님의 구원 의지와 가능성을 인류 구성원 모두에게 확장했다.

하나님은 이스라엘에게서 죄와 죽음으로부터 인류를 구원할 그리스도가 태어나게 했다. 아담과 하와가 죄에 빠진 뒤, 여자의 후손인 메시아를 보내겠다고 약속했다(창 3:15). 메시아가 아브라함, 이삭, 야곱의 계보를 거쳐 오실 것임을 확증했다(창 12:1-3).

요컨대, 하나님께서 이스라엘을 특별한 백성으로 선택한 궁극적인 이유는 구원자 예수를 보낼 목적이었다. 하나님은 예수 그리스도가 어느 특정 민족의 계보에서 태어나게 했고, 주권적으로 그 민족을 구원 준비의 통로로 선택했다.

하나님은 이스라엘이 다른 사람들에게 하나님을 알려주고 행복헌장인 율법과 성경을 가르치기를 바랐다. 이스라엘은 세상을 향한 제사장, 선지자, 선교사의 나라가 되어야 했다. 하나님이 이스라엘을 선택한 의도는 이스라엘이 독특한 백성, 다른 사람들을 하나님과 그분이 약속하신 구속자, 메시아, 구세주에게로 이끄는 민족으로 삼으려는 것이었다.

하나님은 이스라엘을 거쳐 이루려고 한 궁극적인 목적을 성취했다. 이스라엘과의 약속을 따라 예수 그리스도라는 구원의 본격적인 길을 마련했다. 예수공동체로 하여금 이스라엘의 역할을 이어받게 하고 율법과 구원의 과정을 완성하도록 했다.

오늘날의 이스라엘 국가가 예수 그리스도 이전의 이스라엘에 대한 하나님의 약속(언약)을 계승하는가?[13] 현대 이스라엘 국가는 1948년에 독립했다. 세대주의(Dispensationalism)는 성경을 특정한 세대(dispensations)로 나누어 하나님이 각 세대마다 인류와 다른 방식으로 관계를 맺었다고 본다. 세대주의는 이스라엘과 기독교(교회)를 분리된 두 집단으로 보고, 하나님이 이들 각각에 대해 별도의 구속 계획을 가지고 있다고 주장한다. 이들은 현대 이스라엘 국가의 설립을 성경 예언의 성취로 해석한다. 현대 이스라엘에 종말론적 중요성을 부여한다. 예수께서 예루살렘이라는 협소한 장소에 문자적으로 재림할 것이라고 믿는다.

예루살렘은 다가오는 종말론적 예루살렘의 그림자이며, 상징, 곧 구속사 완성의 상징이다. 고도 예루살렘은 새 예루살렘을 지시하는 예표의 의미를 지닌다. 예루살렘의 진정한 평화란 정치적 협상에서 오는 것이 아니라 하나님께서 주권적으로 이루실 종말론적인 평화를 지칭한다(계 21장). 종말론적 예루살렘은 유대인만의 도시가 아니다. 모든 열방, 모든 민족, 유대인, 팔레스타인, 한국인과 세계인이 함께 평화를 누리며 함께 사는 평화의 도시이다.

개혁주의 신학은 그리스도의 재림이 세계적인 사건일 것으로 본다. "주님께서 호령과 천사장의 소리와 하나님의 나팔 소리와 함께 친히 하늘로부터 내려오실 때"(살전 4:16) 지구상의 모든 사람들이 자기의 거주지에서 일시에 천사장의 공중나팔 소리를 듣고 재림 주를 바라보는 형태로 예수께서 강림할 것이라 예측한다.

개혁주의 신학은 언약신학을 기반으로 성경 전체를 하나님의 구속 언약(은혜언약)이라는 통일된 틀 안에서 해석한다. 따라서 이스라엘과 기독교—교회를 별개로 구분되는 두 집단이 아니라, 연속성을 지닌 하나의 하나님 백성 공동체로 본다. 구약성경이 말하는 이스라엘에 대한 하나님의 언약이 신약성경 시대의 예수 그리스도에게서 성취되었다고 확신한다.

개혁주의 신학은 구원사의 주역으로 선택된 이스라엘을 단순히 민족적·정치적 개념만으로 보지 않는다. 예수 그리스도 안에서 그들의 고유한 역할과 목적이 성취된 영적 공동체, 곧 구원 공동체로 이해한다. 신약성경 시대 이후에는 아브라함의 자손이 민족적 이스라엘에

---

[13]이스라엘 국가에 살고 있는 유대인들의 거의 절반은 하나님과 무관한 생활을 한다. 인구 약 17퍼센트만이 정통파와 초정통파 유대인이다. 이들은 전통적 유대교 신앙과 관습을 엄격히 준수한다. 약 39퍼센트의 인구는 유대인으로 분류되지만 유대교에 충실하지 않다. 현대 이스라엘 인구는 약 1천만 명이다. 2021년 이스라엘 중앙통계국 통계에 따르면, 그 가운데서 18만 2천 명이 기독교인(1.9%)이고, 기독교인 가운데 75.8 퍼센트가 이스라엘 국민인 아랍인이다. 구글 정보에 따르면, 미국 안의 유대인은 약 6백만 명, 미국 내 예수를 믿는 유대인은 약 93만 8천 명이다. 전 세계 유대인은 약 1천 4백만 명이며, 예수를 믿는 전 세계 유대인은 1퍼센트 미만이다

국한하지 않고, 믿음으로 예수 그리스도와 연합한 모든 그리스도인, 곧 기독교 신앙고백 공동체로 확장되었다. 구약의 메시아에 대한 예언들은 예수 그리스도의 구속 사역에서 성취되었다.

복음주의와 개혁주의 신학은 1948년에 출범한 현대 이스라엘을 하나의 국가로 존중한다. 그 나라가 안전하기를 애끓는 마음으로 바란다. 그러나 현대 이스라엘 나라를 하나님의 구속사와 계시사에 관련시키지 않는다. 현대 이스라엘과 구약의 이스라엘을 동일시하는 관점을 성경 해석의 오류, 신학적 오류로 여긴다.

복음주의와 개혁주의 신학은 예수 그리스도를 구주로 믿는 전 세계의 기독교인들을 선민(選民)으로 여긴다. 기독교인들이 아브라함의 후손이며 약속을 받을 상속자들이다. "여러분이 그리스도께 속한 사람이면, 여러분은 아브라함의 후손이요, 약속을 따라 정해진 상속자들입니다"(갈 3:29).

이단 시비에 오르내리는 세대주의자들은 혈통적 유대인, 곧 구약 시대의 유대인과 현대 국가 이스라엘을 동일시하면서 하나님의 구원사를 유대 민족사로 해석한다. 창조주 하나님을 한 민족의 수호신으로 격하시킨다는 비난을 받는 모험을 감행한다.

현대 국가 이스라엘 국민 가운데 약 74퍼센트만이 민족적 유대인이다. 유대인으로 분류되는 이스라엘 인구 안에는 아브라함의 자손이 아닌 자도 많다. 유대교로 개종한 이방인 출신 유대인, 곧 단순한 종교적인 유대인이 적지 않다.

32

하나님 나라의 복음은 무엇인가?

—천국 건설자는 하나님이다—

1. 지상낙원의 꿈

종교다원주의에 대한 에반젤리칼과 에큐메니칼 진영의 상이한 견해는 '하나님의 나라'와 그 나라의 '복음'에 대한 서로 다른 이해에 직결되어 있다.

기독교와 성경의 중심 주제는 하나님 나라(神國), 하늘나라(天國), 그리스도의 왕국(王國)이다. 예수 그리스도는 "때가 찼다. 하나님 나라가 가까이 왔다"(막 1:15)고 외치면서 공생애 활동을 시작했다. 여러 가지 비유들로 천국을 설명했다.[1] 예수께서는 제자들에게 "주의 나라가 임하소서"(Thy Kingdom Come, 마 6:10)라고 기도하라고 가르쳤다. 하나님 나라는 기독교인이 추구해야 할 최대의 가치이다.

그러나 정작 하나님 나라가 무엇인가에 대한 기독교 세계의 이해는 엇갈린다. 대별하자면, 자유주의 신학자들과 WCC 중심의 에큐메니칼 진영 견해 그리고 개혁주의 신학과 복음주의 진영의 이해가 상충한다. '하나님 나라'라는 동일한 용어를 사용하지만 본질, 성격, 구현 방식, 이해가 매우 다르다. 그 나라의 '복음'에 대한 이해도 같지 않다.

자유주의 신학은 하나님 나라를 인간이 건설하는 윤리적 이상향으로 이해한다. 예수를 도덕적 스승, 사회 개혁가, 윤리실천운동가로 이해한다. 그 분의 모범과 가르침에 따라 사랑과 정의가 실현되는 윤리적 사회를 만드는 것이 하나님의 나라를 이루는 일이라고 한다. 이 천국 모델의 하나님 나라 건설자는 인간 자신이다.

WCC는 하나님 나라를 자유주의 신학 전통을 따라 이해하고, 그 맥락에서 '하나님의 선교'에 매진한다. 선교의 목적을 모든 피조물이 샬롬(평화, 정의, 온전함)을 누리는 사회 건설로 이해한다. 정치적·경제적 불의와 인종차별 등에 저항하고, 빈곤과 억압에서 해방되는 것 등 '사회 구원'을 하나님 나라 실현의 과제로 여긴다. 교회의 역할을 세상 속에서 하나님의 정의를 실천하는 것으로 규정한다. 하나님 나라를 이 땅에서 실현되어야 할 사회적·윤리 차원의 정의와 평화의 실현으로 이해한다. 사회 변혁 중심의 이상적인 사회 건설에 초점을 맞춘다. 따라서 하나님 나라를 건설하는 주체는 교회이다.

한편, 복음주의는 하나님 나라를 하나님의 주권적 통치 또는 그것이 이루어지는 신의 지배와 통치 영역(dominion, realm)으로 이해한다. 예수 그리스도를 거쳐 죄에서 구원받은 백성들 안에서 이루어지는 하나님의 통치는 나아가 죄로 말미암아 왜곡된 창조 세계가 예수 그리스도의 구속 사역을 거쳐 회복되고 마침내 온 우주 만물에 미친다는 것을 강조한다. 하나님 나라는 예수 그리스도의 초림으로 실현되었고, 믿는 자들 가운데 지속되며, 종말에 예수 그리스도의 재림과 더불어 이 세상에 온전한 형태로 실현될 것이라고 믿는다.

복음주의자들은 하나님 나라가 개인의 회심과 구원을 거쳐 그리고 교회의 복음전도와 선교 활동으로 확장된다고 본다. 하나님 나라에 들어가는 조건은 예수를 믿는 것이라고 확신한다. 예수 믿고 구원을 받으라, 또는 예수 믿고 구원을 받았다고 함은 하나님 나라의 시민이 되었다는 뜻이다. 예수 그리스도의 대속사역으로, 그리고 그 분을 그리스도로 믿음으로 우리가 하나님과 생명적 연합을 할 수 있다고 믿는다. 예수를 믿는 자에게 하나님 나라, 곧 하나님의 통치가 미친다고 확신한다. 예수 그리스도를 믿지 않고 명시적으로 고백하지 않는 사람은 하나님 나라와 무관하다고 본다. 예수를 믿음으로 중생한 기독교인은 삶의 모든 영역, 곧 정치, 사회, 경제, 문화 등이 하나님의 통치가 이루어지는 곳임을 드러내야 할 책임이 있다고 생각한다.

자유주의 신학자들에 따르면,[2] 이러한 복음주의 신앙과 이해는 현대 사회에 적합하지 않다. 종교적 다원성 사회에서 종교 간의 갈등과 분열을 조장한다. "예수 믿지 않으면 지옥 간다"는 말로 공포감을 조성하고 그것을 수단삼아 기독교 가입을 강요하는 복음주의 접근은 하나님의 사랑과 자비와 충돌한다. 지옥 중심의 부정적 사고와 공포로 형성된 신앙은 자발적 믿음의 결과가 아니다.

자유주의 신학의 하나님 나라 이해는 필연적으로 만인보편구원주의와 종교다원주의로 이어진다. 하나님이 구원을 '예수에 관한 교리를 믿는 사람'에게 제한하지 않는 포용적 구원론을 표방한다. 성경이 말하는 지옥은 상징에 지나지 않는다고 한다. 그것은 사회적 소외와

---

[1] 신약성경에는 천국(하나님 나라)에 대한 여러가지 비유들이 등장한다. 가루 서말 속에 갖다 넣어 전부 부풀게 한 누룩 비유, 밭에 감추어진 보화, 진주 비유, 물고기 모으는 그물 비유, 새것과 옛것을 곳간에서 내오는 집주인 비유, 밭에 감춰둔 보화 비유, 물고기 잡는 그물 비유, 아들을 위하여 혼인 잔치를 베푼 어떤 임금 비유, 포도원 주인 비유, 종들과 결산하는 주인 비유 등이다.

[2] 자유주의 신학에 대한 필자의 주 참고도서는 다음과 같다. Kenneth Cauthen, *The Impact of American Religious Liberalism* (New York: Harper & Row, 1962).

단절 상태이며, 외부적 형벌이 아니라 인간의 내면적인 무엇이다. 지옥은 사회구조와 연결되어 있다. 영원한 형벌은 하나님의 무한한 사랑과 자비와 조화되지 않는다. 예수의 용서와 원수 사랑의 가르침에 충돌하거나 역행한다고 생각한다.

자유주의 신학자들은 예수를 사회혁명가로 여긴다. 자본주의의 모순을 극대화하면서 노동자 계급이 혁명을 조장하는 공산주의와 마르크스주의의 전략적 수정판인 레닌주의에 비견(比肩)한다. 사회가 지속적으로 발전하면 결국 지상낙원에 이른다고 보는 마르크스주의 개념의 사회진보론, 사회발전 낙관론을 유지한다.

아울러 복음주의자들의 영혼 구원 노력으로는 사회가 직면하는 구조적 불의와 억압에 맞설 수 없다고 본다. 음주, 흡연, 성 문제 등 개인의 도덕적 사안에는 엄격하지만 인권 유린, 평화 위협, 빈부 격차, 인종 차별, 환경 파괴 등 사회적 불의에 저항하지 못한다고 본다. 현대 사회가 직면한 경제적 빈곤, 소외, 자살, 환경 위기, 기후 변화 전쟁, 핵무기 등 심각한 사회와 세상 문제에 대처하지 못한다고 본다. 특히 예수구원 유일성이라는 배타적 기독론과 구원론은 종교 간의 갈등을 초래한다고 주장한다.

자유주의 신학자들은 자신들의 하나님 나라 이해가 여러 면에서 탁월하다고 생각한다. 첫째, 윤리적 지상낙원 건설과 세상사 해결은 기독교와 다양한 타종교 전통 속에서 모두 드러난다. 이 목표는 인류의 평화 공존을 위한 필수 조건인 타종교와의 대화, 동등성 인정과 상호 존중을 가능하게 한다. 하나님 나라의 진정한 성취를 가능하게 하는 모든 종교 간의 협력을 가능하게 한다.

둘째, 자유주의 신학 비전의 현실적·포용적·다원주의적·사회 참여적 접근은 현대 사회의 구조적 문제들에 대한 적극적 대응을 가능케 한다. 현실 역사에 대한 책임의식을 갖게 한다. 기독교인의 예수의 제자다운 책임감 있는 삶을 가능하게 한다.

셋째, 지상천국 건설에 헌신하는 자들의 노력으로 세상이 변하고, 하나님 나라가 그들의 활동으로 이 세상에서 점진적으로 건설된다. 역동적인 자유주의 신학의 비전은 철학, 정치학, 사회학, 경제학, 생태학, 과학 등과 손잡고 신천신지 일꾼의 실천에 추진력을 제공한다.

넷째, 자유주의 신학이 추구하는 이상향 건설이야말로 오늘날의 종교적 다원 세상에서 하나님 나라를 이 세상에 실현할 수 있는 적합한 길이다. 역사적 기독교의 식민 지배, 문화적 침략, 배타적 구원, 그리고 개종전도 선교는 더 이상 지속 가능하지 않다.

자유주의 신학의 하나님 나라 이해는 이 세상의 구조적 불의와 사회적 억압에 맞서는 인간의 행동을 고무한다. WCC는 자유주의 신학 신국론에 근거하여 우리 시대가 요구하는 과감한 사고의 전환을 재촉한다. 세상의 변화와 유토피아 사회를 건설을 꿈꾸는 사회발전 낙관론을 지향한다. 이것이 예수구원 유일 신앙을 희생시키는 WCC의 '정의와 평화, 창조질서 보전'(Justice, Peace, and the Integrity of Creation: JPIC) 신학의 핵심이다.

2. 사회발전 낙관론

하나님 나라를 현세적인 이상향으로 이해하는 자유주의 신학과 WCC는 자신들의 능력으로 이 땅에 낙원을 건설할 수 있다고 생각한다. 자신들이 노력하면 인간 사회가 끝없이 진보하며, 예수를 모델삼아 인간이 건설하는 이 세상의 이상향을 하나님 나라라고 본다. WCC는 자유주의 신학의 이상향 관점을 공유한다. 인간 중심의 세속적인 사회개혁론과 사회혁명론을 '복음'으로 여긴다.

한편, 자유주의 신학 전통에서 태동한 사회복음주의 신학은 하나님 나라의 윤리적 특성과 인간 노력에 의한 실현에 초점을 둔다. 하나님 나라의 본질을 이 땅에서 정의롭고 평등한 사회 활동으로 여긴다. 인권, 경제, 정치, 노동환경 등 사회 구조 개혁을 교회의 사명으로, 기독교 선교의 모든 것으로 여긴다. 예수의 윤리적 모범을 따라 가난한 자를 돌보고 이웃 사랑을 실천하는 것을 중요하게 여긴다.

복음주의와 개혁주의 신학은 자유주의 신학의 사회발전 낙관론과 하나님 나라 이해를 거부한다. 하나님 나라를 논하기에 앞서서 먼저 인간이 무엇인가를 고려한다.

인간은 어떤 존재인가? 사도 바울에 따르면, 인간은 육신을 따라 산다. 죄의 욕정이 인간 안에서 작용하여 죽음에 이르는 열매를 맺게 한다. 인간 안에 있는 죄가 온갖 탐욕을 일으킨다. 인간은 죄에 얽매인 상태이다. 자기가 무슨 일을 하는지 알지 못하며, 또한 하지 않아야 할 일을 행한다.

바울은 인간이 이와 같은 일을 하는 까닭을 인간 내면에 죄가 똬리를 틀고 있기 때문이라고 한다. 인간의 육신 안에는 선한 것이 깃들어 있지 않다. 선을 행하려는 의지를 가지고 있지만 그것을 실행하지 않는다. 원하는 선은 행하지 않고, 오히려 원하지 않는 악을 행한다. 자신이 하지 않아야 한다고 생각하는 것을 행하고, 원하는 것을 하지 않는다. 그 까닭은 죄가 인간을 사로 잡고 있기 때문이라고 한다.

바울은 죄의 본성을 가진 인간을 설명한 뒤, 그 죄가 우리에게 떨어지지 않고 끈질기게 붙어 있으며, 그것이 우리를 통제한다는 사실을 지적한다. 죄가 우리를 포로 삼고 있다고 하면서, 인간 실상의 비참함을 말한다. 인간이 마음으로는 하나님의 법을 따르려 하지만 육신으로는 죄의 법을 섬기고 있다고 하면서, "아, 나는 비참한 사람입니다. 누가 이 죽음의 몸에서 나를 건져 주겠습니까?"(롬 7:24) 하고 탄식한다

바울은 이 질문과 탄식에 이어서 오직 주 예수 그리스도를 거쳐 우리를 구원하는 하나님의 은혜의 역사로 죄와 비참함의 극복이 가능하다고 답한다. 이처럼 바울은 역사적 기독교의 복음, 곧 하나님 나라의 복음 논의를 인간 본성을 다루는 신학—인간론에서 출발한다. 바울에 따르면, 죄성을 가진 인간이 자신의 노력으로 하나님 나라를 이 땅에 세운다는 것은 어불성설이다. 바울은 자유주의 신학자들의 이상향 건설과 이것에 준하여 진행되는 WCC의 세상사 해결 활동에 제동을 건다.

자유주의 신학의 아버지 프리드리히 슐라이어마허(Friedrich Schleiermacher, 1768-1834)는 종교적 경험의 중요성을 강조하면서, 하나님 나라 건설에 필요한 도덕적 진보와 인간의 역할을 강조했다. 하나님 나라를 사랑 안에서 실현되는 유토피아 사회로, 인간의 노력으로 점진적으로 실현되는 이상향으로 보았다.

알브레히트 리츨(Albrecht Ritschl, 1822-1889)은 종교의 본질을 윤리로 이해한 자유주의 신학자이다. 하나님 나라를 예수가 보여준 사랑과 윤리에 기초한 도덕적 삶으로 실현되는 공동체로 이해했다. 하나님 나라를 역사 속에서 점진적으로 발전하는 윤리적이며 사회적인 실체라고 생각했다. 사회복음주의자 월터 라우션부시(Walter

---

[3]알베르트 슈바이처(Albert Schweitzer 1875-1965)는 하나님 나라를 미래에 도래할 종말론적 실재로 이해하면서 아돌프 하르낙(Adolf Harnack) 등이 강조하는 윤리적 삶 안에서 실현될 이상사회 개념의 하나님 나라 이론을 비판했다.

Rauschenbusch, 1861-1918)는 리츨의 사상을 따라 기독교의 복음을 사회 정의와 사랑이 실현되는 사회개혁 운동으로 정의했다.

자유주의 신학자들은 역사적 기독교가 신앙하는 종말론을 거부한다. 하나님 나라가 이미 도래했지만 아직 완성되지 않았다고 하는 개념도 배격한다. 그 나라가 미래의 어느 시점에 신의 개입으로 종말론적으로 임할 것이라고 보는 세대주의 관점을 배척한다.[3]

성경이 말하는 하나님 나라의 '복음'은 무엇인가? 인간이 건설하는 윤리적 이상사회 소식인가? 인간의 사회변혁 활동 소식인가? 아니다. 성경이 말하는 하나님 나라의 복음의 핵심은 죄인이 예수 그리스도를 믿음으로 하나님의 진노와 심판을 면할 수 있다는 소식이다. 예수를 그리스도로 믿으면 하나님과 연합하고, 하나님의 통치 영역 안에 있게 된다는 기쁜 소식이다.

성경은 하나님 나라가 신의 초월적 능력으로 세워진다고 말한다. 이 영적인 나라는 예수를 그리스도로 믿는 하나님의 자녀들에게 미친다. 하나님 나라는 사람이 만들거나 세울 수 있는 세상 사회가 아니다. 하나님 나라의 건설의 주체는 하나님이다. 하나님 자신의 은혜의 선물인 그 나라를 "영원한 생명을 얻도록 정한 사람들"(행 13:48)에게 제공한다. 인간이 하나님의 나라를 세우는 것이 아니라 다만 하나님의 은혜에 감사하면서 그 나라에 들어갈 뿐이다.

3. 가난한 자와 하나님 나라

자유주의 신학은 인간 사회가 여러 면에서 불평등하며 경제적으로 정의롭지 못하다고 하면서 평등주의 관점으로 성경을 읽고 해석한다. 성경이 언급하는 '가난한 자'를 경제적 빈자로 해석한다. 유독 가난한 자에 대한 관심을 가진다. 성경이 말하는 '가난한 자'는 누구인가? 경제적 빈자(貧者)인가, 심령이 가난한 자인가?

복음서의 가난한 자에 대한 이야기는 예수께서 광야에서 40일 동안 금식한 뒤 인류 구원 목적으로 메시아로서 공생애 사역을 시작하는 과정에 등장한다. 예수는 하나님 나라 사역 초기에 안식일에 나사렛 회당에 들어갔다. 히브리 성경(구약성경) 두루마리를 건네받아 선지자 이사야의 글을 찾아 읽었다.

> 주님의 영이 내게 내리셨다. 주님께서 내게 기름을 부으셔서, 가난한 사람에게 기쁜 소식을 전하게 하셨다. 주님께서 나를 보내셔서, 포로된 사람들에게 해방을 선포하고, 눈먼 사람들에게 눈 뜸을 선포하고, 억눌린 사람들을 풀어 주고, 주님의 은혜의 해를 선포하게 하셨다(눅 4:18-19)

예수께서 인용한 위 본문은 이사야서 61장 1절이다. 주목할 것은 "하나님의 영이 나에게 임했다"는 선언이다.

이사야는 기름 부음을 받은 자를 "주의 제사장"과 "하나님의 봉사자"(사 61:6)로 지칭한다. 이사야서 53장의 "고난 받는 주의 종의 노래"는 이사야가 예언한 '주의 종'을 언급한다.

예수께서는 자신을 '약속된 종'이라고 한다. 예수의 이 말을 풀이하면 다음과 같다. "나는 하나님이 보낸 메시아이다. 나는 하나님이 약속한 그 그리스도이다. 내가 지금부터 메시아의 사역을 시작할 것이다. 메시아가 오면 어떤 일이 일어나는가? 가난한 자에게 기쁜 소식을 전한다."

세례 요한은 감옥에서 예수가 행한 일들을 전해 듣고, 제자들을 예수께 보내어 "오실 그분이 당신이십니까? 그렇지 않으면, 우리가 다른 분을 기다려야 합니까?" 하고 물었다. 예수께서는 "눈 먼 사람이 보고, 다리 저는 사람이 걸으며, 나병 환자가 깨끗하게 되며, 듣지 못하는 사람이 들으며, 죽은 사람이 살아나며, 가난한 사람이 복음을 듣는다"(마 11:5)고 알려주라고 했다. '가난한 자'를 언급하면서, 자신을 하나님이 보낸 메시아라고 했다.

예수께서 읽은 구약성경 본문의 '가난한 자'는 경제적 빈자를 가리키지 않는다. 이사야서가 경제적 빈자를 '가난한 자'로 일컫는 경우가 없지 않으나, 특정 부류의 사람들 곧 청각장애자, 문맹인, 천인(賤人), 희망 없는 자를 '가난한 자'로 지칭한다. 이 맥락에서 그 날이 오면, 듣지 못하는 사람이 두루마리의 글을 읽는 소리를 듣고, 어둠과 흑암에 싸인 눈 먼 사람이 눈을 떠서 볼 것이라고 한다(사 29:18-19). '가난한 사람들'이 이스라엘의 거룩한 분 안에서 즐거워할 것이라고 한다.

구약성경 헬라어 70인 역은 위 본문의 '가난한 자'를 '희망을 상실한 자,' '소망이 없는 자'로 번역한다. '가난한 자'는 경제적으로 궁핍한 자가 아니라 희망을 상실한 사람이다. 하나님의 심판 아래에 있으며, 스스로의 능력과 힘으로는 도저히 자신을 구원할 수 없음을 자각하는 자이다. 하나님의 은혜가 아니면 구원받을 수 없는 상태에 있음을 자인하는 사람이다. 마음이 상한 자, 포로로 사로잡힌 자, 갇힌 자 등, 빈자 상태의 인간을 비유적으로 표현한 것이다.

복음서가 말하는 '가난한 자'는 하나님의 심판 아래에 있는 인류 전체를 가리킨다. 이사야서는 '가난한 자'를 경제적 빈자와 하나님의 심판 아래에 있는 사람 모두를 의미하지만, 복음서는 아담과 하와처럼 에덴동산에서 쫓겨나고 박탈당한 상태의 사람들, 희망을 상실해 버린

슬픈 현실의 사람들, 희망 없는 상황을 자각하는 자들을 일컬어 '가난한 자'라고 한다.

예수께서 자기에 대하여 한 말을 풀이하면, 야훼의 영이 임하면, 하나님이 그에게 기름을 부어 가난한 자에게 아름다운 소식을 전하게 한다는 것이다. 이 경우 '가난한 자'는 소망이 없는 자, 하나님의 심판 아래에 있는 자이다.

이사야서 53장은 '하나님의 종'이 우리의 죄를 짊어지고 우리를 대신하여 자신의 생명을 대속 제물, 곧 속죄의 희생 제물로 바침으로 말미암아 많은 사람이 의롭다는 선언을 얻게 됨을 말한다. 이 메시지가 다름 아닌 '하나님 나라의 복음'이다.

예수께서 읽은 구약성경의 '가난한 자'는 사탄과 죄의 세력에 포로로 잡힌 상태의 노예처럼 희망이 없는 자이다. 하나님의 심판 아래 있고, 또 하나님의 은혜가 아니면 구원받을 가능성이 없다고 고백하는 상한 마음을 가진 사람이다. 자신이 처한 상황을 슬프게 생각하여 하나님 앞에서 슬퍼하면서 어떻게 하면 구원을 받을 수 있겠는가 하고 애통하는 자이다.

지상의 모든 사람은 사실상 '가난한 자'이다. 예수께서 제자들에게 말했다. "너희 가난한 사람들은 복이 있다. 하나님 나라가 너희의 것이다"(눅 6:20). 이 구절의 '가난한 사람'은 빈자 대중이 아니다. 예수는 낙타가 바늘귀로 들어가는 것이 부자가 하나님 나라에 들어가는 것보다 쉽다고 했다. 이 비유의 '부자'는 '빈자'의 반대 명칭이다. 마태복음은 이를 명확히 하면서 "마음(심령)이 가난한 사람은 복이 있다. 하늘 나라가 그들의 것이다"(마 5:3)라고 명시한다.

자유주의 신학자들은 이 본문을 어떻게 이해할까? 본래 예수께서 "가난한 사람은 복이 있다. 하늘나라가 그들의 것이다"라고 했으나 마태가 "마음"(심령)이라는 조건을 붙여 본래의 의도를 왜곡 변질시켰다고 주장한다.

예수의 성육신은 자신이 가난하게 됨으로써 인류를 영적으로 부요케 한 사건이다. 바울은 "여러분은 우리 주 예수 그리스도의 은혜를 알고 있습니다. 그리스도께서는 부요하나, 여러분을 위해서 가난하게 되셨습니다. 그것은 그의 가난으로 여러분을 부요하게 하시려는 것입니다"(고후 8:9)라고 한다. 주께서 가난하게 되었다고 함은 하늘 보좌를 떠나 시공간 안에 인간으로 성육한 사건을 의미한다.

성경이 말하는 '가난한 사람'는 이처럼 주로 영적인 의미의 빈자를 일컫는다. 자신이 하나님의 심판 아래 있다는 사실을 직시하고 구원을 갈망하고 메시아를 대망하는 사람을 지칭한다.

WCC의 '하나님의 선교' 이론은 자유주의 신학, 해방신학, 민중신학, 상황신학 등과 궤를 같이 한다. 빈곤 문제를 사회의 구조 탓으로 여기며, 이를 해결하는 세속적 활동을 기독교의 목표로, 세상사 해결을 기독교 선교의 유일의 목적으로 여긴다. 교회가 '하나님의 선교' 활동으로 이 사회를 평등하고 정의로운 세상으로 혁신해야 한다고 주장한다. 교회가 빈자 없는 사회, 모든 사람이 평등한 사회 건설에 매진해야 한다고 한다. 이들에게 '하나님의 나라의 복음'은 사회적 이상향, 곧 인간의 지상천국 건설 노력 이야기이다.

WCC의 '하나님의 선교' 이야기 사회활동과 세상사 해결 활동 소식을 '하나님 나라의 복음'으로 여긴다. 가난한 자가 없는 세상 만들기와 빈곤 탈출을 돕는 활동을 구원의 복음으로 이해한다. '하나님의 선교' 지지자들은 '영혼 구원'이 기독교의 진정한 선교이며 하나님의 나라의 복음이라고 이해하는 복음주의 견해를 케케묵은 낡은 근본주의라고 폄하한다.

기독교인의 극빈자 돕기, 구제, 질병치료, 문맹퇴치, 교육, 평화 활동, 자연보호 등은 칭찬할 일이다. 구원받은 하나님의 백성들은 이 영역의 봉사를 외면할 수 없다. 그러나 성경은 그러한 활동을 '구원'이라고 말하지 않는다. 그러한 활동 소식을 복음이라고 일컫지 않는다.

예수 그리스도께서 교회에 맡긴 선교 사명 가운데 가장 중요한 것은 하나님 나라의 복음 선포이다. 모든 인간은 하나님 앞에서 죄인이며, 신의 엄중한 심판 아래에 있는 '가난한 자'이다. 따라서 인간에게 하나님의 은혜가 주어지지 않으면 구원받을 수 없다는 복음진리를 선포하는 것이 중요하다.

예수 그리스도는 우리를 구원하려고 가난한 자, 곧 인간이 되었다. 하나님의 로고스는 역사 안에 진입하는 비하(卑下)를 마다하지 않았다. 우리는 이제 그 분의 속죄 사역 덕분에 진정한 풍요, 죄사함, 영적인 생명, 하나님과의 연합, 그리고 하나님 나라를 얻게 되었다. 이 소식이 진정한 하나님 나라의 복음이다. 이것이 자유주의자들과 종교다원주의자들이 애써 부정하는 진짜 복음이다.

4. 예수의 복음, 바울의 복음

자유주의 신학자들은 자신들의 노력으로 이루어지는 지상천국 건설을 꿈꾸면서, 이 맥락에서 예수의 복음과 바울의 복음이 다르다고 주장한다. 복음주의자들이 바울의 복음을 예수의 복음이라고 그릇되게 확신한다고 주장한다. 예수는 윤리적 하나님 나라를 선포했고, 바울은 예수의 죽음과 부활만을 이야기 했다고 한다. 바울이 예수에 대한 그릇된 교리 체계화에 진력했으며, 사회 구원 메시지를 영혼 구원 메시지라고 호도했다고 한다. '예수 기독교'는 진짜 복음이며, '바울

기독교'는 가짜 복음이라고 단정한다. 사회구원의 복음이 예수의 복음이고, 바울이 말한 영혼구원의 복음은 예수를 잘 알지 못하는 바울이 조잡하게 만든 사이비 복음이라는 것이다.

정통 기독교(개혁주의 신학, 복음주의)가 말하는 하나님 나라의 복음의 요지는 네 가지이다. 첫째, 예수는 죄를 용서할 수 있는 권세를 가진 분이다. 하나님 밖에는 죄를 용서할 수 있는 권세를 가진 자가 없다. 예수는 자신이 죄를 용서하는 하늘의 권세를 가지고 있다고 말했다. 그는 평범한 인간이 아니다. 어느 날 예수는 많은 죄를 지닌 여인을 용서했다. 그러자 식사를 함께 하던 사람들이 수군거렸다. "이 사람이 누구이기에 죄까지도 용서하여 준다는 말인가?"(눅 7:49).

예수는 하나님의 권세를 가진 분이다. 바람과 바다를 잠잠하게 했다. 자연을 통제하는 초자연적 권세를 가졌다. 시각장애자, 지체장애자, 병든 자를 치유하는 기적을 일으켰다. 예수의 제자들은 큰 두려움에 사로잡혀 서로에게 "이 분이 누구이기에, 바람과 바다까지도 그에게 복종하는가?"(막 4:41) 하고 놀라움을 표했다.

마가는 "하나님의 아들 예수 그리스도의 복음의 시작은 이러하다"(막 1:1)라는 말로 마가복음서를 시작한다. 이 복음서를 예수가 하나님의 아들이며, 귀신을 쫓아내고, 그의 가르침이 권위 있는 새로운 가르침이며, 악한 귀신도 그의 명령에 복종한다는 놀라움을 담은 이야기로 이어진다(막 1:27).

둘째, 예수는 하나님 나라 건설자이다. 신국 건설의 주체는 인간이 아니다. 그 나라는 정치·민족·지역 단위의 국가가 아니다. 군대를 양성하고, 제자들을 모아 칼과 방패로 훈련시키는 나라가 아니다. 십자가에서 죽고 부활한 하나님의 아들 예수의 나라는 영적인 왕국이다. 예수는 하나님이 세우는 나라, 곧 자신의 왕국이 이 세상 왕국과 같지 않다고 말씀했다. 자신의 나라가 이 세상에 속한 것이면, 자신의 부하들이 싸워서, 자신을 유대 사람들의 손에 넘어가지 않게 했을 것이라고 말했다(요 18:36).

셋째, 하나님 나라의 입국 자격을 가진 자는 예수의 제자들을 포함하여 그를 그리스도—구원자로 믿는 모든 사람이다. 그 나라의 구성원들은 지상에서 교회를 구성하여 성 삼위일체 하나님을 예배한다. 교회는 하나님 나라의 모형이다. 이스라엘을 계승한 새 이스라엘이다. 교회 구성원은 새 언약의 백성들이다. 새 언약의 중보자, 유일의 구원자 예수를 그리스도로 믿는 사람들의 신앙공동체이다.

넷째, 하나님의 백성의 자격 요건은 믿음과 순종이다. 자유주의 신학자들은 바울이 믿음을 강조했지만, 정작 예수는 그것을 강조하지 않았다고 한다. 이 주장은 옳지 않다. 예수는 끊임없이 믿음 있는 자들을 칭찬했다. 백부장에게 "내가 진정으로 너희에게 말한다. 나는 지금까지 이스라엘 사람 가운데서 아무에게서도 이런 믿음을 본 일이 없다"(마 8:10)고 했다. "네 믿음이 너를 구원하였다"(눅 7:50)고 했다. 믿음이 없는 자들을 책망했다.

WCC의 종교다원주의 신학자들은 자유주의 신학 전통을 따라 바울 복음과 예수 복음 사이에 연속성, 연결성이 없다고 한다. 예수의 복음과 바울의 복음이 다르다고 한다. 이 주장이 터무니없는 까닭은 다음과 같다.

(1) 예수는 자신이 누구인가를 알려주었고, 바울은 예수가 과연 누구인가를 말한다. 바울이 말하는 하나님 나라의 복음은 예수가 누구인가를 체계적으로 알려주는 기독론이다. 바울 기독론의 요점은 예수가 만물과 만인의 주(Lord)이고, 하나님의 아들이고, 하나님의 지혜(로고스)이고, 하나님과 인간 사이의 유일의 중보자이고, 승천하여

하나님의 보좌 우편에 계신 분이라는 것이다.

(2) 예수는 자신이 하나님 나라를 어떤 방법으로 세울 것인가를 구체적으로 말했다. 인류를 대신하여 자신이 십자가에서 죽고 부활함으로써 세우겠다고 했다. 바울은 예수의 십자가의 죽음과 부활을 지속적으로 선포했다. 그 까닭은 예수의 죽음과 부활이 기독교 진리의 핵심이기 때문이다. 바울은 거듭 예수 그리스도가 십자가의 죽음과 부활로 그 나라를 세웠다고 선포했다.

(3) 하나님 나라에 들어갈 수 있는 자격에 관한 예수와 바울의 관점은 동일하다. 하나님 백성의 기본 요건은 대속자 예수를 그리스도로 믿는 믿음이다. 예수의 제자들과 그들과 마찬가지로 예수를 메시아, 곧 구원자로 믿는 믿음을 가진 자들은 하나님과 생명적 연합이 이루어지고, 그 나라에 입성할 수 있다. 예수를 믿는 이방인도 구원의 반열에 포함된다. 복음은 인간이 하나님과 연합할 수 있는 길을 알려주는 구원의 기쁜 소식이다. 하나님 나라 입국 자격을 얻는 믿음과 죄책 탕감과 칭의, 곧 영혼 구원의 소식이다.

바울은 기독론과 함께 교회론을 강조한다. 예수를 믿는 유대인과 이방인을 모두 다 하나님 나라의 백성으로 인정하고 그들을 교회의 구성원에 포함시킨다. 천국 시민의 의무는 순종이다. 예수의 하나님 나라 복음과 바울의 복음은 이 점에서 자명하게 일치한다.

예수와 바울에게 구원은 물질적 가난에서 해방되는 사건이 아니다. 더 나은 사회 건설, 경제적 빈자가 없는 정의로운 세상 만들기가 아니다.

가난 해방, 구조 악 타파, 더 나은 세상 만들기 등은 기독교인이 문화적·사회적 사명으로 수행해야 할 과제이다. 하나님의 자녀들이 삶의 조건을 개선하고, 가난한 사람들을 구제하고, 외국인과 나그네를 선대하며, 정의로운 사회를 만들려고 노력해야 함은 두말할 나위가 없다. 빈민 구제, 병자 치료, 포로된 자에게 자유를 선물하는 등의 활동은 중생한 그리스도인에게 주어진 실천 과제이다.

윤리는 인간의 죄를 없애지 못한다. 사람을 하나님과 연합시키지 못한다. 윤리와 윤리실천으로는 한 명의 영혼도 구원하지 못한다. 윤리가 이상향 건설에 실제적인 도움을 주는 지도 의문이다. 기독교의 복음, 하나님 나라의 복음은 윤리와 윤리 실천 이야기가 아니다. 기독교인에게 맡겨진 우선적 과제, 일차적 선교 과제는 복음전도와 영혼 구원이다.

WCC는 세상사 해결 활동으로 더 좋은 사회를 만들려고 한다. 이 맥락에서 무신론 공산주의자와 손을 잡았고, 타종교인과 대등관계의 대화와 일치를 추구한다. 세상 일을 교회와 기독교인이 수행해야 할 지고한 선교 사명으로 여긴다. 세상사 해결을 하나님의 선교로 여기며, 선교의 지상 목표로 삼는다. 착한 일, 더 좋은 사회 만들기, 열성적인 이웃봉사, 정의 사회 구현 활동을 '기독교의 복음전도'로 여긴다. 이는 복음에 대한 완벽한 오해이다. 예수구원의 복음은 인간의 이상향 건설 소식이 아니다. 사회복지 프로그램 소식도 아니다.

바울은 특별계시의 채널로 부활한 예수 그리스도에게서 직접 진리의 복음을 받았다. 바울 시대의 거짓 사도들은 순도 100퍼센트의 복음에 다른 것을 섞었다. 철학, 사회 이데올로기, 시대정신, 정치 이념을 가미했다. 오늘날의 자유주의 신학자들과 종교다원주의자들 그리고 WCC는 성경이 말하는 예수구원의 복음, 하나님 나라의 복음을 사회 변혁 활동, 세상사 해결 활동으로 바꿔치기 했다. WCC는 자유주의 신학 전통을 따라 하나님 나라의 복음을 윤리, 윤리실천, 사회 개혁, 세상사 해결 활동과 동일시하고, 지난 60년 동안 그것에 매진

해 왔다. 이는 주객을 전도시킨 오류이다

기독교인의 진정한 문화변혁과 사회개혁의 출발점은 놀랍게도 개개인이 자기 안에 있는 죄와 직면하는 결단이다. 복음적인 기독교 인간론은 이 지점에서 모든 사람들이 죄 아래에 있으며, 예수 구원의 복음을 받아들이고, 그의 십자가 사역을 믿어 죄 용서를 받아야 함을 강조한다. 하나님의 구원을 선물 받은 기독교인에게 주어진 사회적·문화적 책임은 정의로운 사회를 만들려는 노력을 포함한다. 하나님 나라의 복음은 영혼 구원, 곧 믿음, 회개, 중생, 칭의, 양자됨, 성화로 구성된다.

하나님 나라는 인간이 이 땅에 세우는 이상향이 아니다. 그 나라는 하나님이 세우는 영적인 왕국이다. 하나님이 당신의 강한 능력으로 예수 그리스도를 거쳐 그 왕국을 완성하여 우리에게 제공한다. 그 나라는 성령 하나님의 초월적 능력으로 우리에게 주어진다. 예수를 그리스도로 믿으면 그 나라의 구성원이 된다. 그 때 하나님 나라의 통치(reign) 아래에 있게 된다. 유일한 구원의 길 예수를 거쳐 하나님 나라에 입국할 수 있다. 하나님 나라의 복음은 다름 아닌 구원자 예수의 구원과 하나님의 통치 소식이다

5. 미래의 현존

역사적 기독교가 이해하는 하나님 나라는 세 겹의 줄처럼, 세 가지의 국면을 지니고 있다.[4] 그 나라는 예수와 더불어 임했고, 예수를 그리스도로 영접하고 믿고 따르는 사람들에게 임하고 있다. 그리고 종말의 날, 곧 예수의 재림 때 완전한 형태로 임한다.

하나님 나라는 세상 모든 것의 소유자인 하나님의 통치와 주권적

지배 영역(realm, dominion)을 일컫는다. 그 나라는 현세에서 하나님의 지배를 경험할 수 있는 영역이다. 그리고 시간의 종말에 최종적으로 완전하게 임하는 미래의 영역(a future realm)이기도 하다.

현대 개념의 국가 구성 요소는 영토, 국민, 주권이다. 영토는 국가가 실질적으로 지배하는 땅과 그 나라에 속하는 바다와 하늘을 포함한다. 한 나라의 국적을 가진 국민은 그 나라의 구성원이다. 국민은 국가의 보호를 받으며, 동시에 국가에 대한 의무를 이행한다.

통치자는 대내적으로는 국민과 영토를 통치한다. 다른 나라와 대등한 위치의 외교 관계를 맺을 수 있다. 이러한 국가 개념은 유럽의 30년 전쟁을 종식시킨 웨스트팔렌 평화조약(1648)을 기점으로 확립되었다.

성경 시대의 나라(basileia)는 왕을 원수(元首)로 받드는 각료와 백성들을 지배하는 국왕의 주권적 통치와 그 통치가 미치는 영역이다. 왕국에 해당하는 히브리어와 헬라어의 일차적 의미는 왕의 통치적 권위와 주권 그리고 그 주권을 행사하는 권위자의 지배와 통치 영역을 의미한다. '하나님 나라'는 하나님의 주권적 지배와 통치 영역이다(시 103:19). 예수께서는 "먼저 그의 나라와 그의 의를 구하라"(마 6:33)고 했다. 이 가르침은 우리가 하나님의 통치와 그의 지배를 적극적으로 갈망해야 함을 의미한다.

---

⁴하나님 나라(신국)는 마태복음에 4회, 마가복음에 4회, 누가복음에 32회, 요한복음에 2회, 사도행전에 6회 바울서신에 8회, 요한계시록에 1회 나타난다. 하늘나라(천국)는 마태복음에 33회, 요한복음에 1회, 히브리서에 11회 나타난다. 마태는 유대인들이 '하나님'이란 말을 직접 사용하는 것을 두려워하는 습관을 따라 '하늘나라'라고 기록한다.

지배 영역이 없는 지배자는 없다. 성경은 하나님 나라를 현재 우리가 들어갈 영역으로 묘사한다. 어떤 성경 구절들은 이 나라를 미래형으로 소개한다(막 9:47). 그리스도의 재림 후에만 경험할 수 있는 영생과 같은 개념으로 제시한다(막 10:23, 14:25; 마 7:21).

성경이 말하는 왕국(Kingdom)은 인간의 노력으로 건설되지 않는다. 인간이 임하게 할 수 있는 성질의 나라가 아니다. 그 나라의 건설자는 하나님이다. 예수 그리스도는 그 나라의 통치자이다.

유대인들은 정치적·민족적 개념의 메시아 왕국의 도래를 기대했지만, 예수는 그 나라를 영적이고 구원사적 왕국이라고 했다. "내 나라는 이 세상에 속한 것이 아니오. 나의 나라가 세상에 속한 것이라면, 나의 부하들이 싸워서, 나를 유대 사람들의 손에 넘어가지 않게 하였을 것이오. 그러나 사실로 내 나라는 이 세상에 속한 것이 아니오"(요 18:36).

예수를 그리스도로 믿는 자는 온전한 하나님 나라의 시민이다. 미래의 어느 날 도래할 하나님 나라의 완전한 실현은 미래에 속한다. 시간의 영역 건너편, 곧 새롭고 바른 질서가 존재하는 곳에 있다(계 20-22장). 그곳은 '이 세상'과는 다른 '오는 세상'(마 12:32)이다. 현세의 시간과 공간을 초월한 영원한 세계이다(갈 1:4; 엡 2:1-2; 갈 5:19-27; 고후 4:3-4). 하나님의 완전한 통치와 완전한 복의 충만은 내세에 속한다.

이 세상에는 죄, 악, 불의가 존재한다. 예수는 '알곡과 가라지의 비유'에서 악인과 의인이 함께 자라는 과정이 있을 것이라고 말씀했다(마 13:24-30). 따라서 완전한 하나님 나라의 통치는 미래에 속한다. 최종적인 심판과 구원은 미래에 이루어질 것이다(마 25:31-46).

신학자들은 하나님 나라의 이중적 특징을 '이미'(already)와 '아직 아니'(not yet)라는 공식으로 설명한다.[5] 이 나라는 이미 도래했지만, 아직 완전한 형태로 임하지 않았으며, 그 나라는 이 둘 사이의 긴장 관계 상태에 현존한다고 한다. 하나님 나라의 세대가 겹쳐 함께 존재하는 사실을 이해하는 것이 중요하다.

세례 요한은 왕국의 입구에서 인류를 옛 시대에서 새 시대로 인도했다. 성경은 "율법과 예언자는 요한의 때까지이다. 그 뒤로부터는 하나님 나라가 기쁜 소식으로 전파되고 있으며, 모두 거기에 억지로 밀고 들어 간다"(눅 16:16)고 말한다. 하나님 나라가 이미 시작되었음을 알린다.

예수께서 광야에서 시험을 받은 뒤, 갈릴리에서 하나님의 복음 전파했다. "때가 찼다. 하나님 나라가 가까이 왔다. 회개하여라. 복음을 믿어라"(막 1:15)고 외쳤다. "때가 찼다"는 그 나라가 완성 단계에 들어간 상태임을 말한다. 세례 요한은 "천국이 가까이 왔다"고 했고, 예

---

[5] 복음주의 학계는 미국인 조지 래드 박사(George Ladd, 1911-1982)와 네덜란드인 헤르만 리더보스 박사(Herman Ridderbos, 1909-2007)가 명료하게 제시한 하나님의 나라 이해를 공유한다. 래드는 실현된 종말을 강조한다. 성도의 휴거 후에 최종적인 하나님의 심판이 임한다(futuristic post-tribulationism)고 믿는 전천년주의자 침례교 목사이다. 풀러신학교의 신약신학 교수였다. 하나님의 나라'가 이미 도래했지만 아직 완성되지 않았다고 한다. Eldon G. Ladd, *The Gospel of the Kingdom* (Grand Rapids: Eerdmans, 1959); *The Presence of the Future: The Eschatology of Biblical Realism* (Grand Rapids: Eerdmans, 1974). 한글판, 엘돈 래드, 『미래의 현존』, 원광연 역 (서울: 크리스천다이제스트, 2016). 리더보스는 개혁주의 신학자로 네덜란드 캄펜신학교의 성경주석 전공 구약성경 교수였다. 래드와 리더보스는 약속이나 한 듯이 거의 같은 시기에 하나님 나라에 대한 비슷한 정의를 내렸다. Herman Ridderbos, *The Coming of the Kingdom*, translated into English by H. de Jongste (Philadelphia: Presbyterian and Reformed, 1962). 최덕성, "천국이란 무엇인가?" 『고신대학보』 29 (1977): 37-43.

수는 "때가 찼다"(눅 4:18,19)고 했다.

귀신을 쫓아낸 예수 그리스도의 활동은 하나님 나라가 임했음을 보여준다. "내가 하나님의 영을 힘입어서 귀신을 쫓아내는 것이면, 하나님 나라는 너희에게 왔다"(마 12:28). 이 구절의 "왔다" 또는 "임했다"는 완료형이다. 사탄의 통치가 깨어지는 위대한 순간이 이미 도래했음을 알린다. 하나님 나라는 시작되었다. 예수께서 죽은 자를 살린 이적은 그 나라의 실현이 절정에 달했음을 말한다. 예수께서 일으킨 초자연적 기적들을 그의 나라의 통치가 이미 시작되었음을 알려준다.

예수의 가르침은 주로 이미 존재하고 있는 나라와 미래에 도래할 나라, 그리고 그 중간에서 양편으로 겹쳐 있는 하나님 나라 백성들의 삶에 대한 것이었다. 산상보훈과 마태복음 13장 등의 하나님 나라(천국) 비유들은 그 나라의 두 국면 사이에 존재하는 백성들의 삶의 새로운 지침이다.

바울은 예수를 그리스도로 믿는 자들이 이미 하나님 나라를 경험하고 있지만, 아직도 완전한 구속의 시간을 기다리고 있다고 말한다. "첫 열매로서 성령을 받은 우리도 자녀로 삼아 주실 것을, 곧 우리 몸을 속량하여 주실 것을 고대하면서, 속으로 신음하고 있습니다"(롬 8:23).

6. 하나님 나라를 맛봄

예수를 구원자로 믿는 자들은 거룩한 영, 성령의 활동 안에서 하나님 나라의 능력을 경험한다(롬 14:17). 우리는 이 세상에서 그것을 맛보고 체험할 수 있다. 히브리서 기자는 "하나님의 선한 말씀과 장차 올 세상의 권능을 맛본 사람들"(히 6:5)을 언급한다. 우리가 현세에서 내세의 능력을 맛봄은 약속보다 나은 현실을 맛보는 복 있는 경험이다.

예수 그리스도는 이 악한 세대로부터 우리를 구하려고 오셨다(갈 1:4). 바울은 "여러분은 이 시대의 풍조를 본받지 말고, 마음을 새롭게 함으로 변화를 받아서, 하나님의 선하시고 기뻐하시고 완전하신 뜻이 무엇인지를 분별하도록 하십시오"(롬 12:2)라고 말한다. 이 악한 세대에 사는 우리가 어떻게 이 세대를 본 받지 않을 수 있을까? 복음과 더불어 성령 안에서 내적 변화를 체험하면 하나님 나라 맛봄이 가능하다. 내적 변화는 악한 세대를 향하여 다가오고 있는 세대의 능력의 결과이다.

요컨대, 하나님 나라가 우리에게 임했다고 함은 기독교인이 하나님의 통치를 받고 있으며, 현재 그 나라에 속했으며, 구원을 소유하고 있음을 의미한다. 예수는 "내 말을 듣고 또 나를 보내신 분을 믿는 사람은, 영원한 생명을 가지고 있고 심판을 받지 않는다. 그는 죽음에서 생명으로 옮겨갔다"(요 5:24)라고 말했다.

하나님 나라를 누리고, 향유함은 "하나님을 영화롭게 하고 영원토록 그를 즐거워하는 삶(웨스트민스터 소요리문답 제1 문답)이다. 예수를 주와 그리스도로 믿고 성령의 능력으로 중생하고 구원받은 사람은 현재의 삶에서 하나님 나라를 경험한다.

기독교인은 예배의 영적 즐거움, 찬양과 기도와 성도의 교제의 즐거움, 영혼의 만족이 주는 즐거움(시 84:10), 하나님의 말씀을 읽고 묵상하며 진리를 깨달을 때 마음 깊은 곳에서 누리는 즐거움(렘 15:16)을 경험한다. 눈을 감으면 하나님의 어전(御殿)에서 그 분의 얼굴을 뵙는 즐거움을 누린다. 죄를 용서받은 기쁨, 해방과 자유의 감격, 신자들이 신앙 공동체 안에서 서로를 섬기며 하나님의 사랑을 경험할 때 오는 환희도 하나님 나라를 누림이다.

하나님 나라를 누리는 시인은 "하늘은 하나님의 영광을 드러내고, 창공은 그의 솜씨를 알려 준다"(시 19:1)고 노래한다. 창조세계를 바라보면서 "참 아름다워라 주님의 세계는, 저 솔로몬의 옷보다 더 고운 백합화" 하고 찬송한다. 자연에서 주의 영광을 발견함은 하나님 나라 시민이 누리는 즐거움이다.

중생한 기독교인은 하나님이 베푸는 평안을 누린다. 원수를 사랑하는 경험은 하나님 나라 시민이 경험하는 특별한 누림이다(마 5:44). 성령의 내주 동행 활동은 하나님 나라의 시민에게 주어진 특별한 누림의 선물이다. 기독교인은 예수를 그리스도로 믿음으로 새로운 생명을 얻고, 하나님 나라의 백성으로 살아간다(요 3:3-5). 성령께서 우리로 하여금 하나님의 뜻을 깨닫게 하고, 하나님 나라를 향한 삶을 살도록 돕는다(롬 8:14). 성도의 교제에서 하나님의 사랑과 그분의 통치를 경험한다(행 2:42-47).

하나님 나라는 예수를 믿고 그를 그리스도로 고백하는 자에게 현재적으로 확장된다(막 1:15). 그 시점부터 신자는 하나님 나라의 영적인 맛봄을 경험한다. 자신의 삶이 변화하는 것을 넘어서서 이 땅에 하나님의 뜻이 실현되며, 정의와 평화의 실현과 더불어 그 나라를 경험한다. 하나님 나라의 복음은 예수의 죽음과 부활을 거쳐 이루어지는 구원에만 제한되지 않는다. 기독교인의 삶과 윤리와 세상에 대한 책임 이행을 배제하는 것은 아니다. 하나님 나라를 맛보는 삶과 성화와 사회적 정의와 세계 평화 유지에 영향을 미친다(미 6:8).

WCC가 매진하는 '하나님의 선교,' 곧 인간화, 평화, 생물학적 생명 등 세상사 해결 활동은 무가치하지 않다. 예수를 그리스도로 믿고 그를 주(Lord)로 고백하는 중생한 기독교인은 사회적·문화적 과제를 부여받았다. 영혼구원을 받은 자들에게 부과된 임무 가운데 하나는 이상적인 사회 건설 노력이다.

교회와 하나님 나라는 불가분의 관계이다. 교회는 예수를 그리스도로 믿음으로 구원받은 하나님 나라의 백성들의 모임―회중(Kirche)이다. 하나님 나라를 드러내고, 그 나라의 복음을 선포하는 신앙고백 공동체이다. 교회의 사명은 예수구원의 기쁜 소식을 전하고, 사람들을 제자 삼으며, 정의와 사랑을 실천하는 활동이다. 하나님 나라는 이같은 활동을 통해 세상에서 드러난다(마 28:18-20).

하나님 나라는 교회를 거쳐 이 세상에 확장된다. 이 교회는 교황 체제의 교회가 아니라 불가시적인 의미의 그리스도의 몸이다. 전 세계에 존재하는 영적인 신앙고백 공동체이다.

하나님 나라는 하나님이 세우는 영적 왕국이다. 기독교인은 다만 그 나라의 복음을 전파할 수 있다. 그 나라는 세상이 보기에 미미하고 초라할 수 있다. 강력한 힘, 권력, 권세로 임하지 않기 때문이다. 그 나라는 천국복음 전도자의 자기희생과 봉사와 섬김으로 확장된다. 소리 소문 없이 서서히 확산된다. "하나님 나라는 누룩과 같다. 어떤 여자가 그것을 가져다가, 가루 서 말 속에 살짝 섞어 넣으니, 마침내 온통 부풀어 올랐다"(마 13:33)고 함과 같다.

맺음말: 우선순위

예수께서는 로마제국의 강력한 권력을 무너뜨릴 수 있는 새로운 정치 왕국, 지상왕국을 세우지 않았다. "내가 진정으로 진정으로 너에게 말한다. 누구든지 다시 나지 않으면, 하나님 나라를 볼 수 없다"(요 3:3)고 했다. 하나님 나라가 즉각 완성된다고도 말하지 않았다. 겨자

씨처럼 점진적 성장 과정을 밟는다고 했다(마 13:31-32). 그 나라가 미래에 완전한 형태로 등장할 것이라는 사실을 부정하지 않으면서 유대인들이 기대한 것과 다른 방식의 나라, 곧 영적인 나라라는 것을 알려주었다.

> 바리새파 사람들이 하나님 나라가 언제 오느냐고 물으니, 예수께서 그들에게 대답을 하셨다. "하나님 나라는 눈으로 볼 수 있는 모습으로 오지 않는다." 또 "보아라, 여기에 있다" 또는 "저기에 있다" 하고 말할 수도 없다. 보아라, 하나님 나라는 너희 가운데에 있다(눅 17:20-21).

제자들에게 둘러 쌓여 있는 예수 그리스도는 하나님 나라 그 자체이다. "하나님 나라는 너희 가운데 있다"에 대한 이 해석은 "짐이 곧 나라이다"라는 당대의 왕국 개념에 부합한다.

이처럼, 하나님 나라는 임했고, 임하고 있고, 임할 것이다. 하나님 나라의 완전한 도래는 미래에 속한다. 기독교인은 '이미'와 '아직 아니'의 긴장 속에 있다. 시작과 끝 사이에 존재한다. 이 악한 세대 가운데서 하나님 나라 현재적 측면을 맛보고 있다.

하나님 나라의 주인공은 하나님의 아들 예수 그리스도이다. 이 왕국은 근본적으로 역사의 저쪽에 있으며 장소성이 있는 미래에 속한다. 하나님 나라는 오고 있는 세대의 능력이 이 악한 세대에 들어와 겹쳐져 있는 상태이다. 예수를 그리스도로 믿는 사람은 현세에서 그 하나님 나라의 능력을 맛보고 체험하며 누릴 수 있다. 승리 생활을 영위할 수 있다.

하나님 나라의 복음은 우선적으로 그 나라의 시민 자격 획득 방법을 알려주는 구원의 파노라마이다. 복음은 하나님의 은혜로 죄를 용서받고 하나님 나라에 진입하는 구원의 기쁜 소식이다. 하나님의 인간 구원의 계획은 예수 그리스도의 도성인신, 대속사역, 죽음, 부활 그리고 주권자의 통치 안에서 성취되었다. 하나님의 구원은 신의 은혜를 자신의 것으로 삼는 믿음의 결단을 내리는 자에게 주어진다.

세상사 해결 활동을 선교로 보는 WCC의 '하나님의 선교' 이론의 결함은 인간의 노력으로 지상낙원, 윤리적 이상사회를 건설할 수 있다고 보는 자유주의 신학의 결함과 동일하다. 하나님 나라는 창조자 하나님의 통치 영역이다. 그 나라의 복음은 죄의 회개, 믿음, 죄 용서받음, 하나님과의 일치, 중생, 칭의, 성화로 이어지는 영혼 구원의 소식이다. 인간과 하나님과의 영적인 연합의 길을 알려주는 소식이다. 기독교인들의 사회적, 문화적 책임은 이 과정을 통과한 자들에게 주어진 실천적 과제이다.

영혼 구원과 무관한 자의 하나님 나라 입성은 불가능하다. 하나님 나라의 복음의 핵심은 예수 그리스도의 십자가의 죽음과 부활의 소식이다. 중생하지 못한 '기독교인'이 추구할 수 있는 하나님 나라는 자유주의 신학의 윤리적 이상향 건설이나 WCC의 '하나님의 선교'의 세상사 해결 활동 그 이상일 수 없다.

성경이 말하는 하나님 나라의 복음의 일차적 의미는 죄인이 하나님이 마련한 구원의 방편인 예수 그리스도를 믿음으로써 그 신의 진노와 심판을 면한다는 기쁜 소식이다. 우리가 예수를 그리스도로 믿으면 죄책에서 벗어나 하나님 나라에 들어갈 수 있고, 그 구원자를 믿는 사람에게 천국시민권, 곧 구원이 주어지고, 하나님과 연합할 수 있다는 소식이다.

WCC는 예수구원의 복음과 복음전도 그리고 그러한 목적의 선교를 사실상 배제한다. 세상사 해결과 윤리적 실천을 '복음'으로 이해한다. 이 단체의 '정의와 평화, 창조질서 보전'(JPIC) 신학은 지상낙원 건설이 가능하다고 생각하는 자유주의 신학과 궤를 같이 한다.

통전적 선교(Integrated Mission) 또는 총체적 선교(Holistic Mission) 주창자들은 복음주의가 말하는 영혼구원 선교와 WCC가 매진하는 사회구원의 통합과 균형을 강조한다. 이 두 가지를 모두 기독교 선교의 1차적 과제라고 한다.

1974년에 출범한 로잔운동은 복음전도와 사회적 책임을 통합하려는 야심찬 선교 프레임을 제시했다. 그러나 이 단체는 양립이 불가능한 두 명제를 강제로 결합시킨 오류를 범하는 결과를 낳았다. 이 단체는 시간이 흐르면서 "복음전도와 사회적 행동은 그리스도인의 의무에서 동등한 파트너"라고 규정했다. 2010년 케이프타운 모임은 개인 구원과 '하나님의 선교' 개념의 사회 변혁을 포괄하는 총체적 복음을 천명했다.

WCC와 로잔운동의 역사는 통합적 선교 모델이 복음 부재의 기독교 선교로 기울어진다는 것을 보여준다. 세상사 해결을 선교의 전부로 여기는 WCC의 선교 패러다임은 사람을 하나님과 연합시키는 일에 실패하며, 교회의 존재와 선교의 본질적 목표를 불투명하게 만든다는 것을 말한다.

영혼구원의 복음전파와 선교 그리고 기독교인의 사회적 문화적 책임 활동 사이에 우선순위(priority)가 필요하다. 하나님 나라의 복음은 예수구원의 기쁜 소식이다. 교회의 일차적 사명은 복음전도이다. 사회 행동은 이에 종속되는 부차적 활동이다. 위계적 사명관, 곧 예수구원의 복음전파와 영혼구원에 우선순위를 두는 선교 모델 정착이 필요하다.

33

정답과 오답

—정답은 한 가지 밖에 없다—

1. 예수는 누구인가?

예수는 누구인가? 자유주의 신학자, 종교다원주의자, 무신론자, 영지주의자 그리고 복음주의자(개혁주의 신학자, 신정통주의자, 신복음주의자, 근본주의자)는 각각의 답을 가지고 있다. 이 질문이 중요한 것은 답에 따라 하나님의 구원의 선물을 받은 자인지 여부가 드러난다. 어느 교회의 구성원이며, 어느 교파에 속했으며, 무슨 기독교 단체에서 활동하는가 하는 것은 그다지 중요하지 않다.

비슷한 답, 정답에 가까운 답, 정답처럼 보이는 답, 정답과 다를 바없어 보이는 답은 모두 오답(誤答)이다. 정답을 가진 자 만이 구원을 받을 수 있다. 하나님이 구원하기로 작정한 자(행 13:48), 하나님이 그리스도께 주신 자(요 6:37), 성령 하나님이 주는 믿음, 곧 예수를 그리스도로 믿는 믿음을 선물로 받은 자는 예수가 누구인가에 대한 정답을 가진다.

예수는 누구인가? 예수가 위대한 종교 위인이라는 사실에는 이견이 없는 듯하다. 기독교인은 대부분 예수가 그리스도(구원자)라는 사실을 거부하지 않는다. 그러나 예수가 '유일한 그리스도,' 한 분 뿐인 구원자인가 하는 질문에 대한 답은 불일치한다. WCC는 예수를 유일한 그리스도로 여기지 않는다. 예수 밖에도 그리스도, 곧 구원의 길이 있다고 한다.

이 질문에 대한 정통 기독교 신학의 답은 간단하고 명료하다. 예수의 제자들, 복음서(마태, 마가, 누가, 요한의 복음서), 사도행전, 바울의 서신들의 증언은 일치한다. 모두 예수가 그리스도이며, 유일무이의 구원자이다(마 16:16; 행 5:42; 17:3, 18:5)라고 말한다.

예수는 자신이 유일한 구원의 길이라고 말했다(요 16:4). 사도 요한은 말한다. "누가 거짓말쟁이입니까? 예수가 그리스도이심을 부인하는 사람이 아니고 누구겠습니까? 아버지와 아들을 부인하는 사람이 곧 그리스도의 적대자입니다"(요일 2:22).

바울은 예수가 하나님과 인간 사이의 유일한 중보자(딤전 2:5)라고 한다. 이 기록들은 목격자들의 정직한 증언이다. 성령의 영감에 따라 쓰여진 사실 기록이다. 하나님의 특별계시의 내용이다.

예수 그리스도는 삼위일체 유일신의 제2위 하나님이다. 로고스, 하나님의 마음, 원리, 지혜(잠 8:22-31), 말씀(요 1:1)이다. 그는 위격(位格, person)을 가진 하나님이다. 하나님은 정한 때에 역사 안에 진입하여 사람이 되셨다. 하나님 로고스는 인격체이며, 생명의 말씀이며, 도(道)이다. 로고스의 도성인신(道成人身) 사건은 신묘막측(神妙莫測)한 하나님의 신비(요 1:1)이다.

예수 그리스도는 완전한 하나님이며 완전한 사람이다. 예수가 하나님이라는 사실은 하나님의 특별계시로 드러난 신적 진리이다. 선지자들과 사도들의 입을 거쳐 특별히 계시된 하나님의 진리는 케리그마(Kerygma, 선포)로 주어진 교의(敎義, Dogma)이다. 이 범주에 해당하는 진리는 신애세인(神愛世人), 도성인신(道成人身), 사자부활(死者復活), 대속구원(代贖救援), 삼위일체(三位一體) 등이다.

하나님의 특별계시로 주어진 신적 진리는 인간의 합리적인 이해를 초월한다. 제한된 인간의 이성적 기능과 일상의 경험으로 추론할 수 없는 진리이다. 검증이 불가능한 까닭은 인간의 유한성 때문이다. 인간은 하나님의 특별계시 진리에 대하여 옳고 그름을 논할 수 있지만, 권위 있는 최종적인 판단을 내릴 수 없다.

세상에는 인간이 이성적으로 검증하거나 확인할 수 있는 것보다 그렇게 할 수 없는 것들이 훨씬 더 많다. 인간의 합리성은 육의 세계, 물질의 세계, 인과응보의 세계 안에서 형성되었다. 인간 이성은 제한적이다. 인간의 지식이란 뷔페식당에서 이것저것을 자기 입맛에 따라 가져다가 한 쟁반에 채우는 것과 같다. 자기의 기호에 따라 그 내용이 채워진다. 그같은 지식을 따라 판단을 내리는 이성은 최후의 재판관이 될 수 없다. 그래서 지혜자는 지식의 근본이 하나님을 경외하는 것(잠 1:7)이라고 말한다.

계시진리가 전적으로 신적 영역에 속하는 것이라고 하여 이것에 대한 합리적 추론을 거부함은 오판이다. 진리에 대한 인간의 논의는 비록 그것이 계시된 진리, 신앙의 영역, 영원한 대상을 다룰지라도, 논의 자체는 인간의 활동이다. 이성적 작업은 일련의 지적, 합리적, 이성적 체계를 필요로 한다. 종교적 명제를 불가해한 것으로 여겨 독단이나 송영(doxology)으로 처리해 버림은 학문을 포기함이다.

이스라엘의 역사와 유대 민족의 역할은 하나님의 계시를 드러내고 인류 구원자 예수 그리스도의 강림을 안내하는 일이다. 성육한 하나님의 로고스, 곧 예수는 죄인들을 대신하여 속죄사역을 담당했다. 그 구원자는 인류 구성원과 동일한 인성을 지녔다. 인간의 육체-영혼-

마음을 가졌다. 허약성, 고뇌, 시험, 목마름, 고통, 슬픔, 분노 등 인간적 특성을 지녔다(히 2:17,18; 4:15-5:2). 죄 없는 그는 자기의 생명을 대속(代贖) 제물로 바쳤다. 자신의 생명 상실로 타인 구원을 가능케 했다(히 6:26). 예수는 참 하나님이고 참 사람이기에 신의 진노를 담당할 수 있었고, 율법의 저주 아래 있는 자들의 구원에 필요한 유효한 대가를 치렀다.

성경은 인간 사이클에 맞춰 제공한 하나님의 계시의 기록이다. 예수는 영원히 참 하나님이며 참 사람이다. 초대교회 칼케돈공의회(431)는 이스라엘의 예언자들이 증언하고, 예수 당시부터 제자들 사이에 존재했고, 초기 기독교 공동체가 고백하던 진리, 곧 예수가 하나님이며 사람이라는 정의를 내렸다.

신과 인간의 결합, 곧 무한하고 영원하고 불변하는 존재와 유한하고 제한적이고 가변적인 존재의 결합은 하나님의 신비(神祕)이다. 신비는 인간의 이성, 논리, 경험으로 온전히 파악되지 않는다. 인간 존재의 한계를 넘어선다. 전지전능한 하나님께는 불가능한 것이 없다. 반면에, 인간은 무한한 하나님의 진리를 합리적으로 다 이해할 수 없다. 인간의 이해 능력, 인지능력의 한계 때문이다.

예수는 하나님의 로고스, 곧 영원한 존재이다. 성부 하나님과 성령 하나님과 더불어서 천지 창조 사역을 했다. 시간이 시작되기 이전에 존재했고, 지금도 그리고 영원히 존재한다. 구약성경 잠언 8장은 하나님의 지혜, 곧 로고스(요 1:1)의 선재(先在)에 대하여 말한다. 야훼께서 태초에, 모든 것을 지으시기 전에, 영원 전, 아득한 그 옛날, 땅도 생기기 전에, 신의 지혜, 곧 로고스는 세움을 받았다. 야훼께서 하늘을 제자리에 두시며, 깊은 바다 둘레에 경계선을 그으실 때에도, 로고스는 거기에 있었다. 야훼께서 땅의 기초를 세우셨을 때, 로고스는 그분 곁에서 창조의 명공(名工)이 되어, 날마다 그분을 즐겁게 해 드리고, 그분 앞에서 늘 기뻐했다(잠 8:22-31).

성육한 로고스의 이름은 '예수'이다. "야훼께서 구원하신다"는 뜻이다. 예수는 낮아지심(卑下)과 높아지심(昇貴)의 과정을 거쳐 우리의 구원을 완성한 구원자이다. 성육(成肉). 수난, 죽음, 장사, 지옥 강하(降下)의 비참함을 감당했다. 그리고 생물학적 생명이 끊어진 상태에서 부활했다. 그의 육체와 영혼이 재결합했다. 구원자 예수는 죽음의 권세를 이기고 부활했다. 부활한 예수는 여전히 완전한 사람이며 완전한 하나님이다.

부활한 예수의 신비한 영체는 하늘로 올라갔다. 지금은 하나님의 우편에서 우리를 '편들어' 성부 하나님께 간구한다(롬 8:34). 예수는 하나님의 정한 시간에 승천할 때의 형태를 지닌 모습으로 재림한다. 심판자의 자격으로 다시 오신다. 이 땅에 있는 모든 사람은 그 재림주를 바라볼 것이다.

예수는 세 가지 직무 수행으로 그리스도—구원자 직을 담당했다. 선지자, 제사장, 왕으로 십자가에 못 박혀 죽었다. 예수는 대제사장이다. 자신을 희생 제물로 하나님께 바쳐 하나님의 공의를 만족시켰다. 우리의 구원을 위해 하나님의 공의를 만족시키는 것이 필요했기 때문이다. 예수는 왕이다. 지금도 왕 중 왕으로 하나님 나라를 다스린다. 이 나라는 과거 현재 미래의 국면을 지니고 있다. 예수와 더불어 임했고, 예수를 구원자로 믿고 고백하는 자들에게 임한다. 이 나라는 주님이 계획한 미래의 어느 시점, 곧 심판의 날에 완전한 형태로 임할 것이다.

하나님 나라는 창조주의 주권과 통치가 실현되는 영역이다. 예수 그리스도의 통치를 받는 모든 사람들, 곧 예수의 죽음과 희생으로 대속받은 자들은 하나님 나라의 시민이다. 천국의 호적 등록과 정리가 마무리된 상태이다.

하나님은 예수를 그리스도로 믿는 믿음을 보시고 우리에게 의롭다는 법정적 칭의를 선물한다. 예수를 그리스도로 믿을 때 하나님은 우리의 죄를 용서하고 중생시키고 자녀로 삼는다. 판사가 무죄를 선언하듯이 우리에게 의로움을 선언하고, 그것을 선물한다. 그리스도의 의를 우리에게 전가(轉嫁)한다. 우리는 여전히 죄인이지만 하나님은 예수를 그리스도로 믿는 자에게 죄 없음을 선언한다.

2. WCC 헌장 제1조

종교다원주의는 19세기 자유주의 신학, 20세기의 '역사적 예수 연구,' 21세기의 '예수 세미나'의 기독론과 궤를 같이 한다. '역사적 예수' 전통에 따르면, 예수는 인간의 죄책을 대신 담당할 목적으로 자신을 희생 제물로 바친 분이 아니다. 윤리 교사, 인간화 운동가, 평화 선전가, 인권투쟁자, 인민해방자, 세상사 해결자이다.

WCC 종교다원주의 신앙고백의 가장 강력한 표현은 WCC 제10차 총회(부산, 2013)가 일방적으로 선포한 "선교와 전도 선언서: 함께 생명을 향하여" 제80항에 담겨 있다. "하나님의 구원하는 은총에 제한-한계를 둘 수 없다"라고 한다.

복음은 서로 다른 뿌리를 가지고 특정 문화, 정치, 종교 실재에 개입되어 있다. 이러한 방법으로 종교 간의 대화는 [복음이 전해지기 전에] 이미 그곳에 그리스도가 현존하여 일하고 계시며, 이미 그곳에 현존하여 [구원의] 일을 하는 하나님의 영(God's Spirit)을 인정하는

폭넓은 맥락에서 이루어져야 한다.[1]

이 WCC 문서에는 기독교의 선교전도선언서가 꼭 담아야 할 예수 그리스도의 복음과 대속사역에 대한 진술이 없다. 예수 밖에도 하나님의 구원이 있다고 한다.

WCC 부산 총회가 열리고 있는 어느 날 오후 필자는 신학자 몇 명과 함께 해운대 바닷가를 산책하고 있었다. 어느 백인 여성이 WCC 참가자 명찰을 지니고 바닷가를 거닐고 있었다. "한국에 오신 것을 환영한다"고 인사했다. "어느 나라에서 왔는가?"라고 묻자 "네덜란드"라고 답했다. 자신은 네덜란드의 어느 교단의 총회장, 신학교 교장, 신학 교수이며, 그 교회 대표지로 WCC에 참석하고 있다고 했다.

필자는 네덜란드개혁교회와 인연이 있다. 그래서 혹시 개혁교회의 대표자인가 하고 묻자 아니라고 했다. "당신이 대표하는 그 교회는 어떤 교리적인 특징을 가지고 있는가?" 하고 물었다. "우리 교회는 모든 종교들의 교리를 다 환영하고 수용한다"고 답했다. 네덜란드 판 유니테리언교회인가 보다 하는 생각이 들었다. 종교다원주의를 수용하는 극단의 포용주의, 혼합주의, 신앙무차별주의 교회 같았다.

그 시점에 남아프리카공화국에서 온 WCC 참가자 한 명이 우리의 대화에 끼어들었다. 이 백인 남성은 성공회 사제 같았다. "하나님은 전 인류를 사랑하고 모든 사람을 다 구원한다. 어찌 하나님이 예수 믿는 자들만 사랑하고 구원한다고 생각하는가, 왜 예수를 그렇게 속 좁은 마음으로 믿는가"라고 했다.

필자는 이 성직자들에게 예수가 누구인가를 소개했다. 하나님과

---

[1] WCC, "Mission and Evangelism: Together toward Life"(2013), para. 80, 97.

인간 사이에 유일한 중보자(딤전 2:5)이고, 그 분을 그리스도로 믿는 사람이 영생의 소망을 가진 하나님의 자녀가 될 수 있다고 했다. 그들은 떨떠름한 표정을 보였다.

WCC 헌장 제1조는 "WCC는 성서에 따라 주 예수 그리스도를 하나님과 구세주로 고백하는 교회들의 친교"라는 회원교회 자격을 명시한다. 2년 뒤에 이 조문은 "WCC는 성경에 따라 예수 그리스도를 하나님이며 구세주로 고백하며, 성부, 성자, 성령의 영광을 위하여 공동의 소명을 함께 성취하고자 노력하는 교회들의 교제이다"로 바뀌었다.

WCC는 위 헌장의 해석과 적용을 회원교회에 맡긴다. 교리에 대한 검증장치를 가지고 있지 않다. 매우 다양한 신학적 입장을 가진 교회 대표자들이 함께 모여 이 시대에 필요한 기독교인들의 세상사 해결 과제를 공동으로 성찰한다.

필자가 해운대 해변에서 만난 외국인 두 사람의 경우는 WCC의 '헌장' 제1조가 회원 교회들에 엄격하게 적용되고 있지 않음을 보여준다. 예수를 유일한 구원자(그리스도)로 고백하지 않아도 이 단체의 회원이 될 수 있다. WCC는 예수의 신성과 유일의 구원자를 부인하는 종교다원주의자들을 '몽학선생'으로, 유급 전임 신학자로 20년 이상 모실 정도이다.

기독교의 핵심 진리를 부정하는 교회들도 WCC에 가담한다. 이 단체의 출범 때부터 회원교회로 가담한 미북장로교회(현 PCUSA)는 오래 전에 기독교의 근본 도리들을 부정하는 '오번선언서'(Auburn Affirmation, 1924)를 지지했다. ① 성경의 권위와 무오성, ② 그리스도의 동정녀 탄생, ③ 대속적 죽음, ④ 육체적 부활, ⑤ 초자연적 기적 등을 신학 이론에 지나지 않는다고 하는 자들을 제재하지 않았다.

여러 해 뒤, 미북장로교회 총회는 위 근본 도리들을 부정하는 목사와 신학사도 이 교단 교회의 유급 직원(목사, 신학자)으로 일할 수 있다고 결정했다. 이 다섯 가지를 사실로 믿지 않거나 확실하게 고백하지 않는다고 함은 무엇을 의미하는가? 예수가 누구인가에 대한 이들의 답은 성경의 가르침과 불일치한다. 예수를 윤리적 모범으로 믿는 반면 하나님과 인간 사이의 유일한 중보자-구원자로 믿지 않음을 의미한다. 미북장로교회(현 미합중국장로회, PCUSA)는 한국의 예장 통합 교단의 자매교회이다.

3. 역사적 예수 연구

19세기의 자유주의 신학은 기독교를 윤리, 윤리실천 공동체로 이해하면서, 예수의 가르침을 중심으로 '하나님의 나라' 이론을 펼쳤다. 자유주의 신학이 이해하는 하나님의 나라의 본질은 윤리와 윤리실천이다. 정의, 인권, 평등, 박애 등이다. 하나님 나라의 목표는 사랑에 기초한 행동을 통한 인류 공동체(Universal Community of Love) 건설이다.

자유주의 신학은 19세기 독일 지식인들 사이에 유행한 '역사'에 특별한 관심을 공유했다. 그것은 헤겔의 영향을 받은 '역사적 예수 탐구' 학풍을 이어받았다. 이 학풍은 기독교의 본질을 파악하려면 역사를 알아야 한다는 동기로 진행되었다. 기독교 신앙과 복음서 기록들 뒤에 숨겨진 '진짜 예수'가 있다고 가정하고 그를 찾으려 했다.

'역사적 예수 연구' 학파는 자유주의 신학 전통에서 태동했다. 놀랍게도 이 학파는 역사가 무엇인가에 대한 기초 상식을 가지고 있지 않았다. 역사를 실증적, 객관적 학문으로 이해했다. 역사 연구에 역사적 현실을 보는 역사가의 시각이 동원되고 개입되는 사실을 간과

했다. 역사란 과거에 일어난 중요한 사건들에 대한 역사가의 해석과 재구성 작업의 결과라는 것을 깊이 생각하지 못했다. 역사탐구 작업은 역사가의 판단을 역사 자료들과 해석과 재구성 위에 덧입힌다. 역사적 예수 연구가들은 역사 연구가 역사적·실증적·객관적으로 이루어 지지 않는다는 사실을 간과했다.

'역사적 예수' 연구자들, 자유주의 신학자들, 종교다원주의자들은 성경의 기록을 사실로 받아들이지 않는다. 부활한 예수를 목격한 자들의 증언을 진실한 것으로 여기지 않는다. '객관적 진리'를 담보하지 않는 역사연구 방법으로 연구하여 예수를 연구한 결과로 실제로는 새로운 예수 상을 만들어냈다.

예수는 누구인가? '역사적 예수' 연구자들의 탐색 결과를 종합하면 아래와 같다. 예수는 인간이다. 하나님이 아니다. 요셉과 마리아의 생식기능을 거쳐 정상적으로 태어났다. 예수 이야기를 담은 복음서는 예수 사후 수십 년 뒤에 저술됐다. 예수를 믿는 사람들, 절박한 상황에서 예수를 메시아(그리스도, 구원자)로 믿고 싶어 하는 사람들이 그를 신적인 인물로 각색하고, 하나님의 아들이라고 추앙했다.

예수를 신격화 하여 추앙한 사람들은 예수 이야기를 담은 복음서를 예수를 추앙한 사람들의 관점으로 기록했다. 예수가 물을 포도주로 만들고, 갈릴리 호수 수면 위로 걸어가고, 죽은 자를 살려냈다는 이야기를 만들어 냈다. 복음서의 이야기는 사실 기록이 아니다. 예수를 추앙하여 신격화 한 자들의 허구(fiction), 곧 소설이었다. 그들은 아이가 남자 없이 태어나고, 사람이 초자연적인 기적을 행하고, 죽은 사람을 살렸다는 등의 신화를 등장시켰다. 신화의 세계에 살던 사람들의 상상이 그와 같은 이야기들을 만들어 냈다. 따라서 예수가 신인가 인간인가 하는 논쟁에 목숨을 거는 일은 무의미하다.

지금도 일어나지 않는 일은 옛날에도 일어나지 않았다. 예수의 성육신, 육체의 부활, 대속의 죽음 이야기는 신화이다.

예수를 로마 병정과 마리아 사이에 태어난 아이라고 단정하는 것은 성급하다. 마리아 아가씨는 품격 있는 집안에서 태어나고 자랐다. 로마 병정하고 연애하여 임신할 그런 부류의 여성이 아니다. 만약 불륜 관계의 아이를 출산했으면 돌에 맞아 죽었을 것이다. 그러한 신분의 아이 예수가 어떻게 세상의 빛으로 추앙을 받으며, 엄격한 율법주의 회당에서 유대교 엘리트들과 대화하고, 그들을 가르쳤겠는가. 소문은 악화되는 성질을 가지고 있으며, 감춰지지 않는다. 확실한 것은 예수가 남자 없이 성령 하나님의 능력으로 태어났다는 이야기는 사실이 아니다. 그것은 신화이다.

왜 예수는 처형당했는가? 진실을 말한 탓으로 기득권자들의 미움을 받아 처형되었다. 33세의 나이에 삶이 끝났다. 예수 죽음 이후의 그 분에 대한 이야기는 제자들이 지어낸 허구, 소설, 연애편지이다.

예수는 하나님 나라가 오고 있으며, 제자들에게 너희들도 그 나라를 보게 될 것이라고 했다. 그러나 그 나라는 예수 당대에 오지 않았다. 천년의 세월이 지난 지금도 오지 않았다. 하나님의 나라, 곧 정치적 유대 왕국이 이루어질 것이라고 기대한 것은 오판이었다.

예수에게는 동생이 있었다. 예수의 형제 야고보의 존재는 예수가 신이 아니라 사람이었음을 뒷받침한다.

예수가 처형당한 무렵에는 예루살렘이나 유대 사회에 예수가 메시아—그리스도라는 의식이 존재하지 않았다. 예수가 부활했다는 소문이 퍼지자 비로소 부활 신화를 믿고 따르는 사람들이 많아졌다.

사도행전은 오순절 날 베드로가 설교를 하자 3천 명이 회개하고 세례를 받았다고 기록한다. 이것은 허구이다. 학자들은 주후 40년경인 예수 사후 몇 년 뒤 예루살렘에 약 1천 명 정도의 기독교인들이 거주했을 뿐이라고 한다.

과학적인 사고를 따라 고고학과 문헌학 방법을 도입하여 접근해 보면, 예수는 나사렛 변방 시골 출신의 한 예언자였다. 잠깐 꽃을 피려다가 안타깝게 죽임을 당한 사회 혁명가였다.

예수는 신의 아들로 추앙받다가 세상 권력자들에게 체포되어 비참한 죽음을 당했다. 이것은 자랑스럽지 않다. 그가 전지전능한 하나님의 아들이라면 꼭 그렇게 죽임을 당해야 할 까닭이 없다.

제자들은 죽은 예수를 변호하려고 별의 별 얘기를 다 만들어냈다. 하나님께서 우리를 너무 사랑하여 우리 죄를 용서하려고 자기의 사랑하는 아들을 내어주었다고 말했다.

예수가 전지전능한 신이라면 죽지 않아야 했다. 부활은 창피한 일이다. 부활을 했다면 무엇이 무서워서 40일 동안 이 땅에서 거의 숨어 지냈는가? 왜 재빨리 하늘로 올라가 버렸는가? 예수가 부활했으면 빌라도, 대제사장, 서기관을 만나고 "당신들이 잘못했다"고 알려주었을 것이다. 불안을 느끼고 있는 제자들과 함께 있어 주었을 것이다. 몇 해라도 같이 있지, 왜 신속히 승천했는가?

예수가 다시 살아났다면 부활 후 40일 동안 어디서 무엇을 했는가? 부활 후의 행적에 대한 복음서의 기록은 시원치 않다. 예수는 부활 후 얼른 하늘로 올라가버렸다. 예수가 구름 타고 곧 온다는 소문이 있었다. 예수는 자신이 곧장 재림한다고 말했다. 그가 전지전능한 신인데도 약속을 지키지 않았다. 예수가 신이었으면 그것은 그가 비겁한 신이었음을 증명한다. 예수는 나사렛 출신의 한 청년이었다. 처형되어 죽었다. 돌아오지 않은 것은 당연하다.

예수는 사회변혁 운동가였다. 영웅적인 인간이다. 겸손하고 거룩하고 위대한 분이다. 예수는 원수 사랑을 가르쳤다. 그의 비폭력 저항은 얼마나 위대한가? 예수 이전에는 이스라엘에 사회변혁 운동가가 없었다. 예수는 예언자였다. 자기 생각, 자기의 깨달음을 가지고 하나님의 뜻을 헤아려 새로운 역사를 이룬 멋진 사람이었다. 예수는 사람들에게 이상적인 세상을 이루려고 노력할 수 있는 계기를 제공한 위대한 인간이다. 예수를 믿는다는 것은 그분의 선한 행적과 가르침을 믿고 따른다는 것이다.

현대 개념의 인권사상이나 민주의식의 관점으로 보아도 예수는 위대한 우리의 '친구' 또는 '형님'이다. 그는 절대 지배자가 아니다. 모든 것을 이래라 저래라 하고 억압하고 명령하는 자가 아니다. 예수는 인권 존중 사상이나 민주의식에 부합한 메시지를 외쳤다. 자기가 은밀하게 깨달은 것, 하나님으로부터 들었다고 생각하는 것들을 제자들에게 이야기했다(요 15:15). 예수는 사람들과 함께하는 친구 같은 존재이다. 따라서 예수가 신인가 인간인가 하는 논쟁이나 유일의 그리스도 또는 유일의 중보자라는 교리에 목숨을 걸고 싸우는 것은 난센스이다. 예수는 실패한 사회혁명가, 민중해방 운동가였다.

이상은 '예수 세미나'를 주도한 자유주의 신학자 존 도미닉 크로산의 『역사적 예수』(*The Historical Jesus: The Life of a Mediterranean Jewish Peasant*, 1993)의 요점이다.[2] 다수의 진보계 자유주의 신학자들이 이와 동일하거나 비슷한 견해를 유지하고 있다. 전술한 WCC의 몽학선생, 유급 전임 신학자 사마르타와 아리아라자의 예수 이해는 이와 크게 다르지 않다. WCC가 도합 20년 동안 특별대우하면서 모

---

[2] 도미닉 크로산, 『역사적 예수』, 김준우 역 (서울: 한국기독교연구소, 2000).

신 신학자들의 신학은 이 단체의 종교다원주의 신앙고백의 기초이다.

4. 예수 세미나

알베르트 슈바이처(Albert Schweitzer, 1875-1965)와 루돌프 불트만(Rudolf Bultmann, 1884-1976)은 자유주의 신학자들의 '역사적 예수 연구'에 한계가 있으며, 그 방법으로는 실제 예수에 접근할 수 없음을 밝혔다. 이들은 신약성서 복음서들 밖에서 '역사적 예수'를 찾는 것이 불가능하다는 결론에 이르렀다.

슈바이처는 예수 연구의 한계를 인지하면서도 역사적 연구라는 접근을 시도했다. 불트만은 역사적 연구 자체보다는 신화의 해체와 신앙의 재해석에 중점을 두었다. 성경의 신화적 요소를 제거하고 신앙적 의미에 집중했다.

독일계 프랑스인 슈바이처는 노벨상을 수상한 의사 신학자였다. 방대한 『역사적 예수 논구』(1906)[3]를 저술했다. 19세기 말과 20세기 초의 '역사적 예수 연구'를 탐색하고서 그 연구의 접근들이 대부분 연구자 동시대의 신학적, 철학적 사상에 영향을 받았다고 했다. 예수의 실제 모습을 밝히기보다는 연구자 자신들의 이상적인 예수 모델을 그려냈다고 결론지었다.

불트만은 마르부르크대학교의 신약신학 교수로 30년 동안 재직했다. 신약성서를 신화 모음으로 보고, 신화를 해체하는 '비신화화' 작업의 필요성을 주창했다. 성서에 나타나는 초자연적 요소들을 현대인의 이해에 맞게 재해석해야 한다고 했다. '역사적 예수 연구'가 신앙에 중요한 의미를 제공하지 않는다고 하면서, 예수의 역사적 사실보다는 예수에 대한 신앙고백이 더 중요하다고 했다.

불트만의 비신화화 신학은 기독교 신학 발전에 일면 이바지했다. 신학자들은 성경 내용을 신화화하는 경향을 보인다. 불트만의 접근 방법은 지나친 역사 해석을 차단하는 데 일면 도움을 주었다. 그러나 복음서가 사실 기록이 아니라고 하는 전제에서 출발한 그의 사상에는 다수의 찬성과 반대가 잇따랐다.

슈바이처와 불트만은 복음서에 기록된 케리그마(고전 1:21), 곧 정직한 증언자들의 증언과 복음진리 선포 활동만으로 역사적 예수에 대한 접근이 가능하다고 했다. 역사적 예수 연구의 가장 확실하고 정확한 방법은 성경을 연구하는 것이라고 했다. 마태복음, 마가복음, 누가복음, 요한복음 그리고 사도행전과 바울의 서신들과 히브리서 등을 연구하는 것이라고 했다. 슈바이처와 불트만의 결론은 기독교 정통 신학의 기독론이나 복음주의자들의 예수 이해가 논리적으로 신뢰할 만하지 않다거나, 틀렸다거나, 상식에 미치지 않는다고 말할 수 없다는 결론에 이른다.

이처럼, 슈바이처와 불트만은 역사적 예수 연구라는 방법으로는 진정한 예수상을 도출할 수 없다고 했다. 역사적 예수 연구의 가장 정확한 기록은 신약성경 복음서들의 기록이다. 그럼에도 자유주의 신학 진영의 역사적 예수 연구가들과 추종자들은 성경의 증언에 지속적으로 도전한다.

'예수 세미나'라는 학회는 성경이 신화 모음이며, 성경의 예수 이야기는 소설이며, 기독교는 허구라는 주장을 계속한다. 초기 기독교가 열성적으로 당대의 예수를 신으로 그려냈다면서 그리스도의 성육

---

[3]Albert Schweitzer, *Von Reimarus zu Wrede: eine Geschichte der Leben-Jesu-Forschung* (1906, Legare Street Press, 2022).

신, 동정녀 탄생, 대속적 죽음, 부활의 역사성을 부인했다.

'예수 세미나'는 1985년에 미국의 125명의 로마가톨릭과 프로테스탄트 신약신학자들이 만든 학회이다. 이 단체의 기본 주장은 다섯 가지이다. 첫째, 성경이 말하는 예수의 말은 20퍼센트 정도만 실제로 한 말이다. 예수 자신이 구원의 유일한 길이라고 한 말은 예수의 말이 아니고 요한이 자기 생각을 기술한 것이다. 둘째, 예수는 자신이 메시아, 그리스도라고 공적으로 주장하지 않았다. 셋째, 자신이 하나님과 매우 가깝다고 느꼈지만 신적인 존재라고 생각하지 않았다. 넷째, 예수는 죽었고, 다시 살아나지 않았다. 다섯째, 예수는 재림을 약속하지 않았다.

'예수 세미나'를 주도한 로버트 펑크(Robert Funk, 1926-2005)는 미국 감리교계 밴더빌드대학교의 신약신학 교수였다. 정통 기독교 신앙에 도전하면서 역사비평 방법을 극단적으로 도입했다. 영지주의자들의 도마복음서를 성경에 포함시키면서, 예수의 역사적 실체를 밝히는 데 주력했다.

펑크는 1990년에 미국의 어느 연합그리스도의 교회의 강연에서 예수 세미나의 명제 21개를 기록된 형태로 소개했다. 첫째, 하나님은 존재하지 않는다. 둘째, 찰스 다윈의 진화론은 창조 교리를 영원히 말살시켰다. 셋째, 기적은 존재하지 않는다. 기적이라는 것은 의(義)와 완전에 대한 모욕이다. 넷째, 신에게 기도하는 것은 무의미하다. 기도는 명상에 지나지 않는다. 다섯째, 예수는 신적 존재가 아니다.

여섯째, 예수는 구속자가 아니다. 그를 구속자라고 함은 낡아 빠진 발상이다. 일곱째, 예수가 처녀에게서 태어났다는 것은 현대 지성과 여성에 대한 모욕이다. 여덟째, 속죄 교리는 이성적이지 않고 또한 윤리적이지 않다. 아홉째 예수는 부활하지 않았다. 열째, 기독교가 말하는 계시의 요소들을 모두 삭제함이 마땅하다. 열한 번째, 예수는 기독교 신앙의 적절한 대상이 아니다. 열두 번째, 성경은 객관적 행동 기준을 담고 있지 않다. 열세 번째, 이러한 '예수 세미나'의 결론들을 배교적이며 이단적이라고 하는 비난은 우스꽝스럽다.[5]

하나님의 특별계시를 담은 성경과 합리적 이성과 성령 하나님의 인도에 비춰보면, 자유주의 신학자들, 종교다원주의자들, '예수 세미나'의 학자들의 예수 이해는 모두 오답이다.

성경은 하나님의 영감과 인도에 따랐던 정직한 증언자들의 증언을 기록한 책이다. 상식적인 의미의 객관적 기록이다. 성령 하나님의 영감 아래서 기록된 하나님의 계시사 기록이다. 예수의 사도들이 성경을 기록할 무렵, 예수의 부활을 목적한 증언자들이 살아 있었다. 바울은 예수 부활 사건을 지성적으로 탐색한 뒤에 이 사실을 "그 후에 그리스도께서는 한 번에 오백 명이 넘는 형제자매들에게 나타나셨는데, 그 가운데 더러는 세상을 떠났지만, 대다수는 지금도 살아 있습니다. 다음에 야고보에게 나타나시고, 그 다음에 모든 사도들에게 나타나셨습니다"(고전 15:6-7)고 증언한다.

성경의 예수 십자가의 대속사역과 부활 이야기는 목격자들의 정직한 증언이다. 기록자들의 목격자들의 진솔한 증언을 담고 있다. 성경 기록과 다수 목격자들의 증언이 진실하지 않다는 것을 '객관적'으로 입증할 방법은 없다.

---

[4]Robert W. Funk, *The Five Gospels: The Search for the Authentic Words of Jesus*, (New York, NY: Sciribner Book, 1993).

[5]최덕성, 『에큐메니칼 운동과 다원주의』 (서울: 본문과현장사이, 2005)가 이 주제를 상론한다.

예수는 누구인가? 이 질문에 대한 답은 여러 가지이다. 정답은 한 가지이다. 정답이 아니면 모두 오답이다. 정답에 가까운 답도 오답이다. 오답으로는 구원을 받을 수 없다. 오답은 구원받는 믿음의 결과가 아니다.

정답 고백은 하나님이 베푸는 은혜, 성경에 대한 신뢰, 성령 활동의 결과이다. 하나님의 구원의 은혜 안에 있는 자는 성령의 인도를 따라 성경을 읽는다. 성령 하나님의 선물한 믿음을 가진 자는 역사적 예수 연구 학파의 근거 없는 불신앙적 추정을 거절한다.

하나님의 영감을 받은 유대인 시인은 이렇게 노래한다. "나는 주님의 법을 묵상하며, 주님의 길을 따라 가겠습니다. 주님의 율례를 기뻐하며, 주님의 말씀을 잊지 않겠습니다"(시 119:15-16).

성경은 하나님의 특별계시의 기록이다. 성령의 감동과 감독 아래 기록된 하나님의 말씀이다. 인간 바깥 세계에서 인간 세계 안으로 들어온 특별한 신의 선물이다. 성경은 인간 사이클에 맞춰 제공한 신의 계시를 기록한 책이다. 하나님의 구원계획 안에 있는 사람은 성경을 정면으로 대하고, 거룩한 영의 조명과 인도를 따라 그 증언을 정직한 것으로, 사실 기록이라고 믿는다.

예수는 누구인가? 베들레헴에서 태어나고, 갈릴리 호수가에서 제자들과 무리들에게 설교하고, 오병이어로 5천 명 이상의 배고픈 무리를 먹인 그 역사적 인물, 골고다 언덕에서 십자가에 못박혀 죽은 그 예수는 누구인가?

이 질문에 대한 정답은 하나님의 특별계시 기록인 성경이 제공한다. 성경 밖에는 정답이 없다. 성경은 예수가 그리스도이며, 그 예수만이 유일한 구원자라고 증언한다. "하나님은 한 분이시요, 하나님과 사람 사이의 중보자도 한 분이시니, 곧 사람이신 그리스도 예수이십니다"(딤전 2:5)라고 한다. 예수 그리스도에 대한 성경의 정보 보다 더 정확한 것은 없다. 이 신앙고백만이 반석 위에 지은 집이다. 창수가 나고 바람이 불어도 무너지지 않는다.[6]

맺음말: 크레도(CREDO)

전 고려신학교(현 고신대학교 고려신학대학원)의 성경학자 박윤선 교수는 "계시 의존적 사색으로 구원을 받는다"는 것을 거듭 강조했다. 우리의 구원이 성경 사색에 달려 있다는 말인가? 구원은 예수에 대한 믿음의 결과가 아닌가? 박윤선의 의도는 자유주의 신학의 도전에 대한 강력한 거부이다. 성경이 하나님의 말씀이고, 성경이 제시하는 예수를 믿어야만 구원을 받는다는 뜻이다.

개혁주의 신학을 포함한 복음주의는 성경을 하나님의 말씀, 구원의 진리를 담은 거룩한 책이라고 믿는다. 사실 기록이라고 믿는다. 동시에 성경은 비평적 읽기와 연구의 대상일 수 있다고 생각하며, 성경절대주의, 성경우상숭배(Bibliolatry)를 경계한다.

성경이 신앙과 행위의 최종적인 권위라고 믿는 개혁주의 정통신학의 성경관은 순환논리(petitio principii, begging the question)와 마주친다. 성경의 증언이 참인 까닭은 성경이 그것을 참이라고 말하기 때문이며, 성경이 성경 증언을 진리라고 말하기 때문이라는 논증 방식은 순환논법이다. 성경을 기반으로 그것의 진정성, 무오류성을 증명하는 것은 순환논증(circular reasoning)이다.

---

[6] "성경 무오에 대한 시카고 선언"(The Chicago Statement on Biblical Inerrancy, 1978)을 참고하라. www.reformanda.co.kr/Archive/44056.

복음주의 신학자들은 성경의 진정성을 증명하려고 그것의 자증성, 정확성, 신뢰성을 뒷받침하는 증거들을 제시한다. 역사적, 고고학적 증거, 논리적 일관성, 성경이 다수의 저자에 의해 수세기 동안 기록되었지만 내적인 통일성을 지니고 있다는 등의 근거를 열거한다. 성경 각 권의 내용이 조화롭고, 사람을 변화시키는 힘을 지니고 있다고 한다. 성경을 따라 예수를 믿고 성령의 인도를 받는 기독교인들의 신앙 경험을 성경의 신뢰성의 증거로 삼기도 한다.

성경의 진정성을 뒷받침하는 가장 중요한 근거는 그와 같은 내용과 결과를 가져온 유일신 창조주의 존재이다. 성경은 진리의 보고이다. 창조자 하나님이 인간들에게 준 선물이다. 하나님은 누구인가? 야훼는 스스로 존재하는 신이다. 그 신의 선물의 진정성은 스스로 존재하는 신의 진정성과 일치한다. 하나님은 전지전능, 무소부재의 신이다. 인간의 이성의 실험관 속어 갇혀지는 분이 아니다. 인간의 한계와 논리와 추정을 초월하는 분이다.

구원은 예수가 그리스도, 유일한 구원자라고 믿는 자에게 베풀어진다. 이 믿음은 하나님의 선물이다. 성령 하나님이 주는 믿음을 가진 자는 성경이 안내하는 구원의 길, 예수구원 유일의 도(道), 하나님의 계시 진리에 대하여 '크레도'(credo), 곧 '나는 믿는다'라고 고백한다.

기독교 전통에서 '크레도'라는 표현은 단순히 어떤 사실을 믿는다는 것을 넘어 자신과 공동체의 신앙을 공개적으로 고백하고 확증하는 행위를 의미한다. 그러한 믿음을 흔들림 없이 붙잡고 있겠다는 의지적 선언이다. '크레도'는 '알기 때문에 믿는 것'이 아니라, '믿기 때문에 아는 것'이라는 기독교 신앙의 본질을 드러낸다.

맺음말

—불량품 장사꾼을 멀리하라 —

1. 성취론의 몰락

스코틀랜드 신학자 존 파르쿠하(John Farquhar, 1861-1929)는 유럽 기독교 시각으로 힌두교를 파악한 『힌두교의 왕관』(*The Crown of Hinduism*, 1913)의 저자이다.[1] 옥스퍼드대학교를 졸업하고 인도 캘커타에서 선교사로 활동하면서 기독교를 힌두교 진리의 결함을 극복하고 보완하는 종교라고 했다. 기독교 진리가 인도인들의 지혜를 성취, 완성하며, 따라서 기독교는 유일의 보편적인 종교라고 했다. 기독교를 힌두교의 왕관이라고 했다.

파르쿠하의 사상은 오랜 역사를 가진 성취론(fulfillment theory)을 반영한다. 타종교들이 가진 일련의 진리들이 복음을 위한 준비(praeparatio evangelica) 성격을 지니고 있다는 이론이다. 비기독교 종교들 안에 있는 희미한 진리의 그림자들이 궁극적으로 기독교 복음을 받아들이는 준비 역할을 한다는 것이다. 타종교의 부분적 진리들이 결국 예수 그리스도의 메시지로 완성, 성취, 충족된다고 본다.

성취론은 타종교들에도 모종의 진리가 있음을 인정한다. 그러나 예수 그리스도를 하나님의 궁극적인 계시, 구원자, 진리 자체라고 본다. 여러 종교에서 발견되는 부분적인 진리의 부족한 면이 예수 그리스도의 진리 안에서 완전히 충족된다고 본다. 비기독교 종교들도 부분적 진리 또는 신성한 진리의 작은 씨앗을 가지고 있음을 인정하면서, 이 진리들이 기독교의 진리에 의해 비로소 완전하게 된다고 생각했다. 식민지에 온 선교사들은 기독교 선교가 타종교의 불완전한 진리를 참 진리로 이끈다고 했다.

파르쿠하는 힌두교를 낡은 문화, 미신적 관습, 사탄적인 전통에 매여 있는 종교라고 생각했다. 악령들로 가득 찬 종교라고 했다. 오직 기독교만이 인류에게 구원을 제공하며, 세계가 직면하는 여러 가지 위기들을 극복할 수 있는 종교라고 했다. 유럽 기독교가 오래 동안 지녀온 낙관적 배타주의, 우월주의, 승리주의 시각을 유지했다.

파르쿠하의 주장은 힌두교인들의 거친 반발을 불러일으켰다. 그의 책이 출판된 이듬 해(1914)에, 유럽에서 제1차 세계대전이 발발했다. 기독교 유럽 천지에 황혼의 그림자가 짙게 깔리기 시작했다.

로마가톨릭교회는 중세후기 토마스 아퀴나스 시대부터 성취론을 지향해 왔다. 로마가톨릭교회의 최초의 중국 선교사 마테오 리치(Matteo Ricci, 1552-1610)[2]와 최초의 인도 선교사 로버트 드 노빌리(Robert de Nobili , 1577-1656)는 성취론에 기초하여 선교 활동을 했다. 성취론은 유럽 우월주의 시각이라는 비판을 받았다. 타종교의 독립성과 고유성을 경시하는 경향을 지니고 있으며, 유럽 중심으로 타종교를 판단하는 위계적인 특성을 지니고 있다고 지적 받았다.

제2차 세계대전의 종료와 더불어 식민주의 시대가 마감되자, 20세기를 상징하는 '시대정신'이 등장했다. 아시아의 종교인들은 기독교를 향하여 굳은 편견에서 벗어날 것과 타종교에 대한 새로운 이해를 촉구했다. 새 얼굴을 보여 달라고 했다. 시대적 변화는 유럽 기독교권 안에서도 일어났다.

WCC는 출범 초기에 타종교에 대한 성취론 개념을 지니고 있었다. 타종교에서 발견되는 진리의 요소 일부를 긍정적으로 보고, 그것들이 그리스도 안에서 완성될 수 있다고 했다. 그래서 종교 간의 대화를 환영했다. 그러나 1970년대에 종교 간의 대화라는 미명 아래서 종교다원주의를 점차 수용하면서 성취론을 버렸다. 타종교와 동등 관점에서, 나아가 타종교의 관점에서 기독교를 이해하는 패러다임의 전환을 결행했다. 모든 종교가 동일동가이며, 동등성, 평등성, 구원 유효성을 지니고 있다고 하는 종교다원주의 이론을 받아들였다.

WCC는 타종교에도 하나님의 구원이 있고, 모든 종교가 동격의 진리와 계시를 가지고 있다고 한다. 심지어 타종교인들도 '하나님의 선교'를 하고 있으며, 따라서 기독교가 타종교와 함께 선교와 에큐메니칼 활동을 해야 한다고 한다. WCC는 급기야 하나님의 은총과 성령의 구원하는 활동이 타종교 안에도 존재한다고 선언한다.

WCC가 지향하는 종교 간의 대화의 목적은 종교통합 개념으로 진행하는 타종교와의 상호 학습이다. 종교인들이 상대방 종교에서 서로 배워야 한다고 했다. WCC의 선교와 전도의 목적은 예수구원의 복음을 전하거나 죄인들을 하나님과 연합하게 하거나 상대방 종교인을 기독교로 개종시키는 것이 아니다. WCC는 타교파 교회만이 아니라 타종교에 대한 선교 모라토리엄과 개종전도 금지를 천명했다.

역사적 기독교는 시종 성취론을 환영하지 않았다. 타종교에서 발

---

[1]John Nicol Farquhar, *The Crown of Hinduism* (London: Oxford University Press, 1913).

[2]마테오 리치, 『천주실의』(서울: 서울대학교출판부, 1999).

견되는 진리의 요소를 긍정적으로 여기지 않는다. 하나님은 성경이 담고 있는 신적 계시를 거쳐 자신을 드러냈으며, 따라서 타종교가 지닌 진리의 그림자에 대한 관심을 가질 필요조차 없다고 본다. 타종교에서 발견되는 선행이나 도덕적 가르침은 하나님의 구원과 무관하다고 한다. 타종교에는 진리의 희미한 그림자가 있을 뿐이라고 본다.

2. 지구촌의 평화

WCC가 예수구원 유일 신앙을 버리고 종교다원주의를 받아들인 것은 20세기 후반의 시대정신, 임마누엘 칸트의 인식론, 반골기질의 탈기독교적인 자유주의 신학, 그리고 평등전제주의의 영향 때문이었다. 이 흐름의 '기독교인들'은 종교의 본질을 윤리 실천으로 보면서, 이상적인 사회건설과 세상사 해결을 기독교 선교 그 자체로 보았다. 유독 '하나 밖에 없는 지구'에 대한 위기의식을 가졌다.

로마가톨릭 신학자 한스 큉(Hans Küng, 1928-2021)은 종교 간의 평화 없이 지구의 평화가 있을 수 없으며, 종교 간의 대화 없이 종교 간의 평화가 있을 수 없다고 했다. 종교 간의 상호 이해에 지구촌의 미래에 대한 희망을 걸었다.[3]

큉은 독일 뮈빙겐대학교에서 가톨릭신학을 가르치는 교수 시절에 교황무류설을 비판하고 프로테스탄트교회의 교회론과 다르지 않은 교리를 주창한 탓으로 교황청으로부터 로마가톨릭 신학 교수직을 박탈당했다. 세상을 떠날 때까지 튜빙겐대학교의 에큐메니칼연구소 소장 직을 맡아 세계평화 연구에 심혈을 기울였다.

한국인 종교다원주의자 변선환 박사는 큉의 주장을 언급하면서 종교 평화 없이는 세계평화가 있을 수 없으므로, 역사적 기독교 진리와 예수구원 유일 신앙을 제한하고, 이 구원 교리를 제재하는 규범, 이론, 신학이 필요하다고 했다. 그는 복음주의가 오직 기독교만을 절대 계시종교, 보편적 절대 종교로 여긴다고 비난했다. "절대란 자기와 대립하여 존재하는 타자, 이방적인 것을 초절한 것이므로 배타적으로 자기 완결적이며 낯선 타자를 정복하든지, 흡수, 용해하는 길밖에 없다"[4]고 했다.

WCC의 에큐메니칼 신학자들은 지구촌의 인간화(humanization)를 위하여 인권보장, 정의투쟁, 빈곤타파 등을 목적으로 모든 종교인이 함께 참여하는 공동의 가치 체계 구축과 연대 활동이 필요하다고 한다. 지구촌에 대한 책임적인 윤리 정신을 가진 풍토, 글로벌 윤리 기풍(ethos) 형성의 중요성을 강조한다.[5]

복음주의는 기독교만이 유일의 보편적이고 절대적인 종교라고 믿는다. 성경이 유일한 하나님의 계시를 담은 경전이며, 예수 그리스도만이 하나님과 인간 사이의 유일의 중보자라고 확신한다. 복음주의자들은 예수구원 유일 신앙을 표방한다. 오직 믿음, 오직 은혜, 오직 성경이라는 종교개혁 원리와 관점을 중요하게 여긴다.

복음주의자는 성취론과 만인보편구원주의를 환영하지 않는다. 모

---

[3]"No peace among the nations without peace among the religions." Hans Küng, *On Being a Christian* (London: Collins, 1977), 169-173. 큉은 세계 윤리(World Ethos)라는 개념을 발전시키며 인류 공동의 도덕적 가치를 찾을 수 있다고 강조했다. 이 사상은 1990년대 "세계 윤리 선언"(The Declaration Toward a Global Ethic, 1993)을 거쳐 구체화되었고, 종교적 화합 없이는 진정한 평화가 있을 수 없다고 했다. 변선환, "종교 간의 대화 백년과 전망: 세계 종교대회를 중심하여서"(1993), 『종교간 대화와 아시아신학』(천안: 한국신학연구소, 1996), 28, 48을 참고하라.

[4]변선환, 18.

[5]변선환, 6.

든 종교를 동일동가로 보는 사상을 배격한다. 성경이 신앙과 행위의
규범이라고 믿으며, 자신이 믿는 진리의 신뢰성을 하나님의 특별계
시를 담은 성경의 권위에 호소한다. 예수 그리스도와 기독교의 최종
성(finality)을 굳게 믿는다.

3. 소탐대실

종교는 인간의 해방, 창조성, 미래지향적 희망을 주는 기능을 가지
고 있다. 삶의 의미, 관용, 연대감, 사회변혁, 영적갱신 등을 고무한
다. 사회악, 불의, 부정의(不正義), 권위주의 독재세력에 저항하는 반
동적인 성격을 지니고 있기도 하다. 이러한 배타적 성격은 편견, 불
의, 좌절감, 분열을 가져오기도 한다. 정치적·경제적·사회적 갈등을
일으킨다. 거룩한 신의 이름으로 인종차별, 성차별, 종교재판, 마녀
사냥, 문화발전 억제, 제국주의적 대량 학살을 조장하기도 한다.

오늘날에도 세계 도처에서 폭력, 살인, 전쟁이 벌어지고 있다. 많
은 사람들이 배고픔과 부당함에 시달리고 있다. 예수구원 유일 신앙
을 지향하는 역사적인 기독교 전통의 복음주의자는 자신이 혹시라도
지구촌의 안전을 위한 지구윤리와 세계평화와 정의로운 사회건설에
대한 관심의 결핍 상태에 있는 것은 아닌지 숙고해 볼 필요가 있다.

복음은 개인의 영혼 구원에 머무르지 않고, 구원받은 자들의 고통
받는 이웃과 창조세계 전체를 향한 하나님의 회복 의지를 촉구한다.
예수를 그리스도로 고백하는 신앙인은 사회 속에서 정의와 평화를 실
천함으로써 그 진정성을 드러낸다. 올바른 복음주의는 성경적 기독교
세계관에 충실하려는 의도로 이 땅의 고난받는 자들 곁에 서며, 하나
님의 통치가 모든 영역에 구체적으로 구현되도록 사회적 책임을 적극

감당한다.

　WCC 에큐메니칼 운동은 교회가 밑바닥 사람들의 아픔에 책임성을 가지고 답하자는 동기를 지니고 있다. 지구촌의 당면 과제를 해결할 목적의 '글로컬'(global and local) 과제 해결, 특히 세계평화를 위협하는 전쟁, 기후변화, 핵무기 등의 위협과 도전에 창조적으로 응답하려고 한다.

　예수구원의 복음과 십자가의 능력을 배제한 '하나님의 선교' 이론이 기독교 단체인 WCC를 장악하고 있다. WCC는 기독교 본래의 선교 목적인 예수구원의 복음전파를 버리고 세상사 해결 활동을 선교 그 자체로 보는 선교 모델을 받아들였다.

　WCC의 선교의 목적은 인간화, 샬롬, 생명 등 세상사 해결 활동이다. 예수 그리스도의 십자가의 도(道)를 밀어내고 '하나님의 선교'를 무대 중앙에 위치시켰다. 유서 깊은 기독교 신앙과 하나님의 계시 진리와 구원의 도를 배제하는 반기독교적인 선교 패러다임을 수용했다. 신학의 혁명적인 전환을 감행한 것이다. 자유주의 신학 오리엔테이션을 가진 이 단체는 포스트모던 시대, 에큐메니칼 시대, 지구촌 위기 시대에 효과적으로 대응하는 새로운 종교를 구축하고 싶어 했다.

　WCC의 선교 패러다임의 전환은 구원의 복음 배제라는 비극적인 결과를 낳았다. 소탐대실(小貪大失), 교각살우(矯角殺牛), 블랙스완(Black Swan)의 상황에 직면했다. 인류의 참혹한 영적 상태를 간과한다. 예수 그리스도의 십자가 사역으로 이루어지는 하나님의 인간 구원을 쓸모없는 것으로 간주한다.

　예수 시대의 유대인들은 물리적인 민족해방, 빈곤탈출, 세상사 해결이라 당면 과제 해결을 기대하고 있었다. 예수는 이러한 유대인들을 향하여 자신의 나라가 이 세상에 속한 것이 아니라고 했다. 예수의 이 말씀은 종교 간의 대화 운동, 종교다원주의, 인간화, 평화, 생명 등 세상사 해결 활동에 매진하는 '하나님의 선교'에 열을 올리고 있는 WCC 에큐메니칼 운동자들을 꾸짖는 음성처럼 들린다.

　WCC는 출범(1948) 전후 단계에서부터 종교혼합주의와 종교통합주의 흐름을 보였다. 1971년에 종교대화국을 신설하고, 종교다원주의자를 몽학선생으로 모셨다. 이 유급 전임 신학자들은 로마가톨릭교회의 제2차 바티칸공의회의 결정에 힘 입어 모든 종교를 동일동가로 여기며 구원의 길이라고 보는 종교다원주의 이론을 이 단체에 주입하는 데 성공했다. 그 결과로 WCC는 타종교에도 하나님의 구원이 있다고 하는 신앙고백을 마다하지 않는다.

　WCC 중앙위원회는 스리랑카 캔디 모임(Kandy, 1967)에서 요한네스 호켄다이크의 '하나님의 선교' 이론을 이 단체의 선교신학으로 받아들였다. 중앙위원회는 위원장 마다틸파람필 마멘 토마스의 영도 아래서 레바논의 아살타운 모임(Ajaltown, 1970), 에티오피아의 아디스아바바 모임(Addis Ababa, 1971)을 거치면서 종교다원주의를 수용하는 단계를 거쳤다. WCC 제5차 총회(나이로비, 1975)는 종교다원주의 흐름을 한층 더 강화했다.

　로마가톨릭교회 제2차 바티칸공의회의 타종교인에 대한 태도 변화에 도전을 받은 WCC는 1968년에 종교다원주의자 스탠리 사마르타에게 기독교와 타종교의 관계를 연구하는 임무를 맡겼다. 1971년에 이 단체의 네 번째 기구인 종교대화국을 신설하고, 사마르타를 10년 임기의 유급 전임 신학자로 모셔서 WCC의 종교다원주의 신앙고백의 문을 열게 했다. WCC의 『대화 지침』(1979)[6]은 바티칸의 도전에 대한 첫 긍정적인 반응이었다.

　WCC의 신학과 정책의 변화와 함께 종교다원주의는 한동안 암

초에 부딪혔다. 하나님의 말씀을 강조하는 케리그마 중심 신학자들인 칼 바르트, 에밀 브르너, 헨드릭 크래머 등 신정통주의 신학자들의 반발에 맞서야 했다. 그러다가 WCC는 타종교와의 『대화 지침』(1979)과 더불어 종교다원주의를 수용하면서부터 WCC는 종교다원주의 신앙고백 시대를 열었다.

WCC의 『대화 지침』(1979)은 "복음은 어떤 특정 문화에 제한되지 않는다. 성령의 영감을 통해 우리들 모두 그리고 그들 모두에게 빛을 비춘다"(11항)고 선언한다. 그리고 "교회 밖에도 성령의 활동과 하나님의 구원 섭리가 있음을 이해하는 것이 정당하며 유익한가?"(23항) 하는 특별한 질문을 던진다. "바아르선언문"(1990)은 이 질문에 긍정적으로 답한다. "하나님이 타종교 안에서도 역사하고 있다"고 선언한다. 타종교에도 하나님의 구원이 있다는 종교다원주의를 고백한다.

WCC 제6차 총회(밴쿠버, 1983)는 종교다원주에 문을 활짝 열었다. 이 시기 이후 몽학선생, 종교대화국 유급 전임 신학자 스탠리 사마르타와 후임자 웨슬리 아리아라자는 종교다원주의 이론을 더욱 강화했다. 드디어 WCC의 종교다원주의 합의 문서 "바아르선언문"(1990)를 완성하여 발표했다. 아리아라자는 WCC의 종교다원주의 신앙고백을 실효적으로 지도했다.

이 때부터 WCC는 성취론과 예수구원 유일 신앙을 버렸다. 타종교의 관점에서 기독교를 이해하기 시작했다. 그리고 종교다원주의를 수용했다. 종교다원주의 신앙고백과 더불어 21세기를 향한 에큐메니칼 운동의 새 비전을 열었다고 자부하고 있다.

---

[6]WCC, "Guidelines on Dialogue with People of Living Faiths and Ideologies," (1979). www.oikoumene.org.

사마르타가 작성한 WCC의 『대화 지침』(1979)은 하나님이 모든 인류의 창조자임을 인정하면서, "우리의 대화는 인류 공동체에 대한 성찰에서 시작한다. 태초부터 하나님은 자신과 자신이 생명을 불어넣은 모든 것들 간의 관계를 원하셨다"(제1항)고 한다. 모든 종교들과 모든 종교인들과의 관계를 원한다고 한다. "복음은 어떤 특정 문화에 제한되지 않는다. 성령의 영감을 통해 우리들 모두와 그들 모두에게 빛을 비춘다"(제11항).

사마르타의 종교다원주의 사상을 계승하여 WCC에 본격 진입시킨 아라아라자는 다신적 유일신론, 곧 잡신총합 유일신론에 기초한 종교다원주의 이론을 세계교회들의 협의회의 신앙고백으로 안착시켰다. 그가 작성한 "바아르선언문"(1990)은 성령 하나님이 타종교인들 가운데도 역사한다고 고백한다. 구원을 예수 그리스도에 대한 명시적·인격적 위임에 국한시키는 신학을 넘어서야 할 필요가 있다고 한다. WCC의 여러 가지 신앙고백 문서들은 사마르타와 아리아라자의 종교다원주의 이론을 반영한다. 그리고 "종교다원주의와 기독교인의 자아정체성"(2006)은 WCC 종교다원주의 신앙고백의 황금종을 울린다. 사마르타와 아리아라자의 이론들, 특히 무지개 언약, 성령론, 여러 가지 비유, 니느웨 사람들의 회개, 고넬료의 개종, 그리고 인용하는 성경구절들을 대폭 반복하면서 종교다원주의 신앙고백을 공식화했다.

WCC의 종교다원주의 신앙고백 정착에 직접적으로 이바지한 자들은 모두 인도계 신학자들이다. 이들은 칸트의 인식론의 전통을 따르는 자유주의 신학, 힌두교 베단타 철학의 아드바이타 —비이원성 세계관, 그리고 기독교 유럽의 아시아 식민지배에 대한 저항 정신에 기초한 시대정신과 평등전제주의로 무장한 지식인들이다.

WCC의 종교다원주의자들은 신적 진리가 특정 종교의 명제와 신념체계에 갇혀 있을 수 없다고 본다. 기독교의 신조와 교리의 감옥에 갇힐 수 없다고 한다. 특정 교리에 대한 배타적인 집착을 거부한다. 기독교 진리와 타종교의 지식, 이해, 경험을 바탕으로 기독교를 검증해야 한다고 한다.

종교다원주의자들은 복음주의자들이 "성서를 종이 교황(Paper Pope)처럼 여기고 이를 우상화한다"고 비난한다. 성경을 신앙과 행위의 최종적 권위로 여겨, 성경이 가라는 데 까지 가고 멈추라는 곳에서 멈추고 되돌아서라는 곳에서 돌아서는 신학 전통을 비지성적인 근본주의로 여긴다. 유럽 기독교가 개종주의와 승리주의가 호전적인 십자군 정신으로 반선교적, 반사회적, 시대착오적 오류를 범해 왔다고 비판하면서, 하나님이 마련한 구원의 길을 내팽개쳤다.

'종교다원주의 기독교'와 '유서 깊은 역사적 기독교'의 분기점은 성경의 권위이다. 복음주의자들은 WCC의 종교 간의 대화와 '하나님의 선교'가 타종교와 마르크스주의 등의 이데올로기에 대한 양보 또는 복음의 순수성에 대한 배반이라고 본다. WCC의 초기 선교전도국 총무 레슬리 뉴비긴은 이 단체의 그리스도에 대한 배신에 분노하면서 십자가의 복음이 없는 선교는 "신학적 간음"이라고 비난했다.

4. 인도의 길을 걷는 예수

인도에서 사역한 미국감리교회 선교사 스탠리 존스(Eli Stanley Jones, 1884-1972)는 인도의 문화와 종교를 존중하고 비난하지 않는 방식으로 예수구원의 복음을 전했다. 그의 저서 『인도의 길을 걷고 있는 예수』(*The Christ of the Indian Road*, 1926)[7]는 타종교에 대한 자신의 기독교적 견해를 담고 있다.

존스는 서유럽 선교사들이 자신들의 문화적 규범을 강요하는 방식에서 벗어나, 인도 문화와 힌두교 영성에 공감할 수 있는 방식으로 그리스도를 전해야 한다고 한다. 힌두교를 비판하지 않고 존중과 배움의 자세로 접근하라고 한다. 비기독교 종교들을 겸손과 존경심으로 대하라고 한다.

존스는 그리스도의 복음이 공격적인 개종 활동이 아닌 개인적인 경험과 대화를 거쳐 전달되어야 한다고 제안한다. 힌두교를 무너뜨리고 정복함으로써가 아니라, 인도의 영적 전통과 조화를 이루는 예수를 소개하는 것이 필요하다고 한다. 예수를 보편적인 영적 인물로 소개함으로써 기독교가 인도 사회에 자리를 잡고 성장하는 것이 필요하다고 했다.

존스의 견해와 접근방법은 위 책을 출간한 1929년 당시의 기독교계에 획기적인 것이었다. 진정한 선교 활동이란 문화적 민감성과 타인의 신앙 경험에 대한 존중을 유지해야 한다는 그의 제안은 종교 간 대화에 대한 관심을 증폭시켰다.

종교 간의 상호 협력과 대화는 장려할 만하다. 거의 모든 종교는 악을 피하고 선을 행하라는 공통의 가르침을 가지고 있다. 종교 간의 대화는 윤리적 선을 고무한다. 소외된 인간성 회복을 도모하며, 상호 이해와 협력을 촉구한다.

종교다원주의와 궤를 같이 하는 여러 가지 신학들도 따져보면 인류에게 이바지하는 '쬐끔'의 메시지를 가지고 있다. 남미의 해방신학, 한국의 민중신학, 인도의 달리트(불가촉민)신학, 태국의 물소신학, 일본의 부라꾸민(部落民)을 위한 십자가 신학, 미국의 흑인신학 등은 기독교가 관심을 가져야 하는 세상, 인간화, 사회개선, 윤리 차원의 하나님의 나라 실현에 일면 이바지한다. 이 신종 신학들과 WCC의 '하나님의 선교'는 지구촌의 평화와 인간성 회복을 위한 각 종교 간의 폭넓은 공동의 연대를 형성할 동기를 제공한다.

그러나 WCC의 종교다원주의 신앙고백과 이를 이끌고 뒷바침하는 '하나님의 선교'는 기독교를 와해시키는 블랙스완으로 작동하고 있다. 기독교를 열매 없는 나무, 노란자위 없는 계란과 같은 종교 집단으로 전락시킨다. 예수구원 유일 신앙을 거부하는 에큐메니칼 운동은 인류 구원을 바라는 하나님의 뜻과 진리에 역행한다. 예수와 그의 사도들이 가르친 진리의 복음과 초대교회의 교부들의 가르침에 대한 배반이다. 이 블랙스완 유형의 신학 흐름은 기독교를 윤리공동체로만 이해한다. 예수 십자가의 대속사역이 배제된 죄 사함과 영적인 구원 없는 기독교를 향해 돌진하고 있다.

세상사 해결을 기독교 선교의 유일한 목적으로 삼는 WCC의 '하나님의 선교'는 알곡을 버리고 가라지를 알곡으로 간주하는 어리석음의 신학이다. 복음의 본질적 메시지 대신 세속적 가치관에 물들게 하고, 결과적으로 복음의 능력과 순수성을 상실했다. 하나님의 특별계시의 진리에 대한 불신앙을 조장한다. 자유주의 신학, 상대주의 철학, 20세기 후반의 시대정신, 그리고 평등전제주의의 흐름에 편승하여 힌두교 철학을 따라 종교다원주의를 고백하는 지경에 이르렀다. 진리 부재의 종교 진열장에 구색을 갖추어 주는 정도로 유리(遊離)하는 신세로 전락했다.

---

[7]스탠리 존스, 『인도의 길을 걷고 있는 예수』, 김상근 역 (서울: 인크리스토, 2016), 인도에서 베단타 철학을 이해하면서, 기독교 수도 생활을 힌두교 전통과 결합하려고 시도했다. 인도식 기독교 토착화 시대를 열었다.

5. 불량품 행상인

이상의 논의에서 우리는 WCC가 종교다원주의를 표방하는 사실과 그 배후에 주로 힌두교 사상이 자리 잡고 있음을 확인했다. WCC 중앙위원회 위원장 토마스가 성문을 열러주고, 몽학선생 스탠리 사마르타와 웨슬리 아리아라자가 종교다원주의 신앙고백에 필요한 신학적 기초를 놓아 이 단체를 적그리스도적인 방향으로 지도했음을 검토했다.

명승지나 유명 관광지를 여행하면 길거리에서 행인들에게 값싼 물건, 불량품을 파는 행상인(Peddler)을 만날 수 있다. 바울은 이들의 행상 행위(peddling)를 "혼잡하게 하다"라는 말로 표현한다(고후 2:17). 한글 새번역 성경은 이 행상인을 '장사꾼'으로 묘사한다.

우리는, 저 많은 사람들처럼 하나님의 말씀을 팔아서 먹고 살아가는 장사꾼이 아닙니다. 우리는, 하나님께서 보내신 일꾼답게, 진실한 마음으로 일하는 사람들입니다. 우리는 하나님이 보시는 앞에서, 그리스도 안에서 말하는 것입니다(고후 2:17).

WCC는 "하나님의 구원의 은총에 제한이 없다," 곧 예수 그리스도 밖에도 하나님의 구원이 있다고 선언한다. 예수 밖에 구원이 있다면 예수를 꼭 믿어야 할 까닭이 없다. 이처럼 종교다원주의자들은 하나님의 말씀을 혼잡케 한다. 세계적인 교회연합 기구인 WCC는 불량품 장사꾼들(Peddlers)을 따라 하나님의 말씀을 혼잡케 하고 있다. 하나님의 계시 진리를 버리고 세상의 흐름에 따라가면서 불량품, 가짜상품을 파는 활동을 하고 있다.

예장 통합 교단 총회와 WCC 선교전도국 총무를 역임한 선교신학자 금주섭 박사는 "WCC는 종교다원주의를 지지하지 않는다"고 공언한다. 이 사실호도는 확증편향을 넘어선다. 한국교회를 기만하고 신앙고백 공동체들로 하여금 하나님의 특별계시 진리와 복음에 눈 멀게 한다. 자각 능력을 마비시킨다. 기독교 신앙에서 예수구원 유일성을 배제하고 인간과 하나님의 연합, 곧 하나님과의 생명적 만남을 가로막는다. 예기치 않은 극단적, 비극적, 충격적 사태를 가져온다.경각심을 가지지 못하게 하여 사전에 방어조차 하지 못하게 한다.

예수구원 유일 진리를 부정하고 기독교 선교를 세상사 해결 활동으로 이해하는 WCC 에큐메니칼 운동이 교회에 미치는 영향은 무엇인가? 하나님의 구원사와 계시사의 중요성을 자각하지 못한다. 하나님이 설계한 구원의 길에서 이탈한다. 그 결과는 비참하다. 교회의 쇠락을 가져온다. 기독교 본래의 존재 의의를 망각하거나 부정한다. 기독교를 윤리실천 공동체로 이해한다. 이는 이스라엘 역사와 예수 그리스도와 기독교 신앙공동체를 거쳐 이루어지는 하나님의 구원 활동을 사실상 부정한다.

사도 바울은 진리를 왜곡하거나 신앙을 혼란스럽게 하거나 잘못된 가르침으로 인도하는 자들을 경계하고 그들에게서 떠나라고 한다.

여러분을 [그리스도의] 은혜 안으로 불러 주신 분에게서, 여러분이 그렇게도 빨리 떠나 다른 복음으로 넘어가는 데는, 나는 놀라지 않을 수 없습니다. 실제로 다른 복음이 있는 것은 아닙니다. 다만 몇몇 사람이 여러분을 교란시켜서 그리스도의 복음을 왜곡시키려고 하는 것뿐입니다. 그러나 우리들이나, 또는 하늘에서 온 천사일지라도,

우리가 여러분에게 전한 것과 다른 복음을 여러분에게 전한다면, 마땅히 저주를 받아야 합니다. 우리가 전에도 말하였지만, 이제 다시 말합니다. 여러분이 이미 받은 것과 다른 복음을 여러분에게 전하는 사람이 있다면, 그가 누구이든지, 저주를 받아야 마땅합니다(갈 1:6-9).

믿지 않는 사람들과 멍에를 함께 메지 마십시오. 정의와 불의가 어떻게 짝하며, 빛과 어둠이 어떻게 사귈 수 있겠습니까? 그리스도와 벨리알이 어떻게 화합하며, 믿는 자가 믿지 않는 자와 더불어 [그리고] 함께 차지할 몫이 무엇이며, 하나님의 성전과 우상이 어떻게 일치하겠습니까?(고후 6:14-16).

누가 여러분을 찾아가서 이 가르침을 전하지 않으면, 그 사람을 집에 받아들이지도 말고, 인사도 하지 마십시오. 그에게 인사하는 사람은, 그가 하는 악한 일에 동참하는 것입니다(요이 1:10-11).

바울은 거짓 선생들이 교회 안에 들어와 멸망을 초래할 이단사상을 퍼뜨리는 것을 경계하라고 경고한다. 사도들이 전해 준 신앙을 지키고, 예수 그리스도의 진리에서 벗어나지 말라고 한다.

복음전도자의 기본 책무는 신앙과 복음의 의미를 묻는 사람에게 지적으로 답할 수 있는 충분한 준비를 하는 것이다. 예수구원의 복음과 하나님의 구원의 비밀을 담대하게 전하고 선포하는 일이다(고전 1:21). 다이너마이트와 같은 성령의 능력은 예수 그리스도가 유일무이의 중보자라는 진리의 복음을 전하는 자에게 주어진다. 성령 하나님은 예수가 우리의 유일한 구원자이며, 우리 삶의 유일한 주인이라는 사실을 믿고, 고백하고, 증언하게 한다.

참고문헌

1. 한글문헌

"교회헌장." 『제2차 바티칸공의회 문헌』. 서울: 한국천주교중앙협의회, 2007.

금장태·류동식. 『한국종교사상사—유교·기독교 편』. 서울: 연세대학교 출판부, 1986.

김경재. "공동선언문, 그릇된 성경관의 부산물"(인터뷰 기사). 『뉴스앤조이』. 2013.2.3.

김경재. 『이름없는 하느님: 유일신 신앙에 대한 김경재 교수의 본격 비판』. 서울: 도서출판 삼인, 2002.

김경재. 김경재 교수 면담기사. 『크리스천투데이』. 2005.1.31.

김은홍. "M. M. 토마스의 선교 목표인 '인간화'의 신학적 구조 분석." *The Korea Society of Mission Studies* 44. 2016.

김중은. "21세기 한국 장로교회의 진로와 신학노선에 대한 인식과 전망: 장로회신학대학교에서의 경험을 중심으로." 2005. *Wholistic Theology*, PCTS, 2010. http://hopeinx.tistory.com/36.

김진. "라이문도 파니카 종교신학의 기독론." 『한국 종교문화와 문화신학』. 한국문화신학회 역음. 서울: 한들, 1998.

김진. "파니카의 그리스도론." 『피할 수 없는 만남: 종교간의 대화』. 서울: 한들출판사, 1999.

뉴비긴, 레슬리. 『교회란 무엇인가?』. 황병룡 역. 서울: 한국기독학생회출판부, 2010.

뉴비긴, 레슬리. 『아직 끝나지 않은 길』. 뉴비긴의 자서전. 서울: 도서출판 복 있는 사람, 2011.

니터, 폴.『오직 예수 이름으로만?』. 변선환 역. 서울: 한국신학연구소, 1987.

도킨스, 리처드.『만들어진 신』. 이한음 역. 서울: 김영사, 2008.

류명종.『한국유학연구』. 서울: 이문출판사, 1988.

래드, 엘돈.『미래의 현존』. 원광연 역. 서울: 크리스천다이제스트, 2016.

리치, 마테오.『천주실의』. 서울: 서울대학교출판부, 1999.

마성. "아쇼카 선언, 정법호지·파사현정 정신 퇴색."『법보신문』(2011.09.07.).

맥그래스, 알리스터, 조애나 맥그라스.『도킨스의 망상: 만들어진 신이 외면한 진리』. 전성민 역. 파주: 살림, 2008.

메이첸, 그레이스앰.『기독교와 자유주의: 정통 기독교의 본질을 말하다』. 황영철, 원광역 공역. 서울: 복있는 사람, 2019.

문광.『탄허 선사의 사교 회통 사상』. 서울: 민족사, 2020.

바빙크, 헤르만.『개혁교의학』1. 박태현 역. 서울: 부흥과개혁사, 2011.

"바아르선언문." 최덕성 역.『리포르만다』. www.reformanda.co.kr.

박동진. 판소리.『예수의 일생』. 들머리. 녹취록. 1988.

배종호.『한국유학사』. 서울: 연세대학교 출판부, 1974.

"변선환 출교문." 한국기독교감리회 서울연회. 1992.

변선환. "동양종교의 부흥과 토착화 신학."『변선환 종교신학』. 천안: 한국신학연구소, 1996.

변선환. "라이문도 파니카와 힌두교인-기독교인 사이의 대화."『종교간의 대화와 아시아신학』. 천안: 한국신학연구소, 1997.

변선환. "종교간의 대화 백년의 전망: 세계종교대회를 중심하여서."『종교간 대화와 아시아신학』. 변선환 아카브 편. 천안: 한국신학연구소, 1999.

변선환. "타종교와 신학."『종교간 대화와 아시아 신학』. 천안: 한국신학연구소, 1999.

변창욱. "보수진영의 WCC 비판과 종교다원주의 논쟁: IMC와 WCC 선교문서를 중심으로."『교회와 신학』. 장로회신학대학교 교수논문

집. 제82집. 2019.

비셔트 후프트. 『혼합주의와 기독교적 우주주의: 다른 이름은 없다』. 임홍
　　빈 역. 서울: 성광문화사, 1987.

비셔트 후프트. 『세계교회협의회 기원과 형성』. 이형기 역. 서울: 한국장
　　로교출판사, 1993.

비셔트 후프트. 『에큐메니칼 운동의 미래』. 박상증 · 김상식 역. 서울: 대
　　한기독교서회, 1994.

비셔트 후프트. 『혼합주의와 기독교적 우주주의: 다른 이름은 없다』. 임홍
　　빈 역. 서울: 성광문화사, 1987.

서림. "'21세기 아쇼카 선언'을 보고." 『불교신문』. 2011.10.19.

서창원. "M. M. Thomas와 에큐메니즘." 『에큐메니칼 아시아 신학』. 서
　　울: 한들출판사, 2008.

"성경 무오에 대한 시카고 선언." 1978. 『리포르만다』. www.reforman
　　da.co.kr.

세계교회협의회 엮음. 『세계교회협의회 역대총회 종합보고서』. 이형기 옮
　　김. 서울: 한국장로교출판사, 1983.

세계교회협의회. "'참 교회, 교회들, 그리고 세계교회협의회'에 대한 성
　　명서: 세계교회협의회의 교회론적 의미." 비셔트 후프트. 『세계
　　교회협의회 기원과 형성』. 이형기 역. 서울: 한국장로교출판사,
　　1993.

션판. 『홍위병: 잘못 태어난 마오쩌둥의 아이들』. 이상원 역. 서울: 황소자
　　리, 2004.

슈나이더, 마이클. 『자연, 예술, 과학의 수학적 원형』. 이충호 옮김 . 서울:
　　경문사, 2001.

신우철. 『구약에 나타난 그리스도』. 서울: 좋은땅, 2020.

심상태. 『익명의 그리스도인』. 서울: 바오로딸, 1985.

심재룡. "한국불교는 회통불교인가?" 『불교평론』. 2008.06.09.

아리아라자, 웨슬리. 『성서와 종교간의 대화』. 김더순 역. 변선환 감수. 서
　　울: 감리교신학대학출판부 1992.

"아쇼카선언문"(2011). "종교평화 실현을 위한 불교인 선언: 21세기 아쇼

카 선언"(2011).

안승오.『제4 선교신학』. 서울: CLC, 2016.

양정지건. "기독교 유일성 희석하는 다원주의."『뉴스앤조이』. 2004.5.25.

역사와종교아카데미 기초자료연구원 엮음.『1992년 기독교 대한감리회
　　　종교재판 백서 1』. 서울: 동연, 2023.

"우리 시대: 비그리스도교 선언."『제2차 바티칸공의회 문헌』. 서울: 한
　　　국천주교중앙협의회, 2007.유동식.『풍류도와 한국 신학』(천안:
　　　한국신학연구소, 1993.

유문무. "원효, 화쟁사상의 현대적 의의-소통, 통합, 그리고 평화."『한국
　　　학논집』. 제68집, 2017.

유동식.『풍류도와 한국신학』. 천안: 한국신학연구소 1993.

이재근. "복음주의적 확신과 에큐메니칼적 포용성을 체화한 선교 신학
　　　자."『뉴스앤조이』. 2019.7.24.

이정배. "'타종교와 이웃종교' 사이: 종교다원주의 문제." WCC 공동선언
　　　문에 대한 신학적 대응 3.『뉴스앤조이』. 2013.2.7.

이찬수. "'타종교의 신학': 변선환의 종교다원주의 신학을 다시 본다."『변
　　　선환 종교신학』. 천안: 한국신학연구소, 1996.

이찬수. "칼 라너의 종교신학."『사목』. 제182호. 1994.3.

존스, 스탠리.『인도의 길을 걷고 있는 예수』. 김상근 역. 서울: IN크리스
　　　토, 2016.

"주님이신 예수님."『제2차 바티칸공의회 문헌』. 서울: 한국천주교중앙협
　　　의회, 2007.

총회에큐메니칼위원회 편.『복음과 에큐메니칼 신앙: 대한예수교장로회
　　　(PCK)의 정체성과 뿌리』. 서울: 장로교출판사, 2021.

최대광. "변선환을 위한 변증."『올꾼이 선생님 변선환』. 서울: 신앙과지성
　　　사, 2011.

최덕성. "엑크하르트의 범신론."『종교개혁전야』. 서울: 본문과현장사이,
　　　2003.

최덕성. "기독교는 예수를 본받는 종교가 아니다."『크리스천투데이』.
　　　2022.12.25.

최덕성. "바아르선언문 배경 설명."『리포르만다』. www.reformanda. co.kr.

최덕성. "세계교회협의회의 에큐메니칼 성경관."『조직신학연구』14 (2011 여름). 한국복음주의 조직신학회 제22차 정기학술논문발 표회. 2011.5.28.

최덕성. "에베소-칼케돈공의회."『쌍두마차 시대』. 서울: 본문과현장사이, 2012.

최덕성. "예수는 샤먼이다." WCC 바로알기 제16강. 유튜브 동영상.

최덕성.『WCC 무엇이 문제인가?』. 서울: 총회출판국, 2010.

최덕성.『WCC 바로알라』. 서울: 본문과현장사이, 2013.

최덕성.『WCC 아이덴티티』. 서울: 본문과현장사이, 2010.

최덕성.『교황신드롬: 로마가톨릭교회와 세계교회협의회』. 서울: 본문과 현장사이, 2014.

최덕성.『빛나는 논문 신나는 논문쓰기』. 서울: 지식산업사, 2005.

최덕성.『신학충돌 II: 한국교회와 세계교회협의회』. 서울: 본문과현장사 이, 2013.

최덕성.『신학충돌: 기독교와 세계교회협의회』. 서울 분문과현장사이, 2012.

최덕성.『에큐메니칼 운동과 다원주의』. 서울: 본문과현장사이, 2005.

최덕성.『예루살렘과 로마: 초대교회사』, 서울: 본문과현장사이, 근간예정.

최덕성.『장로교인 언약과 바르멘 신학선언』. 서울: 본문과 현장사이, 2000.

최덕성. "천국이란 무엇인가?"『고신대학보』29, 1977: 37-43.

최덕성.『한국교회 친일파 전통』. 서울: 지식산업사, 2006.

최재천. "생명의 기원: 우연." 유튜브 동영상. youtu.be/bHwhtP5oHfM.

크로산, 존 도미닉.『역사적 예수』. 김준우 역. 서울: 한국기독교연구소, 2000.

클라우니, 에드먼드.『구약에 나타난 그리스도』. 서울: 네비게이토, 2004.

파니카, 라이문도.『종교간의 대화』, 김승철 역. 서울: 서광사, 1992.

프로이드, 지그문트. 『종교의 기원』. 이윤기 역. 서울: 열린책들, 2004.

호켄다이크, 요한네스. 『흩어지는 교회』. 서울: 대한기독교서회, 1979.

힉, 존. 『하느님은 많은 이름을 가졌다』. 이찬수 역. 서울: 창, 1991.

2. 영어문헌

Abe, Masao. "Self-Awakening and Faith-Zen and Christianity." Edited by Paul J. Griffths. *Christianity through Non-Christian Eyes*. Maryknoll, NY: Orbis Books, 1990.

Ariarajah, Wesley. *Hindus and Christians: A Century of Protestant Ecumenical Thought. Currents of Encounter Series*. Amsterdam: Rodopi, 1991. Grand Rapid: Eerdmans Publishing, 2011.

Ariarajah, Wesley. *Not without My Neighbour: Issues in Interfaith Relations*. Geneva: WCC Publications, 1999.

Ariarajah, Wesley. *The Bible and People of Other Faiths*. Geneva: World Council of Churches, 1985.

"Barr Statement." www.reformanda.co.kr/Archive/134407

Beebe, H. Keith. *The Old Testament: An Introduction to Its Literary, Historical, and Religious Traditions*. Unknown Binding, 1970.

Cauthen, Kenneth. *The Impact of American Religious Liberalism*. New York: Harper & Row, 1962.

Choi, Doug Sung. *Korean Christianity: The Predominance of Reformed Orthodoxy*. Anaheim, CA: Evanglia University Press, 2005.

Choi, Jai-Keun. "Doctrinal and Institutional Developments of Catholicism in 19th Century Korea: An Analysis based on a Comparatve Study of the Great Persecutions of 1801 and 1966." Ph.D. dissertation, Harvard University, 1997.

Churchward, Albert. *The Origin and Evolution of Religion*. Chicago: Lushena Books, 2012.

Coulde, John I. "Anti-Buddhist Polemic in Fourteenth and Fifteenth

Century Korea: The Emergence of Confucian Exclusivism." Ph.D. dissertation, Harvard University, 1985.

Coward, Harold. *Pluralism: Challenge to World Religions*. Maryknoll, NY: Orbis Books, 1985.

Crossan, John Dominic. *The Historical Jesus: The Life of a Mediterranean Jewish Peasant*. San Francisco: HarperOne, 2010.

Dawkins, Richard. *The God Delusion*. Boston: Mariner Books, 2008.

De Bary, Theodore. *Sources of Chinese Tradition*. New York: Columbia University Press, 1961.

Dhavamony, Mariasusai. *Ecumenical Theology of World Religions*. Rome: Gregorian & Biblical Press, 2003.

Eddy, Paul. *John Hick's Pluralist Philosophy of World Religions*. London: Ashgate, 2002.

Eliade, Mircea. *The Myth of the Eternal Return Cosmos and History*. Princeton: Princeton University Press, 1974.

Farquhar, John Nicol. *The Crown of Hinduism*. London: Oxford University Press, 1913.

Forrester, Duncan. "Professor Hick and the Universe of Faiths." *Scottish Journal of Theology* 1. 1976.

Freud, Sigmund. *The Future of an Illusion*, 1927. New York, NY: W. W. Norton & Company, 1989.

Funk, Robert W. *The Five Gospels: The Search for the Authentic Words of Jesus*. New York, NY: Scribner Book, 1993.

Harold Coward. *Pluralism: Challenge to World Religions*. Maryknoll: Orbis Books, 1985.

Heim, Mark. "Salvations: A More Pluralistic Hypothesis." *Modern Theology* 10.4. October 1994.

Hick, John and Paul Knitter, edited. *The Myth of Christian Uniqueness: Toward a Pluralistic Theology of Religions*. Maryknoll: Orbis Books, 1987.

Hick, John. "Jesus and the World Religions." *The Myth of God Incarnate.* Edited by John Hick. London: SCM Press, 1977.

Hick, John. "Religious Pluralism and the Rationality of Religious Belief." *Faith and Philosophy* 10. No. 2 , 1993.

Hick, John. "The Copernican Revolution in Theology." *God and the Universe of Faiths: Essays in the Philosophy of Religion.* New York: St. Martin's Press, 1973,

Hick, John. "The Outcome: Dialogue into Truth." Edited by John Hick. *Truth and Dialogue in World Religions.* Philadelphia: Westminster Press, 1974.

Hick, John. "The Real and Its Personae and Impersonae." In *Concepts of the Ultimate.* Edited by Linda J. Tessier. New York: St. Martin's Press, 1989.

Hick, John. "The Theology of Religious Pluralism." *Theology* 86. No. 713. September 1983.

Hick, John. "Whatever Path Men Choose Is Mine." *Christianity and Other Religions.* Edited by John Hick and Brian Hebblethwaite. Philadelphia: Fortress, 1980.

Hick, John. *A Christian Theology of Religions: The Rainbow of Faiths.* Louisville, KY: Westminster John Knox, 1995.

Hick, John. *An Autobiography.* London: Oneworld Publications, 2005.

Hick, John. *An Interpretation of Religion: Human Responses to the Transcendent.* New Haven: Yale University Press, 2005.

Hick, John. *Arguments for the Existence of God.* London: Macmillan Company, 1970.

Hick, John. *Death and Eternal Life.* London: Collins Publisher , 1976.

Hick, John. *God and the Universe of Faiths: Essays in the Philosophy of Religion.* New York: MacMillan, 1973; London: Oneworld Publications, 2015.

Hick, John. *God Has Many Names.* Philadelphia: Westminster John Knox Press, 1982.

Hick, John. *Philosophy of Religion*. London: Pearson, 1973; Englewood Cliffs: Prentice Hall, 1973,

Hick, John. *The Center of Christianity*. New York: St. Martin's Press, 1973.

Hick, John. *The Metaphor of God Incarnate: Christology in a Pluralistic Age*. Louisville: Westminster, 1993.

Hocking, William Ernest. *Re-Thinking Missions: A Laymen's Inquiry After One Hundred Years*. New York: Harper & Brother, 1932.

Hoekendijk, Johannes. *Planning for Mission*. Edited by Thomas Wieser. New York: U.S. Conference for the World Council of Churches, 1966.

Hoekendijk, Johannes. *The Church Inside Out*. Philadelphia: Westminster Press, 1966.

Hunsberger, George R. "Conversion and Community: Revisiting the Lesslie Newbigin - M. M. Thomas Debate." *International Bulletin of Missionary Research* 22. No. 3. July 1998.

Kennedy, Robert. *Zen Spirit, Christian Spirit: The Place of Zen in Christian Life*. New York: Continuum Publishing, 1995.

Keum, Jooseop. Edited. *Together towards Life: Mission and Evangelism in Changing Landscapes*. Geneva: WCC, 2012.

King, Barbara. *Evolving God: A Provocative View on the Origins of Religion*. New York, NY: Doubleday Publishing, 2007.

Klootwijk, Eeuwout. *Commitment and Openness: The Interreligious Dialogue and Theology of religions in the Work of Stanley J. Samartha*. Zoetermeer: Uitgeverij Boekencentrum, 1992.

Knitter, Paul. "Theocentric Christology." *The Myth of Christian Uniqueness Toward a Pluralistic Theology of Religions*. Edited by John Hick and Paul Knitter. Maryknoll, NY: Orbis Books, 2004.

Knitter, Paul. *No Other Name? A Critical Survey of Christian Attitudes toward the World Religions*. Maryknoll: Orbis Books. 1985.

Kraemer, Hendrik. *Christian Message in a Non-Christian World*. Edinburgh: Edinburgh House Press, 1938.

Küng, Hans. *On Being a Christian*. London: Collins Publisher, 1977.

Ladd, Eldon G. *The Gospel of the Kingdom.* Grand Rapids: Eerdmans, 1959.

Ladd, Eldon G. *The Presence of the Future: The Eschatology of Biblical Realism.* Grand Rapids: Eerdmans, 1974.

Lassalee, Enomiya. *Zen Meditation for Christians.* La Salle, IL: Open Court, 1974.

Lee, Kun Sam. *The Christian Confrontation with Shinto Nationalism: A Historical and Critical Study of the Conflict of Christianity and Shinto in Japan in the Period Between the Meiji Restoration and the End of World War II (1868-1945).* Philadelphia: Presbyterian and Reformed Publishing Company, 1966.

McGrath, Alister, and Joanna Collicutt McGrath. *The Dawkins Delusion?: Atheist Fundamentalism and the Denial of the Divine.* Veritas Series. Westmont, Il: InterVarsity Press, 2010.

Medhananda, Swami. "John Hick's Vedantic Road Not Taken?: A Reconstruction and Defense of Sri Ramakrishna's Model of Religious Pluralism." A conference paper. *Ayon Maharaj, Infinite Paths to Infinite Reality: Sri Ramakrishna and Cross-Cultural Philosophy of Religion.* Oxford: Oxford University Press, 2018.

Morton, S. A. "Paul David Devanandan, M. M. Thomas and the Task of Indigenous Theology". Ph.D. dissertation, University of Nottingham, 1981.

Müller, Max. *Introduction to the Science of Religion.* London: Spottiswoode, 1870.

Müller, Max. *Lectures on the Origin and Growth of Religion.* London: Longmans, Green & Co,, 1878.

Newbigin, Lesslie. *The Gospel in a Pluralist Society.* Grand Rapids: Eerdmans Publishing, 1989.

Newbigin, Lesslie. *Unfinished Agenda: An Updated Autobiography.* Grand Rapids: Eerdmans Publishing, 2009.

Novak, David. *The Election of Israel: The Idea of the Chosen People.* Cambridge: Cambridge University Press, 1995.

Pals, Daniel L. *Seven Theories of Religion.* New York: Oxford University

Press, 1996.

Panikkar, Kavalam. *Asia and Western Dominance: a Survey of the Vasco Da Gama Epoch of Asian History, 1498-1945*. London: George Allen & Unwin Ltd., 1953.

Panikkar, Raimundo. "The Category of Growth in Comparative Religion: A Critical Self Examination." *Harvard Theological Review*, 66. 1973.

Panikkar, Raimundo. *The Intrareligious Dialogue*. Mahwah, NJ: Paulist Press, 1999.

Panikkar, Raimundo. *The Intra-Religious Dialogue*. New York: Paulist Press, 1978.

Panikkar, Raimundo. *The Trinity and the Religious Experience of Man*. Maryknoll: Orbis Publishing, 1973.

Panikkar, Raimundo. *The Unknown Christ of Hinduism*. London: Darton, Longmann & Todd, 1964.

Panikkar, Raimundo. *The Unknown Christ of Hinduism: Towards an Ecumenical Christophany*. Maryknoll: Orbis, 1981.

Rahner, Karl. *Foundations of Christian Faith: An Introduction to the Idea of Christianity(Grundkurs des Glaubens)*. New York: Publish Drive, 1982.

Rahner, Karl. *The Need and the Blessing of Prayer. Translated by Bruce W. Gillette*. Collegeville: MN: Liturgical Press 1997.

Rahner, Karl. *Theological Investigations, 6: Concerning Vatican Council II*. New York: Seabury Press, 1973.

Rahner, Karl. *Theological Investigations: Writings of 1965-1967*. Volume 4. New York: Seabury Press, 1973.

Ridderbos, Herman. *The Coming of the Kingdom*. Translated into English by H. de Jongste. Philadelphia: Presbyterian and Reformed, 1962.

Robinson, John. *The Human Face of God*. London: SCM Press, 1973.

Robinson, John. *Truth Is Two-Eyed*. London: SCM Press, 1979.

Samartha, Stanley. "Christ in a Multi-religious Culture" under the title "The

Cross and the Rainbow." *The Myth of Christian Uniqueness*. Edited by John Hick and Paul F. Knitter. Maryknoll: Orbis Books, 1987.

Samartha, Stanley. "Proposal on Inter-Faith Dialogue Prompts Debate in WCC Committee." *Ecumenical Press Service*. August 88.8.78.

Samartha, Stanley. "Religions, Cultures and the Struggle for Justice." *Journal of Ecumenical Studies*, 25. Summer 1988.

Samartha, Stanley. "The Lordship of Jesus Christ and Religious Pluralism." *Christ's Lordship and Religious Pluralism*. Edited by G. H. Anderson and T. F. Stransky. Maryknoll: Orbis Books, 1981.

Samartha, Stanley. "The Modern Hindu View of History according to Representative Thinkers." Ph.D. dissertation, Hartford Theological Seminary, 1951.

Samartha, Stanley. *Between Two Cultures: Ecumenical Ministry in a Pluralist World*. Geneva: WCC Publications, 1996.

Samartha, Stanley. *Courage for Dialogue: Ecumenical Issues in Inter-religious Relationships*. Geneva: WCC Publications, 1981; Maryknoll: Orbis, 1982.

Samartha, Stanley. Edited. *Living Faiths and the Ecumenical Movement*. Geneva: WCC Publications, 1971.

Samartha, Stanley. *Faith in the Midst of Faiths*. Geneva: WCC Publications, 1977.

Samartha, Stanley. *One Christ-Many Religions: Toward a Revised Christology*. Maryknoll: Orbis Books, 1991; Eugene, Oregon: WIPF & STOCK, 2015.

Samartha, Stanley. *The Hindu Response to the Unbound Christ*. Bangalore: Christian Institute for the Study of Religion and Society. 1981.

Schneide, Michael. *A Beginner's Guide to Constructing the Universe: Mathematical Archetypes of Nature, Art, and Science*. New York: HarperPerennial, 1995.

Schouten, Jan Peter. *Jesus as Guru: The Image of Christ among Hindus and Christians in India*. Translated into English by Henry Jansen. Boston: Brill Academic Publishing, 2010.

Schweitzer, Albert. *Von Reimarus zu Wrede: eine Geschichte der Leben-Jesu-Forschung*, 1906. Charleston, SC: Legare Street Press, 2022.

Sharma, Arvind. *The Philosophy of Religion and Advaita Vedanta: A Comparative Study in Religion and Reason. Hermeneutics: Studies in the History of Religions.* Philadelphia: Penn State University Press, 1995.

Sherma, Rita D. *Swami Vivekananda: His Life, Legacy, and Liberative Ethics. Explorations in Indic Traditions: Theological, Ethical, and Philosophical.* Lanham, MD: Lexington Books, 2021.

Stankowitz, Joanie. *Advaita Vedanta Practices: The Relationship Between Brahman and Atman.* Independently published in India, 2021.

Stanley, Brian. *Christianity in the Twentieth Century: A World History.* Princeton: Princeton University Press, 2018.

Stanley, Brian. "Edinburgh and World Christianity." *Studies in World Christianity.* 17.1 (2011): 78-92.

Sugirtharajah, Sharada. "Gandhi and Hick on Religious Pluralism: Some Resonances", *International Journal of Gandhi Studies* (2012). Private Publishing in India.

The Four Vedas with Spiritual Translation. Volume I. In *The Complete Works of Swami Vivekananda.* Kolkata(Calcutta): Advaita Ashrama, 2016.

The World Missionary Conference Edinburgh 1910." *The Debates* (17 June 1910). Edinburgh Research, PDF.

Thomas, M. M. "Christ-centered Syncretism." *Religion and Society* 25. March 1979.

Thomas, M. M. "Some Trends in Contemporary Indian Christian Theology." *Religion and Society* 24. December 1977.

Thomas, M. M. "The Post Colonial Crisis in Mission: a Comment." *Religion and Society* 18. 1971.

Thomas, M. M. *Man and the Universe of Faiths.* Madras: Publication for the Christian Institute for the Study of Religion & Society, 1975.

Thomas, M. M. *Some Theological Dialogues,* Madras: Publication for the

Christian Institute for the Study of Religion & Society, 1977.

Thomas, M. M. *The Acknowledged Christ of the Indian Renaissance*, London: SCM Press, 1969.

Thomas, M. M. Thomas, *Risking Christ for Christ's Sake: Towards an Ecumenical Theology of Pluralism*. Geneva: WCC Publications, 1987.

Tillich, Paul. *Theology of Culture*. New York: Oxford University Press, 1964.

Van Groningen, Gerard. *Messianic Revelation in the Old Testament*. Eugene, OR: Wipf & Stock Pub, 1997.

Visser't Hooft, Willem Adolph. *Has the Ecumenical Movement a Future?* Geneva: WCC Publications, 1974; Christian Journals Limited, Nasheville, TN: John Knox Press, 1976.

Visser't Hooft, Willem Adolph. *No Other Name: The Choice Between Syncretism and Christian Universalism*. London: SCM Press, 1963.

Visser't Hooft, Willem Adolph. *The Background of the Social Gospel in America*. Haarlem: H. D. Tjeenk Willink & Zoon, 1928.

Visser't Hooft, Willem Adolph. *The Genesis and Formation of the World Council of Churches*. Geneva: WCC Publications, 1982.

Visser't Hooft, "Willem Adolph. WCC-Roman Catholic relations from the 1920s to the present." Unpublished manuscript.

WCC. *Guidelines on Dialogue with People of Living Faiths and Ideologies*. Geneva: WCC Publications, 1979. www.oikoumene.org.

WCC. *The San Antonio Report: Your Will Be Done: Mission in Christ's Way*. Geneva: WCC Publications, 1990. www.oikoumene.org.

WCC. "Dialogue with People of Living Faiths and Ideologies." 1977. www.oikoumene.org.

WCC. "Guidelines on Dialogue with People of Living Faiths and Ideologies." 1979. www.oikoumene.org.

WCC. "Interim Policy Statement and Guideline to Dialogue." 1971. www.oikoumene.org.

WCC. "Mission and Evangelism in Unity Today." 2000. www.oikoumene. org.

WCC. "Mission and Evangelism: An Ecumenical Affirmation." 1982. www. oikoumene.org.

WCC. "Mission and Evangelism: Together toward Life." 2013. www. oikoumene.org.

WCC. "Religious Plurality and Christian Self-Understanding." 2006. www. oikoumene.org.

WCC. "San Antonio Report." 1989. www.oikoumene.org.

WCC. "The Church, the Churches and the World Council of Churches: The Ecclesiological Significance of the World Council of Churches". 1950. www.oikoumene.org.

WCC. *Together toward Life: Mission Evangelism in Changing of Landscapes*. Geneva: WCC Publications, 2013.

WCC. "Towards a Common Understanding and Vision of the World Council of Churches." 1997. www.oikoumene.org.

WCC. *A Treasure in Earthen Vessels: An Instrument for an Ecumenical Reflection on Hermeneutics*. Geneva: WCC Publications, 1993.

Wehr, Gehard. *Meister Eckhart*. Hamburg, Germany: Rowohlt, 1989.

White, Marylyn Ellen. "The Council of Yahweh: Its Structure and Membership". Ph.D. Dissertation, University of St. Michael's College, 2012.

Yewangoe, A. A. *Theologia Crucis in Asia: Asian Christian views on Suffering in the Face of Overwhelming Poverty and Multifaceted Religiosity in Asia*. Brill Rodopi: E. J. Brill, 1987.

종교다원주의: WCC의 신앙고백

2025년 9월 10일 인쇄
2025년 9월 20일 발행

지은이: 최덕성
협력기관: 기독교사상연구원—리포르만다
출판사: 본문과현장사이
등록: 제2012-000020호 (2012년 11월 26일)
　　　　03973 서울시 마포구 월드컵대로 12길 93
판권소유: 최덕성
저자이메일주소: choicollege@naver.com

ISBN 978-89-89509-16-5 93230
책 한 권 값은 뒤쪽 표지에 표시되어 있습니다.

보급-총판: 도서출판 글마당
02-786-4284 madang52@naver.com